Film, Fernsehen, Medienkultur

Schriftenreihe der Hochschule
für Film und Fernsehen „Konrad Wolf"

Herausgegeben von
L. Mikos, Potsdam, Deutschland
M. Wedel, Potsdam, Deutschland
C. Wegener, Potsdam, Deutschland
D. Wiedemann, Potsdam, Deutschland

Die Verbindung von Medien und Kultur wird heute nicht mehr in Frage gestellt. Medien können als integraler Bestandteil von Kultur gedacht werden, zudem vermittelt sich Kultur in wesentlichem Maße über Medien. Medien sind die maßgeblichen Foren gesellschaftlicher Kommunikation und damit Vehikel eines Diskurses, in dem sich kulturelle Praktiken, Konflikte und Kohärenzen strukturieren. Die Schriftenreihe der Hochschule für Film und Fernsehen schließt an eine solche Sichtweise von Medienkultur an und bezieht die damit verbundenen Themenfelder ihren Lehr- und Forschungsfeldern entsprechend auf Film und Fernsehen. Dabei werden unterschiedliche Perspektiven eingenommen, in denen es gleichermaßen um mediale Formen und Inhalte, Rezipienten und Kommunikatoren geht. Die Bände der Reihe knüpfen disziplinär an unterschiedliche Fachrichtungen an. Sie verbinden genuin film- und fernsehwissenschaftliche Fragestellungen mit kulturwissenschaftlichen und soziologischen Ansätzen, diskutieren medien- und kommunikationswissenschaftliche Aspekte und schließen Praktiken des künstlerischen Umgangs mit Medien ein. Die theoretischen Ausführungen und empirischen Studien der Schriftenreihe erfolgen vor dem Hintergrund eines zunehmend beschleunigten technologischen Wandels und wollen der Entwicklung von Film und Fernsehen im Zeitalter der Digitalisierung gerecht werden. So geht es auch um neue Formen des Erzählens sowie um veränderte Nutzungsmuster, die sich durch Mobilität und Interaktivität von traditionellen Formen des Mediengebrauchs unterscheiden.

Michael Wedel • Barton Byg • Andy Räder
Skyler Arndt-Briggs • Evan Torner (Hrsg.)

DEFA international

Grenzüberschreitende
Filmbeziehungen vor
und nach dem Mauerbau

 Springer VS

Herausgeber
Michael Wedel
Potsdam, Deutschland

Skyler Arndt-Briggs
Amherst, MA, USA

Barton Byg
Northampton, MA, USA

Evan Torner
Northampton, MA, USA

Andy Räder
Berlin, Deutschland

Gefördert von der Deutschen Forschungsgemeinschaft (DFG).

ISBN 978-3-531-18493-7   ISBN 978-3-531-19076-1 (eBook)
DOI 10.1007/978-3-531-19076-1

Die Deutsche Nationalbibliothek verzeichnet diese Publikation in der Deutschen Natio-
nalbibliografie; detaillierte bibliografische Daten sind im Internet über http://dnb.d-nb.de
abrufbar.

Springer VS
© Springer Fachmedien Wiesbaden 2013

Springer VS ist eine Marke von Springer DE. Springer DE ist Teil der Fachverlagsgruppe
Springer Science+Business Media.
www.springer-vs.de

Inhaltsverzeichnis

Einleitung

„In ihrer gesamten Geschichte operierte die DEFA, mit welchen Absichten auch immer, in einer geschlossenen Gesellschaft." (Gersch 2006: 203) Diesem Satz, der am Ende der Überblicksdarstellung *Szenen eines Landes. Die DDR und ihre Filme* von Wolfgang Gersch steht, ist – betrachtet man die Prämissen, unter denen die staatseigene Filmgesellschaft der DDR über weite Strecken ihres Bestehens zu operieren hatte – im Grunde nur schwer zu widersprechen. Umso schwerer, als sich hier – zweifellos in bewusster Überspitzung – eine Haltung auf den Punkt gebracht findet, aus der heraus die Geschichte der Deutschen Film AG, kurz DEFA, bis heute geschrieben wird: Geleitet von einem Interesse, das die Filme in erster Linie auf ihre mal offen zutage liegenden, mal verborgenen gesellschaftlich-politischen Bedeutungen hin befragt und das seine Befunde im Licht der zum jeweiligen Zeitpunkt in der DDR herrschenden Produktions- und Existenzbedingungen interpretiert.

Das vorliegende Buch will demgegenüber eine andere Perspektive einnehmen und den Blick auf Möglichkeiten und Strategien, Prozesse und Praktiken der Überschreitung dieser „geschlossenen Gesellschaft" lenken. Dies geschieht in der Absicht, dem von Gersch formulierten Sachverhalt der prinzipiellen Geschlossenheit des DEFA-Bezugssystems bislang weniger beachtete Dimensionen hinzuzufügen, die ihren besonderen historischen Stellenwert jedoch wiederum erst auf der Folie eben dieser primären Figur der Schließung erhalten – wie sie sich gesamtgesellschaftlich 1961 im Bau der Berliner Mauer materialisiert hat.

Das historische Datum des Mauerbaus markiert zweifellos einen zentralen Wendepunkt in der Selbstdefinition der DDR als staatliches Gebilde und es bedeutet einen tiefen Einschnitt in die kulturellen Beziehungen vor allem zur Bundesrepublik und zum westlichen Ausland. Gerade vor diesem Hintergrund erscheint die Geschichte der DEFA zur Beurteilung der transnationalen kulturellen Austauschbeziehungen der DDR besonders aussagekräftig. Von der Gründung der DEFA 1946 bis zu ihrer Auflösung Anfang der 1990er Jahre lassen sich exemplarische Formen der kulturellen Kontaktaufnahme zwischen der DDR und dem Ausland im Koordinatensystem des Kalten Krieges betrachten. Produktive und weniger produktive Wechselbeziehungen werden sichtbar, strategische Annäherungen zwischen internationalen Partnern, aber auch Verweigerungshaltungen zeichnen sich ab und können auf ihre je historische Spezifik und gesellschaftliche Symptomatik hin befragt werden.

Zu beobachten sind diese Phänomene auf unterschiedlich gelagerten
Ebenen. Sie betreffen individuelle Grenzgänger und thematisch-stilisti-
sche Einflüsse ebenso wie institutionelle Verflechtungen, realisierte und
misslingende Kooperationen und Koproduktionen, nicht zuletzt historische Verschiebungen in der Rezeption und öffentlichen Wahrnehmung
von DEFA-Filmen im Ausland (wie auch von Filmimporten in die DDR).
Auf allen diesen Ebenen lässt sich – innerhalb bzw. unterhalb einer pau-
schalen „Systemkonfrontation" (Lindenberger 2006; Karl 2007), ja nicht
selten quer zu dieser – nachvollziehen, wie Mechanismen der Begrenzung
und Überschreitung, der Öffnung und Übertragung zu verschiedenen
Zeiten der DEFA-Geschichte und in je spezifischen Konstellationen funktioniert haben.

Das übergeordnete Ziel der in diesem Buch versammelten Beiträge besteht darin aufzuzeigen, wie die konzeptionelle Einbeziehung des DEFA-
Films in das Geflecht transnationaler Filmbeziehungen notwendigerweise
die Stellung und die diskursiven Orte der deutschen Filmgeschichte insgesamt neu bestimmt, ja vielleicht sogar die Frage nach der Identität dieses schwierigen ‚nationalen Kinos' auf ganz neue Weise aufwirft. Wie z.B.
beeinflusst eine transnationale Perspektivierung die filmhistorische Herleitung der wohlbekannten Brüche und Kontinuitäten in der deutschen
Filmgeschichte, ihre genealogischen Konstruktionen, die Erfindung von
Traditionen, die Topoi ihrer ‚großen Erzählungen' und das Verhältnis von
Haupt- und Nebenströmungen, von alternativen zu oppositionellen Praktiken? Eine Integration der DEFA in die internationale, nicht zuletzt die
deutsch-deutsche Filmgeschichte eröffnet die Möglichkeit, scheinbar unvermeidliche ideologische Binaritäten zu hinterfragen und am Einzelfall
zu überprüfen, denen zufolge die historische Trennung des deutschen Kinos in Ost und West zu zwei wesentlich unterschiedlichen Entwicklungen
innerhalb sich politisch und gesellschaftlich antagonistisch zueinander
verhaltenen Systemen geführt hat. Zu dieser Überprüfung hergebrach-
ter Sichtweisen durch einen komparatistischen Ansatz gehört es auch,
angemessenes Gewicht auf die institutionellen Aspekte und die Bestimmung jener Art von Öffentlichkeit zu legen, die das Kino in der DDR und
den anderen jeweils in den Blick genommenen Ländern dargestellt hat.

Ein international vergleichender Ansatz kann an Positionen anknüpfen,
wie sie in jüngerer Zeit verschiedentlich von Historikern des deutschen
und speziell des DEFA-Films entwickelt worden sind. So sind der besondere institutionelle Kontext und filmindustrielle Modus von Filmproduktion
und -vertrieb, Filmfinanzierung und -regulierung, Filmabspielstätten und

Publikumsrezeption vor allem für die Frühzeit der DEFA auf beeindruckende Weise aufgearbeitet worden. Maßgebliche Darstellungen etwa von Thomas Heimann (1993), Ralf Schenk (1994) oder Christiane Mückenberger und Günter Jordan (1994) konnten ihre Deutungen dabei auf Archivmaterial stützen, das überwiegend erst nach dem Fall der Mauer verfügbar wurde. Komplementär dazu stehen neuere Forschungen, die sich der Rekonstruktion der Öffentlichkeit widmen, in der das Kino seinen Platz unter den Kunstformen und Freizeitaktivitäten der DDR-Bürger eingenommen hat (Mühl-Benninghaus 2012a und b). Im Rahmen eines breiter gefassten Verständnisses der Film- und Medienkultur gilt es auch, Fragen des ausländischen Filmimports oder die faktisch gegebenen prozentualen Marktanteile der DEFA in die Überlegungen mit einzubeziehen und den veränderlichen Rezeptionsmustern und Erwartungshaltungen des Publikums nachzugehen. Wie beispielsweise aus Verzeichnissen sämtlicher zwischen 1945 und 1961 auf dem Gebiet der DDR zur Aufführung gelangten Spielfilme hervorgeht, hatte man es auf den Leinwänden der DDR-Kinos Mitte und Ende der 1950er Jahre mit einer überraschend hohen Präsenz von populären Unterhaltungsfilmen aus der Bundesrepublik zu tun, gefolgt von deren fast vollständiger Abwesenheit in den darauf folgenden Jahrzehnten. Im Laufe der 1980er Jahre kam es schließlich zu einer graduellen Lockerung von Importbeschränkungen gegenüber westeuropäischen und sogar Hollywoodproduktionen (Stott 2012).

Ein anderer Forschungsansatz, der dazu angetan ist, das historische Profil der damaligen Öffentlichkeit zu schärfen, besteht in Darstellungen der DEFA-Studios in Babelsberg und anderen Standorten. Indem etwa der Einfluss von Stars und Mitarbeitern, die nicht aus der DDR stammten, hervorgehoben oder die Geschichte der Koproduktionen nachgezeichnet wird, lassen sich unerwartete Momente von historischer Kontinuität und gegenseitiger filmindustrieller Befruchtung identifizieren und beschreiben. Sie bestätigen einmal mehr die hohe Zahl früherer Ufa-Mitarbeiter sowie von Personal aus Westdeutschland und westeuropäischen Ländern in den DEFA-Studios bis mindestens 1960. Lässt man sich einmal von dem Bild einer weniger monolithisch gedachten Filmöffentlichkeit leiten, so ist die zusehends wachsende Zahl von einzelnen historischen Figuren gewidmeten Studien – Biografien, Dokumentationen, Interview- und Sammelbände – in diesem Zusammenhang von ähnlichem Interesse, nicht zuletzt dank der Tatsache, dass sie sich zunehmend über Regisseure hinaus auf andere Filmschaffende wie Drehbuchautoren, Produzenten, Schauspieler und Szenografen erstrecken. Nicht selten weisen sie auf widersprüchliche

Einfluss- und Orientierungsmuster hin, die zumindest eine doppelte Ausrichtung implizieren: einerseits einer kreativen Gemeinschaft anzugehören, der es aufgegeben war, die einheimische Filmpraxis zu definieren, während man anderseits auf internationalen Filmfestivals um Ruhm und Auszeichnungen – für sich selbst wie für sein Land – konkurriert. In dieser doppelten Ausrichtung scheinen DEFA-Filmemacher über eine nahezu lückenlose Kenntnis der zeitgenössischen Filmszene und ihrer vielfältigen Transformationen nach 1945 verfügt zu haben: Vom Neorealismus zur Nouvelle Vague, von Ingmar Bergman oder Michelangelo Antonioni als Repräsentanten ihres jeweiligen nationalen Kinos bis hin zu osteuropäischen Regisseuren in ähnlicher Funktion wie Andrej Tarkowskij, Andrzej Wajda oder István Szabó. Nicht zu vergessen ist dabei, dass die Filmemacher der DDR in den 1970er und 1980er Jahren auch Zugang hatten zu den Filmen etwa des Neuen Deutschen Films und des New Hollywood.

Das Modell der Internationalisierung, welches das methodische Vorgehen der folgenden Beiträge anleitet, beinhaltet schließlich, die Filme und den Modus ihrer Produktion im Kontext populärer Genre-, Motiv- und Darstellungskonventionen zu betrachten. In jüngerer Zeit ist diese Position im Hinblick auf die DEFA programmatisch von Barton Byg (1999, 2003; vgl. a. Byg/Moore 2002) vertreten worden, mittlerweile liegt eine ganze Reihe komparatistischer Einzeluntersuchungen vor – etwa zum Jugend- (König/Wiedemann/Wolf 2000) und Dokumentarfilm (Steinle 2003), zur Repräsentation des Nationalsozialismus (Kannapin 2005) oder zum Motiv der Kriegsvertriebenen (von Moltke 2007). Eine Schlüsselfunktion für das verstärkte Interesse in der englischsprachigen Welt an der Geschichte der DEFA (vgl. z.B. Feinstein 2002, Berghahn 2005) kommt seit Ende der 1990er Jahre der DEFA Film Library an der University of Massachusetts in Amherst zu, deren Veranstaltungen und Publikationen die systematische Herausbildung einer international vergleichenden Betrachtungsweise nachhaltig geprägt haben.

Das frühe Interesse an einer Untersuchung der Durchlässigkeit sowohl analytischer und diskursiver als auch zeitlicher und geografischer Grenzen, die häufig als voraussetzende Merkmale der ostdeutschen Filmkunst angesehen werden, entstand dabei aus der spezifisch internationalen Lage und intellektuellen Positionierung der DEFA Film Library (vgl. Arndt-Briggs 2009). Nach ihrer Gründung 1993 bestand das Ziel der Arbeit zunächst darin, das ostdeutsche Kino in Nordamerika bekannt zu machen und eine Umgebung zu schaffen, in der (Ost-) Deutsche und andere sich in einer Atmosphäre entspannter intellektueller Offenheit über die DEFA austauschen können – in einiger Entfernung zu den bitteren Spannungen und Spaltungen, die die öffentlichen Debatten in Deutschland nach der Wende beherrschten. Um die Jahrtausendwende wurde jedoch deutlich, dass andere Wege beschritten werden mussten, wenn es gelingen sollte, eine Alternative zum a-historischen ‚gesamtdeutschen' Muster zu bieten und die Filmkunst der DDR davor zu bewahren, zum Epitaph auf dem Grabstein eines untergegangenen Landes zu verkommen.

Aus dieser Erkenntnis heraus wurde innerhalb der DEFA Film Library die Entscheidung getroffen, sich konsequent mit den weitgehend unüberprüften Prämissen auseinanderzusetzen, die das übliche, stark begrenzte Bild der DEFA bestimmten. Das erste aus diesem Zusammenhang hervorgegangene Projekt der DEFA Film Library, die Filmreihe „Shadows and Sojourners: Images of Jews and Antifascism in East German Film", ging der Frage nach, wie der Holocaust in verschiedenen gesellschaftsgeschichtlichen Kontexten – hauptsächlich den ost- und westdeutschen, aber auch dem US-amerikanischen – verstanden und dargestellt wurde. Von 2003 bis 2011 haben die Sommer-Filminstitute gezielt die Verbindungen zwischen dem ostdeutschen Film und anderen nationalen Filmkulturen untersucht und den Teilnehmern in begleitenden öffentlichen Filmprogrammen Beispiele vor Augen geführt. Im Fokus standen dabei zunächst die vielfältigen Verbindungen der DEFA zu anderen osteuropäischen Kinematographien, bald rückten auch verstärkt Fragestellungen in den Blick mit Bezug auf westeuropäische und amerikanische Versuche, die Kulturgeschichte der DDR neu zu verorten. Thematisiert wurden beispielsweise Fragen der Methodik und Historiografie in Untersuchungen zu Kontinuitäten zwischen Ufa und DEFA, Grenzgänger-Regisseuren und den Beziehungen zwischen Film und Fernsehen in der DDR. Schließlich waren zwei Sommer-Filminstitute den transnationalen Filmbeziehungen der DDR zu Ländern der ‚Dritten Welt' gewidmet: 2007 wurden ‚real existierende' Auswirkungen der internationalen Solidaritätsbewegung zwischen der DEFA und Lateinamerika betrachtet, 2011 ging es um die Beziehungen der DEFA zur übrigen ‚Dritten Welt'.

Bei diesen Sommer-Filminstituten wurden neben Spiel- und Dokumentarfilmen Beiträge zur Wochenschau *Der Augenzeuge* und *camera-DDR*-Aufnahmen gezeigt, auch Kinderfilme wurden nicht vergessen. Die unterschiedlichen Filmgattungen sollten ein umfassendes Bild der Filmkultur der DDR in Bezug auf deren Außenpolitik anbieten. In der Tat wurde deutlich, dass Teile der Innen- und Außenpolitik zu bestimmten Zeitpunkten

von unterschiedlichen Sparten der ostdeutschen Filmindustrie bedient
wurden. Ab Mitte der 1950er Jahre wurden die meisten DEFA-Spielfilme
durch künstlerische Arbeitsgruppen (KAG) unter Leitung eines etablierten Regisseurs realisiert. Diese KAGs haben sich in manchen Fällen auf
bestimmte Filmgenres spezialisiert, so schuf die *Gruppe Roter Kreis* viele
der Indianer- und Science-Fiction-Filme, während die *Gruppe Kinder- und
Jugendfilm* sich auf Filme für das bezeichnete Publikumssegment speziali-
sierte. Auch Koproduktionen mit anderen sozialistischen Ländern kamen
durch bilaterale Abkommen zustande, die aufgrund von Verhandlungen
mit der jeweiligen Studioleitung ausgearbeitet wurden. Darüber hinaus
konnten DEFA-Filmemacher persönliche Kontakte zu ausländischen
Filmschaffenden knüpfen, etwa als Kommilitonen an der Hochschule für
Film und Fernsehen in Potsdam–Babelsberg oder auf internationalen Festivals wie den Leipziger Dokumentar- und Kurzfilmwochen.

Zwischen 1946 und den frühen 1980er Jahren lieferte *Der Augenzeuge*
Bilder der DDR und der Welt an das ostdeutsche Kinopublikum. Filmemacher wie Joachim Hadaschik und Karl Gass, die diese Aufnahmen her-
stellten, wurden zum Rückgrat des DEFA-Studios für Wochenschau und
Dokumentarfilme. Es entwickelten sich vielfältige Genres innerhalb des
Dokumentarfilms, von den historischen Epen und intellektuellen Mon-
tagen eines Joop Huiskens und Joris Ivens bis zu den weitausgreifenden
Erzählungen eines Andrew Thorndike und den schweigsamen Meditati-
onen von Jürgen Böttcher und Volker Koepp. Eine wichtige Rolle in der
offiziellen Selbstdarstellung und damit immer auch Legitimierung der
DDR im Ausland spielte die *camera DDR*, eine Unterabteilung der Arbeitsgruppe, in der Dokumentarfilme für das Ministerium für auswärtige Angelegenheiten (MfAA) entstanden. Für die Regisseure Walter Heynowski
und Gerhard Scheumann wurde in den späten 1960er Jahren das Studio
H&S gegründet, das als unabhängiger Zweig des Dokumentarfilmstudi-
os funktionieren sollte. Ihre stark ideologischen Filme wurden auf vielen
internationalen Filmfestivals gezeigt und waren für ein ausländisches
Publikum bestimmt, das sich in linken Bewegungen weltweit – so auch in
kapitalistischen Ländern – betätigte.

Das ostdeutsche Kino war damit zugleich Spielball und Einflussfaktor
im Kalten Krieg. Wie die DDR-Kulturpolitik insgesamt vermengten auch
die für das Publikum in der DDR produzierten Filme der DEFA internationalen Pazifismus und militaristische Agitation gegen den Westen,
hauptsächlich die USA und die Bundesrepublik. DEFA-Spiel- und Dokumentarfilme zeichneten Bilder der Identifikation und Verbundenheit mit

bestimmten Ländern und Feindbilder von anderen. Kinderfilme verdeutlichten die Grundsätze der internationalen Solidarität an konkreten Beispielen. DEFA-Filme machten auch DDR-Bürger mit anderen Ländern, Völkern und Sitten bekannt. Zum Beispiel das Genre der Touristen-Reportage, in dem häufig konventionelle Erzählmuster und Darstellungsweisen verwendet wurden, schien die Zuschauer teilweise für das Reiseverbot nach dem Mauerbau zu entschädigen. Koproduktionsvorhaben für Spiel- oder ethnologische Dokumentarfilme konnten aus eng geknüpften diplomatischen Beziehungen zu sozialistischen ‚Bruderstaaten' hervorgehen. Länder wie China oder Indien, zu denen die politischen Beziehungen komplizierter waren, wurden durch eine begrenzte Anzahl von berechenbaren Genres dargestellt, etwa durch Wochenschau-Aufnahmen von Staatsbesuchen, dokumentarische Industriefilme, ethnologische oder Werbefilme.

Die Beiträge zum vorliegenden Band präsentieren vor diesem Hintergrund neue Fallstudien und Analysen, die den Blick auf Facetten der Internationalität in der Geschichte der DEFA zugleich punktuell schärfen und prinzipiell erweitern wollen. Die erste Sektion ist dabei Kontexten und Traditionen der DEFA gewidmet, die historisch und geografisch über die DDR hinausgreifen. Larson Powell wendet in seinem Beitrag Jacques Derridas theoretische Metaphern des Gespenstischen und des Archivs auf die politischen Implikationen und den thematischen Gehalt exemplarischer Filme an, um danach zu fragen, wie die historische Imagination der DEFA sich in eine längere kulturgeschichtliche Kontinuitätslinie rücken lässt. Einen verwandten Ansatzpunkt wählt Seán Allan, wobei die Akzente anders gesetzt sind: Er fahndet nach den Spuren, die das Globalisierungsdenken der europäischen Aufklärung bei der DEFA hinterlassen hat, und macht einen Trend aus, der dem Kulturerbe der Vergangenheit zunehmend kosmopolitischen Charakter zuweist und sich beispielhaft an Karl Gass' Dokumentarfilm *Kosmos. Erinnerungen an Alexander von Humboldt* (1960), Helmut Nitzschkes *Das Licht auf dem Galgen* (1974) und Rainer Simons Humboldt-Film *Die Besteigung des Chimborazo* (1989) festmachen lässt.

Der Beitrag von Robert Shandley stellt die DEFA ganz dezidiert in den Zusammenhang des internationalen Genrefilms und untersucht, inwieweit ausgewählte DEFA-Filme Lesarten bestimmter Genrekonventionen anbieten. Dabei konzentriert er sich auf den Einfluss des Westerns auf eine Gruppe von DEFA-Filmen, die er unter den Begriff des ‚Aufbaufilms' fasst. Wie produktiv sich DEFA-Filme im Vergleich mit internationalen Filmtraditionen betrachten lassen, macht auch Oksana Bulgakowa in ihrer Analyse ausgewählter DEFA-Produktionen auf der Folie der Entwicklung des osteuropäischen Films der 1950er und 1960er Jahre deutlich. Im Rahmen von auf den ersten Blick verwandt erscheinenden Stilmodellen bieten sich dem ästhetisch geschulten Sensorium doch signifikante Unterschiede und nationale Besonderheiten dar, auf deren Grundlage der Frage nachgegangen werden kann, wie tief stilistische Eigenarten nicht nur von Kunstmoden und deren Assimilation, sondern auch von unterschiedlichen Auffassungen der gesellschaftlichen Funktion und Autonomie des Individuums geprägt werden.

Wie anderswo auch stand in der DDR die Einführung des Fernsehens in Konkurrenz zu den etablierten Medien Film und Radio, Literatur und Theater. Thomas Beutelschmidt beleuchtet das Verhältnis zwischen DEFA und Deutschem Fernsehfunk (DFF) und untersucht, welchen Einfluss die künstlerische und institutionelle Vernetzung der Medien hinsichtlich inhaltlicher Konzepte, medienspezifischer Formate und ästhetischer Formen sowie in Bezug auf die Einbindung einzelner Akteure in diesen Prozess und in die kulturpolitischen Strukturen hatte.

Die zweite Sektion des Buches nimmt verschiedene Aspekte der deutsch-deutschen Filmbeziehungen zu Zeiten des Kalten Krieges in den Blick. Das Spektrum reicht von Studien zur Kinokultur und zum Publikumsverhalten im geteilten Berlin über die Bedeutung persönlicher Bekanntschaften und ästhetischer Absetzungen bis hin zur wechselseitigen Rezeption von DEFA-Filmen in der Bundesrepublik und westdeutscher Filme und Filmemacher in der DDR. Stefan Soldovieri geht in seinem Beitrag über die DDR-Kinoarchitektur dem Einfluss einer internationalen Formensprache der Moderne nach und kann nachweisen, dass exponierte Beispiele einer modernen Kinoarchitektur – die in der Karl-Marx-Allee befindlichen Kinos *Kosmos* und *International* sowie das Dresdener ‚Rundkino‘ – nicht unwesentlich vom Modernismus der 1920er Jahre und von westdeutschen Vorbildern geprägt waren. Neben modernen Großkinos und Kinopalästen existierten im Westteil Berlins bis zum Bau der Berliner Mauer 1961 auch sogenannte ‚Grenzkinos‘, die sich mit ihrem Programm speziell an ostdeutsche Zuschauer wandten. Elizabeth Prommer und Andy Räder beschreiben, welche Bedeutung der alltägliche Kulturtransfer im Grenzverkehr der ‚Frontstadt‘ besaß. Nicht zuletzt weisen die Ergebnisse ihres medienbiografischen Ansatzes einmal mehr darauf hin, dass ‚offizielle‘ Filmgeschichtsschreibung und ‚persönliche‘ Erinnerungen an Kinobesuche häufig nicht übereinstimmen.

Einen vergleichenden Interpretationsansatz wählt Sabine Hake bei der Gegenüberstellung zweier überraschend ähnlicher deutscher Filme aus den 1950er Jahren: Slátan Dudows *Der Hauptmann von Köln* (DDR 1956) und Wolfgang Staudtes *Rosen für den Staatsanwalt* (BRD 1959). Quer zur ideologischen Auftragslage im Kontext des Antifaschismus in der DDR und des Antinazismus in der Bundesrepublik eignet sich eine Parallellektüre beider Filme dazu, präzise Schlaglichter auf das Verhältnis von Film, Politik und Gesellschaft in beiden deutschen Staaten zu werfen. Christian Bunnenberg beschäftigt sich in seinem Beitrag mit einem deutsch-deutschen Politikum, dass die DDR-Dokumentarfilmer Heynowski und Scheumann gleich in mehrfacher Hinsicht zu Grenzüberschreitungen veranlasste. Sie drehten mit *Kommando 52* (1965) und *Der lachende Mann* (1966) zwei Dokumentarfilme über einen (west-)deutschen Söldner im Kongo, an denen Bunnenberg Inszenierungsmuster der Figur des sogenannten ,Kongo-Müllers' freilegt und auf die hinter ihnen liegenden Bedeutungen und Intentionen hin liest. Nicht weniger aufschlussreich, wenn auch von vergleichsweise leiseren Tönen geprägt, beschreibt Claudia Sandberg die ost- und westdeutsche Rezeption von Peter Lilienthals *Es herrscht Ruhe im Land* (1975). Der Film über die Auswirkungen des Militärputsches in Chile 1973 kam im Januar 1976 in der Bundesrepublik und im April 1977 in der DDR in die Kinos und geriet bald in den Brennpunkt der Debatten darüber, wie die beiden deutschen Staaten das Thema Chile zur Illustration ihrer jeweiligen politischen Ziele nutzten.

Das Interesse der in der dritten Sektion des Buches versammelten Beiträge gilt konkreten Kooperations- und Koproduktionsvorhaben der DEFA mit ausländischen Filmemachern, internationalen Filmstudios und Produktionsfirmen. Günter Agde fragt in seinem Beitrag nach der Bedeutung des niederländischen ,Weltenfilmers' Joris Ivens für das DEFA-Dokumentarfilmstudio. Fünf Jahre lang arbeitete der Dokumentarist in der DDR und nutzte das finanziell, technisch und personell bestens ausgestattete Studio intensiv für seine Filmarbeit. Agde zeigt, dass Ivens in seinen DEFA-Filmen nach neuen, modernen Ausdrucksformen suchte, die noch lange fortwirken und seine Vorbildfunktion in der DDR nachhaltig befördern sollten.

Die Koproduktionen mit Erich Mehls Filmfirma Pandora von 1954 bis 1957 stehen im Mittelpunkt des Beitrages von Mariana Ivanova. Sie untersucht am Beispiel der kurzlebigen westdeutschen Produktionsfirma, die unter einer Stockholmer Deckadresse geführt wurde, auf welche Weise politische Entscheidungen die Durchführbarkeit von Koproduktionen zwischen ost- und westdeutschen Partnern beeinflusst haben. Darüber hinaus zeugen die beiden DEFA/Pandora-Koproduktionen *Das Fräulein von Scuderi* (1955) und *Die Schönste* (1957/ 2002) von einer ‚Prestige-Agenda', die in jenen Jahren nicht nur die DEFA erfasst hatte, sondern auch im Zentrum eines übergeordneten kulturpolitischen Legitimationsdiskurses stand. Prestigedenken, wenngleich etwas anderer Art, kennzeichnet auch die Bemühungen der DEFA, das 70mm-Filmverfahren in der DDR zu etablieren. Ralf Schenk lenkt in diesem Zusammenhang die Aufmerksamkeit auf die geplante Kooperation mit einem indischen Filmproduzenten zur Verfilmung der Geschichte von *Alexander und Chanakya*. Die aufwendige Inszenierung des Zusammentreffens von Alexander dem Großen mit dem indischen Volk kommt jedoch nie zustande. Umso aufschlussreicher sind die Missverständnisse und gegenseitigen Fehleinschätzungen, die Schenk im Verlauf detailliert nachzeichnet.

Pavel Skopal streicht die Bedeutung tschechischer Regisseure für die Genrefilmproduktion der DEFA in den 1960er und 1970er Jahren heraus. Ausgangspunkt seiner Überlegungen ist der Film *Eine schreckliche Frau* (1965), an dem Skopal verdeutlicht, welche Rolle die Koproduktionen und der Austausch kreativer Kräfte zwischen den beiden Filmstudios in Barrandov und Babelsberg für die Unterhaltungsfilmproduktion der DEFA gespielt haben. Birgit Schapow untersucht den Einfluss der osteuropäischen Neuen Wellen auf die Filme der DEFA in den frühen 1960er Jahren. Durch das Prisma von *Der Fall Gleiwitz* (1961) betrachtet sie den grenzüberschreitenden Wirkungskreis des tschechoslowakischen Kameramanns Jan Čuřík, der wiederum exemplarisch steht für ästhetische Bezugnahmen des Spielfilms auf die Fotografie, die deutsche und internationale Filmgeschichte und zeitgenössische filmästhetische Entwicklungen im Europa der frühen 1960er Jahre. Mit den Verbindungen der DEFA nach Italien beschäftigt sich der Beitrag von Massimo Locatelli. Ausgehend von in den 1950er Jahren geplanten deutsch/italienischen Koproduktionen konzentriert er sich vor allem auf den Produzenten Giuliani G. De Negri und die Beteiligung weiterer Personen des italienischen Filmwesens, um zu dem Schluss zu kommen, dass die gegenseitigen Filmbeziehungen „von gewisser kultureller Bedeutung waren", in den meisten Fällen über das Stadium von Wunschvorstellungen und Interessenprojektionen jedoch nicht hinaus gelangt sind.

An etwa zehn Prozent aller DEFA-Filme – darunter bekannte und weniger bekannte Produktionen – waren in der einen oder anderen Funktion Österreicherinnen und Österreicher beteiligt. Sabine Fuchs fragt in ihrem Beitrag, wie stark diese Gruppe von Emigranten die Arbeit der DEFA mitbestimmt hat und welche Auswirkungen die österreichische Immigration auf die Kulturpolitik der DDR hatte. Der Beitrag von Marcus Becker und Annette Dorgerloh thematisiert den Garten als szenografische Konstante in drei unterschiedlichen Verfilmungen von Goethes Roman *Die Wahlverwandtschaften*: 1974 hatte die DEFA-Version von Siegfried Kühn ihre Premiere; 1982 folgte Claude Chabrols TV-Arbeit; und 1996 präsentierten die Gebrüder Taviani ihre Fassung. Becker und Dorgerloh betrachten in ihrer Analyse die Szenografie als entscheidende Ebene im filmischen Bildgeschehen und nutzen die Metapher des Landschaftsgartens für eine räumlich und zeitlich weiter ausgreifende, ästhetisch fundierte Gesellschaftsdiagnose. Marius Böttcher schließlich untersucht im letzten Beitrag zu dieser Sektion die selbstreflexive Haltung der DDR im Prozess der Ziehung und Überquerung von Grenzen am Beispiel des DEFA-Road Movies. Hier treffen sich Herstellung und Wahrnehmung eines Handlungsspielraums sowohl im territorial-politischen als auch im kulturellen Sinne. Im Zentrum seiner Analyse stehen mit Günter Reischs *Unterwegs zu Lenin* (1970) und Herrmann Zschoches *Und nächstes Jahr am Balaton* (1980) zwei auf je ganz eigene Weise exemplarische Grenzüberschreitungen.

In der vierten Sektion des Buches werden unterschiedliche Perspektiven und Forschungsansätze zur transnationalen Distribution und Rezeption von DEFA-Filmen präsentiert und diskutiert. Rosemary Stott stellt die Kriterien für die Auswahl der aus dem Westen in die DDR importierten Filme vor, wobei sie erstmals systematisch die offiziellen Zensurprotokolle aufarbeitet und in einen Zusammmhang stellt mit der Auswertung der Filme in ostdeutschen Kinos. Sie konzentriert sich dabei auf die Epoche zwischen dem 11. Plenum des Zentralkomitees der SED vom Dezember 1965 und den 1980er Jahren. Wie der Filmimport in die DDR, so ist auch die Beteiligung der DDR an internationalen Festivals bislang kaum wissenschaftlich untersucht worden. Andreas Kötzing widmet sich in seinem Beitrag über den Ost-Berliner ‚Club der Filmschaffenden' und die Teilnahme der DEFA an der Mannheimer Filmwoche 1959/60 diesem Desiderat. In Betracht gezogen werden dabei sowohl die Rahmenbedingungen als auch die Motive für die Aufführung von DEFA-Filmen, wurde deren Präsenz doch allzu oft von politischen Konflikten begleitet und überschattet.

Den Beziehungen der DEFA nach Frankreich ist der Beitrag von Matthias Steinle und Perrine Val gewidmet. Er gibt einen kompakten Überblick, welche DDR-Produktionen wie nach Frankreich gelangten und in welchem Kontext sie dort gezeigt wurden, weist aber auch auf Gemeinschaftsproduktionen zwischen dem ostdeutschen Filmstudio und französischen Produzenten hin und stellt die Institutionen vor, die DEFA-Filme in Frank-

reich zugänglich machten, bevor zum Abschluss eine fast vergessene französische Produktion vorgestellt wird, die Anfang der 1970er Jahre in Zusammenarbeit mit der DDR entstanden ist. Wie den Ausführungen von
Daniela Berghahn zu entnehmen ist, wurde der DEFA-Märchenfilm *Das
singende, klingende Bäumchen* (1957) in einem mehr als 40 Jahre währenden
Rezeptionsprozess zu einem Kultfilm in Großbritannien. In ihrer Fallstudie veranschaulicht sie, wie sich dieser Film in der transnationalen Wahrnehmung dramatisch gewandelt hat und bis heute in Großbritannien im
kulturellen Gedächtnis einer Generation verankert ist. Auch Burkhard Olschowsky beschäftigt sich mit der Rezeption eines einzelnen DEFA-Films
im Ausland. Frank Beyers *Der Aufenthalt* (1983) erregte in Polen Aufsehen,
da der Film angeblich antipolnischen Ressentiments Vorschub geleistet
haben soll. Olschowsky legt die erinnerungspolitischen Hintergründe
dieser ungewöhnlichen Kritik und ihre Folgen für die Filmschaffenden
dar. Dabei geht er nicht nur auf die Rezeption des Films in der DDR und
in Polen ein, auch die Wahrnehmung in der Bundesrepublik ist von einiger Brisanz, nachdem die DDR-Regierung 1983 die Aufführung bei den
Filmfestspielen in West-Berlin verhindert hatte. Im letzten Aufsatz des
Bandes nimmt sich Ralf Forster einer filmwissenschaftlich vernachlässigten, kultur- und wirtschaftshistorisch jedoch äußerst ergiebigen Gattung an: Schon durch seine spezifische Zweckbindung – der affirmativen
Darstellung von Produkten und Leistungen für den Absatz im Ausland
– stellt der Werbefilm einen für die transnationale Perspektive des Buches
unverzichtbaren Bestandteil dar.

In dieser Zusammensetzung dokumentiert der vorliegende Band
die – um einige weitere Texte ergänzten – Vorträge der internationalen
Fachtagung „Grenzen und Grenzüberschreitungen. Transnationale Film-
beziehungen der DEFA vor und nach dem Mauerbau", die vom 3. bis 6.
November 2011 an der Hochschule für Film und Fernsehen (HFF) „Konrad
Wolf" stattgefunden hat. Idee und Konzeption der Tagung wurden von
der Professur für Mediengeschichte im Studiengang Medienwissenschaft
der HFF in Kooperation mit der DEFA Film Library an der University of
Massachusetts in Amherst und unter Beteiligung des Präsidenten der HFF,
Dieter Wiedemann, sowie des Filmmuseums Potsdam entwickelt.

Ermöglicht wurden die Tagung und ihre Dokumentation durch die
Unterstützung der DEFA-Stiftung – wofür wir uns besonders bei Helmut
Morsbach und Stefanie Eckert bedanken möchten – und eine Sachmittel-
beihilfe der Deutschen Forschungsgemeinschaft. Logistische Hilfestel-
lung haben die Veranstalter vom Projektbüro „Potsdam – Stadt des Films

2011" erhalten, wofür die Herausgeber Elizabeth Prommer, Anja Engel, Johanna Kraus und Alida Kubala zu Dank verpflichtet sind. Unser Dank gilt auch der Studio Babelsberg AG, die bereit war, die Tagung als Sponsor zu unterstützen.

An der Organisation der Tagung haben von Seiten des Studiengangs Medienwissenschaft der HFF Jesko Jockenhövel und Thomas Schick sowie als studentische Mitarbeiterinnen Anna Luise Kiss, Talea Lambusch, Sarah Penger, Hannah Reber und Hella Schmidt tatkräftig mitgewirkt. Auf Seiten des Filmmuseums Potsdam geht unser Dank vor allem an Bärbel Dalichow, Christine Handke und Sachiko Schmidt.

Für die zahlreichen Zusammenkünfte, die inspirierenden Gespräche und die gemeinsame Arbeit im Lauf der Jahre sei nicht zuletzt den vielen Teilnehmern an den Sommer-Filminstituten und anderen Programmen der DEFA Film Library gedankt. Unser Dank gilt vor allem auch Hiltrud Schulz für ihre wichtigen Beiträge zu internationalen Forschungsprojekten und Filmreihen und für ihr stetiges Interesse, ihren zuverlässigen Rat und ihre unermüdliche Hilfsbereitschaft. Herzlich gedankt sei auch dem College of Humanities and Fine Arts an der University of Massachusetts in Amherst, der Max-Kade-Stiftung, dem Deutschen Akademischen Austauschdienst (DAAD), der DEFA-Stiftung, dem Progress Filmverleih und Icestorm Entertainment für ihre langjährige Unterstützung der DEFA Film Library.

Die Herausgeber, im November 2012

Literatur

Allan, Seán/Sanford, John (Hrsg.) (1999): DEFA. East German Cinema. 1946-1992. New York/Oxford: Berghahn

Arndt-Briggs, Skyler (2009): DEFA auf Amerikanisch. In: Eichinger/Stern (2009): 148-164

Berghahn, Daniela (2005): Hollywood behind the Wall. The Cinema of East Germany. Manchester: Manchester University Press

Byg, Barton (1999): DEFA and the Traditions of International Cinema. In: Allan/Sandford (1999): 22-41

Byg, Barton/Moore, Beth (Hrsg.) (2002): Moving Images of East Germany. Past and Future of DEFA Film. Washington: American Institute for Contemporary German Studies

Byg, Barton (2003): Solidarity and Exile. Blonder Tango and the East German Fantasy of the Third World. In: Rueschmann (2003): 55-71

Davidson, John/Hake, Sabine (Hrsg.) (2007): Framing the Fifties. Cinema in a Divided Germany. New York/Oxford

Eichinger, Barbara/Stern, Frank (Hrsg.) (2009): Film im Sozialismus. Die DEFA. Wien: Mandelbaum

Feinstein, Joshua (2002): The Triumph of the Ordinary. Depictions of Daily Life in the East German Cinema, 1949-1989. Chapel Hill: University of North Carolina Press

Gersch, Wolfgang (2006): Szenen eines Landes. Die DDR und ihre Filme. Berlin: Aufbau Verlag

Heimann, Thomas (1993): DEFA, Künstler und SED. Zum Verhältnis von Kulturpolitik und Film in der SBZ/DDR 1945 bis 1958. Berlin: Vistas

Kannapin, Detlef (2005): Dialektik der Bilder. Der Nationalsozialismus im deutschen Film. Ein Ost-West-Vergleich. Berlin: Dietz

Karl, Lars (Hrsg.) (2007): Leinwand zwischen Tauwetter und Frost. Der osteuropäische Spiel- und Dokumentarfilm im Kalten Krieg. Berlin: Metropol

König, Ingelore/Wiedemann, Dieter/Wolf, Lothar (Hrsg.) (2000): Zwischen Bluejeans und Blauhemden. Jugendfilm in Ost und West. Berlin: Henschel

Lindenberger, Thomas (Hrsg.) (2006): Massenmedien im Kalten Krieg. Akteure, Bilder, Resonanzen. Köln: Böhlau

Moltke, Johannes von (2007): Location *Heimat*. Tracking Refugee Images, from DEFA to the *Heimatfilm*. In: Davidson/Hake (2007): 74-90

Mückenberger, Christiane/Jordan, Günter (1994): „Sie sehen selbst, Sie hören selbst". Eine Geschichte der DEFA von ihren Anfängen bis 1949. Marburg: Hitzeroth

Mühl-Benninghaus, Wolfgang (2012a): Unterhaltung als Eigensinn. Eine ostdeutsche Mediengeschichte. Frankfurt/Main: Campus

Mühl-Benninghaus, Wolfgang (2012b): Deutsch-deutsche Unterhaltung im Nachkriegsdeutschland. In: Augenblick. Marburger Hefte zur Medienwissenschaft 54/55. 2012: 145-154

Rueschmann, Eva (Hrsg.) (2003): Moving Pictures, Migrating Identities. Jackson: University Press of Mississippi

Schenk, Ralf (Hrsg.) (1994): Das zweite Leben der Filmstadt Babelsberg. DEFA-Spielfilme 1946-1992. Berlin: Henschel

Steinle, Matthias (2003): Vom Feindbild zum Fremdbild. Die gegenseitige Darstellung von BRD und DDR im Dokumentarfilm. Konstanz: UVK

Stott, Rosemary (2012): Crossing the Wall. The Western Feature Film Import in East Germany. Oxford u.a.: Peter Lang

Kontexte und Traditionen

Die gespenstische Politik der DEFA

Hamlet im Osten

Larson Powell

Archivgespenster

Schon bald nach 1989 wichen die zunächst euphorischen Vorstellungen vom Simulakrum und vom Ende der Geschichte durchaus besorgten Überlegungen zum Gedächtnisverlust. Jacques Derridas *Spectres de Marx* (*Marx' Gespenster* 1993) und *Mal d'archive* (*Dem Archiv verschrieben* 1995), beide Mitte der 1990er Jahre veröffentlicht, können sowohl als Dokumente dafür als auch als Antwort darauf gesehen werden. Wie im Folgenden gezeigt werden soll, können Vorstellungen vom Gespenstischen und vom Archiv besonders nützliche Begriffe zur Konzeptualisierung des unheimlichen Nachlebens Ostdeutschlands darstellen, speziell in seinem DEFA-Filmerbe. Den zwei Büchern Derridas liegen mehrere gemeinsame Fragestellungen zugrunde: die Sorge um eine mögliche Geschichtsvergessenheit, das Interesse für die Rolle von Medientechnologien bei der Speicherung und Übertragung von Erinnerung; die der Geschichte und dem Trauma innewohnende Verknüpfung, wobei das Trauma selbst als Erzeuger von Archiven und Gespenstern konzipiert wird; und die Aussage, dass die Wahrheit an sich gespenstisch ist.

Wenn jemals ein Medium dazu geeignet war, ein „Marxsches Gespenst" darzustellen, dann der Film, der selbst ein „sinnlich übersinnliches Ding" (Marx 1969: 50) wie die Ware in Marx' *Kapital* und seit seiner Erfindung auf unheimliche Weise mit anderen „gespenstischen Medien" assoziiert ist. Der Film kann jedoch ebenso als eine Art Archiv gesehen werden. Im Fall der DEFA-Filme wird die dem filmischen Medium innewohnende Geisterhaftigkeit zudem verdoppelt durch die Geisterhaftigkeit der DDR-Gesellschaft selbst, die immer als eine „Nation des Übergangs" (Erdmann 1996: 152) in ein höheres Stadium begriffen wurde, das sie nie erreicht hat. Auf der zeitlichen Ebene blickten die Meistererzählungen der DEFA nicht nur in die Zukunft, sondern ebenso in die Vergangenheit, vor allem in der

Form des Antifaschismus oder der nostalgischen Erzählungen von einer
Revolution, die bereits geschehen (oder verpasst worden) war. Zunächst
sollen die zwei Konzepte des Gespenstischen und des Archivs genauer
ausgearbeitet werden, bevor sie auf den besonderen politischen Kontext
und den Inhalt der DEFA-Filme angewandt werden.

Gedächtnismedien

Die Rezeption der beiden Derrida-Bücher war – besonders im Fall von *Marx'*
Gespenster – sehr viel häufiger polemisch und programmatisch geprägt als
kritisch oder analytisch, weil sie ihren Fokus auf die Brauchbarkeit des
Buches für eine Marx-Neuentdeckung nach 1989 richtete. Diese Frage wird
hier nicht behandelt. Stattdessen überprüft dieser Aufsatz die Nützlich-
keit Derridas für eine (meta-)*historische* Methodik anstelle einer effektiven
Blaupause für eine Neue Internationale. Inwiefern stehen Film als Archiv
und Film als etwas Gespenstisches in Beziehung zueinander? Kann Film
sowohl Archiv als auch Gespenst sein oder werden dadurch diese Kategorien nur miteinander vermischt? Die Medialität von Archiv und Gespens-
tischem muss jeweils genauer beschrieben werden – auf eine etwas andere
Art und Weise als Derrida dies tat, für den diese Technologien lediglich
die neuesten Erscheinungsformen einer Struktur waren, die letztendlich
auf Schrift und Sprache selbst zurückzuführen sind. Dies kann im Sinne eines „knight's move", wie Viktor Schklowski einen Zug des Springers
beim Schach nannte, in Bezug auf einen anderen Diskurs geschehen, hier
namentlich der Medientheorie. Wir folgen dabei dem Beispiel von Cornelia
Vismann, die ebenfalls im Bereich der Schnittmenge von Derrida und
Medientheorie arbeitete. In gewissem Sinne schlägt dieser Aufsatz die
Einrichtung eines ‚seltsamen Attraktors' zwischen Dekonstruktion und
Medientheorie vor, so wie ich dies auch schon für Adorno und Luhmann
getan habe; und seltsame Attraktoren müssen nicht immer chaotisch sein.
Wir können die Konzepte des Archivs und des Gespenstischen historisch
produktiv machen, indem wir sie in Beziehung setzen zu dem, was Jan
und Aleida Assman als Speichergedächtnis und Funktionsgedächtnis
bezeichnet haben (Assmann/Assmann 1994: 114-140). Das Speichergedächtnis besteht aus materiellen Grundlagen der Erinnerung (Dokumente oder Archive, so wie das SAPMO-Archiv in Berlin); das Funktionsgedächtnis bezeichnet soziale Praktiken, die die Erinnerung bestimmen.
Das Problem, mit dem dieser Aufsatz konfrontiert ist, kann somit als die

(traumatische)[1] *Lücke zwischen Speicher- und Funktionsgedächtnis* bezeichnet werden. Bei Derrida werden „Marx' Gespenster" im Sinne dieser Auffassung zu einer historisch spezifischen Form des Unheimlichen: eine nicht disjunktive Menge von Archiven und Gespenstern, die nicht mehr mit einer existierenden Gesellschaft verbunden sind. Da der Film die Gesellschaft schon immer nicht nur reflektierte, sondern auch mitkonstruierte und im Sinne eines utopischen „Noch-nicht"[2] (Ernst Bloch) antizipierte, lassen sich diese Filme nicht *nur* als „Dokumente" im traditionellen Sinne verstehen, obwohl sie *auch* Dokumente sind. Derrida führte aus, dass Archive immer die Zukunft kontrollieren; nirgends trifft dies besser zu als in Bezug auf die DDR.

Wir können die Gespenster von Marx noch genauer benennen, indem wir Derridas wiederholten Bezügen auf Hamlet und den Geist des Vaters in einem spezifisch deutschen bzw. DDR-Zusammenhang nachgehen. *Hamlet* ist nicht nur wiederholt als Allegorie für die deutsche Politik gelesen worden (Loquai 1993), es war zudem im sozialistischen Kontext ein besonderes „Reizstück" und musste im Sozialismus optimistisch uminterpretiert werden, um sein negatives Potenzial abzumildern, so wie es in Gustav von Wangenheims Inszenierung von 1945 geschah. Auch später begleitete *Hamlet* die DDR in vielen entscheidenden Momenten ihrer Geschichte, nicht nur bei ihrer Gründung (bzw. davor), sondern auch bei ihrem Ende. Als die DDR im Herbst 1989 zusammenbrach, probte Heiner Müller *Hamlet* gerade mit Ulrich Mühe und brachte das Stück schließlich im Februar 1990 auf die Bühne, wobei er seine eigene *Hamletmaschine* (1977) als Einfügung mit aufnahm. Müllers Text beginnt mit dem Satz: „Ich war Hamlet", eine Aussage, die das Drama historisiert und dessen Protagonisten zu seinem eigenen Geist werden lässt.

In Müllers Bearbeitung wird *Hamlet* zu einer Allegorie für die generationsübergreifende Politik in der DDR, für die ruhelosen Geister der Väter, um die nicht getrauert wurde, und für die Söhne, die nicht in der Lage waren, sich von diesen Geistern zu befreien. Diese Erzählstruktur können wir wie einen Ariadnefaden durch die gesamte DEFA-Geschichte nachverfolgen; wenn *Hamlet* auch sicher nicht die gesamte DEFA-Politik zusammenfasst, so repräsentiert dieses Stück doch das, was man in Anverwandlung eines Freudschen Begriffs als den ‚Kernkomplex' der DEFA

---

1 Das ist die Aussage sowohl in *Mal d'archive* als auch in *Spectres de Marx* – kein Archiv ohne Trauma und Gespenster.

2 Zur Zukunft des Archivs vgl. Derrida (1995: 110, 118; 1993: 27, 38).

bezeichnen könnte. Der Vorteil bei der Verwendung des narrativen Musters aus Hamlet ist, dass eine bloße atomistische Suche nach einzelnen
Momenten des Geisterhaften oder des „Archivspuks" im Film, die ebenso
einfach wie lediglich metaphorisch wäre, vermieden werden kann. Der
„Hamletkomplex", der hier für die DEFA angenommen wird, kann als Modell auf wesentlich mehr Filme angewendet werden als an dieser Stelle
aus Platzgründen möglich ist; stattdessen werden sich die folgenden Ausführungen auf drei Momente in der Geschichte der DEFA konzentrieren:
ihre Gründung, ihre Krise durch das 11. Plenum 1965 und ihre Auflösung.
Denn genau in diesen Momenten, in denen „die Zeit […] aus den Fugen"
war, werden Hamlet und sein(e) Geist(er) innerhalb der DEFA sichtbar. Im
Fall der ‚Kaninchenfilme' von 1965 führte das Hamlet-Element zur Zensur, sodass sie selbst zu etwas Latentem, historisch Abgetriebenem oder
Ungeborenem wurden; im Fall der letzten und verlorenen DEFA-Genera-
tion führte die vernichtende Dominanz der Vätergeneration zur Unterdrückung der Bestrebungen einer ganzen Gruppe von Filmemachern. So
wird *Hamlet* nicht nur zu einer Frage des Textes, sondern ebenso zu einer,
die die DEFA als Institution betrifft – zu einer Frage der Politik hinter der
Filmproduktion und nicht nur zu einer Frage der filmischen Darstellung.
Das letztendliche Scheitern der DEFA – ihres Geistes und ihres Archivs –
bezieht sich somit nicht nur auf die zunehmenden Probleme, eine Öffentlichkeit zu erreichen (und ein Publikum anzusprechen), sondern auch auf
die Filme, die entweder nicht gezeigt wurden oder nie gemacht werden
konnten: Filme ohne Zuschauer oder nicht vorhandene Filme, in der Tat
wirkliche Gespenster.

    Hamlet spricht einen Generationenkonflikt an, der nicht nur zentral für
die DEFA ist, sondern ebenso für ihr Pendant auf der anderen Seite der
Mauer, den Neuen Deutschen Film, und ebenso kennzeichnend für die
68er-Generation in der Bundesrepublik. Wieder einmal zeigt sich (sozusagen posthum), dass die beiden deutschen Nachkriegskinos näher miteinander verwandt waren als man früher dachte. Wir werden im Blick
behalten müssen, auf welche (andere) Art und Weise der Neue Deutsche
Film seinen eigenen Hamletkomplex bearbeitete, während wir uns mit der
DEFA beschäftigen.

Narrative Muster

Trotz der Schlüsselrolle, die *Hamlet* für die Moderne einnimmt, wäre es eine starke Einschränkung, die betreffenden DEFA-Filme nur in die narrative Schablone des Shakespearestückes hineinpressen zu wollen. Es ist zum Beispiel nicht schwierig, ein Muster kriegsgeschwächter Männer (ein Topos in der wissenschaftlichen Literatur zu deutschen Nachkriegsfilmen) zu finden, die unfähig sind, sich gegen die väterliche Autorität aufzulehnen und daher nur zum Teil die „symbolische Investitur" (Pinkert 2008: 28) ausführen können, die sie wieder in eine Gemeinschaft eingliedern würde.[3] Der Held des ersten DEFA-Films und des ersten Films, der nach dem Zweiten Weltkrieg in Deutschland produziert wurde, Wolfgang Staudtes *Die Mörder sind unter uns* (1946), würde gewiss in dieses Muster passen. Dennoch gibt es auch deutliche Unterschiede zur Hamlet-Schablone, die uns vor einfachen Parallelisierungen bewahren. Im Unterschied zu Hamlet gelingt es Mertens, durch Susanne Wallner (die zugegebenermaßen in ihrer Irrealität ebenso geisterhaft ist wie Ophelia und ebenso versteckt mütterlich) sein Begehren wiederzufinden.[4] Es ist daher sinnvoll, die Präsenz Hamlets in den DEFA-Filmen nicht nur als ein offenkundiges Erzählmuster, sondern auch als gattungsmäßigen Druck innerhalb der und gegen die Tragödie zu sehen, so wie Benjamin – der sich im *Ursprung des deutschen Trauerspiels* auf *Hamlet* bezog – das deutsche Trauerspiel als dekadente Form der klassischen Tragödie und ihres ödipalen Musters sah.[5] (*Hamlet* wird so lesbar als die Form eines Kompromisses für die DEFA im Zwiespalt zwischen der Notwendigkeit, Identifikationsangebote zu schaffen und Faktoren wie den Publikumserfolg zu berücksichtigen einerseits und dem Unbehagen gegenüber der Tragödie und des emotionalen Erbes der Ufa andererseits.)

Im Fall von *Die Mörder sind unter uns* kommt es zur Vermischung sowohl verschiedener Genres – Western und Melodrama – als auch verschie-

---

3   Die Begriffsprägung geht ursprünglich auf Eric Santner zurück.

4   Die Verbindung zwischen Ophelia und Gertrude (und damit zum „Begehren der Mutter" nach Lacan) ist von psychoanalytisch orientierten Kritikern gezogen worden (vgl. Lupton/Reinhard 1993: 81).

5   Lupton und Reinhard schreiben daher von Benjamins „generic transformation along melancholic rather than agonistic lines" (1993: 94), was auch Hans Mertens' Vermeidung eines offenen Konflikts im Film gut beschreibt. Anke Pinkert (2008: 8-13) sieht außerdem eine Verbindung zwischen der Ästhetik des Trauerspiels und der Erinnerungs- und Trauerarbeit der DEFA.

dener Stile – Ufa und Neorealismus.[6] Staudtes Film kann keine Tragödie
sein, kann nicht dem Schema eines Western folgen, obwohl der tragische
Ausgang nicht durch die innere Hemmung der Hauptfigur blockiert wird,
sondern durch die *dea ex machina* Susanne und ihr Heraufbeschwören einer Gerechtigkeit ohne Gewalttätigkeit. Paradoxerweise ist es hier gerade
die mehrdeutige filmische Vergangenheit des Ufa-Beleuchtungsstils, im
Film assoziiert mit Susanne und dem Familienmelodrama, die für eine
erlösende, aber noch nicht eingetretene Zukunft und daher gegen das tragische Potenzial steht. Susanne ist somit ein ‚Gespenst der Ufa‘, das sich
in einen Schutzengel des sozialistischen Humanismus verwandeln muss;
die materiellen Spuren ihrer gespenstischen Ufa-Vergangenheit in der Beleuchtung und auf der Tonspur bleiben jedoch unauslöschlich, eine Art
generischen Unbewussten des Films.

Hierbei handelt es sich nicht nur um einen Kompromiss oder Bruch
auf der narrativen Ebene, er wird an einzelnen Momenten des Films auch
visuell deutlich; besonders in der Szene, in der Hans Susanne vor dem
Hintergrund einer Front voller Röntgenaufnahmen, mit denen sie die zer-
brochenen Fenster ihrer Wohnung zugeklebt hat, von seiner Vorkriegsver-
gangenheit als Arzt erzählt. Anke Pinkert hat diese Röntgenaufnahmen
zusammen mit anderen Gegenständen in dem Film als eine Form des „Archivs" (2008: 37) der Vergangenheit beschrieben. Ihre Präsenz in dieser
Szene

> creates a breach between the protagonists' affect and representation, a breach
> that quite powerfully dramatizes a sustained numbing, a self-anaesthetization
> and incapability of empathy that characterized postwar Germany. […] the spec-
> tral quality of the X-ray image introduces hollow spaces into the solid cinema-
> tography overall characteristic of the film. (Ebd.: 39)

Dieser Bruch kann ebenso auf eine Trennung bezogen werden, die bereits
erwähnt wurde: die zwischen Speichergedächtnis und Funktionsgedächtnis. Wenn Hans' Erzählung gegenüber Susanne ein erlösendes Funktionsgedächtnis oder eine „brauchbare Vergangenheit" für den Wiederaufbau
der Nachkriegszeit anbietet, passiert dies gleichwohl unter zunehmender

---

6   Vgl. Shandley (2001: Kap. 2); Bathrick (1998: 169-185). Auch hier besteht eine
    Verwandtschaft zu Hamlet, gekennzeichnet durch "a deliberate forcing to-
    gether of radically incompatible accounts of almost everything that matters"
    (Greenblatt 2001: 240).

Missachtung der andauernden Präsenz der Toten im dokumentarischen Speichergedächtnis der Röntgenaufnahmen, die von Hans' erlösender Beschreibung der Vergangenheit absorbiert wurden. Während die Kamera langsam auf Susannes hell erleuchtetes Gesicht zufährt, werden die Röntgenaufnahmen, deren Andenken verinnerlicht wurde, an den Rand gedrängt. In dieser Schlüsselszene verpasst Hans eine mögliche Konfrontation mit Trauma und Trauer, die die Röntgenaufnahmen ihm (und uns) anbieten. Er verpasst damit zugleich die Begegnung mit der realen anstelle einer imaginären Zukunft, die sich fortan für ihn im weich gezeichneten mütterlichen Gesicht Susannes widerspiegelt. Es war das Verhängnis der DDR, die bewusste Erinnerung (und damit das staatlich geförderte Funktionsgedächtnis) in Form der offiziellen antifaschistischen Großerzählung betont zu haben, zu Lasten einer spontanen Trauerarbeit, die das Archiv des Speichergedächtnisses auf eine weniger dirigistische Art und Weise hätte aufarbeiten können. Selbst in Westdeutschland vermischte Alexander Mitscherlichs (1967) einflussreiches Modell der kollektiven Trauerarbeit bewusste und rationale Praktiken öffentlicher Therapie mit einer weniger gelenkten Form der Aufarbeitung, wie Christian Schneider und Ulrike Jureit (2010) unlängst erörtert haben.

Kaninchen-Generation?

In der Phase der Konsolidierung der DDR, die sich ungefähr von der Staatsgründung 1949 (und dem Ende des Trümmerfilms als Genre des Übergangs, wie Shandley gezeigt hat) über den Bau der Berliner Mauer 1961 bis zu dem folgenden kurzen Zeitraum der Liberalisierung erstreckte, schien der Geist Hamlets sicher an den Rand der DEFA verbannt worden zu sein. Die sogenannten „Kaninchenfilme" von 1965 beinhalteten jedoch eine große Menge gescheiterter, beschädigter oder passiver Autoritätsfiguren und aufsässiger Jugendlicher; darüber hinaus verzichteten diese Filme, anders als die zuvor genannten, darauf, ihre zwiespältigen Protagonisten unmissverständlich zu verurteilen. Von diesen Filmen zeigt *Denk bloß nicht, ich heule* (1965) sowohl die Struktur des Generationskonflikts, um den es in diesem Aufsatz geht, als auch das melodramatische Erzählmuster, das wir schon in *Die Mörder sind unter uns* gesehen haben. Gleich zu Beginn führt der Film Peter Naumanns Vater als wertlose Figur ein, die in keiner Weise ein positives Vorbild für seinen Sohn darstellt. Die darauffolgende Geschichte von Peter wird, unter der Oberfläche einer scheinba-

ren Rebellion, zur Suche nach einem (idealen) Ersatzvater, eine Suche, die
vor allem vermittels der Töchter dieser Väter ausgeführt wird: die Wissenschaftlerin Uschi und Anne, Peters Mitschülerin. Der Generationskonflikt
zwischen jugendlich-rebellischem Individuum und dem paternalistischen
Staat vollzieht sich so in der Form eines romantischen Melodramas, wobei
die horizontale (eheliche) Bindung zum anderen Geschlecht dazu dient,
den Sohn wieder in die vertikale Bindung der zeitweise destabilisierten
symbolischen Vaterschaft zu bringen. Die Stationen, die Peter während
seiner konfliktreichen Reintegration vom Asozialen und Halbstarken zurück in Annes Arbeiterfamilie durchläuft, spielen sich an historisch auf-
geladenen *lieux de mémoire* oder an symbolischen „Schauplätzen" in und
um Weimar ab: das Goethehaus, Buchenwald und die halb verfallene
Weimarhalle aus der Nazizeit. Diese Orte – die offenkundigen und monumentalen Archive der Kultur der DDR, ihrer politischen Legitimation
und ihrer geisterhaft präsenten Vergangenheit – erlangen den Status materieller Zeugen und Kommentare zu Peters Handlungen, die sich in mehr
oder weniger ironischer oder wissender Beziehung zu ihnen befinden. Es
sind diese Hintergründe, die der Handlung gegenüber der Instabilität und
Zerrissenheit Peters Stabilität verleihen. Wir können diesen Konflikt und
Peters verzweifelte Suche mit Axel Honneth (1995: 20, 24) als „Kampf um
Anerkennung" verstehen.

Was Peters Kampf so verzweifelt und in Hamlet-ähnlicher Weise sinn-
los macht, ist genau die Art und Weise, wie er zwangsweise von Beginn an
innerhalb moralischer und familiärer Begriffe verhandelt wird: Jede Möglichkeit einer wirklichen politischen Kritik wird ausgeschlossen. Damit ist
er ein wichtiger Vertreter seiner Generation (die auch die des Filmregisseurs ist). Wolfgang Engler zufolge beschrieben Thomas Ahbe und Rainer
Gries den Generationenkonflikt zwischen der „Aufbau-Generation" und
der der „misstrauischen Patriarchen" (d.h. Ulbricht und seine Generation) zur Zeit des 11. Plenums folgendermaßen: „Lose verbundene Einzel-
kämpfer, die sie [die Aufbau-Generation, L.P.] nunmehr waren, deuteten
sie ihr Los und ihre Rolle in moralischen statt wie früher in politischen
Kategorien. Sie begriffen sich als Ethiker." (Schüle/Ahbe/Gries: 511f.) Viele
dieser Merkmale lassen sich auch bei der Generation der 68er in Westdeutschland finden, einschließlich Peters Selbstmitleid (Geier 1984: 41). Nicht
zufällig ist das Drama dieser 68er-Generation ebenfalls mit Hamlet-Be-
griffen beschrieben worden (Hahn 2007: 134-148).

Dennoch stößt gerade die Theatralik (oder Performanz) von Peters hilf-
loser Revolte an die Grenzen des Erzählmusters eines melodramatischen

„Familienromans" (Freud 1970 [1909]) – doch genau dieser wird eben als Erzählmuster für die Revolte verwendet. Dies gilt nicht nur für sein eigenes widersprüchliches, launenhaftes Verhalten, sondern auch für die Rolle, die die historischen Stätten Weimars spielen. Fast ebenso wie Hamlet sein Mausefallen-Stück aufführen lässt, um „Fang den König" zu spielen, durchlebt Peter seinen Protest vor dem Hintergrund Weimars, wodurch er dessen historische Archivorte als Zeugen seines eigenen persönlichen Dramas renarrativisiert und theatralisiert. Anders als Hamlet, der seine Rolle geschickt vorspielt, während er die Reaktionen der anderen beobachtet, ist Peter schmerzhaft ehrlich in seinen Rollen (deshalb handelt es sich bei seinem Verhalten mehr um ein Ausleben als um ein Nachspielen). Im Verlauf der Handlung muss er auf dramatische Weise die offizielle Interpretation dieser Orte, so wie sie von der DDR-Geschichtsschreibung vorgegeben wird, überarbeiten und/oder korrigieren. In Buchenwald erscheinen Peter und Anne merkwürdig abgedrängt oder abgetrennt von den enorm heroischen Statuen Fritz Cremers. Betont wird dies durch die Bildgestaltung, die zwischen ihnen und ihrer Umgebung weite, leere Räume entstehen lässt. Wenn James Young über die Gedenkstätte Buchenwald schreibt, dass in ihrer Gestaltung „Abwesenheit als Motiv vorherrscht" (1993: 78), dann fügen sich Peter und Anne gerade in diese Abwesenheit ein. Am meisten beunruhigt jedoch die Szene, in der Peter und seine Hooligan-Freunde ihren Lehrer in der Nazihalle zusammenschlagen. Die ironische Gegenüberstellung von Peters Drama und den offiziellen Archivstätten der Erinnerung in der DDR führt die bereits erwähnte Trennung zwischen Funktionsgedächtnis und Speichergedächtnis vor, die die Wurzel von Peters Problemen ist. Peter scheint sich der Bedeutung seiner Schauplätze – dem materiellen Fortleben der Erinnerung in Archiven – ebenso wenig bewusst zu sein wie Hans Mertens sich des realen Leidens bewusst war, das in den Röntgenaufnahmen vor seinen Fenstern deutlich wurde.

Die letzte Generation

Nachdem Honecker betont hatte, dass es „auf dem Gebiet von Kunst und Literatur keine Tabus" geben sollte, solange der Ausgangspunkt des Künstlers die „feste Position des Sozialismus"[7] war, stellten die frühen

---

7 Rede auf dem 4. Plenum des Zentralkomitees im Dezember 1971; zitiert nach Emmerich 1996: 247.

1970er Jahre eine weitere Phase des Tauwetters dar, vergleichbar mit jener
der frühen 1960er Jahre. Das Tauwetter dauerte jedoch erneut nicht lange,
der Konflikt um die Ausbürgerung Biermanns 1976 setzte ihm ein Ende,
auch für die DEFA.

Das letzte Jahrzehnt in der Existenz der DDR ist als Zeitraum sehr
viel schwieriger zu definieren als seine Vorgänger, sowohl für Sozial- als
auch für Filmhistoriker. Hermann Weber nennt sein Kapitel über diese
Zeit „Die DDR zwischen Erstarrung und Niedergang" (1991: 178), Elke
Schieber ihres – in einer Standardgeschichte der DEFA – „Anfang vom
Ende oder Kontinuität des Argwohns" (Schieber 1994: 265). Bei der Blockade und Sklerose der DDR-Gesellschaft handelte es sich auch um ein
Generationenproblem: Die Generation der zwischen den späten 1940er
Jahren und ungefähr 1960 Geborenen sah sich ständig damit konfrontiert,
dass ihnen ihre Chancen und Möglichkeiten versperrt wurden und war
dadurch unfähig, sich selbst auf ähnliche Art als Generation zu definieren wie es die Aufbau-Generation getan hatte.[8] Dies war besonders gra-
vierend bei der „verlorenen Generation" von DEFA-Regisseuren, die zwischen 1949 und 1960 geboren wurden und zu denen Jörg Foth, Herwig
Kipping, Peter Kahane und Dietmar Hochmuth gehörten (McGee 2003).
Die nicht stattfindende Realisierung politischen Protests, die Filme wie
Denk bloß nicht, ich heule und später *Jadup und Boel* (1981) bereits ins Archiv
verbannte, bevor sie gezeigt worden waren, dehnte sich nun auch auf die
filmische Produktion aus. Genau dieser Aspekt des Ungeborenen war das
Thema von Müllers *Hamletmaschine* – „das Drama findet nicht mehr statt"
(Emmerich 1996: 360).

Was jedoch bisher nicht genügend Beachtung fand, ist die Tatsache, dass
diese Krise in der DDR-Filmproduktion nicht nur durch die Starrheit und
Härte des Regimes verursacht wurde, sondern ebenso durch eine größere,
globale Kinokrise. Konrad Wolf starb fast zeitgleich mit Fassbinder, und
beide Todesfälle bedeuteten das Ende des einst dominanten Autorenfilm-
Modells, im Osten wie im Westen. In der DDR mag *Jadup und Boel* der letzte
Autorenfilm gewesen sein. Wir müssen daher diese letzten Filme der DDR
auch in einen globalen kinematographischen Kontext stellen.

Von diesen Filmen ist *Die Architekten* (1990) der bekannteste, und er
zeigt deutlich die Struktur des politisierten familiären bzw. Generationen-
konflikts auf, der hier im Zentrum des Interesses steht. Leider reduziert
der Film diesen Konflikt jedoch zu einer melodramatischen Schnulze. Es

---

8   Vgl. Göschel (1999: 221); Schüle/Ahbe/Gries (2006: 226, 489).

findet sich nicht eine Spur der Ironie und des Humors, die noch Kahanes wesentlich besseren Film *Ete und Ali* von 1985 geprägt hatten. Dass *Die Architekten* so deutlich auf das Melodrama zurückgreift, zeigt, dass sich dieser Film nicht mehr an DDR-Zuschauer richtete, sondern an ein sehr viel größeres, globales und kommerzielles Publikum. Am anderen Ende dieses formelhaften Zugangs stehen Kippings *Das Land hinter dem Regenbogen* (1992) und Foths *Letztes aus der DaDaeR* (1990), die als Artverwandte des verspäteten Neo-Avantgardismus von Prenzlauer-Berg-Autoren (vgl. Steingröver 2008: 109-130) oder als solche früherer Ostblocksatiriker wie Makavejev betrachtet werden könnten.

Hochmuths *Motivsuche* (1990) bemüht sich, die real existierende Blockade und Problematik des Filmemachens in eine spezifische Erzählform zu überführen. Der Film erzählt von den erfolglosen Bemühungen des Regisseurs Rüdiger, einen Dokumentarfilm über die junge proletarische Familie der Jugendlichen Klaus und Manuela, beide gespielt von Laiendarstellern, zu drehen. Damit führt er die wichtigste DEFA-Tradition des Neorealismus und des ,dokumentarischen Spielfilms' fort – bis zu ihrer endgültigen Unmöglichkeit und ihrem Untergang. Es ist die Unmöglichkeit des Dokumentarischen, die dem Film, wie entgegen seiner eigenen Absicht, seine Reflexivität aufzwingt. Es ist ein Film über das Filmemachen und nicht über irgendwelche älteren Kunstfilm-Ambitionen, wie sie noch das Werk Rainer Simons prägten.[9] Wie Robert Stam anmerkte, sind nicht alle reflexiven Filme notwendigerweise avantgardistisch oder modernistisch (1985: xii), und die verzweifelte Suche des Films nach seiner eigenen Geschichte dreht sich in *Motivsuche* auch um die Problematik, noch einen Film zu drehen, wenn modernistische Paradigmen nicht mehr gültig sind.

Denn in *Motivsuche* besteht das Hauptparadoxon darin, dass die Wirklichkeit der DDR-Gesellschaft nicht einmal mehr dokumentiert werden kann, da sich der Zusammenbruch schon vollzieht, während der Film noch gemacht wird. Der Dokumentarfilm hatte sich traditionell bemüht, unterhalb der bloßen Darstellung der Oberfläche die der Gesellschaft zugrunde liegenden Normen ausfindig zu machen und dabei die Würde der

---

9   Wir können daher sagen, dass Hochmuth an einer größeren Bewegung in den 1980er Jahren teilhatte, die über die traditionelle Subjektivität der Autorentheorie hinausging (vgl. hierzu Maule 2008). Maule schlägt eine Unterscheidung vor zwischen Autor – was auch auf Hochmuth noch zutreffen würde – und *auteur* – was wir auf ältere emphatische Auffassungen von Kunstfilm und subjektiver Wahrheit beziehen können, die verkörpert werden in der „art cinema narration" (Bordwell 1985: 205-233).

gewöhnlichen Menschen zu bestärken. Hier jedoch ist Klaus' und Ma-
nuelas proletarische Welt eine der „hoffnungslos zerstörten Sittlichkeit"
(Wildt 1982: 153) – Hegels Begriff für das moralische Gefüge einer Kultur
–, in der selbst die grundlegende Einheit der Gesellschaft, die Kernfamilie,
nicht mehr zusammenhält. Um mit einer Parodie des bekannten Begriffs
von Alexander Kluge und Oskar Negt zu sprechen, kann die Welt des
DDR-Alltags nur *Eigenunsinn* hervorbringen. In einer ironischen Parodie
der dokumentarischen Tradition muss der fiktive Regisseur Rüdiger in
Motivsuche aktiv in die Wirklichkeit, die er dokumentieren will, eingreifen, indem er hilflos versucht, die scheiternde Beziehung zwischen Klaus
und Manuela zu retten. Dadurch ist er (ironischerweise) immer weniger
Regisseur und wird immer mehr zu einem Sozialarbeiter, einem unbe-
absichtigten Vertreter der DDR-Fürsorgediktatur, des allwissenden und
alles lenkenden Staates. Er geht jedoch so stark vom Beobachten zum Eingreifen über, dass er jeglichen Sinn für die Grenzen zwischen sich und
seinen Protagonisten verliert und so, ohne es zu wollen, auch seine eigene
Ehe zerstört. *Motivsuche* kann somit als ironische Antwort sowohl auf den
optimistischen ‚dokumentarischen Spielfilm' der Vorgängergeneration
(Simon und Warneke) als auch auf Dokumentarfilmer wie Jürgen Böttcher
verstanden werden. Hochmuth, der sich am Ende der ‚Kunstfilmperiode'
befindet, erinnert an Heinrich Heine am Ende der Kunstperiode der Weimarer Klassik, der sich in *Die Romantische Schule* auf subtile Art und Weise
über die Autorität Goethes lustig machte, ohne auf alte ödipale Modelle
des Aufstands gegen Vaterfiguren zurückzugreifen.[10]

Denn die Vatergeneration ist in diesem Film kaum vorhanden. Die
Vaterfiguren, die vorkommen, sind im Allgemeinen wohlwollend, ob es
nun Lothar Bisky als Rüdigers Mentor im Filmstudio ist oder Rüdiger selbst
in seiner selbstauferlegten Rolle als Schutzpatron für Klaus und Manuela.
Rüdiger kämpft um Anerkennung, ebenso wie Peter in *Denk bloß nicht,
ich heule*, aber er kämpft nicht mit Vaterfiguren, sondern mit der Schwierigkeit, seine Umgebung oder sich selbst zu verstehen. Der Widerstand
gegen seinen Film kommt auch aus seiner eigenen Familie und aus einer
Gesellschaft, die in ihrem Banausentum Filme nicht ernst nimmt. Mit der
Generation der Patriarchen, die noch bis kurz nach der Fertigstellung des
Films die DDR-Führung innehatten, verschwinden auch die Gespenster

---

10 „Denn in der Literatur wie in den Wäldern der nordamerikanischen Wilden
   werden die Väter von ihren Söhnen totgeschlagen, sobald sie alt und schwach
   geworden." (Heine 1968: 210)

des DDR-Antifaschismus. In einer weiteren ironischen Umkehrung besteht der einzige gespenstische Aspekt des Films in seiner Verspätung – und darin, dass er bis heute kaum rezipiert worden ist. Ein Grund für diese fehlende Aufmerksamkeit mag die düstere Atmosphäre des Films unterhalb seiner vorgeblich komischen Oberfläche sein. Diese Düsterkeit erreicht zum Abschluss des Films eine geradezu modernistische Hoffnungslosigkeit. Rüdiger hat alles verloren, seine Frau, seine Familie, seinen Beruf, und arbeitet als Kellner auf einem Ausflugsschiff in der Provinz. Am Ende stimmt die Band auf dem Boot einen schrecklich schäbigen DDR-Popsong an, der sich als Parodie der schwülstigen Barockmusik Händels herausstellt, die den Film seit seiner Anfangssequenz begleitet hat. Der Text, der Händel hinzugefügt wird, beginnt mit den Worten: „Bald wird schon alles anders, nur niemals gut." Eine ziemlich präzise Prognose der bevorstehenden Wende. Die Bitterkeit dieses Endes wird durch die gewählte Technik noch gesteigert: Für einen kurzen, abschließenden Moment gibt sich der Film der satirischen Reflexivität hin, die er zuvor vermieden hat. In dieser unverminderten Negativität seines Endes, an dem er jegliche Kunstansprüche mit einem bewusst schlechten Scherz über Bord wirft, ist *Motivsuche* letztendlich doch ein modernistischer Film. Hamlet hat den Weg freigemacht für Beckett, dessen *Endspiel* Adorno bekanntlich als moderne Version des vorherigen Stückes bezeichnet hat. „Alles wartet auf den Abtransport" (Adorno 1997: 293), in der DDR ebenso wie bei Beckett.[11]

Doch selbst hier ist *Motivsuche* in gewissem Sinne ein letzter Schwanengesang der Hamlet-Tradition. In einer Interpretation des Trauerspielbuches von Benjamin bemerkt Lutz Koepnick,

the *Trauerspiel* fosters [...] new conceptions of state, which include the crucial separation of the ethical and the political, only at the cost of transposing moral reflection into an aspect of natural history and, hence, myth. In the face of their transcendental homelessness, of their melancholic despair, baroque sovereigns stumble over the secularized logic of power and, in turn, try to ground their faltering authority in renaturalized models of morality. (1996: 280)

---

11 Es gibt noch weitere Beckett-ähnliche Aspekte in *Motivsuche*: „Die Handlung muss durch die eigene organisierte Sinnlosigkeit dem sich anbilden, was in dem Wahrheitsgehalt von Dramatik überhaupt sich zutrug" (Adorno 1997: 283). In anderen Worten, die Offenheit und Kontingenz der Handlung in *Motivsuche* soll die Unmöglichkeit einer Tragödie in der Realität des zusammenbrechenden Sozialismus reflektieren. (Versuche einer tragischen Handlung würden nur zu einem Melodrama wie *Die Architekten* führen.)

So hatten auch die Verantwortlichen der DDR versucht, ihre Legitimation auf Ulbrichts Konzept der „sozialistischen Moral und Ethik" oder des „neuen sozialistischen Menschen" oder auf bürgerliche Vorstellungen von Kultur zu gründen. Und die DEFA-Filme, als Teil dieser Gesellschaft, konnten es nicht vermeiden, sich auf diese Vorstellungen zu beziehen, selbst wenn dies in scheinbar kritischer Manier geschah. Selbst Rüdiger kann sich diesen moralischen Vorstellungen in *Motivsuche* nicht entziehen, wenn er versucht, die Trümmer der Beziehung von Klaus und Manuela wieder aufzurichten und eine junge Familie zu gründen, oder Manuela darin zu unterrichten, wie man chinesisches Essen zu sich nimmt. Nur der Zuschauer und der Autor des Films können diese Komplizenschaft bezüglich der ‚Modelle von Moral' durchschauen, und sobald dies geschieht, muss die Illusion des Films – und mit ihr die DDR – zusammenbrechen, als ob es sie nie gegeben hätte.[12] Wie schon Hamlet im 5. Akt feststellt: „Das ist mir eine schöne Verwandlung, wenn wir nur die Kunst besäßen, sie zu sehen." Kritisch betrachtet, ist es entgegen Joshua Feinstein nicht nur so, dass die DEFA-Filme „an der Schaffung Ostdeutschlands mitwirkten" oder dass sie Ostdeutschlands „staatsbürgerliches Imaginäres" (2002: 228) abstützten, sie stellten auch die dieser Vorstellungswelt innewohnende Instabilität heraus – und mussten sie daher letztendlich zerstören.

Habe ich nur ein weiteres Kapitel dessen geschrieben, was Thomas Elsaesser mit Bezug auf die Weimarer Zeit als Deutschlands historisches Imaginäres beschreibt – wobei ich sozusagen Hamlet an die Stelle von Caligari gesetzt habe? Wie schon in Elsaessers Metapher für Weimar, sind die Filme der DDR ebenfalls als Möbiusband gelesen worden, in dem sich das Politische und das Filmische in einer endlosen Spirale zwischen Subjektivität und Dispositiven der Staatsmacht umeinander drehen. Auch die DDR-Filmgeschichtsschreibung hat ihre Meistererzählungen und -topoi entwickelt, egal ob antifaschistischer Film oder Neorealismus, die dazu beigetragen haben, wissenschaftliche Untersuchungen in bestimmte Bahnen zu lenken, so wie es mit dem Expressionismus lange für die Arbeiten

---

12 Das kommentierende Lied der Rockband am Ende erhebt die historische Besonderheit der sterbenden DDR somit zu einer Art Mythos oder Parabel – jedoch ohne die Hoffnung auf eine ultimative Erlösung, nicht einmal auf eine Tragödie; das ist die Quelle der schockierenden Negativität des Endes. In dieser letzten Einstellung der Musiker, die von einer Zukunft singen, die ebenso hoffnungslos ist wie die Gegenwart, sind all die Gespenster der DEFA – die Geister des gescheiterten Utopismus, die Geister der Vergangenheit – auf bittere Weise in einem allegorischen Bild zusammengefasst.

zur Weimarer Zeit der Fall war. Merkwürdig genug, aber ebenso bezeichnend ist es, wenn Elsaesser ausführt, dass das Kino der Weimarer Zeit
Deutschlands „historisches Imaginäres" (2000) ist, und das einzige Nach-
folgekino, das er *nicht* erwähnt, ist die DEFA.[13]

In einer letzten Hommage an Derrida gehe ich davon aus, dass wir weder die Berliner Mauer noch die Gespenster Hamlets im Osten ohne ein
gewisses Maß an Trauerarbeit überwinden werden. Mit dieser Aufarbeitung hat mein Aufsatz versucht, nicht nur den engen Rahmen zu lockern,
den manche der älteren maßgeblichen Referenzen für DDR-Filme gebildet
haben, sondern auch aufzuzeigen, wie die historische Vorstellungswelt
der DEFA in Verbindung steht mit einer längeren deutschen Kontinuitätslinie oder *longue durée*. Denn die Abenddämmerung des Sozialismus stellte gleichzeitig auch die Dämmerung einer bestimmten Art des kinematographischen Imaginären dar.

Literatur

Adorno, Theodor W. (1997): Versuch, das Endspiel zu verstehen. In: Ders.: Noten
    zur Literatur. Gesammelte Schriften 11. Frankfurt am Main: Suhrkamp: 281-321
Assmann, Aleida/Assmann, Jan (1994): Das Gestern im Heute. Medien und soziales
    Gedächtnis. In: Merten/Schmidt/Weischenberger (1994): 114-140
Bathrick, David (1998): From Ufa to DEFA. Past as Present in Early DEFA Films. In:
    Hermand/Silberman (1998): 169-185
Bordwell, David (1985): Narration in the Fiction Film. Madison: University of Wis-
    consin Press
Derrida, Jacques (1993): Spectres de Marx. Paris: Galilée
Derrida, Jacques (1995): Mal d'archive. Une impression freudienne. Paris: Galilée
Elsaesser, Thomas (2000): Weimar Cinema and After. Germany's Historical Imagi-
    nary. London: Routledge
Elsaesser, Thomas/Wedel, Michael (2001): Defining DEFA's Historical Imaginary.
    The Films of Konrad Wolf. In: New German Critique 82. 2001: 3-24
Emmerich, Wolfgang (1996): Kleine Literaturgeschichte der DDR. Leipzig: Kiepen-
    heuer
Erdmann, Klaus (1996): Der gescheiterte Nationalstaat. Die Interdependenz von
    Nations- und Geschichtsverständnis im politischen Bedingungsgefüge der
    DDR. Frankfurt am Main: Peter Lang
Feinstein, Joshua (2002): The Triumph of the Ordinary. Depictions of Daily Life in
    East German Cinema, 1949-1989. Durham: Duke University Press
Freud, Sigmund (1970): Der Familienroman der Neurotiker. In: Ders.: Studienaus-
    gabe in neun Bänden, Bd. 4, Frankfurt am Main: Fischer: 221-226

---

13 Er kommt allerdings an anderer Stelle darauf zu sprechen (Elsaesser/Wedel
   2001).

Geier, Michael (1984): Fathers and Sons, Retrospectively. The Damaged Relation-
ship between Two Generations. In: New German Critique 31. 1984: 3-51
Göschel, Albrecht (1999): Kontrast und Parallele. Kulturelle und politische Identi-
tätsbildung ostdeutscher Generationen. Stuttgart: Kohlhammer
Greenblatt, Stephen (2001): Hamlet in Purgatory. Princeton: Princeton University
Press
Hahn, Hans-Joachim (2007): Die Studentenbewegung und die RAF als deutscher
Familienroman. Jüngste literarische Erkundungen einer jüngeren Vergangen-
heit. In: Seminar. A Journal of Germanic Studies 43:2. 2007: 134-148
Halle, Randall/Steingröver, Reinhild (Hrsg.) (2008): After the Avant-Garde. Ro-
chester: Camden House
Heine, Heinrich (1968): Werke in vier Bänden. Frankfurt am Main: Insel
Hell, Julia (1997): Post-Fascist Fantasies. Psychoanalysis, History, and the Litera-
ture of East Germany. Durham: Duke University Press
Hermand, Jost/Silberman, Marc (Hrsg.) (1998): Contentious Memories. Looking
Back at the GDR. New York: Peter Lang
Honneth, Axel (1995): The Struggle for Recognition. London: Polity
Jureit, Ulrike/Schneider, Christian (2010): Gefühlte Opfer. Illusionen der Vergan-
genheitsbewältigung. Stuttgart: Klett-Cotta
Kluge, Alexander/Negt, Oskar (1983): Geschichte und Eigensinn. Frankfurt am
Main: Zweitausendeins
Koepnick, Lutz (1996): The Spectacle, the Trauerspiel, and the Politics of Resoluti-
on. Benjamin Reading the Baroque Reading Weimar. In: Critical Inquiry 2. 1996:
268-291
Loquai, Franz (1993): Hamlet und Deutschland. Zur literarischen Shakespeare-
Rezeption im 20. Jahrhundert. Stuttgart: Metzler
Lupton, Julia Reinhard/Reinhard, Kenneth (1993): After Oedipus. Shakespeare in
Psychoanalysis. Ithaca: Cornell University Press
Marx, Karl (1969): Das Kapital. Frankfurt am Main u.a.: Ullstein
Maule, Rosanna (2008): Beyond Auteurism. New Directions in Authorial Film
Practices in France, Italy and Spain since the 1980s. Bristol: Intellect
McGee, Laura (2003): „Ich wollte ewig einen richtigen Film machen! Und als es so-
weit war, konnte ich's nicht!" The End Phase of the GDR in Three Films by DEFA
Nachwuchsregisseuren. In: German Studies Review 2. 2003: 315-332
Merten, Klaus/Schmidt, Siegfried J./Weischenberger, Siegfried (Hrsg.) (1994): Die
Wirklichkeit der Medien. Eine Einführung in Kommunikationswissenschaften.
Opladen: Westdeutscher Verlag
Mitscherlich, Alexander/Mitscherlich, Margarete (1967): Die Unfähigkeit zu Trau-
ern. Grundlagen kollektiven Verhaltens. München: Piper
Müller, Heiner (1984): Hamletmachine and Other Texts for the Stage. Hrsg. und
übers. v. C. Weber. New York: Performing Arts Journal Publications
Murray, Bruce/Wickham, Christopher (Hrsg.) (1992): Framing the Past. The His-
toriography of German Cinema and Television. Carbondale: Southern Illinois
University Press
Pinkert, Anke (2008): Film and Memory in East Germany. Bloomington: Indiana
University Press
Shakespeare, William (1976): The Complete Works. Oxford: Clarendon Press

Schenk, Ralf (Hrsg.) (1994): Das zweite Leben der Filmstadt Babelsberg. DEFA-Spielfilme 1946-1992. Berlin: Henschel.

Schieber, Elke (1994): Anfang vom Ende oder Kontinuität des Argwohns. 1980-1989. In: Schenk (1994): 265-326

Schüle, Annegret/Ahbe, Thomas/Gries, Rainer (Hrsg.) (2006): Die DDR aus generationsgeschicht-licher Perspektive. Eine Inventur. Leipzig: Leipziger Universitätsverlag

Shandley. Robert (2001): Rubble Films. German Cinema in the Shadow of the Third Reich. Philadelphia: Temple University Press

Stam, Robert (1985): Reflexivity in Film and Literature. Ann Arbor: UMI

Steingröver, Reinhild (2008): Blackbox GDR. DEFA's Untimely Avant-Garde. In: Halle/Steingröver (2008): 109-130

Weber, Hermann (1991): DDR. Grundriss der Geschichte. 2. Aufl., Hannover: Fackelträger

Wildt, Andreas (1982): Autonomie und Anerkennung. Hegels Moralitätskritik im Lichte seiner Fichte-Rezeption. Stuttgart: Klett-Cotta

Young, James (1993): The Texture of Memory. Holocaust Memorials and Meaning. New Haven: Yale University Press

Kosmopolitische Fiktionen

DEFA und die Globalisierung der europäischen Aufklärung

Seán Allan

Obwohl Diskussionen zu formalästhetischen Fragen das Klima der ostdeutschen Kulturpolitik in den späten 1940er und frühen 1950er Jahren des 20. Jahrhunderts prägten, darf nicht unterschätzt werden, inwieweit das damit verbundene Konzept des Kosmopolitismus umstritten war.[1] Stefan Heymann argumentiert in einem Artikel „Kosmopolitismus und Formalismus. Zur Situation der deutschen bildenden Kunst", der am 1. Dezember 1949 im *Neuen Deutschland* erschien, dass die Dresdner Kunstausstellung desselben Jahres als Beispiel dafür anzusehen sei, wie formalistische Experimente in Kunst und Ästhetik eine kosmopolitische Haltung in Kulturfragen reflektieren:

> Gerade die Dresdner Kunstausstellung hat mit erschreckender Deutlichkeit offenbart, dass der geistige Gehalt fast aller Bilder und Skulpturen kosmopolitisch, d.h. national wurzellos ist. [...] Es ist ein falsch verstandener Internationalismus, der selbst von zahlreichen fortschrittlichen Künstlern vertreten wird, wenn man sklavisch die Kunst anderer Völker nachmacht (Heymann 1949: 127).

Was an dieser Stelle unter „falsch verstandener Internationalismus" zu verstehen ist, spiegelt sich ebenso in Alexander Abuschs Essay „Goethe und der Kosmopolitismus" wider, der einen polemischen Kommentar zur Wiedereröffnung des Goethe-Hauses in Frankfurt am 10. Mai 1951 durch

---

1 Für ihre freundliche Unterstützung möchte ich folgenden Institutionen bzw. Personen herzlich danken: der DEFA-Stiftung, der DEFA Film Library an der University of Massachusetts Amherst, Frau Ute Klawitter (Bundesarchiv-Filmarchiv, Berlin), Dr. Ernst Wolfgang Becker (Stiftung Bundespräsident-Theodor-Heuss-Haus) und Dr. Rosemary Stott (London Metropolitan University).

John McCloy, den amerikanischen Hochkommissar für Deutschland, darstellt. Den Versuch McCloys, Goethes Leben und Werk in den Dienst einer
amerikanischen Version Europas zu stellen, das im Sinne eines westlich-
kapitalistischen Modells zu einigen sei, beschreibt Abusch folgenderma
ßen: „man sieht an diesem plumpen Fälschungsversuch McCloys, welchen
lebensfeindlichen und damit goethefeindlichen Zwecken es dient, wenn
man den Dichter heutzutage in einen wurzellosen Kosmopoliten verwandeln will" (Abusch 1967: 143).

Auf der einen Seite reflektiert der abwertende Begriff „wurzelloser Kosmopolit" denjenigen, welchen Stalin in den späten 1940er Jahren für die
jüdischen Kommunisten geprägt hatte, die während des ‚Dritten Reichs'
in den Westen, statt in den Osten geflohen waren (und die in den frühen
1950er Jahren in der Sowjetunion sowie in der DDR antisemitischen Säuberungsversuchen zum Opfer gefallen waren). Auf der anderen Seite bezieht
sich der Begriff „wurzelloser Kosmopolit" auf diejenigen, die sich einem
eindeutig sowjetisch geprägten Konzept von Nationalismus widersetzten,
wenn es darum ging, eine antikapitalistisch ausgerichtete kulturelle Identität der Deutschen zu fördern. Es ist bemerkenswert, dass der Duden von
1947 (also vor DDR-Zeiten) sowie weitere Ausgaben, die in der BRD publiziert wurden, den Begriff Kosmopolitismus mehr oder weniger mit der
Definition von „Weltbürgertum" gleichsetzen, im ostdeutschen Duden von
1951 hingegen beide Begriffe eindeutig voneinander abgegrenzt sind. Unter Kosmopolitismus versteht man hier eine „als Weltbürgertum getarnte
Ideologie der [...] Versklavung der Nation zugunsten des Machtanspruchs
des angloamerikanischen Imperialismus" (o.A. 1968: 182). Entsprechend
unterscheidet Abusch in seinem Essay zwischen den progressiven Aspekten von Goethes „Weltbürgertum" – im historischen Kontext des späten 18.
und frühen 19. Jahrhunderts als Bemühung interpretiert, den politischen
und ökonomischen Strukturen des feudalen Absolutismus entgegenzuwirken – und den angeblich reaktionären Aspekten eines Kosmopolitismus,
wie er von den USA und dem Westen generell propagiert werde. Dessen
Ziel sei es, grundsätzlich alle Formen nationaler Kultur auszurotten und
zu ersetzen durch „eine Pseudokultur, die sich – je nach Publikum – plump
pornographisch gibt oder ästhetisch spreizt" (Abusch 1967: 143).

In den Augen einiger ostdeutscher Kulturtheoretiker unterschied sich
ein derartiges Konzept von Kosmopolitismus nicht im Mindesten von den
Homogenitätsbestrebungen, die mit der Ausbreitung eines globalen Kapitalismus Hand in Hand gingen. Im Juli 1949 schreibt Ernst Hoffmann in
der SED-Zeitschrift *Einheit*:

Die bourgeoisen ‚Geldmenschen', die Händler... und Bankiers kennen nur eine einzige Bindung und ein einziges Band: Das Geld. Sie fühlen sich überall dort zu Hause, wo man Geld ‚machen' kann. [...] Völlige Gleichgültigkeit gegenüber dem Schicksal seiner Heimat und seines Volkes [...] darin besteht die Weltanschauung des kosmopolitischen Bourgeois. (Hoffmann 1949: 611).

Die Ablehnung eines derart westlich geprägten Kosmopolitismus wurde in der DDR nicht nur durch Feindseligkeit gegenüber dem Kapitalismus an sich hervorgerufen, sondern auch durch die bis dato ungeklärte Frage nach der politischen Zukunft Deutschlands sowie auf den Glauben, dass sich das Konzept einer gesamtdeutschen nationalen Kultur als das *sine qua non* eines in der Zukunft geeinten sozialistischen Deutschlands erweisen sollte. In einer Rede im Jahre 1950 verkündet Otto Grotewohl:

Es geht um die Existenz der deutschen Kultur, die nicht geteilt werden kann. Unser Ziel ist die Pflege und Weiterentwicklung einer wahren, edlen Kultur der Nation. Zu dieser Nation gehören für uns auch die Menschen im Westen unserer Heimat. Deshalb unsere entschiedene Abwehr gegen den Amerikanismus und seine hervorstechendste Ideologie, der Kosmopolitismus (Grotewohl 1950: 136).

Während die negativen Konnotationen des Kosmopolitismus als Waffen im ideologischen Kampf gegen den Kapitalismus eingesetzt wurden, waren die Begriffe Weltbürgertum und Internationalismus auf die politisch progressiven Aspekte der Aufklärung bezogen sowie auf Inseln sozialistischer Aktivitäten in ansonsten kapitalistischen Ländern. In diesem Sinne gestalteten sich derart kontrastierende Aspekte von Weltbürgertum, Kosmopolitismus und Internationalismus im Hinblick auf ostdeutsche Filme über die Aufklärung als reichlich komplex, wenn nicht gar kompliziert. Im Großen und Ganzen stellen die DEFA-Produktionen über die Epoche der Aufklärung im 18. Jahrhundert den Sozialismus als logische Entwicklung einer radikalen politischen Emanzipation im Sinne der Aufklärung sowie der Französischen Revolution von 1789 dar. Dabei erheben sie den Anspruch, die DDR sei als wahrer Erbe der radikaleren Elemente der deutschen humanistischen Klassik zu betrachten. Zudem ergab sich durch den transnationalen Charakter der europäischen Aufklärung für die Studios die Möglichkeit, ihre Produktionen zu internationalisieren, was sowohl die Drehorte als auch eine Zusammenarbeit mit anderen sozialistischen Ländern betraf. Trotz mannigfaltiger exotischer Schauplätze wurden viele interkulturelle Begegnungen dieser Produktionen durch die

Notwendigkeit beeinflusst, das aufgeklärte Ideal von Weltbürgertum mit oftmals unvereinbaren Ansprüchen einer ostdeutschen Realpolitik während des Kalten Krieges in Einklang zu bringen. Um die Entwicklung dieses Phänomens zu verfolgen, werden im Folgenden drei Filme aus drei unterschiedlichen Phasen der DDR-Geschichte untersucht: Karl Gass' Dokumentarfilm *Kosmos. Erinnerungen an Alexander von Humboldt* von 1960, Helmut Nitzschkes Adaptation der Novelle *Das Licht auf dem Galgen* von Anna Seghers aus dem Jahre 1974 und Rainer Simons Humboldt-Film *Die Besteigung des Chimborazo* von 1989.

Alexander von Humboldt galt in den 1950er Jahren in Ost- wie in Westdeutschland als Schlüsselfigur, da beide Staaten danach strebten, sich als Bewahrer des kulturellen Erbes dieses universell gebildeten Gelehrten zu bemächtigen.[2] Was Humboldt für die ideologische Aneignung in der Nachkriegszeit so attraktiv machte, war nicht nur die schiere Breite seines naturwissenschaftlichen und geografischen Interesses, das weit über die Grenzen Europas hinausging, sondern auch sein enger Kontakt mit zeitgenössischen Persönlichkeiten, die die ganze Breite des politischen Spektrums umspannten, etwa Friedrich Wilhelm IV. und diverse Mitglieder des preußischen Hofes, jüdische Intellektuelle wie Moses Mendelssohn und Henriette Herz, Georg Forster, radikaler Anhänger der französischen Revolution, oder der venezolanische Revolutionär Simón Bolívar. Im Wilhelminischen Zeitalter waren die kosmopolitischen Dimensionen von Humboldts Leben und Werk etwas, wofür nationalistisch gesinnte Biografen wie Otto Karl Georg Heller glaubten, sich entschuldigen zu müssen (vgl. Heller 1910: 208). Als Folge des Zweiten Weltkriegs erwies sich Humboldts Kosmopolitismus im Westen jedoch als willkommene Quelle, um sich deutsche Traditionen von Toleranz und aufgeklärtem Gedankengut in Erinnerung zu rufen. Im Jahr des 100. Todestages Humboldts wandte sich Bundespräsident Theodor Heuss 1959 in seiner Neujahrsansprache an die Bürger der BRD und bezeichnete den Gelehrten als „anerkannte[n] Botschafter des übernationalen Geistes der Wissenschaft", „in dieser Zeit der Verworrenheit, ein Symbol der Möglichkeiten, die als Aufgabe gestellt sind" (Heuss 1958: 8). In dem Bestreben der BRD, sich auf historische Figuren zu konzentrieren, deren Biografien als Gegenpole zur antisemitischen Politik des ‚Dritten Reichs' dienen konnten, erwiesen sich Humboldts enge Bekanntschaften mit den jüdischen Vertretern der Aufklärung in Berlin

---

2   Für eine detaillierte Analyse der Humboldt-Rezeption in beiden deutschen Staaten vgl. Rupke (2008).

als umso bedeutungsvoller. Aber während westdeutsche Intellektuelle in den Nachkriegsjahren darum bemüht waren, das abwertende Konzept des Kosmopolitismus der Vorkriegsjahre durch einen positiveren Philosemitismus zu ersetzen, gestaltete sich dies für die Kulturtheoretiker im Osten aufgrund der völligen Ablehnung des Kosmopolitismus von Seiten der SED als unmöglich. Dennoch wurde Humboldt in der DDR zu einer Kultfigur. 1949 wurde Berlins Friedrich-Wilhelms-Universität nach ihm umbenannt und viele Jahre lang erschien sein Bildnis auf Briefmarken, Geldscheinen und unzähligen Andenken. Mit großem Eifer wurde begonnen, die ostdeutsche Interpretation der Figur Humboldts von derjenigen, wie sie im Westen propagiert wurde, zu differenzieren. Seine Biografie wurde in Form eines an eine junge DDR-Leserschaft gerichteten Comics aufbereitet, dessen Erscheinen mit den Feierlichkeiten zum 100. Todestag Humboldts 1959 zusammenfiel (Piana/Schönfelder 1959). Darüber hinaus verkündete Otto Grotewohl in einem Artikel „Wir machen wahr, was Humboldt erträumte" (1959), der im gleichen Jahr im *Neuen Deutschland* erschien, die DDR selbst erweise sich als Verwirklichung einer Humboldtschen Vision.

1960 erschien Karl Gass' Film *Kosmos. Erinnerungen an Alexander von Humboldt*, in dem u.a. die Stimmen von Wolfgang Langhoff und Hilmar Thate zu hören sind. Diese Produktion bietet eine Vielzahl von Einblicken in die Methoden, mit denen die kosmopolitischen Visionen Humboldts in der DDR den Anforderungen der Ideologie des Kalten Krieges angepasst wurden. Das globale Vermächtnis des aufgeklärten Naturforschers wird gleich zu Beginn des Filmes in den Vordergrund gestellt, wenn auf provokante Weise eine Landkarte Amerikas auf der Leinwand erscheint, auf der der Humboldtstrom in Nevada hervorgehoben ist. Doch obwohl Humboldt durchgehend als Verkörperung eines positiven Weltbürgertums dargestellt wird, erinnert Gass' Film den Zuschauer unmissverständlich an Humboldts deutsche Herkunft, wenn er als „Genius *deutscher* Forschung" bezeichnet wird. Darüber hinaus bezeugt Humboldt ein quasi proto-marxistisches Verständnis für den Klassenkampf. Er wird nicht nur in eine intellektuelle Tradition eingereiht, die von Aristoteles über Goethe bis zu Darwin und Engels reicht, sondern er scheint sich ebenso des bevorstehenden Untergangs der Feudalaristokratie seines vaterländischen Preußens bewusst, wie die ausgedehnte und auffallend moderne Sequenz unterstreicht, in der sich das allgemeine Interesse auf die aufreizenden Dekolletés der adligen Damen auf Schloss Sanssouci beschränkt.

Weiterhin wird Humboldt als Figur porträtiert, die „der Gesinnung nach ein Bürger des kommenden Jahrhunderts" ist. Seine Freundschaft mit Georg Forster und seine Befürwortung der Französischen Revolution, den „Anbruch einer neuen Zeit" erwartend, werden als Vorboten der sozialistischen Revolutionen des 20. Jahrhunderts interpretiert. Dem explizit marxistischen Unterton entsprechend, unterstreicht Gass' Film, dass sowohl wissenschaftlicher wie auch technischer Fortschritt nur dann sinnvoll ist, wenn er darauf aus ist, die materiellen Bedingungen der gemeinen arbeitenden Masse zu verbessern. Auf Humboldts wissenschaftliche Forschung in Göttingen und Hamburg wird nur rudimentär verwiesen, während seine Arbeit in der Bergwerksakademie in Freiberg wesentlich detaillierter zur Darstellung kommt. Der Forscher wird nicht als lebensfremd reservierter Intellektueller gezeigt, sondern als ein historischer Materialist, dessen empirischer Ansatz in Fragen von Wissenschaft und Technik sich in seinem Verhältnis zu den Bergarbeitern spiegelt, z.b. indem er mit ihnen in den Schacht hinabfährt und sich denselben Gefahren aussetzt wie sie. So erklärt er: „Wenn es ein Genuss ist, durch neue Entdeckungen das Gebiet unseres Wissens zu erweitern, so ist es eine weit menschlichere Freude, etwas zu erfinden, was mit der Erhaltung einer arbeitsamen Menschenklasse in Verbindung steht".

Humboldts Solidarität mit der Arbeiterklasse steht hier in starkem Gegensatz zu einer späteren Sequenz des Films, in der sich die Zigarre rauchenden Besitzer der südamerikanischen Silberminen von den einheimischen Mexikanern auf dem Rücken herumtragen lassen. Seine Beobachtungen während der Reisen durch Zentralamerika lassen sich sicherlich mit den unumstrittenen Dokumenten in Einklang bringen, die seine Opposition zu Sklaverei und kolonialer Besetzung bezeugen. Doch suggeriert die Konzentration auf Länder wie Mexiko, Panama, Kuba und Amerika zumindest, dass die Handlungen der Humboldtfigur im Film von der Politik des Kalten Krieges und den Versuchen des Ostblocks, die politische Unterstützung Zentralamerikas zu erwerben, bestimmt sind, und eben weniger durch die zufälligen Lebensumstände eines Entdeckungsreisenden. Wenn der Begleitkommentar erklärt, dass Humboldt schon 100 Jahre vor dem Bau des Panamakanals den potentiellen Nutzen eines schiffbaren Kanals in Zentralamerika erkannt habe, erinnert Gass' Film den Zuschauer auf subtile Weise an den in Panama wachsenden Widerstand gegen die amerikanische Kontrolle der Wasserstraße, der einige Monate zuvor, im November 1959, zu anti-amerikanischen Protesten bei panamaischen Studenten geführt hatte. Auf ähnliche Weise wird im Sinne eines marxistisch-leninistischen Diskurses Humboldts Kritik an der Sklaverei in Kuba und den USA dargelegt, indem Humboldt seine Hoffnung zum Ausdruck bringt, die Sklaverei werde in nächster Zukunft abgeschafft, „wenn diese Länder unter dem Einfluss einer neuen Gesellschaftsordnung glücklicher geworden sind". Dem zeitgenössischen Zuschauer dürfte die Anspielung auf die kubanische Revolution im Januar 1959 kaum entgangen sein, die in eben jener Art neuer Gesellschaftsordnung resultierte, die Gass' Film anspricht.

So gesehen handelt es sich bei *Kosmos. Erinnerungen an Alexander von Humboldt* nicht um eine schlichte Biografie des Weltbürgers Humboldt, sondern eher um eine ideologische Wiederaneignung, die, indem die DDR als Bewahrer des Humboldtschen Vermächtnisses und als Hüter seines Ansehens in Zentralamerika dargestellt wird, bestrebt ist, Ostdeutschland als ,natürlichen' Partner für neu entstehende sozialistische Staaten zu propagieren. In der Tat wurde sich bei einer Reihe von Staatsbesuchen in Mexiko und Kuba während der 1970er Jahre auf die Person Humboldts berufen, um auf das gemeinsame Band zwischen der DDR und anderen sozialistischen Staaten in Zentralamerika zu verweisen. Gleichzeitig bemüht der Film Humboldt, wenn es um heimatliche Themen geht. Indem der Gelehrte als Vorläufer Darwins gezeigt wird, und in einer anderen Szene Kleriker auftreten, die nervös ihre Rosenkränze befingern, wird der Atheist Humboldt in den Kontext eines groß angelegten Versuchs der Säkularisierung Ostdeutschlands während der 1950er Jahre gestellt. Und wenn am Ende des Films eine Gruppe ostdeutscher Arbeiter an Humboldts 100. Todestag im Gedenken vor seinem Haus ihre Flaggen senken – ebenso wie dies die Arbeiter der Lokomotivenfabrik Borsig im Jahre 1869, zehn Jahre nach Humboldts Tod getan hatten –, so unterstreicht der Film damit eine Tradition, nach der die ideologischen Wurzeln der DDR weit vor 1949, nämlich im frühen 19. Jahrhundert, zu finden sind.

Während Karl Gass' *Kosmos. Erinnerungen an Alexander von Humboldt* noch den Bedarf nach einer Umgestaltung der kosmopolitischen Dimension von Humboldts Leben und Werk in Übereinstimmung mit dem ostdeutschen politischen Diskurs der 1950er und frühen 1960er Jahre reflektiert, entspannte sich die anti-kosmopolitische Haltung der SED in den frühen 1970er Jahren. Das lag zum Teil daran, dass Probleme hinsichtlich einer nationalen DDR-Identität gelöst worden waren. Die Mitgliedschaft der DDR bei den Vereinten Nationen bedeutete, dass die Souveränität der DDR nicht länger ein fragwürdiges heißes Eisen war, was sich ebenso darin widerspiegelte, dass in der revidierten Verfassung von 1974 keine

Hinweise auf eine gesamtdeutsche Nation oder ein wiedervereinigtes Deutschland zu finden waren. Daraus ergab sich weiterhin, dass der Begriff Kosmopolitismus in Dokumenten zur Kulturpolitik der frühen 1970er Jahre weitgehend fehlte und durch ein neues, positiveres Konzept von Internationalismus ersetzt wurde. Bereits 1971 verweist Helmut Hanke in einem Essay für die *Weimarer Beiträge* unter der Rubrik „Die sozialistische Nationalkultur ist Teil der sozialistischen Weltkultur" auf eine radikal unterschiedliche Auffassung von Kulturpolitik (Hanke 1971: 44). Und 1973, in dem die zehnten Weltfestspiele der Jugend und Studenten in Berlin erfolgreich vonstatten gegangen waren, befindet Kurt Hager in einem Essay „Die Annäherung der Kulturen der Bruderländer" das neue Konzept von Kosmopolitismus in folgendem Sinne für gut: „der internationale Charakter der sozialistischen Kultur entwickelt sich als dialektische Einheit von Nationalem und Internationalem, von nationalen Besonderheiten und gemeinsamen Idealen und Interessen" (Hager 1973: 825). In diesem Zusammenhang ist es nicht überraschend, dass in den 1970er Jahren eine Reihe von DEFA-Filmen (sowie eine Anzahl von Koproduktionen) erschien, deren Ziel es war, eine Verbindung zwischen dem transnationalen Charakter der europäischen Aufklärung und zeitgenössischen Entwicklungen im internationalen Sozialismus herzustellen. Zu diesen Filmen gehören u.a. Konrad Wolfs *Goya* (1971), Ewa Petelskis *Copernicus* (1973), Frank Vogels *Johannes Kepler* (1974) und Helmut Nitzschkes Anna-Seghers-Verfilmung *Das Licht auf dem Galgen* (1976).

Der zuletzt genannte Film sticht besonders heraus, wenn es darum geht, Ursache und Wirkung revolutionärer politischer Diskurse des 18. Jahrhunderts in einem globalen Umfeld zu erforschen. Schauplatz der Handlung ist Jamaika (der Film wurde in Kuba gedreht), wo drei Abgesandte des post-revolutionären Frankreich 1799 mit dem Ziel landen, einen Sklavenaufstand zu entfachen, wie er gegen Ende des 18. Jahrhunderts auf Haiti stattgefunden hatte. Als die Neuigkeit eintrifft, Napoleon Bonaparte sei zum ersten Konsul aufgestiegen, schlägt Debuisson, Anführer der Gruppe und gleichzeitig Neffe des Plantagenbesitzers Bering, vor, alle revolutionären Aktivitäten zu stoppen bis neue Anweisungen aus Frankreich einträfen. Während Debuisson also das revolutionäre Ziel verrät, fährt der Idealist Sasportas fort, im revolutionären Sinne Unruhe zu stiften, bis er schließlich verhaftet und exekutiert wird. Der exotische Schauplatz der Handlung (sowohl zeitlich wie auch geografisch gesehen), den Anna Seghers für ihre 1960 erstmals erschienene Novelle wählte, wird von vielen Literaturwissenschaftlern (z.B. Hilzinger 1998: 167) damit begründet, dass die Autorin eine verschleierte Kritik an der stalinistischen Entstellung des sozialistischen Ideals in der DDR habe vornehmen wollen. Wie dem auch sei, die 14 Jahre später entstandene Filmversion wurde von ihren Urhebern als Möglichkeit genutzt, um sich mit einer Reihe von internationalen Fragen zu beschäftigen, die von der neuen Politik der „sozialistischen Weltkultur" in der frühen 1970er Jahren aufgeworfen wurden.

Im Bericht der DEFA-Abteilung für Künstlerische Produktion wurde am 15. März 1976 festgehalten, der Schauplatz der Handlung biete „viele Bezüge zu heute noch vorhandenen Erscheinungen der Rassendiskriminierung und der kolonialen Unterdrückung und Ausbeutung".[3] Zur selben Zeit wurden die Implikationen des Films für ein Verständnis des Verhältnisses zwischen der DDR und diversen Entwicklungsländern von der Presse aufgegriffen. Erika Pick betonte in ihrer Rezension für *Film und Fernsehen*, wie sehr *Das Licht auf dem Galgen* „die weltgeschichtliche Aktualität der Thematik" reflektiere: „es werden Fragen gestellt, vor denen die Menschen in den Entwicklungsländern heute ebenso stehen" (Pick 1976: 20). In der Tat erwiesen sich die frühen 1970er Jahre als eine äußerst revolutionäre Zeit: Das kaiserliche Äthiopien wurde 1974 durch eine marxistisch-leninistische Militärjunta ersetzt, die ehemaligen portugiesischen Kolonien Mosambik, Angola und Guinea-Bissau errangen 1975 ihre Unabhängigkeit. Wie in der Rezension nahe gelegt wird, bot die rapide expandierende Afrikapolitik der DDR in den frühen 1970er Jahren eine moderne und zeitgemäße Perspektive an, von der aus sich zeitgenössische Kinobesucher die im Film dargestellte Problemstellung erschließen konnten.

Dem exotischen Schauplatz und dem Staraufgebot, das u.a. Erwin Geschonneck und Alexander Lang umfasste, zum Trotz erwies sich Nitzschkes Film beim Publikum wie bei den Kritikern als Flop. Zum Teil beruht dies auf dem Versuch des Films, die Widersprüche innerhalb eines europäischen – und damit ,weißen' – Aufklärungsdiskurses auf extrem vereinfachte, eurozentrische Weise anhand von Rassenkonzepten darzustellen. In dieser Hinsicht ist der Unterschied zwischen *Das Licht auf dem Galgen* und *Kosmos* sehr auffällig. In Gass' Film wird der Kosmopolitismus der Aufklärung in idealisierter Form als Weltbürgertum dargestellt, das – ebenso wie der zeitgenössische Sozialismus – Rassenschranken niederreißt und damit in starkem Kontrast zum ,unechten' Kosmopolitismus der Kolonisierung im 19. Jahrhundert und dem amerikanischen Kapitalismus

---

3   Einschätzung des Films „Das Licht auf den Galgen". HA Künstlerische Produktion, Berlin 16.3.1976 (BArch Abt. DDR (Kultur) DR I MfK-HV Film 200)

der Nachkriegszeit steht. Im Gegensatz dazu spielt sich der entscheidende
Unterschied zwischen den radikalen und den reaktionären Elementen des
aufgeklärten Kosmopolitismus in *Das Licht auf dem Galgen* nicht nur auf
der Ebene von eingeschworenen Klassendifferenzen ab, sondern auch im
Hinblick auf Rassendiskurse. Dabei ermöglicht Debuissons Verrat an den
Idealen der Revolution ihm schließlich wieder die Reintegration in die Gemeinschaft der weißen Plantagenbesitzer, während Sasportas beharrliche
Verteidigung revolutionärer Prinzipien am Ende dazu führt, dass er vom
britischen Gouverneur als ‚weißer Neger' exekutiert wird, wobei sein Hin-
richtungsort zu einer Art symbolischer Pilgerstätte für die einheimischen
schwarzen Inselbewohner wird. Im Zusammenhang mit den geopolitischen Entwicklungen der 1970er Jahre kann das Engagement des weißen
Revolutionärs Sasportas für die Befreiung der schwarzen Sklaven als ide-
alisierte – wenngleich eurozentrische – Selbstdarstellung der DDR angesehen werden, ihre politische Rolle bezüglich der Entwicklungsländer im
Kalten Krieg betreffend. Weiterhin bezeugt die harsche Behandlung des
schwarzen Sklavenmädchens Anne, nachdem das sexuelle Verhältnis mit
Sasportas aufgeflogen ist, dass jegliche Versuche, Kultur-, Rassen- oder
Geschlechterdifferenzen im Sinne eines internationalen Sozialismus zu
überwinden, für die einheimische Bevölkerung mindestens so viele Probleme aufwerfen wie durch sie gelöst werden können.

Während in Nitzschkes Film der Kontrast zwischen radikalen und bourgeoisen Interpretationen der Aufklärung u.a. als Rassendiskurs vermittelt
wird, erweisen sich in Rainer Simons Film *Die Besteigung des Chimborazo* Begegnungen mit Nicht-Europäern als Ausgangspunkte für eine Reihe von
Reflexionen über die Grenzen europäischer Aufklärung als globales Projekt.[4] Der Titel von Simons Autobiografie – *Fernes Land. Die DDR, die DEFA
und der Ruf des Chimborazo* (2005) – verweist nicht nur auf die Wichtigkeit
des Chimborazo-Projekts zum Verständnis von Simons Gesamtwerk. Er
unterstreicht auch den überaus romantischen Charakter seiner filmischen
Reflexionen mit Blick auf Humboldts letztlich misslungenen Versuch der
Besteigung des Vulkankratergipfels im Jahre 1802. Gleich zu Beginn des
Films erinnern die ausgedehnten Sequenzen des Vulkanausbruchs den
Zuschauer daran, wie verschwindend klein der Mensch im Angesicht ge-
waltiger Naturkräfte ist, und dass es unmöglich ist, Naturgewalten durch
rationale Kategorien des Verstandes beherrschbar zu machen. Diese urro-

---

4   Zur Produktionsgeschichte von Simons Humboldt-Film vgl. Eichinger (2009a,
     2009b).

mantische Interpretation der Natur wird noch verstärkt, wenn plötzlich die Spitze des Vulkans – gleich Caspar David Friedrichs Gemälde *Der Wanderer über dem Nebelmeer* (1818) – erhaben aus den Wolken hervorragt. Die Sequenzen von der erhabenen Größe der Natur liefern den Kontext, in dem ein junger Alexander von Humboldt gezeigt wird, der das absolute Gegenbild zu Karl Gass' Dokumentarfilm von 1960 darstellt. Während bei Gass Humboldt zu rein wissenschaftlichem, rationalem Experimentieren entschlossen ist, um Fortschritt und Emanzipation für alle Menschen der Erde zu garantieren, verweist Simons Film auf die Beschränkungen einer rein mechanischen Anwendung der Prinzipien der Aufklärung auf die Natur und argumentiert stattdessen für einen holistischeren Ansatz.

Wie in einer Reihe von Filmen, die in den späten 1970er und frühen 1980er Jahren produziert wurden, z.B. Horst Seemanns *Beethoven – Tage aus einem Leben* (1976) oder Herrmann Zschoches Hölderlin-Film *Hälfte des Lebens* (1984), wird auch in *Die Besteigung des Chimborazo* auf einen romantischen Diskurs zurückgegriffen, um eine Gesellschaft zu kritisieren, die durch ein undifferenziertes Pochen auf den reinen Verstand kaum Platz für persönliche Entfaltung lässt. Während in Gass' Dokumentarfilm von 1960 die Dekadenz der preußischen Aristokratie symbolisch als Kritik am zeitgenössischen Kapitalismus zu verstehen ist, kann in Simons Film von 1989 die Darstellung einer preußischen Gesellschaft, in der die radikalen Ideale der Aufklärung ihrer ursprünglichen Eindringlichkeit beraubt sind, als Anspielung auf einen völlig erstarrten DDR-Sozialismus interpretiert werden.

Als Humboldt das kosmopolitische Milieu von Henriette Herz' Berliner Salon betritt, erklärt der Begleitkommentar: „Man gibt sich frei, unter dem bedrückenden Wissen, es nicht wirklich zu sein." Hand in Hand mit wiederholten Anspielungen auf die Staatszensur und die Unmöglichkeit, im Ausland zu studieren, dürften dem zeitgenössischen Kinogänger Parallelen zwischen dem absolutistischen Preußen des 18. Jahrhunderts und der DDR der späten 1980er Jahre nicht entgangen sein. Darüber hinaus zeugt Humboldts Verachtung für die Zwänge einer bürgerlichen Existenz, wie sie sich im banalen Alltag seiner eigenen Familie manifestieren, davon, dass er nicht gewillt ist, seine persönliche humanistische Entfaltung einer gesicherten Existenz zu opfern. Festzuhalten ist jedoch, dass der Film keine Kritik am Sozialismus *per se* ist, sondern darauf verweist, dass eine Entfremdung zwischen Individuum und Staat zwangsläufig dann entsteht, wenn im Namen einer Ideologie, sei diese Kapitalismus oder Sozialismus, der menschlichen Fantasie radikale Beschränkungen auferlegt werden.

Einmal mehr erläutert der Begleitkommentar: „Aufgeklärten Geist finden Sie bei der Obrigkeit in Frankfurt am Main so wenig als in Frankfurt an der Oder." In einer preußischen Gesellschaft, in der sich der Einzelne zwischen den Extremen Mensch oder Staatsbürger entscheiden muss, bevorzugt Simons Protagonist eindeutig die romantische Option: „Nur ein übermäßig großer Selbstanspruch kann uns davor retten, in der gesichtslosen Masse unterzugehen."

Das bedeutet nicht, dass der Film dafür plädiert, der Rationalität vollständig zu entsagen. Die wesentliche Rolle, die Bildung und Verstand dabei spielen, das Prinzip menschlicher Freiheit zu wahren, erläutert der aristokratische Kreole Carlos Montúfar, wenn er erläutert, wie es dem Spanier Pizarro gelingen konnte, den südamerikanischen Kontinent mit einer Schar von lediglich 200 Soldaten zu erobern: „Unterjochte Seelen sind wehrlos, geknechteter Verstand ist leicht zu besiegen." Eindeutig kritisiert werden im Film jedoch verfälschte Ideale der Aufklärung im Sinne einer rücksichtslosen kolonialen Ausbeutung. So warnt Forster den jungen Humboldt, „der gewöhnliche Kreislauf ist, dass den weißen Forschern die weißen Eroberer folgen". So beantwortet Humboldt die Frage einer ekuadorianischen Indiofrau, was denn nun genau das Ziel seiner Expedition sei, mit einer utopischen – und typisch romantischen – Vorstellung, indem er erklärt, er suche „die Einheit der Welt in ihrer Vielfalt".

Im Verlauf des Films muss Humboldt in zunehmendem Maße die Grenzen eines europäisch geprägten Diskurses erkennen, in dessen Rahmen seine Begegnung mit dieser neuen und exotischen Welt stattfindet. Er muss auch die Tatsache zur Kenntnis nehmen, dass das angeblich zivilisiertere Preußen wesentlich mehr Gemeinsamkeiten mit der vermeintlich primitiven Welt Südamerikas aufweist als er zu Beginn seiner Reise gedacht hatte. Wenn Humboldt sich z.B. über die Behandlung und Ausbeutung der einheimischen Bevölkerung entrüstet, erinnert ihn Carlos unsanft mit den Worten an die Zustände in seiner Heimat, „dein preußischer König behandelt seine Leibeigenen nicht anders!" Der wohl gravierendste Kontrast zwischen beiden Kulturen jedoch wird gleich am Anfang des Films deutlich, der die wissenschaftliche Haltung Humboldts gegenüber dem Berg mit dem respektvollen Verhalten der Indios kontrastiert. Abseits der anderen und von ihnen völlig isoliert unternimmt Humboldt den Versuch, den Berg mit den aus Europa importierten Geräten zu vermessen und zu berechnen, während die beschwichtigenden Rituale der Indios ihre holistischere Auffassung vom Zusammenleben des Menschen mit der Natur bezeugen. Am Ende des Films nimmt Humboldt dann an der kollektiven rituellen Schneewaschung teil, was darauf schließen lässt, dass in ihm ein Sinneswandel stattgefunden hat. Für den aufgeklärten Naturforscher symbolisiert der Chimborazo nun nicht mehr ein physisches Objekt der Natur, das es zu klassifizieren und zu katalogisieren gilt. Er repräsentiert ein metaphysisches Ziel, das für eine sehr persönliche Selbstverwirklichung steht.

Die kosmopolitische Dimension von Simons *Die Besteigung des Chimborazo* bewegt sich in einer anderen Größenordnung als Gass' *Kosmos. Erinnerungen an Alexander von Humboldt* oder Nitzschkes *Das Licht auf dem Galgen*. In Gass' Dokumentarfilm unterstreicht die Begegnung des Forschers mit dem exotischen Anderen das emanzipatorische Potential der europäischen Aufklärung, was sich auf mehr oder weniger subtile Weise ebenso auf den Sozialismus in der DDR bezieht.

In Nitzschkes *Das Licht auf dem Galgen* hingegen werden Rassendiskurse herangezogen, um zwischen revolutionären und bourgeoisen Tendenzen des aufgeklärten Bewusstseins zu differenzieren. Indem die kontrastierenden Motive der weißen Repräsentanten der Französischen Revolution (Debuisson und Sasportas) kritisch analysiert werden, spielt Nitzschkes Film auf gewisse innere Widersprüche der Aufklärung an. Mit der Folge, dass sie als Instrument weltweiter Emanzipation in einem wesentlich ambivalenteren Licht geschildert wird als z.B. in Gass' früheren Werken.

Simons *Die Besteigung des Chimborazo* spiegelt die Problematik einer rein europäisch inspirierten Aufklärung darin wider, dass Humboldts rigoros wissenschaftlicher Rationalismus mit den scheinbar irrationalen Ritualen der einheimischen Bevölkerung kontrastiert wird. *Die Besteigung des Chimborazo* ist ein Film, der in einem Übergangsstadium der deutschen Geschichte spielt, in dem die romantische Bewegung bestrebt war, der rationalen Aufklärung die Grenzen aufzuzeigen und verweist zugleich auf die Widersprüchlichkeiten innerhalb der DDR-Gesellschaft in der letzten Phase ihrer Existenz. Indem er sich den Diskurs des Erhabenen in der Natur zu eigen macht, bezieht sich Simons Film auf eine Begegnung mit dem exotischen Anderen, um die Enttäuschungen einer Generation darzutun, deren Verlangen nach Selbstverwirklichung in einer rationalistisch orientierten sozialistischen Gesellschaft eher verhindert als unterstützt wurde. Insofern stellt *Die Besteigung des Chimborazo* den blinden Glauben an die Macht des Verstandes infrage, wenn es darum geht, der Menschheit zu globaler Emanzipation und Freiheit zu verhelfen. Humboldt selbst stellt sich eben diese Frage, die am Anfang allen romantischen Denkens steht: „Warum dürfen wir nicht die Selbstschöpfer unseres eigenen Glückes sein?"

Literatur

Abusch, Alexander (1967): Kulturelle Probleme des sozialistischen Humanismus. Beiträge zur deutschen Kulturpolitik 1946-1967. Berlin Weimar: Aufbau

Eichinger, Barbara (2009a): Die Besteigung des Chimborazo – oder eine Reise durch Jahrhunderte, politische Systeme und Kontinente. In: Eichinger/Stern (2009): 182-200

Eichinger, Barbara (2009b): Der Regisseur Rainer Simon zu seinen Filmproduktionen. Ein Gespräch. In: Eichinger/Stern (2009): 201-235

Eichinger, Barbara/Stern, Frank (Hrsg.) (2009): Film im Sozialismus – die DEFA. Wien: Mandelbaum

Grotewohl, Otto (1950): Die deutsche Kultur ist unteilbar. In: Schubbe (1972): 136 [zuerst in: Neues Deutschland, 23.03.1950]

Grotewohl, Otto (1959): Wir machen wahr, was Humboldt erträumte. In: Neues Deutschland, 07.04.1959

Hager, Kurt (1973): Die Annäherung der Kulturen der Bruderländer. In: Rüß (1976): 825-828 [zuerst in: Neues Deutschland, 18.08.1973]

Hanke, Helmut (1971): Kulturelle Entwicklungsgesetze. Grundlagen und Wirkungen von Gesetzmäßigkeiten kultureller Entwicklung im sozialistischen Gesellschaftssystem. In: Weimarer Beiträge 4. 1971: 22-48

Heller, Otto Karl Georg (1910): Die Weltanschauung A. von Humboldts in ihren Beziehungen zu den Ideen des Klassizismus. Leipzig: Voigtländer

Heuss, Theodor (1958) Neujahrsansprache 1958/59 von Bundespräsident Theodor Heuss. Gehalten über die Rundfunksender der Bundesrepublik am 31. Dezember 1958 um 19.30 Uhr. In: Stiftung Bundespräsident-Theodor-Heuss-Haus, Bundespräsidialamt, Amtszeit Heuss, B122, 251 (= Bundesarchiv, Koblenz)

Heymann, Stefan (1949): Kosmopolitismus und Formalismus. Zur Situation der deutschen bildenden Kunst. In: Schubbe (1972): 127-130 [Zuerst in: Neues Deutschland, 1.12.1949: 3]

Hilzinger, Sonja (1998): From the Revolution Lost to the Revolution Betrayed. Anna Seghers' Karibische Geschichten. In: Wallace (1998): 165-174

Hoffmann, Ernst (1949): Die Stellung des Marxismus zum bürgerlichen Kosmopolitismus. In: Einheit 7. 1949: 606-615

o.A. (1968): Sprache: Duden – Neuer Wortschatz. In: Der Spiegel 50. 1968: 182

Piana, Theo/Schönfleder, Horst (1959): Alexander von Humboldt. Berlin: Lucie Grozer

Pick, Erika (1976): Eine unerhörte Begebenheit. In: Film und Fernsehen 6. 1976: 19-21

Rupke, Nicolaas, A. (2008): Alexander von Humboldt. A Metabiography. Chicago: University of Chicago Press

Rüß, Gisela (Hrsg.) (1976): Dokumente zur Kunst-, Literatur- und Kulturpolitik der SED. 1971-1974. Stuttgart: Seewald

Schäfer, Paul Kanut/Simon, Rainer (1990): Die Besteigung des Chimborazo. Eine Filmexpedition auf Alexander von Humboldts Spuren. Köln: vgs

Schubbe, Elimar (Hrsg.) (1972): Dokumente zur Kunst-, Literatur- und Kulturpolitik der SED. Stuttgart: Seewald

Simon, Rainer (2005): Fernes Land. Die DDR, die DEFA und der Ruf des Chimbo-
    razo. Berlin: Aufbau
Wallace, Ian, (Hrsg.) (1998): Anna Seghers in Perspective. Amsterdam: Rodopi

Der Aufbaufilm, Hollywood-Tropen und der Sozialplan der DDR

Robert Shandley

Charakteristisch für die Forschung zu den Produktionen der DEFA ist die unablässige Suche nach Formen gesellschaftspolitischer Kritik in diesen Filmen. Wir wünschen uns, dass Konrad Wolf seine relativ sichere politische Situation dazu genutzt hat, Widersprüche in der SED-Doktrin aufzudecken. Vielleicht beschäftigen wir uns auch mit *Märchenfilmen*, um jene Art von subversiver politischer Arbeit aufzudecken, die häufig den Gebrüdern Grimm zugeschrieben wird. Wohin wir im Gesamtkatalog der DEFA auch blicken, unsere Erwartungen werden mit großer Wahrscheinlichkeit enttäuscht – und zwar nicht, weil wir in den betreffenden Filmen keine Bestätigungen unserer Erwartungen finden würden, oder Momente, in denen wir den politischen Mut der Filmemacher erkennen können. Unsere Enttäuschung hat ihre Ursache vielmehr in der unvermeidlichen Erkenntnis, dass wir den gesamten Katalog der DEFA-Filme auf seine berechenbarsten Elemente reduziert haben. Bevor wir die Suche nach gesellschaftlich oder politisch relevanten Elementen in DEFA-Filmen jedoch völlig aufgeben, sollten wir uns fragen, ob man beim Interpretieren von gesellschaftspolitischem Engagement so pedantisch vorgehen muss. Um dieser Pedanterie zu entkommen, ist es vielleicht einfach nötig, sich von der Vorstellung zu lösen, dass die DEFA innerhalb der beiden deutschen Staaten wie auch international etwas Außergewöhnliches war. Sofern diese Vorstellung – unter anderem – auf der Annahme beruht, das Studio habe in der DDR das Monopol auf die Produktion von Filmen besessen und enge Beziehungen zur Partei bzw. zum Staat unterhalten, können wir sie vernachlässigen und uns stattdessen die im Westen und im Osten in gleicher Weise geltenden Wettbewerbsfaktoren in Erinnerung rufen, die für die DEFA eine bedeutende Rolle spielten. Wenn wir die DEFA in den Kontext des internationalen Films stellen, öffnen wir sie zugleich einem größeren Strom von Diskursen, von denen nur wenige etwas mit dem 11. Plenum des Zentralkomitees der SED zu tun haben. Aber auch wenn wir es uns nicht nehmen lassen, DEFA-Filme lediglich in einem nationalen Kontext zu interpretieren, bleibt die Frage, ob es dann sinnvoll ist, sich ausschließlich mit dem Thema Subversion zu beschäftigen.

Daniela Berghahn (2005: 39) insistiert darauf, dass die DEFA versucht habe, sich vom Genrekino nach westlichem Verständnis zu distanzieren, da dies mit ihrer Aufgabe unvereinbar gewesen sei, gesellschaftlich relevante Filme zu produzieren. Dennoch produzierte die DEFA, wie Berghahn zeigt, serielle Unterhaltung, die man gut begründbar unter Genrebegriffe fassen kann. Die – der DEFA zugeschriebene – brisantere Sichtweise besteht darin, Genrekino und politisches Bewusstsein als einander irgendwie zwangsläufig entgegengesetzt zu betrachten. Ich möchte im Folgenden einige DEFA-Filme interpretieren, nicht unbedingt, um sie *per se* in bestimmte Genrekategorien einzuteilen, sondern um zu erörtern, inwieweit diese Filme Lesarten bestimmter Genrekonventionen anboten, mit denen der Austausch innerhalb der DDR angeregt werden sollte. Ein zentraler Gedanke der Genreanalyse besteht darin, dass Genrefilme *per definitionem* in Beziehung zu anderen Filmen stehen, die demselben Genre angehören wie sie. Genau diesen Ansatz möchte ich bei der Beschäftigung mit der DEFA und ihrem länderübergreifenden Erbe verfolgen. Man könnte ihn auf eine Vielzahl von Genres anwenden; ich werde mich hier auf die Beziehungen zwischen dem Western – der in vielen Fällen selbst eine vage und übersteigerte Kategorie darstellt – und solchen DEFA-Filmen konzentrieren, die ich allgemein als *Aufbaufilme* bezeichnen möchte.

Bevor ich tiefer in die Untersuchung einsteige, möchte ich eine potenzielle Kritik an diesem Ansatz – den außer mir auch einige Kolleginnen und Kollegen verfolgen – entkräften. Diese Kritik lässt sich ungefähr so zusammenfassen: Wenn man nichts anderes als einen Hammer hat, sieht alles wie ein Nagel aus. Vor mehr als zehn Jahren habe ich die Auffassung vertreten, dass *Die Mörder sind unter uns* (1946) gattungsmäßig wie ein Western funktioniert (Shandley 2001). Etwa zur gleichen Zeit argumentierte Joshua Feinstein, dass der Film *Spur der Steine* (1966) die Antwort der DEFA auf *Die sieben Samurai/Shichinin no samurai* (1954) und den Hollywood-Western *Die glorreichen Sieben/The Magnificent Seven* (1960) sei, einen Film, der im Osten ein beachtlicher Kassenerfolg wurde (Feinstein 2002: 185). Ich möchte nicht behaupten, dass alles, was die DEFA produziert hat, sich auf einen Western herunterbrechen lässt, oder dass jeder Film, in dem eine Baustelle vorkommt, zwangsläufig in einen Dialog mit dem Westerngenre tritt. Angesichts der Zurückhaltung, mit der die zuständigen Kulturfunktionäre sich dem Import von Hollywood-Western näherten, kommt es zugegebenermaßen einer Provokation gleich, diesen auch nur ansatzweise eine strukturelle Bedeutung für bestimmte DEFA-Filme zuzusprechen. Nichtsdestotrotz würde ich behaupten, dass es im DEFA-

Œuvre einige Belege für die Ähnlichkeiten dieser Filme mit Western gibt. Genau an diesem Punkt treten östliche und westliche Genrekonventionen in einen Dialog.

Als Lotte Reinigers *Die Abenteuer des Prinzen Achmed* 1926 unter etwas unglücklichen Umständen ins Kino kam, schrieben Pariser Kritiker, es sei „der berühmteste Film, den niemand je gesehen hat" (o.A. 1926). Ungefähr das Gleiche lässt sich über *Spur der Steine* sagen – in jenem Vierteljahrhundert zwischen 1966, als der Film kurzzeitig im Kino lief, und seiner glanzvollen Vorführung auf der Berlinale 1990. Feinstein ist der Ansicht, dass dieser Film die Arbeit der DEFA bis zum Verkauf des Studios 1992 beeinflusst hat. Die Popularität der Romanvorlage, das Produktionsbudget und der große Werbeaufwand unmittelbar vor dem Kinostart, schließlich die kurzfristige Absetzung des Films – all dies machte *Spur der Steine* zu einem Phantom, das die DEFA für Jahrzehnte verfolgen sollte. Wann immer in späteren DEFA-Filmen und wohl auch in Fernsehserien des Deutschen Fernsehfunks (DFF) eine Baustelle als Kulisse vorkam, wurden Nicht-Erinnerungen an Balla und seine Männer wach. Während allerdings Feinstein und andere sich auf das übermütige Draufgängertum und die unverhohlene Missachtung von Parteioffiziellen als Ausdruck eines westernähnlichen Freiheitsgefühls konzentrieren, geht es in meinem Vergleich mit dem Hollywood-Idiom um andere Aspekte.

Was meiner Ansicht nach *Spur der Steine* zu einem so überzeugenden Film macht, ist nicht die raubeinige Bauarbeitertruppe, sondern das Thema der Modernisierung, das ihm zugrunde liegt. Der Film und ebenso Erik Neutschs gleichnamiger Roman von 1964 lassen die strukturellen und ideologischen Schwierigkeiten lebendig werden, die dem Modernisierungsprozess in der damaligen DDR innewohnten. Tatsächlich war dieser Kampf zum damaligen Zeitpunkt die zentrale Trope des *Aufbaufilms*; sie wurde relativ häufig aus Romanen ähnlichen Charakters adaptiert.

Als Feinstein *Spur der Steine* mit dem Westerngenre in Verbindung brachte, gründete er diesen Vergleich auf die Figur des eigenwilligen Balla. Es ist klar, dass dieser *Aufbaufilm* in die Kategorie passt, die Thomas Schatz (1981) vor langer Zeit als das Drama des unbestimmten Raums bezeichnete, in dem gesellschaftliche Werte infrage gestellt werden. Selbst bei John Fords dunklen und kritischen Filmen wie beispielsweise *Der Schwarze Falke/The Searchers* (1956) oder *The Man Who Shot Liberty Valance* (1962), geht es immer auch um die Eroberung der Wildnis mit freiheitlichdemokratischen Wertestrukturen und um die Verteidigung der zivilisierten Gesellschaft. Analog zur Behandlung des Themas Modernisierung im

Western in Form von Unterordnung unter eine juristische Dogmatik und bürgerliche Vorstellungen von Lebensraum und Eigentum geht es in *Spur der Steine* um unterschiedliche Auffassungen zu den Themen Kollektivität und Steigerung der Produktivität. Ich betrachte die Auseinandersetzung mit diesen speziellen, für das Überleben der DDR zentralen Themen als ein Ordnungsprinzip, das dem Hollywood-Westerngenre entspricht und hinsichtlich seines narratologischen und ideologischen Aufbaus mit ihm korrespondiert.

Ein Problem der Beschäftigung mit Genres ist ihre Bestätigungstendenz: Um zu beweisen, dass ein Genre existiert, spürt der Kritiker jene Filme auf, die jeweils seine Definition davon stützen. In der vorliegenden Untersuchung erkläre ich allerdings keine bestimmte Auswahl von Filmen zu DDR-Western (beziehungsweise *Eastern*, wenn man so will). Obwohl die Baustelle in vielen Film- und Fernsehproduktionen der DDR als Kulisse vorkommt, reicht die Häufigkeit ihrer Verwendung nicht aus, um daraus ein Schema abzuleiten. Eine wirklich fundierte gattungsmäßige Kategorisierung würde wesentlich umfangreicheres Datenmaterial voraussetzen, als wir aus den DEFA-Filmen ziehen könnten. Dennoch ist dieser vermeintliche Mangel genau der Punkt, an dem sich ihre Verbindung mit dem Hollywood-Western festmachen lässt. Das amerikanische Genrekino und insbesondere Western waren bis weit in die 1960er Jahre hinein von zentraler Bedeutung für den europäischen und insbesondere für den ostdeutschen Film. Ob beabsichtigt oder durch Zufall: Die Western-Tropen ermöglichten eine gewisse narrative Effizienz; sie kamen in einer Reihe von Filmen zum Einsatz, die man, oberflächlich betrachtet, nicht als Genrefilme bezeichnen würde. *Spur der Steine* ist hierfür lediglich ein besonders deutliches Beispiel. Vielleicht ist es interessanter, in beide Richtungen der Zeitachse zu blicken, um exemplarische Dramen des unbestimmten Raums zu finden, die besser verstanden werden, wenn man sie mit dem Westerngenre in Verbindung bringt.

Ein aus verschiedenen Gründen herausragender Film ist *Rauhreif* (1963), der zu einem Zeitpunkt, als das DDR-Fernsehen noch keine eigenen Filme herstellte, von der DEFA für den Deutschen Fernsehfunk produziert wurde. Die Handlung von *Rauhreif* ist nicht wirklich auf einer Baustelle angesiedelt, sondern in einer neu gegründeten LPG im Oderbruch. Der Film enthält eine Vielzahl von Kommentaren zu den brennenden Themen seiner Entstehungszeit. Im Drehbuch finden sich Hinweise auf den Bau der Berliner Mauer, auf die Landreformen von 1960 und die nationalsozialistische Vergangenheit. Obwohl die Parteilinie im ganzen Film deutlich erkennbar ist, deutet die unverblümte Behandlung dieser und anderer brisanter Themen darauf hin, dass *Rauhreif* vor dem 11. Plenum gedreht worden ist. Anders ausgedrückt: Dieser Film enthält genau die oben erwähnten Elemente einer *Sozialkritik*, nach denen wir in DEFA-Filmen suchen.

Eine Analyse der Darstellung der gesellschaftspolitischen Themen in dem Film wäre sicherlich ergiebig, doch gilt mein vorrangiges Interesse der Erzählstruktur, auf der sein Plot aufgebaut ist. *Rauhreif* hat eine recht simple Handlung: Ein erfolgreicher LPG-Vorsitzender schickt seinen Sohn in den Oderbruch, wo dieser ein Kollektiv leiten soll, das nicht genügend produziert. Die Gründe für die mangelnde Produktivität haben offenbar mit der zwei Jahre zuvor, im Frühling 1960 durchgeführten Gründung des Betriebs zu tun. Der im Film angelegte Vater-Sohn-Konflikt zeigt sich nicht nur in den Ängsten des Sohnes, nicht so erfolgreich zu sein wie sein Vater, sondern auch in dessen Überzeugung, dass der Sozialismus von jeder Generation selbst aufgebaut werden muss. Die Bauern und Arbeiter im Oderbruch führen die vermeintliche Vetternwirtschaft als Grund für die Probleme an. Thomas bekommt Zweifel, ob die Landreform eine gute Idee war. Als der Vater erkennt, dass sein Sohn kein Versager ist, und dass auch die Führungsriege geschlossen zusammenstehen muss, fährt er mit einigen Begleitern in das Dorf. Zusammen bringen die Männer dort schnell alles in Ordnung und vermitteln auf diese Weise Thomas und den Dorfbewohnern die Hoffnung, dass das Kollektivierungsprojekt doch noch Erfolg haben wird.

Man sollte nicht versuchen, *Rauhreif* als einen Baustellenfilm und dementsprechend als Vorgänger von *Spur der Steine* zu interpretieren. Der Film spielt vollständig im landwirtschaftlichen Milieu – was den Fernsehzuschauern in der DDR der frühen 1960er Jahre ohne weiteres verständlich war. Die Verwandtschaft von *Rauhreif* mit *Spur der Steine* und mit dem Westerngenre erklärt sich aus dem Aufbau seiner Handlung. In beiden Fällen ist die treibende Kraft der Handlung die Eroberung von neuen Gebieten. Die Tatsache, dass der Oderbruch selbst relativ neues Land war, das im 18. Jahrhundert aus Sumpfgebieten gewonnen worden war, wird im Film mehrfach thematisiert. Außerdem handelt es sich bei der Erschließung des Oderbruchs um einen neuen Aspekt der LPG-Thematik im Film. Wie im Western handelt es sich hier um Land, das besiedelt und unter ideologische Kontrolle gebracht werden muss. Dem örtlichen ‚Sheriff‘ gelingt es alleine nicht, hier Ordnung zu schaffen, deshalb muss er Verstärkung holen.

Es ließen sich leicht weitere Analogien zum Western ziehen, aber schon jetzt ist klar, worum es geht. Wichtig ist mir bei meiner Interpretation, dass der Film sich selbst seiner Affinität zum Westerngenre bewusst zu sein scheint. Die *mise en scène* ist nicht einfach nur ländlich, sondern trostlos. Selbst der Titel von *Rauhreif* suggeriert, wie ein Vorbote einer kalten Periode des Stillstands, eine Vorahnung, die sich gleichermaßen auf die Landschaft und die Verhältnisse beziehen lässt. Der Prozess der Landreform, ein größeres ideologisches Projekt des DDR-Staates, wird in diesem Film nicht nur als eine Kampagne gezeigt, mit der die Landarbeiter zur Kooperation bewegt werden sollten; die Zukunft des Staatssozialismus im Osten war darauf angewiesen, dass diese Themen in allen gesellschaftlichen Bereichen angegangen wurden. Die Eroberung des Potenzials, das der Oderbruch für den Sozialismus darstellte, wird im Film zur Synekdoche für die Motivierung von Produktivität in der gesamten Republik. Die Etablierung der vertrauten Landschaft als Lebensraum, den man in den Griff bekommen muss, beschwört Genrecodes herauf, die – ohne genau benannt werden zu müssen – von ostdeutschen Zuschauern mühelos erkannt werden konnten.

Seit ungefähr 40 Jahren benutzen amerikanische Schulen Fred Zinnemanns Klassiker *Zwölf Uhr mittags/High Noon* von 1952 als Allegorie, um Schulkindern die Gefahren der Rhetorik des Kalten Krieges zu vermitteln. Will Kane, dargestellt von Gary Cooper, stellt sich als einsame Kraft einer brutalen Gang entgegen; die anderen Bewohner der Stadt haben ihn aus Eigennutz im Stich gelassen. In *Rauhreif* finden wir ein ähnliches Szenario vor, das allerdings zu einem völlig anderen Ergebnis führt: Thomas muss sich gegenüber jenen behaupten, die sich gegen die neue politische Ordnung im Oderbruch auflehnen wollen. Dennoch ist *Rauhreif* weit davon entfernt, ein vollständiges Plädoyer über individuelles Heldentum abzuliefern; stattdessen nimmt die Handlung eine ideologisch passende Wendung. In dem DEFA-Film ist Thomas' Frau (dargestellt von Annekathrin Bürger) eine wesentlich aktivere Figur als die von Grace Kelly verkörperte Quäkerin in *Zwölf Uhr mittags*. Sie ist nicht geneigt, untätig danebenzustehen, während die unkooperativen Mitglieder des Kollektivs ihren Ehemann fertigmachen. Stattdessen gewinnt sie ihren Schwiegervater als Unterstützung, mit der Folge, dass der Film die Western-Ideologie des einsamen Helden hinter sich lassen und sich der Schilderung eines kollektiven ‚Heldentums' widmen kann.

Lässt sich, wenn man das diskursive Feld des Hollywood-Western betrachtet, leichter erkennen, woraus die Bezüge zwischen dem DEFA-Film über die Landreform und diesem Genre bestehen? Western sind Teil einer langen Reihe mythologischer Anstrengungen; unter anderem liefern sie erzählerisches Argumentationsmaterial für ‚Manifest Destiny‘, das ideologische Projekt des 19. und frühen 20. Jahrhunderts, das davon ausging, die Vereinigten Staaten seien dazu bestimmt, sich auf den gesamten nordamerikanischen Kontinent auszudehnen, und damit für die Verharmlosung der Vertreibung der Indianer und des Völkermords an ihnen prädestiniert. Etwas positiver formuliert: Sie regen zu gleichnishaften Gesprächen über Moral und über eine Rechtsgemeinschaft an. Letztlich ermöglichen sie es dem Zuschauer, sich über den Film auf den dünn besiedelten amerikanischen Westen einzulassen – eine Landschaft, die stets eine Hauptrolle im Western spielt.

Rauhreif berührt all diese Punkte, wenn auch mit ganz anderen Absichten. Wie der Western musste auch der DEFA-Film ideologisches Füllmaterial für eine Reihe von wirren Entscheidungen bereitstellen. Während Indianer und Rinderzüchter im Western häufig als gesetzlose Diebe dargestellt werden, die sich den bürgerlichen Gesetzen nicht fügen wollen, greift *Rauhreif* das Thema auf, indem er die Landarbeiter und Angestellten zeigt, die sich dem Kollektivierungsprozess widersetzen. In beiden Fällen ist die Landschaft da, um erobert zu werden, was nur gelingen kann, wenn alle Beteiligten sich an die Spielregeln halten.

Ich sollte erwähnen, dass die Analogien zum Western in *Rauhreif* sich nicht auf sämtliche Aspekte der Handlung erstrecken. Der Film privatisiert den ideologischen Kampf, indem er Thomas das Projekt der Landreform, zu dessen Leitern sein Vater gehört, infrage stellen lässt. Dies ist wiederum als eine grundlegende Thematisierung des Generationenverhältnisses innerhalb des Arbeiter- und Bauernstaates zu verstehen, an dessen Gründung der Vater mitwirkt. Es gibt keine westernspezifischen Aspekte, die einen solchen Erzählstrang erwarten ließen. Nichtsdestotrotz wird der Spannungsbogen in *Rauhreif* wie in einem Western aufgebaut und später aufgelöst. Dabei empfiehlt der Film nicht unbedingt, sich gemeinsam einzusetzen, sondern schlägt vielmehr eine bessere Lösung für ein ähnliches Problem vor. *Rauhreif* ist ein Film über die Eroberung des Oderbruchs für das Volk. Diejenigen, die diesem Vorhaben im Weg stehen, sind die Schwachen und Gesetzlosen.

Am Ende der 1960er und in den frühen 1970er Jahren veränderte sich der Hollywood-Western: Nun ging es nicht mehr darum, neue Mythen zum amerikanischen Individualismus zu erschaffen; stattdessen wurde die Eroberung des amerikanischen Westens als Völkermord dargestellt – eine Veränderung, die Filmhistoriker häufig mit amerikanischen Auseinandersetzungen über die Beteiligung der USA am Vietnamkrieg und einer neuen Haltung zu Fragen der Rassenbeziehungen in den Vereinigten Staaten in Verbindung gebracht haben. Diese späten Western werfen einen wesentlich kritischeren Blick auf die europäisch-amerikanische Expansion in Richtung Westen und auf die im Western übliche Darstellung der Indianer. Entsprechend wandelte sich der Westerner – wie Robert Warshow (1998: 35-48) die typisierte männliche Hauptfigur im Western nannte – vom freiwillig einsamen Müßiggänger zu einer sehr viel verletzlicheren Mischung aus kleinbürgerlichem Liebhaber und Kreuzritter. Diese allmähliche Schwerpunktverschiebung im Western fällt mit einem Interesse der SED-Funktionäre zusammen, Hollywoodfilme zu importieren – sehr wahrscheinlich auch, um etwas gegen die abnehmenden Besucherzahlen in den Kinos der DDR zu unternehmen. Diese Filme, von denen *Little Big Man* (1970) der bekannteste ist, erfinden den Westerner als antiimperialistischen Helden neu. Gleichzeitig erwiesen sich die nach dem 11. Plenum von der DEFA hergestellten *Indianerfilme* als verlässliche narrative Vehikel, um den amerikanischen Westen gewissermaßen als Bühne für die sich erprobenden sozialistischen Ideale der DDR nachzubauen. An dieser Schnittstelle zwischen dem ‚Neuen Western' und der DEFA in der Zeit nach dem Plenum komme ich zur traurigsten aller DEFA-Produktionen: Iris Gusners *Die Taube auf dem Dach* (1973/2010).

Im Grunde gehört dieser Film nicht wirklich zur Filmgeschichte der DDR: Er wurde nicht zur endgültigen Abnahme zugelassen. Entweder aus ästhetischen oder politischen, vielleicht sogar aus wirtschaftlichen Gründen ist dieser Film praktisch vollständig aus der Filmgeschichte verschwunden. Übrig geblieben ist von ihm die Schwarzweiß-Kopie eines Farbnegativs, die in der Ecke eines Abstellraums gefunden wurde und gesichert werden konnte. Dementsprechend wäre es ein heikles Unterfangen, den Film nach ästhetischen Gesichtspunkten zu beurteilen. Es lässt sich jedoch ganz eindeutig über dieses verstümmelte Werk sagen, dass es sich hierbei um einen Versuch handelt, eine Vielzahl filmischer Idiome miteinander zu verbinden, darunter den europäischen Kunstfilm, den *Baustellenfilm* und, ja, den Western.

In einem frühen Versuch, den Kunstfilm mit dem klassischen Hollywoodfilm zu vergleichen, weist David Bordwell (1992: 94-102) darauf hin, dass Kunstfilme versuchen, die Ambiguität ihrer Aussagen zu maximieren. Während diese These häufig als antiintellektuelles Futter benutzt wurde, um die Arbeit europäischer Regisseure der 1950er bis 1970er Jahre zu kritisieren, ist es genau jene offensive Mehrdeutigkeit von *Die Taube auf dem Dach*, die die Kulturfunktionäre der DDR offenbar verwirrt hat. Die kürzlich veröffentlichte DVD des Films enthält einen Kommentar, aus dem hervorgeht, dass der aus Sicht der DDR-Regierung am meisten verstörende Aspekt des Films die Darstellung des Baustellen-Vorarbeiters Böwe war. Ähnlich wie ein Westernheld ist Böwe eine anachronistische Figur. Er ist ein Baubrigadier, der von Baustelle zu Baustelle zieht, ohne sich an andere Menschen oder die Partei zu binden. Obwohl er durch seine Arbeit am strukturellen Aufbau der DDR mitwirkt, zeigt er wenig Interesse an deren gesellschaftlichem oder ideologischem Fortschritt. Er fühlt sich zu Linda Hinrichs hingezogen, der Bauleiterin auf seiner aktuellen Baustelle. Ein in der Folge entstehendes Liebesdreieck zwischen Hinrichs, Böwe und dem Studenten Daniel, der für die Dauer seiner Ferien auf der Baustelle arbeitet, hat keineswegs die Klarheit zur Folge, für deren Entstehen diese Trope normalerweise verwendet wird. Der Film schildert Böwe als unfähig, Hinrichs' lustlose Reaktion auf seine männlichen Reize zu verstehen. Ihre sexuelle und berufliche Unabhängigkeit scheinen Böwe auf einen bemitleidenswerten Mann mittleren Alters zu reduzieren, der betrunken durch die Straßen irrt und sich dann wieder als patriarchalischer Macho aufführt, der darauf beharrt, dass Hinrichs ihn heiraten soll – obwohl sie sich zu dem jungen Studenten viel stärker hingezogen fühlt als zu ihm. Wenn es eine Gemeinsamkeit zwischen Böwe und Balla, dem Brigadeführer in *Spur der Steine*, gibt, dann ist es die Frustration der beiden Männer angesichts ihrer erfolglosen Versuche, die Zuneigung jener Frauen zu gewinnen, die ihre Vorgesetzten sind. Jedoch bietet *Die Taube auf dem Dach* keine Lösung dieser Problematik an wie *Spur der Steine* – so unbefriedigend diese hier auch sein mag.

Die Unterschiede zwischen *Die Taube auf dem Dach*, dem *Aufbaufilm* im Allgemeinen und *Spur der Steine* im Besonderen sind vergleichbar mit den Unterschieden zwischen den Hollywood-Western der Studioära und aus der Zeit nach 1968. Verschwunden sind die Metanarrationen von der Eroberung des Westens oder der Gemeinschaftsbildung, bzw. – im Osten – vom unverminderten Fortschritt einer sozialistischen Gesellschaft. Die Baustelle in *Spur der Steine* und die LPG in *Rauhreif* fungieren als Orte der Auseinandersetzung, an denen die größeren Hürden, die dem gesellschaftlichen Fortschritt in der DDR entgegenstehen, aufgezeigt und schließlich überwunden werden. Thomas bemüht sich als Leiter der LPG in *Rauhreif* um Glaubwürdigkeit; es gelingt ihm, die allgemeine Skepsis gegenüber der Kollektivierung der Landwirtschaft zu überwinden. Die Gegner der Kollektivierung spekulieren darauf, die allgemeinen Bestrebungen im Hinblick auf die Landreform dadurch zu boykottieren, dass sie Thomas zwingen, die LPG zu verlassen und nach Berlin zu flüchten. In *Die Taube auf dem Dach* gibt es keine derartige Konfrontation. Die Fronten sind nicht annähernd so klar voneinander unterschieden. Tatsächlich ist hier der einzige Konflikt, der in einem nennenswerten Ausmaß stattfindet, Lindas Kampf gegen jeden Mann, der versucht, Kontrolle über ihr Leben auszuüben. Der Film geht weder auf die ideologischen Kämpfe in der DDR noch auf die in diesem Staat offensichtlich existierenden kleinbürgerlichen Idealvorstellungen von Familie ein. Stattdessen wirkt die Figur des Böwe wie ein Westerner in einer Geschichte, in der er nur eine kleine Rolle spielt. Er ist im wahrsten Sinne des Wortes *im falschen Film*.

Die Geister des Western spuken in DEFA-Filmen auf vielfältige Weise. *Aufbaufilme*, in denen es um die ideologische Eroberung eines bestimmten Raums geht, sind nicht nur genauso aufgebaut wie klassische Hollywood-Western; sie tendieren außerdem dazu, sich nach ähnlichen Prinzipien zu entwickeln. Anders als im Western lässt sich in den DEFA-Filmen aber eine Tendenz zu eher diskursiven als gewaltsamen Auflösungen feststellen. *Rauhreif* und *Spur der Steine* beruhen in großem Ausmaß auf narratologischen Tropen des klassischen Western – mehr als die von diesem Genre eher visuell geprägten *Winnetou*-Filme. Diese *Aufbaufilme* zeigen Figuren in ideologisch ungefestigten Umgebungen, und sie vermitteln die Erwartung, dass diese Figuren für Ordnung sorgen werden. *Die Taube auf dem Dach* spielt auf genau diese Vorstellung an: Böwe befindet sich in einer ähnlichen Situation, die durch ein extrem im Schwanken begriffenes ideologisches Feld auf die Spitze getrieben ist, und in der das von der männlichen Hauptfigur gewünschte Ergebnis nicht mit dem der weiblichen Hauptfigur übereinstimmt: Der in den beiden früheren *Aufbaufilmen* so präsente Parteiapparat ist hier keine stabilisierende Kraft. Deshalb stolpert der Westerner betrunken durch die Straßen auf der Suche nach einem Showdown. Vielleicht handelt es sich hierbei um die Mehrdeutigkeit des Kunstfilms, vielleicht aber auch nur um die in dem Film deutlich werdende Abneigung, die SED als *deus ex machina* zu benutzen, der die gesellschaftliche oder sexuelle Ordnung erzwingen würde. Das Ergebnis ist eine Beschreibung der DDR-Provinz als uninteressante Bühne, mit einer Figur, die nicht in der Lage ist, Bedeutung herzustellen. Böwe scheitert bei dem Versuch, sich als Held eines Genrefilms zu behaupten, Linda deutet einen aufkeimenden Feminismus nur an, ohne wirkliches Engagement zu zeigen, und ihr junger Liebhaber entpuppt sich als intellektueller Wichtigtuer, der nur Plattitüden von sich gibt. Insofern ist es wenig überraschend, dass der Film gleich zweimal aus der Filmgeschichte verschwunden ist.

Als die DDR sich bis in die 1970er Jahre hinein einem innerstaatlichen Programm des Konsumsozialismus verschrieb, verloren selbst die Geister des Western das Interesse.

Aus dem Englischen von Karin Herbst-Meßlinger

Literatur

Berghahn, Daniela (2005): Hollywood Behind the Wall. The Cinema of East Germany. Manchester: Manchester University Press

Bordwell, David (1992): „The Art Cinema as a Mode of Practice". In: Fowler (1992): 94-102

Feinstein, Joshua (2002): The Triumph of the Ordinary. Depictions of Daily Life in the East German Cinema, 1949-1989. Chapel Hill/London: University of North Carolina Press

Fowler, Catherine (Hrsg.) (1992): The European Cinema Reader. London: Routledge

Kitses, Jim/Rickman, Gregg (Hrsg.) (1998): The Western Reader. New York: Limelight Editions.

o.A. (1926): *Les Aventures du Prince Ahmed.* In: Cinémagazine 25, 18. Juni 1926

Schatz, Thomas (1981): Hollywood Genres. Formulas, Filmmaking, and the Studio System. New York: Random House

Shandley, Robert (2001): „Rubble Canyons. *The Murderers Are Among Us* and the Western". In: German Quarterly 74:2, 2001: 132-147

Warshow, Robert (1998): Movie Chronicle. The Westerner. In: Kitses/Rickman (1998): 35-48

DEFA-Filme im Kontext der „neuen Wellen" im osteuropäischen Film

Oksana Bulgakowa

1956 wurde in der Sowjetunion mit dem XX. Parteitag der KPdSU eine Periode der Entstalinisierung eingeleitet, die von nun an das intellektuelle Leben in allen Ländern Osteuropas maßgeblich prägte. Eine junge Künstlergeneration kam zum Film und versuchte, innerhalb des etablierten Kanons nach sozialistischem Kunstverständnis neue Themenbereiche zu erschließen und formale Möglichkeiten zu erproben. Dieses Experiment währte nicht lang: Bereits 1965/66 wurden die ersten Filme dieser Welle scharfer Kritik ausgesetzt und verboten. Parallel zu dieser Entwicklung können in vielen europäischen und außereuropäischen Ländern Kunstströmungen beobachtet werden (Neorealismus, Cinéma Vérité, Nouvelle Vague oder New British Film), deren stilistischen Merkmale einige konstante Charakteristika aufwiesen und von gegenseitiger Beeinflussung zeugten.

Wie können wir die Differenzen und nationale Besonderheiten innerhalb einer auf den ersten Blick ähnlichen Stilistik ausmachen? Wie tief wurde der Stil nicht nur von Kunstmoden und deren Assimilation geprägt, sondern auch von Konzepten der Positionierung des Individuums und der Vorstellung von seiner Autonomie? Ich möchte am Beispiel der DEFA-Produktionen im Kontext der Entwicklung des osteuropäischen Films dieser Zeit (1956-1966) analysieren, was uns eine ähnliche Stilistik vermittelt und welche Differenzen sich dennoch offenbaren; was das Verständnis persönlicher Freiheit, des historischen Gedächtnisses und der subjektiven Erfahrung, der Lebensweise und der Menschenbilder betrifft, denn gerade diese Kategorien definierten den Abschied vom alten Kunstkanon. Natürlich waren die historische Ausgangssituation und das kulturelle Erbe in diesen Ländern nach dem Krieg sehr verschieden, doch bleiben wir zunächst bei den Gemeinsamkeiten.

Die neorealistischen Filme und die Filme der diversen ‚neuen Wellen' setzten auf gleiche stilistische Mittel: Straßenschauplätze und Originalinterieurs anstelle herkömmlicher Ateliers; natürliches Sonnenlicht, Schwarz-weiß im Gegensatz zur Farbe; lange, unkomponiert wirkende Einstellun-gen; undeutlich sprechende Laiendarsteller. Diese Ästhetik bedeutete eine lose Dramaturgie und den Verzicht auf durchgeschriebene Dialoge. Sie begünstigte das Schweigen und abgebrochene Sätze, und das nicht nur weil die Laiendarsteller einen langen, künstlerisch geformten Text nicht lernen und wiedergeben konnten. Wenn wir aber die Erklärungsversuche von Siegfried Kracauer mit denen von Pierre Sorlin für diese stilistischen Präferenzen im Neorealismus vergleichen, landen wir bei verschiedenen Weltmodellen.

Kracauer erkundet in der *Theorie des Films* den anonymen Zustand der Realität, der „aus den ‚Großen Erzählungen' der Geschichtsphilosophie he-rausfällt" und nicht mehr „in das Sinnsystem integriert wird" (Lethen 1990: 196). Seine normative Ästhetik des Films, der den Fluss des Lebens und die Natur im Rohzustand, das Zufällige, Endlose, das Unbestimmbare auf der Leinwand festhält (Kracauer 1973: 95ff., 97ff., 99, 105, 109), hat Helmut Lethen als Reaktion auf seine Beschäftigung mit den deutschen ideologi-schen Bild-Wort-Propaganda-Maschinen gedeutet (Lethen 1990), während Gertrud Koch sie in den Rahmen einer Ästhetik nach Auschwitz gestellt hat (Koch 1992: 127-142). Für Kracauer bedeutete diese Entwicklung den „Be-deutungsabfall", denn das Medium sollte die Realität jenseits der sprachli-chen Konventionen, Interpretation und Ideologie retten, ja „erlösen".

Pierre Sorlin hat für die mehrfigurigen Tiefenarrangements und jene lose Dramaturgie, wie sie die italienischen Neorealisten anstrebten, eine völlig andere Erklärung entwickelt, die von einer nicht ausgesprochenen Mittäterschuld ausgeht. Diese liegt seiner Meinung nach als psychoanaly-tische Basis den schweigenden Bildern der Neorealisten zugrunde, in die die Italiener flüchteten, um der historischen Wahrheit (sprich: der aktiven Partizipation an den Verbrechen des Faschismus) nicht ins Gesicht blicken zu müssen. Wenn ausländische Kritiker neorealistische Filme auf Festi-vals sahen, versuchten sie den Stil als eine Mischung aus traditionellen melodramatischen Geschichten und der neuen Art, sie zu filmen und zu erzählen, zu begreifen, doch für die Italiener war das der einzige Weg, die Mehrstimmigkeit verschiedener Italiens und die physische und mo-ralische, durch den Krieg verursachte Verwüstung zu verarbeiten (Sorlin 1991: 88, 89, 91). Sowohl Kracauer als auch Sorlin haben den neuen Realis-mus als eine komplexe Beziehung zwischen Ästhetik, Ethik und Politik begriffen, genauso wie Roland Barthes, der 1956 den Realismus als mora-lischen Begriff definierte.

Ich werde hier derart grundsätzliche Erklärungen kaum entwickeln können, doch möchte ich zumindest versuchen, einige Nicht-Übereinstimmungen zwischen der Stilistik der DEFA-Filme und den Arbeiten ihrer sowjetischen, tschechoslowakischen und polnischen Kollegen deutlich zu machen. Was mich interessiert, sind die Zeichen der Subjektivität auf den Ebenen von Bild und Montage, die Formung eines medialen Körpers und die Ausstattung dieses Körpers nicht nur mit Gesten, sondern auch mit dem beobachtenden Blick. Eigentlich müsste die Konstruktion der Subjektivität auch anhand vieler anderer Merkmale analysiert werden (Zeit- und Raum-Konstruktionen, die narrative Logik und Abweichungen davon), doch diese Ausweitung würde den Rahmen meines Aufsatzes sprengen.

Das Subjekt und sein Blick

Die Veränderung in der Kunst des sowjetischen Tauwetters und der westeuropäischen ‚neuen Wellen' wird oft mit einer Milderung der Zensur, mit der ersten Öffnung des Eisernen Vorhangs, mit der Forderung nach Wahrheit und Aufrichtigkeit in Bezug auf die Gegenwart und die Vergangenheit (Erinnerung an die verschwiegene Geschichte), mit dem Dialog mit der modernen westlichen Kunst (Neorealismus, abstrakter Expressionismus, neue Musik, etc.) in Zusammenhang gebracht. Doch der Film machte daraus etwas sehr Eigenständiges; sowohl die Kategorie der Wahrheit als auch der Aufrichtigkeit wurde durch das „auditive Bild" und die Positionierung des filmischen Blicks zum Ausdruck gebracht (Bulgakowa 2012a).

Die ungewöhnlichsten Entdeckungen und Brüche mit dem alten Kanon wurden in der Sowjetunion vor allem in Filmen realisiert, die ihre Helden mit historischen Kollisionen konfrontierten und ihnen zum ersten Mal ein Recht auf eine subjektive Wahrheit einräumten, auch wenn diese stark von der allgemeingültig akzeptierten abwich. Natürlich war das mit der Erschütterung des Geschichtsbildes verbunden. Darin lag auch die Sprengkraft von Chruschtschows Rede, in der er zum ersten Mal öffentlich Stalins Herrschaft als eine Zeit des Massenterrors und der Geschichtsfälschung verurteilte. Obwohl die Oktoberrevolution und der Zweite Weltkrieg weiterhin die wichtigsten historischen Ereignisse, die die sowjetische Identität konstituierten, blieben, kam es gerade in diesem Themenbereich zu einschneidenden Korrekturen im erstarrten Darstellungskanon. In den Massenhandlungen, die das Volk zu einem kollektiven Schicksal (Erfahrung, Identität, etc.) zwangen, bekam der Filmheld zum ersten Mal im sowjetischen Film das Recht auf eine eigene Erfahrung, die sich mit der kollektiven nicht deckte. Dieses Novum lag auch der polnischen Filmschule zugrunde, welche die Kämpfer der Heimatarmee viel früher rehabilitierte als die Politik (z.B. in *Asche und Diamant*, 1958).

Die Filme der Tauwetterperiode erlaubten den Subjekten zum ersten Mal, der kollektiven Wahrheit die eigene Sicht entgegenzustellen, und sie verurteilten diese Helden nicht. Grigori Melechow, der Held von *Der stille Don* (1957) findet keinen Platz in der Geschichte des eigenen Landes. In Grigori Tschuchrajs *Der letzte Schuss* (1956) tritt Erotik als lebensbejahender Gegenpol zur Geschichte auf, zu dem die beiden Helden über die Todesbedrohung – zunächst im Bürgerkrieg, dann in der Schiffskatastrophe – gelangen. Erst der Schluss des Films bedeutete eine gewaltsame Rückkehr der Helden in die Geschichte, die beide wieder auf ihre Rollen als Klassenfeinde verweist. Die Frau erschießt ihren Geliebten, doch dieser Schuss macht für sie das Töten zu einer persönlichen Tragödie und lässt die Zuschauer an der Notwendigkeit, ja historischen Wahrheit zweifeln. Ein russischer Soldat, gespielt von Sergej Bondartschuk, wird mit seinem *Menschenschicksal* (1959) alleingelassen und erstarrt in seiner persönlichen Tragödie, er kann sich nicht in den kollektiven Triumph des Sieges am Reichstag einklinken. Die untreue Braut Veronika will wie ein Kind nicht verstehen, warum ihr Geliebter sie verrät, indem er in den gerechten Volkskrieg zieht, doch die kraftvolle visuelle Sprache des Films *Die Kraniche ziehen* (1957) stößt die erwartete Geschichte von Schuld und Reue um: Veronika lebt ihr Leben und nicht das der erwarteten Norm, sie trifft ihre eigene Wahl und wird von Regisseur, Kameramann und der Darstellerin nicht verdammt, sondern im Gegenteil poetisiert. Die Emanzipation der Gefühle, die Loslösung des Persönlichen vom Allgemeinen spürten auch die deutschen Kritiker in Ost und West, die den Film zum „individuellsten" aller Kriegsfilme erklärten (Bulgakowa/Hochmuth 1992: 61-71).

Früher rechtfertigte die gefundene historische Wahrheit alle Opfer, denn die Geschichte wurde als befreiende Vorwärtsentwicklung empfunden. Das Tauwetter setzte dem ein völlig anderes Gefühl entgegen: Der Mensch steht am Abgrund des Menschlichen, an den er durch die Geschichte getrieben wurde, oft ohne den Freiraum einer Wahl zu haben, jedoch im vagen Vertrauen zu sich selbst. Diese extreme und ungewöhnliche Subjektivierung wurde durch die wiedergewonnene Individualisierung der filmischen Perspektive stark unterstützt. Sergej Urussewski setzte die entfesselte Handkamera ein und suchte ausgefallene Blickwinkel, die die Perspektive der Helden vermitteln sollten; Michail Kalatosow schnitt einige Sequenzen im Rhythmus eines gestörten Atems. Das subjektivierte Bild wurde durch den Ton forciert, der sich aus überlagerten Geräuschen, Satzfetzen und Musik zusammensetzte. Die expressiven Einstellungskompositionen, die die Raumverhältnisse deformierten, das expressionistische, kontrastreiche Licht- und Schattenspiel suggerierten die psychischen Schocks der Helden und eine aufgepeitschte Emotionalität, die die Zuschauer teilten.

Auch in *Ein Menschenschicksal* wurden Bild und Ton stark subjektiviert, um die quälende Erinnerung zu beleben. Die grafisch gestalteten Massenkompositionen des Kameramanns Wladimir Monachow stuften den gewaltigen Raum in mehrere Tiefenebenen ab. Die expressiven Nahaufnahmen schufen Kontraste zwischen dem Gesicht im Vordergrund und den schiefen Dächern der Baracken, dem Stacheldraht im Hintergrund. Oft setzte Monachow eine gekippte, diagonale Horizontlinie ein, um die psychischen Erschütterungen des Helden wiederzugeben. Die ,verrutschte' Perspektive der Einstellung wurde in *Ein Menschenschicksal* auch von der Rückblendendramaturgie unterstützt.

Die Materialisierung der individuellen Sicht war deshalb so einprägsam, weil dies letztendlich das Herausfallen aus der kollektiven Identität und der kollektiven Biografie bedeutete. Diese private Appropriation der Geschichte wurde vom Austausch des filmisch konnotierten Objektiven (eine neutrale Kameraposition, eine unmerkliche, fließende Montage) durch das filmisch konnotierte Subjektive (ungewöhnliche Blickperspektive, fluide Raum-Zeit-Konstruktionen etc.) begleitet. Das erhöhte Interesse an der dokumentarischen Faktur verdeckt manchmal diese betonte Subjektivierung der Sicht, eine Individualisierung, die auch den westlichen Film dieser Zeit prägt. Alain Resnais' *Hiroshima mon amour* (1959) erzählt von derselben Appropriation der geschichtlichen Wahrheit durch die ,falsche' Heldin, der fotografische Realismus wird dabei stets durch visuelle Verschiebungen gebrochen: zu nahe Nahaufnahmen, die keine Orientierung im Raum erlauben; Zeitsprünge, Unschärfen, Deformationen der Proportionen etc. Dies sind allesamt Verfahren, die die Historie in eine Geschichte verwandeln und subjektivieren. Nicht umsonst werden die Kameraleute dieser Zeit genauso berühmt wie die Regisseure.

Lenken wir unseren Blick auf die DEFA-Filme dieser Zeit, werden wir etwas anderes feststellen. Die historische Situation in Deutschland war natürlich eine andere – der Vorhang wurde nicht durchbrochen, sondern eine Mauer wurde gebaut. Die kollektive Identität musste in einer zwei-

deutigen Situation von Null aufgebaut werden. Welche Angebote individueller Sichtweisen waren möglich? Eine Ausnahme vom kollektiven
Schicksal der Deutschen, auch der DDR-Deutschen, bildeten die Schicksale der Emigranten, der ‚Vaterlandsverräter', die aus dem Exil oder dem
Gefängnis zurückkehrten. Ihre historische Erfahrung, die sich nicht mit
der kollektiven Erfahrung deckte, musste einer erst zu erschaffenden
kollektiven Identität angepasst werden. Diese Ausnahmeschicksale wurden nicht durch die Subjektivierung der Sicht zusätzlich betont, sondern
in alten Konventionen der filmischen Zeichen einer objektivierten Erzählung wiedergegeben, im Genre der historisierenden Epen über Ernst
Thälmann (1954/55), *Das Lied der Matrosen* (1958) oder *Die Buntkarierten*
(1949). Ein Ausnahmeschicksal, *Ich war neunzehn* von Konrad Wolf, wird
erst 1967 gedreht, ein später Film dieser Welle.

   Die gerade geschaffene kollektive Identität wurde auch Mitte der 1960er
Jahre noch als zu fragil empfunden. Jene DEFA-Filme, die damals entstanden und gleich verboten werden, hinterfragen wichtige Institutionen der
Gesellschaft: die Schule (*Karla*, 1965), die Arbeitswelt (*Spur der Steine*, 1966),
das Justizsystem (*Das Kaninchen bin ich*, 1965) und die Ehe (*Jahrgang 45*,
1966). Wenn wir aber diese Filme mit der Suche nach einer anders empfun-
denen, sich von der kollektiven abhebenden Wahrheit messen, entdecken
wir innerhalb des Narrativs eine anders implementierte Entwicklung.

   Herrmann Zschoches *Karla* setzt sich mit dem System Erziehung ausei-
nander, doch es ist die Titelheldin, eine Lehrerin, die lernen muss, mit ihrer Spontaneität umzugehen. Die ‚Dogmatiker' können sympathisch sein
(wie der wenig gebildete, ungehobelte, doch ‚warme' Schuldirektor) oder
unsympathisch (wie die elegante, jedoch glatte und kalte Schulrätin), aber
die Existenz einer Wahrheit für alle steht außer Frage. Leichte Korrekturen
der Sicht auf Fontane (von der vulgärsoziologischen zur historisierenden)
kann diese Wahrheit verkraften, genauso wie die Anerkennung der Erfolge amerikanischer Astronauten; doch die Notwendigkeit der Diszipli-
nierung individueller Abweichungen als Teil des Erziehungssystems, in
dem diese Verabredungen über die allgemeine Wahrheit getroffen werden, wird nicht angetastet. Die von der Heldin angenommene Schuldzu-
weisung wird dramaturgisch im Happy End aufgehoben, denn der anar-
chische Freund bekennt sich endgültig zu ihr. Das Subjektive kann das
existierende Objektive infrage stellen, jedoch keineswegs zerstören – weder filmisch noch konzeptionell. Die Kamera beobachtet das Geschehen,
ohne die Perspektive der Heldin anzunehmen, und bleibt auf analytischer
Distanz.

Das Individuelle im System des Rechts zu finden, besonders wenn das Recht verletzt wird, liefert noch mehr Dramatik. Dennoch muss Maria, das „Kaninchen", sich von ihrer Liebe (und ihrem individuellen Fehler) – sei es zum Liebhaber oder zum Bruder – distanzieren und den Weg zu einer kollektiven Wahrheit finden. Auch wenn der Film sehr frei mit der Raum- und Zeitvermittlung umgeht (und hier die Subjektivität der Wahrnehmung einer Verliebten preist), bildet seine Stilistik keinen Kontrast zur Schlussfolgerung des Narrativs. Die Kamera identifiziert sich in keinem Punkt mit der Heldin, mehr noch: Der Film ist durchweg aus einer leichten Aufsicht gedreht, und diese eindringliche Perspektive ändert sich den ganzen Film über nicht.[1]

Abbildung 1: *Das Kaninchen bin ich* (1965); Foto: Jörg Erkens/DEFA-Stiftung

---

1   Der Kameramann Erich Gusko ist zwar ein hochgewachsener Mann, doch mit dieser Perspektive hatte der Regisseur Kurt Maetzig weder davor noch danach gearbeitet – in *Der schweigende Stern* (1959), *Vergesst mir meine Traudel nicht* (1957), *Das Lied der Matrosen* (1958), *Die Buntkarierten* (1949) und *Der Rat der Götter* (1950) befindet sich die Kamera in der Regel auf Augenhöhe. Deshalb muss dieses Verfahren wohl nicht als Zufall, sondern als bewusst getroffene Entscheidung betrachtet werden.

Die Kamera schaut auf Maria von oben, so als ob den ganzen Film über ein erwachsener Mann (ein Übervater?) ihre Geschichte beobachtet (Abb. 1). Die Kamera beherrscht und kontrolliert den Raum komplett, immer bereit, die Heldin einzufangen – in der Wohnung, im Gericht, im Café oder bei der Stadtwanderung. Nur manchmal rückt die Kamera unvermittelt nah an ihr Gesicht und bleibt auf Augenhöhe stehen, konzentriert auf ihr Staunen und ihr Unvermögen, die Situation zu beherrschen. *Das Kaninchen bin ich* ist ein Gegenwartsfilm, doch reagiert er – genauso wie Konrad Wolfs nicht verbotener *Der geteilte Himmel* (1964) – auf ein historisches Ereignis, das die DDR-Identität mehr definiert hatte als der Faschismus – der Mauerbau.

Der geteilte Himmel ist im Vergleich zu *Karla* oder *Kaninchen* ein betont modernistischer Film. Wolf reagierte am schnellsten unter den DEFA-Regisseuren auf die stilistischen Entwicklungen der Russen oder der Franzosen. Die gebrochene Chronologie und der innere Monolog erinnern an die narrativen Vorlieben von Alain Resnais, die Einstellungskompositionen, die Lichtgestaltung (besonders in den Porträts von Renate Blume) und die unmotivierte Montage von Totalen zu Nahaufnahmen ahmen die Stilistik von *Die Kraniche ziehen* nach. Der abrupte Wechsel der Perspektive, die eine intime Nähe zur Heldin durch die plötzliche Distanz weiter Totalen bricht, ist willkürlich, doch im Ensemble der anderen Mittel, die das Narrativ gestalten, wird dieses Verfahren semantisiert.

Die ausgefallenen Blickwinkel und die Bildkompositionen führen nicht zur Behauptung von Ritas Andersartigkeit. Sie erscheinen am Anfang des Films (extreme Auf- und Untersichten: Leipzig, vom Turm aus gesehen; ein Schornstein, von ganz unten aufgenommen, mit der Drehung der Kamera dynamisiert und subjektiviert) und sind durch die Verwirrung, ja den psychischen Schock und die Krankheit der Heldin verursacht. Im Verlauf des Films verschwinden diese Verfahren parallel zum Prozess der Genesung, etwa wenn Rita mittels Split-Screen ihr Leben retrospektiv sieht und in einem inneren Monolog reflektiert, schließlich zu einer kollektiven DDR-Identität findet und sich endgültig von ihrer traumatischen Liebe zu jenem Mann löst, der sich für den Westen entschieden hat.

Die raffinierten visuellen Verunsicherungen bringen zwei Sichten zusammen. Die Nahen auf Ritas stummes Gesicht und die aufgeräumt wirkenden geometrischen Totalen (die Bilder der Pappellallee, der Kreuzung vor dem Werk, der Brücke über dem Fluss oder des Aquädukts), begleitet von der Stimme aus dem Off, ordnen die Welt der Heldin. Ihr wird – mit anderen Mitteln, doch genauso wie dem Kaninchen Maria – eine analytische Sicht von oben gegeben, ein ordnendes ‚Bewusstsein', dessen fremde reife Stimme (von Lissy Tempelhof) und die verbale Eloquenz (von Christa Wolf) Rita verinnerlicht, „obwohl dieses Wort noch nicht Fleisch werden konnte", wie Larson Powell (2012) in seiner Analyse des Films bemerkt. Ritas Genesung endet in der Normalisierung der Bildsprache. Bei der nächtlichen Aufnahme von Leipzig – vom selben Turm am Schluss – steht die Kamera auf einer tiefer liegenden Position. Die Perspektive ist gemildert, die Subjektivierung, die dem verwirrten Krankheitszustand zugeordnet war, wird aufgehoben. Die visuelle und akustische Objektivierung erfolgt in einer betont analytischen Konstruktion, die emotionale Partizipation verhindert.

In diesem Kontext ist es lohnenswert, die Aufmerksamkeit Gerhard Kleins *Der Fall Gleiwitz* (1961) zuzuwenden. Es ist einer der pronociertesten Autorenfilme der DEFA, allerdings wird hier die stark subjektivierte Perspektive dem Bewusstsein eines kaltblütigen Mörders zugeschrieben. Ein SS-Hauptsturmführer (und Filmfan) wird direkt aus dem Kinosaal, aus dem Reich der Träume – einerseits von der Weltmacht, andererseits von der Beherrschung der Raum- und Zeitstrukturen – in die Realität geholt, in die er seine filmisch geformte Sicht mitnimmt. Die Kamera wählt extreme Perspektiven (von oben, von unten oder frontal sehr nah), sodass die räumlichen Koordinaten fehlen und die Integration von sehr Nahen nicht möglich ist. Ellipse und kryptisch abgebrochene Erzählsplitter, beraubt um zeitliche Verortung und Kausalität, unterstützen die gestörte fluide Wahrnehmung. Das frontale Licht auf die durch das Make-up glatt verarbeitete Oberfläche verwandelt die Gesichter von Hanjo Hasse (als Hauptsturmführer) und Herwart Grosse (als Gestapochef) in Masken mit einer unirdischen Nosferatu-Blässe und tilgen psychologische Motivierungen.

Die Filmemacher delegierten die visuellen Aberrationen des Verschwörers und Mörders in die Kunstvorlieben des ‚Dritten Reichs' (Kohlhaase 2006: 168): symmetrische, kalte, distanzierte, auf die Obersicht hin gebaute Räume von Albert Speer und die von Leni Riefenstahl geformte Wahrnehmung von Menschen als serielle Ketten schöner, doch sinnentleerter Torsos, Ohren oder Kinnpartien. Diese Kunst hatte ein krankes Bewusstsein hervorgebracht, das Gerhard Klein hier reproduziert. Allerdings wird gerade diese Subjektivität auch der russischen entfesselten Montage zugeschrieben. Aus der kühlen Symmetrie verlangsamter Bewegungen tritt der Held in die Sequenz des rasanten Schnitts, der aus Fragmenten willkürlich die (Film-)Welt neu formt. Im Zug sitzend, Bier trinkend, an die Grenze

fahrend, den Trinkliedern lauschend, verfällt der Held in den Rausch seiner Träume von der nahen Weltbeherrschung, und die Montage kurzer
Fragmente, in denen die Horizontlinie zur Vertikalen oder zur Diagonale
wird, unterstützt sein schwindelerregendes Empfinden. Zum Träger des
stark subjektivierten und künstlerischen Sehens wird im Film ein Triebtä-
ter gemacht, ein machgieriger Vampir, mit dem keine Identifikation möglich ist.

Diesen modernistischen Stil haben die deutschen Filmemacher bei einem tschechoslowakischen Film ‚geborgt' – *Holubice/Die weiße Taube*, 1960 –
und von dessen Kameramann Jan Čuřík verwirklichen lassen, dort allerdings war diese Sicht einem Künstler, einem sensiblen kranken Jungen
oder gar einer Taube zugeschrieben.[2] Gleichzeitig ist dasselbe subjektivierte Sehen, in dem die Horizontlinie zur Vertikalen wird und sich mehrmals dreht, dem betäubten Opfer gegeben – in der kurzen Pause zwischen
dem Schuss und dem Tod.

Das Opfer wurde anders gefilmt. Das Gesicht von Hilmar Thate wurde
in weiche Schatten gehüllt, die behaarte Brust war – im Unterschied zum
glatten Make-up – mit warmer Sinnlichkeit verbunden. Da er mit verbundenen Augen zum Ort des Geschehens gefahren wird und die Landschaften nur im Wechsel vom Licht zum Schatten wahrnimmt, wird dem Zuschauer damit gleichsam sein Empfinden der Temperatur des Lichts (wie
auch des warmen Dampfs über der Suppe) weitergegeben. Im Bereich des
Sehens sind Bösewicht und Opfer getrennt, doch die Montage vermittelt
den beiden dieselbe filmische Subjektivität. Ihre Konstruktion durch die
stilistischen Mittel ergibt kein kohärentes Subjekt, zu dem der Zuschauer
Empathie entwickeln kann. So werden die Zeichen der filmischen Subjektivierung – genauso wie in *Der geteilte Himmel* – als falsches Bewusstsein
gewertet. Die Vorwürfe in Sachen Formalismus waren deshalb übereilt;
der Film verurteilte die Verfahren auf eine viel subtilere Weise ganz von
selbst.

Der Beobachter und die Beobachteten

Aufgepeitschte Expressivität war eher die Ausnahme. Die Bestimmung
des Realismus zwischen Dokumentar- und Spielfilm änderte auch die
narrativen Strategien im Film, bei denen die Beobachtung des Flusses des

---

2   Vgl. den Beitrag von Birgit Schapow in diesem Band.

Lebens gegenüber der Erfahrungsvermittlung durch ein konstruiertes Narrativ an Priorität gewann. Deshalb waren in die fiktiven Fabeln ganze Passagen dokumentarischer Beobachtung eingebunden. So haben die Neorealisten und ihre Nachahmer in Osteuropa ihre Helden einfach zu Beobachtern gemacht. Die Interpretationshilfen wurden weggelassen und die Zuschauer mussten lernen, Bilder, Körper und Vorgänge zu sehen, direkt wahrzunehmen.[3] (Die Ästhetik ist von den Innovationen der Filmtechnik nicht zu trennen, ohne die Handkamera und die neue Qualität des Originaltons der Nagras wäre die Stilistik des *cinéma vérité* oder des Direct Cinema nicht möglich gewesen.)

Dieses Verfahren haben Miloš Forman (*Der schwarze Peter*, 1964; *Die Liebe einer Blondine*, 1965; *Der Feuerwehrball*, 1967), Vera Chytilová (*Die Decke*, 1962; *Von etwas anderem*, 1963), aber auch Marlen Chuzijew (*Ich bin 20 Jahre alt*, 1964; *Juliregen*, 1966) konsequent verwirklicht. Sie arbeiteten mit versteckter Kamera, manchmal mit Teleobjektiven oder schickten die Filmhelden in reale Situationen und verfolgten sie beim Bummeln durch die Stadt, beim Einkaufen, beim Besuch einer Ausstellung, einer Dichterlesung, eines Schönheitswettbewerbs oder einer Kneipe. Die Zuschauer werden so auch zum Beobachten animiert, die Filmhelden als Mediatoren dieser Tätigkeit benutzt. Ausschlaggebend ist hier nicht die vage Fabel, die ständig zu zerfließen droht (ob in *Der schwarze Peter*, *Von etwas anderem*, *Juliregen* oder *Jahrgang 45*), sondern die langen ziellosen Wanderungen der Helden durch Prager, Moskauer oder Berliner Straßen und das Herumlungern in Cliquen, die zur Verlagerung des Akzents führte – vom Helden auf die Realität.

Der DEFA-Film folgte diesem Trend, doch auch hier können wir Abweichungen beobachten. In *Jahrgang 45* – dem konsequentesten Film dieser Art – wird der Held von Rolf Römer (Alfred, genannt Al) in der Atmosphäre einer vertrauten Clique beobachtet, in der man oft schweigt, Banalitäten austauscht, Musik hört. Den Sinn ihrer Worte kann man kaum fassen, oft sind sie einfach nicht zu hören; wichtiger dagegen ist die Intonation des Gesagten, sind die eingefangenen Blicke und Geräusche. Man tanzt, trinkt Bier, spielt Ball, lungert herum, schlendert, wartet und schlendert wieder;

---

3 Diese audiovisuellen Formen intensivierten die Interaktion zwischen den Kunstmodellen und dem Alltag, was auch zur Entstehung medientheoretischer Reflexionen dieser Erfahrung führte, etwa Roland Barthes' semiologischer Lektüre des Alltagslebens (*Mythologies*, 1957) und Umberto Ecos Decodierung der symbolischen Zeichenwelt moderner Kulturen (*Opera aperta*, 1962).

im Film wie im Leben gibt es viele Leerstellen. Böttcher, von der abstrakten bildenden Kunst und der Erfahrung im Dokumentarfilm kommend, hat in seinem einzigen Spielfilm eine Menge Subcodes (neue Kleidermoden mit Rollkragenpullovern, T-Shirts, Lederjacken und Jeans, Essgewohnheiten, Musik, Wohnungseinrichtungen) eingefangen. Der Regisseur hat seine eigenen Vorlieben an die Helden weitergegeben, sein Interesse für alte Gesichter, alte Wände, alte Fotos, alte Bücher, alte Puppen (Abb. 2), für alte Musik (Henry Purcell) und alte Filme (Chaplin).

Abbildung 2: Jürgen Böttcher und Rolf Römer bei den Dreharbeiten zu *Jahrgang 45* (1965); Foto: Waltraut Pathenheimer/DEFA-Stiftung

Böttcher entscheidet sich für die Handkamera, die hinter einem Gitter versteckt den Helden beobachtet, welcher wiederum zum Zuschauer des Lebensflusses um ihn herum gemacht wird. Die Grenzen der Einstellungen sind gelockert, die Kamera kann sich nach links oder rechts bewegen, schnell schwenken, verschiedenen Protagonisten folgen, kreisen, wenn sie will, oder stehenbleiben und das Bild nicht korrigieren, wenn der Held aufsteht und sein Kopf abgeschnitten wird. Bei diesem Schweifen der Kamera gibt es oft mitten im Bild leere Stellen, sie sucht nach dem visuellen Objekt und dann betrachtet sie wieder stumm wie der Held die Bilder von Fischen im Buch des alten Nachbarn. Die Kamera hat dieselbe lockere Beweglichkeit wie der Held, der selten Stühle zum Sitzen benutzt, was der *mise en scène* Leichtigkeit verleiht.

Der Held beobachtet die Stadtlandschaft mit kaputten Häusern aus dem Fenster der S-Bahn, das Treiben der Kinder auf dem Hinterhof, die Museumsbesucher im Pergamon, Westtouristen auf dem Gendarmenmarkt, Verliebte und Gärtner im Tierpark, Leute in einem Laden oder in der Disco. Es gibt einen Ausflug an den Stadtrand, Bummeln durch Geschäfte, Warten auf der Entbindungsstation. Böttcher kreiert denselben Gestus wie Forman oder Chuzijew, doch die Beziehung, in welche der Beobachter mit dem Beobachteten tritt, ist eine andere. Bei Böttcher wird die Konstruktion der Realität nie aus den Augen gelassen. Im Laden versucht Al, wie die Protagonisten bei Forman, mit dem Leben in Kontakt zu treten. Wir sehen einen stummen Dialog mit dem Verkaufsstellenleiter und den Flirt mit der Fleischverkäuferin an der Theke, der über die Montage der Blicke konstruiert wird. Oder er setzt sich zu dem Mädchen auf der Bank, das nicht auf ihn wartet. Er versucht mit dem Gärtner zu sprechen, doch der dreht sich verkrampft von der Kamera weg und lässt sich auf das Spiel nicht ein. Bei aller Lockerheit der Dramaturgie sind die meisten Szenen dramaturgisch eingebunden. Der Held beobachtet nicht nur einen langweiligen Tanzabend, der Regisseur versteckt seine Protagonisten mit ihren Spannungen und ihrer Eifersucht in der anonymen (aber inszenierten) Masse Trinkender, sich Unterhaltender, Flirtender, Küssender, Streitender, Tanzender. Vertrauen in die Realität stellt sich selten ein.

In *Juliregen* beobachten die Helden das Defilee der Diplomatenautos (als einem Merkmal der Öffnung) am Restaurant *Prag*: Ausländer entsteigen großen Limousinen und machen einige Schritte in Richtung Tür. Chuzijew dreht diese Szene aus einiger Entfernung, schneidet nicht und bewegt auch nicht die Kamera. Doch nach dem dritten oder vierten Körper, der immer wieder dieselben motorischen Handlungen vollführt, ist das Auge trainiert, die Unterschiede zu sehen: verschiedene Rhythmen, Unsicherheit, Selbstbehauptung, Entschiedenheit, Eitelkeit. Die Körper bewegen sich anders als die Helden des Films, die die Zuschauer zuvor in einer unendlich langen Stadtwanderung beobachtet haben.

Nun beobachten Böttchers Helden auch Ausländer, die einem schicken Bus am Gendarmenmarkt entsteigen; Westtouristen, die ihre Fotoapparate zücken, gähnen, das Haar richten, gegen die Sonne schauen, sich fürs Fotografieren postieren. Doch ist hier – im Unterschied zu allen Szenen davor – der Gestus gebrochen, kein Flirt möglich, es gibt keinen Blick zurück zu unseren Beobachtern. Und die Zuschauer verstehen, dass nicht der Held, auf den Stufen des Französischen Doms liegend, diese Menschen ins Visier nimmt, sondern der Regisseur die Konfrontation Ost-West inszeniert.

Die Interaktion zwischen Vordergrund und Hintergrund ist in *Berlin –
Ecke Schönhauser* (1957) oder in *Karla* noch unsicherer. Auch Gerhard Klein
kam vom Dokumentarfilm, hatte laut Wolfgang Kohlhaase eigens auf hö-
her empfindlichem und daher grobkörnigem Dokumentarfilmmaterial
gedreht, um den Charakter von Dokumentaraufnahmen zu erzielen, doch
in der Dramaturgie und mehr noch in der Inszenierung vertraute er nicht
auf die Zufälle der Realität.[4] Der erste 360-Grad-Schwenk in *Berlin – Ecke
Schönhauser* – an der Kreuzung unter der S-Bahn-Brücke – entlarvt die
Inszenierung: Kleindarsteller starten ihren Gang gemeinsam mit der Ka-
merabewegung und eine Frau mit einem auffälligen Kinderwagen macht
einen unsinnigen Kreis. Sie überquert alle möglichen Straßen, bleibt immer im Bild, um am Ende des Schwenks dort anzukommen, wo sie ihre
Bewegung gestartet hatte – genauso wie die der Kamera. Die traditionelle
Auflösung der Dialogszene (in Schuss-Gegenschuss) und die steife *mise en
scène* in den Innenräumen sprengen den neorealistischen Gestus.

    Karla wurde im realen Stadtraum gedreht, doch für die meisten Sze-
nen wurden Schienen verlegt, auf denen die Kamera fährt, um den Helden zu folgen. Da kann natürlich vom Zufall, der ins Bild stolpert, keine
Rede sein. Das Zufällige wird inszeniert – wie bei Klein. Ein Rentnerpaar
schiebt einen Kinderwagen auf dem Bahnhofsplatz und schaut unsicher
zur Kamera hinüber, ob es auch im richtigen Moment ins Bild eingetre-
ten ist. Oft wandert Karla durch leere Räume, doch wenn sie gefüllt sind,
merkt man, dass der Hintergrund sorgfältig inszeniert ist, und zwar so,
dass die Sprechenden im Vordergrund nicht verdeckt werden. Karla und
der Schuldirektor essen Bockwurst mitten in der Stadt und erörtern die
erste Schulstunde der jungen Lehrerin. In den Dialogpausen laufen Kleindarsteller mit der gewohnten Verklemmtheit vorbei. Wenn Karla sich bewegt, sind Männer im Hintergrund zu sehen, die mit den Armen wedeln.
Hinter dem Rücken des Direktors stehen zwei Frauen mit Einkaufsbeu-
teln, ein angeschnittener Körper ist im Vordergrund postiert. Er suggeriert
eine impressionistisch eingefangene Komposition, jedoch ist die Schärfe
auf die zwei Sprechenden gerichtet. Das Leben darf den Dialog nicht un-
terbrechen, deshalb bewegen sich die Figuren im Hintergrund nur in Pau-
sen, der angeschnittene Körper vorn darf sich auf keinen Fall regen, um

---

4   Die Erzählung in der Rückblende gibt dem alltäglichen Leben eine zugespitz-
te – filmische – Dramatik: mit kriminellen Machenschaften, Totschlag, einem
geglaubten Totschlag, einer explodierten Bombe, einer Schwangerschaft, einer
Flucht, einem Selbstmord, etc.

das Bild ja nicht abzudecken. In der Montage wird zwischen den beiden Sprechenden gewechselt, und wenn der Direktor mit seinem Text am Ende ist und aus dem Bild tritt, was uns die Sicht auf ein Paar im Hintergrund freimacht, wird die Szene sofort abgeschnitten. Es gibt keine Interaktion mit dem Hintergrund. Die Kleindarsteller sind in die Realität platziert, um die Leerstellen im Bild zu füllen. Der Regisseur lässt sich keine Zeit, um einem zufälligen Gespräch zu lauschen oder etwas zu beobachten. Die narrative Stabilität ist geblieben, wir sind nur auf das Wesentliche konzentriert: auf die Protagonisten und ihre Dialoge.

Jugendrebellen und ihre Körper

In italienischen, englischen, französischen, deutschen, polnischen, tschechoslowakischen, sowjetischen Filmen der späten 1950er und frühen 1960er Jahre ist eine Veränderung der Körpersprache zu beobachten, die zunächst als Amerikanisierung beschrieben und auf der Leinwand kriminalisiert oder stark karikiert wird (*Frauenschicksale*, DDR 1952; *Die Halbstarken*, BRD 1956), bis nationale Filmstars wie Zbigniew Cybulski, Horst Buchholz oder Nikita Michalkow diese Körpersprache ‚naturalisieren'. Die rhetorischen Kampagnen der Verdammung dieser Verhaltensweisen findet man sowohl in der westdeutschen als auch in der DDR-Presse. Lieder, Essays, Romane kommentieren jedoch diese Veränderung, was von der affizierenden Wirkung dieser Identifikationsangebote zeugt. Franz-Josef Degenhardt schildert dies in seiner Ballade: „Erst um acht begann der Film,/doch vor dem Kino stand'st du schon um drei./Und du wartetest auf Marlon Brando/und die andern Jungens aus Brooklyn,/und du rauchtest so wie Richard Widmark,/stand'st wie Frankie wiegend in den Knien" (zitiert nach Eisfeld 1999: 21).

Schlecht erzogene Helden aus den unteren sozialen Schichten oder wilde Halbwüchsige (*Die Halbstarken; Berlin – Ecke Schönhauser, Asche und Diamant, Schwarzer Peter*, u.v.a.) liefern die Motivation, warum es erlaubt ist, sich anders zu bewegen. Ein sehr junger Körper erscheint auf der Leinwand: Angelika Domröse debütierte im Film mit 18. Klein besetzt in der Hauptrolle eine Schülerin. Die Anmut der jungen Körper macht diese lockere gestische Sprache und früher als vulgär angesehenen Verhaltensweisen auf der Leinwand annehmbar und nachahmungswürdig. Für Männer wird es akzeptabel, Verzweiflung, Zerrissenheit, Verletzbarkeit, Empfindsamkeit zu zeigen („fast ein Mädchen-Knabe, denn er weinte ja, wenn auch

unrasiert", schreibt Dos Passos über James Dean in *Jahrhundertmitte*; Dos
Passos 1961: 567). Lolitas (Brigitte Bardot, Jean Seberg, Eva-Maria Hagen,
Anastasia Wertinskaja) regen die sexuellen Fantasien der Erwachsenen an.
Der Bruch mit den Geschlechterbildern – lange vor der sexuellen Revolu-
tion – und den Verhaltensweisen hatte auch eine politische Dimension.
   „Das Wort ‚beat' bedeutete ursprünglich arm, völlig herunter", schrieb
Jack Kerouac: „Jetzt [...] will man seine Bedeutung auch auf Leute aus-
dehnen, die nicht in der U-Bahn schlafen, aber irgendwie neue Gebärden
haben [...] das Resultat wird schließlich sein, dass [...] Stühle im Wohnzimmer überflüssig geworden sind, und bald haben wir dann auch Beat-
Außenminister." (Kerouac 1962: 28f.) Horst Krumrey, ein Schüler von
Norbert Elias, hat die durchgesetzten Körpertechniken als neue, „den demokratischen Strukturen angemessene Verhaltensstandards" definiert:

> Der Walzer hatte [...] die bürgerliche Revolution und den Sieg der Demokratie
> eingeleitet. Mit der Beat-Revolution verband sich nach dem zweiten Weltkrieg
> die Kritik an verstaubten Gesellschaftsregeln, lange bevor Studenten gegen
> Mief und Muff an den Universitäten auf die Barrikaden gingen. (Krumrey 1984:
> 187).

Joseph Brodsky hat das in Bezug auf die sowjetische Erfahrung ähnlich
bewertet:

> The Tarzan series alone, I daresay, did more for de-Stalinization than all
> Khrushchev's speeches at the Twentieth Party Congress and after. One should
> take into account our latitudes, our buttoned-up, rigid, inhibited, winter-min-
> ded standards of public and private conduct, in order to appreciate the impact
> of a long-haired naked loner pursuing a blonde through the thick of a tropical
> rain forest. (Brodsky 1995: 8f.)

Die Destabilisierung der Hierarchien in Körpersprache und Verhalten, die
in der medialen Dimension in den 1950er Jahren ausprobiert wurden, zei-
tigen reale Auswirkungen in alternativen Lebensweisen.
   Auch die DDR-Filme präsentieren diese neuen Körper. Bei Gerhard
Klein tanzen die Jugendlichen in kurzen Jacken und weiten Hosen unter
der S-Bahn-Brücke Rock'n'Roll, werden den Männern in langen Mänteln,
mit Hüten und Aktentaschen, die gemessenen Ganges dahin schreiten,
gegenübergestellt. Auch die Lolita, in flachen Schuhen und engen Hosen,
lehnt sich lässig an die Wand, kaut Brötchen im Stehen und beobachtet –
wie der Regisseur – aus Distanz die hysterische unsichere Weiblichkeit

ihrer Mutter: steife Büstenhalter, betonte Taille, hohe Absätze. Die Mutter kontrolliert sich stets nervös im Spiegel, doch ist sie nicht mehr verführerisch – das Gesicht zu streng, die Bewegungen zu hastig, der Ton zu harsch, die Haltung zu verkrampft. Diese neuen jungen Körper werden in ihrer Lässigkeit und Anmut von Klein, Böttcher, Zschoche bewundert. Doch mit welchen Funktionen werden diese Körper im Film ausgestattet?

Zunächst werden sie wie auch in den USA (*The Wild One*, 1953; *The Blackboard Jungle*, 1955) oder in der BRD (*Die Halbstarken*) als kriminalisierte Problemfälle gezeigt (von *Berlin – Ecke Schönhauser* bis *Die Glatzkopfbande*, 1963). Bei Klein müssen sie eine Geschichte der Umerziehung durchlaufen; Lolita wird am Ende eine glückliche Mutter. Eva-Maria Hagen startet – wie die Bardot – mit derselben sinnlichen Energie und zerstörerischen Kraft, ein ruppiges Waisenkind aus der Jugendbesserungsanstalt (*Vergesst mir meine Traudel nicht*, 1957), doch um ihre Erziehung und Zähmung bemühen sich erfolgreich ältere Männer, und sie gibt sich glücklich deren Obhut hin. Bei Böttcher bewegen sich Schauspieler und Nicht-Schauspieler auf gleiche Weise, die neue Körpersprache ist im Alltag angekommen. Die Helden sind nicht mehr kriminalisiert, sie gehen alle einer ordentlichen Arbeit nach. Der Film soll ein neues Lebensgefühl vermitteln, doch er paart es mit einem alten Wertesystem. Darin unterscheidet er sich sowohl von der Desillusionierung des britischen New Cinema als auch von der metaphysischen Sehnsucht der Tschechoslowaken.

Am Ende liegt das Paar – Al und Li – auf der Wiese und schaut auf die Neubauten, in die sie vielleicht mal einziehen. So endet auch der Film *Saturday Night and Sunday Morning* (1960) von Karel Reisz. Nur muss sein Held sich resigniert den Träumen seiner schwangeren Freundin von einem Häuschen mit Küche und Bad hingeben, der Zuschauer spürt mit ihm die Enge, aus der es kein Entrinnen mehr gibt. Bei Böttcher fürchtet der Held die enge Gemütlichkeit der Ehe, dann vergisst er seine Angst und die Sehnsucht, die ihn den ganzen Film lang getrieben hat; im Warteraum der Entbindungsstation findet er, geläutert, die Harmonie. Der Einzug in den Neubau wird als Ende der Jugend empfunden, als vorgegebenes und angenommenes Ende. Zwar ist das Hochhaus noch nicht fertig – so wie das Leben am Anfang steht und die Grenze zwischen Stadt und Land, Natur und Kultur noch nicht gezogen ist –, doch der Regisseur lässt seinen Helden und die Zuschauer nicht mit der Sehnsucht allein. Al, Rita, Karla oder auch das Kaninchen Maria verbinden gemeinsame Werte.

Niklas Luhmann (1986: 645) meinte, der Stil „entspricht und widerspricht der Autonomie des Einzelkunstwerks", indem er Verbindungslinien zu anderen Kunstwerken zieht. Das ist immer ein Zeichen, über das sich die Form und der Kontext aufeinander beziehen lassen (ebd.: 633). Die DEFA-Filme stellen mit ihren stilistischen Vorlieben den Kontext zu einem Epochenstil sofort her, gleichzeitig offenbaren sie jedoch die spezifischen historischen Zeichen der DDR-Identität und ihrer öffentlichen Rhetorik. So kann die Art, die Geschichte zu filmen, neu sein und darauf hinweisen, dass sich der Lebensstil im Alltagshandeln geändert hat, auch die symbolischen und emblematischen Darstellungsformen sind anders geworden; doch das System der Werte ist traditionell geblieben, und es schafft ein anderes Identifikationselement. Die Brüche dieser Harmonie werden in den 1970er Jahren an den Randfiguren im Stil des groben performativen Naturalismus problematisiert und in den späten 1980er Jahren in die nostalgische Melancholie delegiert, als es zu spät ist, durch und mit Film neue Lebensmodelle zu entwerfen. In den 1960er Jahren wird die filmische, an den Blick gebundene Konstruktion nur in kleinen Dosen eingesetzt, um am Ende zu verabredeten, kollektiv geteilten Konventionen der Objektivität zu finden.

Literatur

Barthes, Roland (1956): Probleme des literarischen Realismus. In: Akzente 3. 1956: 303-307

Brodsky Joseph (1995): On Grief and Reason. New York: Farrar, Straus and Giroux

Bulgakowa, Oksana (2012a): Cine-Weathers. Soviet Thaw Cinema in the International Context. In: Kozlov/Gilburd (2012): 379- 418

Bulgakowa, Oksana (Hrsg.) (2012b): Resonanz-Räume. Die Stimme und die Medien. Berlin: Bertz & Fischer

Bulgakowa, Oksana/Hochmuth, Dietmar (Hrsg.) (1992): Der Krieg gegen die Sowjetunion. Berlin: Freunde der deutschen Kinemathek 1992

Dos Passos, John (1961): Jahrhundertmitte. Reinbek b. Hamburg: Rowohlt

Eisfeld, Rainer (1999): Als Teenager träumten. Die magischen 50er Jahre. Berlin: Nomos

Gumbrecht, Hans Ulrich/Pfeiffer, K. Ludwig (Hrsg.) (1986): Stil. Geschichten und Funktionen eines kunstwissenschaftlichen Diskurselements. Frankfurt am Main: Suhrkamp

Kerouac, Jack (1962): Über den Ursprung einer Generation. In: Paetel (1962): 24-32

Kessler, Michael/Levin, Thomas Y. (Hrsg.) (1990): Siegfried Kracauer. Neue Interpretationen. Tübingen: Wissenschaftsverlag

Koch, Gertrud (1992): Die Einstellung ist die Einstellung. Visuelle Konstruktionen des Judentums. Frankfurt am Main: Suhrkamp

Kohlhaase, Wolfgang (2006): Der Fall Gleiwitz. In: Poss/Warnecke (2006): 168-169

Kozlov, Denis/Gilburd, Eleonor (Hrsg.) (2012): The Thaw. Soviet Society and Culture during the 1950s and 1960s. Toronto: University of Toronto Press

Kracauer, Siegfried (1979): Theorie des Films. Die Errettung der äußeren Wirklich-
keit (Schriften, Bd. 3). Frankfurt am Main: Suhrkamp
Krumrey Horst-Volker (1984): Entwicklungsstrukturen von Verhaltensstandarden.
Eine soziologische Prozeßanalyse auf der Grundlage deutscher Anstands- und
Manierenbücher von 1870 bis 1970. Frankfurt am Main: Suhrkamp
Lethen, Helmut (1990): Sichtbarkeit. Kracauers Liebeslehre. In: Kessler/Levin
(1990): 195-228
Luhman Niklas (1986): Das Kunstwerk und die Selbstproduktion der Kunst. In:
Gumbrecht/Pfeiffer (1986): 620-672
Paetel, Karl O. (Hrsg.) (1962): Beat. Eine Anthologie. Reinbek b. Hamburg: Rowohlt
Poss, Ingrid/Warnecke, Peter (Hrsg.) (2006): Spur der Filme. Zeitzeugen über die
DEFA. Berlin: Ch. Links Verlag
Powell Larson (2012): Une socialiste est une socialiste. Der geteilte Himmel zwischen
Bild und Stimme. In: Bulgakowa (2012b): 130-137
Sorlin, Pierre (1991): European Cinemas, European Societies, 1939-1990. London:
Routledge

Grenzüberschreitung intern

Die Zusammenarbeit zwischen der DEFA und dem DDR-Fernsehen

Thomas Beutelschmidt

Das Programm der internationalen Tagung „Grenzen und Grenzüberschreitungen", aus der das vorliegende Buch hervorgegangen ist, beleuchtete erstmals in großem Umfang die transnationalen Beziehungen der DEFA-Studios mit auswärtigen Partnern in Ost und West. Ergänzend listet die Auswahlfilmografie der Veranstaltungsbroschüre signifikante Spiel-, Animations- und Dokumentarfilme auf, die mit diversen Produzenten weltweit realisiert wurden. Genannt werden aber auch drei Koproduktionen, die nicht mit Hilfe von außen, sondern intern zusammen mit dem DDR-Fernsehen zustande kamen. Der folgende Beitrag möchte deshalb dieser Form der ‚Grenzüberschreitung' nachspüren und auf das Verhältnis von Film und Fernsehen im eigenen Land eingehen: Eine durchaus widersprüchliche Beziehung, deren organisatorische sowie kultur- und medienpolitische oder künstlerische Aspekte von Seiten der Film- *und* Fernsehwissenschaft bislang kaum in den Blick genommen wurden. Nach wie vor konzentrieren sich die verschiedenen Disziplinen entsprechend ihrer traditionellen Ausrichtung entweder auf die Kinokultur oder die Spezifik der Television und vernachlässigen übergreifende Entwicklungen der ostdeutschen Mediengeschichte.

Vielleicht ist das Desiderat der Annahme geschuldet, dass die DEFA und das DDR-Fernsehen kaum als autonome Kommunikatoren zu betrachten, sondern nur als zwei abhängige Größen in dem Gesamtgefüge der ‚sozialistischen Medienlandschaft' zu verstehen sind. Denn bei allen Dissonanzen zwischen den zentral gelenkten, partiell aber separat agierenden Parteiapparaten – die ZK-Abteilung Kultur vs. Agitation, die Hauptverwaltung Film (HV Film) im Kulturministerium vs. Staatliches Fernsehkomitee beim Ministerrat – waren Film und Fernsehen in der DDR offiziell als gleichberechtigte Einrichtungen *einer* staatlichen Verantwortung unterstellt, *einer* übergeordneten Kulturpolitik unterworfen und gemeinsam vom Finanzhaushalt abhängig.

Die Partei- und Staatsführung hatte stets versucht, die medienspezifischen Differenzen für einen „gesunden Wettbewerb"[1] fruchtbar zu machen und ihre propagandistischen Ziele mit unterschiedlichen Mitteln nach dem Prinzip ‚Teile und herrsche' zu erreichen. Sie hielt stets daran fest, dass es unter den gegebenen gesellschaftlichen Verhältnissen angeblich „keine objektiven Gründe für einen Konkurrenzkampf zwischen Film und Fernsehen" geben könnte – wie Anton Ackermann in seiner damaligen Funktion als Chef der HV Film bereits 1956 nach Beginn des regulären Sendebetriebes des Deutsche Fernsehfunk (DFF) feststellte (Ackermann 1956: 353ff.). Und ein verbindlicher Maßnahmekatalog der ZK-Abteilung Kultur betonte vor dem V. SED-Parteitag 1958 die „umfassende sozialistische Kooperation" zwischen den „gleichberechtigt miteinander und nebeneinander" agierenden Medien, in dem er eine Abstimmung der thematischen Pläne sowie eine „gemeinsame Nutzung der materiell-technischen Basis der Filmindustrie" forderte.[2]

Doch trotz erkennbarer Gemeinsamkeiten und ungeachtet aller Kooperationsbemühungen ist keine ‚wunderbare Freundschaft' entstanden. Der DFF hatte der DEFA langfristig Marktanteile und Zuschauer ebenso streitig gemacht wie ökonomische Ressourcen und Erzähltraditionen – auch wenn mit dessen Expansion letztlich keine Verdrängung, sondern eine Diversifizierung des kulturellen Programmangebots verbunden war. Beide Massenmedien hatten sich mit unterschiedlicher Dynamik entwickelt. Sie wichen voneinander ab in Bezug auf ihre politische Funktion, auf ihre inhaltlichen Konzepte sowie auf ihre Zielgruppen und Wirkung in privatem Umfeld oder in der Öffentlichkeit als kollektives Kinoerlebnis. Insofern verfolgten Babelsberg und Adlershof in der Regel ihre eigenen Strategien, was sich im getrennten Bemühen um nobilitierte Autoren, populäre Geschichten, qualifizierte Mitarbeiter und um die Gunst des Publikums niederschlug.

---

1   Anlage 1 zu TOP 4 „Verbesserung der DEFA-Spielfilmproduktion im Jahre 1961/62". In: Protokoll Nr. 52/61 der Sitzung des Politbüros des Zentralkomitees am Montag, dem 9.10.1961. Berlin (DDR) (SAPMO-BArch DY 30/J IV 2/2/794): 12

2   o.A. [ZK-Abt. Kultur]: o.T.. o.O., o.D. [=„Rekonstruktionsplan der VVB" im Umfeld des V. Parteitages „zu den Aufgaben des Siebenjahrplanes auf dem Gebiete des Film- und Lichtspielwesens". Berlin (DDR) 1958, Kap. B. „Das Verhältnis von Film und Fernsehen"/SAPMO-BArch DY 30/IV 2/9.06/204]: 8f.

Dass die Beziehungen in der Praxis vielfach von Betriebsegoismen und
Unvereinbarkeit geprägt waren, lässt sich auch an den zahlreich gehaltenen Plädoyers für eine konstruktivere Zusammenarbeit ablesen – exemplarisch hier der Filmemacher Heiner Carow: „Wenn man davon ausgeht,
dass wir die gleiche Aufgabe und die gleiche Verantwortung haben, dass
unser Hauptinteresse auf größtmögliche Wirkung gerichtet ist, und dass
es bei uns eine einheitliche Kulturpolitik gibt, muß man noch viel für die
Beziehung DEFA – Fernsehen tun." (o.A. 1976: 16) Dazu sollte unter anderem der im Januar 1967 etablierte *Verband der Film- und Fernsehschaffenden*
(VFF) dienen, der den seit 1953 bestehenden *Klub der Filmschaffenden* ersetzte. Das Gremium fungierte nicht nur als Kontrollinstanz zur Durch-
setzung des rigiden Medienkurses nach dem 11. Plenum der SED Ende
1965. Es war auch als „geistiges Zentrum und Tribüne der schöpferischen
Selbstverständigung der Film- und Fernsehschaffenden"[3] gedacht und
mit einer angestrebten Besetzungsparität gegen die Rivalität zwischen
den Medien gerichtet. Aber trotz der versuchten Gleichstellung wurde auf
einer Beratung mit Film- und Fernsehschaffenden im Hause des ZK Ende
1987 immer noch beklagt, dass „der Verband in seinem Bemühen, das Verhältnis von Film und Fernsehen als produktive Partnerschaft zu gestalten, immer wieder an Grenzen [stößt]. So meinen Mitglieder der Sektion
Spielfilm, daß die kulturpolitisch-ideologischen Führungsprinzipien der
beiden Medien in vielen Beziehungen einander nicht ergänzen, sondern
gegeneinander wirken."[4]

Insgesamt ignorierten die beiden Medien also weitgehend die Appelle
an abgesprochene Aktionen und räumten ihren eigenen Interessen oberste
te Priorität ein. Trotz zusätzlich verabschiedeter „Rahmenverträge"[5] bzw.
paritätisch besetzter Organe wie der *Koordinierungsrat Film-Fernsehen*[6] und

---

3 Anlage 5 zum Protokoll 24/71 der Politbürositzung vom 23.11.1971 (SAPMO-
   BArch DY 30/J IV 2/2/1365)
4 Anonym [Büro Hager]: Information für die Beratung mit Film- und Fernsehschaffenden am 21.9.1987. Zur politisch- ideologischen Situation im Verband der
   Film- und Fernsehschaffenden der DDR (VFF). Berlin (DDR) o.J. (= September
   1987/SAPMO-BArch DY 30/vorl. SED 35491), Abschnitt 3.4: 6
5 Fernsehen der DDR: Entwurf „Rahmenvertrag zwischen dem Staatlichen Komitee für Fernsehen und dem Ministerium für Kultur". Berlin (DDR) 5.4.1972
   (BArch DR 1/10025): 1ff.
6 Statut des Koordinierungsrates Film – Fernsehen der DDR, 3. Fassung 10.4.1974
   (BArch DR 1/10055)

das *Komitee für Filmkunst*[7] war es selten gelungen, angebotene Bücher und Lizenzen auszutauschen bzw. doppelte Realisierungen zu vermeiden, Vorhaben in Hinblick auf eine effektive Auswertung und Vermarktung als Film- oder TV-Produktion abzustimmen oder gemeinsame Projekte zu entwickeln.

Der permanente ökonomische Druck, dem sich alle Wirtschaftsbereiche in der DDR ausgesetzt sahen, führte allerdings zu einer strukturellen Abhängigkeit der Kontrahenten. Da sich der Staat unter den planwirtschaftlichen Bedingungen neben Babelsberg keine zweite vollwertige Filmproduktionsstätte leisten konnte, sahen sich beide Medien gezwungen, auf fest definierten Feldern zu kooperieren: Es galt, die vorhandenen Kapazitäten der Studiobetriebe mit einer Optimierungsstrategie besser auszulasten. Eine derart oktroyierte Partnerschaft konnte jedoch nur bei einer klaren Aufgabenverteilung gelingen. So wurde jährlich ein bestimmtes Volumen an Auftragsproduktionen vereinbart, wobei das Fernsehen die Verantwortung für den politisch-ideologischen Gehalt sowie die künstlerische Grundkonzeption trug bzw. die produktionstechnische und organisatorische Verantwortung bei den DEFA-Studios lag. Die Television profitierte damit in hohem Maße vom Filmgewerbe als ‚verlängerte Werkbank', ohne dessen Kompetenz und professionelle Unterstützung es seinen raschen Aufstieg nicht hätte meistern können. Nach vorliegenden Untersuchungen können wir allein bei den fiktionalen TV-Genres von einem Volumen von über 800 Auftragsproduktionen ausgehen, was rund 55 Prozent der Kapazitäten des DEFA-Spielfilmstudios entsprach (Beutelschmidt 2009). Seit 1959 wurden hier neben Beiträgen zu langlebigen Reihen vor allem TV-Projekte mit erhöhtem Ausstattungsbedarf realisiert: durchweg sorgfältig gestaltete Einzeltitel mit historischem, aktuellem oder kriminalistischem Hintergrund bzw. komödiantischer Art, exportwirksame Literaturadaptionen und Inszenierungen kanonisierter Theaterstücke sowie vor allem mehrteilige *Fernsehromane*, die zu einem anerkannten Markenzeichen des TV-Angebots werden sollten.

Für einige seiner Vorhaben konnte das Fernsehen zudem ausgewiesenes Kreativpersonal der DEFA verpflichten. Auch namhafte Regisseure nutzten manch experimentelles und finanziell lukratives Engagement, um sich weiterzuentwickeln bzw. alternative Stoffe behandeln zu können. Erinnert sei nur an die bekannten Arbeiten von Egon Günther, der neben

---

7   Statut für das Komitee für Filmkunst beim Ministerium für Kultur. Berlin (DDR) o.J. (= November 1973/BArch DR 118/1339)

Joachim Kunert, Horst Seemann oder dem zeitweisen Gespann Horst E. Brandt und Heinz Thiel im Fernsehen einigen Freiraum erhielt, sowie an Frank Beyer, der sich nach dem Verbot von *Spur der Steine* (1966) und seiner Versetzung ans Theater beim Fernsehen rehabilitieren konnte, bis er dort mit *Geschlossene Gesellschaft* (1978) wieder in Ungnade fiel. Nachweisbar sind auch TV-Ausflüge von Heiner Carow, Richard Groschopp, Max Jaap, Lutz Köhlert, Kurt Maetzig, Roland Oehme, Konrad Petzold, Günter Reisch, Erwin Stranka, Werner W. Wallroth, Konrad Wolf u.a., die bislang nur vereinzelt Beachtung fanden.

Derart produktive Impulse erhielt die DEFA dagegen kaum – wenn man einmal von der Regietätigkeit des Multitalents Ulrich Thein absieht, der als einer der wenigen Fernsehangestellten auf ,fremdem Terrain' seine Spuren hinterlassen hatte: mit seinem Teil *Die Prüfung* im Episodenfilm *Geschichten jener Nacht* (1967) bzw. mit *Dach überm Kopf* (1980), *Romanze mit Amélie* (1982) und *Mensch, mein Papa...* (1986).

Konnte in Bezug auf die zahlreichen Auftragsproduktionen ein Modus Vivendi gefunden werden, der sich für alle Seiten als tragfähig und vorteilhaft erwies, so stand die „Zweckmäßigkeit von Koproduktionen"[8] nur in Einzelfällen zur Diskussion. Abgesehen von den frühen Versuchen mit kurzen Kabarettfilmen, einem späten Kinderfilm nach dem Ende der DDR sowie der Literaturverfilmung *Levins Mühle* (1980), die als einteiliger Kinofilm- und als zweiteilige TV-Fassung einen Sonderfall darstellte, entstanden von 1956 bis 1983 nur sieben Spielfilme, bei denen beide Institutionen gemeinsam für Stoffentwicklung und Herstellung verantwortlich zeichneten. Angesichts des ungleich höheren Volumens an Auftragswerken eine sehr geringe Anzahl an Produktionen, die zum Teil allerdings als besondere Highlights gelten können und bis heute zum Kanon zählen.

Erstmals wurde ein Gemeinschaftsprojekt zu Beginn des Versuchsbetriebs im damaligen Fernsehzentrum Adlershof in Angriff genommen. Die dortige provisorische Apparatur und die beschränkten Sendezeiten verlangten zunächst nach kurzformatigen Programmen. Da musste die Einrichtung der Arbeitsgruppe *Satirischer Kurzfilm* im DEFA-Studio für Wochenschau und Dokumentarfilme auf dem Johannisthaler Gelände für

---

8   Ministerium für Kultur/Staatliches Komitee für Fernsehen: Niederschrift über eine Beratung zwischen dem Stellvertreter des Ministeriums für Kultur, Genossen Günter Klein, und dem Vorsitzenden des Staatlichen Komitees für Fernsehen, Genossen Heinz Adameck, am 9.7.1971. Berlin (DDR) 13.7.1971 (SAPMO-BArch DY 30/IV A2/9.06/122): 1ff.

das Fernsehen willkommen gewesen sein, das 1953 zu Beginn der Reihe
Das Stacheltier als Koproduzent auftrat: „Bei der Herstellung von Kabarettfilmen hilft das Fernsehzentrum der Wochenschau- und Dokumentar-Abteilung durch Zurverfügungstellung von Atelierraum, Bühnenaufbauten
und Beleuchtung (soweit vorhanden). Die fertiggestellten Kabarettfilme
sollen dann der DEFA und dem Fernsehzentrum gleichberechtigt zur Verfügung stehen."[9]
    Nach der 17. Folge führte die DEFA das erfolgreiche Projekt allein wei-
ter. Über die Gründe für den Abbruch der Teamarbeit kann nur speku-
liert werden. Vielleicht sind sie in den gegenseitigen Abgrenzungs- und
Profilierungsversuchen oder auch in der strafferen Organisation und den
schärferen Produktionsrichtlinien des Fernsehens zu suchen.
    Trotz der unterschiedlichen Sichtweisen sah sich das Fernsehen aber
schon Ende 1955 in Hinblick auf seinen erweiterten Programmbetrieb
gezwungen, erneut den Kontakt zur DEFA zu suchen und sich als Juni-
orpartner anzubieten. Für eigenproduzierte Fernsehfilme standen zu diesem Zeitpunkt weder das technische Gerät zur Verfügung, noch genügend Filmemacher bereit. Deshalb erscheint es als zwangsläufiger Schritt,
mit *Damals in Paris* eine Koproduktion zu initiieren, die von DFF-Seite als
„ein Überspringen bisher für unüberwindlich gehaltener Abgrenzungen"
interpretiert wurde (Müncheberg 2000: 95). Dieser Verabredung waren sogar konstruktive Pläne für eine weiterführende Kooperation vorausgegangen, wobei ursprünglich von vier „dramatischen Spielen" die Rede war,
von denen jedoch nur das eine Vorhaben übrig blieb:

> Dem DEFA-Spielfilmstudio wurde vorgeschlagen, diese Spiele in Gemein-
> schaftsproduktion herzustellen und zwar so, dass die DEFA diese Streifen
> als abendfüllendes Programm in den Kinos zeigen kann und [...] [sie] im
> Fernsehen Verwendung finden können. [...] Das Fernsehzentrum wird im
> wesentlichen die Arbeit der Dramaturgie leisten und die entsprechenden
> Stoffe liefern. Das DEFA-Spielfilmstudio wird die künstlerischen, techni-
> schen und organisatorischen Arbeiten im wesentlichen übernehmen. Dabei
> soll eine ständige Zusammenarbeit erfolgen, so daß auch die Erfahrungen
> dieser Institutionen in gegenseitig befruchtender Weise ausgewertet werden
> können. Nach endgültiger Klarheit über die Projekte werden beide Instituti-
> onen die Produktionsstäbe konkret aufstellen, wobei von vornherein keine
> festen Grenzen gesetzt sind, sondern fallweise entschieden wird, wer wel-

---

9 HA Programm/Chefredaktion Nehmzow: Schreiben an Hermann Zilles über
   die „Vereinbarung mit der Wochenschau- und Dokumentar-Abteilung der
   DEFA". Berlin (DDR) 12.2.1953 (BArch DR 6/210): 1

che Aufgaben übernimmt. Das DEFA-Spielfilmstudio wird im wesentlichen
die Kosten der Herstellung tragen, jedoch wird auch das Fernsehzentrum
im Rahmen seiner Möglichkeiten insbesondere hinsichtlich der Honorare
an der Herstellung der Filme beteiligt sein. Hierüber müssen zu gegebener
Zeit Absprachen getroffen werden.[10]

Aber auch die DEFA war zu diesem Zeitpunkt angeblich auf einen engen
Schulterschluss mit dem Fernsehen angewiesen. Wie aus einer internen
Stellungnahme der HV Film im Kulturministerium hervorgeht, lag dem
Spielfilmstudio zu Beginn des Produktionsjahres 1956 noch kein filmreifes
Drehbuch vor. Dieser Verzug führte nicht nur zur Ablösung des damaligen Chefdramaturgen Karl Georg Egel (der als Szenarist später mehrfach
für den Sender tätig wurde) durch Rudolf Böhm, dem ehemaligen Leiter
der HV Film, sondern auch zu einer Verabredung „für eine gemeinsame
schöpferische Arbeit" an einem Stoff mit dem Arbeitstitel *Geneviève*.[11]
Das Stück war ursprünglich als Fernsehspiel über deutsche Aktivisten
in der französischen Widerstandsbewegung während der deutschen Besatzung in Paris angelegt. Es sollte nun aufgewertet und mit filmischen
Mitteln für das Kino (Uraufführung: 2.11.1956) und den Bildschirm (Erstausstrahlung: 4.11.1956) realisiert bzw. mit prominenter Besetzung unter
der Regie von Carl Balhaus in Szene gesetzt werden. Mit diesem ersten
Gemeinschaftswerk wollte die DFF-Abteilung *Dramatische Kunst* neue dramaturgische, bildkünstlerische und stilistische Erfahrungen sammeln,
die über die Möglichkeiten der vielfach beschränkten Studioproduktion
im Fernsehen hinausgingen. Gleichzeitig sollte nach Auskunft des *Film-
spiegels* aber auch an bewährten Inszenierungsprinzipien festgehalten
werden, „um auf dem Bildschirm des Fernsehapparates einen gleich konzentrierten Eindruck zu hinterlassen, wie ihn normalerweise auch die
Leinwand wiedergibt" (o.A. 1956: 5).
Trotz ernsthafter Bereitschaft auf beiden Seiten zu einer konzeptionellen Öffnung muss es dann aber „teilweise heftige Auseinandersetzungen über Aufnahmetechnik, Schnitt und Lichtgebung" gegeben haben.[12]

---

10 Fernsehzentrum/Sendeleitung: Protokoll [der Aussprache zwischen dem Direktor des DEFA-Spielfilmstudios, Wilkening, und dem Sendeleiter des Fern-
   sehzentrums, Nehmzow]. Berlin (DDR) 7.12.1955 (BArch DR 8/458): 1
11 HV Film/Filmproduktion: Stellungnahme zum Film „Damals in Paris" (Geneviève). Berlin (DDR) 11.91956 (BArch-Filmarchiv 265/599): 1
12 HV Film/Filmproduktion: Stellungnahme zum Film „Damals in Paris" (Geneviève). a.a.O.: 1

Exemplarisch wurden hier generelle dramaturgische Unvereinbarkeiten zwischen den Medien deutlich, die zu – meist schwer vertretbaren – gestalterischen Kompromissen zwangen und leicht den „Eindruck äußerlicher Zusammenstellung" (Schmidt 1956: 362) vermittelten:

> Die Tatsache, dass man beiden gerecht werden wollte, brachte, weil beide völlig verschiedenartige Behandlung eines Stoffes verlangen, eine Reihe großer Stilbrüche. Als das Buch zu uns kam, war es ein ausgesprochenes Kammerspiel. Es war die Geschichte zweier Menschen. Sie spielte sich auf engstem Raum ab, sie hatte außerordentlich viel Dialoge und brachte eine gewisse besondere Atmosphäre mit. Der Film jedoch verlangte mehr: [E]r brauchte Totalen, starke Lichteffekte, Außenmotive, Spannung, Handlung, Bilder. [...] Da jedoch noch Teile der früheren Handlungskonstruktion geblieben sind, zerfällt die Handlung zeitweise in einzelne, im Stil recht verschiedenartige Abschnitte. Das heißt für die Zukunft, dass allen Bemühungen um gemeinsame Arbeit eine eingehende Auseinandersetzung über die Möglichkeiten der Zusammenarbeit vorausgehen muß und dass man sicher sehr oft auf eine Co-Produktion verzichten wird, um nicht das Gleiche zu erleben.[13]

Obwohl der kammerspielartige Gestus von Hermann Rodigasts Vorlage *Geneviève* auch in der späteren Endfassung nicht überwunden werden konnte, wurde der Film bei der staatlichen Abnahme zugelassen. Doch das wortlastige und eher von Großaufnahmen dominierte Produkt hatte aufgrund seiner erkennbaren Schwächen als Hybrid zwischen Film und Fernsehen bei der Kritik und in den Kinos geringen Zuspruch: „Allzu bühnenmäßig wirkt das Geschehen, optische Überzeugungskraft, Bewegung und Atmosphäre werden eingeengt."[14]

Bis zur zweiten Gemeinschaftsarbeit dauerte es fast zehn Jahre. Erst 1965 waren die Partner übereingekommen, den abendfüllenden Spielfilm *Tiefe Furchen* von Lutz Köhlert auf der Basis festgelegter Regeln herzustellen:

> Das von dem Autoren Helmut Sakowski nach dem Roman von Otto Gotsche geschriebene und von beiden Vertragspartnern durch Austausch schriftlicher Zustimmungserklärungen genehmigte Drehbuch bildet einen Bestandteil dieses Vertrages. Ohne vorherige Zustimmung beider Vertragsseiten sind Änderungen [...] nicht zulässig. [...] Der DFF beteiligt sich in der Weise an der Produktion des Filmes, dass aus dem für die Fernsehfilmproduktion bei der DEFA

---

13 Ebd.: 5f.
14 her: o.T. In: B.Z. am Abend, 5.11.1956; hier zitiert nach Deutscher Fernsehfunk: Dramatische Kunst im Deutschen Fernsehfunk. Spielplan-Vorschau Januar-April 1957. Berlin (DDR) 1957

zur Verfügung stehenden Mittel 400.000,- MDM für diesen Film bereitgestellt sind.[15]

Die Abnahme des fertigen Films musste sowohl von Seiten des Kulturministeriums als auch der Intendanz des DFF erfolgen. Danach erhielt die DEFA das Recht, den Film in Lichtspielhäusern, der DFF, ihn unbeschränkt im Fernsehen auszuwerten und live über die Premierenveranstaltung im Fernsehen zu berichten. Gegenüber der pathetischen Romanvorlage des Parteischreibers aus dem Jahr 1949 ist es dem TV-Szenaristen gelungen, die Ereignisse in der unmittelbaren Nachkriegszeit lebendiger am Beispiel der sozial und politisch unterschiedlich verorteten Protagonisten zu vermitteln. Entstanden ist eine der wenigen Adaptionen, die in ihrer künstlerischen Qualität über den literarischen Text hinausgeht. Selbst wenn der Verfilmung im DEFA-„Schlussbericht" nur das künstlerische Prädikat „befriedigend" vergeben wurde[16], so konnte sie aufgrund ihrer Konzentration auf dokumentarische Genauigkeit (an der Kamera der spätere Regisseur Roland Gräf) und individuelle Schicksale sogar die westliche Presse überzeugen: „Die Geschichte selbst war im Rahmen des Üblichen geklittert; aber wie sie für den Bildschirm eingerichtet war und wie sie von den Schauspielern bewältigt wurde, das verdient Lob" (Kroneberg 1965).

Die Literaturverfilmung galt als herausgehobener Beitrag zum 20. Jahrestag der *Demokratischen Bodenreform*, deren Premiere in Neubrandenburg mit einer zeitgleichen Ausstrahlung im DFF am *Weltfriedenstag* (2.9.1965) stattfand. Der Film über die Aufbauphase auf dem Lande wurde dann „organisch in die Agitations- und Propagandaarbeit" einbezogen und kam vor allem dort zur Aufführung, wo „ein Stück Geschichte unserer Republik" gezeigt und „über den zurückgelegten Weg Rechenschaft abgelegt" werden sollte.[17]

Wiederum mussten neun Jahre vergehen, ehe 1974 das nächste Projekt in Angriff genommen wurde: *Jakob der Lügner*. Die Entstehungs- und Wirkungsgeschichte der hochdekorierten Verfilmung von Jurek Beckers *Ge-*

---

15 Co-Produktionsvertrag zwischen dem VEB DEFA-Studio für Spielfilme und dem Deutschen Fernsehfunk. Babelsberg 12.5.1965/Berlin (DDR) 24.5.1965 (BArch DR 117/23294): 1ff.

16 DEFA-Studio für Spielfilme: Schlussbericht per 30.9.1965. Babelsberg 23.11.1965 (BArch DR 117/23294)

17 Progress Film-Verleih/Abt. Spielfilm: Filmblatt Nr. 102/65. Berlin (DDR) 3.8.1965: 2 (BArch-Filmarchiv 278/704)

schichte zwischen Komik und Tragik ist durch die publizierten Erinnerungen
des Regisseurs Frank Beyer bekannt geworden (Beyer 2001: 183). Erwähnt
sei hier nur, dass dieser Filmstoff der DEFA bereits Anfang der 1960er Jahre vorgelegen hatte, dort aber u.a. durch die Einschnitte des 11. Plenums
zunächst nicht zu realisieren war. Erst die Rehabilitierung Beyers über seine zwischenzeitlichen Fernseharbeiten und das Angebot, die Rechte und
Pflichten in einer Koproduktion auf zwei Schultern zu verteilen, verhalfen
dem Unternehmen in einer modifizierten Fassung zum Durchbruch.

   Auch wenn sich die Zulassungsgutachten zur Qualität dieses eindrucksvoll und atypisch erzählten Antifaschismusstoffes nicht auslas-
sen, so wurde zumindest allgemein anerkannt, dass die Adaption „neue
künstlerische Maßstäbe" für das gesamte „Film- und Fernsehschaffen"
setzte – eine Leistung, die damit beiden Partnern zugeschrieben wird.[18]
Da die Leinwandpremiere jedoch erst im April 1975 stattfand, konnte das
Fernsehen seine Beteiligung mit der Uraufführung des fertigen Films als
Programmhöhepunkt zu Weihnachten 1974 besonders herausstellen und
den Erfolg zuerst verbuchen: „Das Beste, was seit langem im Fernsehen
gesendet wurde" (Böhme 1975). Die Kritik sprach allerdings zugleich das
Problem der unterschiedlichen Rezeption des Films auf dem Bildschirm
und im Kino an. Dessen betonte „Farbensprache" und „volle künstlerische Größe" dürfte nämlich bei der TV-Ausstrahlung vielen Zuschauern
verschlossen geblieben sein (Herrmann 1974), weil farbtüchtige Empfän-
ger zu diesem Zeitpunkt noch auf relativ wenige Haushalte beschränkt
blieben.

   Internationale Popularität erfuhr der Film dann nicht nur durch den
Gewinn des *Silbernen Bären* für den Hauptdarsteller Vlastimil Brodský auf
den Westberliner Filmfestspielen 1975. Rund zwei Jahre nach dem Kinostart hatten die HV Film und der DEFA-Außenhandel mit dieser Gemeinschaftsproduktion aus vermarktungsstrategischen Gründen erstmalig
eine Nominierung für den Oscar-Wettbewerb um den besten ausländischen Film „dringend" empfohlen:

> weil die Tatsache der Nominierung [...] Pressebesprechungen und Werbe-
> wirksamkeit garantiert. Abgesehen von dem Prestigeerfolg würden auch
> unsere ökonomischen Ergebnisse positiv beeinflusst werden. Es ist beabsich-
> tigt, den Film ‚Jakob der Lügner' auf der Basis der prozentualen Beteiligung

---

18 HA Künstlerische Produktion/Wera Küchenmeister: Stellungnahme zur staatlichen Abnahme „Jakob der Lügner" am 20.XI.74. Berlin (DDR) 18.11.1974: 3
(BArch-Filmarchiv 92 und 93/157)

für die USA zu vergeben. Allein die Benennung für die Academy Awards
(Oscar) würde die vertraglich vorgesehene Garantie um US $ 10.000,- steigern.
Die Garantie würde um US $ 20.000,- erhöht werden, wenn unser Film den Preis
erhielt.[19]

Das Ergebnis gab den Kulturfunktionären Recht: Die amerikanische Film-
akademie kürte den DDR-Beitrag als einen der fünf besten Spielfilme unter 25 Einreichungen, der dann offiziell als erster DEFA-Film in den dortigen Verleih kam.

Die vierte Koproduktion *Die Leiden des jungen Werthers* kam 1976 schon
nach weniger als zwei Jahren zustande. Erstmalig wurde eine Produktion
in Breitwand- *und* Normalformat gedreht:

> Die Leitung des Studios ist davon ausgegangen, dass es dem Kollektiv gelingen
> wird, beide Filme, nämlich den Kino- und Fernsehfilm in der gleichen Zeit zu
> produzieren, die unter normalen Bedingungen für einen Film benötigt wird.
> Da Erfahrungen über die Herstellung einer derartigen Produktion mit 2 Ne-
> gativen nicht vorgelegen haben [...], musste das Kollektiv in der praktischen
> Arbeit erfahren, welcher Arbeit es bedurfte, um annähernd das gesteckte Ziel
> zu erreichen. [...] Bei der Beurteilung der für die jeweilige Szene benötigten Zeit
> muß darauf verwiesen werden, dass der erhöhte Zeitaufwand nicht nur aus
> einer bzw. mehreren neuen Aufnahmen einer anderen Fassung bestand, son-
> dern es notwendig wurde, Szenenkorrekturen für die jeweils andere Fassung
> vorzunehmen und zu probieren.[20]

Die Adaption ging auf den Vorschlag von Regisseur Egon Günther zurück,
nach *Lotte in Weimar* mit dem *Werther* einen weiteren Goethe-Text nun als
gemeinschaftliche Produktion der DEFA mit dem Fernsehen zu realisieren. Helga Schütz hatte im Auftrag der Fernsehdramatik ein Szenarium
nach dem bekannten Klassiker der (gesamt)deutschen Nationalliteratur
verfasst. Das nach ihrem Buch gedrehte Experiment in zwei Fassungen
begründete Günther im Vorfeld der Premiere wie folgt:

> Der Witz an dieser Aufgabe war, nicht einen Zwitter zu liefern, der sowohl im
> Kino als auch im Fernsehen laufen kann. Ich wollte die Unterschiede zwischen

---

19 HV Film/Rainer Otto: Schreiben an den Minister für Kultur betreffs „Nominie-
    rung des Filmes „Jakob der Lügner" für den Academy Awards (Oscar). Berlin
    (DDR) 16.11.1976 (BArch-Filmarchiv 92 und 93/157)
20 DEFA Studio für Spielfilme: Schlussbericht per 30.9.1976. Babelsberg 3.11.1976
    (BArch DR 117/23477): 1f.

Kinofilm und Fernsehfilm, die niemand genau weiß – ich auch nicht –, durch den Prozeß der Arbeit zu fixieren versuchen. Ich wollte durch dieses Beispiel dem Publikum klarmachen, dass das, was man im Kino sieht, etwas prinzipiell anderes ist als das, was auf dem Bildschirm erscheint, denn beide Medien gehorchen verschiedenen Gesetzen. Im Kino ist die Art der Rezeption anders durch das Zusammensein mit vielen Menschen, die Leinwand hat eine ganz andere ästhetische Qualität als der Bildschirm und so weiter. Alle diese Überlegungen hatten mich bestimmt, wirklich zwei Filme zu machen. [...] Leider waren die Produktionsbedingungen nicht ausreichend, so dass das Resultat zwischen beiden Filmen nicht so unterschiedlich ist, wie ursprünglich geplant. (Novotny 1976)

Wie im direkten Vergleich sichtbar, sind Abweichungen trotzdem unverkennbar. So betonte die Fernsehversion gegenüber der Kinofassung beispielsweise verstärkt die Nahaufnahme, was zu einer eindringlicheren Handlung beiträgt, gleichzeitig aber auch damals schon als eine Art vordergründige „Werbespot"-Ästhetik skeptisch beurteilt wurde (Gehler 1976).

Die Kinofassung lag zuerst vor, die von der DEFA und vom Fernsehen in ihrer Form grundsätzlich akzeptiert wurde und als Basis für eine modifizierte Bildschirmversion diente: „Besondere Wünsche wurden vom Fernsehen lediglich hinsichtlich einer gewissen Erweiterung der tonlichen Seite geäußert, um noch einige Goethesche Texte lebendig zu machen. Die Entscheidung wollen die Vertreter des Fernsehens jedoch erst in Zusammenhang mit der für sie noch zu erarbeitenden Schnittfassung treffen."[21]

Im Gegensatz zu den beiden vorausgegangenen Koproduktionen wurde das Werk nach seiner Premiere am 26.8.1976 zunächst im Kino ausgewertet und erst über ein Jahr später am 20.9.1977 im DDR-Fernsehen ausgestrahlt – und damit sogar nach Sendung im Programm der ARD am 25. Juli. Nach Information der westdeutschen *Frankfurter Rundschau* sei der Film allerdings schon für das ostdeutsche Weihnachtsprogramm vorgesehen gewesen, dann aber aufgrund der Ausreise der Hauptdarstellerin Katharina Thalbach (sie verkörperte die Figur der „Lotte"), die im Kontext der Biermann-Affäre mit ihrem Lebensgefährten Thomas Brasch den ‚Arbeiter- und Bauernstaat' verlassen hatte, verschoben worden (K.W. 1977).

Als vordergründige Komödie folgte nach zwei weiteren Jahren 1978 die Koproduktion *Hiev up*: ein gängiger Genrebeitrag „ohne Neuentdeckungen und Gipfelpunkte" (Agde 1978a: 12) über den Alltag einer

---

21 DEFA-Studio für Spielfilme/Albert Wilkening: Stellungnahme zum Film „Die Leiden des jungen Werthers". Babelsberg 5.5.1976 (BArch-Filmarchiv 214/421)

Fischereibrigade, die sich im sozialistischen Wettbewerb als prämienberechtigt erweisen und bei der kulturellen Pflichterfüllung bzw. im privaten Umfeld bewähren muss. Angeregt durch die erfolgreiche TV-Serie *Zur See* vertraute Regisseur Joachim Hasler auf dieses mit etwas Exotik und Romantik verbundene Milieu in der Hoffnung, damit dem Unterhaltungsbedürfnis eines breiten Publikums entgegenzukommen. Doch die von Seiten der HV Film schon bei der Produktionsfreigabe angemahnte „Differenzierung der Figurensprache und Pointierung des Dialogs" wurde nur ansatzweise umgesetzt, sodass „der Gefahr einer Typisierung" zu wenig „entgegengewirkt" wurde.[22] Die präsentierten Durchschnittscharaktere blieben weitgehend in Rollenklischees verhaftet und die von ihnen zu bewältigenden Konfliktsituationen erschienen schon einem Teil der zeitgenössischen Kritik als zu banal: „Zur Satire kann es nicht werden, weil es da einfach einige Jahre zu spät kommt, und was so übrig bleibt, ist eine provinziell biedere Mischung aus harmlosen Klamottspäßen und penetrantem Optimismus, wenig originell und wenig attraktiv [...], anspruchslose Unterhaltung, sehr brav und mehr auch nicht" (Agde 1978b: 114).

Der Kinoeinsatz erfolgte anlässlich der *Sommerfilmtage* am 21. Juni rund ein halbes Jahr vor der TV-Ausstrahlung kurz vor Weihnachten 1978 und fand in vier Wochen nur rund 155.000 Zuschauer: ein Wert, der im Vergleich zu anderen Lustspielen sicher weit unter den Erwartungen blieb. Erreichte *Hiev up* in 13 Wochen nur rund 322.000 Besucher, so kam beispielsweise Jo Haslers früherer Streifen *Nicht schummeln, Liebling!* im gleichen Zeitraum auf über 1,18 Mio. Enttäuschend erwies sich auch die kommerzielle Auswertung, die auf dem osteuropäischen Kinomarkt nur in der UdSSR bzw. im polnischen Fernsehen positive Einspielergebnisse erzielte.[23]

Nach der autobiografischen Romantrilogie von Eva Lippold ist mit *Die Verlobte* eine überdurchschnittliche Gemeinschaftsproduktion mit dem Fokus auf dem ‚gewöhnlichen Faschismus' entstanden, in der individuelles Leid dem kollektiven Schicksal vorangestellt wurde. Sie wurde – vergleichbar mit *Jakob der Lügner* – als ein „wichtiger Zugewinn" der Film- *und* Fernsehkunst eingestuft, erfuhr externe Anerkennung wie etwa als

---

22 Zeisler/Künstlerische Produktion: Schreiben an DEFA Studio für Spielfilme/ Dieter Mäde. Berlin (DDR) 17.3.1977 (BArch-Filmarchiv 125-126/227)

23 DEFA-Außenhandel: Einschätzung zum Export des Films „Hiev up". Berlin (DDR) 22.3.1979 (BArch-Filmarchiv 125-126/227)

erster DDR-Wettbewerbsgewinner des *Grand Prix* auf dem 22. Filmfestival in Karlovy Vary 1980. Die Literaturadaption erwies sich selbst im
Auslandseinsatz als erfolgreich, auch wenn die westdeutsche Kritik sich
auf breiterer Front an diesem moralisierenden „Kino der strikten Beweis-
führung" (Kötz 1982: 43) störte und ihm sogar eine „typisch kleinmütige
Fernsehdramaturgie" (Schmitz 1981) nachsagte. Intendiert hatte Autor und
Regisseur Günther Rücker mit Günter Reisch als Ko-Regisseur ein sinn-
lich-konkretes Frauenporträt während der NS-Zeit, das nach ihren Worten keinem der gängigen Klischees entspricht, „die da ‚Widerstandsfilm',
‚Bewährungssituationsfilm', ‚Antifaschistische Tradition fortführender
Film' heißen, auch wenn sich leicht nachweisen ließe, dass er Elemente
dieser Gattung trägt. [...] Wir glauben, einen Film gedreht zu haben, der
dem Volkslied nahe ist, nicht dem Massenlied, der Liebe, nicht der Pflicht,
der Stille, nicht dem Lärm."[24]

Damit war eine langjährige und schwierige Arbeit erfolgreich abgeschlossen, die „ursprünglich schon einmal eine Co-Produktion werden
sollte, dann vom Spielfilmstudio allein geplant war, schließlich jedoch
vom Fernsehen in der Etappe der Stoffentwicklung selbständig voran-
getrieben wurde, um endlich zu einem gemeinsamen Anliegen vom
DEFA-Spielfilmstudio und vom Fernsehen der DDR zu werden."[25] Wie
vertraglich vereinbart erlebte der Film nach der staatlichen Zulassung seine erfolgreiche Premiere am 2.9.1980 mit den Fernsehvertretern „in einer
gemeinsamen festlichen Veranstaltung in einem repräsentativen Berliner
Filmtheater",[26] der die TV-Ausstrahlung pflichtgemäß erst nach einem halben Jahr am 10.4.1981 folgte.

Bei *Weiberwirtschaft*, der letzten Koproduktion vor 1989, handelte es sich
um die erste Kinoarbeit des Debütanten und HFF-Absolventen Peter Kahane, in der zwei Hauptrollen mit Schauspielstudenten aus Leipzig und
Rostock besetzt waren. Er hatte eine Adaption der gleichnamigen Erzählung von Joachim Nowotny mit hintergründiger Komik vorgelegt, in der

---

24 Günther Rücker/Günter Reisch: Offener Brief an die Presse über den Progress
   Film-Verleih. Berlin (DDR) 5.6.1980 (BArch-Filmarchiv 159/264): 1f.
25 DEFA-Studio für Spielfilme/Hans Dieter Mäde: Stellungnahme zur staatlichen
   Abnahme des Films „Die Verlobte". Babelsberg 7.4.1980: 2f (BArch-Filmarchiv
   158/264)
26 DEFA-Studio für Spielfilme/Fernsehen der DDR: Co-Produktionsvertrag
   „Die Verlobte". Babelsberg 27.6.1979/Berlin (DDR) 13.9.1979 (BArch-Filmarchiv
   159/264): 3

sich ein junger Zimmermann zwischen drei alleinstehenden Frauen bei
Arbeiten auf einem Bauernhof behaupten muss.

Der nur 45 Minuten lange Spielfilm mit seinen Gesamtkosten von rund
630.000 Mark galt als „eindeutiger Talentbeweis" und „gelungener Versuch,
dem künstlerischen Nachwuchs anspruchsvolle Aufgaben zur Erprobung
eigener Fähigkeiten zu übergeben und mit relativ geringem ökonomischen Aufwand die Interessen beider Institutionen zu berücksichtigen."[27]
Der Erstling wurde zuerst am 5.2.1984 zu sehr später Stunde im Fernsehen gezeigt, bevor er im Verleih-Programm *DEFA-Werkstatt* gemeinsam
mit einem weiteren Debüt – *Rublak. Die Legende vom vermessenen Land* von
Konrad Herrmann – auch in die Studiokinos kam.

Danach wurde diese Form der Zusammenarbeit bis zur Implosion der
DDR nicht mehr fortgesetzt. Erst in den Wendetagen entstand mit *Elefant
im Krankenhaus* von Karola Hattop noch ein gemeinsamer Kinderfilm, der
1992 seine Premiere zu einem Zeitpunkt hatte, als die beteiligte ‚Länder-
kette' des demokratisierten Deutschen Fernsehfunks schon längst abge-
schaltet war. Es blieb der DEFA bis zur ihrem eigenen Untergang dann
nur noch die Partnerschaft mit den Fernsehanstalten aus dem ehemaligen Westen: nunmehr nationale statt transnationale Beziehungen, aus
denen seit 1989/90 noch folgende Titel hervorgegangen sind: beginnend
mit *Die Besteigung des Chimborazo* (Rainer Simon/ZDF) über *Der Tango-
spieler* (Roland Gräf/WDR), *Der Fall Ö.* (Rainer Simon/ZDF), *Zwischen
Pankow und Zehlendorf* (Horst Seemann /WDR und ZDF), *Jana und Jan*
(Helmut Dziuba/ZDF), *Rosenemil* (Radu Gabrea/ZDF), *Deutschfieber* (Ni-
klaus Schilling/ZDF) bis zu *Krücke* (Jörg Grünler/ZDF).

Wie die kurze Bestandsaufnahme mit den Filmeinführungen hier gezeigt hat (vgl. a. Beutelschmidt 2009), sind die internen DDR-Koprodukti-
onen in ihrer Art und Thematik sehr verschieden angelegt. Es scheint kein
Prinzip erkennbar, wann sich die Verantwortlichen vorteilhafte Synergien
bei der Bündelung der Kräfte versprochen haben: Waren die Entscheidungen eher durch Kostenteilung begründet, versprachen die Kino- und Fern-
sehfassungen eines repräsentativen Stoffes zweifachen Erfolg und Ver-
kaufschancen oder gingen sie einfach auf persönliche Initiativen zurück?

Die Gründe für die geringe Anzahl der Gemeinschaftsarbeiten sind
nicht nur auf das gegenseitige Misstrauen in Bezug auf inhaltliche Ab-

---

27 Abt. Künstlerische Produktion: Einschätzung des Kurzmétragefilms „Weiberwirtschaft" zur staatlichen Zulassung am 16.9. Babelsberg 13.9.1983 (BArch-
Filmarchiv 72/128)

stimmungsprozesse sowie die künstlerische Gestaltung und Besetzung zurückzuführen. Auch die vielen involvierten und mitspracheberechtigten Gremien im Partei- und Staatsapparat bzw. die voneinander abweichenden Arbeitsweisen und Kontrollmechanismen oder die in beiden Häusern unterschiedlich bewertete Stellung der Autoren, Dramaturgen und Regisseure dürften sich als trennendes Moment und Hindernis für eine reibungslose Kooperation erwiesen haben. TV-Intendant Adameck hatte beispielsweise früh das Vorgehen bei der DEFA in Frage gestellt,

> Szenarien vor Produktionsbeginn durch Kommissionen bestätigen zu lassen und sogenannte[n] Abnahmekommissionen das Recht künstlerischer Eingriffe zuzubilligen [...]. Wir haben den Eindruck, dass sich vor allem auch der gewünschte Erfolg, Fehler dadurch zu vermeiden, dass die Verantwortung vielen zugeschoben wird, nicht immer eintritt. [...] Viel größer ist der Nutzen für alle Beteiligten, wenn diese Diskussionen anhand des fertigen Werkes, nach der Aufführung erfolgen.

Deshalb würde der DFF die Methode favorisieren, „alles Wertvolle aufzuführen und die endgültige Einschätzung nach der Sendung zur Aufgabe eines öffentlichen Meinungsaustausches zu machen".[28]

Doch auch die Frage nach einer Filmauswertung zum beiderseitigen Vorteil erwies sich durchaus als problematisch. Das lässt zumindest eine Studie des DDR-Wissenschaftlers Lutz Hauke erkennen, in der die Zuschauerstatistiken für zwei Titel mit antifaschistischer Thematik gegenübergestellt werden. Danach sind die ablesbaren Abweichungen bei den Besucherzahlen nicht nur auf unterschiedliche Aufmachung, Identifikationsangebote oder Zielgruppen zurückzuführen, sondern vor allem auf den jeweiligen Zeitpunkt des Kinostarts gegenüber der Fernsehausstrahlung. Konkret wurde die Koproduktion *Jakob der Lügner* im Weihnachtsprogramm 1974 zuerst auf dem Bildschirm gezeigt und erst vier Monate später auf der Leinwand; erreichte sie über die Fernsehsendung allein über zwei Millionen Zuschauer, so kamen in sechs Jahren und knapp 2.900 Vorstellungen nur rund etwas mehr als 200.000 Besucher in die Kinos. Demgegenüber erzielte *Die Verlobte* von ihrer Premiere im Kino im September 1980 bis zur TV-Ausstrahlung ein halbes Jahr danach bereits fast eine Million Besucher (Hauke 1981: IV). An diesen Beispielen wird

---

28 Deutscher Fernsehfunk/Adameck: Schreiben „Die Entwicklung der dramatischen Kunst" an Albert Norden. Berlin (DDR) 23.1.1961 (SAPMO-BArch DY 30/ IV 2/2.028/92): 5f.

deutlich, dass sich die international gängige Praxis einer Sperrfrist für Kinofilme im Fernsehen auch für die Koproduktionen in der DDR als notwendig erwies, wenn die entsprechenden Titel nicht vornehmlich als TV-Programme identifiziert werden sollten oder die Kinoauswertung als eher zweitrangig eingestuft wurde wie im Fall der letzten Koproduktion *Weiberwirtschaft*, die als Kurzspielfilm und Erstlingswerk nur für Studiokinos geeignet schien.

So scheiterte letztlich der integrative Ansatz, wie ihn auch der damalige Kulturministers Alexander Abusch auf der Kulturkonferenz 1960 zum Credo erhoben hatte, verbunden mit der Hoffnung auf „eine organisierte künstlerische Gemeinschaftsarbeit für das eine, uns allen gemeinsame Ziel, beizutragen zu einem reichen, interessanten und freudevollen und schönen gesellschaftlichen Leben im Sozialismus" (Abusch 1960: 178).

Literatur

Abusch, Alexander (1960): Diskussionsbeitrag. In: Kulturkonferenz 1960. Protokoll der vom Zentralkomitee der SED, dem Ministerium für Kultur und dem Deutschen Kulturbund vom 27. bis 29. April 1960 im VEB Elektrokohle, Berlin, abgehaltenen Konferenz. Berlin (DDR): 156-184

Ackermann, Anton (1956): Gleichberechtigung – nicht Konkurrenz. Zu Fragen des Verhältnisses zwischen Film und Fernsehen. In: Deutsche Filmkunst 12. 1956: 353-355

Agde, Günter (1978a): Stellenweise Aufheiterung. In: Filmspiegel 16. 1978: 12

Agde, Günter (1978b): Hiev up. In: Neue Zeit vom 5.7.1978, zit. nach: Filmwissenschaftliche Beiträge. Sonderband 1. 1979: 114-116

Beutelschmidt, Thomas (2009): Kooperation oder Konkurrenz? Das Verhältnis zwischen Film und Fernsehen in der DDR. Berlin: DEFA-Schriftenreihe

Beyer, Frank (2001): Wenn der Wind sich dreht. Meine Filme, mein Leben. München: Econ Verlag

Böhme, Irene (1975): Jakob der Lügner. In: Sonntag, 12.01.1975

Deutscher Fernsehfunk (1957): Dramatische Kunst im Deutschen Fernsehfunk. Spielplan-Vorschau Januar-April 1957. Berlin (DDR) 1957

Gehler, Fred (1976): Die Leiden des jungen Werthers. In: Sonntag, 19.09.1976

Hauke, Lutz (1981): Wandlungen einer Kinolandschaft. In: Film und Fernsehen. Dossier. 11. 1981: II-VII

Herrmann, Gisela (1974): Der Traum vom besseren Leben. In: Berliner Zeitung, 24.12.1974

Kötz, Michael (1982): Die Verlobte. In: Medium 1. 1982: 43

Kroneberg, Eckhart (1965): Roter Schuster. In: Der Tagesspiegel, 04.09.1965

K.W. (1977): Magerer Werther. In: Frankfurter Rundschau, 26.07.1977

Müncheberg, Hans (2000): Blaues Wunder aus Adlershof. Der Deutsche Fernsehfunk. Erlebtes und Gesammeltes. Berlin: Das Neue Berlin

Novotny, Ehrentraud (1976): Die Leiden des jungen Werthers. Gespräch mit Egon Günther. In: Sonntag, 22.08.1976

o.A. (1956): „Damals in Paris". In: Filmspiegel 16. 1956

o.A. (1976): Es ist Zeit, über das Kino nachzudenken. Werkstattgespräch mit Heiner Carow. In: Film und Fernsehen 2. 1976: 12-16, 48

Schmidt, Ehrentraud (1956): Kompromiss zwischen Fernsehfunk und Spielfilm. In: Deutsche Filmkunst 12. 1956: 356-357, 362

Schmitz, Helmut (1981): Vita dolorosa. In: Frankfurter Rundschau, 11.12.1981

Deutsch-Deutsche Filmbeziehungen

Sozialistische Sichtweisen

DDR-Kinoarchitektur vom repräsentativen Nationalismus zur internationalen Moderne

Stefan Soldovieri

Bei seinen Überlegungen zur Urbanisierung des modernen Lebens und der Produktion einer historisch neuen Ausprägung des sozialen Raumes warf Henri Lefebvre die Frage auf, ob es dem Sozialismus – in seiner real existierenden, d.h. bürokratischen, zentralisierten und repressiven Gestalt – gelungen sei, eine eigenständige Form des sozialen Raums herzustellen: „Wo kann man heute eine Architektur ausfindig machen, die als ‚sozialistisch' zu bezeichnen wäre – oder zumindest neu im Vergleich mit entsprechenden Leistungen der kapitalistischen Bauplanung? In der ehemaligen Stalinallee – heute Karl-Marx-Allee? Auf Kuba, in Moskau oder Peking?" (Lefebvre 1984: 54).[1] Nach den Maßstäben einer Revolution des sozialen Raumes konnte die Karl-Marx-Allee den hohen Ansprüchen des kritischen, linken Soziologen nicht genügen. An der Geschichte dieser „ersten sozialistischen Straße" Deutschlands lässt sich jedoch ein eigenständiger Beitrag zur internationalen Moderne der Nachkriegszeit ablesen.[2] Dabei spielen zwei exponierte Beispiele einer modernen Kinoarchitektur – die in der Karl-Marx-Allee befindlichen Kinos *Kosmos* und *International* – eine wesentliche Rolle.

Die Forderung nach dem Bau zweier Großkinos mit Plätzen für jeweils 1.000 bis 1.200 Zuschauer geht auf die ursprüngliche Ausschreibung des Wettbewerbs für die städtebauliche Neugestaltung des Zentrums von

---

1 Übersetzung aus der englischsprachigen Ausgabe durch den Verfasser.
2 Zum Wandel in der Rezeption der DDR-Moderne vgl. Buttner/Hartung 2005: 10-17. Vgl. a. Palutzki 2000, Flierl 1998, Düwel 1995, Nicolaus/Obeth 1997, Durth/Düwel/Gutschow 1998.

Ostberlin vom 25. April 1951 zurück.[3] Im Laufe der unter finanziellen
Druck geratenen Planungen für die Stalinallee sprach sich Walter Ulbricht
1954 höchstpersönlich dafür aus, auf Kosten eines neuen Staatstheaters
und Kulturhauses die Errichtung eines Premierenkinos voranzutrei-
ben.[4] Schließlich wurden beide Kinos erst errichtet, nachdem die Abkehr
vom sowjetisch inspirierten repräsentativen Traditionalismus Mitte der
1950er Jahre beschlossen worden war. Das Kino *Kosmos* mit 1.000 Plätzen
befand sich im ersten Abschnitt zwischen Strausberger Platz und Frankfurter Tor am Ostende der Karl-Marx-Allee und wurde 1962 im Zeichen
der Industrialisierung des Bauwesens fertig gestellt. Das *International* mit
600 Plätzen unweit des Alexanderplatzes wurde 1964 eröffnet. Wie ihre
global und fast außerirdisch anmutenden Namen nahelegen, sollten die
Kinos *Kosmos* und *International* in einem hochpolitisierten geopolitischen
Zusammenhang an eine internationale Tradition der Architektur der Moderne anknüpfen (Castillo 2010: 173-201; Betts 2000a: 42-49). Auch Dresdens sogenanntes ‚Rundkino', eine Zylinderstruktur, die 1966 im Rahmen
eines Bauwettbewerbs für ein Kino in der Prager Straße entworfen worden
war, spiegelte die neue Empfänglichkeit für modernes Design wider. Die
Wettbewerbsrichtlinien für das Kino in der Prager Straße verlangten ein
aus seiner Umgebung herausragendes Gebäude, dessen Funktion in seiner
Form zu erkennen wäre. *International, Kosmos* und ‚Rundkino' sind Beispiele einer modernen Architektur in der DDR, die von der Forschung erst
in den letzten Jahren im Kontext einer internationalen Moderne rezipiert
wird.

Innovative Kinoarchitektur war in der Nachkriegszeit im Osten wie im
Westen eher selten. Darin unterscheiden sich auch die beiden deutschen
Staaten nicht von internationalen Architektur- und Design-Entwicklun-
gen. Wo sich neuartige Konzepte zeigten, bedienten sie sich vorrangig der
Formensprache des experimentellen Modernismus der 1920er Jahre. Die
Nachkriegsrezeption des modernistischen Erbes war stark politisiert. In
der Bundesrepublik war der Einfluss dieser Tradition in der frühen Nach-
kriegszeit nahezu ungebrochen. So argumentiert beispielsweise Paul Betts,

---

3 Bedingungen für den Wettbewerb zur Erlangung von Bebauungsvorschlägen
   und Entwürfen für die städtebauliche und architektonische Gestaltung der Stalinallee in Berlin. In: Durth/ Düwel/Gutschow 1998: 307.
4 Bemerkungen von Walter Ulbricht zum Aufbau des Berliner Zentrums, aufgezeichnet von Hermann Henselmann am 9. April 1954. In: Durth/Düwel/Gut-
   schow 1998: 235.

dass das Bauhaus als eine intakte Tradition aus der Weimarer Republik bei der Herausbildung einer positiven westdeutschen Identität diente, weil es die ideologischen Kriterien des Antifaschismus, Antikommunismus und internationalen Modernismus erfüllte (Betts 2000b: 50). In der DDR war die anfängliche Periode der Offenheit gegenüber modernistischer Architektur von kurzer Dauer. Die staatliche Opposition kulminierte 1951 in der berüchtigten Formalismus-Debatte. Der 5. Kongress der SED, dem „Kampf gegen Formalismus in Kunst und Literatur" gewidmet, legte den Kurswechsel im Bereich der Architektur in Richtung eines repräsentativen Historismus basierend auf deutscher Bautradition fest (Lauter 1951). Es sollte 20 Jahre dauern, bis das Bauhaus als brauchbare Tradition für die Entwicklung einer sozialistischen Architektur anerkannt wurde (Betts 2000a: 48).

In der Bundesrepublik förderten die Währungsreform von 1948 und der Zustrom ausländischen Verleihkapitals einen regelrechten Kinoboom (Hänsel/ Schmitt 1995: 5-30; Zeh 2007: 42-81). Neben vielen Kinoneubauten wurde bis Mitte der 1950er Jahre der Kinobestand weitgehend modernisiert und mit Cinemascope ausgestattet. Obwohl sich die Kinoarchitekten der frühen Nachkriegszeit in West-Deutschland vielfach der Formensprache der 1920er Jahre bedienten, ging es dabei weniger um die Erkundung des Mediums und der audiovisuellen Erfahrung als um die Dramatisierung des Kinobesuches im Sinne einer konsumorientierten Freizeitbeschäftigung. Im Gegensatz zu anspruchsvollen Vorkriegskonzepten, die sich mit der kinästhetischen und sozialen Erfahrung des bewegten Bildes auseinandersetzten, zielte das vorwiegend dekorative, modernistisch anmutende Design und die stimmungsvolle Lichtgestaltung der 1950er Jahre auf die Kanalisierung des Konsumverhaltens in einem immer breiter gefächerten Freizeitmarkt (Hänsel/Schmitt 1995: 22). Ein bedeutender Kinoarchitekt dieser Zeit war der Avantgardist Paul Bode, der für einflussreiche Kinobauten in Duisburg (*Europa-Palast*), Kassel (*Kaskade*), Mannheim (*Alhambra*) und Nürnberg (*Antik-Palast*) verantwortlich zeichnete und Autor des vielbeachteten Handbuchs *Kinos, Filmtheater und Filmvorführräume* (1957) war. Sein Entwurf für das Kasseler Staatstheater (1959) – obschon kein Filmtheater – darf wohl als Inspirationsquelle für das Kino *Kosmos* gesehen werden. Bodes Kinobuch, das neben detaillierten kinotechnischen Ausführungen auch Geschichte und Ästhetik behandelt, beklagte das Unvermögen seines Faches, für das Kino eine angemessene ästhetische Form zu finden. Die Kinos der Gegenwart, so Bode, zeugten von einer „architektonischen Verworrenheit" und einer aus der Frühzeit des Films herrührenden „Schaubudenromantik" (Bode 1957: 17). Selbst die klassi-

schen Beispiele des avantgardistischen Films der Stummfilmzeit wurden –
ohne Rücksicht auf die spezifischen Erfordernisse des neuen Mediums –
entweder in „Kintopps oder pompösen Galatheatern" gezeigt (ebd.: 21).
Bode forderte also einen Bruch mit dem Kinodesign der Vergangenheit,
das lediglich die Strukturen des dramatischen Theaters übernommen
habe. Um eine mediengerechte Erfahrung mit dem bewegten Bild herbei-
zuführen, forderte Bode mittels Lichtgestaltung und Design des Zuschauerraums die Aufhebung der traditionellen Trennung zwischen Bühne und
Publikum. Sein Kasseler *Kaskade*-Kino (1952) wurde im Sinne einer solchen fluiden Architektur konzipiert, indem eine geschwungene, stoffbe-
zogene Seitenwandkonstruktion die Verbindung zwischen den Zuschau-
erplätzen und der verhältnismäßig groß dimensionierten Leinwand von
4,5 x 6 Meter herstellte. Dieses fluide Raumkonzept bestimmt ebenfalls
die Architektur des bedeutenden Neubaus *Aegie* in Hannover, ein 1953 für
zwei Millionen DM fertig gestelltes Großkino von Gerd Lichtenhahn und
Hans Klüppelberg mit 1.450 Plätzen (o.A. 1953), das in Bodes Kinobuch als
positives Beispiel genannt wird. Trotz der Interventionen von Bode und
wenigen anderen Gleichgesinnten, die auf die Möglichkeiten des Kinos
der Wahrnehmungserweiterung insbesondere als gesellschaftliches Erlebnis insistierten, machten Veränderungen im Unterhaltungstrend und
die zunehmende Bedeutung des Fernsehens dem Bau architektonisch an-
spruchsvoller, großangelegter Monokinos ein Ende. Die Entwicklung der
sogenannten „Casino-Kinos" und anderer kleinerer Formate ab Mitte der
1950er Jahre bot einen intimeren, mit mehr Komfort verbundenen Kinobesuch, der zudem Kinobesitzern die Möglichkeit einräumte, mit einem breiteren Filmprogramm gezielt auf spezifische Marktsegmente zu reagieren.
　　Im Gegensatz zur Bundesrepublik, wo sich nach dem Krieg die Zahl der
Kinoplätze bald verdoppelte und die jeweils neueste Technik große Verbreitung fand, gestaltete sich die Lage der ostdeutschen Kinos als durchaus prekär. In Ostberlin wurde das Problem fehlender Investitionen in
Infrastruktur und Technik durch die Konkurrenz mit West-Berliner Kinos
verschärft, die nicht nur besser ausgestattet waren und ein vielfältigeres
Angebot an Filmen machen konnten, sondern häufig auch verbilligte Karten für Besucher aus dem östlichen Teil der Stadt zur Verfügung stellten.
Es wird geschätzt, dass im Jahre 1955 in Berlin täglich rund 28.000 Menschen die Grenze passierten um in West-Berlin ins Kino zu gehen (Han-
sel/Schmitt: 25).[5] Zu den Maßnahmen zur Verbesserung des Filmwesens

---

5　Vgl. den Beitrag von Elizabeth Prommer und Andy Räder in diesem Band.

in der DDR gehörten in den ersten Jahrzehnten die Zentralisierung und Neuordnung der Kinoverwaltung. So entstanden 1949 die Vereinigung volkseigener Lichtspiele, 1950 der Progress Film-Vertrieb und 1953 in allen Bezirken die Volkseigenen Lichtspielbetriebe. Anfang der 1960er Jahre wurden DDR-Kinos administrativ in die Haushalte der 15 Bezirkslichtspielbetriebe bzw. Bezirksfilmdirektionen eingegliedert. Angesichts der Finanzknappheit fehlten die Mittel für den Bau einer größeren Zahl neuer Kinos und die Filmbürokraten mussten andere Strategien entwickeln, um das Kinopublikum auch nur annähernd zu befriedigen. Die Investitionen wurden auf die Einrichtung von jeweils einem ‚Leittheater' pro Bezirk fokussiert, das im Rahmen der finanziellen Möglichkeiten von weiteren Kinos unterstützt werden sollte. Mit wenigen Ausnahmen konzentrierten sich die getätigten Maßnahmen auf technische, kostengünstige Verbesserungen ohne aufwendige architektonische Arbeiten.

Die Kinoneu- und -umbauten in der DDR der frühen 1950er Jahre zeigen auf deutliche Weise den Einfluss des Nationalen Aufbauprogramms, das in engem Zusammenhang mit den Planungen für die Stalinallee formuliert wurde, und die Forderung nach einer traditionsbezogenen Architektur enthielt, deren Form national und deren Inhalt demokratisch sein sollte (Palutzki 2000: 51). Dem Programm zur Bebauung dieser wichtigen Magistrale in der Hauptstadt der DDR gingen 16 „Grundsätze des Städtebaus" voraus, die 1950 erarbeitet wurden und „die harmonische Befriedigung des menschlichen Anspruchs auf Arbeit, Wohnung, Kultur und Erholung" zum Ziel hatten (Durth/Düwel/Gutschow 1998: 85). Die Architektur der Stalinallee sollte in der kritischen Aneignung des deutschen Kulturerbes „national, großzügig und schön" sein. Im Berliner Kontext waren Friedrich Gilly, Hans Georg Wenzeslaus von Knobelsdorff, Karl Gotthard Langhans, Karl Friedrich Schinkel und Andreas Schlüter wichtige Orientierungspunkte, die in der Ausschreibung vom 25. April 1955 ausdrücklich genannt wurden. Die Rekonstruktion des Straßenzuges zwischen Strausberger Platz und dem Frankfurter Tor – der sogenannte erste Abschnitt – sollte die Mietskaserne der Weimarer Republik ablösen und gleichzeitig einen Gegenentwurf zu Formalismus, Bauhausstil, Funktionalismus, Konstruktivismus und dem westlichen Kosmopolitismus bilden (ebd.). Das Großprojekt für die „erste sozialistische Straße Deutschlands" sollte Ausdruck einer „neuen gesellschaftlichen Ordnung" sein und „dem Kampf für ein friedliches, demokratisches, und einheitliches Deutschland verpflichtet" (Henselmann 1951: 3). Herrmann Henselmanns Gebäude-Komplex an der Weberwiese wird allgemein als wichtigstes Beispiel der

neuen Richtung gesehen, bei dem sich eine klassizistische Anlehnung
an die deutsche Bautradition mit der monumentalen ‚Großzügigkeit' der
Neugestaltung Moskaus verbindet.

Abbildung 1: Kinoarchitektur im Zeichen des Nationalen Bauprogramms:
Lichtspieltheater der Jugend, Frankfurt/Oder 1955; Foto:
Bundesarchiv

Die Auswirkungen der Ästhetik des Nationalen Bauprogramms schlug
sich in einigen Kinobauten und Renovierungen der frühen 1950er Jahre
nieder, wobei im allgemeinen der Schwerpunkt neuer Kulturprojekte weniger im Bereich neuer Kinos als auf multifunktionalen Kulturhäusern
mit Vorführungsmöglichkeiten lag. Eine bemerkenswerte Baumaßnahme
stellt in diesem Zusammenhang der Umbau eines bereits 1919 als Decla-
Lichtspiele fungierenden Gebäudes im brandenburgischen Frankfurt/
Oder dar, das als *Lichtspieltheater der Jugend* 1955 neu eingeweiht wurde
(Abb. 1). Dieses in prominenter städtebaulichen Lage platzierte neoklassi-
zistische Kino – mit seiner weit ausladenden Treppenanlage, monumen-
taler Eingangsfassade, aufwendigem Vestibül und Foyer – markiert auf
deutliche Weise den Anspruch des Nationalen Aufbauprogramms modernistischen Entwicklungen eine kulturelle Alternative entgegenzusetzen.
Ebenso lassen sich die *Volkslichtspiele* in Meiningen als erster Kinoneubau
Thüringens nach dem Krieg einordnen. Seinem historisierenden Äußeren

entsprechend weist der Zuschauerraum eine traditionelle, eingerahmte Bühnenstruktur auf. Technisch gesehen wurde das Kino auf den neuesten Stand gebracht und stellte lange Zeit die einzige Möglichkeit dar, Breitwandfilme in Meiningen zu sehen. Wegen der mangelnden einheimischen Produktion von Filmen in diesem Format musste man nach der Premiere am 7. Dezember 1956 mit dem DEFA-Film *Die Millionen der Yvette* (1956, Regie: Martin Hellberg) häufig auf ausländische Filme zurückgreifen.

Der Tod Stalins im Jahre 1953 und Chruschtschows Rede vor der Moskauer Allunionsbaukonferenz im Dezember 1954 leiteten in der Sowjetunion einen dramatischen Kurswechsel im Bauwesen ein, der sich verzögert auch in der DDR durchsetzte, wo – trotz des Primats ‚besser, schneller und billiger‘ zu bauen – an einer identitätsstiftenden, nationalen Konzeption der Architektur festgehalten wurde. Die Hinwendung zur Industrialisierung des Bauens jedoch bahnte mittelfristig den Weg zur Anknüpfung an der vom Bauhaus stark beeinflussten westlichen Bauentwicklung. Sämtliche Verfahren des industriellen Bauens kamen schließlich im weiteren Bau der Stalinallee/Karl-Marx-Allee zur Verwendung, u.a. typisierte Grundrisse, massenangefertigte Bauelemente und rationalisierte Montage.

Wie viele andere Architekten musste sich der Architekt der Kinos *Lunik*, *Kosmos* und *International* von seinen früheren Arbeiten distanzieren und eine neue ästhetische Position beziehen. Josef Kaiser war 1910 in der slowenischen Stadt Celje geboren, studierte in Prag und kam nach einer Zwischenstation in Weimar nach Berlin, wo er in den 1950er und 1960er Jahren zunächst bei der Deutsche Bauakademie und später beim VEB Berlin Projekt arbeitete. In den Jahren 1952 und 1953 übernahm er wichtige Planungsarbeiten in Fürstenberg/Stalinstadt. 1955 formulierte er seine vom Bund deutscher Architekten herausgegebene „Revision der städtebaulich-künstlerischen Gestaltungsmittel", in der programmatisch die Überwindung traditioneller Vorstellungen des urbanen Raumes im Sinne eines wahren sozialistischen Raumordnungskonzepts gefordert wird (Kaiser 1955: 530). In Abgrenzung zur chaotischen Rezeption moderner Formen der Vorkriegszeit in Westdeutschland charakterisiert Kaiser die Architektur der künftigen sozialistischen Stadt als „weiträumigen Park" (ebd.). Er resümiert:

> Zu harmonischen sozialistischem Städtebau eignet sich ein Raumordnungsprinzip, wonach aus Bauteilen industrieller Serienfabrikation zusammengefügte Gebäudetypen von selbstständiger, charakteristisch unterschiedlicher Form und Höhe zu raumgreifenden, silhouettenreichen Architekturensembles gruppiert werden. (ebd.)

In seinen Überlegungen widmet Kaiser dem Problem der Monotonie im industriellen Bauen besondere Aufmerksamkeit. Um die wirtschaftlich notwendige Typisierung mit einer vielfältigen Stadtlandschaft zu verbinden, setzte er auf „die Gestaltungskraft des Ensembles", wonach sich das individuelle Gebäude tendenziell der räumlichen Anordnung der Gruppe unterzuordnen habe (ebd.). Auf die Frage nach der „ideologischen Eignung" seiner dargestellten, betont modern-funktionellen Raumordnung antwortet er mit einer strategisch geschickten Gegenfrage: „Ist es denkbar, daß eine Gestaltungsordnung, welche sich aus den wesentlichen materiellen Belangen einer Gesellschaftsordnung kristallisiert, sich zur Darstellung der Ideenwelt dieser Epoche nicht eignen sollte?" (Ebd.) Obwohl seine eigenen Bauten dieses Genres in ihren jeweiligen städtebaulichen Kontexten eher Ausnahmeerscheinungen darstellen, wird in seinen ansonsten recht allgemein gehaltenen Ausführungen gerade auf die Kinoarchitektur als Bereich einer möglichen Typisierung hingewiesen – eine Empfehlung, der jedoch kaum nachgekommen wurde (Zeh 2007: 54).

Abbildung 2: Josef Kaisers erster Kinoneubau, das Pankower *Lunik*, 1959; Foto: Bundesarchiv

Josef Kaisers erstes Kino, das im Außenbezirk Pankow gelegene *Lunik* (Abb. 2) mit 510 Sitzplätzen, wurde am 24. August 1961 passenderweise mit dem besonders in formaler Hinsicht bemerkenswerten DEFA-Film *Der Fall Gleiwitz* (1961) von Gerhard Klein eröffnet. Der Bau, der in den 1960er Jahren im Außenbezirk das einzige Kino mit Breitwandtechnik war, dürfte als erstes Beispiel eines modernen Kinoneubaus in der DDR gelten. Der Entwurf wurde zusammen mit dem erst später begonnenen *Kosmos* – hier noch *Filmtheater Stalinallee* genannt – 1958 in der September-Ausgabe der *Deutschen Architektur* vorgestellt und als potentielles Modell für eine industrielle Typisierung von Filmtheatern dieser Größenordnung bewertet (Schultz 1958: 494).[6] Im Zeichen der neuen, der internationalen Moderne weniger verkrampft gegenüberstehenden architektonischen Orientierung im Städtebau wurde die funktionelle und schlichte architektonische Gestaltung des Kinos hervorgehoben sowie die gewählte Lage, die – als Teil einer lockeren Gebäudegruppierung am Ende einer Gartenanlage – dem Ensemblegedanken Kaisers entsprach.

Abbildung 3: Kino *Kosmos*, 1962

Das *Kosmos* (Abb. 3), dessen Bau sich mit der Fertigstellung des *Lunik* überschnitt, bot dem Kollektiv um Kaiser und Herbert Aust ganz andere Möglichkeiten, eine moderne Kinoarchitektur zu entwerfen. Als Großkino für den ersten Abschnitt der Stalinallee konzipiert, sollte es bis zur Errichtung eines noch größeren Kinos am Alexanderplatz als repräsentatives Erstaufführungskino dienen und zweifellos ein sozialistisches Gegenstück zu West-Berliner Kinos im Format von Gerhard Fritsches *MGM* (1956) am Kurfürstendamm und insbesondere dem von Paul Schwebe und Hans

---

6   Leider wurde das *Lunik* trotz Bürgerprotesten 1991 abgerissen.

Schoszberger entworfenen *Zoo-Palast* (1957) darstellen (Stegers 1993: 108).
13 Meter großzügig von der Straße versetzt, mit einer Leinwand von 8 x 18
Meter und 1.001 Sitzplätzen versehen, wurde das Kino *Kosmos* am 7. Oktober 1962 zum Jubiläum der Staatsgründung feierlich eröffnet.

Abbildung 4: Inspiration für das Kino *Kosmos*? Paul Bodes Staatstheater
in Kassel, 1959; Foto: Bundesarchiv

Technisch auf dem höchsten Stand (6-Kanalton, Cinemascope und 70mm)
wurde es das größte Kino der DDR und diente bis zur Wende als Premie-
renkino für DEFA-Filme und internationale Produktionen. Der Grundriss,
der wie überhaupt die technische und funktionale Konzeption der Innenräume an Paul Bodes nur wenig früher entstandenes Staatstheater in Kassel (Abb. 4) erinnert, besteht aus einer markanten, weitgehend verglasten
rechteckigen Fassade und einer zurückgezogenen eiförmigen Baustruk-
tur, die den Zuschauerraum umfasst.

Diese funktional-rationale Ästhetik lässt sich an der äußeren Struktur
ablesen. „Da für den Kinobesucher nur Saal und Foyer erlebenswichtig
sind", so Kaiser, „wurde das Gebäude so gegliedert, dass sowohl von
Außen als auch von Innen nur diese beiden Teile sichtbar werden" (Kaiser
1963: 45). Diese Geste der Transparenz wird durch die Besucherlenkung
verstärkt – durch einen auf Straßenhöhe in der Glasfassade angesiedelten
Eingang, der einen fließenden Übergang in das weite, offene Foyer (Abb.
5) und weiter auf derselben Ebene ins Innere des Zuschauerraums ermöglicht. Dort erwartete die Zuschauer durch die aufwendige Deckenbeleuch-

tung ein regelrechtes „Feuerwerk des Modernismus" (Butter/Hartung 2005: 96).

Abbildung 5: Weiträumiges Foyer des *Kosmos* – Geste der Transparenz; Foto: Bundesarchiv

Ließ die exponierte, von der frühen Konzeption der Stalinallee bestimmte Lage des Kinos *Kosmos* schwerlich Kaisers Ensemble-Idee (Abb. 6) verwirklichen, so bot die Aufgabenstellung seines nächsten Kinoprojekts unweit des Alexanderplatzes an der Kreuzung Schillingstraße die Gelegenheit, diesem zentralen Konzept des sozialistischen Städtebaus Rechnung zu tragen. Laut Kaiser sollte das gesamte Ensemble, d.h. das Kino *International*, das Hotel *Berolina*, das Restaurant *Moskau* und angrenzende Ladenbauten (Modesalon ‚Madeleine', Blumenhaus ‚Interflora' sowie die Mokka-, Milch- und Eisbar) einen „Schritt zum industriellen Bauen und zur stilbildenden Ensemblearchitektur" darstellen und die gesamte neue Allee „in ihren materiellen und ideellen Absichten" vertreten (Kaiser 1964: 425).[7]

---

7 Im selben Heft wird rehabilitierend über Hannes Meyers Bauhauskonzeption referiert. Meyer wurde etwa 15 Jahre zuvor im Kampf gegen den Formalismus stark angegriffen.

Abbildung 6: Kino *International* im städtischen Ensemble, 1963; Foto: Bundesarchiv

Obschon Kaiser das Kino *International* mit seinem in einer Höhe von 6 Meter über die Straße hinausragenden Foyer bewusst als „markantesten Gebäudekubus in diesem Teil der Karl-Marx-Allee" präsentierte (Abb. 7), wird im Gegensatz zum ebenfalls exponierten *Kosmos* die gesellschaftliche Dimension des Kinos gleichfalls hervorgehoben. Einerseits wurden die Seiten des Gebäudes mit 14 Betonreliefs von Waldemar Grzimek, Karl-Heinz Schamal und August Schievelbein versehen, die stilisierte Szenen ‚Aus dem Leben heutiger Menschen' darstellen und das Ideal einer technisierten sozialistischen Produktion suggerieren. Eines dieser Bildhauerreliefs zeigt einen dynamisch agierenden Ingenieur, der einen futuristischen Hubschrauber und einen Baukran dirigiert, während im Hintergrund ein von der Schwerstarbeit befreiter Arbeiter ein Buch studiert. Dabei werden die Erfahrungen des Kinobesuchs im Kontext des kollektiven, urbanen Lebens im Sozialismus und ein DDR-eigenes Konzept der produktiven und kulturvollen Freizeitgestaltung in Zusammenhang gesetzt. Diese dekorative Darstellung einer utopischen Verschmelzung von Arbeit, Kultur und Zerstreuung spiegelt die verschiedenen Funktionen wider, die der Kinobau umfassen sollte. Das hochmodern und komfortabel ausgestattete

Kino (u.a. mit 70mm-Technik, Cinemascope/Breitwand, holzverkleidetem Foyer- und Saalbereich, goldeloxierter Aluminiumdecke in der Eingangshalle, irisierenden Pailletten am Vorhang, wellenförmigen Akustik-Montageplatten) wird durch verschiedene Einrichtungen ergänzt, z.b. eine Stadtbezirksbibliothek mit 12.000 Bänden, Klub- und Vortragsräumlichkeiten sowie Räumen für ein Jugendfilmaktiv.

Abbildung 7: Kino *International*, Fassade bei Nacht; Foto: Bundesarchiv

1927 entwarfen Walter Gropius und seine Mitarbeiter Carl Fieger und Stefan Sebök in Beratung mit Erwin Piscator ein innovatives Konzept für ein Theater, dessen Grundriss die Form einer Ellipse mit einer Kastenstruktur für den eigentlichen Bühnenbereich verband. Das sogenannte ‚Totaltheater' wurde als weitgehend glasierte Skelettstahl-Konstruktion konzipiert und gilt als Musterbeispiel der funktionalistisch-rationalen Ästhetik des Bauhaus-Leiters. Kennzeichnend für viele moderne Kinobauten bleibt der eiförmige Zuschauerraum am Gebäudeäußeren ablesbar. Gropius stellte sich eine flache Domdecke und Zwischengänge zwischen Zuschauerraum und externen Wänden vor, um multiple Eingangsmöglichkeiten zu schaffen. Die Architekten des sogenannten ,Rundkinos' in der Prager Straße in Dresden scheinen mit Paul Bode das elliptische Konzept des für seine Zeit visionären Totaltheaters noch radikalisieren zu wollen. Erste Experimente in Richtung einer sphärischen Kinoästhetik wurden in Ansätzen bereits Mitte der 1960er Jahre in Moskau, Prag und Frankreich erprobt und von Experten der ostdeutschen Filmindustrie rezipiert (Baumert/Lippert/ Wilkening 1966: 367).

Nach vielen Verzögerungen wurde das ,Rundkino' (Abb. 8) erst 1972 fertig gestellt. Doch seine ursprüngliche Aufgabenstellung – ein zentral gelegenes Erstaufführungskino mit 70mm-Ausrüstung – war bereits in den frühen 1960er Jahren zur Zeit der konsequenten Hinwendung zu industrialisierten Bauverfahren formuliert worden. Die 1967 veröffentlichten Richtlinien forderten für das Kino ausdrücklich eine unverwechselbare Architektur, deren „eigenständige Haltung" die städtische Umgebung auflockern sollte (Sniegon 1967: 498). Eine geschwungene Form sollte dabei helfen, eine von Rechtecken und standardisierten Mustern geprägte urbane Landschaft zu diversifizieren. Stadtplaner forderten darüber hinaus einen Bau, dessen „Konstruktion funktionell bedingt ist und mehr oder weniger individuellen Charakter trägt" und dessen „Inhalt die Anwendung dieser besonderen Formen rechtfertigt" (ebd.). Spätestens diese explizite Forderung nach Individualität im Städtebau markierte die Offenheit für westliche Bautendenzen.

Die Ergebnisse des Dresdner Kino-Wettbewerbs wurden 1967 in der Fachzeitschrift *Deutsche Architektur* veröffentlicht. Ausgelobt wurden zwei Entwürfe – ein radikales zylindrisches Design von Manfred Fasold und Winfried Siegoleit sowie ein an das Berliner *International* erinnerndes Kino. Eine dritte ebenfalls positiv bewertete Einsendung, die die Jury aber für den Standort als ungeeignet befand, ähnelte einer Raketenabschussrampe der Zukunft. Der Zuschlag für den endgültigen Bau sollte in einer weiteren Runde dem Kollektiv gewährt werden, das auf die Einwände der Jury am überzeugendsten antworten konnte. Schließlich fiel die Entscheidung auf den markanten zylindrischen Entwurf, der vom Architektenteam Gerhard Landgraf und Waltraud Heischel realisiert wurde. Theo Wagenführ zeichnete für die Innengestaltung verantwortlich. Wegen seiner einzigartigen Form war es beim Bau des ,Rundkinos' unmöglich, auf standardisierte Elemente und übliche Verfahren des industriellen Städtebaus zurückzugreifen (Delitz 2009: 259). Stattdessen wurden Baupraktiken der chemischen Industrie verwendet, um den monumentalen Betonstahl-Silo von über 40 Metern Durchmesser zu montieren. Diese kreisrunde Struktur wies eine solch stabile Statik auf, dass sie ohne weitere Verstärkung die Hängedachkonstruktion zu tragen imstande war. Letztere war im Grunde eine Schale, die aus 92 auf einen mittleren Ring hinführenden Stahlkabeln bestand. Die Deckenmodule wurden zwischen den Kabeln montiert.

Abbildung 8: Das ‚Rundkino' in expansiver, noch unbebauter Lage; Foto: Deutsche Fotothek

Wie im Falle des Stalinallee/Karl-Marx-Straße-Projekts in Berlin ging der Neubebauung der Prager Straße in Dresden die Sozialisierung einer weiträumigen Fläche des Stadtzentrums hervor. So entstand auch hier die Möglichkeit einer großangelegten Gestaltung des urbanen Raums, der sich in der schließlich gebauten funktionalen Form in Abgrenzung zur Konzeption der ‚schönen deutschen Stadt' des ursprünglichen Nationalen Bauprogramms definierte. In seiner ursprünglich offenen, unbebauten

Lage ragte das ‚Rundkino' in die städtische Umgebung prominent hinein. Heike Delitz zufolge vermittelt dieser satellitenähnliche Bau „eine kosmonautische Beherrschung des Alls" und „die kommunistische Entgrenzung genuinen menschlichen Vermögens" (ebd.: 261). Dabei wird die Botschaft des anderen, sozialistischen Deutschlands von der schlichten, elementaren Formensprache der westlichen Moderne beeinflusst.

Das ‚Rundkino' wurde fast zehn Jahre nach dem Kino *International* zu einer Zeit fertig gestellt, in der Kinos dieser Größenordnung und dieses ästhetischen Anspruchs im Osten wie im Westen eigentlich bereits der Vergangenheit angehörten. Es darf als Ironie der Architekturgeschichte gelten, dass das letzte großangelegte Kinoprojekt der DDR gleichzeitig der radikalste Ausdruck einer utopischen Moderne war, das „die Fortschrittsgewissheit einer Gesellschaft, die die wissenschaftlich-technische Revolution in ihrem Rücken wähnt", darstellen sollte (ebd.: 247). Die terrestrischen Bauten des Nationalen Bauprogramms hinter sich lassend und die räumliche Ästhetik der vorangegangenen *Lunik-*, *Kosmos-* und *International*-Kinos radikalisierend, versprach die extraterrestrische Architektur des ‚Rundkinos' eine sozialistische Sichtweise, die wie so viele Aspekte des utopisch-emanzipatorischen Projekts der DDR unerfüllt bleiben musste.

Literatur

Baumert, Heinz/Lippert, Klaus/Wilkening Albert (Hrsg.) (1966): Kleine Enzyklopädie Film. Leipzig: VEB Bibliographisches Institut

Betts, Paul (2000a): The Bauhaus in the German Democratic Republic – between Formalism and Pragmatism. In: Fiedler, Jeannine/Feierabend, Paul (2000): 42-49

Betts, Paul (2000b): The Bauhaus in the Federal Republic of Germany – A Privileged Legacy from Weimar. In: Fiedler, Jeannine/Feierabend, Paul (2000): 50-55

Bode, Paul (1957): Kinos, Filmtheater und Filmvorführräume. Grundlagen, Vorschriften, Beispiele, Werkzeichnungen. München: G.D.W. Callweg

Bohn, Thomas (Hrsg.) (2009): Von der „europäischen Stadt" zur „sozialistischen Stadt" und zurück? Urbane Transformationen im östlichen Europa des 20. Jahrhunderts. München: Oldenbourg

Butter, Andreas/Hartung, Ulrich (Hrsg.) (2005): Ostmoderne. Berlin: Jovis

Castillo, Greg (2010): Cold War on the Home Front: The Soft Power of Midcentury Design. Minneapolis: University of Minnesota Press

Delitz, Heike (2009): „Rundkino" und „Kristallpalast" in Dresdens Prager Strasse. Architektursoziologie zweier extrarrestrischer Architekturen. In: Bohn, Thomas (2009): 247-271

Düwel, Jörn (1995): Baukunst voran! Architektur und Städtebau in der SBZ/DDR. Berlin: Schelzy und Jeep

Durth, Werner/Düwel, Jörn/Gutschow, Niels (Hrsg.) (1998): Aufbau. Städte, Themen, Dokumente. Architektur Und Städtebau der DDR, Bd. 2. Frankfurt/New York: Campus

Fiedler, Jeannine/Feierabend, Paul (Hrsg.) (2000): Bauhaus. Köln: Cologne: Könemann

Flierl, Bruno (1998): Gebaute DDR. Über Stadtplaner, Architekten und die Macht. Berlin: Verlag für Bauwesen

Hänsel, Sylvanie/Schmitt Angelika (Hrsg.) (1995): Kinoarchitektur in Berlin 1895-1995. Berlin: Reimer

Henselmann, Herrmann (1951): Der reaktionäre Charakter des Konstruktivismus. In: Neues Deutschland 4.12.1951.

Kaiser, Josef (1955): Revision der städtebau-künstlerischen Gestaltungsmittel. In: Architekturdiskussion 4. 1955. In: Durth/Düwel/Gutschow 1998: 529-530

Kaiser, Josef (1963): Filmtheater „Kosmos" Berlin, Karl-Marx-Allee. In: Deutsche Architektur 1. 1963: 44-48

Kaiser, Josef (1964): Neue gesellschaftliche Bauten in der Karl-Marx-Allee in Berlin. In: Deutsche Architektur 7. 1964: 425-429

Lauter, Hans (1951): Kampf gegen den Formalismus in Kunst und Literatur, für eine fortschrittliche deutsche Kultur. In: Neues Deutschland 23.4.1951. In: Durth/Düwel/Gutschow 1998: 146-147.

Nicolaus, Herbert/Obeth, Alexander (Hrsg.) (1997): Die Stalinallee. Geschichte einer deutschen Straße. Berlin: Verlag für Bauwesen

o.A. (1953): Billig und Dunkel. In: Der Spiegel 15. 1953

Palutzki, Joachim (2000): Architektur in der DDR. Berlin: Reimer

Schultz, Udo (1958): Geplante Theaterbauten in Berlin. In: Deutsche Architektur 9. 1958: 492-494

Stegers, Rudolf (1993): Das Kino „Kosmos" in Berlin. In: Deutsche Bauzeitung 5. 1993: 104-118

Sniegon, Peter (1967): Wettbewerb „Filmtheater Prager Straße" in Dresden. In: Deutsche Architektur 8. 1967: 498-499

Zeh, Carola (2007): Lichtspieltheater in Sachsen. Entwicklung, Dokumentation und Bestandsanalyse. Hamburg: Verlag Dr.Kovač

Kinogrenzgänger im geteilten Deutschland (1949-1961)

Filmgeschmack, Nutzung und Motive des Kinobesuchs

Elizabeth Prommer & Andy Räder

Grenzen sind häufig Ausgangs- und Bezugspunkte historischen Erinnerns. Sie erzeugen und trennen sowohl territoriale Gebiete als auch politische Herrschaft. Erst durch eine Interaktion der Menschen beiderseits dieser scheinbar trennenden Linie erhalten Grenzgebiete ihre Bedeutung, werden im Umgang mit dem *Anderen* erleb- und erinnerbar. Insbesondere im Berlin der Nachkriegszeit, zwischen der Gründung beider deutschen Staaten 1949 und dem Bau der Berliner Mauer 1961, gab es, begünstigt durch sprachlich, historisch und kulturell relativ homogene Bevölkerungsgruppen auf beiden Seiten der Staatsgrenze, einen regen Austausch. Dies zeigte sich vor allem in der Nutzung kultureller Güter (Lindenberger 2005: 97-112).

Das Kino als wichtigstes Massenmedium dieser Zeit und der Kinobesuch der Ostberliner im Westteil der Stadt hatten dabei eine besondere Bedeutung. Beiderseits des Eisernen Vorhangs wurde der Einfluss der Filmbilder auf die Identitätskonstruktion der Kinobesucher aus dem anderen Teil der Stadt erkannt. Im Westteil der Stadt wandten sich die Besatzungsmächte und Kinobetreiber gezielt an diese spezielle Besuchergruppe. Es entstanden sogenannte Grenzkinos, die sich unweit der Sektorengrenze mit speziellen Filmprogrammen an das Ostberliner Publikum wandten. Im Ostteil beschäftigten sich Kulturpolitiker mit möglichen schädlichen Auswirkungen auf die Grenzkinobesucher. Der überaus große Erfolg dieses Teils der Berliner Kinogeschichte fand sogar Eingang in die Berliner Alltagskultur. Das geflügelte Wort: „So voll wie ein Grenzkino" umschreibt bis heute einen hohen Alkoholpegel.

Im Mittelpunkt der Untersuchung über Filmgeschmack, Nutzung und
Motive der Kinogrenzgänger stehen Fragen nach dem alltäglichen Kulturtransfer zwischen Ost- und Westberlin. Welche Rolle spielte das Kino
im Alltag der Ostberliner Nachkriegsgeneration zwischen 1945 und 1961?
Inwieweit haben die Bewohner die besondere (Grenz-)Situation ihrer Stadt
in Bezug auf den Kinobesuch wahrgenommen und genutzt? Wie reagierten die Besatzungsmächte und Kinobetreiber? Gab es eine spezifische
Preisgestaltung oder spezielle Filmprogramme, die auf ein Ost-Publikum
ausgerichtet waren? Inwieweit zogen die Kinofilme und Maßnahmen in
den Grenzkinos Besucher des jeweils anderen Stadtteils an? Welche Filme
sahen die Ostberliner und welche Auswirkungen hatten die Besuche in
den Lichtspieltheatern auf ihre Lebenswelt in der DDR? Welche Informationen über das Filmerleben oder den Umständen des Kinobesuchs bleiben
nach rund 50 Jahren in der Erinnerung haften?

In Rahmen eines Forschungsprojektes an der Hochschule für Film und
Fernsehen „Konrad Wolf" Potsdam-Babelsberg[1] wurden 2009/10 zehn
medienbiografische Interviews mit Kinogrenzgängern – fünf Frauen und
fünf Männer – durchgeführt. Den leitfadengestützten Interviews ging eine
Archivrecherche voraus. Gesucht wurden Informationen über den Berliner Kinomarkt, insbesondere zu Besucherzahlen und zum Filmprogramm
konkreter Grenzkinos. In der DDR gab es für den Untersuchungszeitraum
1949 bis 1961 jedoch nur vereinzelte Daten über Zuschauerzahlen, Kopien
und Marktanteile aller gezeigten Filme (Prommer 2006: 43f.). Im Folgenden werden zunächst die kulturpolitischen und ökonomischen Rahmenbedingungen der Berliner Kinolandschaft in den 1950er Jahren näher untersucht.

Der Berliner Kinomarkt

Gemessen an den Zerstörungen im Zweiten Weltkrieg erholte sich die Berliner Kinolandschaft sehr schnell. 1945 war ein großer Teil der Filmtheater
nicht bespielbar. Hinzu kam die schwierige Situation, dass eine nachhaltig

---

1   Die Autoren danken den am Forschungsprojekt Beteiligten Arne Brücks, Anna
    Jurzik, Philipp Lang und Paula Syniawa. Die Ergebnisse sind eingegangen in
    den unveröffentlichten Forschungsbericht: Prommer u.a. (2009): Im Wettstreit
    der Bilder. Kinogrenzgänger im geteilten Deutschland (1949-1961): Filmge-
    schmack, Nutzung und Motive des Kinobesuchs. Potsdam-Babelsberg: Hoch-
    schule für Film und Fernsehen „Konrad Wolf"

gewachsene Struktur mit verschiedenen lokalen Kinozentren nunmehr in der Hand der vier zunächst unabhängig voneinander agierenden Besatzungsmächte lag. Dennoch wurde der Kinobetrieb in allen Teilen der Stadt innerhalb kürzester Zeit wieder aufgenommen.

Westberlin

In den ersten Nachkriegsjahren stieg die Anzahl der Berliner Kinos stetig. Ende 1949 zählte das Hauptamt für Statistik und Wahlen 168 Westberliner Kinos mit 76.307 Sitzen (o.A. 1950: 740b). Ab 1956 flaute der Kinoboom langsam ab und die Zahl der Lichtspieltheater in Berlin stagnierte. Zum Jahresende 1957 gab es 264 ortsfeste Filmtheater in Westberlin (SPIO 1958: 13).

Die Filmtheater in den einzelnen Bezirken lassen sich in Ur-, Erst- und Nachaufführungstheater einteilen. Bereits 1949 war Charlottenburg der Bezirk mit der höchsten Kinodichte (o.A. 1950: 740b). Hier, „im heutigen Zentrum West-Berlins, in Kurfürstendamm- und Zoo-Nähe" (Camann 1967: 24), befand sich wie schon vor dem Krieg ein Großteil der Uraufführungstheater. Bei den Nachaufführungstheatern handelte es sich um kleine Bezirkskinos zwischen oder in Mietshäusern, welche die Filme aus den Premierentheatern nachspielten (Hänsel/Schmitt 1995: 23). Allein in Neukölln gab es 1949 20 solcher Kinos, in Kreuzberg und Wedding noch jeweils 18.

In der Programmgestaltung unterschieden sich Ur-, Erst- und Nachaufführungstheater maßgeblich voneinander. Während die kleineren Nachaufführungskinos ihr Programm in der Regel zweimal wöchentlich wechselten, zeigten die großen Ur- und Erstaufführungskinos deutlich weniger Filme über einen erheblich längeren Zeitraum. Anfang der 1950er Jahre etablierten sich auf dem Berliner Kinomarkt sogenannte Aktualitätenkinos (AKI). Diese in Bahnhofsnähe befindlichen Kinos waren „mit Unterhaltung und Information ganz auf die Bedürfnisse des Reisenden, vor allem aber des Ost-Besuchers, eingerichtet" (ebd.: 18). Das durchgehend von morgens bis in die Nacht gezeigte Programm des „Aktualitätenkinos Am Zoo" beispielsweise zeigte Wochenschauen, Sportberichte, Kulturfilme, kurze Unterhaltungs- und Zeichentrickfilme (ebd.: 34).

Ostberlin

Kurz nach Ende des Zweiten Weltkrieges wurde in der Sowjetischen Besatzungszone mit der Wiedereröffnung der noch bespielbaren Kinos begonnen. Die unter Zeitdruck provisorisch instandgesetzten beschädigten
Filmtheater führten später jedoch zu massiven Problemen. Die über 100
staatlichen Kinos im Jahr 1952 waren „in einem erbärmlichen baulichen
Zustand" (Hanisch 2004: 42), was Beschwerden der Zuschauer und teilweise Schließungen nach sich zog (Hänsel/Schmitt 1995: 25). Daneben
existierten nur noch wenige private Kinos, „die sich Mitte der fünfziger
Jahre in einem wirtschaftlich und baulich noch schlechteren Zustand"
(ebd.) befanden. Die technische Ausstattung der Kinos war nicht mit den
Standards in Westberlin vergleichbar. „1957 verfügen erst zwei Kinos über
CinemaScope, im Gegensatz zu bereits 150 im Westteil" (ebd.). Im gleichen
Jahr begann eine Modernisierungsinitiative, von der vor allem die großen Lichtspielhäuser profitierten (ebd.: 26). Die Zahl der Ostberliner Kinos
sank weiter kontinuierlich. Existierten 1955 noch 68 staatlich betriebene
und 53 private Lichtspielhäuser, so gab es 1958 nur noch 58 staatliche und
27 private Filmtheater. Anfang der 1960er Jahre sank die Anzahl aller Ostberliner Kinos schließlich auf insgesamt 60 (ebd.: 27).

Grenzkinos im Berlin der 1950er Jahre

Grenzkinos existierten unweit der Sektorengrenzen in Westberlin – im
Französischen Sektor in den Bezirken Reinickendorf und Wedding, im
Britischen Sektor in Tiergarten, im Amerikanischen Sektor in Kreuzberg
und Neukölln – sowie rund um Grenz- und Transitübergänge von Ost-
nach Westberlin. Initiiert wurden sie von Oscar Martay, der als Filmoffi-
zier der US-Militärregierung für die Wiederbelebung der Filmwirtschaft
in Westberlin verantwortlich war und somit großen Einfluss auf den Kino-
spielbetrieb in den drei westlichen Besatzungszonen hatte (Dörp 2008: 42).
Er glaubte an die Bedeutung des Kinos im Wettstreit der politischen Ideen
und förderte Vorführungen von westlichen Filmen zu verbilligten Preisen
für die Bewohner Ostberlins entlang der Sektorengrenze. Ab Juli 1950 erhielten die Grenzkinos auf Martays Befehl hin einen besonderen Status,
der sie von der Vergnügungssteuer befreite (ebd.: 43). Somit konnten und
sollten sie sich mit verbilligten Eintrittspreisen speziell an ein Ostpublikum wenden (Arnold 2001: 3).

Über die genaue Anzahl der Grenzkinos in Westberlin gibt es wider-sprüchliche Angaben. Während Peter Dörp von 22 Grenzkinos ab Juli 1950 spricht (2008: 43), geht Michael Hanisch im Jahr des Mauerbaus 1961 von 21 Grenzkinos aus (2004: 65). Ein Kulturprojekt, das sich anlässlich des „50. Jahrestages des Mauerbaus" mit den Berliner Grenzkinos beschäftig-te, listet für den Zeitraum 1950 bis 1961 sogar 32 Filmtheater auf (Wir e.V. 2011: 3).

Anfangs waren die Grenzkinos reine Tageskinos mit ein bis zwei Vormittagsvorstellungen an Werktagen. Aufgrund des großen Erfolges wurden jedoch schnell Abendprogramme eingeführt. Durch die Befrei-ung von der Vergnügungssteuer konnte der Eintritt in den Grenzkinos für Ostbesucher auf durchschnittlich 25 Pfennig West reduziert werden. Dies entsprach nur etwa einem Viertel des normalen Kinokartenpreises in Westberlin. Gegen Vorlage des Personalausweises zahlten Bewohner des Ostsektors sogar mit Ostgeld. Im Gegensatz zu steigenden Preisen in den ‚normalen' Kinos in Westberlin, blieben die Eintrittspreise der Grenzkinos bis 1961 konstant (Hanisch 2004: 64f.).

Ab 1953 erhielten nur noch die von der amerikanischen Militärregie-rung explizit ausgesuchten Filme einen Steuererlass (Arnold 2001: 3). Der Streit um die ermäßigten Ticketpreise für DDR-Besucher ging weiter und führte ab 29. August 1958 zur Ausdehnung des sogenannten Gesamtberli-ner Kulturplans (H.R. 1958: 13). Als kulturpolische Maßnahme ermöglich-te diese Regelung den Ostbesuchern bereits, Theater-, Sport- und Varieté-Veranstaltungen in Westberlin in Ostmark zum Kurs von 1:1 zu besuchen. Die Differenz trug der Steuerzahler. Auch die von der Filmbewertungsstel-le Wiesbaden prädikatisierten Filme waren von dieser Regelung betroffen. Die Ausweitung des Gesamtberliner Kulturplanes auf die Filmtheater war für die Westberliner Kinobetreiber ein voller Erfolg (rd 1960: 7).

Noch bis zum Sommer 1948 veröffentlichte die ostdeutsche *Tägliche Rundschau* das vollständige Kinoprogramm für ganz Berlin. Die *Berliner Zeitung* druckte noch bis April 1949 Anzeigen großer Westberliner Kinos und bis August 1950 das Gesamtberliner Kinoprogramm (Hanisch 2004: 59). Danach mussten sich die Besucher aus dem Osten andere Wege su-chen, um Informationen über die Spielpläne der Grenzkinos zu erhalten. Im Westberliner *Tagesspiegel* wurde das vollständige Filmprogramm don-nerstags im Feuilleton veröffentlicht. Darüber hinaus schalteten viele Ki-nos Anzeigen für ihr Programm. Grenzkinos waren darin nicht explizit als solche gekennzeichnet oder gesondert aufgeführt. Ihr Filmprogramm erschien regulär unter der Rubrik des jeweiligen Bezirks. Die Betreiber der Grenzkinos verzichteten zumeist auf zusätzliche Anzeigenwerbung. Durch den Hinweis, dass der Eintrittspreis für das Ostberliner Publikum verbilligt wäre, wurden jedoch auch Leser aus der DDR angesprochen. Vor dem angekündigten Hauptfilm zeigten die Grenzkinos meist eine Ausgabe der *Wochenschau* oder *Welt im Bild*. Die darauf folgenden Spielfilme setzten sich zu einem großen Teil aus deutschen Produktionen oder aus Importfilmen in synchronisierter Fassung zusammen (Dörp 2008: 44). Dabei dominierten je nach Sektor die Filme der jeweiligen Besatzungsmächte (Hanisch 2004: 22). Auf die genaue Filmprogrammierung in den Grenzkinos wird in einem späteren Kapitel über die Zeitzeugeninterviews näher eingegangen.

Bereits während der Ereignisse um den 17. Juni 1953 mit der vorübergehenden Blockierung der Sektorenübergänge mussten Grenzkinos zeitweilig schließen (o.A. 1953: 580). Zur endgültigen Schließung der Grenzkinos kam es jedoch erst im Jahre 1961 mit dem Bau der Mauer. *Die Filmwoche* berichtete bereits am 28.10.1961 über die „Schließung von 9 Filmtheatern in unmittelbarem Zusammenhang mit der Grenzsperrung" (K.H. 1961: 11). Weitere Filmtheater folgten ein Jahr später.

Kinogrenzgänger und ihre Erinnerungen

Auswahl und Forschungsmethode

Um einen detaillierten Einblick in das Kinoverhalten der Ostberliner zwischen 1945 und 1961 zu erhalten, wurden Zeitzeugen gesucht, die über Erlebnisse eines Grenzkinobesuchs berichten konnten. Drei Bedingungen sollten erfüllt sein: Die Befragten mussten zwischen 1930 und 1945 geboren sein, zwischen Kriegsende und Mauerbau eine Zeit lang in Ost-Berlin gelebt und mindestens einmal ein Kino in den westlichen Besatzungszonen besucht haben.

Nach der Festlegung dieser Kriterien wurde ein Aufruf in den Lokalausgaben der *Berliner Woche* in den Ost-Berliner Bezirken mit ehemaliger Westgrenze Friedrichshain, Mitte, Prenzlauer Berg und Treptow geschaltet. Bei der *Berliner Woche* handelt es sich um eine kostenlose Briefkastenwurfzeitung, die wöchentlich rund 1.200.000 Leser erreicht. Laut einer Leseranalyse 2010 besteht der Leserkreis zur Hälfte aus Menschen über 50 Jahren, wodurch mit einer relativ hohen Erreichbarkeit der Zielgruppe zu rechnen war (Berliner Wochenblatt Verlag 2010). Über 100 Grenzgänger meldeten sich telefonisch oder per E-Mail. Unter diesen Personen wurden zehn Gesprächspartner für die medienbiografischen Interviews ausgewählt, wobei auf ein ausgewogenes Verhältnis zwischen Männern und Frauen sowie zwischen den verschiedenen Geburtenjahrgängen geachtet wurde. Als Erhebungsmethode wurde der medienbiografische Ansatz gewählt, der es erlaubt, den Zusammenhang zwischen Alltag, Lebenslauf und Mediennutzung bei den Befragten zu untersuchen:

> Medienbiographien nachzugehen heißt dem Einfluß der Medien in unserer Lebensgeschichte auf die Spur zu kommen, heißt die Art und Weise zu rekonstruieren, in der wir mit den Medien umgegangen sind, sie genutzt haben. Medienbiographien zu schreiben bedeutet Arbeit an der eigenen Erinnerung und Auseinandersetzung mit dem Erinnern anderer (Hickethier 1982: 206).

Medienbiografisch geführte Interviews ermöglichen, Erlebtes unter Einbeziehung der subjektiv zugeschriebenen Bedeutung des Befragten zu erforschen. Dass getroffene Aussagen damit keinerlei Anspruch auf eine objektive Wahrheit erheben können, ist hier insofern kein Manko, als dass sie sehr wohl Aufschluss über das subjektive Erleben des Mediums in einer bestimmten Zeit und damit über deren Rolle im Alltag geben (vgl. Prommer 1999).

Da sich das Forschungsinteresse auf die Mediennutzung zu einer ganz bestimmten Zeit bezieht, wurde in der Befragung die Methode des Leitfadeninterviews im Vergleich zu dem Verfahren des narrativen Interviews vorgezogen. Beides sind gängige Befragungsarten in der medienbiografischen Forschung. Das Leitfadeninterview ermöglicht einen kontrollierbaren Gesprächsverlauf. Die Fragen dienen dem Interviewer als Gedankenstütze. Im Gespräch ist ein gezieltes Nachfragen jederzeit möglich, ohne dass der Interviewer dabei zu starken Einfluss auf die Bewertung des Erzählten nimmt. Die Interviews mit den Kinogrenzgängern dauerten zwischen 45 Minuten und zwei Stunden, wurden aufgezeichnet, transkribiert und durch thematisches Codieren qualitativ ausgewertet.

Die erinnerten Filme

Um die Motive eines Grenzkinobesuchs zu verstehen, ist es notwendig, das alternative Filmangebot im Osten zu untersuchen. Blieben routinierte Kino-Grenzgänger den Ost-Kinos vollständig fern? Wie unterschied sich das Kinoprogramm aus Sicht des Publikums? Erst durch einen Einblick in das wahrgenommene Filmangebot in den Kinos Ostberlins zwischen 1949 und 1961 ist eine Bewertung der Motive für den Grenzkinobesuch in Westberlin möglich.

Zwischen Kunst und Propaganda – Die Filme im Osten

Die Erinnerung an das Filmangebot im Ostsektor ist bei den Befragten sehr unterschiedlich. Es reicht von vollständiger Ablehnung des Kinoangebots in Ostberlin, bis zur Betonung der hohen Qualität der aufgeführten Filme in den DDR-Kinos. Ein Teil der Befragten lehnte es vor dem Mauerbau grundsätzlich ab, im Ostteil der Stadt ins Kino zu gehen, weil das Filmprogramm nicht ihren Bedürfnissen entsprach. Die Filme wurden oft als schwer und dogmatisch wahrgenommen. Eine vermutete politische Botschaft in den Filmen schreckte viele der Zeitzeugen ab, wie eine der Befragten betonte: „Und dann darf man nicht vergessen, die ganze Filmindustrie war ja völlig politisiert. Jeder Film hatte eine politische Aussage. Und immer: Sowjetunion großer Sieger, DDR der Freund und alles so ein Tod und Teufel. Es wurde eben alles politisiert." (Weibliche Befragte, Jahrgang 1937)

Was diesen Filmen aus der Sicht der Befragten fehlte, waren Leichtigkeit und Humor, die sie in den West-Filmen zu finden glaubten. Der große Teil der befragten Grenzkinogänger war von 1949 bis 1961 jugendlichen Alters. Trotz der frühen Förderung von Kinder- und -Jugendfilmen bei der DEFA in den 1950er Jahren orientierte sich das Kinoprogramm im Osten jedoch kaum an ihren Bedürfnissen: „Junge Leute wollen lieber Action sehen, wo geschossen wird, oder bisschen Liebesfilm, wo sie eine nackte Frau andeuten. Das war nicht im Osten. [...] Wir wollten eben damals so was sehen, wo Flugzeuge fliegen und so weiter." (Männlicher Befragter, Jahrgang 1941)

Keiner der Zeitzeugen hatte konkrete Erinnerungen an negativ erlebte Filme, die in den Ostberliner Kinos liefen. Es gab jedoch positive Äußerungen zu Filmen, die den Vorgaben der DDR-Kulturpolitik entsprachen, wie beispielsweise Kurt Maetzigs *Ernst Thälmann – Sohn seiner Klasse* (DDR 1954). Oft führte die Erinnerung an bestimmte Schauspieler oder persönliche Erlebnisse zur positiven Bewertung. Am häufigsten in Erinnerung blieben Filme aus der UdSSR – z.B. *Wenn die Kraniche ziehen* (1957) oder *Die steinerne Blume* (1946) – sowie importierte westdeutsche und amerikanische Spielfilme, die später in die Ostberliner Kinos kamen – z.B. die Literaturverfilmung *Weil du arm bist, musst du früher sterben* (BRD 1956) oder die Verfilmung vom *Tagebuch der Anne Frank* (USA 1959). Hier vermischten sich die Erinnerungen an bestimmte Filme jedoch häufig mit der Zeit nach dem Mauerbau.

Ein Film, der eine Sonderrolle in den Erinnerungen der befragten Zeitzeugen einnimmt und wiederholt gelobt wurde, ist Wolfgang Staudtes *Die*

Mörder sind unter uns (D 1946). Diese Bewertung und andere Erinnerungen verdeutlichen, dass die befragten Kinogrenzgänger nicht ausschließlich Ablenkung und leichte Unterhaltung suchten.

Zwischen rauchenden Colts und nackten Mädchen – Die Filme im Westen

Da es sich bei der Mehrheit der Filme, an die sich die Zeitzeugen erinnerten, um US-amerikanische Produktionen handelt, werden die Spielfilme nachfolgend nicht mehr nach Herstellungsländern sondern nach Genres sortiert. Für den Besuch eines Grenzkinos war für die Befragten nicht das Produktionsland des Films ausschlaggebend, sondern das Genre (beispielsweise Western, Abenteuerfilme oder Komödien). Die Zuschauer suchten vor allem Unterhaltungsangebote, die es jenseits der Sektorengrenze nicht gab:

> Und vor allen Dingen wurden dort sehr viele Unterhaltungsfilme gezeigt, also fast ausschließlich leichte Unterhaltung. Das ging also von Krimi, Abenteuer, Revue-Filmen, alte amerikanische Filme aus den 40er Jahren, die ja in der Zeit in Deutschland keiner auch kannte. Und Science-Fiction, im Wesentlichen nicht sehr problematische Filme, also nichts, was man als große Filmkunst bezeichnet, sondern sehr viel Unterhaltung. Eben die bunte Seite des Lebens wurde den Leuten da vorgestellt. (Männlicher Befragter, Jahrgang 1937)

Das Western-Genre spielte vor allem für die jungen männlichen Befragten eine große Rolle. Rückblickend wird dieses Genre von den Zeitzeugen jedoch sehr unterschiedlich bewertet. Für einige waren die Westernfilme ein minderwertiges Kulturprodukt, andere betrachteten das Genre als Tor zu einer fremden Welt, das wiederum Auswirkungen auf den eigenen Alltag haben konnte, wie ein männlicher Befragter (Jahrgang 1943) schilderte: „Man war auf die Western eben aus. Darum tragen alle alten Männer in meinem Alter gerne Jeans."

Ein weiteres wichtiges Genre war der Abenteuerfilm. Hier wurden oft ältere amerikanische Großproduktionen wie *Meuterei auf der Bounty/Mutiny on the Bounty* (USA 1935) genannt. Auch die Abenteuerspektakel aus den 1950er Jahren wie *Der rote Korsar/The Crimson Pirate* (USA 1952) waren bei den männlichen Grenzkinogängern beliebt. Ferner wirkten die US-amerikanischen Monumentalfilme wie ein Magnet auf das Ostpublikum. Zu den erinnerten Filmen dieser Kategorie zählen Cecil B. DeMilles *Die zehn Gebote/The Ten Commandments* (USA 1956), King Vidors Verfilmung von *Krieg und Frieden* (*War and Peace*, USA 1956) und William Wylers *Ben Hur* (USA 1959). Neu eingeführte Technologien wie Technicolor und Cinemascope taten ihr Übriges und waren mögliche Motive für den Besuch in einem der Grenzkinos.

Komödien waren ähnlich beliebt wie Western und Abenteuerfilme. Dies zeigt die große Zahl an Komödien, die in den Interviews genannt wurden. Eine weitere Kategorie der erinnerten Unterhaltungsfilme bildeten US-amerikanische Musicals und deutsche Revuefilme. Diese Filme wurden vor allem von den weiblichen Zeitzeugen genannt.

Am häufigsten genannt wurden jedoch Dramen. Im Gegensatz zu anderen Genres spielen hier, neben den US-amerikanischen und westdeutschen Filmen auch Produktionen aus dem westeuropäischen Ausland eine Rolle. Häufig wurden sie aufgrund bestimmter Filmstars besucht. Viele der genannten Dramen waren Literaturverfilmungen wie z.B. die *Bekenntnisse des Hochstaplers Felix Krull* (BRD 1957) mit Horst Buchholz oder Verfilmungen von Theaterstücken wie *Endstation Sehnsucht/A Streetcar Named Desire* (USA 1951) nach Tennessee Williams. Auch die für die 1950er Jahre typischen Halbstarkenfilme übten auf die Kinogrenzgänger eine hohe Anziehungskraft aus.

Nur einige wenige Filme, die in den Interviews genannt wurden, beschäftigen sich wie *Des Teufels General* (BRD 1955) mit Kriegserfahrungen.

Handtücher und Paläste – Die Kinos

Überaus wichtig war den befragten Grenzgängern vor allem die Erinnerung an die besuchten Kinos in Westberlin. Sie lassen sich in zwei Gruppen einteilen: In reine Grenzkinos und in reguläre Filmtheater, die nicht speziell auf ein Ostpublikum ausgerichtet waren. Diese wurden vor allem wegen des Komforts, der Größe und des besonderen Kinoerlebnisses besucht.

An die kleineren, speziell für die Ostberliner eingerichteten Grenzkinos in Kreuzberg erinnerten sich einige Zeitzeugen besonders deutlich: „Und dann war dort das Schlesische Tor. Das war unser Hauptkinobereich, wo wir hingegangen sind. Da waren ja zehn Kinos." (Männlicher Befragter, Jahrgang 1943) Aufgrund der Größe und der bescheidenen Ausstattung wurden die Grenzkinos auch als „Handtuchkinos" oder „Flohkinos" bezeichnet.

Für ihre Kinobesuche wählten die Ostbesucher zumeist das Filmtheater, das sich in der Nähe des Wohnortes, der Schule oder der Arbeitsstelle befand. Einfache Ausstattung und unbequeme Sitze wurden in Kauf genommen:

> Ich habe *Die Meuterei auf der Bounty* im WBT in Kreuzberg gesehen. Da war die Leinwand so Zimmergröße. Das waren ja die kleinen Westkinos. Die waren manchmal nicht größer als 80 Personen. [...] Aber das war egal. Der Film war so schön, den musste man gesehen haben. (Männlicher Befragter, Jahrgang 1942)

Durch die große Dichte der Grenzkinos in einigen Bezirken, konnten sich einige Kinobetreiber bei der Programmauswahl spezialisieren. Die befragten Personen konnten sich daran erinnern, dass diese Filmtheater ein eigenes Ost-Stammpublikum anzogen:

> Bei manchen gab es eben mehr Western und Krimi. Also die *Camera* und das *Aladin* machten mehr auf Unterhaltung, aber es liefen da auch so Mantel- und-Degen-Filme und Krimis. Da waren wir hauptsächlich. Western liefen dann mehr in der Kochstraße. (Männlicher Befragter, Jahrgang 1937)

Die großen Westberliner Filmpaläste, die sich in der Nähe des Kurfürstendamms befanden, beeindruckten die Ostbesucher dagegen vor allem durch ihre moderne Ausstattung.

Die Bedeutung des Grenzkinobesuchs im Alltag

Eine Affinität der Befragten zum Kino ist bereits durch die Auswahl der Zielgruppe vorgegeben. Alle Zeitzeugen waren zum Zeitpunkt der regelmäßigen Grenzkinobesuche zwischen dem zehnten und 18. Lebensjahr. Diese Phase fiel demnach in ihre Schul- oder Ausbildungszeit. Der Mangel an Freizeitangeboten wurde von den Befragten als Hauptgrund für die Besuche der Grenzkinos angegeben. Auch die Attraktivität der Kinos und einzelner Filme spielte eine wichtige Rolle:

> Aber es war kein [...] besonderes Event, das gehörte zum Leben. Wir hatten ja auch nichts weiter zu tun. Es gab keine Discos. Tanzveranstaltungen waren blöd. Tanzen war nicht so. Da gab es keine extra Jugendcafés oder Jugendtanzstätten. Da blieb ja nur Kino übrig. [...] Aber das Kino war eben der Höhepunkt. (Männlicher Befragter, Jahrgang 1943)

Die meisten der Zeitzeugen gingen mindestens einmal in der Woche ins
Kino. Für einige von ihnen stellte der Kinobesuch die wichtigste Freizeitbeschäftigung dar. Sie besuchten nicht nur einzelne Vorstellungen, sondern verbrachten ganze Tage im Kino. Das Filmprogramm begann bereits
vormittags. Spezielle Tarife für Bewohner des östlichen Sektors galten zu
Beginn der 1950er Jahre noch ausschließlich für die ersten Vorstellungen.
Dies führte dazu, dass häufig die Schule geschwänzt wurde.

Neben dem Kinobesuch mit Freunden, Schulkameraden und Arbeits-
kollegen spielen in den Erinnerungen vieler Befragter auch Kinoerfahrun-
gen mit der Familie eine wichtige Rolle:

> Und da hat mein Vater in dieser Zeit im Kabelwerk Oberspree gearbeitet [...].
> Er wusste immer, wenn im UT ein schöner Film kam. [...] Und ich musste mich
> dann immer für drei Kinokarten anstellen, für meinen Vater, meine Stiefmutter
> und für mich. Und dadurch bin ich eigentlich mit Kino überhaupt in Berüh-
> rung gekommen. (Weibliche Befragte, Jahrgang 1939)

Die Aussagen der Kinogrenzgänger bestätigen, dass dem Kinobesuch ein
hoher Stellenwert im alltäglichen Leben eingeräumt wurde. Ferner zeigte
sich, dass nicht nur Kinder- und Jugendliche die Kinos im anderen Teil
der Stadt besuchten. Als Zeitzeugen stand jedoch nur noch diese Gruppe
zur Verfügung. Im Folgenden wird auf die Motive für den Kinobesuch
eingegangen.

Motive für den Grenzkinobesuch

Bei den Befragungen der Zeitzeugen wurde deutlich, dass das Bedürfnis
nach Vergnügen ein zentrales Motiv für den Grenzkinobesuch war. Sie
suchten und fanden Spaß und Unterhaltung. Ferner waren die besondere
Atmosphäre sowie die technische Ausstattung in den Filmtheatern miten-
tscheidend bei der Auswahl des Kinos.

Der Übertritt der Grenze zwischen den beiden deutschen Staaten war
den Befragten durchaus bewusst. Als Motiv für den Grenzkinobesuch
spielte dies jedoch nur eine untergeordnete Rolle:

> Wir waren, wenn wir drüben waren, voll damit beschäftigt, ins Kino zu gehen.
> Sonst hätten wir ja nicht im Jahr 50 Vorstellungen besuchen können. Da waren
> wir also rein ins Kino, und wieder raus und nach Hause. Da haben wir also von
> dem Leben dort sonst nicht viel mitgekriegt. (Männlicher Befragter, Jahrgang
> 1937)

Die Filmauswahl erfolgte insbesondere über Programmankündigungen vor dem jeweiligen Hauptfilm und Plakataushänge. Ferner waren die Schauspieler vor allem für die weiblichen Befragten ein wichtiger Faktor. Oft entschieden sich die Befragten spontan anhand der Aushänge an Anzeigentafeln oder Litfaßsäulen für einen Film. In den Aussagen aller Befragten wird deutlich, dass der Austausch im sozialen Umfeld und Freundeskreis die Filmauswahl wesentlich beeinflusste:

> Man hat viel geschaut, wo gibt es was. Und es war ja auch Mundpropaganda. Auf *Ben Hur* wären wir nie gekommen oder auf *Vom Winde verweht*. [...] Und da haben wir uns auch lange vorher Karten geholt. Die Filme waren immer ausverkauft. (Weibliche Befragte, Jahrgang 1937)

Jungen und Mädchen gingen in Gruppen mit Freunden ins Kino. Dies spiegelt sich auch in den Aussagen der Zeitzeugen zu favorisierten Filmgenres. Viele der männlichen Befragten zeigten ein großes Interesse an Western, Piraten-, Abenteuer-, Mantel- und Degen- sowie Kriminalfilmen. Besonders das Westerngenre übte auf alle männlichen Befragten eine große Faszination aus. Weibliche Zeitzeugen erinnern sich dagegen vor allem an Tanzfilme, Liebesfilme und Komödien. Ein weiterer Anreiz für die jugendlichen Kinogrenzgänger konnte die Altersbeschränkung bei Filmen sein. Einige der Befragten erinnerten sich an wiederholte Versuche diese gezielt zu umgehen.

Kinobesuch und Grenzübergang

Obwohl die Teilung Berlins 1949 durch die Gründung beider deutscher Staaten besiegelt und im alltäglichen Leben immer spürbarer wurde, spielte die Grenze in der Wahrnehmung der meisten Befragten nur eine untergeordnete Rolle. Dabei war sie allgegenwärtig. Große Schilder informierten über die Sektorengrenzen. In den Straßenbahnen erfolgten Lautsprecherdurchsagen mit Hinweisen auf das Betreten oder Verlassen der Ost- und Westsektoren. Einige Zeitzeugen berichteten von Kontrollen durch Volkspolizisten. Jedoch betrafen sie selten die Jugendlichen, welche die Grenzkinos besuchten.

Dennoch nahmen nicht alle Befragten den Grenzübertritt nach Westberlin als problem- und gefahrlos wahr. Einige fürchteten Repressalien bei Bekanntwerden des Kinobesuchs. So berichtete ein Zeitzeuge, dass er im Bewerbungsgespräch für einen Studienplatz in der Sowjetunion nach Kinobesuchen in den Westsektoren Berlins befragt wurde. Seine gescheiterte Bewerbung führte er auf die Beantwortung dieser Frage zurück.

Insbesondere die jüngeren Kinogrenzgänger beschäftigten sich jedoch kaum mit den Konsequenzen ihres Grenzübertritts. Der Besuch von Filmtheatern in Westberlin wurde mehrheitlich als alltäglich beschrieben. Ein Zeitzeuge erinnerte sich jedoch auch an Gerüchte über Schülerbefragungen, um herauszufinden, ob sie die Kinder und Jugendlichen Personen kannten, die Grenzkinos besuchten.

Wie die Befragung der Kinogrenzgänger zeigte, wurde die Bevölkerung Ostberlins von der Schließung der Grenze überrascht. Sie schildern die Ereignisse vom 12. und 13. August 1961 als unerwarteten Einschnitt in ihren Alltag.

Fazit

In der Wahrnehmung der Zeitzeugen sind die Erinnerungen an die Kinos, ihre Programmierung, die Preispolitik und Motive vorwiegend auf persönliche Lebenssituationen sowie einzelne Erlebnisse vor, während und nach dem jeweiligen Kinobesuch zurückzuführen. Es hat sich gezeigt, dass die geringe Popularität des DEFA-Films zu Beginn der 1950er Jahre ein mögliches Motiv für den Grenzkinobesuch in Westberlin war. Die Beurteilungen des Filmangebotes in der DDR variieren zwischen totaler Ablehnung und einer Betonung der Qualität einzelner DEFA-Filme. Der Mangel an Unterhaltungsfilmen im DDR-Kino und der Wunsch nach heiteren Stoffen trieben einen Teil des Ost-Publikums in die Westberliner Grenzkinos.

Der Berliner Kinomarkt zwischen 1949 und 1961 ermöglichte den Bewohnern einen nahezu uneingeschränkten Zugang zu allen ost- und westdeutschen Kinos und stellt somit eine Besonderheit in den deutschdeutschen kulturellen Austauschbeziehungen dar. Die Schilderungen der Zeitzeugen über das Leben in der geteilten Stadt und die Nutzung jenes besonderen kulturellen Angebots sind gleichwohl von einer großen Normalität geprägt. Die günstige Lage der Grenzkinos entlang der Sektorengrenzen, die bessere Ausstattung im Vergleich zu den ostdeutschen Filmtheatern sowie die Aufführung von Spielfilmen, die in der DDR nicht gezeigt wurden, führten zu einer großen Nachfrage. So machten sich täglich tausende Kinogrenzgänger auf den Weg über die Sektorenübergänge. Der Konsum dieser ‚anderen‘ Filme war in den eigenen Lebensalltag integriert und erst gegen Ende der 1950er Jahre vermehrt mit der Gefahr von Repressionen verbunden.

Für die Befragten waren die Besuche der Kinos im anderen Teil der Stadt überwiegend durch das Bedürfnis nach Unterhaltung motiviert. Die Grenzgänger wollten bestimmte Filme sehen oder etwas mit Freunden unternehmen. Die Filmauswahl erfolgte durch Empfehlungen oder auf Grundlage von Filmvorschauen und Aushängen.

Obwohl die Grenzkinos als kulturpolitisches Instrument der amerikanischen Militärregierung initiiert wurden, führte der schnelle Zuschauererfolg zu einer Verbreitung der Lichtspieltheater vor allem unter wirtschaftlichen Gesichtspunkten. Der Wegfall der Vergnügungssteuer und die kostengünstigen Eintrittspreise beschleunigten den Zuschauerzuwachs nachhaltig. Auch die Steuernachlässe für Filme mit den Prädikaten „wertvoll" und „besonders wertvoll" begünstigten die Expansion der Grenzkinos.

Im ostdeutschen Filmwesen wurde die Einrichtung und Förderung der Grenzkinos ausschließlich unter filmpolitischen Aspekten im Kontext des Kalten Krieges bewertet. Für das DDR-Publikum spielten diese Gesichtspunkte keine entscheidende Rolle. Dem überwiegend jugendlichen Publikum der Grenzkinos ging es um den Unterhaltungsaspekt des Filmangebotes. US-amerikanische Filme wurden am häufigsten konsumiert. Danach folgten westdeutsche und westeuropäische Spielfilme. Die deutlich erkennbare Unterhaltungsorientierung der Filmprogrammierung führte auf beiden Seiten zu fortwährenden Diskussionen. Während im Westteil Berlins die fehlende politische Tendenz angemerkt wurde, thematisierten die Filmpolitiker im Osten sowohl die tendenziöse Botschaft der Spielfilme als auch die moralischen Gefahren der Filme auf das Ostpublikum: „Die SED instrumentalisierte das Grenzgängerwesen im Sinne der Abgrenzung vom ‚Klassengegner' und der Westen als Medium seines ‚Magnetismus'" (Roggenbusch 2008: 453), wie das Grenzgängerphänomen einmal treffend zusammengefasst worden ist.

Viele der Lichtspieltheater, die sich auf das ostdeutsche Publikum spezialisiert hatten, mussten 1961 durch den Bau der Berliner Mauer schließen. Nur wenige Grenzkinos überlebten das Ausbleiben der DDR-Zuschauer länger als ein Jahr. Mit der Abriegelung der Sektorenübergänge wurde das Kapitel des kulturellen Transfers zwischen den beiden deutschen Staaten endgültig beendet.

Literatur

Arnold, Karl-Heinz (2001): Alltäglicher Gang über den Strich. Grenzgänger und Grenzgeschäfte. Berlinische Monatsschrift 3. 2001. Berlin: Edition Luisenstadt

Berliner Wochenblatt Verlag (Hrsg.) (2010): Leseranalyse Berlin 2010, Frankfurt/ Main: Berliner Wochenblatt Verlag. www.berliner-woche.de/fileadmin/Abla-ge/PDF/bwvintern/Marktdaten/   Marktdaten%20Intern/Leistungsnachweis_ LA2010.pdf (letzter Zugriff: 13.06.2012)

Camann, Oswald (1957): Der Verband Berliner Filmtheater e.V. In: Verband Berliner Filmtheater (1957): 13-21

Camann, Oswald (1967): Zwanzig Jahre... In: Verband Berliner Filmtheater (1967): 23-28

Dörp, Peter (2008): Berliner Mauerbau stoppt Filmvorführung von *Im Westen nichts Neues* im Grenzkino „City" am Checkpoint Charlie. In: Schneider (2008): 33-50

H.R. (1958): Filmtheater im Berliner Kulturplan. In: Die Filmwoche. 35. 1958

Hänsel, Sylvaine/Schmitt, Angelika (Hrsg.) (1995): Kinoarchitektur in Berlin 1895-1995. Berlin: Dietrich Reimer Verlag

Hanisch, Michael (2004): „Um 6 Uhr abends nach Kriegsende" bis „High Noon". Kino und Film im Berlin der Nachkriegsjahre 1945-1953. Berlin: DEFA-Spektrum GmbH

Hickethier, Knut (1982): Medienbiografien – Bausteine für eine Rezeptionsge-schichte. In: Medien + Erziehung. 4. 1982: 206-215

Kleßmann, Christoph/Lautzas, Peter (Hrsg.) (2005): Teilung und Integration. Die doppelte deutsche Nachkriegsgeschichte als wissenschaftliches und didakti-sches Problem. Bonn: Bundeszentrale für politische Bildung

K.H. (1961): In Erwartung der Berlin-Hilfe. In: Filmwoche. 44. 1961

Lindenberger, Thomas (2005): „Zonenrand", „Sperrgebiet" und „Westberlin" – Deutschland als Grenzregion des Kalten Krieges. In: Kleßmann/Lautzas (2005): 97-112

o.A. (1950): Die Entwicklung der Filmtheater in Berlin. In: Fachinformationen, 45. 1950

o.A. (1953): Grenztheater in Not. In: Berliner Filmblätter. Fachorgan der deutschen Filmwirtschaft, 26. 1953

Prommer, Elizabeth (1999): Kinobesuch im Lebenslauf. Eine historische und medi-enbiographische Studie. Konstanz: UVK Verlagsgesellschaft

Prommer, Elizabeth (2006): Medienbiographische Erinnerungen an Kinobesuche in den 1960er Jahren der DDR: Die Generation von Dieter Wiedemann im Kino. In: Stiehler/Mikos (2006): 43-59

Prommer, Elizabeth u.a. (2009): Im Wettstreit der Bilder. Kinogrenzgänger im ge-teilten Deutschland (1949-1961): Filmgeschmack, Nutzung und Motive des Kino-besuchs. Potsdam-Babelsberg: Hochschule für Film und Fernsehen „Konrad Wolf"

rd (1960): 10 Mill. Ostbesucher in Westberlin. In: Die Filmwoche. 7. 1960

Roggenbusch, Frank (2008): Das Berliner Grenzgängerproblem. Verflechtung und Systemkonkurrenz vor dem Mauerbau. Berlin/New York: Walter de Gruyter

Schneider, Thomas F. (Hrsg.) (2008): 110 Jahre Remarque. 80 Jahre *Im Westen nichts Neues*. Osnabrück: V&R Unipress

SPIO – Spitzenorganisation der Filmwirtschaft (1958): Statistische Berichte. Sondernr. 1. Dezember 1958

Stiehler, Hans-Jörg/Mikos, Lothar (Hrsg.) (2006): Die Kunst des Betrachters. Jugendsoziologie, Kinderfilm und Medienkompetenz. Leipzig: Universitätsverlag

Verband Berliner Filmtheater (Hrsg.) (1957): 10 Jahre Verband Berliner Filmtheater. Berlin: Verlag für Kultur und Wirtschaft

Verband Berliner Filmtheater (Hrsg.) (1967): 20 Jahre Verband Berliner Filmtheater. Berlin: Verlag für Kultur und Wirtschaft

Wir e.V. (Hrsg.) (2011): Flimmern auf dem Eisernen Vorhang. Die Geschichte der Berliner Grenzkinos 1950 bis 1961. Berlin: Wir e.V.

Politische Satire im Kalten Krieg

Der Hauptmann von Köln und Rosen für den Staatsanwalt

Sabine Hake

Beginnen möchte ich mit dem Ende, genauer gesagt mit den Schlusssequenzen von zwei einander überraschend ähnlichen Filmen aus den 1950er Jahren. Einer entstand in der DDR, der andere in der BRD. Beide Filme spielen in einem Gerichtssaal – einem häufig am Ende einer Erzählung und zur ideologischen Interpellation verwendeten Szenario, um die Dreiecksbeziehung von Wahrheit, Macht und Gerechtigkeit nach dem ‚Dritten Reich' darzustellen. Der erste Film handelt von einem Angeklagten, der beschuldigt wird, sich als Nazi-Offizier ausgegeben zu haben. Anhand einer Folge von Schuss-Gegenschuss-Einstellungen mit dem Angeklagten und seinem Anwalt wird angedeutet, dass er den Prozess verlieren wird, und zwar gerade deshalb, weil er kein Kriegsverbrecher ist. Der Staatsanwalt fragt den Betrüger, wie es ihm gelungen ist, sich Zutritt zu den höchsten gesellschaftlichen Kreisen zu verschaffen, und zeigt sich entrüstet darüber, dass dieser den Rang eines Hauptmanns vorgetäuscht hat. Das Gericht einigt sich umgehend auf das Urteil – „Fünf Jahre Gefängnis für falschen Hauptmann" titeln anschließend die Zeitungen.

In seinem Abschlussplädoyer zu einem unbedeutenden Fall von Diebstahl fordert der Staatsanwalt im zweiten Film die „mildeste Strafe für den Angeklagten [...] die Todesstrafe". Dieser Freud'sche Versprecher löst eine akustische Rückblende aus, mit der an den Zweiten Weltkrieg und ein früheres Fehlurteil erinnert wird. Unter hysterischem Lachen enthüllt der Angeklagte die Wahrheit über die Vergangenheit des Staatsanwalts als Nazirichter; dabei werden durch die Schuss-Gegenschuss-Einstellungen zwischen Angeklagtem, Richter, Staatsanwalt und Publikum die drei Positionen von Wissen und Macht, die innerhalb des Bildes vorhanden sind, unversehens neu definiert. Unter den forschenden Blicken seiner Vorgesetzten verlässt der Staatsanwalt fluchtartig den Ort des Geschehens; seine

Robe lässt er auf der Treppe vor dem Gerichtsgebäude liegen. „Justizskandal", heißt es am nächsten Tag in den Überschriften der Zeitungen.

Abbildungen 1 und 2: Die Nachkriegs-BRD vor Gericht; Rolf Ludwig und Wolf Götte in *Der Hauptmann von Köln* (links); Martin Held und Walter Giller in *Rosen für den Staatsanwalt* (rechts)

Die erste Szene stammt aus *Der Hauptmann von Köln*, Slátan Dudows 1956 entstandener sehr didaktischer, grell kolorierter Satire über alte Nazis in der jungen Bundesrepublik, einem – vielleicht wegen des scharfen propagandistischen Tons – wenig beachteten Beitrag der DEFA zum antifaschistischen Film. Die zweite Szene spielt am Ende von Wolfgang Staudtes *Rosen für den Staatsanwalt*, einem von der Kritik gefeierten westdeutschen Film von 1959, in dem es um die Versäumnisse bei der Vergangenheitsbewältigung geht, und der wie eine Antwort auf den früheren DEFA-Film wirkt. Trotz ihrer unterschiedlichen ideologischen Funktion im Kontext des Antifaschismus in der DDR und des Antinazismus in der BRD sind *Der Hauptmann von Köln* und *Rosen für den Staatsanwalt* überraschend ähnlich in ihrer Anklage der jeweiligen politischen und wirtschaftlichen Eliten und in ihren Schlussfolgerungen bezüglich der personellen Kontinuitäten zwischen dem ‚Dritten Reich' und Adenauer-Deutschland (vgl. Kannapin 2005). Mittels der Nicht-Identität von Justiz und Gesetz verbinden beide Regisseure politische Satire mit utopischem Denken und lösen die Spannung zwischen Wirklichkeit und Ideal durch die Flucht in einen kommunistischen Dogmatismus (im Fall von Dudow) bzw. moralistischen Humanismus (im Fall von Staudte). Entsprechend der perspektivischen Asymmetrie bei der Beschäftigung mit der westdeutschen Gesellschaft folgt die Aktivierung einer Zuschauerhaltung von Empörung, Verachtung und moralischer Überlegenheit bei der Auslegung der Nazivergangenheit und der Herstellung postfaschistischer Subjektivität in den beiden Filmen jeweils sehr verschiedenen Grundsätzen und dient dabei jeweils sehr unterschiedlichen Zwecken.

Die vergleichenden Interpretationsansätze, die hier vorgestellt werden, eignen sich vor allem dazu, die ästhetischen und kognitiven Aspekte des Affekts im Hinblick auf die Definition der Filmsatire und, in einem allgemeineren Sinn, auf das Verhältnis von Film und Politik zu untersuchen. In diesem besonderen Fall geben die mit Antifaschismus und Antinazismus konnotierten politischen Affekte nicht nur Aufschluss über die ideologischen Spaltungen des Kalten Krieges, sondern auch über die Bedeutung des Spielfilms allgemein, indem sie den Zuschauer zu einem imaginierten politischen Anderen in Beziehung setzen – das heißt, dass sie eine politische Situation mit Gefühl, Emotion und dem aufladen, was ich unter Berücksichtigung von dessen kognitiven, ästhetischen und emotionalen Dimensionen als Affekt bezeichne. Entsprechend hängt meine Argumentation bezüglich der affektiven Ökonomie des Antifaschismus und Antinazismus von der zentralen Funktion der politischen Satire ab – und von deren bewusstem Verzicht auf die Konventionen der klassischen Erzählung. Sie konzentriert sich auf die Verbindung von Emotion mit Kognition, die in den spezifischen Ausprägungen der Satire innerhalb der Nachkriegskultur einen besonders günstigen Moment findet.

Was passiert in diesen beiden Szenen? Wir befinden uns während einer Verhandlung in einem Gerichtssaal, wobei die Erzählperspektive gleichzeitig auf ein tatsächliches und ein gedachtes Publikum ausgerichtet ist. Die Angeklagten sind hilflose junge Männer – arbeitslos, obdachlos, erschöpft –, die aufgrund einer Reihe bizarrer Koinzidenzen und zufälliger Begegnungen mit Männern, die über Macht verfügen – was ausnahmslos bedeutet: Männer mit einer Nazi-Vergangenheit –, entweder vereinnahmt oder bedroht werden. In Dudows Film beherrschen die einflussreichen Männer Industrie und Politik und üben indirekt Kontrolle über das Rechtssystem aus; in Staudtes Film finden sie sich direkt unter den Angehörigen der Justiz, konkret geht es hier um einen Staatsanwalt. Beide Regisseure nehmen Bezug auf die wohlbekannte Theorie von Theodor W. Adorno und anderen über die autoritäre Persönlichkeit (Adorno et al. 1993), deren Verhalten vor allem von Arroganz, Heuchelei, Wichtigtuerei und Unterwürfigkeit geprägt ist. Damit verfolgten Dudow und Staudte die Absicht, die gesellschaftliche und politische Elite in der BRD der Lächerlichkeit preiszugeben und sie der Ablehnung und Verachtung des Publikums auszuliefern. Für meine Argumentation ist von Bedeutung, dass die pikarischen Anti-Helden jedoch alles andere als Figuren sind, denen Respekt und Bewunderung gezollt wird. Ihre mangelnde dramaturgische Kraft, die sich besonders deutlich in ihrer geschwächten Männlichkeit spiegelt, macht sie als Vorbilder für postfaschistische Subjektivität ungeeignet. Man könnte mit Bezug auf eine Unterscheidung von Murray Smith sagen, dass der Zuschauer sich zwar in sie einfühlen, aber nicht mit ihnen fühlen kann (Smith 1995). Durch den emotionalen Abstand zu allen Figuren und durch die Einführung einer dritten Position jenseits der beiden verfügbaren Alternativen Machtlosigkeit und Machtmissbrauch wird der Zuschauer in die größeren politischen Diskurse gezogen.

Genau diese dritte Position ermöglicht es uns, den Unterschied zwischen Dudows und Staudtes Annäherung an die politische Satire zu erkennen bzw. ihre Rolle in den Diskursen über den Antifaschismus der DDR und den Antinazismus der BRD zu analysieren. Die DEFA-Produktion verspricht nicht nur eine als objektiv angenommene Kapitalismuskritik, sondern etabliert durch ihre Opposition zur kapitalistischen Klassengesellschaft auch sozialistische Subjektivität. Sozialismus in Übereinstimmung mit der affektiven Ökonomie des Films wirkt glaubwürdiger, authentischer und letztlich besser geeignet, um jene zu besiegen, von denen eine der Figuren sagt, sie seien „alle wieder da". Vertragsgemäß liefert die westdeutsche Produktion ein Ventil für moralische Entrüstung und zugleich ein Argument für eine quietistische Haltung. Welche Lehre lässt sich daraus ziehen? Der glücklose Held formuliert es so: „Wenn ein kleiner und ein großer Mann zusammenstoßen, gewinnt immer der Große." Trotz (oder wegen?) der Einführung einer dritten Position, die auf einem moralischen Urteil gründet, bleibt die Klassenstruktur der westdeutschen Gesellschaft im letzteren Fall unangetastet und die Möglichkeit des sozialen Wandels unrealisiert.

Die Rekonstruktion dieser Prozesse von affektiver und ideologischer Interpellation macht kurze Inhaltsbeschreibungen und eine vorläufige Definition der politischen Satire erforderlich. *Der Hauptmann von Köln* ist eine klassische Geschichte von vertauschter Identität, die sich in Bewegung setzt, als ein arbeitsloser Kellner namens Albert Hauptmann zum Hauptmann Albert wird, einem hochrangigen Nazimilitär, von dem es heißt, er sei aus Argentinien zurückgekehrt. Hauptmann wird von seinen Kameraden wie ein Held behandelt und steigt als Direktor der Montan AG und später als Mitglied des Bundestags schnell in eine mächtige Position auf. Empört tritt der echte Albert seinem Doppelgänger gegenüber: Er zwingt ihn, ein Amnestiegesetz durchzudrücken und lässt ihn anschließend verhaften. Auch in *Rosen für den Staatsanwalt* geht es um das Problem der Kontinuitäten; zentrale Figur ist ein Außenseiter – ein Straßenhändler – in der Wirtschaftswundergesellschaft. Nach dem Krieg kehrt Rudi Kleinschmidt in seine Heimatstadt zurück und erkennt dort in Staatsanwalt Wilhelm Schramm jenen Nazirichter, der ihn in den letzten Kriegstagen zum Tode verurteilt hatte, weil er zwei Dosen Scho-Ka-Kola gestohlen hatte (eine koffeinhaltige Schokolade, die Bestandteil der Luftwaffenverpflegung war). Schramm versucht daraufhin alles in seiner Macht Stehende, um Kleinschmidt aus der Stadt zu vertreiben. In einem klassischen Fall von Wiederholungszwang wirft der verzweifelte Mann die Scheibe eines Schaufensters ein, das mit Scho-Ka-Kola-Dosen dekoriert ist. Erneut fordert Schramm die Todesstrafe. Dieses Mal jedoch wird er nicht von alliierten Kampffliegern gestoppt, sondern von Vertretern einer vorgeblich unabhängigeren Justiz und der erstarkten deutschen Öffentlichkeit.

Abbildungen 3 und 4: Ankunft in Adenauer-Deutschland: Rolf Ludwig in *Der Hauptmann von Köln* (links); Walter Giller in *Rosen für den Staatsanwalt* (rechts)

Beide Filme handeln von den Abenteuern und Missgeschicken eines ‚kleinen Mannes'; sie benutzen seine Situation der Machtlosigkeit, um sämtliche rhetorischen, didaktischen und emotionalen Mittel der politischen Satire zum Einsatz zu bringen. Unter Verwendung der in hohem Maße kontextualisierten Natur der Satire als dialogische Form nehmen beide Filme gegenüber dem zeitgenössischen Publikum jeweils eine Haltung von Einblick und Wissen ein, indem sie auf verschiedene politische Skandale anspielen, durch die die Versäumnisse der Entnazifizierung nach

1945 enthüllt wurden. *Der Hauptmann von Köln* zielt auf die Amnestie für
ehemalige Nazis, die die Entnazifizierungspolitik der Alliierten delegiti-
mierte und für alle Zeit den Mythos der „Stunde Null" widerlegte (Frei
2002). Vorbild für die Geschichte von Albert Hauptmann/Hauptmann
Albert in Dudows Film war der 1949 bekannt gewordene Fall Fritz
Rössler/Franz Richter, ein ehemaliger Nazi im Bundestag. Genauso hätte der Film aber auch von der Nachkriegskarriere des SS-Offiziers Hans
Schneider inspiriert sein können, aus dem der Universitätsrektor und berühmte Germanist Hans Schwerte wurde. Staudtes Film indessen spielt
auf den viel diskutierten Fall Zind von 1957 an, bei dem es um einen Studi-
enrat und unbelehrbaren Antisemiten ging; im Film heißt die Figur Zirn-
hiebel. Der Regisseur mag sich aber auf die Auseinandersetzungen um
Hans Globke bezogen haben, den Mitverfasser eines Kommentartextes
zu den Nürnberger Rassegesetzen von 1935, der als Kanzleramtschef zwischen 1953 und 1963 zum engsten Mitarbeiterkreis von Adenauer gehörte.

   Die oberflächlichen Unterschiede in den narrativen Elementen – der Fokus auf das Großkapital und seinen Einfluss auf eine der CDU ähnelnde
Partei im DEFA-Film, die Konzentration auf einen ehemaligen Nazirichter,
der in Kurt Ulrichs Produktion durch die Nachkriegsjustiz reingewaschen
wird – sollte uns nicht ablenken von der Verbundenheit der beiden Regisseure mit Formen der politischen Satire, die seit der Wilhelminischen
Ära regelmäßig gegen Spießbürgertum und Autoritarismus mobilisiert
wurden. Bezeichnenderweise waren beide Wanderer zwischen den Welten – entwurzelt wie ihre Hauptfiguren – und vielleicht aus diesem Grund
besonders geübt im doppelten Ausdruck von Exterritorialität in der Satire: als Ausgeschlossen- und Distanziertsein. Im Falle des in Bulgarien
geborenen Dudow lassen sich deutlich Kontinuitäten erkennen von der
Straßenbahnszene über den Kaffeepreis am Ende von *Kuhle Wampe* (1932),
über Elemente der Groteske in *Frauenschicksale* (1952) in jener Sequenz, die
in einem Westberliner Jazzclub spielt, bis hin zur Mischung aus Lehrhaf-
tigkeit und Sensationslust in *Der Hauptmann von Köln* (1954). In ähnlicher
Weise sind Staudtes Beobachtungen von Bürokratien bereits klar erkennbar in einem sogenannten „Überläufer"-Film von 1944: *Der Mann, dem man
den Namen stahl*, von dem die DEFA 1948 ein Remake mit dem Titel *Die
seltsamen Abenteuer des Fridolin B.* produzierte. Staudte war selbst ein Ost-
West-Überläufer; 1956 ließ er sich dauerhaft in der Bundesrepublik nieder
(Grisko 2008; Orbanz 1974).

   Im Hinblick auf die intertextuelle Natur der Satire sind auch die Titel bedeutsam, die sie für ihre Filme wählten. Dudows Film bezieht sich auf Carl

Zuckmayers Stück *Der Hauptmann von Köpenick* von 1931, der berühmtesten komischen Bearbeitung des Themas der Performativität von Macht in einer autoritären Gesellschaft. Weniger offensichtlich wirkt die Verwendung jenes Erzähleinfalls in *Rosen für den Staatsanwalt*, bei dem die Lieferung eines Rosenstraußes die Ereignisse in Gang setzt. Staudte hatte *Rosen für Bettina* (1956) von Georg Wilhelm Pabst gesehen und nahm dessen konventionelle melodramatische Handlung als Vorbild für das, was der Nachkriegsfilm *nicht* sein sollte. Zur politischen Bedeutung, die beiden Filmen zugemessen wird, trägt auch der Umstand bei, dass das Drehbuch zu *Rosen für den Staatsanwalt* Georg Hurdalek schrieb, von dem auch die Adaptation des bekanntesten Stücks von Zuckmayer aus den Nachkriegsjahren stammte: *Des Teufels General*, 1955 von Helmut Käutner verfilmt. Hurdalek erhielt den Bundesfilmpreis in Silber für das Drehbuch zu *Rosen für den Staatsanwalt*. Das Team von Slátan Dudow, Henryk Keisch und Michael Tschesno-Hell wiederum wurde mit dem Nationalpreis II. Klasse für das Drehbuch von *Der Hauptmann von Köln* ausgezeichnet.

Von zentraler Bedeutung für die Politik des Affekts in beiden Filmen ist, dass Dudow und Staudte sich auf die Mittel- und Oberschicht und deren Abhängigkeit vom Autoritarismus als gesellschaftlichem und kulturellen Habitus konzentrieren – eine ehrwürdige Tradition seit Heinrich Manns gefeiertem Roman *Der Untertan* (1916) und dessen noch berühmterer Verfilmung von 1951. Die Zentralität der Klasse bestärkend sind die Eindringlinge, die auserkoren wurden, um deren Lügen und Täuschungen aufzudecken, in beiden Fällen durch das Fehlen einer eindeutigen Klassenzugehörigkeit und, damit eng verbunden, durch ihre diskursive Funktion als komische und im Grunde lächerliche Figuren definiert. Obwohl man den Kellner in *Der Hauptmann von Köln* als Vertreter der unteren Mittelschicht beschreiben könnte, tut Dudow nichts, um diese Figur mit einem entwickelten Klassenbewusstsein zu versehen – eine Entscheidung, die vielleicht in der marxistischen Standardkritik am Kleinbürgertum gründet, das als die Hauptursache dafür betrachtet wurde, dass die Nazis an die Macht kommen konnten. Währenddessen wird der Straßenhändler in *Rosen für den Staatsanwalt* liebevoll als Inbegriff des sogenannten ‚kleinen Mannes' dargestellt, der vor allem durch seinen Zustand des Mangels (nämlich von Macht, Geld und Status) definiert ist.

Die männlichen Hauptfiguren erschweren noch die Muster der Identifikation durch ihren Abstand zum Starsystem und als Folge davon die Ersetzung klassischer Vorstellungen von erzählerischer Kraft durch eine andere, die man im Kontext der Satire betrachtende Kraft nennen könnte; dabei werden das Zuschauen und die Rezeption zum Hauptmoment der Herstellung von Bedeutung. Für die Rolle des Naziobersts wählte Dudow einen der berühmtesten Schauspieler der DEFA aus, den engagierten Antifaschisten Erwin Geschonneck; zur Entlarvung der herrschenden Klasse in der BRD bediente er sich des komödiantischen Talents des Tausendsassas Rolf Ludwig. Indem Staudte die Figur Kleinschmidts mit Walter Giller besetzte, verband er die kritische Position mit einer humoristischen Darstellung von Machtlosigkeit. Im Gegensatz dazu verlieh der auch als Theaterschauspieler bekannte Martin Held, der kurz zuvor in *Des Teufels General* einen SS-Offizier gespielt hatte, der Figur des Staatsanwalts eine Aura von Macht und Autorität, die auch den Verlust seiner Robe in der letzten Szene überdauert. Den Auftritt des berühmten politischen Kabarettkünstlers Werner Finck als schüchterner Versicherungsvertreter muss man angesichts der legendären Antinazi-Witze, die er in den frühen 1930er Jahren in der *Katakombe* zum Besten gegeben hatte, als selbstreferenziellen Kommentar interpretieren.

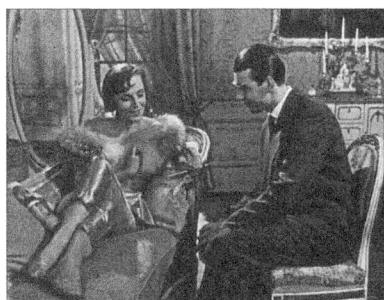 

Abbildungen 5 und 6: Inszenierung von Männlichkeit in der Nachkriegszeit: Marie-Luise Etzel und Rolf Ludwig in *Der Hauptmann von Köln* (links); Walter Giller und Ingrid van Bergen in *Rosen für den Staatsanwalt* (rechts)

Innerhalb dieser Parameter wird affektive und politische Interpellation mit den formalen Mitteln der Satire erreicht, insbesondere durch den Inszenierungsstil und die Einmischung des Autors. Eine gängige Definition der politischen Satire besagt, dass darin politische Figuren, Institutionen und Vorgänge öffentlich verspottet und lächerlich gemacht werden. Die Ernsthaftigkeit des Gegenstands schafft die Grundlage, die eine Position von Exterritorialität (das heißt, dass der Raum des Dargestellten kein gemeinsam geteilter ist) zugleich möglich und notwendig macht.

 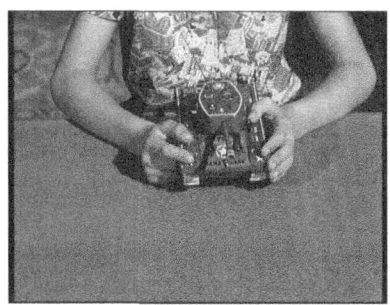

Abbildungen 7 und 8: Schokoladen- und Spielzeugpanzer im Einsatz für den Kalten Krieg: Kurt Steingraf in *Der Hauptmann von Köln* (links); Burghard Ortgies in *Rosen für den Staatsanwalt* (rechts)

Die politische Satire ist nicht zu verwechseln mit Opposition oder Widerspruch; vielmehr ist sie stets von einem generellen Misstrauen gegenüber den Mächtigen motiviert. Dudow und Staudte bezogen aus Literatur, Theater und Kabarett das Standardarsenal der Satire: den Einsatz von Stereotypen, Gegenüberstellung, Übertreibung, Gegenrede, Parodie, Travestie, absurden Situationen, Sprachwitz (besonders bei der Verwendung von Namen) und jener Art von musikalischem Kommentar, die auch als *Mickey-Mousing* bezeichnet wird.

Die formalen Elemente der politischen Satire stehen oft im Widerspruch zu den Techniken des Sich-Einlassens auf die Figuren und den Anforderungen eines psychologischen Realismus, mit dem das klassische Erzählkino in Verbindung gebracht wird. Darüber hinaus tendiert die politische Satire im Umgang mit ihrem Material zu einem zutiefst moralischen und/oder moralistischen Ton und versetzt den Satiriker und sein Publikum in eine Position impliziter Überlegenheit. Die Satire erzeugt eine klare Unterscheidung zwischen uns und ‚ihnen' und nutzt die destabilisierende Wirkung des Lachens, um entweder eine Gelegenheit für politische Kritik zu liefern oder um eine quietistische und defätistische Haltung zu rechtfertigen. In ähnlicher Weise gründet sich der didaktische Impuls hinter der politischen Satire entweder auf den Glauben an eine ideale Gesellschaftsform – Sozialismus im DEFA-Film – oder auf die Akzeptanz der Fehlbarkeit aller menschlichen Wesen und/oder politischen Ideologien. Ein westdeutscher Kritiker von *Der Hauptmann von Köln* bestätigte die Abhängigkeit der beiden Haltungen voneinander, als er schrieb: „[E]s wäre

besser, wenn man sich in der Bundesrepublik dazu aufgerafft hätte; denn
in vielem ‚stimmt' der Film" (Paulsen 1957); letztlich aber lehnte er die
Übertreibungen des Films als kommunistische Propaganda ab. Der Zent-
ralismus des Antikommunismus für das Selbstverständnis der Bundesrepublik als freiheitliche Demokratie erklärt indessen, weshalb *Rosen für den
Staatsanwalt* in west- und ostdeutsche Kinos kam, während *Der Hauptmann
von Köln* nicht einmal in der Stadt gezeigt werden konnte, in der er gedreht
worden war.

Um auf die anfangs besprochenen Szenen zurückzukommen: Im Hinblick auf die Satire als affektives Verfahren können wir den Unterschied
zwischen *Der Hauptmann von Köln* und *Rosen für den Staatsanwalt* nun besser verstehen (das heißt: die in den beiden Filmen jeweils vorgenommene
Definition einer dritten Position). In beiden Fällen setzten die Regisseure
besonders auf die Erzählperspektive, indem sie deren unmittelbaren emotionalen Gewinn mit der gewünschten politischen Wirkung in Einklang
brachten. Darüber hinaus wird der Zuschauer in beiden Fällen in eine Position moralischer Überlegenheit gegenüber den lächerlichen Anti-Helden
und ihren verachtenswerten Gegnern gebracht. Wie schon erwähnt, ist
die politische Satire stark von ihrem Publikum abhängig, da in ihr eine
den Ereignissen auf der Leinwand gegenübergestellte Position etabliert
wird. Für das Publikum in der DDR war dies der Klassenfeind auf der
anderen Seite des Eisernen Vorhangs; im Gegensatz dazu waren die westdeutschen Zuschauer aufgefordert, sich selbst zu betrachten. Während
Filmemacher in der DDR weiterhin mit der Bundesrepublik als rechtmä-
ßigen Nachfolgestaat des ‚Dritten Reichs' beschäftigt waren, klammerten
ihre Kollegen im Westen alles aus, was mit der sogenannten Ostzone zu
tun hatte.

Entsprechend bestätigt die Politik des Affekts in *Der Hauptmann von
Köln* den Antifaschismus als Gründungsmythos der DDR und als Modell der affektiven Strukturen und Identifikationsangebote, von denen
die sozialistische Subjektivität geprägt war. Der Antifaschismus verallge-
meinerte die Bedrohung durch die Nazis – was sich in der sprachlichen
Verschiebung von ‚Nazismus' zu ‚Faschismus' zeigte – und machte seine spezifische Geschichte zu einem Teil der globalen Konfrontation von
Kommunismus und Kapitalismus. Nach dem Krieg war der Antifaschismus gleichbedeutend mit Antikapitalismus, Antiimperialismus und An-
tiamerikanismus und erlangte einen quasireligiösen Status bei der Schaffung eines Kulturerbes der DDR und einer öffentlichen sozialistischen
Sphäre. Als integrativer Mythos versorgte der Antifaschismus den neuen

Arbeiter- und Bauernstaat mit einer gebrauchsfertigen Vergangenheit und Zukunft. Die antifaschistischen Filme etablierten eine große Erzählung, eine imaginäre Subjektposition und ein Affektmodell für öffentliche und private Identitäten. Die fiktionale Konfrontation mit dem Feind, den Nazis, produzierte vorhersehbare Gefühle von Angst, Hass und Abscheu, die hinter der vertrauten antagonistischen Struktur auf die uneingestandenen Kontinuitäten im Verhältnis zu Macht und Autorität hindeuten (das heißt: innerhalb autoritärer Persönlichkeitsstrukturen). Wie man sehen konnte, liegt die Spannung zwischen den kognitiven und affektiven Aspekten der politischen Satire – ihrem Vergnügen daran, andere zu verspotten und lächerlich zu machen, und ihrer Angewiesenheit auf ein Gefühl von moralischer und intellektueller Überlegenheit – darin, dass diese unterschwelligen Widersprüche tatsächlich artikuliert und überwunden werden.

Aus ähnlichen Gründen müssen wir die Politik des Affekts in *Rosen für den Staatsanwalt* als einen integralen Bestandteil des gescheiterten Projekts behandeln, die Nazi-Vergangenheit zu bewältigen. Tatsächlich wurde der Begriff Vergangenheitsbewältigung etwa 1955 eingeführt und von da an wiederholt von Bundespräsident Theodor Heuß verwendet, um die ethische und politische Verantwortung der Bundesrepublik zu beschreiben. Dadurch öffnete sich ein diskursiver Raum, in dem es möglich wurde, die Wechselbeziehung von Vergangenheit und Gegenwart zu erkennen und gleichzeitig die Schwierigkeiten anzuerkennen, mit denen die Errichtung einer demokratischen Gesellschaft auf den institutionellen, ideologischen und sozialpsychologischen Fundamenten des Nationalsozialismus verbunden war. Konserviert in der konstitutiven Spannung zwischen narrativer Bedeutung und affektivem und performativem Mehrwert, vollziehen die den Zuschauer betreffenden Ambivalenzen im Film diese Transformation vom Nazi zum Antinazi als der wichtigsten Figur deutscher Selbstidentifikation nach. Unter Anerkennung des Problems der historischen Kontinuität ist die westdeutsche Version von Antinazismus mit einer komplexen Gemengelage aus politischer Rhetorik, öffentlichen Ritualen und therapeutischen Techniken ausgestattet, diesmal jedoch zur Schaffung der Voraussetzungen für den wirtschaftlichen Wiederaufbau und zur Integration der Bundesrepublik in die Gruppe der anderen demokratischen westlichen Staaten (Becker/Schöll 1995; Berger/Reichmann/Worschech 1989; Reichel 2001). Die Mentalität der Adenauer-Ära – die Entschlossenheit, die Zuversicht und der Glaube an das Projekt des Wiederaufbaus, die das Wirtschaftswunder möglich machten, zusammen mit dem Muster von Leugnung und Verdrängung, das aus dem Trauma der Niederlage im Zweiten Weltkrieg resultierte – ist in den miteinander konkurrierenden Diskursen zum Thema Kontinuität und Diskontinuität und ihrer Reproduktion in der gespaltenen historischen Vorstellung von der Bundesrepublik aufbewahrt wie auch in deren Reproduktion der gespaltenen historischen Vorstellung von der Bundesrepublik. Im Kino fand diese Spaltung ihren symptomatischsten Ausdruck in der politischen Satire.

Was sind die weiteren Auswirkungen der hier vorgestellten Analyse? Jede vergleichende Interpretation von *Der Hauptmann von Köln* und *Rosen für den Staatsanwalt* bestätigt, wie wichtig es ist, das DEFA-Kino innerhalb der größeren Erzählungen des deutschen Films zu situieren, besonders während der Hochzeit des Kalten Krieges. Im Rahmen des Diskurses zum Thema Antifaschismus/Antinazismus (Kannapin 2005; Schmitt-Sasse 1993) und im Zusammenhang mit dem Kino der 1980er Jahre (Meurer 2000) wurde dieses Argument von verschiedenen Wissenschaftlern bereits angeführt. Darüber hinaus ermöglicht es ein komparativer Ansatz, den formalen Konventionen des Genrekinos größere Aufmerksamkeit zu schenken, einschließlich der beträchtlichen Zweifel am klassischen Ufa-Stil auf beiden Seiten des Kalten Krieges, was in diesem Fall eine hochgradig codierte Herangehensweise an gesellschaftliche Stereotype, komische Darstellungsstile und selbstreflexiven Kommentar bedeutet; in eine längere Fassung dieses Essays würde auch die reiche Geschichte des künstlerischen Austauschs zwischen der Film- und der Kabarettkultur gehören.

Abbildungen 9 und 10: Rosen für das Establishment? Rolf Ludwig, Johannes Arpe und Kurt Steingraf in *Der Hauptmann von Köln* (links); Camilla Spira, Martin Held und Inge Meysel in *Rosen für den Staatsanwalt* (rechts)

Dennoch beschränken sich die Ähnlichkeiten zwischen beiden Filmen nicht auf die Ebenen von narrativen Elementen, Darstellungsformen, Autorenhaltungen und auf jene Art von kontextuellen und intertextuellen Bezügen, die die filmische Satire zu einer Form machen, die besonders von der Verfassung des Publikums und der Kritik abhängt. Affekte unterstützen nicht nur Abgleich und Verbundenheit im Verarbeitungsprozess bezüglich der Nazivergangenheit, sie entlasten auch die Beziehung zwischen Ästhetik und Politik, die die politische Filmsatire der DDR und der BRD geprägt hat. In Bezug auf das DEFA-Kino ermöglicht das Identifizieren des Affekts als zentrales Element der Entstehung postfaschistischer Subjektivität, sich jenseits der Alternativen von sozialistischem Realismus und sozialistischem Modernismus zu bewegen, wie sie von Kurt Maetzigs zweiteiligem Epos über Ernst Thälmann aus den Jahren 1954 und 1955 sowie von Gerhard Kleins *Der Fall Gleiwitz* von 1961 geprägt wurden. Es erlaubt zugleich, uns näher mit den komplizierteren Aspekten von Ironie, Spott und Verachtung zu beschäftigen (Kannapin 1997; Barnert 2008). Wie ich dargelegt habe, löst die Satire einen Mechanismus affektiver Abkoppelung von der Nazivergangenheit aus, der nicht innerhalb eines bestimmten Genres gefasst werden kann. Mit *Der Hauptmann von Köln* werden die Zuschauer dazu eingeladen, sich von den alten Wehrmachtsoffizieren abgestoßen zu fühlen, die ehemaligen SS-Männer zu hassen und die neuen politischen und ökonomischen Eliten zu fürchten. In ähnlicher Weise macht *Rosen für den Staatsanwalt* die Angehörigen der westdeutschen Mittelschicht (den feigen Versicherungsvertreter, den devoten Besitzer eines Supermarkts, den gierigen kleinen Geschäftsmann) zu verspotteten und verachteten Figuren. Im Fall von *Der Hauptmann von Köln* markiert dieser Prozess von affektiver Loslösung eine Zuschauerposition außerhalb der Handlung, durch die das Projekt des Antifaschismus und darüber hinaus des Sozialismus mit genau dieser Subjektkonstruktion jenseits der Satire Form annimmt – also durch ein Subjekt, das nur den Kategorien des (Melo-) Dramatischen, Heroischen oder Erhabenen zugänglich ist. Im Gegensatz dazu ist die Frage der Positionalität in *Rosen für den Staatsanwalt* komplizierter, da das Objekt der Satire hier zugleich als das Selbst und als das Andere definiert ist. Kleinschmidt mag aufgrund seiner Machtlosigkeit eine Figur der empathischen Identifikation sein, als komische Figur bleibt er definiert durch den Mangel. Währenddessen können die Bürger von Kassel aufgrund der offenen Verfolgung ihrer Interessen und ihrer Kompromissbereitschaft – Qualitäten, die im Kontext der Wirtschaftswundergesellschaft jene der Nachkriegszuschauer sind – als genehme Figuren umarmt werden. Im Gegensatz dazu überlässt *Der Hauptmann von Köln* das letzte Wort jenen, die sich außerhalb der Handlung befinden – jenen, die sich den auf der Leinwand beschriebenen Figuren und Ereignissen überlegen fühlen können. Genau diese komplexe Dynamik von Gefühlen, Emotionen und Affekten machte die deutsch-deutschen Filmbeziehungen während der Zeit des Kalten Krieges aus. Sie ermöglicht es uns, Strategien der Projektion und der Einbindung jenseits bestimmter Genres oder Stilrichtungen nachzuvollziehen.

Abbildungen 11 und 12: Happy Ends? *Der Hauptmann von Köln* (links) und *Rosen für den Staatsanwalt* (rechts)

Aus dem Englischen von Karin Herbst-Meßlinger

Literatur

Adorno, Theodor W. et al. (1993): The Authoritarian Personality. New York: W.W. Norton

Barnert, Anne (2008): Die Antifaschismusthematik der DEFA. Eine kultur- und filmhistorische Analyse. Marburg: Schüren

Becker, Wolfgang/Schöll, Norbert (1995): In jenen Tagen... Wie der deutsche Nachkriegsfilm die Vergangenheit bewältigte. Opladen: Leske + Budrich

Berger, Jürgen/Reichmann, Hans-Peter/Worschech, Rudolf (Hrsg.) (1989): Zwischen gestern und morgen. Westdeutscher Nachkriegsfilm, 1946-1962. Frankfurt am Main: Deutsches Filmmuseum

Frei, Norbert (2002): Adenauer's Germany and the Nazi Past. The Politics of Amnesty and Integration. New York: Columbia University Press

Grisko, Michael (Hrsg.) (2008): Nachdenken über Wolfgang Staudte. Potsdam: Filmmuseum Potsdam

Kannapin, Detlef (1997): Antifaschismus im Film der DDR. DEFA-Spielfilme, 1945 bis 1955/56. Köln: PapyRossa

Kannapin, Detlef (2005): Dialektik der Bilder. Der Umgang mit NS-Vergangenheit im deutschen Spielfilm. Eine vergleichende Studie zur Bedeutung des Films für die politische Kultur in Deutschland, 1945-1989/90. Berlin: Dietz

Meurer, Hans-Joachim (2000): Cinema and National Identity in a Divided Germany, 1979-1989. The Split Screen. Lewiston: Edwin Mellen

Orbanz, Eva (Hrsg.) (1974): Wolfgang Staudte. Berlin: Volker Spiess

Paulsen, G. (1957): Der Hauptmann von Köln. Satire und Fälschung. Ein DEFA-Film. In: Die Zeit, 03.01.1957

Reichel, Peter (2001): Vergangenheitsbewältigung in Deutschland. Die Auseinandersetzung mit der NS-Diktatur von 1945 bis heute. München: C. H. Beck

Schmitt-Sasse, Joachim (Hrsg.) (1993): Wiedergänger. Faschismus und Antifaschismus im Film. Münster: Maks

Smith, Murray (1995): Engaging Characters. Fiction, Emotion, and the Cinema. New York: Oxford University Press

„Die Roten haben mich als Zielscheibe ausgewählt!"

Der (west-)deutsche Söldner „Kongo-Müller" im DDR-Dokumentarfilm

Christian Bunnenberg

Am 17. Oktober 1966 setzte sich der deutsche Auswanderer Siegfried Müller in seiner neuen Heimat Südafrika an die Schreibmaschine und verfasste einen Brief an den *Stern*-Reporter Gerd Heidemann, den er 1964 im Kongo kennengelernt hatte (Koch 1990: 85-105).[1] Seitdem pflegten die beiden Männer einen lockeren Briefverkehr und tauschten sich alle paar Wochen über Neuigkeiten aus.[2] Die Zeit sei im Sauseschritt gerast, schrieb Müller und erkundigte sich nach Heidemanns neusten journalistischen Projekten, bevor er berichtete, mit seiner Familie vorläufig in Afrika bleiben zu wollen. Aus Deutschland habe er nämlich zuletzt wenig gehört, das sei aber nicht schlimm, im Gegenteil, schrieb Müller, es dürfte seinem „Nervenkostüm auch gut bekommen sein". Denn, so Müller weiter:

> Die Roten haben mich als Zielscheibe ausgewählt. Warum? Gibt es nicht andere, die größere Anti-Kommunisten sind? […] Im Osten haben sie ja einen Mann aus mir gemacht, der ich wirklich nicht bin. […] Aus mir einen Killer Müller zu machen ist beleidigend. [Aber] gegen Märchenerzähler ist kein Kraut gewachsen und wie einfach, diese Welt in der die gleichen Worte nicht das gleiche Gefühl erwecken, lässt sich prächtig als Resonanzboden verwerten.

---

1 In diesem Beitrag steht ‚Kongo' für das Gebiet der heutigen Demokratischen Republik Kongo. Weiterhin werden die 1964/65 gebräuchlichen kongolesischen Städtenamen verwendet.

2 Siegfried Müller unterhielt einen regen Schriftverkehr mit zahlreichen Personen. Ein Teil dieser Texte ist in Privatbesitz überliefert, z.B. in den Sammlungen Gerd Heidemann (GHS-Archiv) und Bertold Tron.

Mit diesem Kommentar und dem Schlusssatz „Hören wir auf mit dem Ge-
schwafel" zog Müller sein persönliches Fazit aus der medialen Auseinandersetzung um seine Person, die sich mehr als zwei Jahre zuvor an seiner
Teilnahme als Söldner am Bürgerkrieg in der Demokratischen Republik
Kongo entzündet hatte.[3]

Seit dem Spätsommer 1964 berichteten vor allem westdeutsche Zeitungen wiederholt über den Einsatz weißer Söldner im kongolesischen Bürgerkrieg (Bunnenberg 2007: 74-80). *Der Spiegel* meldete am 23. September,
dass sich der Deutsche „Siegfried Müller, [...] Träger des Eisernen Kreuzes
I. Klasse, [...] als einer der ersten für die weiße Söldnertruppe im Kongo"
gemeldet habe (o.a. 1964a: 138). Schnell bekam der deutsche Söldneroffi-
zier von der Presse einen Kriegsnamen verliehen: „Kongo-Müller". Anfang 1965 wieder zurück in Deutschland, wurde Müller zu einem deutsch-
deutschen Politikum, nicht zuletzt durch weitere zahlreiche Presseberichte
und seine „Schnapsbeichte", in der er unwissend und stark angetrunken
einem Fernsehteam aus der DDR ein Interview gab (Bunnenberg 2007: 85-
106).[4] Mehrere Dokumentarfilme und Bücher über „Kongo-Müller" und
das auf Schallplatte gepresste Interview unterstützten in der Folge eine
breit angelegte Propagandaaktion gegen die Bundesrepublik, die von der
DDR als „Handlager des US-Imperialismus" enttarnt werden sollte.[5]

Die DDR-Dokumentarfilmer Walter Heynowski und Gerhard Scheumann wurden während der Entstehungsphase ihrer Filme *Kommando 52*
(1965) und *Der lachende Mann* (1966) in mehrfacher Hinsicht zu Grenzgängern. So passierten sie wiederholt die durch den ‚Eisernen Vorhang' vorgegebene Grenze, was ihren Filmen später nur zum Teil gelingen sollte.
Auch reizten sie die journalistischen Grenzen bei der Recherche mehr als
aus, so dass an ihren Grenzüberschreitungen exemplarisch ein möglicher
Entstehungsrahmen von DDR-Filmen am Höhepunkt des Kalten Krieges
zwischen Mauerbau und einsetzender neuer Ostpolitik skizziert wer-

---

3   Alle Zitate aus GHS-Archiv, Brief Siegfried Müller an Gerd Heidemann,
    17.10.1966.
4   Der Begriff „Schnapsbeichte" geht zurück auf den Artikel „Der lachende
    Mann" (o.A. 1967: 70)
5   Vgl. die Filme von Walter Heynowski und Gerhard Scheumann: *Kommando
    52* (DDR 1965), *Der lachende Mann* (DDR 1966), *PS zum lachenden Mann* (DDR
    1966), *Der Fall Bernd K.* (DDR 1967); die begleitend erschienenen Publikationen
    Heynowski/Scheumann (1966a, 1967, 1968); und die Schallplatte Heynowski/
    Scheumann (1966b). Dazu kommt noch ‚graue Literatur' wie Programmhefte
    und Broschüren, die im Kontext der genannten Medien entstanden sind.

den kann. Diese gewissermaßen heißeste Dekade bot ein Klima, in dem auch denkbar exotische Themen wie die Anwesenheit einer Handvoll (west)deutscher Söldner im Kongo zur Munition im deutsch-deutschen Propagandascharmützel avancieren konnten, denn die daraus abgeleiteten gegenseitigen Schuldzuweisungen und Vorwürfe versprachen einen moralischen Vorsprung gegenüber dem jeweils anderen deutschen Staat (Bunnenberg 2009).

Im Rahmen dieses Aufsatzes soll an dem Fallbeispiel „Kongo-Müller" versucht werden, Grenzen und Grenzüberschreitungen nachzuzeichnen. Dabei stehen nicht nur die Akteure und ihre Praktiken im Mittelpunkt der Betrachtung, sondern auch die jeweiligen Inszenierungen „Kongo-Müllers" und die ihnen immanenten Narrationen. Im Rahmen des Möglichen sollen deren Konstruktionsmuster, Bedeutungszumessungen und Orientierungsabsichten offengelegt und hinterfragt werden.

Grundlage für die Darstellung der Ereignisse sind die bereits vorliegenden Forschungsergebnisse zu Walter Heynowski und Gerhard Scheumann, den DEFA-Filmen *Kommando 52* und *Der lachende Mann*, zur Biografie Siegfried Müllers und zum Einsatz westdeutscher Söldner in der sogenannten Kongo-Krise 1964/65. Exemplarisch seien hier auf die Arbeiten zu Heynowski und Scheumann von Rüdiger Steinmetz und Tilo Prase (2002), die kommentierte Filmografie von Claudia Böttcher, Judith Kretzschmar und Corinna Schier (2002) und die Arbeiten von Matthias Steinle (2003) zur gegenseitigen Darstellung von Bundesrepublik und DDR im Dokumentarfilm sowie die Ausführungen von Gerhard Wiechmann, Roman Deckert und Cord Eberspächer (2007) zum Dokumentarfilm als Waffe im Kalten Krieg verwiesen. Zu den verwendeten Quellen gehören vor allem die Filmdokumente, Drehbücher, Zeitungsartikel und Archivalien der DEFA und des Studio H&S. Ergänzt werden – und das ist in der Tat auch eine neue Perspektive – sollen diese bereits ausgewerteten Quellenbestände um weitere Archivalien und vor allem um Selbstzeugnisse von Siegfried Müller, die Einblicke in den eigenen Beitrag und die Rezeption der medialen Ereignisse durch den Protagonisten selbst geben können.

Der „Kongo-Müller" als westdeutsches Medienereignis

Als ich im Personalien-Teil des *Spiegel*-Heftes Nr. 39 [1964] ein Bild des deutschen Tshombé-Söldners Siegfried Müller sah, war ich überzeugt, daß der Kongo noch im Herbst befriedet sein würde, denn ich nahm an, daß der ehe-

malige Hitler-Hauptmann eine schnelle Endlösung parat hätte. Jetzt haben
wir 1965 und im Kongo herrscht immer noch Chaos. Mit Euch Deutschen ist
auch nichts mehr los.

So kommentierte der Belgier Auguste Carmin in einem Leserbrief an den
Spiegel den ab August 1964 aus persönlicher Initiative zustande gekommenen Einsatz von Müller im zentralafrikanischen Bürgerkriegsgebiet. Dieser begann fast zeitgleich mit der zweiten Phase der sogenannten Kongo-
Krise: der Rebellion von 1964/65, oder auch Simba-Rebellion (vgl. Bandel
2005; Bunnenberg 2007; Gleijeses 1994; Kacza 1990; Odom 1988; Wiechmann 2010; Wirz 1982).[6] Angeworben als „military technical assistance vo-
lunteers", sich selbst als Kongo-Freiwillige bezeichnend, kämpften unter
den vornehmlich aus Belgien, Großbritannien, Rhodesien und Südafrika
rekrutierten modernen Landsknechten auch etwa drei Dutzend Deutsche
auf Seiten der Zentralregierung gegen die sogenannten „Simbas" (Bunnenberg 2007; Wiechmann 2010). Deren Anführer hatten 1964 im damaligen Stanleyville (heute: Kisangani) die Volksrepublik Kongo ausgerufen
und innerhalb weniger Wochen weite Teile des Landes unter ihre Kontrolle gebracht (Kacza 1990: 161; Wirz 1982: 540). Von der ehemaligen Kolo-
nialmacht Belgien und den Vereinigten Staaten unterstützt, koordinierten
Ministerpräsident Moise Tshombé und General Joseph Désiré Mobutu den
Einsatz der weißen Söldner und der kongolesischen Nationalarmee. Der
Auftrag: 300 Söldner sollten, eingeteilt in sechs Kommandos, Stanleyville
zurückgewinnen (Müllenheim-Rechberg 1998).[7]

   Am 9. September 1964 begann für die meisten Deutschen der Einsatz im
„Kommando 52" – geführt von Hauptmann Müller. Aus der Provinzhaupt-
stadt Coquilhatville (heute: Mbandaka) sollte die kleine Truppe die Provinz
Équatorial befreien. Müller urteilte später: „Die ist fast so groß wie die
Bundesrepublik. Die habe ich mit meinen 40 Mann und vielleicht weiteren

---

6   Im folgenden Teil des Aufsatzes wird die in der Forschung gängige Einteilung
    der Konfliktparteien in Regierungseinheiten – Armée Nationale Congolaise
    (ANC), Söldner, Exil-Kubaner, Militärberater – und Rebellen – Jeunesse, Armée
    Populaire de Libération (APL), Kubaner um Che Guevara – verwendet.

7   Moise Kapenda Tshombé (auch: Tschombé), 1919-1969, kongolesischer Politiker,
    von 1960 bis 1963 Anführer einer separatistischen Bewegung in der Provinz
    Katanga, ab 1963 im Exil. Durch Präsident Kasavubu (1910-1969) wurde Tshom-
    bé 1964 bis zum zweiten Putsch durch Joseph Désiré Mobutu (1930-1997) im
    November 1965 als Ministerpräsident der Demokratischen Republik Kongo
    eingesetzt.

hundertfünfzig Mann Schwarzen erledigt. Die habe ich geschafft. Zehn Wochen." (Heynowski/ Scheumann 1966a: 56) Dieses „Erledigen" bedeutete, schnelle und tödliche Angriffe mit Jeeps, leichten Radpanzern, Mörsern, Maschinen- und Sturmgewehren. Rasch erwarben sich die Söldner durch ihr schonungsloses Vorgehen die Bezeichnung „Les Affreux" – die Schrecklichen.

Am 27. September 1964 gelang es dem Stern-Reporter Gerd Heidemann, Siegfried Müller und sein „Kommando 52" im kongolesischen Urwald aufzuspüren. Fast zwei Wochen blieb der Journalist bei der Söldnertruppe, lebte unter den Männern, schoss unzählige Fotos, nahm Interviews auf Tonbändern auf und drehte mit einer kleinen 16mm-Filmkamera (Koch 1990: 85-105). Siegfried Müller und seine Männer standen dem jungen Reporter aus Hamburg bereitwillig Rede und Antwort und tauschten vor dem Abschied Adressen, in der Hoffnung Abzüge der Fotos zu erhalten (Bunnenberg 2007: 74-76).

Bald berichteten die großen westdeutschen Illustrierten und Nachrichtenmagazine *Quick, Revue, Stern* und *Spiegel* in mehrteiligen Artikeln über den Söldnereinsatz und zeichneten das zwischen Schrecken und Faszination pendelnde Bild verwegener Draufgänger mit zweifelhaften Motiven vor exotischer Urwaldkulisse. Im Zentrum der Berichterstattung stand dabei die schillernde Figur des Söldneroffiziers Siegfried Müller. Für die westdeutsche Presse war der Aufenthalt des Deutschen dadurch gerechtfertigt, dass Müller auf der ideologisch ‚richtigen' Seite kämpfte, nämlich für den „bedrängten Kongo-Chef Tshombé" (o.A. 1964b). Kritische Stimmen, u.a. in Leserbriefen geäußert, wurden nicht gedruckt (Bunnenberg 2007: 76-80).

Die Informationen gewannen die Illustrierten durch Auslandrecherchen im Kongo, oder – ganz pragmatisch – durch einen Besuch bei Müllers Ehefrau im hessischen Langen, die aus dem Medienrummel Profit zu schlagen versuchte. Müller selber versuchte nach den ersten Artikelserien aus dem Kongo heraus ebenfalls Regelungen zu treffen, z.B. schrieb er an die Redaktion der *Quick*, sich bitte mit seiner Frau in Verbindung setzen zu wollen, da es bereits einen Exklusivvertrag mit der *Revue* geben würde und an Gerd Heidemann: „Mit beachtlichem Fleiß und viel Mühe haben Sie für Ihre Firma im Congo gearbeitet. Ich aber habe einen Haufen Ärger bekommen."[8] Trotzdem versuchte Müller alles, um weiterhin in den Schlagzeilen und damit im Gespräch zu bleiben.

---

8 GHS-Archiv, Brief Siegfried Müller an Gerd Heidemann (fehlerhaft: Redaktion *Quick*), 12.10.1964. Brief Siegfried Müller an Gerd Heidemann, 23.11.1964.

Reaktionen und Aktionen aus der DDR

Die DDR-Presse hingegen betonte parallel die Herkunft und brutale Vorgehensweise der Söldner als Ausdruck einer Melange aus westdeutschem neokolonialem Imperialismus, Militarismus und Faschismus – z.b. im *Neuen Deutschland* mit der Schlagzeile „Das sind Bonner Söldner, die für Tshombe [sic] morden" (o.A. 1964c). Auch „Kongo-Müller" wurde zum Ziel der Empörung, die bald nicht mehr nur journalistische sondern auch politische Dimensionen annehmen sollte. Im Ausschuss für Auswärtige Angelegenheiten der Volkskammer der DDR echauffierte sich der Abgeordnete Schirmer am 4. Februar 1965 über „Schockgruppen", mit denen „weißen Tschombé-Söldner" im Kongo wüten würden, allen voran ein „gewisse[r] Captain Müller, ein ehemaliger SS-Sturmbannführer" (Bundesministerium für innerdeutsche Beziehungen 1978).

Durch die breite Medienberichterstattung u.a. im *Stern* auf den Fall „Kongo-Müller" aufmerksam geworden, plante der für das DEFA-Studio für Wochenschau und Dokumentarfilm tätige Dokumentarfilmer Walter Heynowski zusammen mit dem Kameramann Peter Hellmich einen Film über deutsche Söldner im Kongo. Der Film sollte „ins Schwarze treffen, was die Enthüllung der Grausamkeit und abgrundtiefen Menschenverachtung des Bonner Militarismus und seiner Staatsführung [betraf]."[9] Im April 1965 konkretisierten sich Pläne für den Film, da Peter Hellmich, ausgestattet mit westdeutschem Pass und Wohnsitz, erste Rechercheergebnisse meldete. Vom *Stern*-Reporter Ernst Petry hatte er Auszüge aus dem von Heidemann im Kongo angefertigten 16mm-Film kopieren können und Heidemann selber hatte Bereitschaft signalisiert, über die Weitergabe seiner Kongo-Fotos und der Tonbänder sprechen zu wollen.[10] In den ersten Überlegungen zum Filmvorhaben mit dem Arbeitstitel „Schnappschüsse aus dem Kongo" stellte die Beschaffung dieser Fotos einen zentralen Punkt dar. Allen Beteiligten in der DDR war klar, dass deren Verwendung ein kniffliges Problem darstellen würde, „da es einerseits nicht möglich [sei], die Rechte für die Verwendung der Fotos in einem polemischen [sic] Film von den zuständigen Redaktionen dieser Illustrierten zu erhalten",

---

9   Schreiben des Stellvertretenden Direktors der VEB DEFA Studio für Wochenschau und Dokumentarfilm an Walter Heynowski, 5.10.1965 (BArch DR 118/1150)

10 Schreiben Walter Heynowski an die Direktorin des VEB DEFA Studio für Wochenschau und Dokumentarfilm Inge Kleinert, 6.5.1965 (ebd.)

man aber andererseits bei einer nicht abgesprochenen Verwendung der
Fotos sehr wahrscheinlich Urheberrechtsstreitigkeiten zu erwarten hätte.[11]
Eine vermeintlich elegante Lösung des Problems zeichnete sich schon
wenige Tage später ab. In einer kurzen Mitteilung an seine Vorgesetzten
beim VEB DEFA Studio für Wochenschau und Dokumentarfilm schrieb
Heynowski begeistert: „Wir können die sensationellen Fotos, darunter
auch bisher unveröffentlichte (!) des *Stern*-Reporters Gerd Heidemann erhalten! Ausserdem seine Tonbänder von den Gesprächen mit den Tschom-
bé-Hauptmann Müller und anderen westdeutschen Söldnern." Da sich
„Peter Hellmich [bei den Verhandlungen] als DEFA-Mitarbeiter zu erkennen geben musste", setzte Heidemann auf einen ungewöhnlichen Deal.[12]
Heynowski führte weiter aus, dass Heidemann an einem Fernsehfilm über
den Schriftsteller B. Traven arbeiten würde. Dazu müsse der Journalist
auch auf dem Gebiet der DDR Interviews führen und Filmaufnahmen machen. Heidemann hätte nun vorgeschlagen, dass er für eine Einreisemög-
lichkeit in die DDR und die dortige Unterstützung durch ein Filmteam
seine Fotos und Tonbändern anbieten würde, und das alles „ohne die Bezah-
lung von Westgeld".[13] Walter Heynowski schlug den Verantwortlichen der
DEFA abschließend vor, „auf dieses Angebot einzugehen, weil [die DEFA]
wichtiges Material für einen politischen Film erhalten und als Gegenleis-
tung kulturpolitisch vertretbares eigenes Material liefern" würde.

Über die ihm vorgesetzte Direktorin Inge Kleinert ließ sich Heynowski
schließlich aus dem Ministerium für Kultur die Erlaubnis einholen, dass
Heidemann für eigene Recherchen in die DDR einreisen und Interviews
sowie Filmaufnahmen erstellen dürfe.[14] Die kontaktierten Dienststellen
im Ministerium für Kultur waren sich unsicher, welchen genauen Zweck
Gerd Heidemann mit seinem Anliegen verfolgen würde, gaben aber letztlich eine Zusage für den etwas ungewöhnlichen Tauschhandel. Am 25.
Mai 1965 reisten Hellmich und Heynowski nach Hamburg, um den Er-
werb der Materialien abzuschließen. Die Reise war gut vorbereitet: Im Ge-
päck hatten die beiden Filmemacher einen ausformulierten Vertrag, der

---

11 Aktennotiz des Stellvertretenden Direktors der VEB DEFA Studio für Wochenschau und Dokumentarfilm, 27.4.1965 (ebd.)
12 Ebd.
13 Ebd. (Hervorhebung im Original)
14 Schreiben der Direktorin des VEB DEFA Studio für Wochenschau und Dokumentarfilm Inge Kleinert an das Ministerium für Kultur, Abteilung Literatur-
   und Buchwesen, 14.5.1965 (BArch DR 118/1150)

in allen Einzelheiten die gegenseitigen Verpflichtungen und Leistungen aufzählte. In einer Aktennotiz notierte Heynowski später:

> Gegen Bezahlung von DM-West 3.000.- [...] in bar und unserer Versicherung an Herrn Heidemann, dass wir ihm bei einer Einreise in die DDR ein weiteres Honorar von MDN 2.000.- [...], abzüglich 20% Honorarsteuer, ausbezahlen, erhielten wir ca. 150 Fotos, Tonbänder, Originaldokumente und Briefkopien ausgehändigt. Unser vorbereiteter Vertrag wurde nicht benötigt, weil Herr Heidemann beide Geschäfte voneinander trennen wollte.[15]

Als Ersatz wurde zwischen den Verhandlungspartnern eine schriftliche Vereinbarung getroffen, in dem sich die Filmemacher aus der DDR verpflichteten,

> dieses Material keiner in- oder ausländischen Zeitschrift und keinem in- oder ausländischen Fernsehsender zur Verfügung zu stellen, [und] dass mit diesem Material keine Propaganda gegen die Bundesrepublik Deutschland getrieben [würde]. Bei einer evtl. filmischen Wiedergabe der Fotos [sollte] der Stern nicht als Urheber dieser Bilder genannt werden.[16]

Heynowski führte in der Aktennotiz an, dass sie unterschrieben hätten, „weil ja tatsächlich nur mit Dokumenten aus nachprüfbaren westdeutschen Quellen gearbeitet" würde. Außerdem sei es leicht, allen Wünschen Heidemanns entgegenzukommen, weil so Heynowski weiter, „in meiner Konzeption davon ausgegangen wird, dass wir alles Material von der Kongolesischen Freiheitsbewegung erhalten haben. Im Kongo wurden die Fotos, Tonbänder, Filmstreifen und Zeitschriftenausschnitte bei einem toten Tschombé-Söldner aufgefunden."[17]

Schließlich entstand unter der Regie von Heynowski und aus den Materialien des westdeutschen Journalisten Heidemann eine Filmcollage im Dokumentationsstil mit dem Titel *Kommando 52*, die – in der DDR erst ab 18 Jahren freigegeben – die These stützen sollte, dass die Deutschen im Kongo „Söldner von Tshombés und Bonns Gnaden waren, ausgerüstet mit westdeutschem Kriegsmaterial; Deutsche, für die sich, [...] die Schöpfer

---

15 Aktennotiz Walter Heynowski, 28.5.1965, ebd.
16 Abschrift des Vertrages zwischen Gerd Heidemann und Peter Hellmich, 25.5.1965, ebd. Das Original ist im GHS-Archiv erhalten.
17 Aktennotiz Walter Heynowski, 28.5.1965, ebd.)

dieser Dokumentation – und Millionen andere – schämen."[18] Fotos und Filmaufnahmen wurden so mit Tonbandinterviews und Off-Kommentaren zusammengestellt, dass beim Zuschauer der Eindruck entstehen sollte, die Söldner hingen einer Weltanschauung an, die sich aus nationalsozialistischem Gedankengut, Militarismus, Rassismus und Imperialismus speise (Bunnenberg 2011). Zudem versuchte der Film vermeintliche Netzwerke zwischen den politischen Eliten der Bundesrepublik und der Demokratischen Republik Kongo aufzudecken, indem er Bilder von Tshombés Besuch an der Berliner Mauer in Begleitung von Bundespräsident Lübke mit der Aussage Müllers kombinierte, „wir haben das gleiche Ziel wie die Bundesrepublik: Kampf dem Bolschewismus".[19]

In der DDR am 16. November 1965 auf der Leipziger Dokumentarfilmwoche erstmalig gezeigt, erhielt der Film den begehrten Preis der Goldenen Taube. In der Bundesrepublik hingegen wurde *Kommando 52* zum Sperrfilm erklärt, da er einen propagandistischen Angriff auf die Bundesrepublik darstelle und ein Spannungsverhältnis zum Kongo schaffen könne (Buchloh 2002: 242; Wohland 1968 und 1969). Allerdings wurde durch den Film ein neuer Blick auf die Söldner und ihre Tätigkeit im Kongo geworfen, der – gegenüber vielen sensationsheischenden Artikeln in der westdeutschen Presse – vor allem durch ein ideologisches, politisches und journalistisches Interesse motiviert war. Aus der Darstellung der antikommunistischen und rassistischen Aussagen der Söldner in Verbindung mit den Bildern gefolterter und ermordeter Kongolesen entstand die Frage nach einem neuen Typus deutscher Kriegsverbrechen, die vor dem Hintergrund der Auschwitzprozesse (1963-65, 1965-66) auf eine in dieser Richtung sensible deutsche Öffentlichkeit in beiden deutschen Staaten traf. Mit seinem Film war es Heynowski gelungen, die Existenz deutscher Söldner im Kongo nicht nur als ein afrikanisches Phänomen wahrzunehmen, sondern im Kontext des ‚Neokolonialismus'- und Imperialismusvorwurfs der DDR gegenüber der Bundesrepublik Deutschland als deutsch-deutsche Angelegenheit endgültig zu problematisieren.

Die Beschaffung der Fotos und Tonbandaufnahmen sollten Heynowski und Hellmich zwei Jahre später allerdings noch einmal beschäftigen. Auf

---

18 Schriftliches Begleitmaterial zum Film *Kommando 52* (Bundesarchiv-Filmarchiv 9137)

19 DEFA-Film *Kommando 52*. Zitiert wird hier Siegfried Müller. Die Tonaufnahme geht zurück auf ein Interview, das Heidemann 1964 mit Müller im Kongo geführt hat. Das Interview liegt dem Verfasser als Tonspur vor.

der Leipziger Messe wurde 1967 u.a. der Bilddokumentarband *Kannibalen*
vorgestellt, in dem die Dokumentarfilmer erneut die Fotos des Hamburger
Journalisten druckten. Das Buch sollte nach ihren Vorstellungen „ausgehend vom Material zum Film *Kommando 52*, inhaltlich und thematisch weit
über diesen hinausreichen und an einem vielfältigen Bild von modernen
Söldnern die expansiven und aggressiven Manipulationen des Imperialismus [...] entlarven."[20] Zum großen Erstaunen aller Beteiligten war Gerd
Heidemann 1967 ebenfalls auf der Messe zugegen und stand unverhofft
vor dem Messestand. Laut Bericht wies er darauf hin, dass „90% der Bilder und mehr [...] von ihm" seien. In einem späteren Telefonat konnte ge-
klärt werden, dass er Heynowski und Hellmich nur erlaubt hätte, die Fotos
für den Film und eine Bildreportage in der *Neuen Berliner Illustrierten* zu
benutzen. Für eine weitere Publikation hätten sie keine Rechte erworben.
Heidemann erklärte sich aber bereit, gegen die Zahlung von 50 DM pro
Foto und unter der Gewährleistung, dass sein Name keine Erwähnung
finden würde, keine weiteren Schritte zu unternehmen.[21] Man einigte sich
schließlich in diesem Sinne.

Erneute Grenzüberschreitungen und *Der lachende Mann*

Am 1. November 1965, schrieb Müller an Gerd Heidemann von einem
Treffen:

> Im Moment bin ich in Sueddeutschland. [...] In Muenchen traf ich einen Herrn
> Hellmich, Kameramann. Er ist daran interessiert, mit mir was anzufangen. Er
> behauptet, er kenne sie gut und haette die Tonbaender aus Bikili gehoert. Das
> kann in Ordnung gehen, aber ich haette gern umgehend Ihre Antwort, ob es
> sich dabei um einen serioesen Herrn handelt, besonders politisch. Beispiels-
> weise lege ich wenig Wert darauf in oestlichen Staaten publiziert zu werden.[22]

Da die Antwort von Heidemann ausblieb, wurde Müller erneut Protagonist in einem Film von Heynowski, denn zeitgleich liefen in der DDR umfangreiche Planungen für einen zweiten Film über Müller, und das noch
bevor der erste überhaupt gesendet worden war (Bunnenberg 2007: 95-99,

---

20 Arbeitsgutachten zu Heynowski/Scheumann, „Kannibalen", 10.2.1967 (Bundes-
    archiv, Berlin DY17/691)
21 Messebericht, ebd.
22 Brief von Siegfried Müller an Gerd Heidemann, 1.11.1965 (GHS-Archiv)

Steinmetz/Prase 2002: 73). Nach einem im Oktober 1965 zustande gekommenen Treffen zwischen Hellmich und Müller wurde die DEFA-Leitung
von Heynowski unterrichtet, dass es möglich sei, in der Bundesrepublik
Deutschland ein Interview mit Müller zu drehen. Am 1. November 1965
wurde das Projekt genehmigt, die Gelder und die Einreise der Grenzgänger Heynowski und Scheumann in die Bundesrepublik bewilligt. Am
10. November 1965 interviewten die beiden in einem Atelier in München
Siegfried Müller, der nichts von der wahren Identität des Filmteams aus
der DDR wusste. Vor einem schwarzen Vorhang im Kampfanzug mit
Eisernem Kreuz platziert, kongolesische Epauletten, Fangschnüre und
Springerstiefel tragend, stand Müller, reichlich Pernod trinkend, frei-
mütig Rede und Antwort auf die zahlreichen Fragen seiner Gegenüber
(Steinle 2003: 302; Steinmetz/Prase 2002: 74). Zunehmend alkoholisiert
setzte Müller zu einer „Schnaps-Beichte" an, wie der *Spiegel* schrieb. (o.A.
1967).

In einem zeitgleich präsentierten Buch beschrieben Heynowski und
Scheumann stolz ihr investigatives Vorgehen (Heynowski/Scheumann
1966a). Man hätte sich so nah gegenüber gesessen, „die Kommunisten
und der Antikommunist. Welch eine Situation: Klassenkampf." (Ebd.: 5)
Im Vordergrund stand der Versuch, Müllers Vorgehen im Kongo als Ausdruck westdeutscher Außenpolitik zu inszenieren: „Ein Deutscher war
Kommandeur dieser Truppe. Er hatte den deutschesten aller Namen: Müller. Er hieß auch noch: Siegfried. In seiner Tasche steckte [...] der westdeutsche Reisepaß" (ebd.: 7). Müller bediente fast perfekt die Erwartungen seiner Gesprächspartner, indem er sich in rassistischen Äußerungen
verlor, seine antikommunistischen Ansichten kundtat, unkritische Ver-
gleiche zwischen dem südafrikanischen Apartheidsystem und der nationalsozialistischen Judenpolitik anstellte, indirekt seine Bereitschaft zur
‚Befreiung' der DDR signalisierte, seine Kontakte zur NATO rühmte und
die Fallschirmjägerausbildung der Bundeswehr als gute Grundlage für den
Kampf im kongolesischen Urwald bewertete (ebd.). Für die propagandistische Zielsetzung des Films ein voller Erfolg: Durch das Interview schien
Müller sich selbst ebenso wie den Westen insgesamt als neokolonial, antikommunistisch und imperialistisch zu entlarven. Tatsächlich ließen sich
jedoch bis heute keine Belege für ein konkretes Eingreifen oder die Unterstützung der Söldnereinheiten durch Einrichtungen der Bundesrepublik
Deutschland finden (Bunnenberg 2009: 68-70). „Kongo-Müller" sprach für
sich selbst, nicht aber für die bundesdeutsche Politik, auch wenn er Heynowski und Scheumann gegenüber alle Vorwürfe, die der Bundesrepublik

vor allem im Osten im Zusammenhang mit den politischen Vorgängen im
Kongo gemacht worden waren, bestätigte.
Die Uraufführung des Films im Deutschen Fernsehfunk am 9. Februar 1966 wurde durch Artikel in überregionalen Zeitungen und Illustrierten der DDR vorbereitet. In der *Neuen Berliner Illustrierten* wurde z.b. eine
dreiteilige Serie unter dem Titel „Und morgen die ganze Welt?" von Walter Heynowski abgedruckt (Heynowski 1966). Das Datum war ebenfalls
bewusst gewählt worden, denn wenige Tage später begannen die Oberhausener Kurzfilmtage, wo der Film *Kommando 52* abgelehnt worden war.
Deshalb sollte durch das aktuelle Medienecho dennoch genügend Aufsehen erregt werden, was man durch die Veröffentlichung des Interviews in
Form von Büchern und einer Schallplatte – auch hinsichtlich einer Langzeitwirkung – noch zu verstärken suchte. Müller selbst hatte sein Interview schon vor der Uraufführung bereut, wie sich einem Brief an Heidemann vom 11. Dezember 1965 entnehmen lässt:

> Vielleicht bemühen Sie sich mal um eine Aufwertung des Siegfried Müller. Da
> hatte ich eine Bekanntschaft mit Herrn Hellmich-München gemacht. Der, wie
> seine Freunde, besaßen erstaunliche Kenntnisse aus Ihren Kongounterlagen.
> Inzwischen ist in Ostzonalien der Film *Kommando 52* mit Ihren Unterlagen
> und meinem Interview angelaufen. So sind solche Dinge als gut in Ost+West
> angekommen. […] schlecht für mich. Hätte ich einen Hinweis von Ihnen über
> Hellmich-Heynowsky erhalten, wäre ich dankbar gewesen. Ich kann meine
> Meinung auch vor Roten vertreten. Schließlich aber muß man sein Publikum
> kennen. Auch ein Schauspieler muß bei einer Kindervorstellung anders auftreten als bei Senioren.[23]

Da die Hinweise ausgeblieben waren, hatte Müller unbekümmert eine
Vorstellung für das vermeintlich westdeutsche Fernsehteam gegeben.

Das westdeutsche Verbringungsgesetz als undurchdringliche Grenze?

Obwohl die Filme *Kommando 52* und *Der lachende Mann* in 37 Staaten exportiert wurden, waren sie in der von der DDR beschuldigten Bundesrepublik Deutschland nur unter erschwerten Bedingungen zu sehen
(Wohland 1968, Steinle 2003). Nachdem schon der Film *Kommando 52* bei

---

23 Brief von Siegfried Müller an Gerd Heidemann, 11.11.1965 (GHS-Archiv)

den Oberhausener Kurzfilmtagen nicht aufgeführt werden durfte, war
Der lachende Mann auf der Mannheimer Filmwoche mit der Begründung
nicht zugelassen worden, dass „es sich bei dem Monolog eines auf einem
Stuhl festgebannten Mannes keineswegs um das handeln kann, was man
einen Film nennen" darf. Außerdem sei „das Thema ‚Kongo-Müller' in der
Bundesrepublik Deutschland schon ziemlich abgedroschen" (o.A. 1966a).
Hinter dieser Argumentation stand eine Drohung durch den westdeutschen Interministeriellen Ausschuss an die Veranstalter des Festivals, die
Subventionen für die Veranstaltung einzubehalten, falls der Film aufgeführt werden würde (Steinmetz/Prase 2002: 85). Der Interministerielle
Ausschuss arbeitete eng mit dem Bundesamt für gewerbliche Wirtschaft
zusammen, dem in die Bundesrepublik Deutschland eingeführte Filme
innerhalb einer Wochenfrist vorgelegt werden mussten, „die ihren Ursprung in einem der Ostblockstaaten haben. Das gleiche gilt für Filme, die
in der SBZ hergestellt worden sind."[24]

Trotz der Absage der Festivalleitung sollte der DEFA-Film allerdings
doch noch in Mannheim aufgeführt werden. Der Sozialistische Deutsche
Studentenbund hatte den Freiburger Versicherungskaufmann Helmut
Soeder gewinnen können, eine in seinem Besitz befindliche 16mm-Kopie
des Films zu zeigen (o.A. 1966b). Soeder hatte den Film als Aktivist der
Deutschen Friedens-Union bei einem Besuch der Leipziger Frühjahrsmes-
se 1966 gesehen, zu dem ihn der Freie Deutsche Gewerkschaftsbund der
DDR eingeladen hatte:

> Dort wurde uns Besuchern aus Westdeutschland ein soeben fertig gestellter
> Dokumentarfilm gezeigt, der mich tief beeindruckte: Der lachende Mann – Be-
> kenntnisse eines Mörders. Ich sagte zu meinem ‚Betreuer', einem dortigen Ge-
> werkschafter, dass ich diesen Film gerne in Westdeutschland zeigen würde.
> Einige Tage später teilte er mir mit, dass man für mich eine Kopie herstelle.
> Leider war sie nicht fertig bis zur Abreise. […] Um den Film später sicher über
> die ‚Grenze' zu bringen, reiste ich […] noch einmal nach Leipzig, dieses Mal
> aber nicht in meinem Auto, sondern per Flugzeug, auf eigene Kosten. Ich erhielt
> drei große Filmrollen.[25]

Bei der zweiten Aufführung im privaten Kreise bekam Soeder Besuch von
der Kriminalpolizei, die eine Vorlage beim Bundesamt für Gewerbliche Wirtschaft anmahnten und mit 50.000 DM Strafe drohte (o.A. 1966a). Dem kam der

---

24 Bundesarchiv Koblenz B 103/227
25 Schriftliche Auskunft von Helmut Soeder, 26.5.2010

Friedensaktivist nicht nach, sondern beschloss den Film öffentlich zu zeigen, was ihm in 62 Fällen gelang. Zwischen Oktober 1966 und Januar 1968
reiste Soeder mit seinen Filmrollen quer durch die Bundesrepublik oder
schicke diese an die Aufführungsorte. So wurde der Film u.a. von der
evangelischen Kirchengemeinde Berlin-Siemensstadt aufgeführt, ebenso
im evangelischen Pfarramt Betzweiler, vor Teilnehmern einer Wehrpflich-
tigenfreizeit und an 16 westdeutschen Universitäten. Der umtriebige Friedensaktivist schaffte es mit seinen Aktionen sogar die Aufmerksamkeit
des Fernsehens zu erregen. Am 9. Juni 1967 berichtete das Politmagazin
Report vom Südwestrundfunk über seine Aktionen. Ein jähes Ende fanden die Vorführungen, als die Filmrollen im Juni 1968 auf dem Postweg
verschwanden.[26] Einer versuchten Beschlagnahmung des Films folgte
schließlich ein Rechtsstreit, den Soeder erst 1970 vor dem Bundesverfassungsgericht in letzter Instanz verlieren sollte – das Gericht sah den Tatbestand einer Zensur nicht erfüllt, ein Urteil, das in juristischen Kreisen
äußerst kritisch diskutiert wurde (Wohland 1968 und 1969).

Auch Bundesministerien mussten sich mit den Kongo-Filmen aus der
DDR beschäftigen. Noch ganz aufgewühlt von einem Besuch in der DDR
schrieb die Bundesbürgerin Luise T. aus Hessen am 22. Juli 1966 einen
Brief an den FDP-Politiker Erich Mende, zu dieser Zeit Bundesminister für
Gesamtdeutsche Fragen. Zusammen mit ihrer Tochter sei sie

> eben von einem Besuch aus der Zone zurückgekehrt. [Sie seien] immer wieder
> in einer schrecklichen Sache angesprochen [worden]. In der Zone wird ein Film
> gezeigt […]. Es sollen so entsetzliche Dinge gezeigt werden, daß die Menschen
> […] zum Teil das Kino verlassen. Es wird gesagt, daß Reporter und Filmleute
> aus der Zone diesen Herrn Müller, (man nennt ihn Kongo-Müller), besucht hät-
> ten, und alles was sie in dem Film zeigten von Herrn Müller persönlich wüss-
> ten […]. Man ist begreiflicher Weise entsetzt und vergleicht mit den Untaten des
> 3. Reiches.[27]

Gegenüber den Verwandten und Bekannten in der DDR habe sich Frau T.
gegen den Vorwurf verteidigen müssen, dass die Bundesrepublik Deutschland diese Taten decken und nicht verfolgen würde. Von Bundesminister
Mende erbat sie deshalb Aufklärung in der Angelegenheit. Dieser teilte ihr
in seinem Antwortschreiben mit, dass ihm „der ehemalige Wehrmachtsof-
fizier Müller [und] dieser Film" bekannt wären. Es spräche aber nichts dage-

---

26 Ebd.
27 Bundesarchiv Koblenz B 137/13525

gen, dass sich Müller „für eine Tätigkeit im Kongo [habe] anwerben" lassen und von General Mobutu, „also einem Kongolesen, mit dem Kommando betraut" worden sei, schließlich würde das Grundrecht der Freizügigkeit jedem zugestehen, „auch im Ausland einer Tätigkeit nachzugehen". Die brutalen Einsätze der Söldnereinheiten im Kongo beschrieb der Politiker als „Polizeiaktionen", die immer „ein Bild der Grausamkeit [bieten würden], besonders dann, wenn man sie mit der Absicht filmt und veröffentlicht, mit der Darstellung [...] einen bestimmten politischen Effekt zu erzielen." Zum Abschluss des Schreibens bemühte der Minister dann aber seinerseits die politische Polemik, indem er auf die „Grausamkeiten [...] im kommunistischen Machtbereich [und] die grauenhaften Morde an der Mauer in Berlin oder an der Demarkationslinie zwischen der Bundesrepublik Deutschland und der sowjetischen Besatzungszone" verwies (ebd.).

Fazit

An dem Fallbeispiel „Kongo-Müller" lassen sich sehr anschaulich gelungene und misslungene Grenzüberschreitungen bei der Produktion und dem Vertrieb der Kongo-Filme auf verschiedenen Ebenen aufzeigen: So kauften die DDR-Dokumentarfilmer erfolgreich Foto- und Tonbandmaterial bei westdeutschen Journalisten, ganz deutsch gegen Quittung, die in den Filmen als eigene Rechercheergebnisse inszeniert wurden. Dazu bediente sich Heynowski von Beginn an des Grenzgängers Peter Hellmich, der als DEFA-Mitarbeiter und westdeutscher Bundesbürger die Recherchen in der Bundesrepublik anschob. Die Verhandlungen – auch über die gewünschte Einreise Heidemanns in die DDR – hatte Heynowski zu verantworten, ebenso die Durchführung des Geschäfts und die Verschleierung des Grenzübertritts, der angesichts der Ereignisse nicht nur ein territorialer gewesen war.

Das Interview mit Müller führte das DDR-Filmteam ebenfalls als Grenzgänger, ausgestattet mit dem Segen und finanziellen Mitteln hoher politischer Stellen in der DDR. Dabei kam den Dokumentarfilmern Müllers Wunsch nach medialer Präsenz mehr entgegen, als sie später bereit waren zuzugeben. Die bewusst herbeigeführte Trunkenheit Müllers während der Aufnahmen mag dabei auch als moralische Grenzüberschreitung gelten, ein Umstand, der dem Film ein Stück weit die Glaubwürdigkeit entzog.

Gleichzeitig offenbaren sich aber auch Grenzen. Eine Aufführung der Filme auf Filmfestivals in der Bundesrepublik scheiterte an dem – nicht unumstrittenen – sogenannten westdeutschen Verbringungsgesetz; mit dem Film *Der lachende Mann* beschäftigten sich deshalb zeitweilig sogar das Bundesverfassungsgericht und verschiedene Bundesministerien. Eine breite Rezeption der Filme durch die westdeutsche Öffentlichkeit blieb damit aus. Gleiches gilt auch für die weiteren Filme *P.S. zum lachenden Mann* (1966) und *Der Fall Bernd K.* (1967) sowie die begleitenden Bücher und die Schallplatte (1966b). Alternative ‚Verbringungswege' erschlossen hingegen westdeutsche Grenzgänger. Privatpersonen, die aus Empörung über die Untaten der Söldner die Filme in die Bundesrepublik einschleusten und bis zu ihrer Beschlagnahmung vor allem vor studentischem Publikum zeigten oder nach Verwandtschaftsbesuchen den Film in der westdeutschen Gesellschaft ins Gespräch brachten. Doch auch hier blieb eine breite Wirkung aus – es gelang den Filmen nicht, die Grenzen zur Bundesrepublik Deutschland zu passieren.

Aber nicht nur in der zeitgenössischen Rezeption sondern auch erinnerungskulturell sind Grenzen offensichtlich: Während in der DDR *Der lachende Mann* zur besten Sendezeit lief und bis zum heutigen Tag den Zeitgenossen ein Begriff ist, gerieten die Filme und auch der „Kongo-Müller" auf dem Gebiet der Bundesrepublik weitgehend in Vergessenheit.

Literatur

Bandel, Jan-Frederi (2005): Das Malheur. Kongo-Müller und die Proteste gegen „Africa Addio". In: iz3w 287. 2005: 37-41

Böttcher, Claudia/Kretzschmar, Judith/Schier, Corinna (2002): Heynowski & Scheumann. Dokumentarfilmer im Klassenkampf. Leipzig: Leipziger Universitätsverlag

Buchloh, Stephan (2002): „Pervers, jugendgefährdend, staatsfeindlich." Zensur in der Ära Adenauer als Spiegel des gesellschaftlichen Klimas. Frankfurt am Main: Campus

Bundesministerium für innerdeutsche Beziehungen (Hrsg.) (1978): Dokumente zur Deutschland-politik. IV. Reihe/Band 11 (1. Januar bis 31. Dezember 1965), 1. Halbband (1. Januar bis 31. Mai 1965). Frankfurt am Main: Oldenbourg Wissenschaftsverlag

Bunnenberg, Christian (2007): Der „Kongo-Müller". Eine deutsche Söldnerkarriere. Münster: Lit

Bunnenberg, Christian (2009): Heiße oder kalte Krieger? Bundesdeutsche Ministerien und der Einsatz (west-)deutscher Söldner während der Kongo-Krise 1964/65. In: Diskurs. Politikwissenschaftliche und geschichtsphilosophische Interventionen 2. 2009: 58-70

Bunnenberg, Christian (2011): Propaganda mit Kongo-Müller: „Ein gefilmtes Gespräch mit einem dieser faschistischen Übermenschen auf dem Zenit seiner Machtausübung!" – Die DEFA-Filme „Kommando 52" und „Der lachende Mann", (west-)deutsche Söldner und die Kongo-Krise 1964/65. In: Horch und Guck. Zeitschrift zur kritischen Aufarbeitung der SED-Diktatur 74. 2011: 44-47

Carmin, Auguste (1965): Leserbrief. In: Der Spiegel, Nr. 1-2. 1965

Förster, Stig (Hrsg.) (2010): Rückkehr der Condottieri? Krieg und Militär zwischen staatlichem Monopol und Privatisierung: Von der Antike bis zur Gegenwart. Paderborn: Schöningh

Gleijeses, Piero (1994): Flee! The White Giants are Coming! The United States, the Mercenaries, in the Congo 1964-1965. In: Diplomatic History. The Society for Historians of American Foreign Relations 18. 1994: 207-237

Heynowski, Walter (1966): Und morgen die ganze Welt? In: Neue Berliner Illustrierte, 9.2.1966

Heynowski, Walter/Scheumann, Gerhard (1966a): Der lachende Mann. Bekenntnisse eines Mörders. Berlin: Verlag der Nation

Heynowski, Walter/Scheumann, Gerhard (1966b): Der lachende Mann. Zum ersten Mal auf Schallplatte: Die Stimme eines Mörders, der in Freiheit lebt. Ein Zeitdokument. Berlin: litera

Heynowski, Walter/Scheumann, Gerhard (1967): Kannibalen. Ein abendländisches Poesiealbum in Selbstzeugnissen. Berlin: Verlag der Nation

Heynowski, Walter/Scheumann, Gerhard (1968): Der Fall Bernd K. Halle (Saale): Mitteldeutscher Verlag

Karl, Lars (Hrsg.) (2007): Leinwand zwischen Tauwetter und Frost. Der osteuropäische Spiel- und Dokumentarfilm im Kalten Krieg. Berlin: Metropol

Kacza, Thomas (1990): Die Kongo-Krise 1960-1965. Pfaffenweiler: Centaurus

Koch, Peter-Ferdinand (1990): Der Fund: Die Skandale des "Stern". Gerd Heidemann und die Hitler-Tagebücher. Hamburg: Facta Oblita

Müllenheim-Rechberg, Burkhard (1998): Entführung und Tod des Moise Tshombé. Das Ende einer Hoffnung für den Kongo. Münster: Lit

o.A. (1964a): o.T. In: Der Spiegel 39. 1964

o.A. (1964b): Die Straße der Landsknechte. In: Der Stern 47. 1964

o.A. (1964c): Das sind Bonner Söldner, die für Tshombe morden. In: Neues Deutschland, 13.10.1964

o.A. (1966a): o.T. In: Neues Deutschland, 12.10.1966

o.A. (1966b): o.T. In: Neues Deutschland, 16.10.1966

o.A. (1967): Der lachende Mann. In: Der Spiegel 24. 1967

Odom, Thomas D. (1988): Dragon Operations. Hostage Rescues in the Congo 1964-1965. In: Leavenworth Papers 14. 1988

Steinle, Matthias (2003): Vom Feindbild zum Fremdbild. Die gegenseitige Darstellung von BRD und DDR im Dokumentarfilm. Konstanz: UvK

Steinmetz, Rüdiger/Prase, Tilo (2002): Heynowski & Scheumann und Gruppe Katins. Leipzig: Leipziger Universitätsverlag

Wiechmann, Gerhard/Thomas, Thorsten (2010): Moderne Landsknechte oder Militärspezialisten? Die „Wiedergeburt" des Söldnerwesens im 20. Jahrhundert im Kongo 1960-1967. In: Förster (2010): 265-282

Wiechmann, Gerhard/Deckert, Roman/Eberspächer, Cord (2007): Der Dokumentarfilm als Waffe im Kalten Krieg: *Der lachende Mann. Bekenntnisse eines Mörders* und *Immer wenn der Steiner kam.* Sternstunden des Films oder demagogische Demontage? In: Karl (2007): 171-202

Wirz, Albert (1982): Krieg in Afrika. Die nachkolonialen Konflikte in Nigeria, Sudan, Tschad und Kongo. Wiesbaden: Steiner

Wohland, Werner (1968): Informationsfreiheit und politische Filmkontrolle: Ein Beitrag zur Konkretisierung von Art. 5 Grundgesetz. Berlin: Duncker u. Humblot

Wohland, Werner (1969): Die politische Filmeinfuhrkontrolle vor dem Bundesverfassungsgericht – der Fall „Kongo-Müller". In: Film und Recht 1. 1969: 8-43

Zwischen Revolutionsromantik und mangelnder Leidenschaft für den Sozialismus

Die Rezeption von Peter Lilienthals *Es herrscht Ruhe im Land* in Ost- und Westdeutschland

Claudia Sandberg

[...] once filmic texts enter the context of transnational transfer and distribution, they become subject to significant variations, translations and cultural adaptation processes. (Bergfelder 1998: 12)

Der Militärputsch in Chile am 11. September 1973 – er wurde finanziell und ideologisch durch die sogenannte Operation Condor von den USA unterstützt – zerstörte die chilenische Demokratie; dabei kam der amtierende Präsident Salvador Allende zu Tode. Die demokratisch gewählte sozialistische Partei Unidad Popular wurde durch eine Militärdiktatur unter der Führung von General Augusto Pinochet ersetzt. *Es herrscht Ruhe im Land* (1975) handelt von den Auswirkungen jenes Militärputsches. Der Film spielt in der fiktiven südamerikanischen Stadt Las Piedras. In den Anfangsszenen trifft dort ein älterer Mann names Paselli (Luciano Noble) ein. Er möchte seine Tochter Maria Angelica (Henriqueta Maya) besuchen, die in einem Gefängnis außerhalb der Stadt festgehalten wird. Paselli wohnt in einem kleinen Hotel. Er vertraut seine Sorgen dessen Besitzer Parra (dargestellt vom französischen Schauspielveteranen Charles Vanel) an. Auf diese Weise erfahren Parra, seine Familie und schließlich alle Bewohner von Las Piedras von der Existenz des Gefängnisses. Schockiert, aber auch politisiert durch den wachsenden Terror, den das Regime auf die Bevölkerung ausübt, organisieren die Bürger den Widerstand. Nach dem

Fluchtversuch einiger Gefängnisinsassen werden die zurückgelassenen Gefangenen von den Angehörigen der Militärregierung ohne Gnade getötet. Ihre Beerdigung wird zu einer Massendemonstration, bei der die Bewohner der Stadt ihren Protest offen zum Ausdruck bringen.

Der Regisseur Peter Lilienthal konzipierte *Es herrscht Ruhe im Land* als einen Akt des Widerstands für ein Publikum, das von den politischen Ereignissen in Südamerika unmittelbar betroffen war. Die Anspielungen auf Chile sind offensichtlich: Der Film enthält dokumentarisches Material von Straßenkämpfen zwischen Angehörigen des chilenischen Militärs und der Zivilbevölkerung. Die Inhaftierung von Bürgern im Stadion von Las Piedras bezieht sich auf reale Ereignisse im damaligen Chile: 1973 wurden Gegner der Militärjunta im Estadio Nacional in Santiago eingesperrt. Die Begräbnisszenen im Film lassen sich als Anspielung auf die Bestattung des chilenischen Dichters und Nobelpreisträgers Pablo Neruda im Jahr 1976 verstehen, die trotz Pinochets Verbot ebenfalls zu einem Massenereignis wurde. Der Familienname Parra etabliert ein weiteres narratives Element, das symbolisch für progressive künstlerische Aktivitäten in Chile steht. Die Sängerin Violeta Parra und ihr Bruder, der Dichter Nicanor Parra, sind nur zwei Mitglieder dieser künstlerisch überaus produktiven chilenischen Familie.

Produziert wurde *Es herrscht Ruhe im Land* von der Film-Fernsehen-Autoren-Team GmbH (FFAT), ZDF und ORF.[1] Der Film erregte in der damaligen Bundesrepublik große Aufmerksamkeit und brachte Lilienthal über die westdeutschen Grenzen hinaus Anerkennung. 1976 wurde der Film mit dem Deutschen Filmpreis als bester Spielfilm ausgezeichnet, 1977 mit dem Deutschen Kritikerpreis in der Kategorie „Bester Film". Im Januar 1976 kam *Es herrscht Ruhe im Land* in der BRD ins Kino, im April 1977 in der DDR.

Peter Lilienthal und seine Filme spielten Ende der 1970er und 1980er Jahre eine bedeutende Rolle in den kulturpolitischen Landschaften der DDR wie auch der BRD. Die beiden deutschen Staaten nutzten das Thema Chile zur Illustration ihrer politischen Ausrichtung. *Es herrscht Ruhe im Land* soll im Folgenden als Beispiel für dieses Phänomen herangezogen werden. Filmkritiker in der DDR waren in ihrer Interpretation von *Es herrscht Ruhe im Land* durch die ästhetischen und rhetorischen Parame-

---

1 Lilienthal gründete die FFAT gemeinsam mit dem Regisseur Norbert Kückelmann. Weitere Produktionen der FFAT waren *Hauptlehrer Hofer* (1975) and *David* (1979).

ter des sozialistischen Realismus eingeschränkt, während westdeutsche Rezensenten ihre Meinung über Lilienthals Film freier äußern konnten. Nichtsdestotrotz war die Filmkritik in Ost- und Westdeutschland von einer Terminologie des Kalten Krieges und den jeweiligen Positionen beider Staaten geprägt. Der vorliegende Aufsatz untersucht die unterschiedlichen Strömungen in der kritischen Rezeption von *Es herrscht Ruhe im Land*.

Peter Lilienthal und sein Werk in antagonistischen politischen und kulturellen Zusammenhängen

Die Arbeiten des Filmemachers Peter Lilienthal reflektieren die unterschiedlichen kulturellen, gesellschaftlichen und politischen Zusammenhänge, die sein Leben von Kindheit an geprägt haben. Der 1929 in Berlin geborene Lilienthal musste mit seiner Familie vor der Verfolgung durch die Nationalsozialisten fliehen. Er wuchs in Uruguay auf und kehrte nach dem Zweiten Weltkrieg nach Deutschland zurück. In Lilienthals Filmen geht es um gesellschaftliche und politische Themen in verschiedenen Ländern, darunter den USA und Israel. Mit Lateinamerika beschäftigte er sich in nicht weniger als fünf Spielfilmen und einem Dokumentarfilm.[2]

In der Bundesrepublik Deutschland wurden Lilienthals Filme im Rahmen der Bemühungen genutzt, kulturelle Kommunikationskanäle mit der ‚Dritten Welt' zu etablieren. Die westdeutsche Kulturpolitik war geprägt von einem aufgeklärten und von Anteilnahme geprägten Umgang mit außenpolitischen Themen, um das demokratische Selbstverständnis der BRD – besonders dem Ausland gegenüber – zu demonstrieren. Lilienthals Filme konnten in der Bundesrepublik und über deren Grenzen hinaus als kulturelle Zeugnisse einer lebendigen deutschen Demokratie dienen. Die lateinamerikanischen Filme des Regisseurs förderten darüberhinaus den Dialog mit Zentral- und Südamerika und trugen auf diese Weise zum Aufbau der wirtschaftlichen Beziehungen mit diesen Ländern bei. Aus diesem Grund war der Filmemacher selbst ein wichtiges kulturelles Bindeglied zwischen der Bundesrepublik und Lateinamerika. Lilienthal reiste häufig in lateinamerikanische Länder, um an Filmfestivals oder an-

---

2 Neben *Es herrscht Ruhe im Land* realisierte Lilienthal folgende Filme in und über Latein-amerika: *La Victoria* (1973), *Der Aufstand* (1980), *Das Autogramm* (1984) *Der Radfahrer von San Cristóbal* (1989) und *Camilo – Der lange Weg zum Ungehorsam* (2007).

deren kulturellen Events teilzunehmen und um Vorführungen seiner Filme zu begleiten. Goethe-Institute in Montevideo, Santiago de Chile und
Salvador-Bahia (Brasilien) haben dergleichen Veranstaltungen im Laufe
der Jahre organisiert und gefördert.[3] Vorführungen von Lilienthals Filmen
fanden in Universitäten, Schulen und Kirchen statt. Vor diesem Hintergrund stellte Lilienthal selbst gewissermaßen ein kulturelles Kapital dar.
Da er in Lateinamerika aufgewachsen war und fließend Spanisch sprach,
hatten die dortigen Zuschauer vermutlich das Gefühl, er sei einer von ihnen, während er von der BRD als deutscher Filmemacher gesehen wurde.

Die Kulturschaffenden in der DDR bemühten sich, die Bevölkerung des
eigenen Landes gemäß den Vorgaben der regierenden Sozialistischen Ein-
heitspartei (SED) von den Vorzügen des Sozialismus zu überzeugen. Der
ostdeutsche Staat machte sich Lilienthal und seine Filme in diesem Kontext zunutze. Obwohl *Es herrscht Ruhe im Land*, *Der Aufstand* (1980), *Dear
Mr. Wonderful* (1982) und *Das Autogramm* (1984) in der Bundesrepublik
koproduziert und verliehen wurden, kamen sie auch in der DDR in die Kinos. Diese Filme wurden offiziell zur politischen Bildung der Bevölkerung
eingesetzt: Die Solidarität mit Chile, für die sie eintreten, sollte dazu beitragen, die Distanz zwischen den Bürgern der DDR und ihrer Regierung
zu überwinden. *Es herrscht Ruhe im Land* kam der DDR gelegen, weil der
Film Antifaschismus und Solidarität ansprach, beides Schlüsselbegriffe
für das Selbstverständnis des sozialistischen Staates. Entsprechend einem
in geografisch-nationaler Hinsicht wirksamen Spaltungsmuster bezüglich Faschismus/Antifaschismus brachte die offizielle DDR-Rhetorik den
Faschismus mit Kapitalismus und Imperialismus in Verbindung. Mit dem
Vorwurf, die Bundesrepublik sei in die Fußstapfen des Nationalsozialismus getreten und eine „Kolonie des amerikanischen Imperialismus", po-
sitionierte sich die DDR gegenüber der BRD als ethisch überlegener und
deshalb „echter" deutscher Staat (Poutrus 2009: 138). Vor diesem Hintergrund stellte der Konflikt in Chile für Ostdeutschland ein Fallbeispiel dar,
anhand dessen die Dritte Welt sich als Opfer imperialistischer, kolonialis-
tischer Praktiken – derer sich auch die Bundesrepublik bediente (Byg 2003:
59) – präsentieren ließ. Die westdeutsche Außenpolitik gegenüber Lateinamerika wurde als Fortsetzung der Politik Wilhelms II., der Weimarer Republik und Nazi-Deutschlands dargestellt. Die DDR-Regierung warf der
Bundesrepublik vor, von den politischen Konflikten in Lateinamerika zu

---

3 E-Mail-Korrespondenz der Autorin mit den Goethe-Instituten in Chile, Uruguay und Brasilien im September 2008.

profitieren, und unterstellte, dass die wirtschaftlichen Beziehungen Westdeutschlands mit Unternehmen in Chile Teil einer Verschwörung gegen
Allende waren (Barnett 1992: 147). Die Konflikte in Chile – und entsprechend auch *Es herrscht Ruhe im Land* – führten zu einer Diskussion darüber, ob die Gefahr eines Angriffs, der von der imperialistischen Welt aus-
ginge, unmittelbar drohte und ob die sozialistische Welt sich deshalb in
Alarmbereitschaft vereint gegen den gemeinsamen Feind stellen müsste.

Darüberhinaus war das Wort ‚Chile' gleichbedeutend mit dem Widerstand gegen den Imperialismus und stand für die Solidarität und gegenseitige Unterstützung der sozialistischen Verbündeten. Die Menschen in
der DDR fühlten sich mit Chile und seiner Bevölkerung eng verbunden
(Teraoka 1994: 202). Nach dem Aufstand flüchteten rund 1.500 Gegner des
Pinochet-Regimes nach Ostdeutschland. Im Laufe der 1970er Jahre publizierten zahlreiche Zeitschriften, insbesondere *Sinn und Form*, das offizielle
Organ der Akademie der Künste (Ost), Aufsätze, Lied- und Prosatexte sowie Gedichte über Chile bzw. von Chilenen. Dazu bermerkt Barton Byg:
„Solidarity with Chile became, in official pronouncements, almost syno-
nymous with the self-definition of the GDR." (Byg 2003: 61)

Abbildung 1: Lilienthal (2. von links) in der Akademie der Künste (Ost),
1984. Rechts von ihm: M. Gaißmayer, W. Kohlhaase, H. Ca-
row und G. Agde

Von Günter Agde stammt der Hinweis, dass die Bevölkerung ebenso wie die Kulturfunktionäre in der DDR Lilienthals Filmen großes

Interesse entgegenbrachten.[4] Agde, in den frühen 1980er Jahren Wissenschaftlicher Mitarbeiter an der Akademie der Künste (Ost), hatte Lilienthal auf Filmfestivals in Berlin, Moskau und Taschkent getroffen und kannte dessen Filme. Auf seine Initiative hin wurde der Regisseur zu zwei Veranstaltungen in die Ostberliner Akademie der Künste eingeladen. Im September 1982 kamen Lilienthal und Michael Ballhaus zu einer öffentlichen Vorführung mit anschließender Diskussion von *Der Aufstand* und *Dear Mr. Wonderful* nach Ostberlin. 1984 stellte Lilienthal den Mitgliedern der Akademie der Künste (Ost) seinen Film *Das Autogramm* vor.

Ein Protokoll der erwähnten Vorführung von Lilienthals Filmen in der Ostberliner Akademie der Künste im Jahr 1982 und eine Tonaufnahme über die Veranstaltung 1984 vermitteln einen Eindruck von der Bandbreite der Themen, die das ostdeutsche Publikum faszinierten. Bei beiden Veranstaltungen sprach Lilienthal über die Dreharbeiten in Südeuropa, Lateinamerika und in den USA, über seine Arbeitserfahrung mit Menschen ganz unterschiedlicher kultureller und sozialer Herkunft und über die gesellschaftlichen und politischen Themen, die das Leben in Unterdrückungsstaaten wie Uruguay und Argentinien prägten. In den Fragen der Zuschauer an Lilienthal und Ballhaus wird das Interesse für die zeitgenössische Politik und Gesellschaft in Lateinamerika deutlich, das weit über die Filme und ihre Entstehungsbedingungen hinausreichte. Besonders interessant ist, dass *Der Aufstand* Anlass zu einer Diskussion über gesellschaftliche und politische Missstände des DDR-Systems lieferte, indem man diese auf ein Gespräch über die Militärdiktaturen in Südamerika übertrug.

Lilienthals Filme schienen einen Nerv der DDR-Bevölkerung getroffen zu haben, die sich ihrem Staat zunehmend entfremdet fühlte. Besonders *Dear Mr. Wonderful* regte zu Kommentaren an, aus denen man schließen kann, dass viele ostdeutsche Zuschauer sich mit der von Joe Pesci dargestellten Figur, dem unglücklichen Besitzer einer Bowlingbahn, identifizierten. Auf der Eintrittskarte für die Veranstaltung stand: „Wenn man will, kann man den Film als amerikanischen Gegenentwurf zu Konrad Wolfs/ Wolfgang Kohlhaases *Solo Sunny* sehen". *Solo Sunny* (1980), in dem eine junge Sängerin den Wert ihres Lebens in der DDR-Gesellschaft infrage stellt, gehört zu den sogenannten Gegenwartsfilmen der späten 1970er und frühen 1980er Jahre. Auch die ostdeutschen Zuschauer sahen in Lilienthals

---

4 Telefongespräch mit Günter Agde im Dezember 2010.

Dear Mr. Wonderful Parallelen zu dieser Haltung. Ein Zuschauer, den der Film sehr berührt hatte, verstand ihn als Anregung, „sich an den kleinen Dingen zu freuen" und nicht nach „den großen Dingen" zu streben; außerdem betrachtete er Pescis Figur als moralische Stärkung auf dem Weg zu dem Ziel, die eigene Position zu finden. Ein anderer Zuschauer sagte: „Der Film handelt von unserer Situation."[5] *Dear Mr. Wonderful* kam in der DDR nicht in die Kinos, aber die Diskussion um den Film deutet darauf hin, dass Lilienthals Filme dem ostdeutschen Zeitgeist der frühen und mittleren 1980 Jahre entsprachen.

Lesarten von *Es herrscht Ruhe im Land* in West- und Ostdeutschland

Die zeitgenössischen Filmkritiken zu *Es herrscht Ruhe im Land* sind beispielhaft für die ideologische Auseinandersetzung zwischen beiden deutschen Staaten, bei der Tropen und Metaphern dieses Films fast gegensätzlich interpretiert wurden. Obwohl Kritiker auf beiden Seiten der Grenze in Lilienthals Film ihre jeweilige Weltanschauung wiederfanden, betrachteten ihn viele als ideologisch einigermaßen ‚mangelhaft'. Unabhängig von narrativen und ästhetischen Anforderungen, die der sozialistische Realismus an ein Kunstwerk stellte, lobten die meisten Kritiker in der DDR das revolutionäre Potenzial des Films. Einige aber äußerten Bedenken, weil sie den Eindruck hatten, dass es dem aus der BRD stammenden Regisseur des Films an tieferem Verständnis für die Grundlagen des Sozialismus mangelte. In westdeutschen Rezensionen zu *Es herrscht Ruhe im Land* lässt sich hingegen eine gewisse Lethargie ausmachen, die – jenseits des Bestrebens der Kritiker, sich von einem sozialistischen Ethos zu distanzieren – bezeichnend für die damalige Stimmung im BRD-Kulturbereich war.

In der BRD der 1960er Jahre galt Lateinamerika als Hoffnungsträger für eine weltweite Befreiung von den negativen Auswirkungen des Kapitalismus. Von dieser Vorstellung waren die Reaktionen auf *Es herrscht Ruhe im Land* geprägt. In den 1960er Jahren verkörperten Länder wie Vietnam oder Algerien, die sich damals im Krieg mit westlichen Armeen und/oder Kolonialmächten befanden, für westdeutsche, europäische und amerika-

---

5 Tonaufnahme der Diskussion von *Dear Mr. Wonderful* und *Der Aufstand* mit Peter Lilienthal, Michael Ballhaus und Zuschauern in der Akademie der Künste, Ostberlin, September 1982, Archiv der Akademie der Künste, Berlin.

nische Studenten, Intellektuelle und Künstler das Ideal einer Revolution der Entrechteten und Armen schlechthin. Vor diesem Hintergrund spielte Lateinamerika eine führende Rolle als Impulsgeber für eine weltweite gesellschaftliche Veränderung im Sinne der neomarxistischen Philosophie, die eine verschwenderische westliche Lebensweise, Konsumdenken und Besitzgier ablehnte (Möller 2008: 52). Zehn Jahre später jedoch hatte die europäische Linke ihre Hoffnungen auf den gesellschaftlichen Wandel in Europa durch eine Revolution in Lateinamerika aufgegeben. Der Aufstand in Chile war lediglich ein weiteres Beispiel für die weltweite Tendenz, Ziele mittels Gewalt und Aggression durchzusetzen. Als *Es herrscht Ruhe im Land* 1976 in bundesdeutsche Kinos kam, wurden die Nachrichten über politische Gewalt und Menschenrechtsverletzungen in Chile bereits von Katastrophen in anderen Teilen der Welt überlagert (Kriewitz 1976). In diesem Zusammenhang bezeichnete die *Süddeutsche Zeitung* Lilienthals Film als einen „amüsante[n], am Grenzbereich der Groteske liegende[n] Klassenkämpfer-Traum" (Petz 1976). Die Kritiker, die die Möglichkeiten einer Revolution skeptisch beurteilten, äußerten Zweifel angesichts des Optimismus, mit dem *Es herrscht Ruhe im Land* kollektives politisches Handeln und Engagement in politischen Zusammenhängen propagierte. Diese Reaktion auf den Film war auch den damaligen politischen Ereignissen in der Bundesrepublik geschuldet, in der sich die Ideen und Aktivitäten der Studentenbewegung als ungeeignet erwiesen, starre politische und gesellschaftliche Strukturen aufzubrechen. In den frühen 1970er Jahren hatte in der BRD eine Phase gesellschaftlicher und kultureller Introspektion eingesetzt, die sogenannte Tendenzwende. Im damaligen bundesrepublikanischen Kino spiegelte sich dieser Pessimismus durch die verstärkte Beschäftigung mit den Themen Verlust und Trauer (Elsaesser 1989: 40). Einige Kritiker urteilten, dass *Es herrscht Ruhe im Land* aktuelle politische und kulturelle Entwicklungen in Westeuropa ignorierte, von denen andere Filme aus jener Zeit stark geprägt waren. Westdeutsche Rezensenten belächelten fast schon jene narrativen Elemente, in denen sich die Leidenschaft des Regisseurs für sein Thema ausdrückte. Die *Süddeutsche Zeitung* beschrieb das politische Erwachen und die Akte der Solidarität in der Bevölkerung als amüsante, fast groteske filmische Illusionen (Bongers 1976; Petz 1976). Obgleich sich Filmemacher intensiv mit der Darstellung von sozialen Missständen sowie der westdeutschen Vergangenheit und Gegenwart beschäftigten, bemerkt Elsaesser, dass nur „sehr wenige Filme die politische Wirklichkeit in der BRD oder die Tätigkeiten ihrer sozialen Einrichtungen überzeugend" vermitteln (Elsaesser 1989: 62). Diese Praxis ist der besonderen Situation des Autorenkinos in der ‚Kulturnation' geschuldet. Da die Spielfilmproduktion in der BRD staatlich subventioniert war, erwartete man von Filmemachern, dass sie „die Hand nicht zu kräftig beißen sollten, die sie füttert[e]" (Elsaesser 1989: 44). Somit wurde ein neutraler Raum zwischen Kunst und Politik geschaffen – allzu offene politische Kritik war unerwünscht (Meurer 2000: 59-61). Vor diesem Hintergrund erscheinen die Reaktionen auf *Es herrscht Ruhe im Land*, als hätte der Film die Schwelle dessen, was als angemessen betrachtet wurde, überschritten.

Jenseits des allgemeinen politischen Pessimismus, von dem diese Reaktionen geprägt waren, konnte die Kritik den realpolitischen Inhalt des Films nicht völlig ignorieren. Michael Stolle schrieb über die Brisanz des Themas in der westdeutschen Presse: „Wer über das ‚Reizwort Chile' berichtete, lief Gefahr, rechts oder links anzuecken" (Stolle 2003: 793). Filmkritiker, die für Zeitungen wie *Die Zeit*, die *Süddeutsche Zeitung* und *Der Spiegel* arbeiteten, hatten darauf zu achten, dass sie bei der Besprechung von *Es herrscht Ruhe im Land*, mit dem ganz offensichtlich eine linke Position vertreten wurde, das fragile Gleichgewicht zwischen Filmkritik und ‚Political Correctness' nicht gefährdeten. Deshalb brachten Kritiker den Film weniger mit der politischen Situation in Chile in Verbindung; sie behandelten ihn als eine Parabel über Gewalt und Aggression. Die meisten Artikel sprachen die Regierung Pinochets und/ oder politische Maßnahmen, mit denen die Menschenrechte verletzt wurden, im Zusammenhang mit einer Filmkritik von *Es herrscht Ruhe im Land* nicht an. Angesichts der Funktion Chiles und der ‚Dritten Welt' als Verstärker des Ost-West-Konflikts wollten die Rezensenten möglicherweise vermeiden, ihre Sympathie für das sozialistische Chile zu deutlich auszudrücken. Karsten Wittes Kommentar in der linksliberalen *Frankfurter Rundschau* reflektiert, welch ambivalente Position der Film in der westdeutschen Medienlandschaft innehatte: „Der Film behauptet eine Fiktionalität, die er in Wirklichkeit nicht besitzt, aber in unserem Verteilersystem der Kultur aufrechterhält, um verbreitet zu werden" (Witte 1976). Vermutlich war der fiktionale Charakter von *Es herrscht Ruhe im Land* der Grund dafür, dass die Verantwortlichen in der Bundesrepublik den Film dennoch für die Kino und das Fernsehen geeignet hielten.

Die DDR hatte andere Pläne mit *Es herrscht Ruhe im Land*, als sie die Vertriebsrechte dafür erwarb. Der Film wurde 1976 vom DEFA-Außenhandel gekauft. Für den Verleih war der Progress Film-Verleih zuständig, der auch die Erlaubnis für die Ausstrahlung im Fernsehen erteilte. Beide Institutionen waren der Hauptverwaltung Film im Ministerium für Kultur unterstellt, und ihre Aktivitäten waren auf die wirtschaftlichen und kulturpolitischen Interessen der DDR abgestimmt. *Es herrscht Ruhe im Land* lief vom 1. April 1977 an in ostdeutschen Kinos und war schon am 12. Juli 1977 auf dem DDR-Fernsehsender DFF 1 zu sehen (nochmals am 13. Juni 1979 auf DFF 2). Die Fernsehausstrahlung eines Spielfilms nur drei Monate nach seiner Kinopremiere war untypisch. Um sicherzustellen, dass Filme ausreichende Erträge an den Kinokassen einspielten, war zwischen dem Verleiher Progress und dem DDR-Fernsehen vertraglich die übliche Karenzzeit (die Frist zwischen dem Vertrieb des Films im Kino und seiner Ausstrahlung im Fernsehen) auf 18 Monate festgelegt. Von dieser Vorgabe konnte nur bei Filmen abgewichen werden, die politisch als besonders wertvoll betrachtet wurden; *Es herrscht Ruhe im Land* fiel offenbar in diese Kategorie. Die obersten DDR-Kulturverantwortlichen unterstützten eine vorzeitige TV-Ausstrahlung des Films. Hans Joachim Seidowsky, der damalige Programmdirektor des DFF, richtete eine entsprechende Anfrage an den damaligen Direktor von Progress, Wolfgang Harkenthal. Dieser erklärte sich einverstanden, nachdem er sich mit Horst Pehnert, dem Stellvertretenden Minister für Kultur und Leiter der Hauptverwaltung Film, beratschlagt hatte. In einer frühen Auswertung von *Es herrscht Ruhe im Land* bewertete Progress den Film als „einen wertvollen Beitrag mit antiimperialistischer Thematik", da er eine „starke emotionale Wirkung" hervorrufen würde. Um die Bedeutung von *Es herrscht Ruhe im Land* zu unterstreichen, legte man die Erstausstrahlung des Films in die Hauptsendezeit (Dienstagabend um 20 Uhr). In der Ankündigung von DFF 1 heißt es: „[D]ie Absicht der Schöpfer ist unverkennbar, mit diesem filmischen Zeitdokument die grausamen Machenschaften der faschistischen Militärdiktatur Chiles, aber auch den revolutionären Freiheitswillen des chilenischen Volkes aufzuzeigen."

Der Hinweis auf Chile und Pinochet trennte den faschistischen Unterdrücker säuberlich von der Widerstand leistenden Bevölkerung; diese Unterscheidung findet sich auch in der offiziellen Rhetorik, die den Diskurs über *Es herrscht Ruhe im Land* in der DDR prägte. Der Progress Film-Verleih, der für den Vertrieb, die Vermarktung und Bewerbung des Films verantwortlich war, veröffentlichte ein weiteres, ausführlicheres Dokument, in dem die Stärken und Schwächen von *Es herrscht Ruhe im Land* analysiert werden. Der Text, der Kinos und Printmedien zugänglich gemacht wurde, enthält eine Inhaltbeschreibung, detaillierte Informationen über die Produktion, Vorschläge für Publikumsgespräche über den Film („Anregungen zum Filmgespräch") und Tipps für seinen Einsatz („Einsatzhinweise"). Das Dokument betont, wie eindringlich *Es herrscht Ruhe im Land* das repressive Klima in Ländern des südamerikanischen Kontinents und das politische Erwachen einer vormals unpolitischen Bevölkerung schildert, und dass er auf Akte der Solidarität mit inhaftierten Revolutionären aufmerksam macht (Progress Film-Verleih 1977).

Finden sich die Aspekte, die in dem von Progress veröffentlichten Leitfaden zu *Es herrscht Ruhe im Land* erwähnt sind, in der Filmkritik wieder? Film in der DDR hatte die Aufgabe, Vorzüge des Sozialismus hervorzuheben, die Bevölkerung zu verantwortungsbewussten Bürgern zu erziehen und dabei sozialistischen Auffassungen einen höheren Wert zuzusprechen als ‚imperialistischen' westlichen (Meurer 2000: 65). Entsprechend war die Filmkritik, obgleich nicht streng überwacht, an diese Wertestruktur gebunden. Filmkritiker sahen sich in der Rolle von Mediatoren zwischen Revolutionstheorie und adäquater künstlerischer Umsetzung. Hector Amaya, der sich mit der Rezeption von amerikanischen Filmen im Kuba der 1970er und 1980er Jahre beschäftigt hat, beschreibt die Position des Filmkritikers im sozialistisch-kulturellen Gefüge wie folgt:

> The critic played the role of the vanguard; she/he was the only cultural worker whose sole duty was to monitor the way aesthetics were properly used in cultural work. The critic's labor was thus at the conjuncture of politics and culture, policing others' practices while publicly performing the role of citizen. (Amaya 2010: 59f.)

Die Forderung, Filme auf ihren ideologischen Wert und die Klarheit ihres Ausdrucks hin zu überprüfen, erschwerte es Filmkritikern in der DDR, Filme jenseits einer ideologischen Lesart zu interpretieren. Sabine Hake schreibt dazu: „The pressure on film criticism and scholarship to participate in the advancement of socialist culture and its changing strategies of self-legitimisation prevented more extensive and historical investigations." (2002: 131f.)

Auch Filmzeitschriften wie *Film und Fernsehen*, für die kritische Filmemacher wie Heiner Carow schrieben, mussten Kritik zurückhaltend üben. Bei der Analyse einer Rezension des Films *Insel der Schwäne* (1982), die in *Film and Fernsehen* erschien, stellt der Filmhistoriker Harry Blunk fest, „wie unsicher bestimmte Leute [gemeint sind Filmkritiker, C.S.] in Bezug darauf waren, welche Bereiche der kritischen Prüfung offenstanden und welche tabu waren" (1999: 215). Unter noch größerem Druck haben sicherlich

Filmkritiker gestanden, wenn es darum ging, Filme aus ‚kapitalistischen'
Ländern, wie eben *Es herrscht Ruhe im Land*, zu beurteilen.

Rezensionen über *Es herrscht Ruhe im Land* in der nationalen und regionalen
Presse diskutierten den Film als künstlerisches Aussage zur sozialistischen
Wirklichkeit vor dem Hintergrund eines breiten Meinungsspektrums. Die
Wochenzeitung *Sonntag*, die im Lauf der Jahre eine Reihe von Artikeln
über Lilienthal und seine Filme veröffentlichte, präsentierte eine Lesart,
die ihren Widerhall in vielen anderen Zeitungen fand: „Von der Politisierung unpolitischer Leute erzählt der Film, von einer wachsenden antifaschistischen Volksfront; er zeigt die verschiedenen Stadien politischen Be-
wußtseins an verschiedenen Menschen" (Voigt 1977).

Das Filmende von *Es herrscht Ruhe im Land* gab vielen Kritikern den
gesellschaftlichen und kulturellen Bezugsrahmen vor, von dem aus der
Film diskutiert wurde. In diesen Szenen begegnen sich einige der Gefangenen irgendwo auf dem Land; sie umarmen einander und betreten ein
weißes Haus. Politisch engagierte Kunst gehörte zur Kulturphilosphie
der DDR; die Interpretation von *Es herrscht Ruhe im Land* in diesem Sinne
machte es möglich, den Film in den Kinos der DDR zu zeigen. Folglich
nahmen die dortigen Rezensenten den Film als ein Kunstwerk wahr, das
mit den Prinzipien des sozialistischen Realismus übereinstimmte, und
interpretierten die Schlussszene als Utopie (Haedler 1977; Grienitz 1977):
Eine Kritik im *Bauernecho* zum Beispiel vertrat die Auffassung, dass das
Ende von *Es herrscht Ruhe im Land* den Sozialismus als historischen Kampf
symbolisiert, der in einem Triumph über den Imperialismus und das Übel
des Faschismus mündet. Andere Rezensenten sahen *Es herrscht Ruhe im
Land* parallel zur Beschreibung von ‚Realität' in der sozialistischen Kunst,
nämlich der „Wirklichkeit in ihrer revolutionären Entwicklung und
dauernden Veränderung", die Vergangenheit, Gegenwart und Zukunft
miteinander verbindet (Berger et. al 1978: 593). Da dieser Prozess nach
sozialistischem Verständnis durch eine ultimative und unaufhaltsa-
me gesellschaftlichen Revolution bewirkt wird, die letztlich Einheit und
Frieden im Kommunismus mit sich bringen wird, ist die Vorstellung der
Zukunft in der sozialistischen Kunst immer hoffnungsvoll. Die Film-
wissenschaftlerin Daniela Berghahn bezeichnet diese Vorstellung als
„revolutionären Romantizismus" (2005: 35), womit deren verträumter und
utopischer Charakter angedeutet wird. Folglich wurde *Es herrscht Ruhe im
Land*, der gedreht worden war, um den Widerstand gegen Pinochets repressive Maßnahmen und die Hoffnung auf den Untergang seines Regi-

mes zu zeigen, in der DDR darüberhinaus als Vorzeichen eines massiven gesellschaftlichen Wandels gesehen.

Im Gegensatz dazu nahmen einige Kritiker in der BRD Anstoß am Optimismus und revolutionären Pathos des Films. Möglicherweise brachten sie diese Qualitäten mit einer engagierten Filmkunst in Verbindung. Außerdem wurde kommentiert, dass die seinerzeit bestehende Situation eines bedrängten Chile nicht dem Ende des Films entspräche, wie die *Frankfurter Allgemeine Zeitung* schrieb: „Der Fiktion ist aufgegeben, wofür die politische Wirklichkeit noch keinerlei Indizien bietet. Das Ende, nimmt man es für bare Münze, ist ebenso rührend wie wirklichkeitsfremd" (Schwarze 1976).

Westdeutsche Stimmen bezeichneten *Es herrscht Ruhe im Land* als überholt, als Ausdruck eines Wunschdenkens oder als zu nah an sozialistischer Terminologie angesiedelt. Sie lehnten den Film ab, weil er ihnen, aus einer westlichen politischen und gesellschaftlichen Perspektive betrachtet, unpassend erschien. Weil der Film ursprünglich aus dem ‚imperialistischen' Westen stammte, prüften aber Kritiker in der DDR sehr genau die Integrität seiner Absichten und seine Beschreibung einer sozialistischen Realität. Interessanterweise passt die westdeutsche Argumentationsweise zu den in der DDR verkündeten Standpunkten, nach denen der Film nicht viel mit sozialistischer Wirklichkeit und Ideologie zu tun hatte. Einige Filmkritiker aus der DDR waren der Meinung, dass *Es herrscht Ruhe im Land* die Machtbeziehungen zwischen imperialistischen Angreifern und sozialistischen Kräften zu ungenau beschreibt; anders ausgedrückt: dass der Film nicht in der Lage sei, die Grundstruktur der antagonistischen Machtstrukturen zu erfassen (K.A. 1977). In zahlreichen Rezensionen wurde kritisiert, dass der Film sich nicht zu den Zielen der Faschisten äußert und dass es ihm nicht gelingt, die Revolutionäre als Kommunisten zu identifizieren (H.U. 1977; Haedler 1977; K.A. 1977; o.A. 1977). Auch die oben erwähnte Progress-Broschüre, die den Wert des Filmes eigentlich untermauert, nennt folgende Einschränkungen:

Indem dieser Film keine genaue soziale Einordnung der politischen Kräfte vornimmt und auch Programm und Ziele der Revolutionäre unklar bleiben, indem er die eigentlichen Urheber und Nutznießer des Faschismus, die kosmopolitischen Monopolgewaltigen, aus seiner Anklage herausläßt und andererseits die konsequentesten Feinde der Ausbeutergesellschaft, die Kommunisten, durch Stillschweigen verleugnet, wird seine politische Wirksamkeit entscheidend gemindert. (Progress Film-Verleih 1977)

Die *Neue Zeit* warf dem Film vor, sich nur oberflächlich mit dem Sozialismus aueinanderzusetzen und aufgrund der ausführlichen Darstellung des Bürgertums (Lehrer, Hotelbesitzer, Arzt) die sozialistische Dichotomie von Ausgebeuteten versus Faschisten zu vernachlässigen (H.U. 1977). Der Kritiker fügte hinzu, dass das aktuelle gesellschaftliche und politische Geschehen im Film nicht besonders treffend dargestellt werde.

Zu einem gelungenen sozialistischen Kunstwerk gehört ein positives Vorbild, und entsprechend suchten die ostdeutschen Filmkritiker in *Es herrscht Ruhe im Land* nach einer entsprechenden Figur. Sie wiesen darauf hin, dass der Film aussagekräftiger gewesen wäre, wenn man die politische Entwicklung einer der Hauptfiguren als Reaktion auf den Einfluss der politischen Ereignisse auf ihr privates Leben hätte verfolgen könnte (Haedler 1977; Lange 1977). Außerdem machten Rezensenten darauf aufmerksam, dass dem Film eine leidenschaftliche Bearbeitung des Themas fehlte, wodurch die Zuschauer daran gehindert würden, sich emotional auf die Figuren einzulassen.

Solcherlei ‚Schwächen' von *Es herrscht Ruhe im Land* als Werk des sozialistischen Realismus, die einige ostdeutsche Kritiker dem Film anlasteten, wurden zum Teil damit erklärt, dass der Regisseur des Films ein bürgerlicher Intellektueller aus der Bundesrepublik war (vgl. z.B. o.A. 1977). In einem in der Zeitschrift *Film und Fernsehen* veröffentlichten Artikel wurde bemängelt, dass Lilienthal seinen Film vom „Standpunkt des nur Beobachtenden" gedreht habe (Lange 1977). Der Autor betrachtete Lilienthals Außenseiterposition als Spiegelung seines mangelnden Engagements für den Sozialismus. Um von der westdeutschen Herkunft des Filmemachers abzulenken, unterschlug ein Beitrag im *Sonntag* gar den Namen des Regisseurs in der Überschrift (Skármeta 1977). Der Titel des Beitrags lautete stattdessen: „Der chilenische Autor Antonio Skármeta über seinen antifaschistischen Film *Es herrscht Ruhe im Land*". Der Artikel, in dem es um die persönlichen und kollektiven Beweggründe für das Filmprojekt ging, suggerierte, Skármeta sei der Regisseur des Films.

In einem größeren Zusammenhang betrachtet, enthüllen die Reaktionen auf *Es herrscht Ruhe im Land* in beiden deutschen Staaten Erwartungen, die auf einem okzidentalen Verständnis von Film beruhen. Die Filmemacherin und postkolonialistische Theoretikerin Trinh T. Minh-ha kritisiert diese abendländische Haltung, nach der Filme kulturelle Produkte mit der Funktion sind, die Zuschauer zu informieren und ihnen den Eindruck zu vermitteln, dass sie wertungsfrei seien. Sie nennt dieses Abliefern von Fakten, das Abwägen von Vor- und Nachteilen eine wissenschaftliche

Herangehensweise, die Filmemacher in die Lage versetzt, sich ihren Themen emotionslos zu nähern, um auf diese Weise eine faire Auseinandersetzung und Klarheit der Präsentation zu gewährleisten (Minh-ha 1993). Ganz ähnlich klingen einige Stimmen im damaligen Westdeutschland, die Lilienthals Leidenschaftlichkeit ebenso wie den Umstand kritisieren, dass er sich auf die Seite der Revolutionäre stellt. Minh-ha beschreibt den ‚angemessenen' Stil der filmischen Darstellung, der in *Es herrscht Ruhe im Land* offensichtlich nicht erfolgreich umgesetzt wurde, wie folgt:

> [A]lmost never is there any question of challenging rational communication with its normalized film codes and prevailing objectivist, deterministic-scientific discourse; only a relentless unfolding of pros and cons, and of 'facts' delivered with a sense of urgency, which present themselves as liberal but imperative; neutral and value-free; objective or universal (Ebd.: 193).

Minh-has Definition zufolge fehlt dem Film, der eben nicht den erwähnten regulierenden Kommunikationsmustern folgt, ideologische ‚Klarheit'. Denn nicht zuletzt bestimmt die Terminologie eines herrschenden ideologischen Systems darüber, was klare, eindeutige Kommunikation ist:

> Since clarity is always ideological, and reality always adaptive, such a demand for clear communication often proves to be nothing else but an intolerance for any language other than the one approved by the dominant ideology. At times obscured and other times blatant, this inability and unwillingness to deal with the unfamiliar, or with a language different from one's own, is, in fact a trait that intimately belongs to the man of coercive power. It is a reputable form of colonial discrimination, one in which difference can only be admitted once it is appropriated, that is, when it operates within the Master's sphere of having. Activities that aim at producing a different hearing and a renewed viewing are undifferentiated from obscurantism and hastily dismissed as sheer incompetency or deficiency. They are often accused of being incoherent, inarticulate, amateurish (Ebd.: 191).

Minh-has Ansatz lässt sich durchaus auf sozialistische Zusammenhänge anwenden: Ostdeutsche Kritiker wollten *Es herrscht Ruhe im Land* in eine sozialistisch geprägtes Sprach- und Bildgefüge einpassen. Da dies nicht immer möglich war, wurde der Film als ideologisch mangelhaft etikettiert.

Fazit

Es herrscht Ruhe im Land irritierte Filmkritiker in der BRD und in der DDR gleichermaßen. Sie beschäftigten sich mit Lilienthals Ästhetik, mit seinem Symbolismus und betrachteten diese Aspekte als unvereinbar mit herrschenden Vorstellungen von der westdeutschen oder ostdeutschen ‚Realität'. Indem viele Kritiker damals von einer beunruhigenden Rezeptionserfahrung sprachen, demonstrierten sie Unwillen, sich ernsthaft mit Lilienthals filmischer Sprache auseinanderzusetzen. Die Konfrontation, die *Es herrscht Ruhe im Land* für die Zuschauer aus der BRD bedeutete, lag in seiner politischen Direktheit und der Idee, dass kollektives Handeln politisch etwas bewegen kann. Der Wert von *Es herrscht Ruhe im Land* in der DDR bestand in der Darstellung einer von unpolitischen Antihelden organisierten ‚sozialistischen' Befreiungsrevolution, einem Kampf, der ohne die Darstellung eines imperialistischen Feindes auskam.

Wie mit zahlreichen anderen seiner Filme gelingt es Lilienthal mit *Es herrscht Ruhe im Land*, die Zuschauer in fremde Umgebungen und gesellschaftliche Milieus zu versetzen. Damit werden Vorstellungen infrage gestellt, wie politische Themen im öffentlichen Diskurs behandelt werden und wer dabei etwas zu sagen hatte. Indem Lilienthals Kino Meinungen, Werte und Erwartungen hinterfragt, regt es seine Zuschauer dazu an, jenseits ideologischer Begrenzungen nach Bedeutung Ausschau zu halten.

Aus dem Englischen von Karin Herbst-Meßlinger

Literatur

Allan, Seán/Sandford, John (Hrsg.) (1999): DEFA. East German Cinema, 1946-1992. New York und Oxford: Berghahn Books

Amaya, Hector (2010): Screening Cuba. Film Criticism as Political Performance During the Cold War. Illinois: University of Illinois Press

Barnett, Thomas P.M. (1992): Romanian and East German Policies in the Third World. Comparing the Strategies of Ceausescu and Honecker. Westport, CT: Praeger

Bauschinger, Sigrid/Cocalis, Susan L. (Hrsg.) (1994): ‚Neue Welt'/‚Dritte Welt'. Interkulturelle Beziehungen Deutschlands zu Lateinamerika und der Karibik. Tübingen: Francke

Berger, Manfred et al. (Hrsg.) (1978): Sozialistischer Realismus. In: Fischer (1978): 591-598

Bergfelder, Tim (1998): Reframing European Cinema – Concepts and Agendas for the Historiography of European Film. In: Lähikuva 4. 1998: 5-18

Berghahn, Daniela (2005): Hollywood Behind the Wall. The Cinema of East Germany. Manchester, New York: Manchester University Press

Blunk, Harry (1999): The Concept of ‚Heimat-GDR' in DEFA Feature Films. In: Allan/Sandford (1999): 204-221

Bongers, Inge (1976): Helden – gibt's die? In: Der Abend, 16.01.1976

Byg, Barton (2003): Solidarity and Exile. Blonder Tango and the East German Fantasy of the Third World. In: Rueschmann (2003): 55-89

Elsaesser, Thomas (1989): New German Cinema. A History. London: BFI Publishing

Fischer, Andrée (Hrsg.) (1978): Kulturpolitisches Wörterbuch. Berlin (Ost): Dietz

Grienitz, Heiner (1977): Auch Mut kann anstecken. In: Bauernecho, 14.07.1977

Großbölting, Thomas (Hrsg.) (2009): Friedensstaat, Leseland, Sportnation? DDR-Legenden auf dem Prüfstand. Berlin: Ch. Links

Haedler, Manfred (1977): Aktuelles Gleichnis. In: Der Morgen, 03.04.1977

Hake, Sabine (2002): German National Cinema. London, New York: Routledge

H.U. (1977): Die trügerische Ruhe. In: Neue Zeit, 21.04.1977

K.A. (1977): Von politischer Brisanz. In: Filmspiegel 10. 1977

Kriewitz, Günther (1976): Terror in Uniform. In: Stuttgarter Zeitung, 13.02.1976

Lange, Wolfgang (1977): *Es herrscht Ruhe im Land*. In: Film und Fernsehen 8. 1977: 12-13

Meurer, Hans Joachim (2000): Cinema and National Identity in a Divided Germany, 1979-1989. New York: Edwin Mellen Press

Minh-ha, Trinh T. (1993): All-Owning Spectatorship. In: Naficy/Mählert (1993): 189-204

Möller, Frank (2008): Mentalitätsumbruch und Wertewandel in Ost- und Westdeutschland während der 60er- und 70er-Jahre. Ein Gespräch mit Prof. Dr. Edgar Wolfrum, Heidelberg. In: Möller/Mählert (2008): 43-59

Möller, Frank/Mählert, Ulrich (Hrsg.) (2008): Abgrenzung und Verflechtung. Das geteilte Deutschland in der zeithistorischen Debatte. Berlin: Metropol

Naficy, Hamid/Gabriel, Teshome H. (Hrsg.) (1993): Otherness and the Media. The Ethnography of the Imagined and the Imaged. Chur: Harwood Academic Publishers

o.A. (1977): Gefängnisrevolte, Liebestragödie und ein unbequemer Lehrer. In: Leipziger Volkszeitung, 03.04.1977

Petz, Thomas (1976): Dem Leben nicht mehr entwendet. In: Süddeutsche Zeitung, 23.01.1976

Poutrus, Patrice G. (2009): Die DDR als „Hort der internationalen Solidarität". In: Großbölting (2009): 134-154

Progress Film-Verleih (1977): Informationsmaterial über *Es herrscht Ruhe im Land*. 42. 1977

Rueschmann, Eva (Hrsg.) (2003): Moving Pictures, Migrating Identies. Jackson: University Press of Mississipi

Schwarze, Michael (1976): *Es herrscht Ruhe im Land*. In: Frankfurter Allgemeine Zeitung, 06.03.1976

Skármeta, Antonio (1977): Gegen die Ruhe im Land. Der chilenische Autor Antonio Skármeta über seinen antifaschistischen Film *Es herrscht Ruhe im Land*. In: Sonntag, 15.03.1977

Stolle, Michael (2003): Inbegriff des Unrechtsstaates. Zur Wahrnehmung der chilenischen Diktatur in der deutschsprachigen Presse zwischen 1973 und 1989. In: Zeitschrift für Geschichtswissenschaft 51.9. 2003: 793-813

Teraoka, Arlene (1994): Das Unbehagen in der Solidarität. Lateinamerikanische Revolutionen in DDR-Dramen. In: Bauschinger/Cocalis (1994): 201-221

Voigt, Jutta (1977): Es herrscht Ruhe im Land. In: Sonntag, 01.05.1977

Witte, Karsten (1976): Wer beherrscht die Ruhe? In: Frankfurter Rundschau, 05.03.1976

Wechselwirkungen, Kooperationen und Koproduktionen

Die doppelte Werkstatt

Joris Ivens, die frühe DDR und die DEFA

Günter Agde

Der holländische Dokumentarfilmregisseur Joris Ivens (1898-1989) hat Faschismus und Krieg als äußerste, existentielle Bedrohung erlebt. Besonders sein Film zum Spanischen Bürgerkrieg 1936, *The Spanish Earth* (*Spanische Erde*, 1937) legt davon Zeugnis ab.

Seine spezifische Auseinandersetzung mit Faschismus und Krieg veranlasste ihn, die nach dem Weltkrieg in Osteuropa einsetzenden Entwicklungen in den dann sogenannten volksdemokratischen Ländern – Polen, Bulgarien, Tschechoslowakei – mit seiner Filmarbeit und seinem Berufsethos zu unterstützen: er half Länder-Studios und drehte mit nationalen Drehstäben aus der Tschechoslowakei, Polen und Bulgarien den Schwarzweißfilm *Die ersten Jahre* (1949),[1] der in Prag uraufgeführt wurde, Reportagen über Aufbau und Wiederaufbau nach dem Krieg in diesen Ländern.

Von dort geriet er nach Ostberlin, die DEFA hatte ihn eingeladen. Damals war er bereits über 50 Jahre alt. Fünf Jahre lang arbeitete er bei der noch jungen, ostdeutschen Filmfirma DEFA, die ihm im zerstörten Nachkriegsberlin exquisite Arbeitsbedingungen sicherte und ihn finanziell und technisch bestens ausstattete. Hier drehte und leitete er zusammen mit seinem sowjetischen Kollegen Iwan Pyrjew die Filme *Freundschaft siegt* (1952), über das Welttreffen der Jugend in Ostberlin 1951, und *Friedensfahrt 1952 Warschau – Berlin – Prag* (1953), eine Sportreportage über ein internationales Amateur-Radrennen. Die folgenden beiden Filme waren Großprojekte: *Lied der Ströme* (1954),[2] ein Weltpanorama sozialer Befind-

---

1   Vgl. die Erinnerung seines damaligen tschechoslowakischen Partners Lubomir Linhardt (1963: 59)

2   Produktionsakten, Tagesberichte sowie umfangreicher Schriftwechsel im Bundesarchiv Berlin, DEFA-Studio für Wochenschau und Dokumentarfilm. (BArch DR 118, Nr. 1680 bis 1692)

lichkeiten und ein Auftrag des Weltgewerkschaftsbundes, den Ivens mit 300 Kameraleuten aus allen Kontinenten realisierte; und *Die Windrose* (1957)[3] ein Auftrag der Internationalen Demokratischen Frauenföderation (IDFF). Dieser Film setzte sich aus fünf in sich abgeschlossenen (Spielfilm-) Episoden zusammen, die von je einem Regisseur inszeniert wurden: Die kleinen Liebesgeschichten haben keinen inhaltlichen Bezug zueinander und werden nur durch die Struktur und durch soziale Fäden zusammengehalten.[4] Ivens beriet und beaufsichtigte den Dokumentarfilm *Mein Kind* (1956), Drehbuch und Regie Vladimir Pozner und Alfons Machalz, an dem er nicht direkt mitarbeitete, aber den Film mit seiner Namensgebung als künstlerischer Oberleiter adelte. Diesen Dokumentarfilmen kann man getrost Ivens' Ausflug in die Spielfilmproduktion hinzufügen. Mit *Die Abenteuer des Till Ulenspiegel* (1956), einer Koproduktion zwischen der DEFA und der Pariser Ariane-Film nach de Costers Roman, erwies Ivens als Ko-Regisseur seinem Freund, dem populären Pariser Schauspielerstar Gérard Philipe, einen (dann nicht sehr geglückten und wenig erfolgreichen) Freundschaftsdienst.

Der erste dieser Filme, *Freundschaft siegt,* war ein Prestigeprojekt des Moskauer Studios Mosfilm und der DEFA im Auftrage der Jugendorganisationen Komsomol und Freie Deutsche Jugend (FDJ). Die aufwendige (Farbfilm-) Reportage über die Weltfestspiele der Jugend und Studenten in Ostberlin hatte Ivens vorgeführt, wie mit erheblicher Unterstützung staatlicher Auftraggeber ein Propagandafilm gemacht wird. Dabei war Ivens als Teil des Teams auf sowjetische Anleitung und Kontrolle angewiesen, die er freilich gerne annahm, da er vor Ort mit erfahrenen sowjetischen Kollegen aus der Branche zusammenarbeiten konnte. Zugleich bemerkte Ivens durchaus, dass sich dieser Mammut-Filmbericht von seinem eigenen substantiellen Dokumentarfilm-Verständnis entfernte, da der Film vor allem auf einen propagandistisch basierten Report pathetischer Ereignisse (Aufmärsche, Demonstrationen) abzielte.

Der Umgang mit allen genannten Filmen war noch zu Ivens' Lebzeiten widersprüchlich. In der DDR-Öffentlichkeit wurden sie mit großem Interesse aufgenommen und von der DDR-Propaganda enthusiastisch begrüßt. Ivens' erster Biograf Hans Wegner feierte sie 1965 als Höhepunk-

---

3   Produktionsakten, Tagesberichte sowie umfangreicher Schriftwechsel im Bundesarchiv Berlin, DEFA-Studio für Wochenschau und Dokumentarfilm. (BArch DR 118, Nr. 1767 bis 1769, die Montagelisten unter Nr. 1770 bis 1772)

4   Vgl. den Beitrag von Massimo Locatelli in diesem Band.

te seines Schaffens (Wegner 1965: 128ff.), ein Nachklang zu Ivens' großer Reputation in der DDR. Klaus Kreimeier rückte sie 1977 in ideologische Zusammenhänge, die damalige bundesdeutsche, extreme Linke als revisionistisch bezeichneten, weil sie ihrer Meinung nach von der „Reinheit" der materialistischen-marxistischen Ideologie abwichen (Kreimeier 1977). Ivens selbst hat sich auffallend zurückhaltend geäußert: Er erinnerte an die Länder, „in denen der Sozialismus aufgebaut wurde" und in denen er *Die ersten Jahre* und seine DEFA-Filme gedreht hatte: „Ich identifizierte meine Filmarbeit mit deren Idealen" (Ivens 1974: 171). Und kurz darauf:

> Dennoch fühlte ich mich in den sozialistischen Ländern nicht ganz am richtigen Platz. [...] Die sozialistischen Republiken hatten ihre Revolution schon durchgeführt. Meine eigentliche Pflicht lag irgendwo anders. [...] [I]ch würde nicht in den sozialistischen Ländern bleiben, sondern [...] zurückkehren in den kapitalistischen Westen und mich dort selbst wieder aktiv einschalten. (Ebd.: 172)

Später kommt er auf diesen Wechsel zurück und fragt sich (auch mit Blick auf jene Filme): „Warum hatte ich gewisse Dinge in der Politik der sozialistischen Länder nicht gesehen, hatte ich sie vielleicht unbewusst nicht sehen *wollen*?" (Ebd.: 174) Und später: „Drohte in den anderen sozialistischen Ländern etwas schiefzulaufen?" (Ebd.: 175) Ivens fragte sich dies allerdings zu einem Zeitpunkt, als er sich dem damaligen China und der maoistischen Ideologie zuzuwenden und von seinem bisherigen Sozialismuskonzept abzuwenden begann. Ivens' Witwe Marceline Loridan ließ die Filme noch 2009 nicht gelten und tat sie als ‚schlechte' Filme ab.[5] In der Gesamtausgabe der Filme mit fünf DVDs, *Joris Ivens – Weltenfilmer,* die André Stufkens 2009 herausgegeben hat, fehlen sie. (Trotz der ausgezeichneten Qualität dieser DVDs bleiben Ivens' Filme für das große Format der Kinoleinwand in einem abgedunkelten Zuschauerraum und für viele Zuschauer bestimmt.)

Dieser widersprüchliche Umgang wird den Filmen nur unzureichend gerecht und hat gewiss damit zu tun, dass sich für Ivens zur Zeit der Produktion dieser Filme sowohl filmisch wie auch politisch der Beginn einer Krise abzeichnete. Diese Filme sind keine Filme des Irrtums, sondern – für Ivens – eines Umwegs.

---

5 Gespräch mit Marceline Loridan während des 52. Internationalen Leipziger Festivals für Dokumentar- und Animationsfilm 2009.

Werkstatt 1: frühe Volks-Demokratie

Ivens erlebte in diesen Jahren hautnah, wie in einem Teil Deutschlands, der sowjetisch besetzten Zone (SBZ), seit 1949 der DDR, die Anfänge eines Gesellschaftsmodells begründet wurden, das sich als entschieden alternativ zum bisherigen, dem bürgerlichen und kapitalistischen, verstand. Der stets scharf beobachtende Dokumentarist behielt infolge seiner Exklusivität eine Ausnahmeposition: Er bewegte sich als Gast im Land und nicht als Mitbürger. Was er vom Alltagsleben der DDR wahrnahm, war der Blick eines von außen kommenden und nach außen wieder weggehenden Sympathisanten. Tiefe Einblicke in das wirkliche DDR-Leben ,einfacher Leute', denen sonst seine gesamte Sympathie galt, blieben ihm wohl versagt.

Der charismatische, weltgewandte Mann wurde offensiv von der propagandistischen Öffentlichkeitsarbeit der DDR-Führung vereinnahmt. Ivens ließ sich das gefallen und genoss seinen Ruhm und seine Popularität, die ihm sogar bescherten, dass eine Modellschlosserbrigade in einem Leipziger Betrieb ihn als Namensträger erwählte, eine in der Frühzeit der DDR verbreitete Form öffentlicher Anerkennung und Verpflichtung (Brigade Joris Ivens 1963: 35). Die DDR-Zuschauer feierten Ivens, da er mit seiner Persönlichkeit und mit seinen Filmen ein eigenartiges Stück Welthaltigkeit – über die ethnografischen Informationen in den Filmen hinaus – in ihren Alltag brachte. Auch hohe DDR-Orden und einen Ehrendoktor (der Leipziger Universität) nahm er gern entgegen, ebenso den Moskauer Weltfriedenspreis, der einmal Stalinpreis hieß, und 1955 die Wahl zum Korrespondierenden Mitglied der (Ostberliner) Akademie der Künste.

Zu gleicher Zeit erlebte er erstmals in seinem Leben – vermittelt vom DDR-Film-Verleih Progress –, dass etliche seiner Filme landesweit in den Kinos gezeigt wurden. Sie wurden zu einem filmstrategischen Politikum hochstilisiert, jedoch entsprach die Massenresonanz gleichzeitig einem latenten Bedürfnis der DDR-Zuschauer nach Öffnung und Internationalität. Er stellte sich auch oft und gern diversen Zuschauergesprächen nach den Vorführungen.[6]

Nicht alle Filme freilich konnten gezeigt werden, denn insbesondere aus Ivens' Frühwerk standen noch keine Kopien zur Verfügung. Das änderte sich erst, als in Leipzig 1955 ein jährliches internationales Dokumentarfilmfestival eingerichtet wurde, mit dessen Schubkraft viele bislang unbekannte Dokumentarfilme – darunter auch die von Ivens – in die

---

6   Weiteres zur DDR-Zuschauerresonanz bei Kretschmar (2009: 21 ff.)

ostdeutsche Öffentlichkeit kamen, beispielsweise mit einer ersten Ivens-Werkschau 1956. Das Staatliche Filmarchiv der DDR hatte daran erheblichen Anteil. Der damals frische Blick auf die Ivens-Filme ermöglichte den Gästen des Festivals und den DDR-Dokumentaristen – und im Folgenden auch den DDR-Zuschauern – eine unverhoffte Sicht auf eine wesentliche Wurzel der europäischen Filmavantgarde und deren konsequente Weiterentwicklung zu weltweitem sozialen Engagement.

Die Arbeit als angesehener Gast in einem Land, mit dessen politischen Zielen er weitgehend sympathisierte, verband sich für Ivens mit neuen internationalen Erfahrungen besonderer Art. Bei der Arbeit an den Großprojekten *Lied der Ströme* und *Die Windrose* nutzte Ivens die Autorität seiner Auftraggeber umfassend: Wie erwähnt, wurde *Lied der Ströme* vom Weltgewerkschaftsbund (WGB), *Die Windrose* von der Internationalen Demokratischen Frauenföderation (IDFF) gefördert und finanziert.

Beide Organisationen waren nach dem Krieg in Europa gegründet worden, als sich antifaschistische Kräfte zu Antikriegs-Massenbewegungen mit großer öffentlicher und internationaler Resonanz entwickelten. Die DDR hatte sich ihnen angeschlossen. Dass beide Organisationen im Konfrontationsgefüge des Kalten Krieges von östlicher Seite propagandistisch vereinnahmt und von westlicher Seite heftig bekämpft wurden, irritierte seinerzeit die Protagonisten nur wenig. Ivens war mit leitenden Funktionären dieser Organisationen gut bekannt und konnte mancherlei Produktionsprobleme (auch bei der Finanzierung in verschiedenen Währungen) direkt mit ihnen klären. Die Vorsitzende der IDFF, Marie-Claude Vaillant-Couturier, hatte Auschwitz überlebt und als Zeugin im Nürnberger Kriegsverbrecher-Prozess ausgesagt; sie weilte häufig in der Ostberliner Außenstelle der IDFF, und die Bekanntschaft mit ihr bildete für Ivens auch ein persönliches Motiv für sein Engagement.

Ivens setzte stark auf den basisorientierten Impetus, der sich für ihn in beiden Organisationen abzeichnete. Sie stellten sich ihm als nach dem Zweiten Weltkrieg gewissermaßen notwendig gewordene, sinnvolle Bündelungen aller Kräfte dar, um eine Welt ohne kriegerische Auseinandersetzungen zu schaffen. Gerade die Massenhaftigkeit dieser Organisationen hielt er für die alles entscheidende Kraft. Und die DDR nahm er ganz selbstverständlich als festen Bestandteil dieser Bewegungen wahr. Ebenso beeindruckte ihn die erklärte und weitgehend praktizierte Internationalität der Bewegung. Ihm erschien die Losung der Kommunisten „Proletarier aller Länder, vereinigt Euch!" plausibel und nun in wirkungsvoller, sichtbarer Aktion. Wie viele linke Intellektuelle damals neigte er dazu, die weltweite Zunahme volksdemokratischer Entwicklungen als einen numerischen, additiven Vorgang anzusehen: Immer mehr Völker, Nationen kommen hinzu, damit wächst eine Kraft, die unaufhaltsam ist und weltweit siegen wird. Als sei es nur eine Frage der Zeit und der Summierung, bis alle Völker der Welt sich zu einem gemeinsamen Ziel vereinen würden! Die demokratischen Bemühungen der frühen DDR, wie er sie erlebte, betrachtete er als organisch in diesen internationalen Kontext eingebunden.

Ivens nahm die lautstarken Selbstdarstellungen dieser Organisationen wahr und zugleich ernst, übersah freilich nicht deren propagandistische Auswölbungen und ideologische Vereinseitigungen. Aber er empfand sich prinzipiell als ‚auf der richtigen Seite'. Insofern erlag er seinerzeitigen naiv-utopischen Idealen, und insofern war er gläubig. Dieser Glaube verstellte ihm nicht den Blick auf beginnende Erstarrungen und Ritualisierungen in manchen Ländern. Nicht zufällig hat er keinen Film mit sowjetischen Themen mehr gedreht, nicht nach Stalins Tod 1953, nicht nach dem Moskauer Entstalinisierungs-Parteitag 1956 und später auch nicht, auch in der DDR nicht. Hier berührt sich sein oben zitiertes Unbehagen direkt mit seiner Filmarbeit.

So changierte er eine Zeitlang zwischen der Hingabe an jene Massenbewegungen und an deren filmische Darstellung (eingeschlossen die für Ivens wichtige öffentliche Verbreitung im Kino) und kritischer und selbstkritischer Distanzierung. Schließlich besann er sich auf den Ur-Antrieb seines Dokumentarfilm-Verständnisses: Immer dann, wenn sich in sozialen Antagonismen solche revolutionären Tendenzen herausbildeten, die sich zu gesellschaftlichen Neuordnungen entwickelten, sah Ivens beste Chancen, diese Anfänge durch seine Filme zu popularisieren und damit zu unterstützen. Das fand er in den osteuropäischen Ländern, auch in der DDR, immer seltener und in den außereuropäischen immer öfter.

Werkstatt 2: Filmarbeit

Ivens hatte in seiner bisherigen Filmtätigkeit noch nie mit einem solch potenten Produktionszentrum für zwei riesige Filmproduktionen von internationalen Dimensionen gearbeitet wie bei der DEFA. Er stellte sich offensiv den für ihn neuen personellen und vor allem logistischen Herausforderungen. Mit dem Blick des erfahrenen Dokumentaristen, mit Intuition und mit Beratung durch Freunde stellte er seine Stäbe zusammen, insbesondere die Kameraleute und Redakteure. Sein Kriterium blieb sichere Fachkompetenz. Auch vertraute er den Empfehlungen der DEFA-Leitung. Seinen Stäben stand mehr Rohfilm zur Verfügung als im Studio-Durchschnitt, was das Drehen erleichterte, aber Auswahl und Montage erschwerte. Dafür bestimmte die DEFA-Leitung Ella Ensink, die damals erfahrenste Schnittmeisterin der DEFA, die beinahe absolutistisch zusammen mit Ivens das Material sichtete und weitgehend im Verborgenen wirkte. Der flexible Produktionsleiter Hans Wegner wurde zum Freund und ersten Biografen von Ivens (vgl. Wegner 1965).

Ivens arbeitete mit antifaschistischen Schriftstellern wie Maximilian Scheer und dem Szenaristenehepaar Jeanne und Kurt Stern zusammen, die aus dem Exil gekommen waren, mit Studiodirektor Albert Wilkening und mit dem Dokumentarfilmregisseur Joop Huisken sowieso, dem Freund und Partner aus Jugendzeiten in Amsterdam, der als Fremdarbeiter nach Babelsberg zwangsverpflichtet worden war und dort bei der Ufa die NS-Zeit ‚überwintert' hatte. Auch mit Hans Rodenberg, der 1948 aus sowjetischem Exil zurückgekehrt war und in der DDR hohe Ämter im Filmwesen bekleidete, ergab sich eine produktiv- freundschaftliche Beziehung. Beide kannten sich aus dem Moskauer Exil bei Meschrabpom-Film, dem Filmteil des Münzenberg-Konzerns, dessen Produktionsdirektor Rodenberg seinerzeit gewesen war (Agde 1999: 34ff.).

Von beträchtlichem Einfluss auf die Produktion der Filme erwies sich, dass Ivens renommierte Könner aus dem Ausland in die Ostberliner Drehstäbe holte: den französischen Schriftsteller und Szenaristen Vladimir Pozner, den Moskauer Komponisten Dmitri Schostakowitsch, den Regisseur Alberto Cavalcanti und den Schriftsteller Jorge Amado (Amado 1963: 27), beide aus Brasilien. Vor allem mit Pozners Texten gewann der sozial engagierte und literarisch ambitionierte Filmkommentar eine neue Dimension, die auch in die Diktion der Sprecher und in die Übersetzung in die Weltsprachen hineinreichte. Mit diesen Leuten kam – wenigstens zeitweilig – ein mobilisierendes internationales Flair in die Arbeitsatmosphäre des Studios. Das Prestige der angesehenen Ausländer wirkte auf das Selbstbewusstsein des Studios zurück. Die ausländischen Kollegen sympathisierten mit der jungen DDR und wurden großzügig honoriert.

In den im Einzelnen oft komplizierten Arbeitsprozessen ergaben sich produktive persönliche Kollegialitäten mit jungen Dokumentarfilmern wie Andrew Thorndike und Joachim Hadaschik als Assistenten und Schüler. Der junge Alfons Machalz kompilierte zusammen mit Vladimir Pozner – nach ausführlichen konzeptionellen Vorgaben von Ivens und vollständig in seinem Geiste – seinen ersten eigenen Dokumentarfilm, *Mein Kind* (1955). Manche DEFA-Dokumentaristen bezeichneten sich später gern als Ivens-Schüler.

Besonders produktiv wurde in Ivens' Jahren bei der DEFA die Kameraarbeit (an *Freundschaft siegt* waren insgesamt 13 DEFA-Kameraleute beteiligt): Souverän vereinigte Ivens die Leistungen älterer Kameraleute mit großer Ufa-Erfahrung vor 1945, wie Walter Fehdmer und Karl Plintzner, und engagierter junger Nachfolger wie Erwin Anders und Werner Bergmann (Anders 1963: 28). Ivens ließ sie alle einzeln drehen und auch improvisieren – nach seinen weitgehend konkreten Vorgaben, fixiert in kameradschaftlichen, frei fabulierten Gesprächen. Diese internen Texte sind mehr als nur Handreichungen. Sie erscheinen literarisch ambitioniert. Im Stile des gehobenen Feuilletons formulierten sie gezielt einzelne Stimmungen für Szenen und Sequenzen und beschrieben Erwartungen, ließen jedoch den Kameraleuten viel individuellen Freiraum (vgl. Ivens 1963a, 1963b; Wolf 1963). Außerdem besprach Ivens mit den Kameraleuten ausführlich diverse Aufgaben unmittelbar vor dem Drehen: Handlungsorte, Personen, Lichtverhältnisse. Die Basis bildete ein großer Vertrauenskredit durch Ivens an die Kameraleute, die gewiss auf seiner eigenen Erfahrung in der Arbeit mit der Kamera beruhte. Und die Kameraleute honorierten diesen Kredit und diese für sie ungewohnte Arbeitsweise durch Arbeitseifer und unbedingten Willen zu Qualität.

Das Ensemble aller dieser Kräfte und ihr innerer Verbund (nach Art kommunizierender Röhren) bildeten in der DEFA einen kurzzeitigen einzigartigen Pool an Kreativität innerhalb des Dokumentarfilms. Ivens schätzte zudem, dass die DEFA-Leute fest beim Studio angestellt waren und folglich Konkurrenzen aus finanziellen Gründen ausgeschlossen blieben. Seine Arbeit und sein Arbeitsethos strahlten weiträumig und nachhaltig auf die DEFA-Leute wie beispielsweise auf Ella Ensink aus: „Er [findet] keine Ruhe, ehe nicht alles so gut ist, wie es sein kann, wenn jeder das Beste gibt, was in ihm steckt" (1963: 46).

Den Filmen sind diese Hintergründe, die mehr sind als nur produktionsgeschichtliche, nicht im Einzelnen anzusehen, zumal häufig agitatorische Züge die gestalterischen Substanzen überdecken. Ansehenswerte Dokumente der frühen DEFA-Dokumentarfilmarbeit – in der Handschrift von Ivens – bleiben sie allemal.

Krise der Werkstatt

Zeitlebens hat Ivens über seine Arbeit reflektiert und sich damit offensiv den jahrelangen Diskussionen über Charakter und Zukunft des Dokumentarfilms gestellt. Wie es seinem Naturell entsprach, hat er stets seine eigenen Filme zur Grundlage der Debatten genommen, sie analysiert und aus ihnen seine Argumente bezogen. Seine Autobiografie *Die Kamera und ich* (Ivens 1974) durchzieht sein öffentliches, schwieriges Nachdenken über die Grundlagen und die Instrumente seiner Kunst.

Ihn – wie andere Kollegen auch – bewegte die Frage, ob man in einem Dokumentarfilm Szenen nachstellen, Situationen szenisch rekonstruieren, wiederholen, also inszenieren könne. Der französische Filmhistoriker Georges Sadoul sprach – Ivens variierend – von „organisierten Aufnahmen" (1963: 83). Ivens plädierte vehement dafür, Szenen und Situationen zu rekonstruieren, und er hatte dafür gute Gründe und plausible Beispiele, aus dem eigenen Werk und dem der bedeutendsten Vertreter seiner Zunft, wie Robert Flaherty. Ivens wusste sich dabei durchaus im Gegensatz zu – wie er meinte – „Puristen", auch zum Dokumentarfilm-Konzept etwa eines Dziga Vertov (Ivens 1974: 58). Zugleich polemisierte er mit dem seinerzeit gängigen Wochenschaustil schneller Abbildungen und kurzer Schnitte, die er nicht sorgfältig fand. Sein ausschließliches Kriterium bildete stets die Authentizität des Dargestellten, wobei er „passenden Stil" und „richtige Haltung" hinzufügte. Und er appellierte an „die Integrität des Regisseurs – sein Verständnis der Realität und seine Betrachtungsweise der Wirklichkeit, seinen Willen, die innere Wahrheit eines Themas mitzuteilen, sein Verantwortungsbewusstsein gegenüber dem Publikum". Er nannte den Regisseur einen „künstlerischen Schöpfer einer neuen Realität, welche das Denken der Zuschauer beeinflussen kann, und die Wahrhaftigkeit seines Films vermag, sie zu Handelnden zu machen". Und geradezu beschwörend: „Keine Definition des Dokumentarfilms ist vollständig ohne diese subjektiven Faktoren" (Ebd.: 58f.). Er berief sich kategorisch auf den Zuschauer. Dieser entschiedene Rückschluss war eigenen Beobachtungen geschuldet: Sehr oft hat er die Reaktionen der Zuschauer auf seine Filme live studiert, weil er in den Vorführungen saß und sich nicht auf Rezensionen oder offizielle Verlautbarungen verließ.

Immer wieder führte er für seine Methode, Vorgänge der Wirklichkeit zwecks Authentizität zu wiederholen, jene markante Szene aus seinem Film *Borinage* (1933) an, in der die Bergleute in einem harten Lohnkampf ein selbstgemaltes Marx-Porträt zu einer Demonstration tragen. Ivens hatte

die reale Episode in dem Dorf ‚verpasst'. Man hatte sie ihm erzählt – und er
fand den Vorgang so wichtig und filmisch so aussagekräftig, dass auf seine Bitte hin die beteiligten Bergarbeiter die Szene exakt wiederholten und
er sie drehen konnte. Auch die Schlussszene von *Pjesn o Gerojach* (*Komsomol*, 1932) hat er inszeniert: Die Sturmnacht mit Fackeln und LKWs, als die
Komsomolzen-Bauarbeiter zu einer freiwilligen Nachtschicht abfahren,
war real tatsächlich nicht zu drehen – also hatte er sie nachgestellt (ebd.).

Er grenzte sich zwar deutlich von den Mitteln der puren Inszenierung
im Spielfilm ab. Dennoch erlag er selbst gelegentlich den Verführungen,
‚mehr' zu inszenieren als ‚nur' schlechthin nachzustellen: In *Die Windrose*
wurden die einzelnen Episoden durchgängig inszeniert, mit vielen Laien,
deren Begabung für dramatisches Spiel nicht Ivens entschied und auch
nicht beurteilte, sondern der verantwortliche Episoden-Regisseur, der
auch die Beteiligung   professioneller Schauspieler organisierte und auf
dessen Kompetenz sich Ivens verließ. In der Pariser Episode spielten immerhin die nachmaligen Stars des französischen Kinos Simone Signoret
und Yves Montand die Hauptrollen. Dieses Filmkapitel hatte ein französischer Spielfilmregisseur inszeniert. Und Ivens hat in dessen Szenenge-
staltung selbst nicht eingegriffen: Er akzeptierte das inszenierte Ergebnis
eines Kollegen und montierte es in den Film. Gleichwohl sah er sich als Regisseur des gesamten Films und akzeptierte die Authentizität des Ganzen.

In diesem eigentümlichen Konglomerat liegt eine Wurzel für Ivens'
beginnende gestalterische Krise: Soweit wie in diesen Filmen wollte und
konnte er fortan mit seinem Verständnis als Regisseur und Dokumentarist, der Realität nachzuhelfen, nicht gehen.

Er bemerkte, dass solch enormer Anteil an Inszenierung – oder gar eine
komplette Inszenierung wie in *Die Windrose* – den Wahrheitsgehalt und
damit die Glaubwürdigkeit der Filme beschädigte. Die weitgehende Konzentration auf Akklamationen, Meetings, Demonstrationen, Ansprachen,
also auf Propagandistisches in *Lied der Ströme* und *Die Windrose*, lieferte
zwar Bilder davon, verringerte jedoch die inhaltliche Substanz und führte
schlussendlich zu Formalismus.

Davon kehrte er sich nach seiner DEFA-Zeit ab. Fortan hat er nur noch
solche Filme gedreht, die zu seinem spezifischen Konzept des Nachhelfens
‚passten' oder die er nach seinem Verständnis ‚passend' machen konnte.
Oder er hat – wie als extreme Ausnahme in seinem allerletzten Film *Une
histoire de vent* (*Eine Geschichte über den Wind*, 1988) zu sehen ist – die Inszenierung und Selbstinszenierung bewusst ausgestellt, fokussiert auf ihn als
(einzigen) Hauptdarsteller.

Nach seiner DEFA-Zeit hat sich Ivens bekanntlich in mehreren Filmen der Volksrepublik China zugewandt. Er glaubte, nun in China zu sehen und zu filmen, was seinem damaligen politischen Grundverständnis entsprach: Basisdemokratie pur, weil alle Gewalt vom Volke ausgehe. Partei und Staat tun, was das Volk will, und vice versa: Das Volk bevollmächtigt Staat und Partei, in seinem Namen und mit seinem Willen, das Gemeinleben zum Wohle wirklich aller einzurichten. Diese rigorose Hinwendung zum chinesischen Gesellschaftsmodell in Zeiten des maoistischen Regimes wurde durch Ivens' Beobachtung der existentiellen Kontroverse zwischen China und der Sowjetunion gefördert. Ivens verurteilte den Bruch zwischen beiden Ländern, den er durch die Sowjetunion verursacht sah, und später auch die militärische Besetzung der ČSSR 1968 durch die Staaten des Warschauer-Vertrages.

Diese entschiedene politische Haltung führte zu einem tiefen Zerwürfnis mit den DDR-Oberen und trug Ivens heftige Vorwürfe ein; auch DEFA-Dokumentarfilm-Kollegen wahrten nun vorsichtige Distanz. Noch zu seinem 80. Geburtstag las man nachtragende Worte im Zentralorgan der SED-Führung.

Notwendiges PS

Die Beziehungen zwischen Ivens, der DEFA und vor allem der DDR waren nach seinem letzten DEFA-Film nicht zu Ende. Sie kreisten in den folgenden Jahren vor allem um Ivens' Teilnahme am Leipziger Dokumentarfilmfestival, seine öffentlichen Stellungnahmen und Auftritte dort.[7] Sein freimütiges, charmantes, wiewohl entschiedenes Auftreten spielte wohl zwischen den Zeilen auch auf seine aktive DEFA-Zeit an. Nach der ersten Werkschau von 1956, die Ivens noch selbst besorgt hatte, folgte 1963 eine umfangreiche Retrospektive. Das Festival stiftete einen Joris-Ivens-Preis, der dann 1971 stillschweigend annulliert wurde.

In der DDR-Branche wurde lange ein herbes Diktum des DEFA-Dokumentarfilmregisseurs Karl Gass kolportiert: Ivens habe mit seinem Film *La Seine a recontré Paris* (*Die Seine trifft sich mit Paris*, 1957), der im gleichen Jahr die Goldene Palme in Cannes gewann, den sozialistischen

---

7 Dazu gehörte auch ein innenpolitisch grundiertes Festival-Gerangel um die Aufführung von Filmen, die Marceline Loridan 1968 mitgebracht hatte (Loridan-Ivens 1997: 57 ff.)

Realismus im Dokumentarfilm verraten. Tatsächlich hatte Gass auf dem Freien Forum der Dokumentarfilm-Woche 1960 zu diesem Film und direkt an Ivens gewandt öffentlich gesagt, dass er mit diesem Film „wahrscheinlich […] nicht in die Filmgeschichte eingehen" (Gass 1987: 160) würde. Diese Wertung wurde von der Entwicklung des Festivals überholt.

Erst gegen Ende der DDR wurde Ivens quasi rehabilitiert: 1988 lief – zu Ivens' 90. Geburtstag – auf dem Leipziger Festival sein Film *Die Apotheke* (1976) aus seinem China-Zyklus *Wie Yü Gung Berge versetzt*. Zum Kinoeinsatz kam er in der DDR freilich nicht mehr. 1999 folgte eine Hommage an Ivens und 2009 noch einmal eine Retrospektive, die auch alle DEFA-Filme von Ivens (außer *Die Windrose*) zeigte. Damit hatte sich ein Kreis geschlossen, der mit Enthusiasmus, mit zahlreichen Widersprüchen und vielen bemerkenswerten Filmen vollgepackt war.

Literatur

Agde, Günter (1999): Schöpferischer Urlaub, ahnungsloser Abschied. Unveröffentlichte Briefe von Joris Ivens 1935/36. In: Filmblatt 11. 1999: 34-41

Amado, Jorge (1963): Joris Ivens, ein Meister des Humanismus. In: Staatliches Filmarchiv der DDR/Club der Filmschaffenden (1963): 27-29

Anders, Erwin (1963): Erinnerung an Joris Ivens. In: Staatliches Filmarchiv der DDR/Club der Filmschaffenden (1963): 28-30

Brigade Joris Ivens (1963): Mit dem Herzen bin ich immer bei Euch. In: Staatliches Filmarchiv der DDR/Club der Filmschaffenden (1963): 35f.

Bundesarchiv-Filmarchiv (2009): Joris Ivens 1898-1989. „das Unmögliche zu filmen...". Beiheft zur Retrospektive des Bundesarchiv-Filmarchivs zum 52. Internationalen Leipziger Festival für Dokumentar- und Animationsfilm 2009. Berlin: Bundesarchiv-Filmarchiv

Ensink, Ella (1963): Meine Arbeit mit Joris Ivens. In: Staatliches Filmarchiv der DDR/Club der Filmschaffenden (1963): 46 -47

Gass, Karl (1987): Ich glaube an den Dokumentarfilm, wenn... In: Aus Theorie und Praxis des Films 2. 1987: 160-162

Ivens, Joris (1963a): Erste Version zum Film *Lied der Ströme*. In: Staatliches Filmarchiv der DDR/Club der Filmschaffenden (1963): 178

Ivens, Joris (1963b): Notizen über den Aufbau des Films. In: Staatliches Filmarchiv der DDR/Club der Filmschaffenden (1963): 183

Ivens, Joris (1974): Die Kamera und ich. Autobiographie eines Filmers. Reinbek bei Hamburg: Rowohlt

Linhardt, Lubomir (1963): Seit eh und je mit Joris Ivens. In: Staatliches Filmarchiv der DDR/Club der Filmschaffenden (1963): 59-64

Kreimeier, Klaus (1977): Joris Ivens. Ein Filmer an den Fronten der Weltrevolution. Berlin: Oberbaumverlag

Kretschmar, Judith (2009): Joris Ivens – Dokumentarist im Dienste der DEFA. In: Bundesarchiv-Filmarchiv (2009): 21-22

Leipziger DOK-Filmwochen (1997): Weiße Taube auf dunklem Grund. 40 Jahre Internationales Leipziger Festival für Dokumentar- und Animationsfilm. Berlin: Henschel

Loridan-Ivens, Marceline (1997): Eine wirklich schöne Geschichte! In: Leipziger DOK-Filmwochen (1997): 57-61

Sadoul, Georges (1963): Erinnerung an Joris Ivens. In: Staatliches Filmarchiv der DDR/Club der Filmschaffenden (1963): 83-87

Staatliches Filmarchiv der DDR/Club der Filmschaffenden (1963): Joris Ivens. Zusammenstellung und Redaktion Wolfgang Klaue, Manfred Lichtenstein, Hans Wegner unter Mitarbeit von Günter Schulz. Berlin: Henschel

Wegner, Hans (1965): Joris Ivens. Dokumentarist der Wahrheit. Berlin: Henschel

Wolf, Konrad (1963): Erinnerung an Joris Ivens. In: Staatliches Filmarchiv der DDR/Club der Filmschaffenden (1963): 107

Die Prestige-Agenda der DEFA

Koproduktionen mit Erich Mehls Filmfirma Pandora (1954-1957)

Mariana Ivanova

Zwei Jungen, der Sohn eines bekannten Westberliner Großhändlers und sein Freund, der Sohn des Chauffeurs der Familie, geraten beim Durchblättern eines Hochglanzmagazins für Frauen in Streit. „Meine Mutter ist die Schönste!", schreit der erste und deutet auf das Bild einer blondierten Frau mit einem an ihrem Hals funkelnden Brillantkollier. Für den Sohn des Chauffeurs ist es allein das Kollier, das die reiche Frau schöner aussehen lässt als seine eigene Mutter. Die beiden fordern sich gegenseitig dazu heraus, das jeweils kostbarste Schmuckstück ihrer Mütter zu stehlen, um deren wahre Schönheit vergleichen zu können. In dieser Geschichte vom Vergleich reicher und armer Mütter spiegelt sich ein Unbehagen über das sich beschleunigende Wettbewerbsdenken, wie es in den 1950er Jahren im geteilten Deutschland vorherrschte. Und tatsächlich geriet diese filmische Parabel, entstanden in den Jahren 1956 bis 1959 als Koproduktion ost- und westdeutscher Filmschaffenden auf dem Höhepunkt des Kalten Krieges, in die Fallstricke einer Zeit gärender Animositäten zwischen beiden Teilen Deutschlands.

Im Folgenden soll näher beleuchtet werden, auf welche Weise politische Entscheidungen in dieser heiklen Phase des Kalten Krieges die Durchführbarkeit von Koproduktionen zwischen ost- und westdeutschen Filmemachern nachhaltig beeinflusst haben. Die Konsolidierung der Prestige-Agenda der DEFA in den frühen 1950er Jahren dient dabei als Ausgangspunkt, um sowohl das wachsende Spannungsverhältnis zwischen künstlerischer Zusammenarbeit und staatlichen Regulierungen in den Blick zu nehmen als auch auf die kurzlebige Lösung hinzuweisen, wie sie die Pandora, eine westdeutsche, unter einer Stockholmer Deckadresse geführte Produktionsfirma, bot. Gegründet von dem Produzenten Erich Mehl, steht die Pandora für eine transnationale Strategie, mit welcher der

staatlich aufgezwungene Koproduktionsbann Mitte der 1950er Jahre um-
gangen und grundsätzlich infrage gestellt werden sollte.

Der gemeinschaftliche Charakter der Koproduktionen zwischen DEFA
und Pandora erleichterte die Verwertung bereits existierender Genres und
künstlerischer Traditionen aus einer sozialkritischen Perspektive, die es
– in einigen Fällen – Künstlern sogar gestattete, ihre Bedenken gegen das
ungute Verhältnis von Kunst und Politik zum Ausdruck zu bringen. *Das
Fräulein von Scuderi*, die zweite, 1953 initiierte und 1955 in die Kinos ge-
kommene Koproduktion der DEFA mit der Pandora, ist so ein Fall. Diese
Literaturverfilmung ist von einer ähnlichen ästhetischen Sensibilität ge-
kennzeichnet wie das letzte fertig gestellte ost/westdeutsche Projekt *Die
Schönste* – jener Film, auf den ich mich zu Beginn bezogen habe. Beide
Filme beruhen auf erfolgreichen Genremustern der Ufa-Zeit und präsen-
tieren eine gehobene Gesellschaftsklasse, deren Leben von prächtigen
Festen, eleganter Kleidung und gutaussehenden Frauen bestimmt ist. Im
Unterschied zur Märchenerzählung von *Das Fräulein von Scuderi* spielt die
Geschichte von *Die Schönste* allerdings im Deutschland der 1950er Jahre;
und obwohl als sozialkritischer Film gemeint, verweist er auf offensichtliche Ungleichheiten zwischen beiden Staaten. Folglich war der Film zu
vielfachen Revisionen verurteilt; und obgleich ein neuer Regisseur mit der
Umsetzung eines geänderten Drehbuchs und der Neuaufnahme einzelner
Szenen beauftragt wurde, erlebte *Die Schönste* ihren Kinostart erst 2002,
45 Jahre später. Auf das Dilemma dieser Produktion werde ich am Ende
noch näher eingehen und aus ihm meine Schlüsse ziehen im Hinblick auf
eine Gemeinsamkeit zwischen den beiden deutschen Staaten dieser Zeit:
die schmerzhafte Verquickung künstlerischer und politischer Agenden.

In den frühen 1950er Jahren, als die Rolle des Films im neugegründe-
ten sozialistischen Staat von Künstlern und politischen Funktionären erst
noch diskutiert wurde, erscheint die Verpflichtung bekannter westlicher
Regisseure und Schauspieler als logische Strategie zur Aufrechterhaltung
der Jahresproduktion und zur Bekämpfung des Mangels, der bei der DEFA
an erfahrenen Filmemachern herrschte. Seit Mitte der 1940er Jahre hatte
die DEFA ein gutes Arbeitsverhältnis zu früheren Ufa-Regisseuren etabliert, die vor allem in der Herstellung von Genrefilmen wie Melodramen,
Musicals, Revue- und Kostümfilmen versiert waren. Tatsächlich hatte das
ostdeutsche Studio in der ersten Dekade seiner Existenz mehr als zehn solcher Regisseure unter Vertrag genommen, zu denen unter anderen Arthur
Pohl, Erich Engel, Paul Verhoeven, Hans Deppe, Georg Wildhagen, Arthur
Maria Rabenalt, Wolfgang Schleif, Hans Müller, Gerhard Lamprecht und

Wolfgang Staudte gehörten (Wilkening 1981: 79). In den späten 1940er und frühen 1950er Jahren inszenierten sie in Babelsberg eine bemerkenswert hohe Anzahl populärer und auch bei der Kritik erfolgreicher Filme, die im Osten wie im Westen in die Kinos kamen. Wolfgang Staudte etwa schloss – wie auch Arthur Pohl, Hans Müller und Gerhard Lamprecht – Arbeitsverträge mit der DEFA und parallel dazu mit westdeutschen Produktionsfirmen wie Artur Brauners Central Cinema Compagnie (CCC) und Erich Mehls Münchner Ideal-Film, woraus sich auch die spätere Beteiligung der genannten Regisseure an ost/westdeutschen Koproduktionen ableiten lässt.

Ein Drittel aller Drehbuchautoren, die in der zweiten Hälfte der 1940er Jahre und in den frühen 1950er Jahren bei der DEFA beschäftigt waren, kamen aus Westdeutschland und arbeiteten gleichzeitig für ost- und westdeutsche Filmfirmen. Hinzu kommt, dass die DEFA um international gefeierte Ufa-Stars wie Henny Porten, Leny Marenbach und Zarah Leander konkurrierte sowie um Schauspieler wie Theo Lingen und Hans Klering (Schenk 1994: 86-87). Das Studio profitierte von einer dauerhaften und fruchtbaren Zusammenarbeit etwa mit Henny Porten, auf die ich weiter unten noch ausführlicher zu sprechen komme.

Von der Hinzuziehung von Regisseuren, Produzenten und anderen Filmschaffenden aus der Bundesrepublik erhoffte sich das ostdeutsche Studio insbesondere nach 1951 einen leichteren Zugang zum westdeutschen Kinomarkt, nachdem der offizielle Filmaustausch zwischen den vier Besatzungszonen (der sogenannte interzonale Filmaustausch) ausgesetzt worden war und DEFA-Produktionen in der Folge systematisch zurückgewiesen wurden. Der Zusammenarbeit der DEFA mit westeuropäischen Partnern (einschließlich französischen und italienischen) kam in diesem Zusammenhang nicht nur eine künstlerische, sondern auch politische Bedeutung zu, die sich vielleicht am treffendsten unter dem Stichwort des kulturellen Prestigegewinns zusammenfassen lässt. Dieses Konzept verweist auf die anhaltenden Bemühungen der DEFA, das Bild eines international anerkannten Studios aufrechtzuerhalten, das in der Zirkulation von Filmen, Filmschaffenden und Dienstleistungen als gleichrangiger Partner angesehen werden und auf transnationale Kontakte unter Filmemachern und Produzenten bauen konnte. Bei vielen Filmen, die von westlichen Filmemachern für die DEFA gemacht wurden, und auch bei vielen späteren Koproduktionen mit westdeutschen und französischen Partnern handelte es sich dabei nicht zufällig um Adaptionen klassischer literarischer Werke, entstanden als Antwort auf eine Kulturpolitik der mittleren 1950er Jah-

re, der es um die Bestimmung des Verhältnisses der DDR zum deutschen
Kulturerbe ging.

Der enge Zusammenhang zwischen dieser Politik und der Prestige-
Agenda der DEFA lässt sich einer Rede ablesen, die Johannes R. Becher
1956 auf dem IV. Schriftstellerkongress gehalten hat (Barck et al. 2001: 89-
90). Becher schloss sich bei dieser Gelegenheit der Vision einer harmoni-
schen pan-deutschen Gemeinschaft von Kunst und Volk an, die auf ein
neues gesellschaftliches Fundament gestellt werden müsse, mit den deutschen Klassikern als Basis. Auf der einen Seite betonte Becher die konso-
lidierende Funktion von Literatur und bildenden Künsten, unterschiedlichen Gesellschaftsgruppen Ausdrucksmöglichkeiten bereitzustellen; auf
der anderen Seite machte er in seiner Rede die DDR als einzige Hüterin des
klassischen deutschen Kulturerbes aus. Die Debatten der frühen 1950er
Jahre, die zu dieser Politik geführt hatten, hatten die Notwendigkeit vor
Augen geführt, vergangene Traditionen ins Feld zu führen, um dem ostdeutschen Staat in der Gegenwart Legitimität zu verschaffen. Diese Agenda war natürlich auch der Filmpraxis in anderen sozialistischen Staaten
wie der Sowjetunion, Polen oder der Tschechoslowakei nicht fremd, wo in
den 1950er und 1960er Jahren reihenweise filmische Künstlerbiografien,
Literaturverfilmungen und epische Historienfilme in der Absicht hergestellt wurden, den Anspruch auf nationale Souveränität zu untermauern.
Im Unterschied aber zur Suche dieser nationalen Kinematografien nach
einer neuen ästhetischen Sprache eignete sich die DEFA ihre klassische Literatur mit Adaptionen an, die deutlich in der Nachfolge der Ufa standen,
wobei die Zusammenarbeit mit westdeutschen Filmemachern als zusätzliche Legitimationsstrategie diente.

Mithin erscheint die 1953 begonnene Kooperation der DEFA mit
Mehls Pandora für die politischen Vorrechte des sozialistischen Staates
zu jener Zeit von einiger Bedeutung gewesen zu sein. In ganz ähnlichem
Sinne betrachteten sowohl die SED als auch die DEFA die Koproduktionen der 1950er Jahre mit französischen Partnern als „Teil einer übergeordneten Strategie in den Bemühungen der DDR um internationale
Anerkennung und Legitimation", wie Marc Silberman es formuliert hat
(2006: 23-24). Zudem war die Zusammenarbeit mit westlichen Filmemachern nicht nur eine Reaktion auf die Hallstein-Doktrin von 1955,
sie bot ostdeutschen Künstlern auch Gelegenheit, ihrem Widerspruch
gegen den Ausschluss von DEFA-Filmen aus den Netzwerken des europäischen Kulturaustauschs Ausdruck zu verschaffen.

1954 wurde in der DDR ein neues Ministerium für Kultur eingerichtet, welches das Vorhaben der DEFA unterstützte, weiterhin Regisseure und andere Filmschaffende aus Westdeutschland anzulocken; allerdings standen nun neue Beweggründe hinter dieser Agenda. Zum einen drängte das Ministerium die DEFA-Leitung dazu, es zur Auflage von Vertragsabschlüssen zu machen, dass die betreffenden Filmemacher ausschließlich für die DEFA arbeiteten und ihren Wohnsitz in Ostberlin nahmen. Zum anderen wurde ein Koproduktionsmodell eingeführt, das eine Anstellung der Filmschaffenden bei der DEFA nicht mehr zwingend voraussetzte:

> Als Maßnahmen, die dem Kampf um eine einheitliche humanistische deutsche Kultur auf dem Gebiete des Films dienen und die Annäherung der beiden Teile Deutschlands fördern können, schlägt das Ministerium für Kultur der Deutschen Demokratischen Republik vor: [...] Gemeinsame ost-westdeutsche Filmproduktion; Aufnahme direkter Verhandlungen zwischen den Filmproduzenten in Ost und West über die gemeinsame Herstellung deutscher Heimat- und Kulturfilme sowie humanistischer Filme. (Ministerium für Kultur der DDR 1954: 303f.)

Neben dem Versprechen des gegenseitigen Dialogs suggeriert die Erklärung eine direkte Verknüpfung von kulturellem Prestigegewinn und der Agenda zur politischen Legitimierung des DDR-Staates. Die zunehmende Politisierung der Anwerbungspraxis der DEFA ließ ost- wie westdeutsche Filmschaffende bei der Übernahme von Aufgaben im Rahmen gemeinsamer Filmprojekte vorsichtig werden. Hinzu kam, dass die Kulturpolitik der DDR sich auf Forderungen nach ideologischer Erziehung und der Ablehnung künstlerischer Experimente zugunsten der Schaffung eines „humanistischen Films" zuspitzte. Dies führte zu fortwährenden Verhandlungen über Filmprojekte, wobei die Absicht des Studios, dem Wunsch des Publikums nach Unterhaltung zu entsprechen, nach der Krise von 1953 mit der Angst der DDR-Offiziellen vor der politischen Emanzipation der Kunstproduktion in Konflikt geriet.

Im Westen ergriff die Bundesregierung aus Furcht vor Indoktrination und dem Import von Propagandafilmen ihrerseits Maßnahmen gegen die Zusammenarbeit im Kulturbereich. Sie initiierte 1953 die Einrichtung eines Interministeriellen Ausschusses für Ost-West Filmfragen.[1] Zusammengesetzt aus Repräsentanten verschiedener Ministerien, einschließlich

---

1 Für eine ausführliche Diskussion der Rolle dieser Kommission vgl. Kötzing (2009: 33-39)

des Innenministeriums und des Bundesamts für Verfassungsschutz, hatte diese Kommission die Aufgabe, den Filmimport „aus sowjetisch dirigierten Ländern" zu überwachen. Zwischen 1953 und 1966 wurden 3.180 osteuropäische Filme gesichtet und 130 verboten. 1954 disqualifizierte die Kommission 13 DDR-Filme aus dem Wettbewerb der Mannheimer Kultur- und Dokumentarfilmwoche und traf sich anschließend, um ausdrücklich die Frage von Koproduktionen mit der DEFA zu diskutieren und derartigen Projekten für die Zukunft eine deutliche Absage zu erteilen.

In dieser heiklen Situation schlug der westdeutsche Produzent Erich Mehl die wohl einzige logische Strategie zur Umgehung eines drohenden Verbots von Koproduktionen über die Grenzen beider deutschen Staaten hinweg vor: eine Filmfirma namens Pandora mit Sitz in Stockholm. In den folgenden Jahren arbeitete Mehl mit der DEFA an vier Filmen, die als Koproduktionen zwischen der DDR und Schweden bezeichnet wurden: *Leuchtfeuer* (1954, Wolfgang Staudte), *Das Fräulein von Scudéri* (1955, Eugen York), *Spielbank-Affäre* (1957, Arthur Pohl) und *Die Schönste* (1957/59, Ernesto Remani/Walter Beck). Mehrere Faktoren deuten darauf hin, dass die Pandora als privat im Ausland gegründete Firma dazu diente, in der Bundesrepublik geltende gesetzliche Beschränkungen bei der Koproduktion von Filmen zu umgehen. Die in Babelsberg und nur gelegentlich auch in Schweden mit deutschen Schauspielern gedrehten Filme kamen nur in der DDR und der Bundesrepublik (zuweilen unter abweichenden Titeln) in die Kinos, nicht jedoch in Schweden. Mehls Firma arbeitete mit einem österreichischen Verleiher, dem Austria Filmverleih, es gibt jedoch keinen einzigen Hinweis auf eine Kooperation oder auch nur einen Austausch von Dienstleistungen und Schauspielern mit der schwedischen Filmindustrie. Mehl operierte auf der Basis bereits existierender Bekanntschaften und Kontakte, vornehmlich zu früheren Ufa-Mitarbeitern oder deutschen Emigranten. Pandora heuerte also in der Regel Regisseure und Drehbuchautoren an, die in West-Berlin lebten, zuvor schon an DEFA-Produktionen beteiligt gewesen waren und vom Studio und den DDR-Offiziellen gebilligt wurden. Die Regisseure Wolfgang Staudte, Hans Müller, Eugen York und Arthur Pohl sind Beispiele hierfür, wie auch die Drehbuchautoren Artur Kuhnert, Joachim Barckhausen und Alexander Graf Stenbock-Fermor.

Ganz ohne Zweifel ist die Gründung der Pandora ein Ergebnis von Mehls persönlicher Beteiligung an DEFA-Projekten der frühen 1950er Jahre sowie seiner anschließenden Verhandlungen mit dem Interministeriellen Ausschuss für Ost-West-Filmfragen, die ihm die von dieser Kom-

mission vorgegebenen Beschränkungen deutlich vor Augen führten. Bei
der Produktion seines ersten Projekts, *Großstadtgeheimnis*, machte Mehl
1951 die Bekanntschaft von Wolfgang Staudte, der zu dieser Zeit gerade
seinen *Untertan* für die DEFA drehte. Überzeugt von Staudtes künstlerischer Handschrift und der kritischen politischen Botschaft seines Films,
versorgte ihn der Produzent nicht nur mit den notwendigen Kulissen und
Materialien, er begann auch seinen fünf Jahre dauernden Kampf um die
Verleihfreigabe des Films in der Bundesrepublik. Mehls letztlich erfolgreiche Verhandlungen mit dem Interministeriellen Ausschuss, die zur westdeutschen Premiere des Films führten, sicherten ihm nicht nur die Gunst
der DEFA, sie brachten ihn auch auf die Idee, seine schwedische Firma
für zukünftige Projekte mit dem ostdeutschen Spielfilmstudio zu nutzen.
Signifikant ist in diesem Zusammenhang, dass Erich Mehl die Auswer-
tungsrechte an 50 Spiel- und über 100 Dokumentarfilmen der DEFA erwarb, wofür er von der DEFA-Außenhandel noch im September 1990 ein
Anerkennungsschreiben erhielt, in dem es hieß: „Sie haben mehrere 100
DEFA-Filme mit Umsicht und Geschick zu einem guten Einsatz gebracht.
Durch ihr unermüdliches Wirken haben Sie sehr dazu beigetragen, dem
DEFA-Film Weltgeltung zu verschaffen" (Ott 2010).

Um das Streben der DEFA nach „Weltgeltung" am Beispiel der realisier-
ten Ost/West-Koproduktionen näher untersuchen zu können, müssen wir
danach fragen, wie und weshalb Filmemacher und Schauspieler an diesen
Projekten beteiligt waren. Dies soll im Folgenden exemplarisch an Eugen
Yorks *Das Fräulein von Scudéri* (1955) untersucht werden, weil sich an diesem Film die politischen Beweggründe hinter solchen Prestige-Koproduk-
tionen veranschaulichen lassen, aber auch die Möglichkeiten, die sie gesell-
schaftskritischen Einwendungen von Seiten der Filmemacher eröffneten.
Wie erwähnt und wie nicht anders zu erwarten, kamen die meisten der
an diesem Filmvorhaben beteiligten Künstler aus dem Westen und waren
durch eine gemeinsame Vergangenheit bei der Ufa miteinander verbunden. So hatte etwa der frühere Ufa-Regisseur Eugen York, bevor er sich auf
die Inszenierung von *Das Fräulein von Scudéri* einließ, 1948 bereits bei einem
seiner größeren Spielfilme, *Morituri*, in Babelsberg Regie geführt, wobei es
sich um ein Projekt gehandelt hatte, das von dem Westberliner Produzenten und jüdischen Emigranten Artur Brauner finanziert war. Geboren im
russischen Rybinsk, kam York als Jugendlicher nach Berlin und arbeitete
später bei der Ufa mit dem Dokumentarfilmer Walter Ruttmann zusammen. Für die Verfilmung von *Das Fräulein von Scudéri* erschien York durch
seine gefeierte Regie von *Morituri* geeignet, eine Rolle dürfte aber auch sei-

ne Arbeit an zwei westdeutschen Literaturverfilmungen des Jahres 1950 gespielt haben, *Lockende Gefahr* und *Export in Blond*. Auch das in West-Berlin lebende, erfolgreiche DEFA-Drehbuchteam Joachim Barckhausen und Alexander Stenbock-Fermor war auf die Adaption literarischer Werke spezialisiert.[2] Seit den 1940er Jahren hatten sie acht Drehbücher für die DEFA verfasst, darunter mehrere antifaschistische Filme.[3] Stenbock-Fermor, der wie York aus dem zaristischen Russland nach Deutschland eingewandert war, war Barckhausen als junger Kommunist in den frühen 1930er Jahren begegnet, und beide wurden zu engen Freunden und Arbeitspartnern. Nicht zuletzt ihre Verbindungen zu kommunistischen Kreisen in der Zeit der Weimarer Republik machten sie für die DEFA interessant, die das Drehbuchteam bis 1961 beschäftigte. Das Beschäftigungsverhältnis endete nach dem Mauerbau, als beide Autoren darauf bestanden, ihre Wohnsitze in West-Berlin zu behalten.

Aus dem Umstand, dass die DEFA-Koproduktionen mit Pandora nicht über die beiden deutschen Staaten hinaus in die Kinos kamen, lässt sich der Schluss ziehen, dass es den beteiligten ostdeutschen Künstlern im Kontext eines stickigen politischen Klimas um die Aufrechterhaltung existierender Kontakte ging. Außerdem legen die beschriebenen transnationalen Bemühungen um Koproduktion nahe, dass Künstler aus Ost- und Westdeutschland durchaus vergleichbare Anliegen mit Blick auf ihre Rolle als Mentoren, Kritiker oder Erzieher in einem geteilten Land hegten. Alle vier mit der Pandora koproduzierten Filme behandelten Probleme gesellschaftlicher oder künstlerischer Natur und gaben ost- und westdeutschen Filmemachern Gelegenheit zu kritischen Kommentaren auf die respektiven gesellschaftlichen Verhältnisse.

Eine ganz ähnliche Anlage findet sich schon in E.T.A. Hoffmanns Erzählung *Das Fräulein von Scudéri* und hat für Erich Mehl und Eugen York den Reiz an einer Verfilmung ausgemacht. Hoffmanns Text dreht sich im Kern um die gesellschaftliche Rolle einer Künstlerin, der als öffentlicher Intellektueller zwei Aufgaben zukommen: die Wahrheit über eine verbrecherische Persönlichkeit des öffentlichen Lebens zu enthüllen und den Sieg der Tugend über zu Unrecht erhobene Anschuldigungen durchzu-

---

2 Beispiele sind ihre Verfilmungen von Honoré de Balzac (*Karriere in Paris*, DDR 1952, Georg C. Klaren) und von Hans Christan Andersens Märchen *Das Mädchen mit den Schwefelhölzern* (BRD 1953, Fritz Genschow).

3 Beispiele sind hier *Grube Morgenrot* (DDR 1948, Erich Freund/Wolfgang Schleif) und *Familie Benthin* (DDR 1950, Slatan Dudow).

setzen. Von früheren Verfilmungen unterscheidet sich Yorks Film in seiner Konzentration auf gesellschaftliche Konflikte und soziale Ungerechtigkeit sowie darin, dass er verschiedene Genres wie Musical, Kostümdrama und Historienfilm miteinander vermischt. Im engeren Sinne richtet die Behandlung der Erzählung durch die DEFA und die Pandora ihr Hauptaugenmerk auf folgende Fragen: Wie ist das Verhältnis zwischen Kunst und Künstler? Kann Kunst allein um der Kunst oder des Künstlers Willen gemacht werden, und wenn ja, was sind hier die gesellschaftlichen Implikationen? Welchen Wert schreiben wir Kunstwerken zu, die dazu dienen, bei den Machthabern Gefallen zu erregen? Die Koproduktion wirft diese schwierigen Fragen in der Gegenüberstellung zwei verschiedener Künstlertypen auf: auf der einen Seite der Juwelier René Cardillac, der seiner Kunst restlos verfallen ist und sich gewaltsam von ihr losreißen will, auf der anderen Seite die bejahrte Schriftstellerin Scudéri, die in ihrem Bemühen um die Gunst des französischen Königs Louis XIV. die Komplizenschaft des Künstlers mit der Macht repräsentiert. Gleichzeitig fanden die gesellschaftspolitischen Dimensionen des Films ihr Echo in zeitgenössischen Debatten über die Autonomie der Kunst, die Kunst als Mittel der Erziehung und die Herstellung staatlich subventionierter Kunst, wie sie die DDR-Öffentlichkeit in den 1950er Jahren prägten.

Yorks Film nahm mehrere thematische und strukturelle Änderungen vor, die seine Strategie unterstreichen, aktuelle Fragen der Verstrickung des Künstlers mit dem Staat aufzugreifen. Einmal wird Scudéris Verhältnis zum König dadurch enger gefasst, dass ihr im Film die Position einer Theaterdirektorin zugeschrieben wird, die Opern- und Ballettaufführungen inszeniert (wohingegen sie in Hoffmanns Erzählung lediglich Schriftstellerin ist). Auf diese Weise laden ihre öffentliche Erscheinung und autoritäre Stellung zu Vergleichen mit der Rolle des Filmregisseurs in einer sozialistischen Gesellschaft ein. Zweitens deuten der Wegfall des dämonischen Aspekts von Cardillacs Charakter, die deutliche Zurückhaltung bei der moralischen Beurteilung seiner kriminellen Handlungen und die bewusste Hervorkehrung seines Talents als Künstler sowie seines Kampfes um die Bewahrung seiner Kunst vor Verwertungsinteressen sämtlich auf die Frage nach dem materiellen und ästhetischen Wert von Kunstgegenständen. Drittens werden die Machtverhältnisse innerhalb der Geschichte neu definiert, um der Kritik an der machthabenden Elite angemessenen Platz einräumen zu können.

Im Film stellt sich die Machtfrage erstmals, wenn der Vorsteher des *chambre ardente*, La Régnié, und der Kriegsminister Louvois sich miteinander verschwören, um ganz Paris unter ihre Kontrolle zu bringen: „Mein lieber La Regnié, Sie machen einen Fehler, Sie denken zu viel an das Prestige. Was wir beide wollen ist doch was anderes: die Macht, die Macht im Staate. Auf Ihre Gesundheit! Stellen Sie sich einmal vor, wir könnten alles ausführen, was der gute Degrais vorgeschlagen hat." La Regnié antwortet darauf: „Dann, ja, dann hätten wir endlich auch den Adel unter Kontrolle. Dann gibt es kein Geheimnis mehr. Unsere Augen, unsere Ohren sind überall dabei. Wir wissen alles, wir lenken alles, wir beherrschen alles."

Dieser Dialog, der sich in Hoffmans Erzählung nicht findet, bringt Besorgnisse zur Sprache, wie sie von Künstlern angesichts wachsender staatlicher Kontrolle der Produktion und Verbreitung von Kunst gehegt wurden. Einerseits enthüllt das Bild der beiden Politiker, die damit drohen, das tägliche Leben ihrer Macht zu unterwerfen, eine Kritik an den Beschränkungen, die der künstlerischen Realitätsdarstellung auferlegt waren. Louvois' Eingangskommentar zum Prestige weist darüber hinaus auf die politischen Debatten um das Auslandsimage der DDR, das, wie erwähnt, Mitte der 1950er Jahre von zunehmender Bedeutung wurde und für das das Kino eine zentrale Vermittlungsinstanz darstellte. Andererseits unterstreicht die Aufnahme dieser Dialogpassage in den Film noch einmal die Herausforderung der Ost/West-Koproduktionen an die offizielle Agenda der Verwendung von Kunst zum Zwecke der Legitimierung des DDR-Staates. Sie liegt in der subtilen Kritik an der privilegierten gesellschaftlichen Position des Künstlers und – zugleich – an seiner (oder ihrer) bereitwilligen Unterwerfung unter die politische Hoheit des Staates.

Wie Mademoiselle de Scudéri in Yorks Film, so hat auch der sozialistische Staat Schriftsteller, Filmemacher und Intellektuelle in der Absicht bevorzugt behandelt, einen Diskurs über das Innenleben der Gesellschaft in Gang zu setzen, in dem Probleme analysiert und Werthaltungen bestätigt werden. Gleichzeitig jedoch wurden die Arbeit und das Privatleben der Künstler von verschiedenen staatlichen Einrichtungen beaufsichtigt und von der Geheimpolizei der Staatssicherheit überwacht. Die gegenseitige Abhängigkeit zwischen Staat und Künstlern entstand aus deren Auftrag heraus, das Bewusstsein der Bürger im Prozess des Aufbaus eines sozialistischen Staates zu verändern. In den 1950er Jahren beinhaltete die Erfüllung dieser Aufgabe auch den Rückgriff auf nationale literarische Traditionen der Vergangenheit und deren Anverwandlung zur Legitimation sowohl des sozialistischen Staates als auch der Intellektuellen als Lehrer der Nation.

In diesem Sinne lassen sich Scudéri – eine Künstlerin, die mit dem politischen Machthabern im Bunde ist und den sozialen Status quo wieder herstellt – und Cardillac – ein Repräsentant des *l'art pour l'art* – als zwei Modelle betrachten, die sich keinesfalls zwangsläufig widersprechen, sondern einander vielmehr ergänzen. Während die Figur Cardillacs für den Künstler als einzelgängerischen Ideenschöpfer steht, kann Scudéri als romantische Wunschtraumerfüllung einer Künstlerin gelten, die sich aus sozialer Entfremdung befreit und einen humanistischen Einfluss auf die Gesellschaft ausübt. Tatsächlich führt die Dichterin in Yorks Film ihre Verhandlungen mit dem König stets in der Öffentlichkeit, wodurch ihr Status als für alle sichtbare und respektierte Ratgeberin bekräftigt wird. Sie repräsentiert damit genau jene Art öffentlicher Figur, die DDR-Offiziellen zur Prestigepflege ihres Staates vorschwebte.

Michael Lentz kommentierte 1955 in der *Westdeutschen Allgemeinen* Henny Portens Auftritt als Mademoiselle de Scudéri in Yorks Film, dem eine lange Phase der Leinwandabstinenz des ehemaligen Ufa-Stars vorausgegangen war. Die Parallele zwischen Scudéris und Portens künstlerischen Rollenbildern ist dabei bezeichnend für die Bedeutung, die international renommierten Schauspielern im Rahmen von DEFA-Koproduktionen zukam:

> Diese Szene ist fast gespenstisch. Sie zeigt ganz deutlich, dass Henny Porten ‚in ihrem Element' ist, in jener Welt der Illusionen und des schönen Scheins, in der es weder Ost- noch West-Probleme und keine tagespolitischen Fakten gibt. Sie zeigt, daß diese Frau die Traumfabrik braucht, das Rampenlicht und den Zauber der großen Premieren. Sie ist weder eine Märtyrerin noch eine Überläuferin, denke ich, sie ist ein Filmstar, und sie wird es bleiben, solange man ihr die Gelegenheit dazu gibt. (Lentz 1955)

Wie Lentz feststellt, bot der Auftritt in einer DEFA-Produktion Porten vor allem die Gelegenheit, an ihre früheren Erfolge als einer der am meisten gefeierten Stummfilmstars der Ufa-Traumfabrik anzuknüpfen. Ungeachtet der von Lentz geübten Kritik an Portens Ignoranz gegenüber den Rivalitäten des Kalten Krieges, hatte ihre Bereitschaft zur Zusammenarbeit mit der DEFA doch weiterreichende politische Implikationen als von ihm vorhergesehen.

Die Geschichte von Henny Portens Verpflichtung für diese Koproduktion wirft ein Schlaglicht auf die symbiotische Beziehung zwischen der DEFA und westlichen Filmstars, deren Zielsetzung auf beiden Seiten ein internationaler Prestigegewinn war. Porten spielte zunächst in *Carola Lam-*

berti – eine vom Zirkus (1954, Hans Müller), ein Projekt, das sie DEFA-Direktor Sepp Schwab gegenüber persönlich angeregt hatte. Schwab erkannte in Portens Vorschlag die Aussicht auf den spektakulären Gastauftritt eines westdeutschen Stars bei der DEFA und stimmte zu, eine Geschichte zu verfilmen, bei der es, ähnlich wie in *Das Fräulein von Scudéri*, um die zentrale Bedeutung einer alternden Künstlerin für den Fortbestand der nationalen Kunstindustrie ging. Die Begeisterung der DEFA über die Zusammenarbeit mit Porten geht aus einem Brief Schwabs vom 27. Juli 1951 hervor.[4] In diesem Dokument bot er dem ehemaligen Ufa-Star einen Arbeitsvertrag an, der die Deckung aller Umzugkosten, spezielle Wechseltarife von West- in Ostmark, Reisevisa, die Bereitstellung einer Villa, Dokumente zur Vorlage bei den Geheimdiensten sowie eine Anstellung für ihren Ehemann in gehobener Position in der DDR-Verwaltung oder in einer ostdeutschen Gesundheitseinrichtung umfasste. Indem sie Porten Privilegien versprach, wie sie wenigen ostdeutschen Künstlerinnen zu jener Zeit zugebilligt wurden, verriet die DEFA ihre Absicht, einen im Westen vernachlässigten, im Osten wiederentdeckten Star groß herauszustellen. Wie Portens Biografin Helga Belach (1986) ausführt, war die Schauspielerin 1954 bereits seit geraumer Zeit arbeitslos gewesen und mit beträchtlichen finanziellen Schwierigkeiten konfrontiert gewesen. Es liegt eine gewisse Ironie darin, dass Portens Entscheidung, ihren in die Jahre gekommenen Ruhm der Reputationssteigerung der DEFA zur Verfügung zu stellen, stark an Scudéris Beziehung zum französischen König erinnert.

Der Verlauf dieser und anderer Koproduktionen zu Prestigezwecken zeigt, auf welche Weise der kreative Austausch und ganz persönliche Zielsetzungen in das Mandat verwoben waren, das der Staat den Künstlern zugewiesen hatte. In vielen Fällen profitierten Künstler und Politiker von den Koproduktionsvorhaben. Wie der Dramaturg Dieter Wolf in seinem Buch *Gruppe Babelsberg. Unsere nicht gedrehten Filme* (2000) behauptet hat, überwogen nicht realisierte Projekte die fertig gestellten und in die Kinos gekommenen jedoch immer noch bei weitem. Dieser Umstand spiegelt sich auch in der Entstehung von *Die Schönste*, einem Filmprojekt, das erstmals 1954 ins Gespräch gebracht wurde, als das Bemühen der DEFA um Prestigegewinn und eine Zusammenarbeit mit Erich Mehls Firma den DDR-Politikern sehr willkommen war. Die DEFA benötigte zwei Jahre, um einen Autor und einen Regisseur für das Projekt zu finden, sodass das Drehbuch erst im Sommer 1956 auf einer internen Studiositzung präsen-

---

4   Bundesarchiv Berlin, BArch DR 117: 69

tiert werden konnte – zu einer Zeit, als in der Folge des 20. Parteikongresses der KPdSU die Entstalinisierung eine kurze Phase der Liberalisierung mit sich brachte. Die darauffolgenden Jahre waren von den Unwägbarkeiten des politischen Diskurses im Kalten Krieg geprägt, von der relativen Liberalisierung des Sommers 1956 bis zum Bau der Berliner Mauer 1961, und hatten schließlich die Verbannung des Films von ost- wie westdeutschen Leinwänden zur Folge, weshalb er seine Premiere erst 2002 im wiedervereinigten Deutschland erleben konnte.

Nimmt man die Prestige-Agenda der DEFA zum Ausgangspunkt für einen Vergleich zwischen Yorks und Remanis Filmen, so gelangt man zur Feststellung einer Reihe überraschender Ähnlichkeiten im Hinblick auf die Art und Weise, in der die DEFA Regisseure und Schauspieler für beide Projekte angeworben hat. Zunächst erweckte der (in Österreich als Ernst Rechenmacher geborene) Regisseur Ernesto Remani die Aufmerksamkeit der DEFA mit der Idee, den erfolgreichen *Münchhausen*-Film der Ufa von 1942 für ein zeitgenössisches Publikum zu bearbeiten und neu herauszubringen. Obwohl aus dem Projekt schließlich wegen abweichender Präferenzen der amerikanischen Verleiher nichts wurde, erhielt Remani das Regie-Angebot für *Die Schönste* zusammen mit einem großzügigen Budget und einer luxuriösen Villa in Potsdam. Albert Wilkening, seinerzeit Direktor für Produktion bei der DEFA, war von Remanis Erfolgen daheim und im Ausland genauso überzeugt wie von Remanis früherer Zusammenarbeit mit Luis Trenker, seiner Karriere als Musical-Regisseur in Italien, seiner Arbeit in den Barrandov-Studios während des Zweiten Weltkriegs und nicht zuletzt dem Spezialpreis, den er 1955 in Cannes gewonnen hat. Wie auch im Fall von Eugen York brachte Remani internationale Reputation und eine Art Sachverstand nach Babelsberg, der in dieser Form dort nicht vorhanden war.

Artur Kuhnert, dem Drehbuchautor von *Die Schönste*, ist mit seinen westdeutschen Kollegen Joachim Barckhausen und Alexander Stenbock-Fermor die Spezialisierung auf Genrefilme gemeinsam, insbesondere auf Musicals und Operettenfilme. Alfred Hirschmeier, der herausragende Szenograf der DEFA, war ebenfalls Teil des viel versprechenden Filmteams. Allein die Tatsachen, dass hier weithin bekannte Experten auf dem Feld der Unterhaltungsgenres zusammen und ein Budget in Höhe von 1,7 Millionen Ostmark aufgebracht wurden, zeugen davon, dass sowohl die DEFA als auch Mehl ernsthaft in dieses Projekt investierten. Überdies wurde es der DEFA-Leitung durch die verhältnismäßige Liberalisierung, die in die Kunstproduktion der zweiten Jahreshälfte 1956 Einzug hielt, ermöglicht, dem Projekt grünes Licht zu geben, ohne die Hauptverwaltung Film offiziell zu konsultieren. Spätestens aber im Januar 1957, nachdem die Dreharbeiten zu *Die Schönste* in Berlin begonnen hatten, machte das ideologische Wettrüsten zwischen Ost und West die Darstellung ökonomischer Unterschiede zwischen beiden Staaten auf der Leinwand unmöglich. *Die Schönste* markiert daher sowohl das Ende von Pandora als auch insgesamt der Ost/West-Koproduktionen.

Die im Film erzählte Geschichte, die, wie eingangs erwähnt, bei der Wette der beiden Jungen ihren Anfang nimmt, beschreibt eine Reihe von Abenteuern auf der Jagd nach dem Brillantkollier. So zum Beispiel den illegalen Grenzübertritt der jungen Männer zwischen Ost- und Westdeutschland, ihre Flucht vor der Polizei in Hamburg und ihren Kontakt zu zwielichtigen Hafenarbeitern, die sie vor der Polizei verstecken, im Gegenzug jedoch von der reichen Berliner Familie eine Belohnung fordern. Über diese für die späten 1950er Jahre recht gewagten sozialen Anspielungen hinaus präsentierte der Film den Glanz der oberen Gesellschaftsschichten, zusammengesetzt aus ungezügelten Vergnügungen, teuren Autos und eleganten Kostümen, wie sie aus erfolgreichen Genrefilmen der Ufa noch gut im Gedächtnis waren. Im Unterschied zu *Das Fräulein von Scuderi*, bei dem sowohl die erzählte Geschichte als auch die Gesellschaftskritik in der Vergangenheit angesiedelt waren, mussten die visuellen Verweise auf den Reichtum Westdeutschlands der 1950er Jahre – gemessen an den Idealen des sozialistischen Realismus – schlichtweg subversiv erscheinen. In der Konsequenz wurden mehrere Szenen mit der reichen Familie von Thomas entfernt: Es handelte sich dabei um Szenen, die vom Autor Artur Kuhnert als Kernstücke seiner Kritik an den Unterschieden zwischen gesellschaftlichen Klassen konzipiert worden waren.

Drei Monate nach Fertigstellung des Films untersagte Kuhnert daher die Nennung seines Namens im Vorspann. Auf Weisung ostdeutscher Behörden drehte Regisseur Ernesto Remani im Herbst 1957 verschiedene neue Szenen nach. Für das ost- und das westdeutsche Publikum waren zwei unterschiedliche Schlusswendungen vorgesehen, für DDR-Kinos gab es sogar eine Schwarzweiß-Version des Films. Ab Januar 1958 hatten wiederholte Sichtungen und Verhandlungen im Babelsberger Studio und in der Hauptverwaltung Film lediglich die Ablehnung eines Kinostarts zum Ergebnis. 1957 war auch das Jahr der ‚großen Fluchtwelle' gewesen, es erschien daher umso undenkbarer, in dieser Zeit der äußersten Anstrengungen und intensiv geführten Debatten auf der Leinwand die Verlockungen des Westens auszubreiten.

In einem verzweifelten Rettungsversuch des Projekts beauftragte die DEFA im Herbst 1958 einen neuen Regisseur und einen neuen Autor, die politisch harmlosen Ostdeutschen Walter Beck und Heinz Kahlau, beide enthusiastische Filmemacher mit wenig Erfahrung. Mit dieser Maßnahme und der Hinzufügung zwölf neuer Szenen, die den Propagandawert der Geschichte erhöhen sollten, nimmt die Prestige-Agenda der DEFA ein Ende und mit ihr alle Ambitionen in Richtung Koproduktion; auch die Verweise auf die ansprechende Bildästhetik der Ufa verschwinden. Doch nicht einmal Becks Schnitte konnten die Kulturfunktionäre zufriedenstellen. Am 24. August 1961, elf Tage nach Beginn des Mauerbaus, wurde *Die Schönste* unwiderruflich in die Regale der Archive verbannt.

33 Jahre später entdeckte der Filmhistoriker Ralf Schenk 319 Filmrollen von dieser letzten ost/west-deutschen Koproduktion, einschließlich alternativer Szenen, geschnittenem Material, Testaufnahmen und der Filmmusik. Die Arbeit an der ‚Wiederauferstehung' von *Die Schönste* dauerte nicht weniger als zwei Jahre (2000-2002), da nicht genügend gebrauchsfertige Kopien des Films vorhanden waren und der Schnitt ausgeführt werden musste, ohne sich über die ursprünglichen Vorstellungen der Urheber im Klaren zu sein. Dass das Filmmaterial überhaupt in erstaunlicher Vollständigkeit erhalten blieb, deutet auf die Tatsache hin, dass sich ostdeutsche Filmemacher weder von ihren Projekten so einfach trennen konnten noch den internationalen Prestige-Gedanken ohne weiteres aufgeben wollten. Ironischerweise ließ sich das Gegensatzpaar von ‚Sein und Schein', das die Funktionäre der in *Die Schönste* erzählten Geschichte hinzufügten, genauso gut nicht nur auf die Aufwertung von Glamour und dem Streben nach wirtschaftlichem Erfolg in der westdeutschen Gesellschaft beziehen, sondern auch auf die Verzahnung künstlerischer Aspirationen und politischer Forderungen in beiden deutschen Staaten. Dennoch trugen die DEFA/Pandora-Koproduktionen der 1950er Jahre dazu bei, Ufa-Genres wie den Kostüm- und Historienfilm und die bestehenden transnationalen Kontakte über die Grenzen des geteilten Landes hinweg zu erhalten. Während sie durchaus der ostdeutschen Agenda entsprachen, der zufolge sich die DDR als legitime Erbin deutscher Kultur und Literatur verstand, spiegelten die DEFA-Koproduktionen mit der Pandora auch die anhaltenden Bemühungen der Filmemacher, aktuelle Probleme in Geschichten über die Vergangenheit anzusprechen. Aus heutiger Sicht weisen die wiederholten Initiativen der DEFA zu gemeinsamen Filmprojekten in der unmittelbaren Nachkriegszeit ebenso wie ein Jahrzehnt erfolgreicher Kooperation mit westeuropäischen Partnern darauf hin, dass ostdeutsche Filmemacher ei-

genberechtigt an den Entwicklungen des europäischen Nachkriegskinos teilhatten.

Aus dem Englischen von Michael Wedel

Literatur

Barck, Simone/Langermann, Martina/Lokatis, Siegfried (2001): The German Democratic Republic as a „Reading Nation". Utopia, Planning, Reality, and Ideology. In: Geyer (2001): 88-112

Belach, Helga (1986): Henny Porten. Der erste deutsche Filmstar 1890-1960. Berlin: Haude & Spener

Geyer, Michael (Hrsg.) (2001): The Power of Intellectuals in Contemporary Germany. Chicago: Chicago University Press

Kötzing, Andreas (2009): Zensur von DEFA-Filmen in der Bundesrepublik. In: Aus Politik und Zeitgeschichte 1-2. 2009: 33-39

Lentz, Michael (1955): Vergessen? Der Star hinter dem Eisernen Vorhang. In: Westdeutsche Allgemeine, 10.04.1955

Ministerium für Kultur der Deutschen Demokratischen Republik (1954): Programmerklärung. Zur Verteidigung der Einheit der deutschen Kultur. In: Sinn und Form 2. 1954: 277-321

Ott, Gabriele (2010): Erinnerungen an den Filmfinanzier Erich Mehl. In: Blickpunkt: Film, 23.08.2010.www.mediabiz.de/film/news/erinnerungen-an-den-filmfinanzier-erich-mehl/294149 (letzter Zugriff: 21.11.2012)

Schenk, Ralf (Hrsg.) (1994): Das zweite Leben der Filmstadt Babelsberg. DEFA-Spielfilme 1946-
1992. Berlin: Henschel

Silberman, Marc (2006): Learning from the Enemy. DEFA-French Co-productions of the 1950s. In: Film History 18. 2006: 21-45

Wilkening, Albert (1981): Betriebsgeschichte des VEB DEFA Studio für Spielfilme. Berlin: VEB DEFA Studio für Spielfilme

Wolf, Dieter (2000): Gruppe Babelsberg. Unsere nicht gedrehten Filme. Berlin: Das Neue Berlin.

Ein indisches Abenteuer

Die DEFA, das 70mm-Kino und Alexander der Große

Ralf Schenk

Im Nachlass von Albert Wilkening (1909-1990), dem langjährigen technischen Direktor der DEFA, findet sich ein Zeitungsausschnitt aus einem westdeutschen Fachblatt vom Januar 1961. Unter der Überschrift „‚70 mm' im Vormarsch" wird vermeldet, dass in der Welt bis dahin 432 Kinos auf das neue, breite Leinwandformat eingerichtet seien, 180 davon in den USA, 58 in Italien, 40 in Großbritannien, 30 in Frankreich, 16 in der Bundesrepublik. „Die Ausbreitung des [...] 70-mm-Films", so wird der Chef des britischen Rank-Filmverleihs zitiert, begünstige „die Besucher-Rückgewinnung für die Filmtheater. Normalerweise sind 75 % der Besucherschaft gewohnheitsmäßige Kinogeher. Aber in überformatigen Kinostücken zählten wir durchschnittlich 50 % Zuschauer, die gewöhnlich niemals ins Kino gingen."[1]

Eine solche Erfolgsmeldung bestätigt den DEFA-Direktor in dem Bemühen, auch in seinem Studio das 70mm-Filmverfahren einzuführen. Längst schon hat sich dieser Gedanke in seinem Kopf festgesetzt, denn auch die ostdeutschen Kinos leiden, nachdem sich das Fernsehen etabliert hat, extrem unter Besucherschwund; kaum einer der neueren DEFA-Filme spielt seine Kosten wieder ein. Waren im Jahr 1955, bei 13.575 Fernsehgeräten im Land, noch rund 310 Millionen Besucher in die DDR-Kinos gekommen, hat sich diese Zahl 1961, bei nunmehr knapp anderthalb Millionen

---

1 „70 mm" im Vormarsch. Ausschnitt aus der Zeitschrift „Filmblätter" 1. 1961. Zitiert nach: Direktor für Produktion und Technik, Albert Wilkening, Einführung der 70-mm-Technik und Bau eines neuen Mischateliers. Bd. 1, Dezember 1960 – Dezember 1963 (BArch, DR 117/21753)

TV-Geräten, auf 219 Millionen verringert.[2] Ein erhöhter optischer Schauwert der Kinofilme mit Mehrkanalton und extremer Tiefenschärfe der
Bilder auf einer überdimensionalen Leinwand wird als möglicher Weg in
Betracht gezogen, wenigstens einen Teil des verlorenen Terrains wieder zu
gewinnen, zumindest den Zuschauerschwund zu stoppen. Hinzu kommt,
dass auch in der UdSSR die Einführung der 70mm-Filmtechnik begonnen
hat. Auf der Filmkonferenz der sozialistischen Länder im rumänischen
Sinaia informieren sowjetische Vertreter im Dezember 1958 über einschlä-
gige Experimente. Die Ost-Berliner Fachzeitschrift *Deutsche Filmkunst* fordert vehement, „die Gestaltung der Filme muss in die ‚Tiefe' und das Format in die ‚Breite' gehen" (Sbrzesny 1960: 386ff.).

Als mit dem Leipziger Kino „Schauburg" im Juni 1962 und dem Berliner „International" die ersten 70mm-Säle der DDR eröffnet werden, stehen zunächst nur ausländische Filme zur Verfügung. Aus der Sowjetunion sind Julia Solnzewas *Flammende Jahre* (1961) und Samson Samsonows
Optimistische Tragödie (1962) eingekauft worden; als ersten 70mm-Film aus
dem Westen erwarb der DEFA-Außenhandel *Carmen 62* (1962), in dem Regisseur Terence Young gemeinsam mit dem Choreografen Roland Petit
vier Kurzballette zu einem musikalischen Reigen verknüpft. Dem folgen
zwischen Januar 1963 und Februar 1986 rund 50 weitere Produktionen
im 70mm-Format, darunter Stanley Kubricks *Spartacus* (1960), John Fords
Cheyenne Autumn (1964), George Cukors *My Fair Lady* (1964), John Franken-
heimers *Grand Prix* (1966), Sergej Bondartschuks *Krieg und Frieden* (1965-
67) und das fünfteilige sowjetische Weltkriegsopus *Befreiung* (1969/70) in
der Regie von Juri Oserow. Was die westlichen Filme oft mit Bravour zu
leisten vermögen, ist blendende Unterhaltung: Glamour und Glitzer auf 15
Meter breiten Riesenleinwänden. Was, bis auf einige Großproduktionen
aus der UdSSR, jedoch nicht geleistet wird, ist eine ideologische Formung
der Stoffe im Sinne der herrschenden politischen Doktrin; das vermögen
letztlich nur Filme, die in den eigenen Studios entwickelt werden müssen.
Dafür aber braucht man spezielle Kameras, Schneidetische sowie anderes technisches Gerät; nicht zuletzt bedarf es eines entsprechenden Filmmaterials, das teuer und im Wesentlichen für Devisen im Ausland zu erwerben wäre.

---

2 Gedanken zur Prognose auf dem Gebiet des Spielfilmschaffens (Hauptdirektor) vom 31.10.1967: 2. (BArch, DR 117/21602, Direktionssitzungen 1965-67, Blatt
   34)

In dieser Situation fasst die Hauptverwaltung Film im Ministerium für Kultur der DDR Ende 1962 den Beschluss, die 70mm-Technik komplett im eigenen Lande zu entwickeln – so wie vorher nur in den USA und in der UdSSR. Parallel zur Umrüstung der Kinos mit dem vom VEB Kamera- und Kinowerke Dresden (später Pentacon) gebauten Projektor *Pyrcon UP 700* entsteht im DEFA-Studio für Spielfilme eine 70mm-Kamera. Auch für Synchronisation und Kopierwerksvorgänge, für Umrolltische, Tonköpfe, Mischpulte, Objektive und anderes werden eigene 70mm-Techniken ein- geführt. Eine Arbeitsgruppe, in der Vertreter verschiedener beteiligter Be- triebe koordinierende und kontrollierende Arbeit leisten, tagt zwischen 1963 und 1965 relativ regelmäßig.[3] In einem enormen Kraftakt gelingt es, die komplette materiell-technische Basis für die Aufnahme, Bearbeitung und Wiedergabe von Breitfilmen mit 6-Kanal-Magnetton zu schaffen: ein weitgehend autarkes System, das bis auf Ausnahmen wie die britischen Spezial-Trick-Kopiermaschine „Oxberry" nicht auf kostbare Devisen an- gewiesen ist.

Die Technik ist das Eine. Doch das Andere – und womöglich sogar Kom- pliziertere – sind die Stoffe, die mit dieser Technik auf die Leinwand ge- bracht werden sollen. Während 1963/64 im Spielfilmstudio zunächst noch sehr vage Vorstellungen über ein mögliches Startprojekt herrschen, zeigte sich das Dokumentaristenpaar Annelie und Andrew Thorndike hochmo- tiviert, ihren Folgefilm nach *Das russische Wunder* (1963) nunmehr auf 70 mm zu realisieren.[4] Bei einer Filmvorführung, an der auch Walter Ulbricht teilnimmt, konfrontieren die Thorndikes den DDR-Partei- und Staatschef mit ihrem Plan: Als nächstes sei das „Deutsche Wunder" an der Reihe, eine filmische Liebeserklärung an die DDR, für die Andrew und Annelie Thorndike das neue 70mm-Format einsetzen wollen.

Genau so geschieht es. Noch bevor das Spielfilmstudio seine Kamera *DEFA-70-Reflex* einzusetzen bereit ist, sammeln die Dokumentaristen be- reits erste Erfahrungen mit der neuen Technik, teils mit dieser entliehenen

---

3 Zu dieser Arbeitsgruppe gehörten Vertreter der DEFA-Zentralstelle für Film- technik, des DEFA-Studios für Spielfilme, des DEFA-Gerätewerks, der DEFA- Kopierwerke, der Kamera- und Kinowerke Dresden, der Firma Clamann und Krahnert und andere. Chefentwickler der DEFA-70-Reflex-Kamera ist Georg Maidorn.

4 Annelie und Andrew Thorndike galten nach den Filmen *Der Weg nach oben* (1950) und *Wilhelm Pieck – das Leben unseres Präsidenten* (1951), besonders aber nach *Du und mancher Kamerad* (1956), *Urlaub auf Sylt* (1957) und *Unternehmen Teutonenschwert* (1958) als führende Dokumentarfilmregisseure der DDR.

Kamera, teils mit 70mm-Aufnahmegeräten aus der UdSSR. Schon im Spätsommer 1964 präsentieren sie Journalisten erste Versuchsaufnahmen für
das *Deutsche Wunder* (auch *Germania und ihre Kinder* oder *Die Deutschen*,
wie spätere Arbeitstitel lauten). Die Presse zeigt sich von den Aufnahmen
mecklenburgischer Orte, Wälder und Seen begeistert; die Hallenser Tageszeitung *Der Neue Weg* schreibt unter der Schlagzeile „Der Horizont hat
sich erweitert" enthusiastisch:

> Der Eindruck ist überwältigend, fühlt sich doch der Zuschauer völlig einbezo-
> gen in die gefilmte Landschaft, zumal der Rand des Bildes durch die Größe
> der Leinwand außerhalb des normalen Blickfeldes rückt. Hinzu kommt eine
> enorme Schärfe, die vom zitternden Grashalm im Vordergrund bis zum Schin-
> deldach eines Hauses in einigen 100 Metern Entfernung reicht. (M.M. 1964)

Die Geschichte des „Deutschen Wunders" reicht dann bis 1969, wo der
Film, nach verschiedenen Metamorphosen, endlich unter dem Titel *Du bist
min* in die Kinos kommt.

Im DEFA-Spielfilmstudio legt Chefdramaturg Klaus Wischnewski Mitte
Mai 1963 einen ersten groben Arbeitsplan für 70mm-Filme vor. „Für diese
Gattung", schreibt er in einer Information für seine Direktion, „sehen wir
zwei Hauptrichtungen". Das seien „das große historische Thema" und
„der revue-artige Film". Im ersten Fall, bei dem die Technik tatsächlich
eine enge Verbindung mit politischen Zielen der DDR-Filmproduktion
eingehen sollte, kämen „der letzte Teil des Karl-Liebknecht-Films (etwa ab
Novemberrevolution)", die Verfilmung des „Simplicissimus" und die Adaption des Romans *Goya oder Der arge Weg der Erkenntnis* von Lion Feucht-
wanger infrage.[5] Von all diesen Projekten wird schließlich nur *Goya* (1971)
unter der Regie von Konrad Wolf auf 70 mm realisiert; allerdings erst,
nachdem jahrelang nach einem Koproduktions-Partner gesucht worden
war und sich endlich das Leningrader Lenfilm-Studio dazu bereit erklärt
hatte.[6] Insgesamt werden bis 1974 acht Spielfilme im 70mm-Format reali-

---

5   Klaus Wischnewski, Chefdramaturg: Information für die Direktionsberatung
    am 21. Mai 1963 über besonders aufwendige Filmvorhaben 1964, 20.05.1963.
    (BArch, DR 117/21601 Direktionssitzungen 1963/64 Vorlagen, Blatt 124)
6   Das Filmprojekt *Simplicissimus* nach einem Drehbuch von Franz Fühmann (Re-
    gie: Heiner Carow) kam nie zustande. Die beiden biografischen Filme über den
    Mitbegründer der Kommunistischen Partei Deutschlands, Karl Liebknecht,
    Solange Leben in mir ist (1965) und *Trotz alledem* (1971, Regie in beiden Fällen:
    Günter Reisch) wurden nicht im 70mm-Format gedreht.

siert, davon zwei Koproduktionen (*Goya* mit der UdSSR und *Signale – ein Weltraumabenteuer* mit Polen). Andere 70mm-Filme entstehen mit technischer und logistischer Hilfe Bulgariens, so wie *Eolomea* (1972) und *Orpheus in der Unterwelt* (1973). Die lange geplante Adaption des Heinrich-Mann-Romans *Henri Quatre*, ein Herzensprojekt des Regisseurs Kurt Maetzig, kann von der DEFA kaum allein finanziert werden; erhoffte Koproduzenten etwa aus Frankreich und der UdSSR sind für den Stoff nicht zu begeistern.

In jene Zeit, in der über den ersten DEFA-Spielfilm auf 70 mm nachgedacht wird, fällt die Geschichte von *Alexander und Chanakya*, einer geplanten Koproduktion zwischen der DEFA und Indien. Sie beginnt am 27. Mai 1964, als die Hauptverwaltung Film der DDR einen Produzenten aus Indien empfängt. Jwala Prasad Tiwari, Geschäftsführer der Film Producers Co-Operative Ltd. in Bombay, ist auf Europareise und will dabei auch die Möglichkeit einer Koproduktion mit der DEFA erkunden.[7] Ein ehemaliger Mitarbeiter der DDR-Handelsvertretung in Neu-Delhi avisiert ihn als seriösen und kapitalkräftigen Produzenten und signalisiert, dass die Handelsvertretung eine Zusammenarbeit für nützlich halte. Schließlich ist Indien eines der wenigen Länder des nicht-sozialistischen Wirtschaftsgebiets, das die diplomatische Blockade der DDR umschifft und gute Beziehungen unterhalb der Botschafterebene aufrechterhält.

Tiwari zaubert sogleich ein 70mm-Projekt aus seinem Koffer: *Alexander und Chanakya*, ein Stoff aus der indischen Geschichte über das Zusammentreffen Alexander des Großen mit dem indischen Volk. Drehbeginn soll am 15. August 1964 sein, und Tiwari möchte die DEFA mit im Boot haben. Über seine Firma berichtet er, sie sei ein Zusammenschluss von etwa 55 selbstständigen Filmproduzenten Bombays, darunter einige der ältesten Filmfirmen Indiens. Natürlich überwögen bei der Co-Operative kommerzielle Gesichtspunkte; zugleich wolle man dem US-amerikanischen Film mit dessen eigenen Waffen, also einem großen Schauwert und viel Unterhaltungspotential, entgegenwirken.

Günter Karl, Leiter der Abteilung Künstlerische Produktion in der Hauptverwaltung Film, leitet die Verhandlungen; ein erster Vorvertrag sieht vor, dass die DEFA einen Autor für die Beratung des indischen Drehbuchverfassers und einen Regisseur für die Beratung des indischen Hauptregisseurs zur Verfügung stellt. Der DDR-Regisseur soll sich vor

---

7   Weitere Stationen seiner Reise sind Moskau, Warschau, Prag, West-Berlin, London und Beirut. Vgl. o.A. (1964: 37 ff.)

allem um die europäischen Passagen des Films kümmern und auf die gesamte Inszenierung dahingehend einwirken, dass sie später, in einer speziell dafür zugeschnittenen Version, auf dem europäischen Markt eingesetzt werden kann. Außerdem soll die Hauptrolle, Alexander der Große, mit einem DDR-Schauspieler besetzt werden. Als ‚Dank' würde der DEFA-Außenhandel die Auswertungsrechte für die europäischen sozialistischen Länder außer Polen und einige andere Staaten erhalten. Polen müsse aus dem Vertrag ausgeklammert werden, weil von dort mit Beata Tyszkiewicz eine weitere Hauptdarstellerin käme und ihre Gage mit dem entsprechenden Verwertungsrecht verrechnet würde.

Im Juli 1964 reist Erhard Kranz von der Hauptverwaltung Film nach Indien, um den Projektvertrag zu konkretisieren. Die ersten Nachrichten, mit denen er konfrontiert wird, sind allerdings wenig ermutigend. Kranz erfährt, dass die DDR-Handelsvertretung in Neu-Delhi überhaupt keine Auskünfte über Tiwari eingeholt hat. Auch die Handelsvertretung in Bombay kennt keine Details. Indische Filmemacher, die in der DDR bekannt sind, wie der Regisseur Sunil Dutt, lassen wissen, dass sie Tiwari wegen seiner spekulativen Neigungen keineswegs für einen ernsthaften Partner halten. Mitglieder seiner Familie hätten ihre Hände in allen möglichen Unternehmen, im Wohnungsbau, in der Textilindustrie, in der Landwirtschaft. Es gäbe sogar entfernte verwandtschaftliche Beziehungen zum derzeitigen Ministerpräsidenten. Mit seinem Filmprojekt wolle Tiwari einerseits schnellen Gewinn machen, andererseits, als Brahmane, auch seine Weltverbesserungstheorie in Richtung allgemeiner Versöhnung verkünden.[8]

Währenddessen entfaltet Tiwari eine rege Geschäftstätigkeit und lanciert Pressemeldungen über den geplanten Film. So berichtet der *Financial Observer* aus Bombay, das Projekt sei international auf erhebliches Interesse gestoßen; mit seinem Thema und seiner inhaltlichen Botschaft korrespondiere es mit den letzten Gesprächen zwischen dem US-Präsidenten John F. Kennedy und dem sowjetischen Staatschef Nikita Chruschtschow und diene, wie diese Verhandlungen, dem Weltfrieden. Ein „top-rank German director" und „a leading German artist" seien im Boot; und britische Verleiher hätten darauf gedrungen, den Film im 70mm-Format zu drehen, um ihn mit westlichen Großproduktionen wie *Cleopatra* konkurrieren las-

---

8   Dr. Kranz: Reisebericht vom 03.09.1964 über eine Reise nach Indien, Indonesien und Burma (10.07.-09.08.1964). (BArch DR 1/4230a)

sen zu können.[9] Von einem britischen Freund gefragt, was er jetzt mache, habe Tiwari geantwortet: „Bisher habe ich mit Silber gehandelt, jetzt handle ich mit einem Ding, das versilbert ist: der Leinwand (silver screen)."[10] Angesichts solcher Äußerungen vermutet Kranz, dass Tiwari die Zusammenarbeit mit der DEFA vor allem dazu nutzen könnte, seine eigene Person im indischen Filmbusiness bekannt zu machen. Das erscheint ihm zwar etwas dubios, aber noch kein Grund, den Vorvertrag aufzukündigen.

Hauptverwaltung Film und DEFA-Spielfilmstudio suchen inzwischen in der DDR nach Künstlern, die für die Zusammenarbeit mit Indien infrage kommen. Den Zuschlag erhalten Gerhard Bengsch als Autor und Heinz Thiel als Regisseur. Beide haben zwar keinerlei Erfahrungen in historischen Monumentalfilmen, waren aber zumindest mit einigermaßen erfolgreichen Kriminal- und Agentenfilmen wie *Reserviert für den Tod* (1963) und *Schwarzer Samt* (1964) befasst. Als Alexander-Darsteller wird zunächst Gerhard Rachold favorisiert, später Hannjo Hasse ins Spiel gebracht.[11] Der Beginn der Dreharbeiten in Indien ist nun für Anfang November 1964 vorgesehen; frühestens Ende Januar 1965 sollen sie beendet sein.

---

9   Im Original lautet der Text: „This subject aroused great interest in all the centers abroad because Alexander represents the Western and Chanakya the Eastern approach to life. The subject is based on man's eternal ‚quest for happiness', individually and in groups, through every possible means, through the Western way of ‚grab and control of possession' or through the Eastern way of discard and denial renunciation; through worship of God or even the devil; through war, through peace. Even the latest Kennedy-Khruschev peace-pact is no nearer, the formula Alexander & Chanakya evolved for general peace and happiness of mankind. [...] A top-rank German Director and a script writer shall deal with the Western part of the picture while a leading German artist shall play Alexander, the Great. [...] U.K. Distributors have insisted on making the picture in 70 mm. colour to match with the latest *Cleopatra* now showing in London." (o.A. 1964: 37ff.)

10 Dr. Kranz: Reisebericht vom 03.09.1964, a.a.O.

11 Am 22.9.1964 schreibt Filmminister Günter Witt an Kurt Bork, den für Theater zuständigen Stellvertretenden Minister für Kultur: „Inzwischen wurde von unserer Volkspolizei gegen den Schauspieler Rachold ein Ermittlungsverfahren eingeleitet, so dass es nicht mehr möglich ist, ihn mit Aufgaben im Ausland (noch dazu im kapitalistischen Ausland) zu betrauen. Aus diesem Grunde ergibt sich die dringende Notwendigkeit, einen neuen Schauspieler für diese Aufgabe zu gewinnen. Seitens des Spielfilm-Studios ist nunmehr der Schauspieler Hannjo Hasse für die Rolle des Alexander vorgesehen. Herr Hasse ist auch bereit, diese Rolle zu übernehmen." (BArch DR I/4302)

Regisseur Heinz Thiel bittet darum, für das 70mm-Projekt schon mal
üben zu dürfen. Die Babelsberger Studioleitung entscheidet, dass die neue
Kamera *DEFA-70-Reflex* Ende Juli, Anfang August 1964 für drei Tage zum
Einsatz kommt, zum ersten Mal unter drehähnlichen Bedingungen: eine
Premiere. Eberhard Borkmann, der als Kameraassistent bei der sowjetischen Verfilmung der *Optimistischen Tragödie* hospitiert hatte, wird als Kameramann verpflichtet. Und die Publikumszeitschrift *Filmspiegel* berichtet:

> Drei Tage lang wurde die gleiche Szene in immer neuen Varianten wiederholt.
> Rund sechs Minuten wird sie im Original dauern. [...] Und so sah man denn
> eine vorderasiatische Säulenhalle, lodernde Flammen, finstere Krieger, und
> Alexander verkündete immer wieder, wenn die Klappe „Dämmerung" fiel,
> lauthals: „Es geht jetzt nicht mehr um Syrien. Es geht um den ganzen Orient.
> Bis in die ganze Welt. Bis hin nach Indien!" Für Gerhard Rachold, der sich nach
> der Schlacht von Issos (333 v.u.Z.) solcherart eroberungssüchtig zu zeigen hatte,
> waren die letzten Worte auch von persönlicher Bedeutung. Wurde er doch für
> die Rolle des Alexander in der Co-Produktion verpflichtet. So kam auch ihm
> der Babelsberger Text sehr gelegen: Schon manche sprachliche und gestische
> Nuance wurde geprobt. (-lin- 1964: 8)

Zugleich werden die Leser informiert, worum es überhaupt in dem Filmprojekt geht:

> Zeit der Handlung: 4. Jahrhundert vor unserer Zeitrechnung; Ort der Hand-
> lung: Kleinasien und Indien [...]. Große Persönlichkeiten der Geschichte begeg-
> nen sich: Alexander der Große, der Eroberer eines Weltreiches, und Chanakya,
> ein legendärer indischer Philosoph und Staatsmann, der als Verfasser des
> ersten Buches der Menschheitsgeschichte über Politik und gesellschaftliche
> Verhältnisse, der „Artaschastra", gilt. Chanakya wird ferner die Einigung des
> zersplitterten Indien in vorgeschichtlicher Zeit zugeschrieben. Beider Gegensät-
> ze und Gemeinsamkeiten werden im Mittelpunkt eines großen geschichtlichen
> Gemäldes mit zahlreichen Proben indischer Folklore stehen. (ebd.)

Allein 2.000 Pferde und 50 Elefanten würden für die Dreharbeiten her-
angeholt; hinzu kämen Schlangenbeschwörer und Tigerbändiger, Gladia-
toren und Cobras, auch der geheimnisumwobene indische Seiltrick werde
vor der Kamera zelebriert.

Inzwischen ist der Leiter der Künstlerischen Arbeitsgruppe *Johannisthal*,
Rudolf Hannemann, mit dem Filmprojekt betraut worden. Am Sonntag,
dem 9. August 1964, trifft er gemeinsam mit Gerhard Bengsch und Heinz

Thiel in Bombay ein. Ihr erster Weg führt sie in die Handelsvertretung der DDR, in der sie die Außenhändler mit tiefen Sorgenfalten begrüßen:

> Der Gen. Sachse (Leiter der Handelsvertretung) und der Gen. Kawretzke warnten uns vor Tiwari. Tiwari selbst würde kein Geld haben, sondern mit fremdem Geld spekulieren, und außerdem wäre die Hälfte seines Vermögens von der Regierung beschlagnahmt worden. Indische, vertrauenswürdige und der Handelsvertretung sehr verpflichtete Geschäftsleute hatten ebenfalls vor Tiwari gewarnt.[12]

Mit diesen Nachrichten im Hinterkopf sitzen Bengsch, Thiel und Hannemann am 10. August ihrem Geschäftspartner gegenüber. Tiwari schwärmt von seiner Vision, einen Film zu produzieren, der weltweit sehr viel Geld einspielen würde. Durchaus nicht kleinlaut erklärt er, mit 500.000 Rupien, einer vergleichsweise bescheidenen Summe, die er als Staatskredit erhalten habe, an dem Projekt beteiligt zu sein. Der Rest von 5 Millionen Rupien käme von anderen Geschäftspartnern. Ein fertiges Drehbuch gäbe es noch nicht, wohl aber ein Manuskript, das er als Diskussionsbasis betrachte und das er nun in die Hände des bewährten Autors Khrisna Chanda legen würde.

Um die Zweifel der kleinen DDR-Delegation zu zerstreuen, präsentiert Tiwari den Entwurf eines großformatigen Werbeplakates („to present to the world the best of Indian History, Art and Culture"), außerdem einige Figurinen und Dekorationsentwürfe. Als Regisseur, so erklärt er, habe er einen Inder namens Shantoni verpflichtet; und außerdem sei der Film schon vorab an Ägypten, Südvietnam, Indonesien, Kambodscha und Laos verkauft. In der Gewissheit, dass die DEFA-Leute von seinen Aktivitäten beeindruckt sein mussten, erhebt Tiwari auch gleich neue Forderungen: Er besteht darauf, dass die DDR das komplette Rohfilmmaterial in Eastman-Color zu liefern habe. Er verlangt, dass im DEFA-Kopierwerk auch kostenlose Kopien für jene europäischen Länder gezogen werden, die er laut Vorvertrag beliefern müsse. Und er drängt, das Wort „Hilfe" in der Präambel des Vertrages durch das Wort „Co-Operation" oder besser noch „Co-Produktion" zu ersetzen. Hannemann ist Kaufmann genug, um zu wissen, dass das alles für die DEFA sehr viel teurer wird als geplant.

---

12 Rudolf Hannemann: Bericht über die Vertragsverhandlungen mit der Bombay-Film-Producers-Co-Operative, Bombay, Herrn J.P. Tiwari. 08.09.1964: 1. (BArch DR I/4302)

Zwar hört er mit Wohlgefallen Tiwaris Schmeicheleien, erzählt sie später sogar voller Stolz in Berlin weiter: „Ich kenne nur drei große Deutsche",
soll der Inder öffentlich gesagt haben: „Thomas Mann, Heinrich Mann und
Hannemann." Doch er zögert, auf Tiwaris Wünsche einzugehen; in jedem
Fall müsse er Berlin kontaktieren. Außerdem will er nun doch noch weitere Erkundigungen einholen. Zunächst wendet er sich an den indischen
Leiter der Bombayer ORWO-Fabrikations- und Vertriebszentrale, Pathel,
der ihn eindringlich warnt:

> Tiwari hatte sich schon einmal in der Filmproduktion versucht, aber ohne Er-
> folg. Er spekulierte mit Gold und Silber, kaufte ein Studio in Bombay, das dann
> aber zwangsversteigert werden musste. Er sei ein typischer, rücksichtsloser Ge-
> schäftsmann. [...] Herr Pathel sagte mir auch, dass die Bombay-Film-Producers
> offensichtlich erst vor kurzer Zeit gegründet worden sei. Die Partner Tiwaris
> würden zwar eine gewisse Sicherheit bieten, aber da Tiwari ihr Beauftragter ist,
> halte er es doch für zweckmäßiger, durch einen indischen Juristen den Vertrag
> überprüfen zu lassen, damit für die DEFA, wenn Tiwari plötzlich nicht weiter
> zahlen kann, keine finanziellen Verpflichtungen in Indien entstehen.[13]

Hannemann sieht sich in Bedrängnis, vor allem, als ihm Tiwari am 11. August erklärt, er selbst müsse als Produktionsleiter mindestens ein halbes
Jahr in Indien bleiben. Auf Hannemanns Bemerkung, das sei im Vertrag
nicht vorgesehen, wird Tiwari zum ersten Mal unwirsch: Er bestehe auf
einer Koproduktion, und da die DEFA sowieso keinen Erfolg auf dem internationalen Markt aufweisen könne, solle sie froh sein, dass er, Tiwari,
ihr jetzt eine Chance dazu eröffne. Hannemann versteht zwar ziemlich
jedes Wort, entscheidet sich an diesem Punkt der Verhandlungen aber dafür, Sprachschwierigkeiten vorzutäuschen. Der Inder scheint zu begreifen,
dass er sich in eine Sackgasse manövriert hat, schlägt einen versöhnliche-
ren Ton an und plaudert nun erst einmal ausführlich über den Inhalt des
Filmprojekts.

Trotz aller Bedenken und nach einem sechsstündigen Verhandlungs-
marathon, den Hannemann am 15. August absolvieren muss, wird der
Vertrag am 18. August im Büro der DDR-Handelsvertretung in Bombay
unterzeichnet. Die Vertragsdauer beläuft sich auf sechs Monate; in dieser Zeit steht ein deutscher Regisseur als Berater zur Verfügung; dazu ein
Szenarist für drei Monate und ein Producer für vier Wochen. Die DEFA
verpflichtet sich, die Gehälter und Gagen für die drei Mitarbeiter zu Hause

---

13 Ebd.: 3

weiter laufen zu lassen. Außerdem erklärt sie sich bereit, die Endfertigung der europäischen Fassung in ihren Studios zu übernehmen, im Ausgleich für die Auswertungsrechte in der DDR und weiteren Ländern. Tiwari übernimmt die in Indien anfallenden Spesen für die DDR-Mitarbeiter sowie eine Unfall- und Haftpflichtversicherung für den Schauspieler, nicht aber für Thiel und Bengsch.

Mit Hilfe eines indischen Rechtsanwalts wird der Vertrag so abgesichert, dass im Falle von Tiwaris Zahlungsunfähigkeit keine finanziellen Verpflichtungen für die DEFA entstehen. Auch von „Co-Produktion" ist nicht die Rede, wohl aber von „Co-Operation". Der Rechtsanwalt gibt Hannemann unter vier Augen den Rat, sich „künftig von allen indischen Partnern, die in Berlin irgendwelche Vereinbarungen mit uns treffen wollen, zuerst die Bankauskunft zeigen zu lassen".[14]

Dass das unbedingt nötig gewesen wäre, begreift Hannemann bereits auf der Pressekonferenz, die Tiwari im Anschluss an die Vertragsunterzeichnung einberufen hat und mit der er seinen Triumph öffentlich machen möchte. Die indischen Journalisten aber erkundigen sich hartnäckig nach den Kosten des Films und zeigen sich auch dann nicht zufrieden, als Tiwari beteuert, das Budget von fünf bis sechs Millionen Rupien sei durch Geschäftspartner und ausländische Verleihfirmen abgesichert. Als die Pressevertreter auch noch wissen wollen, was die Bombay Film Producers Co-Operative eigentlich für eine Firma sei, ist es um seine Fassung geschehen: Diese Journalisten seien nichts anderes als Gangster, lässt er Hannemann im Anschluss an die Konferenz wissen.

Acht Tage später bittet Tiwari seinen Verhandlungspartner aus der DDR etwas kleinlaut zu einer internen Aussprache. Das zuständige indische Ministerium, so gibt er zu, habe die Dreharbeiten noch immer nicht genehmigt. Aber da er die polnische Schauspielerin engagiert und in London eine Filmkamera gekauft habe, müsse die DEFA einspringen und bei entsprechenden Nachfragen behaupten, dass sie die Kosten dafür trage. Er, Tiwari, sei sonst gezwungen nachzuweisen, woher seine ausländischen Zahlungsmittel stammen. Hannemann erkundigt sich in der Handelsvertretung und erfährt, dass solche Praktiken in Indien üblich sind. Er verspricht, von Berlin aus einen Brief zu schreiben, den Tiwari seinen Behörden im Bedarfsfall vorlegen kann. Gleichzeitig besteht er darauf, dass Tiwari bei der DDR-Handelsvertretung ein Schreiben an die DEFA

14 Ebd.: 4

hinterlegt, in dem er mitteilt, dass der von Hannemann verfasste Brief ungültig sei.

Tiwari spürt, dass er etwas tun muss, um die immer stärkeren Bedenken der Partner zu zerstreuen. Am Sonntag, dem 30. August, lädt er zu einer Teeparty mit Schauspielern, Autoren und diplomatischen Vertretern, unter anderem vom sowjetischen Generalkonsulat, ein. Ehrengast ist der Minister für Örtliche Wirtschaft des Staates Bombay. Der hält eine kleine Rede, betont seinen Stolz über die Zusammenarbeit zwischen Indien und der DDR, und dass das Filmprojekt von internationaler Bedeutung sei. Heinz Thiel erwidert, auch die DDR-Vertreter seien festen Willens, den indischen Produzenten nach besten Kräften zu unterstützen. Doch die Ost-Berliner Handelsvertretung in Bombay bleibt skeptisch. In mehreren Berichten an die Handelsvertretung in Neu-Delhi und an die Kulturabteilung des Ministeriums für Auswärtige Angelegenheiten (28.8., 19.9., 26.9., 19.10.) weist sie darauf hin, dass Tiwari die Beteiligung der DEFA zu unseriösen Tricks benutzen könnte: Für das Eastman-Farbmaterial, das er aus London beschaffen will, habe er vermutlich keine ausreichenden Devisen; die Gefahr bestünde, das die DEFA dafür einspringen muss. Auch für die 70mm-Kameras und -Linsen müssten Devisen zur Verfügung stehen. Die Überlegung, dass beim möglichen Einsatz einer sowjetischen 70mm-Kamera rund 50-60.000 Meter ORWO-Material aus der DDR gekauft werden würden und damit Devisen in die DDR kämen, zöge „andere komplizierte und finanzielle Verpflichtungen nach sich (Entwicklung des Filmmaterials)".[15]

Das Misstrauen der Handelsvertreter ist nur allzu berechtigt. Bereits vier Tage nach Drehbeginn, am 23. Dezember 1964, senden Heinz Thiel und Gerhard Bengsch, die das Projekt aus nächster Nähe begleiten, eine Eildepesche, adressiert sowohl an die Hauptverwaltung Film als auch die Studioleitung der DEFA, die Künstlerische Arbeitsgruppe *Johannisthal* und die DDR-Handelsvertretung in Neu-Delhi. Sie empfehlen, die DDR-Beteiligung an *Alexander und Chanakya* unverzüglich einzustellen und führen politische, künstlerische und technisch-organisatorische Gründe an: So werde der Film noch immer ohne die erforderliche Genehmigung des Manuskriptes durch das indische Informationsministerium gedreht. Deshalb müsse

---

15 Kawretzke, Stellvertretender Leiter der Handelsvertretung Bombay, an Handelsvertretung New Delhi, Koll. Boettger. 24.12.1964: 2 (BArch DR 1/4302)

damit gerechnet werden, dass die indische Regierung von ihrem Recht Gebrauch macht, die Aufführung des Films außerhalb Indiens zu untersagen. Die Zusicherung der Co.Op., uns notfalls den fertigen Film ohne Wissen der indischen Regierung privat zur Verfügung zu stellen, kann u. E. außenpolitisch nicht akzeptiert werden.[16]

Im Übrigen seien die Initiatoren und Hintermänner von *Alexander und Chanakya* im Wesentlichen filmfremde Spekulanten:

> Auf alle progressiven Kräfte hat es einen schlechten Eindruck hinterlassen, dass gerade derjenige Minister, der Repräsentant der indisch-westdeutschen Beziehungen ist und in der Kongresspartei den extremsten rechten Flügel vertritt, den Film eröffnete. Der Begriff DDR wurde in Zeitungsanzeigen und Ansprachen bewusst vermieden. Alle diese Fakten haben bei den indischen Partnern der DDR-Handelsmission Befremden ausgelöst.

Thiel und Bengsch zeigen sich irritiert, dass *Alexander und Chanakya* ohne Drehbuch, nur nach einem flüchtigen Exposé inszeniert wird, das noch dazu keineswegs von professionellen Autoren stamme, sondern vom „Silberspekulanten" Tiwari selbst. Die „deutschen Mitarbeiter", die wochenlang vergebens versucht hätten, sich als Autoren einzubringen, seien nur als Aushängeschild für eine Internationalität des Projektes benutzt worden, um sich damit „Kredite zu verschaffen". Die Auswahl der Schauspieler sei unkünstlerisch: Als Beispiel weisen Thiel und Bengsch darauf hin, dass der indische Vertreter der Hamburger Tempo-Werke Geld in den Film gesteckt habe, um aus Liebhaberei eine Rolle spielen zu können. „Die gegen unseren Protest und deshalb ohne unsere Mitwirkung bisher gedrehten Szenen sind in jeder Hinsicht (Hauptdarsteller, Komparsen, Kostüm, Farben und technische Ausrüstung) so indiskutabel, dass von uns an eine Aufführung – selbst nur von Teilen – nicht zu denken ist."

Auch die Organisation der Dreharbeiten spotte jeder Beschreibung: Die Unzulänglichkeiten steigerten sich von Tag zu Tag. Es gäbe keinen Drehplan und keine Festlegung von Außenmotiven – dabei müssten 65 Prozent des Films an Außenschauplätzen realisiert werden. Das Personal sei so filmfremd, die Technik so primitiv und die Bürokratie so unzuverlässig, dass eine ernsthafte Planung unmög-

---

16 Dieses und die folgenden Zitate aus: Heinz Thiel/Gerhard Bengsch: Deutsch-indisches Filmprojekt ALEXANDER UND CHANAKYA. Bombay, 23.12.1964: 1. (BArch DR 1/4302)

lich wäre. „Der so genannte Fuhrpark der Co.Op. besteht nunmehr aus drei Autowracks, deren Benutzung lebensgefährlich ist." Zudem würde die vertraglich festgelegte Zahlung von Hotelrechnungen und Auslagen der deutschen Mitarbeiter nur nach mehrmaliger Mahnung erfolgen: „Das schädigt unser Ansehen in der Öffentlichkeit. Da es die Co.Op. außerdem verstanden hat, den Eindruck zu erwecken, als sei die deutsche Seite finanziell am Projekt beteiligt, fällt die Zahlungsunfähigkeit moralisch stets auf die DDR zurück." Die Quintessenz des Briefes lautet: Rücktritt vom Vertrag, mit der Begründung: „Die indische Seite hat der deutschen Seite bei bestem Willen keine Möglichkeit gegeben, den Vertrag zu erfüllen."

Noch einmal muss Rudolf Hannemann nach Bombay aufbrechen, um den Kopf der DEFA aus der Schlinge zu holen. Einerseits läuft der gemeinsame Vertrag am 18. Februar 1965 ab, und ein Ende der Dreharbeiten ist bis dahin aufgrund der Misswirtschaft der indischen Seite nicht absehbar – also könnte man das Gemeinschaftsunternehmen sang- und klanglos auslaufen lassen. Andererseits soll möglichst kein diplomatischer Schaden entstehen. Aus diesem Grund unterzeichnet Filmminister Günter Witt am 26. Januar 1965 eine Verhandlungsdirektive, die mehrere Optionen offen lässt: Sollten die Angaben von Thiel und Bengsch zutreffen, würde der Vertrag nicht verlängert. Träfen die Angaben „teilweise zu", gäbe es keine offizielle Hilfe mehr von der DEFA, sondern Tiwari müsse aufgefordert werden, Bengsch und Thiel auf eigene Kosten als Berater zu finanzieren. Und drittens:

Sollte das bereits gedrehte Material für uns kulturpolitisch vertretbar, d.h. noch zu nutzen sein, und sollten sich die Angaben unserer Mitarbeiter als übertrieben herausstellen, die Angaben von Tiwari aber als „den indischen Gepflogenheiten entsprechend" und damit für uns als noch vertretbar erweisen, wäre es zweckmäßig, den Vertrag um ein weiteres halbes Jahr zu verlängern.[17]

Vielleicht, so die Überlegungen der DEFA, ließe sich aus dem Material ja ein Kinder- und Jugendfilm montieren. Unbedingt aber müsse der Leiter der DDR-Handelsvertretung in Bombay befragt werden, „um eine Abwertung des Ansehens der DDR im kulturpolitischen Sinne zu verhindern".

---

17 Günter Witt: Direktive für die Führung der Verhandlungen mit der Bombay Film Producers. 26.01.1965: 2 (BArch, DR 1/4302)

Von Hannemanns letzter Indien-Reise findet sich in den überlieferten Akten kein Protokoll; aber alles deutet darauf hin, dass der Vertrag mit Tiwari nicht verlängert wurde. Thiel und Bengsch kehren teils berauscht, teils ernüchtert von ihren indischen Abenteuern nach Babelsberg zurück; immerhin kann sich Bengsch von dem in Indien erhaltenen Geld ein neues Auto Marke Ford leisten. Umgehend machen sich die Beiden an die Arbeit zu einem DDR-Gegenwartsstoff: *Die Beteiligten*, die Geschichte eines Mordes in einer Kleinstadt und der darin verwickelten Honoratioren. Als die Dreharbeiten im Dezember 1965 beginnen sollen, tagt das 11. Plenum des ZK der SED, und der gesellschaftskritische Kriminalfilm bleibt noch während der Probeaufnahmen auf der Strecke. Aber das ist eine andere Geschichte.

Von *Alexander und Chanakya* ist in der DDR nie wieder die Rede; vermutlich wird der Film niemals zu Ende gebracht. Rudolf Hannemann, der ein paar Tage länger in Indien geblieben ist, als es sein Dienstreiseauftrag vorsieht, wird zu Hause gerügt; man droht ihm an, ihn mit einem Reiseverbot zu belegen. Auch die Staatssicherheit hat ihn im Visier, vor allem, als er während einer Dienstreise nach Beirut im Oktober 1965 Kontakt zu einer Dolmetscherin pflegt, die Verbindungen zum Bundesnachrichtendienst haben soll. Für das Mielke-Ministerium ist das ein Anlass, Hannemann „wegen Verdachts der Spionage" operativ zu bearbeiten.[18] Misstrauisch werden seine Verhandlungen mit dem französischen Regisseur Robert Vernay beäugt, der für die DEFA den 45-Minuten-Film *Das blaue Zimmer* (1965) realisiert und mit Hannemann zwei weitere Projekte verhandelt. In einer Einschätzung, die von Berichten des GI „Gerhard Dichter" gespeist ist, schreibt ein Stasi-Oberfeldwebel im August 1967:

Auch Hannemanns Filme *Reise ins Ehebett, Ein Lord vom Alexanderplatz* und *Hochzeitnacht im Regen* waren ursprünglich inhaltlich nicht so fehlerfrei, wie es später schien. Bei *Reise ins Ehebett* gab es starke Tendenzen einer falschen Moralauffassung, bei *Hochzeitnacht im Regen* wurde die Gefahr, Entfremdungstendenzen durch die Vorstellung eines einsamen und nicht verstandenen Mädchens zu vertreten, nur durch Eingreifen der HV Film ausgeschaltet.[19]

---

18 Operativ-Vorlauf XV/2939/67, HA XX/7/1. BStU, MfS AP 1219/92
19 Kolbe, Oberfeldwebel, Einschätzung vom 17.08.1967. a.a.O.

Die Staatssicherheit beschattet Hannemann bis zum Dezember 1969. Nachdem sich keine weiteren Verdachtsmomente gegen ihn nachweisen lassen, wird der Vorgang abgelegt. Die Partei hat ihrem langjährigen Mitglied und Träger der Medaille „Kämpfer gegen den Faschismus" die kleinen und großen Eigenmächtigkeiten sowieso längst verziehen. Hannemann avanciert 1973 zum Künstlerischen Direktor des DEFA-Studios für Kurzfilme und beschließt seine aktive Laufbahn im DDR-Kulturmanagement als Leiter des Büros für Internationale Filmorganisationen. Von *Alexander und Chanakya* erzählt er noch Jahrzehnte später mit leuchtenden Augen.

Und die 70mm-Produktion? Nach acht Spiel- und zwei Dokumentarfilmen verzichtet die DEFA auf weitere dieser aufwendigen Arbeiten. Mit Kosten von rund 6,5 Millionen Mark (*KLK an PTX – die rote Kapelle*, 1970), 6,2 Millionen (*Goya*), 4,7 Millionen (*Lützower* 1971) oder 3,99 Millionen (*Orpheus in der Unterwelt*) waren sie viel zu teuer geworden und belasteten das Produktionsbudget des Studios, das über Jahre nicht erhöht wurde. Außerdem setzt die Politik längst andere Prioritäten, bevorzugt das Fernsehen weit vor dem Kino als wirksames Massenmedium. Ähnlich wie in anderen Ländern sind die Kapazitäten zur Bearbeitung von 70mm-Filmen im DEFA-Kopierwerk bereits seit Jahren verringert und schließlich ganz abgebaut worden, *Orpheus in der Unterwelt* wird bereits in Leningrad entwickelt und kopiert. Nach 1989 werden die meisten 70mm-Projektoren aus jenen mehr als 20 ostdeutschen Kinos entfernt, in denen man sie einst mit großem Aufwand eingebaut hatte. Die legendäre Kamera *DEFA-70-Reflex* gehört heute zum Bestand des Filmmuseums Potsdam.

Literatur

-lin- (1964): Von der Spree zum Ganges. In: Filmspiegel 18. 1964
M.M. (1964): Der Horizont hat sich erweitert. DEFA nun auch mit 70-mm-Verfahren. In: Der Neue Weg, 18.10.1964
o.A. (1964): Gains in Films Top all Other Industries. In: Financial Observer Bombay. 2. Mai/Juni 1964
Sbrzesny, Peter (1960): Tiefe Leinwand und breites Format. In: Deutsche Filmkunst 11. 1960: 386-389

Reisende in Sachen Genre –
von Barrandov nach Babelsberg
und zurück

Zur Bedeutung von tschechischen Regisseuren
für die Genrefilmproduktion der DEFA
in den 1960er und 1970er Jahren

Pavel Skopal

Die folgende Untersuchung nimmt den Film *Eine schreckliche Frau* (1965) zum Ausgangspunkt, um herauszufinden, welche Rolle die Koproduktionen und der Austausch kreativer Kräfte zwischen den beiden Studios in Barrandov und Babelsberg für die Unterhaltungsfilmproduktion der DEFA gespielt haben. Wenn man nach Faktoren wie Kritiken, Zuschauerzahlen, Exporterlösen oder Budget geht, könnte man *Eine schreckliche Frau* als ziemlich mittelmäßigen Film bezeichnen. Vom Studio in Barrandov, wo man die Projektidee entwickelte und für den Großteil der gestalterischen Arbeit verantwortlich zeichnete, wurden dem Kreativduo Karel Feix und Miloš Brož klar begrenzte (wenn auch vergleichsweise hohe) finanzielle Mittel zur Verfügung gestellt (4,2 Millionen Tschechoslowakische Kronen). Der Film war ausdrücklich für den Export konzipiert, doch von den kapitalistischen Ländern kaufte ihn nur Italien der tschechoslowakischen Firma Filmexport ab. In der Tschechoslowakei selbst zählte man bis 1970 798.000 Zuschauer, was kein gutes Ergebnis ist (Havelka 1975: 250; 1976: 259, 294). Die Filmkritik war ebenfalls wenig enthusiastisch, und zwar in der ČSSR wie in der DDR.[1]

Vlastimil Harnach, der Direktor der Barrandov-Studios, machte die Genehmigung des Filmprojekts davon abhängig, ob die DEFA Farbfilmmate-

---

1 Zur kritischen Rezeption in der ČSSR vgl. Liehm (1965: 8), Francl (1965: 5); in der DDR Rehahn (1965), Seydel (1965: 9), Focke (1965)

rial und Kameras für das Breitwandformat zur Verfügung stellen würde.[2]
Diese Forderung zeigt, dass Barrandov daran gelegen war, den Film gemeinsam mit der DEFA herzustellen, obwohl man das ostdeutsche Studio
als eher konservativ betrachtete und daher kein gesteigertes Interesse an
Koproduktionen hatte, die mehr sein sollten als eine Möglichkeit, sich Investitionen zu teilen (Wolf 2000: 48). Auch die wirtschaftlichen Ergebnisse
aller Kooperationen Barrandovs legen nahe, von einem ungleich größeren Interesse der DEFA an einer Zusammenarbeit auszugehen: Im Juni
1964 war das Guthaben auf Seiten Barrandovs so hoch (223.000 DM), dass
die Studios vereinbarten, den größten Teil des Betrags für andere Zwecke zu verwenden, als es der DEFA in Form einer Entschädigung zurück-
zuzahlen. In diesem Sinne sind die Memoiren des DEFA-Dramaturgen
Dieter Wolf zu verstehen, der darin in Bezug auf ein weiteres Filmprojekt
(*Theresienstädter Requiem*, das 1965 diskutiert, aber nie umgesetzt wurde)
behauptet, dass das tschechische Studio die DEFA eher als Unterhändler
für Geschäfte mit westdeutschen Produzenten benötigte, denn als gleich-
wertigen Partner (Wolf 2000: 47-49).

Auf Seiten der DEFA wurde das gemeinsame Projekt als Möglichkeit
betrachtet, mit geringem finanziellen und künstlerischen Einsatz an einem
musikalischen Unterhaltungsfilm mitwirken zu können, ein Genre, das in
Deutschland auf eine lange und erfolgreiche Tradition zurückblickte und
deshalb positiv konnotiert war.[3] Ich möchte jedoch behaupten, dass das

---

2   Vgl. Akte „Strašná žena", Archiv der Barrandov-Studios. Ladislav Kvasnička,
    Direktor der Filmexport, machte deutlich wie bedeutend Farbfilmmaterial und
    Breitwandformat sowie aus pragmatischen Gründen auch der Zugang zu Ko-
    produktionen für die Filmindustrie wäre: „Der Weltmarkt will Breitwandfarb-
    filme. Das klassische Schwarzweißformat, das wir noch immer für den Großteil
    unserer Produktionen nutzen, disqualifiziert die Filme im Vorhinein. Solange
    es einen Mangel an Devisen für den Ankauf von Farbfilmmaterial aus dem
    Westen gibt, wird der Filmexport versuchen, mit den westlichen Partner Ko-
    produktionsvereinbarungen einzu-gehen, die bereit sind, uns mit Farbfilmma-
    terial zu versorgen." Zitiert nach Fiala (1968: 5)
3   Die DEFA experimentierte seit 1958 mit verschiedenen Arten von Musikfilmen:
    Gottfried Kolditz' *Der junge Engländer* (1958), Hans Heinrichs *Meine Frau macht
    Musik* (1958), Wolfgang E. Strucks *Der Ton macht die Musik* (1958). Für eine detail-
    lierte Übersicht über drei der in den 1960er Jahren gedrehten Musikfilme vgl.
    Rinke (2006): 73-87. Nichtsdestotrotz schien es notwendig, sich rhetorisch von
    Hollywood-Musicals abzuheben. In der finalen Abnahme des vom tschechoslo-
    wakischen Regisseur Hanuš Burger gedrehten Films *Nichts als Sünde* (1965) im
    DEFA-Studio wurde angemerkt, das amerikanische Modell sei weder für Inhalt
    noch Form ein Vorbild. Die DEFA-Filme kreierten stattdessen ihren eigenen Stil

Projekt Teil einer wichtigen Strategie der DEFA war, während der liberalen Periode vor dem 11. Plenum des ZK der SED (16.-18. Dezember 1965) mit dem Mangel an kreativem Personal umzugehen, das über Erfahrungen in der Genrefilmproduktion verfügte oder zumindest die Bereitschaft mitbrachte, Unterhaltungsfilme zu drehen. Der Produktionskontext von *Eine schreckliche Frau* birgt viele Hinweise auf Strategien, Pläne und Schwierigkeiten, die die DEFA Mitte der 1960er Jahre mit der Genrefilmeproduktion sowie mit erfolgreichen Produktionstrends in den 1970er Jahren hatte.

Die Koproduktion *Eine schreckliche Frau* sowie ähnliche Filmprojekte sollen folgende Fragen beantworten helfen: Bediente der Film nur ein wirtschaftliches Interesse des ostdeutschen Filmstudios, das sich beim kreativen Teil des Projekts nicht signifikant beteiligte? Oder lässt sich bei der DEFA eine konkretere ,Krisenstrategie' erkennen? Welche Rolle im Produktionssystem der DEFA spielten die ausländischen Kreativkräfte (Regisseure, Drehbuchautoren, Choreografen, Kameramänner oder Komponisten) in den 1960er Jahren? Zur Beantwortung solcher Fragen ist es allerdings notwendig, den Koproduktionskontext in beiden Studios sowie die in dieser Zeit geführten Debatten näher zu betrachten.

Koproduktion als Unterhaltung: Neustart 1965

1965 beteiligte sich die DEFA an vier internationalen Koproduktionen. Eine davon war *Hamida*, eine Zusammenarbeit mit Tunesien. Der Film passte zum Trend der 1960er Jahre, Kinderfilme in Koproduktion herzustellen und mit ,progressiven Kräften' in Lateinamerika, Asien und Afrika zusammenzuarbeiten. In den frühen 1960er Jahren kann man in Barrandov dasselbe Muster ausmachen: Das tschechische Studio koproduzierte 1962 einen Film mit Cuba (*Komu tančí Havana/Para quién baila La Habana/Für wen Havanna tanzt*) und mit Indonesien (*Akce Kalimantan/Aksi Kalimantán/Aktion Kalimantan*) sowie fünf Kinderfilme mit sowjetischen oder bulgarischen

---

(BArch, DR 117/25752). Die deutsche Musikfilm-Tradition wurde jedoch nicht verleugnet. Joachim Haslers *Reise ins Ehebett* (1966) galt beispielsweise als ,heiterer Musikfilm', der die Merkmale dieses Genres (Spiel, Musik, Gesang, Choreografie, Dekoration und Farbfotografie) harmonisch einsetze. Die Abgrenzung fand vor allem über den Inhalt statt: In der Einschätzung des Films wurde davon gesprochen, „bestimmte Rudimente kleinbürgerlicher Auffassungen und Verhaltensweisen zu belachen, wie z. B. ,Die Legende vom ruhelosen Seemann', ,Vom Matrosen, der nicht nur Eine lieben kann...'" (BArch, DR 117/33062).

Partnern während der 1950er und frühen 1960er Jahre; darüber hinaus koproduzierte Barrandov auch den Kinderfilm *Uprchlík/Die Igelfreundschaft* (1961) von Herrmann Zschoche mit der DEFA.

Die drei anderen 1965 mit verschiedenen Partnerländern hergestellten Koproduktionen der DEFA waren Unterhaltungsfilme mit starkem Genreeinschlag: die musikalische Komödie *Die antike Münze/Starinata Moneta* mit Bulgarien, der Krimi Mörder auf *Urlaub/Ubica na odsustvu* mit Jugoslawien und eben der Revuefilm[4] *Eine schreckliche Frau* mit der ČSSR. Man könnte von einer Wiederbelebung der Koproduktion von Unterhaltungsfilmen sprechen, da diese Tendenz sowohl in Barrandov als auch in Babelsberg während der zweiten Hälfte der 1950er Jahre vorherrschend gewesen war.[5] Und auch für Barrandov brachte das Jahr 1965 nach sieben Jahren Pause eine Rückkehr zur Praxis der Koproduktion von unterhaltenden Genrefilmen. Die erste Koproduktion nach dem Zweiten Weltkrieg mit einem westlichen Land (*V proudech/La Liberté surveillée,* von Vladimír Vlček mit der französischen Firma Le Trident) erschien 1957 und wurde sogleich heftig kritisiert. Dieses Schicksal teilte auch eine andere Unterhaltungsfilm-Produktion, die mit einem jugoslawischen Partner hergestellte musikalische Komödie *Hvězda jede na jih/Zvijezda putuje na jug* (*Der Stern geht nach Süden,* 1957) von Oldřich Lipský, die auf dem Festival des tschechoslowakischen Films im Jahr 1959 vehement angriffen wurde. Nur die tschechoslowakisch-polnische Komödie *Co řekne žena/Zadzwońcie do mojej żony* (*Ruft meine Frau an,* 1958) von Jaroslav Mach blieb – wohl aufgrund des im Vergleich zu Frankreich und Jugoslawien damals unbedenklichen Partners – vor solchen Attacken verschont. In den Jahren 1957 und 1958 verhandelte Barrandov sogar mit US-amerikanischen Studios und unabhängigen Produzenten über mögliche gemeinsame Projekte, doch diese Kontakte mussten kurz darauf aufgrund der konservativen Wende in der

---

4 Die Bezeichnung als Revuefilm deutet auf den sehr unklaren Genrestatus des Films im zeitge-nössischen Diskurs: „Revuefilm oder Eiskomödie?" titelte die Märkische Union Potsdam, am 24.11.1964. Die beiden Studios sprachen dagegen von einer „Kombination zwischen Film-komödie und Eisrevue" (BArch, DR 117/27727). Für eine Typologie der verschiedenen Sub-genres des Musikfilms vgl. Wedel 2007.

5 Zu Koproduktionen der DEFA mit französischen Firmen, die im Zeitraum 1956-1960 in die Kinos kamen, vgl. Silberman (2006); zu DEFA-Koproduktionen im Unterhaltungssektor vgl. Ivanova (2011: 76-135); für eine Geschichte der Koproduktionen des Studios in Barrandov während der 1950er und 1960er Jahre vgl. Skopal (2012b).

Politik eingestellt werden. Erst im Schlüsseljahr 1965 gab es eine neue Welle von Koproduktionen mit Partnern aus Großbritannien, den Vereinigten Staaten, Frankreich, Westdeutschland und Belgien. Schaut man sich die Liste mit den Barrandov-Koproduktionen der zweiten Hälfte der 1960er Jahre an, wird deutlich, dass sowohl die Generation der ‚neuen Welle' (Miloš Forman, Věra Chytilová, Jiří Menzel) als auch die älteren Regisseure (Jiří Weiss, Vojtěch Jasný) eifrig versuchten, von der Liberalisierung zu profitieren und mit westlichen Partnern zu arbeiten. Während der Unterbrechung der international vernetzten Unterhaltungsfilmproduktion in der ersten Hälfte der 1960er Jahre hatten die DDR und die ČSSR dagegen in Schwarz-Weiß gemeinsam den antifaschistischen Film *Praha nultá hodina*/*Koffer mit Dynamit* (1962) von Miloš Makovec gedreht.

Eine schreckliche Frau – eine verwickelte Geschichte

Als die ostdeutsche Künstlerische Arbeitsgruppe (KAG) Roter Kreis und die tschechische Kreative Gruppe (tvůrčí skupina) Feix-Brož das Feld der ‚leichten Unterhaltung' mit einem gemeinsamen Vorhaben betraten, reagierten sie auf die offensichtliche Nachfrage der jeweiligen Filmindustrien nach Genreproduktionen. Der Generaldirektor des tschechoslowakischen Staatsfilms, Alois Poledňák, bemängelte die Krise des Abenteuerfilmgenres, die angeblich vom „Ehrgeiz der Autoren, Regisseure und Kreativgruppen, ‚große Kunst' zu machen" ausgelöst worden sei.[6] Im Fall der DEFA war das Ziel, die Anzahl von „heiteren Filmen" und insbesondere „Singspielen" zu steigern, schon 1959 festgeschrieben worden.[7] Fünf Jahre später sprach die Leitung der DEFA von „intellektuellen Geschmäckereien" (Raundalen 2005: 72-73) der Regisseure, die sich weigerten, Genrefilme zu drehen.

Trotz der relativen Ähnlichkeit der beiden Studios, trotz ihrer früheren gemeinsamen Projekte und trotz der unterschiedlichen Erwartungshaltung an einen Unterhaltungsfilm hatten die Verleihabteilungen der jeweiligen Filmindustrien verschiedene Konzepte für eine effektive mu-

---

6 Bericht des 16. Treffens der ideologischen Kommission des ZK der Kommunistischen Partei (21.6.1965), (National-Archiv, Prag, 1261/1/18)

7 Vgl. den künstlerischen und ideologischen Perspektivplan bis 1965, geschrieben von DEFA-Direktor Albert Wilkening und Chefdramaturg Konrad Schwalbe (BArch, Ministerium für Kultur – HV-Film, DR 1/4940)

sikalische Komödie im Sinn. Der ostdeutsche Progress-Film-Verleih verlangte einen Umschnitt von *Eine schreckliche Frau*, der es erlauben würde,
den Film bei den „Sommerfilmtagen" (mobile Vorführungen von kassen-
trächtigen Filmen in Ferienorten) zu zeigen. Günter Karl, Kopf der KAG
Roter Kreis, schlug dem tschechischen Partner Änderungen vor, die das
syuzhet[8] neu strukturieren und dadurch eine klare Unterscheidung zwischen den Fantasien des Protagonisten und der Wirklichkeit ermöglichen
sollten. Barrandov genehmigte diese Umstellungen, aber nicht ohne sie
mit kritischen Bemerkungen zu begleiten: „Die Vorschläge sind wohl Folge der Bemühungen, den Film der offenbar äußerst schwerfälligen deutschen Logik anzupassen. Für uns würde er durch diese Änderungen eine
Menge verlieren – die Überraschung wäre weg, die Eröffnungssequenz
viel zu unbeholfen und alle Tanz- und Singszenen fänden sich auf einem
Haufen am Schluss des Films."[9] Dieser Kommentar deutet auf bedeutende Unterschiede bei der Konzeptualisierung des Filmpublikums hin: Für
die Tschechen war es durchaus akzeptabel, das syuzhet rätselhaft zu inszenieren, um die Zuschauer zu überraschen. Dieser Vorfall bestätigt den
oben zitierten Kommentar von Dieter Wolf, nach dem die Filmarbeiter aus
Barrandov die DEFA als ein eher konservatives Studio wahrnahmen.

Auch die zweite Auseinandersetzung über den Film fand erst statt, als
die Dreharbeiten schon beendet waren: Aus ökonomischen Gründen weigerte sich Barrandov, für den tschechoslowakischen Markt einen 4-Ka-
nal-Magnetton herzustellen, obwohl eine solche Fassung Bestandteil des
Vertrags war (man führte das Argument an, dass die meisten Kinos in
Europa für 4-Kanalton nicht richtig ausgerüstet seien, wodurch die hohe
Tonqualität mehr Schaden anrichten als Nutzen bringen würde).[10] Obwohl
die DEFA einlenkte und sich mit Barrandov letztendlich auf einen gemeinsamen Tonstandard einigte, zeigen die beiden Schnittversionen des Films
noch heute ganz deutlich, wie pragmatisch beide Studios vorgingen und
wie sehr sie ihr Produkt auf die antizipierten Bedürfnisse des Publikums
zu Hause – im wörtlichen Sinne – zuschnitten. Man kann daher nicht von
dem Film *Eine schreckliche Frau* sprechen, sondern muss von verschiedenen
Identitäten ausgehen, die sich nach den unterschiedlichen damals vorherrschenden nationalen Publikumskonzepten orientierten.

---

8   Die formalistische Filmwissenschaft unterscheidet zwischen *fabula* (der erzählten Geschichte) und *syuzhet* (deren Ausgestaltung mit filmischen Mitteln).

9   Akte „Strašná žena", a.a.O.

10 Vgl. ebd.

Bis hierhin könnte man denken, *Eine schreckliche Frau* sei ein künstlerisch minderwertiges und insgesamt eher unbedeutendes Projekt gewesen. Wenn wir aber Pläne und Strategien der DEFA in einem weiteren Kontext betrachten und uns fragen, wie das Studio mit der Situation des Jahres
1965 und den Veränderungen nach dem sogenannten „Kahlschlag" um-
ging, können wir den Film in einer Schnittmenge lokalisieren, in der sich
die erfolgreichsten Produktionszyklen der späten 1960er und der 1970er
Jahre treffen; denn sowohl die Musik- als auch die Indianerfilme wurden
mit gestalterischer Hilfe aus Barrandov hergestellt.

Trotz der erwähnten Beschwerden von Alois Poledňák waren die Angestellten von Barrandov 1965 bereits ziemlich erfahren mit der Produktion von Genrefilmen, die das Potential für Publikumserfolge hatten. Aus
diesem Grund strebte die DEFA die Einbindung dieser Leute in die kreativen Prozesse an, und zwar trotz der Schwierigkeiten, die eine fremde
Arbeitsumgebung unvermeidbar mit sich brachte.[11]

Abbildungen 1 und 2: Eiskunstläuferin Olga Divinová, Werbefoto für
Eine schreckliche Frau (1965), Foto: Hans-Joachim
Kundt/DEFA-Stiftung); Regieanweisungen von
Jindřich Polák an Olga Divínová, Foto: Roland
Dressel/DEFA-Stiftung

---

11 Im Fall des Films *Ohne Pass in fremden Betten* (1965) wurde extra ein Treffen ein-
    berufen, um verschiedene Konflikte und Komplikationen zu lösen, die ihren
    Ursprung darin hatten, dass der Regisseur Vladimir Brebera in Babelsberg auf
    einen Organisationsablauf stieß, den er aus Prag nicht gewohnt war.

Abbildung 3: Aufnahmen für die Eisrevue in *Eine schreckliche Frau* (1965);
Foto: Roland Dressel/DEFA-Stiftung

Reisen um zu tanzen: Die tschechischen Filmarbeiter und die Produktionstrends der DEFA

Um die Bedeutung der Kooperationen zwischen der DEFA und der tschechoslowakischen Filmindustrie Mitte der 1960er Jahre richtig einschätzen zu können, muss man den Blick über die eigentlichen Filme hinaus erweitern. Die DEFA bemühte sich sehr aktiv um Praktiker aus Barrandov, um ihr kreatives Potential zu vergrößern. Solche Strategien haben bislang, besonders wenn es um andere Berufe als den des Regisseurs geht, kaum Aufmerksamkeit von Filmhistorikern auf sich gezogen. Tim Bergfelder hat den Begriff „Handlungsreisende" für Filmtechniker geprägt, die in den 1930er Jahren als Freelancer innerhalb Europas – vor allem zwischen Berlin, Paris und London – pendelten. Einer der Faktoren, die diese Entwicklung ermöglichten, bestand im Bemühen der nationalen Filmindustrien, ihre Produkte auf dem Weltmarkt gegen die Vormachtstellung Hollywoods in Position zu bringen (Bergfelder 1996: 21-23). Auch wenn sich die Situation der sozialistischen Filmindustrien natürlich von der in Westeuropa unterschied (der ostdeutsche wie der tschechoslowakische Markt waren gegen Konkurrenz aus dem Westen durch strikte Quotenregelungen geschützt,

und die reisenden Filmtechniker waren keine Freelancer im eigentlichen
Sinne, da sie ihre Stellung in Barrandov oder an Prager Theatern behiel-
ten), eine Analogie lässt sich nicht bestreiten: Auch im Fall der DEFA sollten die ‚importierten' Mitarbeiter dabei helfen, die Filme, insbesondere
die Genreproduktionen, für ein großes Publikum attraktiver zu gestalten.
Die Haltung der DEFA gegenüber den tschechischen Filmarbeitern in den
1960er Jahren lässt sich durchaus mit der gegenüber den westdeutschen
Kollegen in den 1950er Jahren vergleichen, abgesehen vom großen ideologischen Vorteil, nun mit einem sozialistischen Land zu kooperieren.[12]
    Einer der Hauptgründe für die Anwerbung von Personal aus Barran-
dov war der Mangel an einheimischen Fachkräften, die in der Lage bzw.
dazu bereit waren, dem Studio bei der von der Hauptverwaltung Film
(HV Film) geforderten Produktion von Unterhaltungs- bzw. Genrefilmen
zu helfen. Es ist sicherlich kein Zufall, dass von den Filmen, die den „Kahlschlag" in der DDR überstanden und 1965 bzw. 1966 in die Kinos kamen,
sehr wenige eine ausgeprägte Genreidentität besaßen – und vor allem,
dass allein sieben Filme von ausländischen Regisseuren gedreht worden
waren.[13] In einem Bericht für die HV Film über den Produktionsplan der
DEFA wurde die Beschwerde geäußert, es gebe zwar keinen Mangel an
antifaschistischen Themen, aber der Anteil unterhaltender Genres wie
Abenteuer- oder Musikfilm sei äußerst gering. Dem Bericht zufolge waren nur Rolf Losansky sowie einige ausländische Regisseure in diesem
Bereich aktiv, und es wurde angemerkt, dass Koproduktionen „nicht als
Vorwand dienen [dürfen], um die Entwicklung eigener Kader, in diesem
Falle für heitere und musikalische Filme, von Jahr zu Jahr immer wieder
hinauszuschieben".[14] Der Bericht erlaubte es demnach, *Eine schreckliche*

---

12 Natürlich war die Einbindung von westdeutschen Kräften in den 1950er Jahren viel umfassender als die ausländischer Filmemacher in den 1960ern: In den
   Jahren 1951/52 wohnten 44% der DEFA-Angestellten in Berlin-West; Mitte des
   Jahrzehnts waren noch 13 Regisseure aus dem anderen Teil der Stadt in Babelsberg aktiv. (Heimann 1994: 221f.)
13 Fünf Filme sind von vier verschiedenen tschechoslowakischen Regisseuren gedreht worden: *Die Söhne der großen Bärin* (1965) und *Der schwarze Panther* (1966)
   von Josef Mach; *Ohne Pass in fremden Betten* (1965) von Vladimír Brebera; *Nichts
   als Sünde* (1965) von Hanuš Burger und *Eine schreckliche Frau* von Jindřich Polák.
   Die übrigen zwei Filme waren Koproduktionen mit Jugoslawien (*Ubica na od-
   sustvu/Mörder auf Urlaub*, 1965, von Boško Bošković) und Bulgarien (*Die antike
   Münze/Starinnata moneta*, 1965, von Vladimír Jančev).
14 Stellungnahme zum thematischen Plan der DEFA, 29.10.1965 (BArch, DR 1/4935)

Frau wie auch andere Filmprojekte, in die tschechische Kreative involviert waren, als Trainingseinheiten unter professionellen Bedingungen für die Unterhaltungsfilmproduktion der DEFA, und zwar besonders für Musik- und Indianerfilme, zu betrachten.

Abbildungen 4 und 5: *Die Söhne der großen Bärin* (1965): Kameramann Jaroslav Tuzar bereitet eine Szene mit Hans Finohr vor; Vorbereitung für eine Szene mit Gojko Mitic. Fotos: Waltraut Pathenheimer/DEFA-Stiftung

Abbildung 6: Werbeaktion für *Die Söhne der großen Bärin* (1965) in Gera. Foto: H. Berthold/DEFA-Stiftung

Die Rolle, die andere tschechische Regisseure, Schauspieler, Choreografen, Kameramänner und Komponisten bei ähnlichen Projekten der 1960er Jahre spielten, unterstützt diese These. Der Regisseur Josef Mach beispielsweise startete die Reihe der Indianerfilme 1965 mit *Die Söhne der großen Bärin*, bevor er den Stab an einheimische Filmemacher übergab. Er inszenierte mit *Der schwarze Panther* (1966) auch einen Abenteuerfilm, dessen Zirkusambiente schon in DEFA-Filmen der 1940er und 1950er Jahre ein beliebter Handlungsort war.[15] Beide Filme fotografierte der tschechische Kameramann Jaroslav Tuzar, der von Mach vorgeschlagen worden war. Mach seinerseits hatte man ausdrücklich aufgrund seiner Erfahrung mit großer Unterhaltung ausgewählt: Er wurde als Autor von „Lustspielen, Satiren und Grotesken", eines Abenteuerfilms (*Akce B*) sowie eines Tanzfilms (*Rodná zem*) präsentiert, in dem er angeblich „Stilmittel des Musicals" benutzt hatte (tatsächlich werden Volkstänze aus der Slowakei gezeigt, eingebettet in eine Geschichte über eine Gruppe von Folklore-Enthusiasten).[16] Außerdem wurde Mach als Regisseur für die Komödie *Ohne Pass in fremden Betten* (1965) vorgeschlagen, doch die Gruppe Roter Kreis verhinderte das Engagement Machs bei diesem Projekt, da der Regisseur für die Künstlerische Arbeitsgruppe noch mit den Arbeiten von *Eine schreckliche Frau* beschäftigt war. Den Film drehte schließlich ein anderer tschechischer Regisseur: Vladimír Brebera;[17] die Musik wurde komponiert und gespielt von dem ebenfalls tschechischen Jazzmusiker Karel Krautgartner und seinem Orchester. Mach erfüllte seine Aufgabe als Beauftragter in Sachen Genreunterhaltung äußerst effektiv und pragmatisch, wie sowohl der enorme Erfolg des ersten Indianerfilms als auch die Beschwerden der Drehbuchautorin Liselotte Welskopf-Henrich über Machs Hang zur Spannungserzeugung beweisen.[18]

---

15 Hans Müllers *1-2-3 Corona* (1948), *Carola Lamberti – Eine vom Zirkus* (1954) und *Alarm im Zirkus* (1954) von Gerhard Klein waren sehr erfolgreich. *1-2-3 Corona* hatte 6 Millionen (Kersten 1963: 295), *Alarm im Zirkus* 3,6 Millionen (Prommer 1999: 348) und *Carola Lamberti – Eine vom Zirkus* 6,3 Millionen Zuschauer. (BArch, DR 1/4921)

16 BArch, DR 117/27724

17 vgl. BArch, DR 117/27649. Petr Schulhoff, Sohn des deutschen Komponisten Erwin Schulhoff, war ebenfalls für die Regie des Films vorgeschlagen worden. Es ist klar ersichtlich, dass eine kulturelle und vor allem sprachliche Affinität zu Deutschland ein ausschlaggebender Faktor für Vorschläge zur Besetzung dieser Position war.

18 Vgl. BArch, DR 117/27915

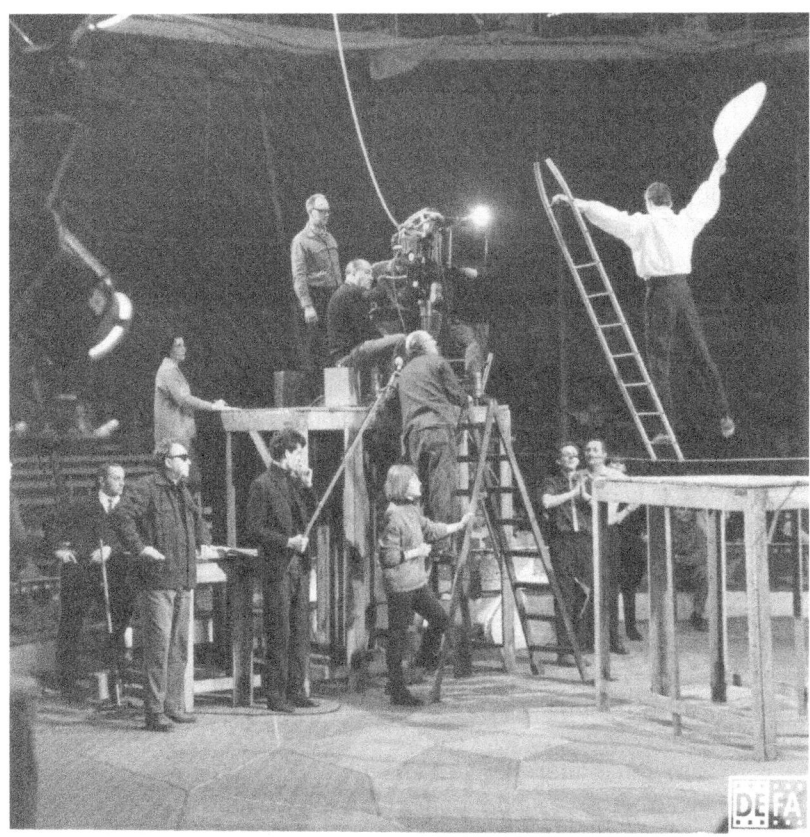

Abbildung 7: Szene mit Akrobaten für den Zirkus-Film *Der schwarze Panther* (1966). Foto: Waltraut Pathenheimer/DEFA-Stiftung

Noch bedeutsamer war die Rolle der Tschechen jedoch im Musikfilmgenre. Neben *Eine schreckliche Frau* wurden tschechische Mitarbeiter auch für *Nichts als Sünde* und für *Reise ins Ehebett* verpflichtet. Der erste Film basiert auf einer erfolgreichen Theaterinszenierung von Shakespeares Komödie *Was ihr wollt*, deren Regisseur Hanuš Burger auch für den Film verpflichtet wurde. Die Schauspielerin Helga Čočková bekam eine der Hauptrollen. Josef Koníček hatte 1964 als Choreograph an dem bei Publikum und Kritik äußerst erfolgreichen Musikfilm *Starci na chmelu* von Ladislav Rychman mitgearbeitet. Auch bei der DEFA erregte der Film Aufsehen, so dass sie Koníček in derselben Funktion für *Reise ins Ehebett* engagierte, und zwar obwohl dessen zeitgleiche Anstellung an einem Prager Theater große Probleme verursachte.[19] Der Abschlussbericht der KAG Johannisthal beurteilte Koníčeks Mitarbeit als sehr wichtig für alle folgenden DEFA-Projekte dieses Genres.[20] Diese Aussage lässt sich retrospektiv auch auf Koníčeks Einfluss auf die drei aufeinanderfolgenden Erfolgsfilme beziehen: *Heißer Sommer* (1968) und *Nicht schummeln, Liebling!* (1972), beide unter der Regie von Joachim Hasler und mit Frank Schöbel (die Rolle in *Reise ins Ehebett* war sein Filmdebüt), sowie Horst Seemanns *Hochzeitsnacht im Regen* (1967), den der Progress Film-Verleih als vollendete sozialistische Unterhaltungskunst anpries.[21]

In gewissem Sinne war der Film *Eine schreckliche Frau* die Rückkehr zu einer Atmosphäre fieberhafter Geschäftigkeit und hoher Erwartungen, wie sie noch 1958 bei Koproduktionen herrschte. Während man den ersten gemeinsamen DEFA-Barrandov-Film *Jahrgang 21* von Václav Gajer aus dem Jahr 1957 teilweise als Reaktion auf den Aufruf des Kultur-Staatssekretärs und Mitglieds der DEFA-Kommission der SED, Anton Ackermann, zur Kooperation mit den sozialistischen Ländern verstehen kann,[22] handelte es sich bei der zweiten Produktion, die 1958 geplant, aber niemals umgesetzt wurde, um das Breitwand-Musical *Berlin-Bukarest*. Bei diesem Film sollte Kurt Maetzig Regie führen und niemand anderes als der tschechische Autor Vratislav Blažek, der später nicht nur *Eine schreckliche Frau*, sondern auch *Ach, du fröhliche …* (1962) von Günter Reisch schrieb, das Drehbuch ausarbeiten.[23]

---

19 Vgl. BArch, DR 117/33062

20 Vgl. ebd.

21 BArch, DR 117/27724

22 Ackermann bat die Repräsentanten der tschechoslowakischen Filmindustrie ausdrücklich um Kooperation und erläuterte seine Beweggründe mit großer Offenheit: „Wir haben gerade eine Koproduktion mit einer schwedischen Firma beendet und eine andere mit einer französischen wird demnächst anlaufen. Diese Situation, dass die DEFA ausschließlich mit kapitalistischen Ländern aus dem Westen koproduziert und also nicht mit sozialistischen Ländern wie Polen oder der Tschechoslowakei, ist nicht mehr akzeptabel." So Ackermanns Aussage, wie sie in einem Bericht der tschechoslowakischen Botschaft in Berlin vom 12. Mai 1955 für das Kultur- und das Außenministerium wiedergegeben wurde. Vgl. Archiv ministerstva zahraničních věcí (AMZV), TO obyčejné, 1945-1959, NDR, k. 27 – osvěta

23 Vgl. Archiv der Barrandov-Studios, právní oddělení, DEFA

Mitte der 1960er Jahre nutzte die DEFA dann ‚Reisende' aus Barrandov und anderen Studios in größerem Umfang. In der zweiten Hälfte des Jahrzehnts änderten die KAG ihre Strategie jedoch entscheidend. Wieder sind es die Memoiren von Dieter Wolf, die uns mit einem passenden Beispiel versorgen. Der Regisseur des Musikfilms *Nichts als Sünde*, Hanuš Burger,[24] sollte zunächst eine Offenbach-Verfilmung inszenieren, was jedoch wieder verworfen wurde: „Mit Rücksicht auf die eigene Überkapazität wollte man sich nicht zusätzlich mit freien Mitarbeitern belasten, die noch dazu in solchen Zeiten der Polit- und Studiozwänge weniger disziplinierbar erschienen" (Wolf 2000: 32). Mit anderen Worten ging die DEFA am Ende der 1960er Jahre dazu über, ihr eigenes, inzwischen dafür ausgebildetes Personal für die Genreproduktion zu verwenden. Dieser Ansatz korrespondierte mit den erwähnten Tendenzen in der HV Film und gab dem Studio eine bessere Kontrolle über den Produktionsprozess, als es mit aus dem Ausland engagierten Regisseuren möglich gewesen wäre.

Der Wandel im Umgang mit den ‚Reisenden' fiel mit der Begrenzung des künstlerischen Einflusses und der relativen Freiheit der Arbeitsgruppen zusammen. Nach dem „Kahlschlag" wurde die Entscheidungsmacht neu verteilt: Ab 1967 hießen die KAG Dramaturgengruppen und jeder Gruppendramaturg war gegenüber dem DEFA-Chefdramaturgen verantwortlich für die Produktionen der Gruppe (Ivanova 2011: 109). Welche Rolle auch immer die KAG beim kreativen Wiedererstarken der DEFA und speziell bei der Unterhaltungsfilmproduktion spielten,[25] die einzelnen Künstlerischen Arbeitsgruppen unterschieden sich durch einen jeweils unterschiedlichen Fokus.

---

24 Burgers Vertrautheit mit dem deutschen Kulturbetrieb geht bis in die 1930er Jahre zurück, als er Bühnenarchitektur in München studierte und als Dramaturg in einem Hamburger Theater arbeitete. 1968 emigrierte er nach Westdeutschland. (Malý 2008: 161-167)

25 Joshua Feinstein argumentiert einleuchtend, der Erfolg der KAG sei eher darauf zurückzuführen, dass sie sich einer zurückhaltenden politischen Überwachung und großen künstlerischen Freiheit erfreuten, als auf eine angeblich kreative Stimmung, die innerhalb der Gruppen geherrscht haben soll (Feinstein 2002: 104-108).

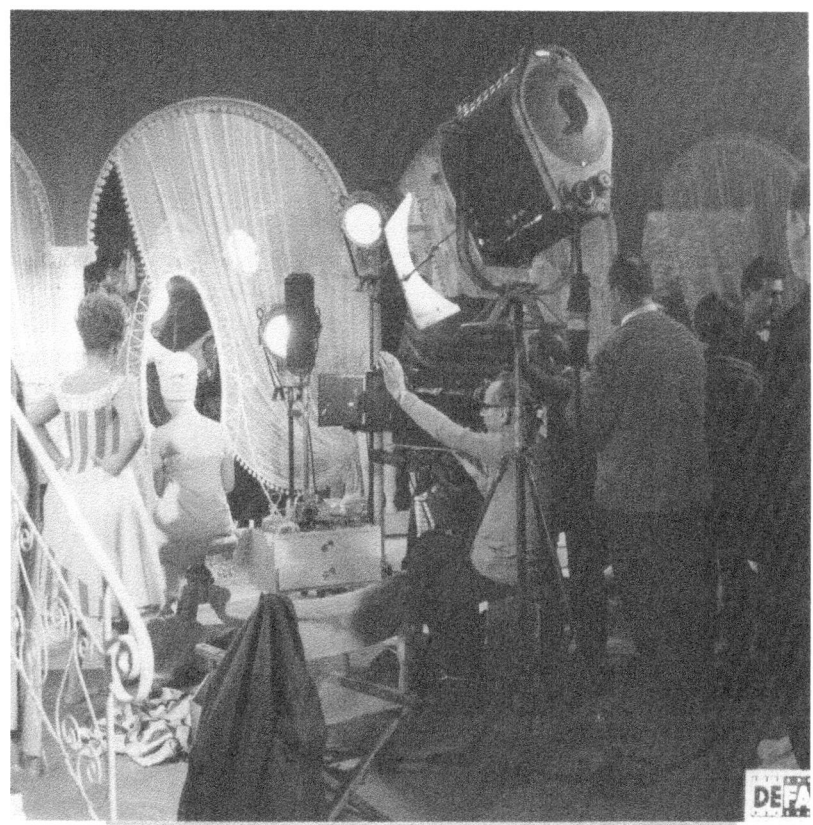

Abbildung 8: Der tschechische Regisseur Hanuš Burger bei Aufnahmen für *Nichts als Sünde* (1965). Foto: Herbert Kroiss/DEFA-Stiftung

Besonders die KAG Johannisthal und Roter Kreis begannen auch nach dem ‚Kahlschlag' ihre eigenen Produktionszyklen.[26] Johannisthal lieferte Musikfilme (*Hochzeitsnacht im Regen, Heißer Sommer, Nicht Schummeln, Liebling!*), während Roter Kreis Indianerfilme herstellte. Beide Produkti-

---

26 Ein Filmkritiker bemerkte diese Strategie und begrüßte sie enthusiastisch: Mit dem Film *Reise ins Ehebett* habe die KAG Johannisthal ihrer Produktion ein Gesicht gegeben und einen Weg aufgezeigt, wie man eine Ausdifferenzierung des Publikums erreichen könnte. (BArch, DR 117/27724)

onszyklen erwiesen sich als überaus erfolgreich. Kam *Nichts als die Sünde* 1965 ‚nur' auf den sechsten Platz der beliebtesten einheimischen Filme, so war *Reise ins Ehebett* ein Jahr später schon zweiter und die drei Musikfilme aus Johannisthal fünfter (1967), vierter (1968) bzw. dritter (1973). Außergewöhnlich war der Erfolg der Indianerfilme – Josef Machs *Die Söhne der großen Bärin* war 1966 der DEFA-Film mit den meisten Zuschauern: 4.870.000.[27] Die weiteren Folgen der Wild-West-Reihe belegten jeweils den ersten Platz in den Jahren 1967, 1968, 1969, 1971, 1973, 1974, 1975 (Prommer 1999: 342-346). Obwohl sie oftmals mit der Unterstützung ausländischer Partner entstanden (zweimal als Koproduktion), wurden alle diese Indianerfilme von einheimischen Regisseuren gedreht. Die einzige Ausnahme stellt Konrad Petzolds *Weiße Wölfe* (1968) dar, wobei hier zwei Serben als Regieassistenten mitarbeiteten – einer von ihnen war immerhin Boško Bošković, der Regisseur von *Mörder auf Urlaub*.

Fazit

Eine Untersuchung der Koproduktionspraxis zwischen der DEFA und Barrandov Mitte der 1960er Jahre am Beispiel von *Eine schreckliche Frau* und der Mitarbeit tschechischer ‚Reisender' an Genrefilmen des ostdeutschen Studios erlaubt – neben dem konkreten Einzelfallstudium – auch einen umfassenden Blick auf diese Übergangsperiode, der Aufschluss über die Strategien der DEFA im Umgang mit den sich schnell ändernden Produktionsbedingungen geben kann.

Mitte der 1960er Jahre knüpften sowohl die DEFA als auch Barrandov an ihre Erfahrungen aus den 1950er Jahren an und starteten Koproduktionen mit populärer Musik, attraktiven Drehorten, beliebten Sängern und deutlichen Genre-Elementen; gelegentlich wurden auch Breitwandformate und Eastmancolor-Filmmaterial verwendet – all das, um die Zuschauerzahlen anzuheben und den Export anzukurbeln. Trotz einiger Analogien bezüglich der steigenden Nachfrage nach Unterhaltungsware in der tschechoslowakischen und ostdeutschen Filmindustrie zeigen die Koproduktion *Eine schreckliche Frau* und andere Genrefilme der Zeit die tatsächlichen Unterschiede in der Erwartungshaltung und im technischen Standard der beiden Länder. Neben den offensichtlichen finanziellen Vorteilen hatte das

---

27 Josef Machs zweiter DEFA-Film *Der schwarze Panther* kam mit 927.000 Zuschauern im selben Jahr auf den dritten Platz.

Modell der Koproduktion auch signifikante Nachteile. Wie zeitgenössische Kritiker ganz recht zu bedenken gaben, verlangten gemeinsame Projekte immer eine Kompromisslösung, eine Amalgamierung von nationalen Traditionen, technischen und ästhetischen Standards – die Konflikte um die Ton- und die endgültige Schnittfassung von *Eine schreckliche Frau* sind dafür ein gutes Beispiel. In dieser Krise des Unterhaltungsfilmsegments wandte sich die DEFA einer alternativen Strategie zu, indem sie ‚reisende Arbeitskräfte' nach Babelsberg einlud. Diese Praxis brachte zwar teilweise noch immer dieselben Probleme mit sich, da die ausländischen Filmleute sich an eine andere Organisation von Arbeitsabläufen gewöhnen mussten, doch als Hauptproblem stellte sich nun heraus, dass diese Projekte trotz ihres Etiketts als reine DEFA-Produktionen noch immer – wie die Bedenken der HV Film bezeugen – eine Abhängigkeit und Unterentwicklung der einheimischen Filmindustrie andeuteten. Die DEFA konnte sich aus dieser Situation jedoch befreien: Nach einer Übergangsperiode, in der Koproduktionen mit der alternativen Strategie der Verpflichtung einzelner Mitarbeiter aus dem Ausland kombiniert wurden, erreichte das Studio das Ziel, erfolgreiche einheimische Genrefilmzyklen zu etablieren. Die Musik- und die Indianerfilme gehörten in der DDR zu den beliebtesten Filmen des folgenden Jahrzehnts. Nach einer kurzen Hochphase wurden die ‚Reisenden' in Sachen Genre aus Barrandov sowie von anderen Studio-Standorten einfach nicht mehr eingeladen.

Die Recherchen zu diesem Aufsatz wurden mit großzügiger Unterstützung der Humboldt-Stiftung und der tschechischen Science Foundation (P409/11/0586) abgeschlossen.

Aus dem Englischen von Chris Wahl

Literatur

Bergfelder, Tim (1996): The Production Designer and the *Gesamtkunstwerk*. German Film Technicians in the British Film Industry of the 1930s. In: Higson (1996): 20-37

Feinstein, Joshua (2002): The Triumph of the Ordinary. Depictions of Daily Life in the East German Cinema 1949-1989. Chapel Hill: The University of North Carolina Press

Fiala, Miloš (1968): Dovoz a vývoz filmů ve světle faktů. In: *Rudé právo* 49, 28.11.1968: 5

Focke, Gerd (1965): Erschrecken über „Eine schreckliche Frau". In: Freiheit, 09.08.1965

Francl, Gustav (1965): Strašná žena/Délka polibku devadesát/Perlový náhrdelník. In: Kino 20/31. 1965: 5

Havelka, Jiří (1975): Čs. filmové hospodářství 1961-1965. Praha: Československý filmový ústav

Havelka, Jiří (1976): Čs. filmové hospodářství 1966-1970. Praha: Československý filmový ústav

Heimann, Thomas (1994): DEFA, Künstler und SED-Kulturpolitik: zum Verhältnis von Kulturpolitik und Filmproduktion in der SBZ/DDR 1945 bis 1959. Berlin: Vistas

Higson, Andrew (Hrsg.) (1996): Dissolving Views. Key Writings on British Cinema. London New York: Cassell

Ivanova, Mariana (2011): DEFA and East European Cinemas. Co-Productions, Transnational Exchange and Artistic Collaborations. Ph.D. Diss., University of Texas, Austin

Kersten, Heinz (1963): Das Filmwesen in der sowjetischen Besatzungszone Deutschlands. Bonn Berlin: Bundesministerium für gesamtdeutsche Fragen

Liehm, Antonín Jaroslav (1965): Orientace našeho filmu. In: Literární noviny 14/31. 1965: 8

Malý, Svatopluk (2008): Vzajetí filmu. Vzpomínky kameramana. Praha: Národní filmový archiv

Prommer, Elizabeth (1999): Kinobesuch im Lebenslauf. Eine historische und medienbiographische Studie. Konstanz: UVK Medien

Raundalen, Jon (2005): A Communist Takeover in the Dream Factory – Appropriation of Popular Genres by the East German Film Industry. In: Slavonica 11/1. 2005: 69-86

Rehahn, R. (1965): Die Schreckliche Frau. In: Wochenpost, 4.9.1965

Rinke, Andrea (2006): Eastside stories. Singing and dancing for socialism. In: Film History 18:1. 2006: 73-87

Seydel, R. (1965): Eine Schwalbe macht noch keinen Sommer. In: Filmspiegel 17. 1965: 9

Silberman, Marc (2006): Learning from the enemy. DEFA-French co-productions of the 1950s. In: Film History 18:1. 2006: 21-45

Skopal, P. (Hrsg.) (2012a): Naplánovaná kinematografie. Český filmový průmysl 1945-1960. Praha: Academia

Skopal, Pavel (2012b): "Svoboda pod dohledem". Zahájení koprodukčního modelu výroby v kinematografiích socialistických zemí na příkladu Barrandova (1954-1960). In: Skopal (2012a): 102-148

Wedel, Michael (2007): Der deutsche Musikfilm. Archäologie eines Genres 1914-1945. München: edition text + kritik

Wolf, Dieter (2000): Gruppe Babelsberg. Unsere nichtgedrehten Filme. Berlin: Das Neue Berlin

Abseits ausgetretener Pfade –
Der Fall Gleiwitz

Birgit Schapow

Symmetrie, Kälte, Ordnung – das sind einige der Schlagworte, mit denen
der Stil des DEFA-Spielfilms *Der Fall Gleiwitz* (1961) beschrieben wurde
(Schittly 2002: 120; Schmidt 1984: 30). Und doch bleibt er ein Einzelfall der
Filmgeschichte – ein solitäres Paradebeispiel für die Modernität der DEFA
Anfang der 1960er Jahre. Dass seine Ausnahmeexistenz nicht frei von
Einflüssen, Wechselwirkungen und Parallelerscheinungen ist, zeigt eine
genaue Betrachtung der Ästhetik des Films. Unter Berücksichtigung des
internationalen Filmteams führen die Pfade zwangsläufig über die Grenzen der DDR – nicht zuletzt, weil der tschechoslowakische Kameramann
Jan Čuřík großen Anteil am visuellen Konzept hatte.[1] Aufschlussreich ist
daher der Blick auf seine kurz zuvor mit dem Regisseur František Vláčil
entstandene Arbeit *Holubice/Die weiße Taube* (1960), die auch für die DEFA-
Filmemacher einen wichtigen Bezugspunkt darstellte. Die deutsch-tsche-
choslowakische Zusammenarbeit und die Nichtaufführung des tschechoslowakischen Spielfilms in der DDR war für den westdeutschen *Spiegel*
wiederum Anlass, sich voller Hohn über den „Phantasiemangel" (o.A.
1961) der DEFA zu äußern und die Überlegenheit des bundesdeutschen
Systems zu betonen. Die zwei Jahre später in der westdeutschen Presse
stattfindende Debatte um *Der Fall Gleiwitz* zeichnet jedoch ein anderes Bild
und wirft ein Schlaglicht auf die Rolle von Kino und Film in Zeiten des
Kalten Krieges.

Die Idee, das Geschehen um den Überfall auf den Sender Gleiwitz und
den Beginn des Zweiten Weltkriegs in einem Spielfilm zu verarbeiten,
kam von Autor Günter Rücker und lässt sich bis in die Mitte der 1950er
Jahre zurückverfolgen (Poss/Warnecke 2006: 166). Das Team aus Regisseur
Gerhard Klein und den Autoren Wolfgang Kohlhaase und Günter Rücker

---

1   Abgesehen vom tschechoslowakischen Kameramann arbeitete man in Glei-
    witz/Gliwice mit einem polnischen Team zusammen. Regieassistent Erwin
    Stranka wurde 1935 in der Tschechoslowakei geboren und beendete 1959 sein
    Regiestudium an der FAMU in Prag.

recherchierte akribisch alle verfügbaren Quellen des bestens dokumentierten Überfalls durch die SS am 31. August 1939. Dazu zählten beispielsweise die Aussagen des Hauptverantwortlichen Helmut Naujocks bei den
Nürnberger Prozessen (Schmidt 1984: 29). Der Anspruch war hoch: Rekonstruktion des Ereignisses in einem Spielfilm, dessen Bilder gleichzeitig
die Verfassung, Psychologie und Funktionsmechanismen des NS-Staates
offenlegen sollten (Richter 1994: 162). Filmischer Vorbilder für die ambitionierte Geschichtsdarstellung konnte man sich nicht bedienen. Über 50
Jahre nach seiner Premiere in den Kinos der DDR im August 1961 wirkt
der Spielfilm keinesfalls antiquiert und besticht durch seine formale Radikalität, damals wie heute.

Der Unwille, die Geschichte konventionell aus der DDR-typischen Perspektive des Antifaschisten zu erzählen, brachte eine nicht zu unterschät-
zende Schwierigkeit mit sich. Mit einem Nationalsozialisten als Hauptfigur
lief man schließlich Gefahr, der falschen Seite eine Stimme zu geben. In
Verweigerung einer ‚korrekten' Perspektive, ohne wertenden Kommentar
und emotionale Bindung an eine Identifikationsfigur, lag die Interpretati-
onshoheit beim Zuschauer und vermochte möglicherweise seine ‚richtige'
Position zu gefährden. Allein der Bildsprache in Kombination mit Kurt
Schwaens musikalischer Komposition übertrug man die komplexe Aufgabe, das Gesehene als Funktionsweise des Faschismus zu erkennen und
entsprechend zu werten.

Um das Kolorit der erzählten Zeit auf der Leinwand lebendig werden zu
lassen, griff das Team um Gerhard Klein das audiovisuelle Spektrum des Jahres 1939 auf. Die Bandbreite reicht von der propagandistischen Wochenschau
über Unterhaltungsfilme und *Musik zum Feierabend*[2] bis zu den Werken Leni
Riefenstahls. Kino und Radiosender erscheinen nicht zufällig als zentrale Orte im Filmgeschehen. Symmetrie dient als visueller Leitgedanke der
Repräsentation des NS-Systems. Sie bestimmt die Raum- und Bewegungs-
organisation und entstand explizit als ästhetisches Konzept im Hinblick
auf die Aussagekraft der Bilder.[3] Ein Vergleich des Büros von Gestapo-

---

2   Innerhalb des Films kontrastiert das Programm des Senders Gleiwitz ein-
    drucksvoll mit dem bildlichen Geschehen und der Musik Kurt Schwaens. Pro-
    pagandistische Nachrichten, seichte Schlager und volkstümliche Musik wech-
    seln sich ab. Im Moment des Überfalls beginnt die musikalische Untermalung
    mit folgenden Worten: „Und nun liebe Hörerinnen und Hörer bringen wir Ih-
    nen Musik zum Feierabend." (DVD *Der Fall Gleiwitz*, 56:21 min.)

3   Vgl. z.B. Wolfgang Kohlhaase: „Mit dieser Symmetrie, schien uns, konnten wir
    Bilder machen, die etwas vom Wesen der Nazizeit ausdrückten." Zitiert nach

chef Müller mit Aufnahmen des Arbeitszimmers Hitlers in der von Albert Speer entworfenen Neuen Reichskanzlei zeigt, dass sich die Recherche nicht auf schriftliche Quellen beschränkte (Abb. 1-2).

Abbildungen 1 und 2: Fotografie der Neuen Reichskanzlei Berlin, Arbeitszimmer, ca. 1939 (Foto: Bundesarchiv); *Der Fall Gleiwitz* (1961), Büro des Gestapochefs.

Über fotografische Überlieferungen hinaus inspirierte auch das filmische Vermächtnis des Deutschen Reichs die Gestaltung der DEFA-Produktion. Wenn in einer Szene des Films die für den Überfall ausgewählten Volksdeutschen in der Fechtschule zu Wort kommen, werden Erinnerungen an bekannte Bilder aus der NS-Zeit und explizit an Leni Riefenstahls NS-Propagandafilm *Triumph des Willens (1935) wach. Die Organisation von „Masse als Ornament"* (Kracauer 1977: 51),[4] wie sie in den Vogelperspektiven auf die Marsch- und Fechtformationen geschieht, reflektiert und verweist ebenfalls auf nationalsozialistische Ästhetik und Inszenierungspraktiken (Abb. 3-6, siehe Folgeseite).

Schmidt (1984: 30)

4 Mit dem Begriff „Masse", der als „Strom des organischen Lebens" umschrieben wird, bezeichnet Siegfried Kracauer die Menschenmengen, die sich bei Sportereignissen in Stadien in gleicher Richtung bewegen und somit geometrische Figuren von gigantischen Ausmaßen produzieren.

Abbildungen 3 und 4: *Der Fall Gleiwitz* (1961), Fechtschule; *Triumph des Willens* (1935) von Leni Riefenstahl

Abbildungen 5 und 6: „Masse als Ornament": Die Fechtschule in *Der Fall Gleiwitz* (1961); Leni Riefenstahl: „Im Stadion" (Fotografie, 1936)

Was jedoch in Leni Riefenstahls *Olympia* (1938) in einer Heroisierung der Körper und schönen Formen gipfelt, bekommt in *Der Fall Gleiwitz* durch Kamera, Licht-Schatten-Gestaltung, schnelle Schnitte und den aggressiv monotonen Ton eine beklemmende Komponente. Das bei Riefenstahl herausgearbeitete ästhetische Moment der rhythmischen Gleichförmigkeit und ornamentalen Formationen wird hier über Kamera und Montage verfremdet. Bild- und Tonspur entwickeln eigenständige Aussagekraft, ihre kontrapunktische Montage verweigert die harmonische Einheit von Bild und Ton. Richtungswechsel in der Marschbewegung und dazwischen geschnittene Fechtbewegungen wirken aggressiv und desorientierend. Sie verhindern eine Ästhetisierung des Drills. Ausgehebelt durch die Setzung formaler Kontrastmittel kann die potenzielle Verführungskraft der NS-Bilder nicht zur Entfaltung kommen. Die für den Film charakteristischen schrägen Perspektiven und Kamerapositionen in Auf- und Untersicht funktionieren als optische Antithese zu den klaren symmetrischen Raumkompositionen (Abb. 7-8).

Abbildungen 7 und 8: *Der Fall Gleiwitz* (1961), Auf- und Untersicht

Als bildimmanenter Spannungspol betonen sie die Künstlichkeit der Filmbilder und konstituieren eine visuelle Reflexionsebene. Unnatürlich und fremd wirkt die auf die Leinwand projizierte Handlung zusätzlich, weil der Kamerastandpunkt nicht der natürlichen visuellen Wahrnehmung entspricht (Abb. 9-10).[5]

Abbildungen 9 und 10: *Der Fall Gleiwitz* (1961), niedrige und erhöhte Kameraposition

---

5 Vgl. Bordwell et al. (1996: 55): „normal camera height, standardized at between 5 and 6 feet, corresponds to a gaze from an erect human body, a position canonized not only in art but also in culture generally."

Point-of-view-Shots und das Agieren auf Augenhöhe werden größtenteils vermieden. Unvermittelt füllen in Groß- und Detailaufnahmen Gesichter und Objekte die Leinwand. Die bedrohliche Nähe der Gesichter Naujocks und Müllers lässt angesichts ihrer Kälte und Emotionslosigkeit zurückschrecken (Abb. 11-12).

Abbildungen 11 und 12: *Der Fall Gleiwitz* (1961), Gestapochef Müller in Großaufnahme, Naujocks in extremer Großaufnahme

Die eigentliche Funktion von Großaufnahmen, wie sie innerhalb des klassischen Hollywoodkinos Anwendung findet (Bordwell et al. 1996: 54), wird in das Gegenteil verkehrt. Anstatt ein „mehr" des Charakters zu offenbaren, erscheinen undurchdringliche Fassaden, die keine persönlichen Regungen erkennen lassen und die Leere hinter dem großen Schein offenbaren. Nur Mimik und Gestik des Häftlings bilden einen Gegenpart. Die Beunruhigung ist in Hilmar Thates stummem Schauspiel eindrucksvoll inszeniert; jedoch vermag die ausdrucksstarke Darstellung nicht die Dimension einer emotionalen Identifikationsfigur anzunehmen, geschweige denn die eines positiven Helden. Überproportional betont die Kamera hingegen Details, Objekte und dekontextualisierte Körperteile und unterstreicht visuell die Abwesenheit menschlich emotionalen Handelns (Abb. 13-15).

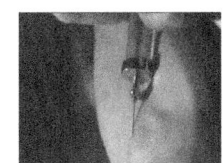

Abbildungen 13-15: *Der Fall Gleiwitz* (1961): Objekte in Detailaufnahmen, Naujocks und Müller beim Schwänefüttern

Darüber hinaus wird der Handlungsraum innerhalb des Bildes durch architektonische Elemente wie Gitter und Zäune eingeengt (Abb. 16-18).

Abbildungen 16-18: „Durchblicke" in *Der Fall Gleiwitz* (1961): Gefängnis Oppeln; der Sendeturm hinter Stacheldraht; das Sendergelände

Viele dieser Gestaltungsmittel lassen an die Avantgardekunst der 1920er Jahre, insbesondere an die Moderne der Weimarer Republik denken. Vor allem die Fotografie des Neuen Sehens mit ihren kühnen Perspektiven als auch die sachlich nüchterne Analyse der Dingwelt, wie sie typisch für die Malerei und Fotografie der Neuen Sachlichkeit ist, fanden Einzug in die Bildwelt des DEFA-Films. Standardwerke wie László Moholy-Nagys *Malerei, Fotografie, Film von 1925 (Abb. 19), Albert Renger-Patzschs Die Welt ist schön von 1928 (Abb. 20) oder Werner Graeffs Es kommt der neue Fotograf* von 1929 (Abb. 21) propagierten bereits in den 1920er Jahren eine Fotografie aus ungewöhnlichen Perspektiven und schrägen Sichten, um eine neue Wahrnehmung der Welt anzuregen.

Abbildungen 19-21: Buchumschläge von László Moholy-Nagy: *Malerei, Fotografie, Film*, 1927; Albert Renger-Patzsch: *Die Welt ist schön*, 1928; Werner Gräff: *Es kommt der neue Fotograf!*, 1929

Krasse Ausschnitte, Unschärfen, Über- und Unterbelichtungen, kühne Diagonalen, Betonung fragmentarischer Ansichten, schlichtweg alles Überraschende und so nie Gesehene sollte die alte weich zeichnende Fotografie ablösen (Sahli 2006: 61f.). Die Fotografien Moholy-Nagys und Gräffs aus ihren wegweisenden Veröffentlichungen zeigen die Radikalität der geforderten neuen Sicht auf die Welt (Abb. 22-24).

  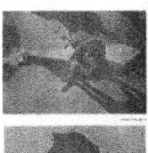 

Abbildungen 22-24: Albert Renger-Patzsch: Ohne Titel (aus: *Die Welt ist schön, 1928*); *Lászlo Moholy-Nagy: Balkons (aus: Malerei Fotografie Film, 1927); Werner Gräff: Drei Fotografien (aus: Es kommt der neue Fotograf!, 1929)*

Die neuartige Form des Fotografierens ging schnell von einer reinen Avantgarde in die Felder der Mode, des Journalismus und der Reklame über und entwickelte sich schließlich zum dominanten Fotografiestil der Weimarer Republik. Auch der Film machte sich die Errungenschaften des Neuen Sehens zu Nutze. Ein Beispiel ist Slátan Dudows und Bertolt Brechts Film *Kuhle Wampe* von 1932 (Abb. 25-26).

Abbildungen 25 und 26: *Kuhle Wampe* (1932)

In der Sowjetunion waren Fotografen wie Alexander Rodtschenko und Filmemacher wie Sergej Eisenstein und Alexander Dowschenko vehemente Verfechter ungewöhnlicher Perspektiven und extremer Nahaufnahmen (Abb. 27).

Abbildung 27: *Erde (1930) von Alexander Dowschenko*

Trotz der bewussten Ablehnung der Moderne durch die Nationalsozialisten und Stalin kann von einem Abreißen avantgardistischer Traditionen in den 1930er bis 1950er Jahren nicht die Rede sein. Leni Riefenstahls Filme liefern den besten Beweis.[6] Aber auch Orson Welles' *Citizen Kane* von 1941 ebenso wie Michail Kalatasows *Die Kraniche ziehen* von 1957 (Abb. 28 und 29) stehen in der bildästhetischen Tradition, die in den 1920er Jahren Fotografie und Film erneuerte, ungeachtet einer neuartigen Verwendung des Bekannten.

---

6 Leni Riefenstahls im Auftrag der NSDAP entstandene Filme *Triumph des Willens* (1935) und *Olympia* (1938) sind Musterbeispiele für die Anwendung extremer Perspektiven und dynamischer Montage (vgl. Herzog 2008).

Abbildungen 28 und 29: *Die Kraniche ziehen (1957) von Michail Kalatasow*

Auch innerhalb der DEFA finden sich zahlreiche Beispiele die eher eine Kontinuität statt einen Neuanfang nahelegen.[7] Richtet man sein Augenmerk auf die Lichtgestaltung in *Der Fall Gleiwitz*, lassen sich durchaus weitere Bezugnahmen zum Film der 1920er Jahre ausmachen. So kommt in allen unterirdischen Räumen Low-Key-Beleuchtung zum Einsatz und produziert starke Schlagschatten und eine beklemmende Atmosphäre (Abb. 30 und 31).

Abbildungen 30 und 31: Der Keller des Senders und Schießübungen im Keller in *Der Fall Gleiwitz* (1961)

---

7 Ein Beispiel dafür ist Kurt Maetzigs *Rat der Götter* (1950), der die Aktionsräume der Fabrikarbeiter in der Ästhetik des Neuen Sehens inszeniert und sie gegen im Ufa-Stil mondän gestaltete Handlungsräume setzt, in denen die bürgerliche Oberschicht agiert. Dazwischen montierte Maetzig Dokumentarfilmaufnahmen aus dem Zweiten Weltkrieg. Vgl. dazu auch Byg (2002: 10), der Parallelen zu Fritz Langs *Metropolis* sieht und als einer der wenigen den Film nicht ausschließlich unter ideologischen Aspekten diskutiert.

Das Wechselspiel aus Licht und Schatten, aus scharfen Hell-Dunkel-Kontrasten und die Betonung des Grafischen lassen unmittelbar an expressionistische Traditionen, aber auch an ihre filmische Weiterentwicklung im Film Noir denken. Damit ließe sich *Der Fall Gleiwitz* in die Nähe des französischen Kinos der 1960er Jahre und dessen gesteigertem Interesse am amerikanischen Film Noir rücken (vgl. Bordwell 1997: 75ff.). Überhaupt sind die Parallelen zu internationalen Tendenzen des modernen Kinos zahlreich. Das Zitieren und Parodieren filmischer Bilder und der spielerische Umgang mit Genreelementen, an dem sich westeuropäische Filmemacher verstärkt ab den 1960er Jahren abarbeiteten, findet sich auch in einer Szene in *Der Fall Gleiwitz*. Auf dem Landschloss bei Oppeln wird der Gestapochef in semiprivater Kaffeegesellschaft vorgeführt. Vor allem bildlich hebt sich die Szene extrem von der kühlen Ästhetisierung der übrigen Filmbilder ab. Die übermäßige Bildhelligkeit und weichmachende Kamera-Effekte bilden einen auffälligen Kontrast zu den ansonsten dominierenden, durch harte Beleuchtungseffekte gebrochenen Grau- und Schwarztönen und den scharf umrissenen Gesichtern (Abb. 32-34).[8]

Abbildungen 32-34: *Der Fall Gleiwitz* (1961), Landschloss Oppeln

Überhöht wird die bizarre Szenerie durch den Bildausschnitt, in dem die spitzenverzierte Borte des weißen Sonnenschirms die obere Bildbegrenzung bildet und den Blick auf das Gesicht des ankommenden Untergebenen versperrt (Abb. 33). Das Szenenbild transportiert eine private, großbürgerliche Atmosphäre. Die Üppigkeit, hervorgehoben durch kostbare Porzellantassen, den verschnörkelten Barwagen und den prall gefüllten Fruchtkorb wirkt nahezu grotesk im Vergleich zu den anderen Handlungsräumen des Films mit ihrer strengen Rationalität. Der edle glamouröse

---

8 Der gleiche Effekt tritt in der Zugfahrtszene auf. Abgesehen vom Licht, wird dieser Effekt vermutlich durch eine der Kameralinse vorgelegte Fettscheibe erzielt.

Stil der Kaffeerunde mit der diffusen weichzeichnenden Lichtgestaltung erinnert an Ufa- und Hollywoodfilme der 1920er und 1930er Jahre und wird durch das gekünstelte Schauspiel und die gespielte Eleganz in den Dialogen noch überhöht. Allerdings ist der durch Kamera, *mise en scène* und Licht entstandene Effekt weniger verschönernd denn verstörend und wirkt übertrieben, fast parodierend oder verfremdend.

Aus filmwissenschaftlichen Veröffentlichungen und Formdebatten der DDR gewinnt man den Eindruck, dass die Ufa und ihre Filmproduktion geschlossen als negativ bewertet und abgelehnt wurden (z.b. Hirschmeier et al. 1976: 2-3). Gewissermaßen kann man die Funktionalisierung dieser „verhassten Ästhetik" hier als bildlichen Kommentar zum Geschehen und gleichzeitig zu einem Teil deutscher Filmgeschichte deuten. Ferner gleicht die sommerliche Idylle mit dominant gelangweiltem Herrn mit Reitpeitsche und elegant davor positioniertem Hund Sujets impressionistischer Gemälde und Fotografien der Jahrhundertwende, die das Motiv sonntäglicher Gesellschaften beim Zeitvertreib im Freien bevorzugt malerisch in Szene setzten.

Im Kino vorgeführtes originales Filmmaterial und die zentrale Rolle, die Radiosender und Kino als Handlungsorte des Films einnehmen, thematisieren die Bedeutung der Medien für das politische System. Auf einer zweiten Ebene werden durch das Aufrufen von Film- und Bildgeschichte und die Neukontextualisierung ästhetischer Mittel bis hin zu Filmzitaten die selbstreferentiellen Möglichkeiten des Mediums Film ausgelotet (Abb. 35-38).

Abbildungen 35 und 36: *Der Fall Gleiwitz* (1961): Im Vorführraum des Kinos und vor dem Kino

So heterogen sich das internationale Kino zu Beginn der 1960er Jahre präsentierte, so wurde die Auseinandersetzung mit den kritischen und analytischen Möglichkeiten des Mediums, die visuelle Kultur von innen heraus in den Blick zu nehmen, zu einem zentralen Anliegen. Schon die zweite Hälfte der 1950er Jahre war von intensiven Bemühungen um ästhetische und thematische Erneuerung geprägt. Sie erfasste flächengreifend auch das Filmschaffen der Ostblockstaaten und sorgte nicht nur in der DDR für Aufmerksamkeit, sondern beeindruckte über die Grenzen Europas hinaus.[9] Im Vergleich zu den Filmen, die aus der Sowjetunion, Polen und der Tschechoslowakei kamen, wirkt die DEFA-Filmproduktion bis auf wenige Ausnahmen zum Ende der 1950er Jahre mitunter etwas konservativ.

Abbildungen 37 und 38: *Der Fall Gleiwitz* (1961): Im Kinosaal, Kinoreklame

Das bestätigte Albert Wilkening, der ehemalige Hauptdirektor des DEFA-Studios für Spielfilme, als er 1984 in einem Interview auf die Frage, warum Gerhard Klein mit einem tschechoslowakischen Kameramann arbeitete, antwortete:

> Die Tschechen hatten in jener Zeit die besten Kameraleute und eine einfallsreiche Bildgestaltung. Wir hatten den Kampf gegen den Formalismus etwas zu ernst genommen, und unsere filmische Fotografie war daher ziemlich starr. Uns fehlte das Phantastische. Während die polnische Filmfotografie eher etwas zu schwarz war, man sprach ja direkt von der „schwarzen Welle", hatten die Tschechen bis Ende der sechziger

---

9 Vgl. z.B. Kalatasows *Die Kraniche ziehen* (UdSSR 1957), Grigori Tschuchrais *Die Ballade vom Soldaten* (UdSSR 1959), Andrzej Wajdas *Eine Generation* (Polen 1954), Andrzej Munks *Der Mann auf den Schienen* (Polen 1956) oder Vojtěch Jasnýs *Sehnsucht* (ČSSR 1958). Zahlreiche osteuropäische Filme gewannen in den 1960er Jahren Preise auf internationalen Filmfestivals. *Die Kraniche ziehen* gewann bereits 1958 die Goldene Palme auf dem Film-festival in Cannes. Vgl. Hendrykowski (1998: 591-600)

Jahre eine freundliche, aber zugleich phantastisch-schwejkhafte Bildgestaltung. Das machte u.a. den tschechischen Film so attraktiv. Und daher
kam das Bedürfnis von Gerhard Klein, einen solchen Kameramann zu haben. Es war seine persönliche Initiative, und ich fand das nicht schlecht,
weil ich es immer für notwendig hielt, solche kooperativen Beziehungen
zu pflegen. Ich rechnete damit, daß das im Studio fruchtbar wird und unsere Kameraleute dazu verführt, etwas zu experimentieren. Da wir in
dieser Zeit mit Prag ein sehr enges Kooperationsverhältnis hatten, die Tschechen ihrerseits in sehr engem Kontakt mit den polnischen Filmschaffenden
standen, stieß bei diesem politischen Thema der Vorschlag von Gerhard Klein
auf echtes Interesse. (Schmidt 1984: 58)

Das Interesse an Jan Čuřík resultierte aus einer Arbeit, die bei Klein und
Kohlhaase Eindruck hinterlassen hatte: *Die weiße Taube* – das 1959 gedrehte
Spielfilmdebüt František Vláčils.[10] Thema und Handlung des Films lassen
sich allerdings kaum mit dem DEFA-Film in Verbindung bringen. Zwei
Kinder und eine entflogene Brieftaube stehen im Mittelpunkt des Geschehens. Häufig als zeitlose poetische Allegorie oder Parabel rezipiert (Haucke 2009) wird die humanistische Aussage des Films getragen von über-
zeitlichen symbolischen Motiven wie der weißen Taube.

Viele stilistische Merkmale des ein Jahr zuvor gedrehten Films finden
sich jedoch in der DEFA-Produktion wieder: die Kameraperspektiven
in extremer Auf- und Untersicht, das harte Licht und die Kontraste, die
Geometrie der Bildkomposition, extreme Großaufnahmen und spärliche
durch musikalische Dramatisierung ersetzte Dialoge. Innere und äußere
Zustände werden primär über das Bild, insbesondere die artifizielle Bildkomposition und die Kameraführung, transportiert. Keine der Personen
dient als Identifikationsfigur. Noch radikaler als in dem DEFA-Film wird
die Kamera eingesetzt, um die Konventionen filmischen und menschlichen Sehens zu konterkarieren. Konsequent meidet sie die Bildmitte als

---

10 Dazu sagte Wolfgang Kohlhaase: „Eine Rolle bei den Überlegungen zum Stil
des Films hat gespielt, daß wir damals einige Filme von František Vláčil gesehen-
en haben, einer hieß *Die weiße Taube*, und sein Kameramann hieß Jan Čuřík. Der
machte mit der Kamera etwas völlig anderes, als wir bisher gemacht hatten. Er
versteckte nicht die einzelne Einstellung in einem Fluß scheinbar alltäglicher
Bilder, sondern stellte sie aus, er machte sie immer fühlbar, er stilisierte auf eine
andere Art, als wir es bis dahin getan hatten. Wir hatten bisher den Eindruck
des Zufälligen herzustellen versucht oder besser gesagt, des Natürlichen. Er
machte es anders, und das interessierte uns in Hinblick auf den *Fall Gleiwitz*."
Zitiert nach Schmidt (1984: 58)

Aufnahmestandort, um stattdessen aus niedriger oder hoher Position irritierende Ansichten des Bildgeschehens zu schaffen (Abb. 39-45).

Abbildungen 39 und 40: *Die weiße Taube* (1961): Der Künstler im Atelier und auf dem Dach in Untersicht

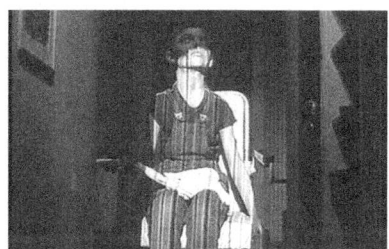 

Abbildungen 41 und 42: *Die weiße Taube* (1961): Licht-Schatten-Kontraste in Mišas Wohnung; Untersicht und Asymmetrie

Abbildungen 43 und 44: *Die weiße Taube* (1961): Susanne in Untersicht, Asymmetrie; Vogelperspektive auf den Häuserschacht, geometrische Bildstrukturen

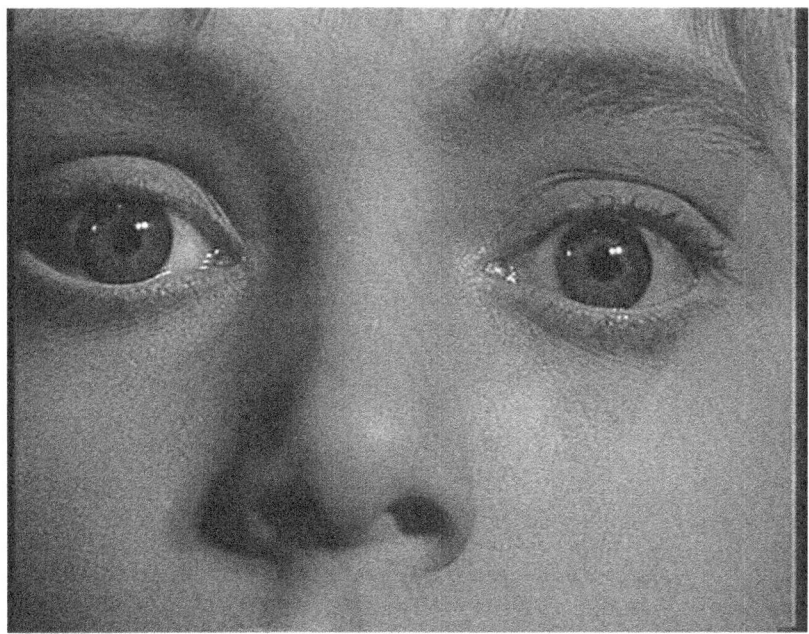

Abbildung 45: *Die weiße Taube* (1961), extreme Großaufnahme Mišas

Auch hier wird dem Zuschauer keine natürliche Position eingeräumt. Die aufwühlende und bedrohliche Wirkung, die von den Bildern ausgeht, liegt größtenteils in der Disharmonie der Bildgestaltung begründet. Die verkanteten Vertikalen und Horizontalen schaffen eine Asymmetrie (Abb. 39, 42 und 43), die der Zerrissenheit der Protagonisten entspricht. In zwei Einstellungen dreht sich die Kamera um die eigene Achse. Sie verbildlicht den Fall der Taube vom Dach des Hauses in Prag und in einer späteren Einstellung das Aufwachen des Mädchens aus ihrem Traum. Auch in *Der Fall Gleiwitz* bedient sich der Kameramann dieses Stilmittels, wenn der Häftling seinen Todesschuss empfängt und sich die Umgebung um ihn zu drehen beginnt. Vermutlich inspirierte Kalatasows *Die Kraniche ziehen* (1957), der mit dieser technischen Lösung den Tod aus Sicht des sterbenden Soldaten gestaltete, die Filmemacher zu dieser Umsetzung.

Der visuelle Stil von *Die weiße Taube* schöpfte weniger aus der unmittelbaren Vergangenheit tschechoslowakischer Kinematographie. Für Vláčil und seinen Kameramann war der Rückgriff auf Strömungen in der bildenden Kunst, die sich in den 1920er Jahren vor allem in der Hauptstadt Prag

herausgebildet hatten, Quelle der Erneuerung. Das bestätigt auch der Film-
historiker Peter Hames, der die Bedeutung der Vorkriegs-Avantgardekunst
für die Entwicklung des tschechoslowakischen Films nach 1945 hervorhebt
(Hames 2009: 144). Auch Antonín Liehm betont die Rolle der Prager Avant-
garde und sieht in den „postwar years [...] a continuation of this tradition"
(Liehm 1974: 250). Die höchst innovative Filmsprache Vláčils ebnete den
Weg für die formale und thematische Experimentierfreude der jüngeren
Generation, die in den 1960er Jahren als tschechoslowakische „neue Welle"
Berühmtheit erlangte. Die erste neue Welle, wie Hames (1985) sie für die
späten 1950er Jahre beschreibt, hatte ebenso Einfluss auf die ostdeutsche
Kinematografie und in Vláčils Kameramann einen adäquaten Botschafter.
Der Fall Gleiwitz war die erste Produktion, die ihn mit einer deutschen Film-
produktion zusammenführte, und sie hinterließ Eindruck – nicht zuletzt
bei dem DDR-Team. Wolfgang Kohlhaase verdeutlicht die Extreme, die
während der Zusammenarbeit aufeinanderprallten:

> Mit Čuřík kam ein Mann ins Studio, der eine bestimmte, anti-dokumentarische
> Arbeitsweise mitbrachte. Bis zu seiner eigenen Erscheinung. Er kam oft im An-
> zug und mit Krawatte. Er brachte einen Schwenker mit, Nemecek. Alles Din-
> ge, von denen wir wußten, die gibt es zwar, aber bei uns war das bisher nicht
> vorgekommen. Čuřík verlangte als Kameramann das komplette Arrangement
> der Szene, bevor er anfing. Er weigerte sich, sich mit der Szene zu beschäfti-
> gen, solange sie nicht durcharrangiert war, solange nicht klar war, dieser Mann
> kommt von dort, dieser Tisch steht dort usw. Wenn das klar war, machte er
> bestimmte Eingriffe. Er verrückte einen Tisch oder er stellte einen Stuhl auf
> drei Klötzer, damit er zehn Zentimeter höher stand. Er baute in die komplett
> arrangierten Vorgänge die Akzente ein, die ihm wichtig waren. Er arbeitete
> lange und sehr genau mit dem Licht. Er probierte den Schwenk. Und schließ-
> lich, wenn der Schwenk gedreht wurde, stand er mit Anzug und Krawatte in
> der Ecke und sah zu. Ich erzähle das deshalb so genau, weil in der Art, wie ein
> Mensch arbeitet, eine Auskunft enthalten ist über seine ästhetische Konzepti-
> on. (Zitiert nach Schmidt 1984: 31)

Jan Čuřík hatte großen Anteil an der weltweiten Anerkennung des tschechoslowakischen Films der 1960er Jahre und ist sicher einer der einflussreichsten tschechoslowakischen Kameramänner. Die Zusammenarbeit
mit Jaromil Jireš führte ihn 1976 erneut zur DEFA: In deutsch-tschecho-
slowakischer Koproduktion entstand *Die Insel der Silberreiher*. Für die BRD
drehte Čuřík 1967 zusammen mit Haro Senft *Der sanfte Lauf*, einen der
ersten Filme, die von der Neuordnung der westdeutschen Filmförderung
nach dem Oberhausener Manifest profitierte

Gerade das Aufeinandertreffen der Antipoden Gerhard Klein, der sich bis dahin als Meister im Erzählen authentischer Gegenwartsgeschichten in dokumentarischem Stil ausgezeichnet hatte, und Jan Čuřík, dessen Arbeitsweise auf genauestem Arrangement des Bildraumes fußte, machte eine außergewöhnlich fruchtbare filmische Auseinandersetzung mit dem Thema Faschismus möglich. Aber auch der „andere" Blick auf die jüngste Geschichte, der „Blick eines Mannes aus Prag, der Krieg und Nazizeit in einer anderen Betroffenheit erlebt hatte" (Schmidt 1984: 31), erweiterte das Spektrum der filmischen Bearbeitung des Nationalsozialismus. Dass diese Zusammenarbeit zustande kommen konnte, mag angesichts der Tatsache, dass *Die weiße Taube* nicht für die Kinos der DDR zugelassen wurde, verwundern.

Die weiße Taube erntete international viel Aufmerksamkeit. 1960 erfuhren František Vláčil und die künstlerische Kameraarbeit Jan Čuříks höchste Anerkennung beim Filmfestival in Venedig.[11] In die Kinos der DDR hingegen schaffte es der Film nicht. Wahrscheinlich passte seine universelle Freiheitsbotschaft so kurz vor dem Mauerbau schlecht in das ideologische Klima des Landes. In der BRD nahm man zumindest positive Notiz von dem avantgardistischen Filmschaffen im Ostblock. So erschien am 29. März 1961 im *Spiegel* ein Artikel mit dem Titel „Tauben-Sperre", der durchgängig gegen die Engstirnigkeit der SED-Sittenwächter, die Rückschrittlichkeit des DEFA-Films und die Unfähigkeit ostdeutscher Filmemacher polemisierte:

> [...] Bislang nämlich haben sich die volkseigenen Belichter aus Babelsberg nicht dazu verstehen mögen, auch nur andeutungsweise die neuen Stilmittel zu verwenden, mit denen die Filmproduktion anderer Ostblockländer unterdessen den Stumpfsinn der Parteiballaden zu überwinden sucht. Nach wie vor liefert die Defa photographiertes Parteiprogramm. Daß die Prinzipientreue der DDR-Staatsfilmer allerdings nicht nur übermäßiger Linientreue, sondern mindestens ebensosehr künstlerischem Unvermögen entspringt, macht ein Umstand deutlich [...]: Des Babelsberger Einheits-Strickmusters überdrüssig, hat sich Defa-Regisseur Gerhard Klein für seinen Polenkrieg-Film *Der Fall Gleiwitz* einen ausländischen Mitarbeiter verschrieben. Um den chronischen, Phantasiemangel heimischer Kinematographen wettzumachen, engagierte Spielleiter Klein eben jenen tschechischen Kameramann Jan Čuřík, dessen Film *Die weiße Taube* kurz zuvor in Ostberlin wegen formalistischer Abweichung vom Film-Ideal der SED abgelehnt worden war. (o.A. 1961)

---

11 Vgl. die Beilage der DVD-Ausgabe *The White Dove* (2003)

Die Polemik des *Spiegel*, die darüber hinaus die eigene westdeutsche Offenheit und Fortschrittlichkeit gegenüber innovativen Filmbewegungen sogar aus dem Ostblock betont, steht ganz im Zeichen der Kulturpolitik des Kalten Krieges. Das ‚Realprogramm' westdeutscher Kinoproduktionen der 1950er und frühen 1960er Jahre zeigt ein anderes Bild, als es *Der Spiegel* suggeriert.[12] Obwohl stilistische Innovationen und formale Neuerungen im tschechoslowakischen Film positiv herausgestellt wurden, galten sie kaum als Argumente für die Zulassung ausländischer Filme. Für die strenge ideologische Zensur der BRD spielten künstlerische Maximen überhaupt keine Rolle, und noch dazu verhinderten Marktinteressen den Verleih innovativer Filme.[13] Allein die Rezeptionsgeschichte von *Der Fall Gleiwitz* in der Bundesrepublik wirft ein Schlaglicht auf den Umgang mit Filmen aus dem östlichen Teil Europas. Zunächst blieb der DEFA-Film zwei Jahre unberücksichtigt und wurde 1963 vom Außerministeriellen Rat, den „Sittenwächtern" des BRD-Kinos, ausschließlich für die Vorführung in organisierten, nicht-kommerziellen Filmclubs zugelassen. Angesichts dieses engen Rahmens waren die Wellen vor und nach der Premiere außergewöhnlich hoch. Das Presseecho fiel tendenziell positiv aus. *Der Spiegel* führte ein Interview mit dem realen Naujocks (o.A. 1963b), *Die Welt* befand, dass Verfasser und Regisseur „einen ausgezeichneten Film zustande gebracht" (Zehm 1963) hätten und der *Tagesspiegel* schrieb: „Seit Staudtes *Untertan* [...] der optisch stärkste, – seit Konrad Wolfs *Sterne* – der geschlossenste und überzeugendste Film der DEFA" (Zitiert nach Kersten 1996: 19-21).

Die Problematik der Auseinandersetzung mit der eigenen deutschen Vergangenheit und Gegenwart, die in den Filmen der BRD noch größten-

---

12 Vgl. Hake (2004: 188-205, 249). Sabine Hake beschreibt die Situation des westdeutschen Kinos zwischen 1945 und 1961 und stellt die Mittelmäßigkeit der Mehrzahl westdeutscher Filme fest. Sie betont außerdem das Anknüpfen an die Ufa-Tradition und einen Mangel an ästhetischem und kritischem Erneuerungswillen. Sie stellt fest, dass ein Wunsch nach geschichtlicher Kontinuität ablesbar ist, der sich bis in die späte Weimarer Zeit ausdehnt und Neuverfilmungen von Filmklassikern der 1920er Jahre zur Folge hat. Der Revisionismus ging allerdings nicht so weit, an künstlerische Errungenschaften der Weimarer Republik anzuknüpfen. Trotz dieser Situation sollte nicht außer Acht gelassen werden, dass es auch in der Bundesrepublik einige weniger konventionelle Produktionen gab, doch behinderte die öffentliche Subventionspolitik die Umsetzung kontroverser oder schwieriger Themen.

13 Zur Zensur in der BRD vgl. Kötzing (2009) sowie o.A. (1960).

teils ausgeblendet wurde,[14] artikulierte sich in fast allen Artikeln. Es kam zu einigen absurden Vorfällen, wie z.b. der Einladung des echten Naujocks zum Besuch eines Hamburger Filmclubs, der aber in letzter Minute verhindert wurde. In der Nähe von Frankfurt am Main beschlagnahmte die Polizei den Film und drohte den anwesenden Kohlhaase und Klein mit Verhaftung, da angeblich keine Lizenz vorlag (o.A. 1963a). Ein Hamburger Staatsanwalt leitete sogar ein Verfahren gegen Naujocks ein, nachdem er den Film gesehen hatte (Osten 1963). Angesichts der politischen Debatte, die der Film um die reale Person Naujocks auslöste, kann man ihm die Wirkungskraft seiner Bilder kaum absprechen.

Die Betrachtung von *Der Fall Gleiwitz* in einem breiteren Kontext wirft neue Perspektiven auf den Film und verdeutlicht, wie lohnend der Blick über Medien- und Ländergrenzen sein kann, vor allem aber, welche Erkenntnisse die Filmbilder bergen. Das Anknüpfen an Kunsttraditionen, die lange Zeit innerhalb des Ostblocks als formalistisch abgelehnt wurden, wird ab Mitte der 1950er Jahre zum Teil inspiriert durch den Eindruck osteuropäischer Filme. Ein Vergleich mit dem 1959 in der benachbarten Tschechoslowakei entstandenen Film *Die weiße Taube* lässt die Bedeutung der Rezeption osteuropäischen Filmschaffens für die Filmemacher der DDR erkennen und eröffnet weitere Perspektiven, die eine Verortung innerhalb eines größeren kultur- und filmhistorischen Rahmens ermöglichen. Während *Die weiße Taube* in der strengen geometrischen Komposition eine kühle Distanz transportiert und die stilisierten Bilder eine symbolische Bedeutung gewinnen, gingen Klein und Čuřík in ihrer Zusammenarbeit für die DEFA ein Stück weiter. Sie schildern nicht nur präzise einen geschichtlichen Vorgang, sondern thematisieren darüber hinaus die Bildproduktion und ästhetischen Konzepte des Nationalsozialismus. Dem historischen Thema angemessen finden sich filmische Zitate aus Leni Riefenstahls Werk neben nationalsozialistischen Wochenschauen und Unterhaltungsfilmen. Symmetrie wird zum dominierenden Ordnungsprinzip des Faschismus – im Kontrast zur entlarvenden Methode der Filmsprache. Verfremdende Kamera-, Licht- und Montagetechniken eröffnen eine audiovisuelle Reflexionsebene. Das Zugeständnis an die Macht der Bilder, die keiner Erklärung bedürfen, sondern selbst erklären, erfordert die intellektuelle Aktivität des Zuschauers. Das Eintauchen in eine Illusionswelt wird konsequent verhindert. Kontraste auf allen Ebenen der filmi-

---

14 Zum deutschen Film der 1950er Jahre vgl. z.B. Davidson/Hake (2009), Hake (2004).

schen Gestaltung geben dem Film innere Spannung. Sie demaskieren die audiovisuellen Ästhetisierungsstrategien des ‚Dritten Reichs', ohne dem Zuschauer eine bestimmte Deutungsstruktur aufzuzwingen. Kamera, Montage, Szenenbild, Licht und Ton übernehmen in ihrer filmtechnischen Realisierung eigenständige inhaltliche Aussagen, deren Bedeutung auf Seiten der Rezipienten individuelle Assoziationen herausfordern.

Die künstlerische Konsequenz, mit der die strukturelle Funktionsmaschine und die visuelle Ausprägung des ‚Dritten Reichs' in *Der Fall Gleiwitz* thematisiert werden, stellt noch heute einen Einzelfall in der filmischen Bearbeitung eines historischen Themas dar. Trotzdem lassen sich Verbindungen zu zeitgenössischen Tendenzen in Kunst, Literatur und Film ziehen. Selektive Rückgriffe auf die visuelle Vergangenheit waren zeitgleich international höchst aktuell und ebneten den Weg, auf dem Kunst, Literatur und Film in den 1960er Jahren einen Modernisierungsschub erlebten. Das gilt zum einen für die Neu- bzw. Wiederentdeckung bildlicher Ausdrucksmittel. Die Art und Weise, in der die Filmemacher von *Der Fall Gleiwitz* sich visueller Strategien bemächtigen, um sie von innen heraus zu demaskieren und zu parodieren, lässt schon fast an postmoderne Aneignungsstrategien denken. Zum anderen ist der Bruch mit den Konventionen filmischen Erzählens und die Abkehr von der Verschleierung der filmischen Technik typisch für selbstreflexive Tendenzen des europäischen Autorenfilms der 1960er Jahre. Das zeigt sich unter anderem auch in der Funktion, die das Kino im Film einnimmt, und in der Verwendung authentischen Filmmaterials. Die genaue, sachlich-nüchterne Wiedergabe von Objekten, wie sie in *Der Fall Gleiwitz* geschieht, findet sich parallel in anderen künstlerischen Ausdrucksformen der 1960er Jahre. Bernd und Hilla Bechers Serien von Industriebauten sind Musterbeispiele für eine erneute Versachlichung der Fotografie. Erweitert man den Kontext auf zeitgenössische literarische Strömungen, hat die kühl sezierende Darstellung ihre Entsprechung in den Techniken des Noveau Roman, der eine individuelle Charakterisierung der Figuren und Subjektivität zugunsten einer objektiven Erfassung der Dingwelt aufgab. Obwohl die intermedialen Austauschprozesse zwischen Film und Literatur, wie etwa der französischen Nouvelle Vague und dem Nouveau Roman, sicher nicht der Schlüssel für die Bildästhetik des DEFA-Films sind, scheint es bemerkenswert, dass trotz vermeintlicher Isolation der DDR zeitgleich auf ähnliche Weise Versuche unternommen wurden, das filmische Erzählen zu erneuern.

In Westdeutschland ließ ein Vorstoß wie der Gerhard Kleins weitaus länger auf sich warten. Erst fünf Jahre nach dem Oberhausener Manifest gewann der Neue Deutsche Film an Fahrt. Bemerkenswerterweise wurde auch hier Jan Čurík zu einem Starthelfer. In Haro Senfts Spielfilmdebüt *Der sanfte Lauf*, einem der ersten Filme, die aus den Fördermitteln des Kuratoriums junger deutscher Film finanziert wurden, war er für die Kameraführung verantwortlich (o.A. 1967). *Der Fall Gleiwitz* steht auch exemplarisch für einen künstlerischen Austausch über geografische Grenzen und staatlich diktierte Kunstideologien hinweg. Er markiert einen Aufbruch im Schaffen der DEFA. Der Formalismus-Vorwurf und der Bruch nach dem 11. Plenum 1965 verhinderten einen Anschluss an eine international anerkannte Filmkunst, wie sie sich beispielweise in der ČSSR bis Ende der 1960er Jahre entwickeln konnte. Der vorliegende Versuch, den Film in einem internationalen Rahmen zu behandeln, verdeutlicht die Grenzen einer Sichtweise, die von einer abgeschlossenen und isolierten DDR-Filmgeschichte ausgeht. Daher erscheint es unumgänglich, diesen und andere DEFA-Filme aus dem Rahmen einer rein DDR-spezifischen, politisch-ideologischen Betrachtungsweise zu lösen und in einen größeren internationalen kulturhistorischen Zusammenhang zu setzen; oder wie Wolfgang Kohlhaase (1981) es einmal formuliert hat: „Ortszeit ist immer auch Weltzeit".

Literatur

Bordwell, David (1997): On the History of Film Style. Cambridge, Mass.: Harvard University Press
Bordwell, David/Staiger, Janet/Thompson, Kristin (1996): The Classical Hollywood Cinema. Film Style and Mode of Production to 1960. London: Routledge
Byg, Barton (Hrsg.) (2002): Moving images of East Germany. Past and Future of DEFA Film. Washington, DC: American Institute of Contemporary German Studies
Davidson, John E./Hake, Sabine (Hrsg.) (2009): Framing the Fifties. Cinema in a Divided Germany. New York: Berghahn Books
Gräff, Werner (1978): Es kommt der neue Fotograf. Köln: König
Hake, Sabine (2004): Film in Deutschland. Geschichte und Geschichten seit 1895. Reinbek: Rowohlt
Hames, Peter (1985): The Czechoslovak New Wave. Berkeley u.a.: University of California Press
Hames, Peter (2009): Czech and Slovak Cinema. Theme and Tradition. Edinburgh: Edinburgh University Press
Haucke, Lutz (2009): Nouvelle vague in Osteuropa? Zur ostmittel- und südosteuropäischen Filmgeschichte 1960-1970. Berlin: Rhombos
Hendrykowski, Marek (1998): Veränderungen in Ostmitteleuropa. In: Nowell-Smith (1997): 591-600
Herzog, Markwart (2008): Tagungsbericht: Kunst und Ästhetik im Werk Leni Riefenstahls. Schwabenakademie Irsee, 27.06.2008-29.06.2008. In: H-Soz-u-Kult, H-Net

Reviews. November 2008. http://www.h-net.org/reviews/showrev.php?id=27466 (letzter Zugriff: 13. Mai 2012)

Hirschmeier, Alfred et al. (Hrsg.) (1976): Szenenbild im Spielfilm. Materialien zur Arbeit der DEFA-Szenen- und Kostümbildner. In: Aus Theorie und Praxis des Films 8. 1976.

Ibler, Reinhard (2001): Auf der Höhe der europäischen Avantgarde: Poetismus. In: Koschmal/Nekula/Rogall (2001): 259-275

Kersten, Heinz (1996): So viele Träume: DEFA-Film-Kritiken aus drei Jahrzehnten. Berlin: Vistas

Kohlhaase, Wolfgang (1981): Ortszeit ist immer auch Weltzeit. In: Aus Theorie und Praxis des Films 1-2. 1981.

Koschmal, Walter/Nekula, Marek/Rogall, Joachim (Hrsg.) (2001): Deutsche und Tschechen. Geschichte, Kultur, Politik. München: C.H. Beck

Kötzing, Andreas (2009): Zensur von DEFA-Filmen in der Bundesrepublik. In: Aus Politik und Zeitgeschichte, 1-2. 2009: 33-39. http://www.bpb.de/apuz/32270/zensur-von-defa-filmen-in-der-bundesrepublik?p=all (letzter Zugriff: 8. Mai 2012)

Kracauer, Siegfried (1977): Das Ornament der Masse. Essays. Frankfurt am Main: Suhrkamp

Liehm, Antonín J. (1974): Closely Watched Films. The Czechoslovak Experience. New York: International Arts and Sciences Press

Moholy-Nagy, László (1978): Malerei, Fotografie, Film. Mainz: Kupferberg

Nowell-Smith, Geoffrey (Hrsg.) (1998): Geschichte des internationalen Films. Stuttgart, Weimar: Metzler

o.A. (1960): Staatszensur. Unbewältigte Gegenwart. In: Der Spiegel 24. 1960: 51-54

o.A. (1961): Tauben-Sperre. In: Der Spiegel 14. 1961: 90-92

o.A. (1963a): Nicht „staatsgefährdend". In: Deutsche Volkszeitung, 01.11.1963

o.A. (1963b): Grossmutter gestorben. In: Der Spiegel 46. 1963: 71-77

o.A. (1967): BUBIS KINO. Ach, der Papili. In: Der Spiegel 53. 1967: 86-96

Osten, Walter (1963): *Der Fall Gleiwitz*. Ein Film erinnert an den von der SS befohlenen Überfall auf den schlesischen Sender. In: Stuttgarter Zeitung, 28.11.1963

Poss, Ingrid/Warnecke, Peter (2006): Spur der Filme. Zeitzeugen über die DEFA. Berlin: Chr. Links

Renger-Patzsch, Albert (1992): Die Welt ist schön. Einhundert photographische Aufnahmen. Erstausgabe 1928. Dortmund: Harenberg-Ed

Richter, Erika (1994): Zwischen Mauerbau und Kahlschlag. 1961 bis 1965. In: Schenk (1994): 158-211

Sahli, Jan (2006): Filmische Sinneserweiterung. Lázló Moholy-Nagys Filmwerk und Theorie. Marburg: Schüren

Schenk, Ralf (Hrsg.) (1994): Das zweite Leben der Filmstadt Babelsberg. DEFA-Spielfilme, 1946-1992. Berlin: Henschel

Schittly, Dagmar (2002): Zwischen Regie und Regime: die Filmpolitik der SED im Spiegel der DEFA-Produktionen. Berlin: Ch. Links

Schmidt, Hannes (Hrsg.) (1984): Werkstatterfahrungen mit Gerhard Klein. In: Aus Theorie und Praxis des Films. Sonderheft 2. 1984

Zehm, Günter (1963): War alles ganz anders? In Hamburg wird man den DEFA-Film *Der Fall Gleiwitz* sehen. In: Die Welt, 14.09.1963

Wunschvorstellungen im Kalten Krieg

Austauschbeziehungen zwischen der DEFA und Italien

Massimo Locatelli

Es ist keine Erfolgsgeschichte, die ich in meinem Beitrag erzählen werde, sondern eine, die ganz emblematisch den Widersprüchen des Kalten Krieges entspricht: Wenn man alles in Betracht zieht, dann ist die Beziehung zwischen der DEFA und Italien eher als Wunschvorstellung zu beschreiben.

Ausgangspunkt für meinen Versuch einer Beschreibung der Achse Italien – DDR sind die 1950er Jahre, in denen man begann, große europäische Koproduktionen zu planen. In diesem Kontext konzentriert sich meine Beschreibung auf den Produzenten Giuliani De Negri und die Beteiligung großer und kleinerer Namen des italienischen Filmwesens. Im Mittelpunkt der Diskussion steht jedoch, nicht nur was war, sondern auch was hätte sein können. Einen wichtigen Umschwung bildet in diesem Zusammenhang das Interesse, das von italienischer Seite nach dem Havemann-Fall und dem Prager Frühling deutlich zurückging.

Zwei Prämissen sind vorab wichtig: Vor 1971 gab es keine diplomatischen Beziehungen zwischen beiden Ländern, viele Kontakte liefen über die Kommunistische Partei Italiens (Partito Comunista Italiano, PCI), die 1957 zur Gründung eines Kulturinstitutes, dem Centro Thomas Mann, beitrug. Das Centro Thomas Mann konnte in den meisten Fällen allerdings unabhängig von der Partei arbeiten, ermöglichte die Mitarbeit von nicht kommunistisch orientierten Intellektuellen und Forschern und erwies sich in dieser Zeit als einigermaßen unabhängig auch vom DDR-Außenministerium.[1] Nach der diplomatischen Anerkennung der DDR von Seiten Italiens 1971 verlor das Mittelmeerland wieder Interesse an der deutschdemokratischen Außenpolitik. Die Beziehungen zwischen Italien und der

---

1 Zur Geschichte des Centro Thomas Mann vgl. Martini (2007).

DDR waren also von Beginn nicht nur einseitig geprägt, sondern besaßen viele Facetten, denen man Rechnung tragen muss.

Die 1950er Jahre waren die Zeit, in der sich im internationalen Filmwesen eine allgemeine Koproduktionsstrategie entwickelte. Nachdem in der italienischen Filmproduktion der Trend zur Internationalisierung bereits in den 1920er und 1930er Jahren deutlich geworden war,[2] nahmen in den 1950er Jahren internationale Koproduktionen im italienischen Kino wieder einen deutlichen Aufschwung. Auch in den Filmbeziehungen zur DDR gab es einzelne Versuche, die drei Produktionslinien zuzuordnen sind. Eine Linie lässt sich auf alte Bekanntschaften aus der Vorkriegszeit zurückführen. Eine andere auf Beziehungen, die im Kontext der Kommunistischen Partei Italiens und der linksgerichteten Kultur des Landes entstanden sind. Eine dritte bilden Kooperationen, die niemals konkret wurden, aber lange im Kopf einiger großer italienischer Filmproduzenten herumschwebten, die eine kommerzielle Verwertung der kulturellen Werte der DDR und der internationalen linken Szene nach französischem Vorbild beabsichtigten.

Die erste Produktionslinie führt nur über Westdeutschland und die Pandora-Film nach Italien und endet rasch in einer Sackgasse. Die Schlüsselfigur ist hier Ernst Rechenmacher, der auch unter seinem italienischen Namen Ernesto Remani bekannt ist.[3] Er ist mehr ein Symbol der Vergangenheit als ein Protagonist möglicher neuer Austauschbeziehungen zwischen Italien und der DDR. Es erscheint daher nur allzu verständlich, dass sich aus dieser Linie nichts entwickelte. Remani ist einer von denen, die im italienischen Film der Vorkriegszeit eine Rolle spielten, weil sie ihre guten Beziehungen zur starken deutschen Filmindustrie zu nutzen wussten: Die wichtigste dieser Figuren ist selbstverständlich Luis Trenker, und der gebürtige Meraner Remani hat vieles mit Trenker gemeinsam. Als zweisprachige Südtiroler hatten sie die Chance, an beiden Fronten zu arbeiten, wobei ihnen die Produktion von Bergfilmen den Einstieg ins Filmgeschäft ermöglichte. Remani begann als Regieassistent Trenkers bei *Berge in Flammen* (1931), arbeitete dann bis in die 1930er Jahre hinein hauptsächlich als Regieassistent für Musikfilme, insbesondere Beniamino Giglis deutschen Produktionen. Er war außerdem Assistent von Regisseuren wie Johannes Riemann, Karlheinz Martin, Johannes Meyer, Mario Camerini, der zeit-

---

2 Francesco Bono (2006) und Chris Wahl (2008) haben sich mit der Beziehung zwischen der deutschen und der italienischen Filmindustrie in der Vorkriegszeit beschäftigt.

3 Ralf Schenk (2004) hat sich ausführlich mit der Figur Remanis befasst.

weise in Deutschland aktiv war, und Carmine Gallone, ein weiterer wichtiger italienischer Auswanderer. Während des Krieges arbeitete Remani regelmäßig an deutschen Produktionen mit, überwiegend als Produktionsleiter in Johannes-Heesters-Filmen.

Nach dem Krieg musste er sein Glück wieder außerhalb Deutschlands suchen. Remani, der angeblich schon 1923 der faschistischen Partei beigetreten war (Schenk 2004: B1), hatte es in Italien nicht leicht: Von den vielen Bekannten aus früheren Zeiten, die sich eine neue Karriere aufbauten (wie Gallone, Camerini und Trenker selbst), konnte Remani nur mit Ferruccio Biancini wieder in Verbindung treten, einem ehemaligen Stummfilmschauspieler, der als Drehbuchautor und Produktionsleiter unter dem Mussolini-Regime tätig gewesen war und an Gallones ,italodeutschen' Gigli-Produktionen *Mutterlied* (1937) und *Solo per te/Immer nur Du* (1938) mitgewirkt hatte. Remani und Biancini hatten schon 1938 an *Solo per te* zusammengearbeitet. 1947 versuchte Remani eine neue Firma zu gründen, die Refi-Film in Meran, und um in Rom Fuß zu fassen, stützte er sich anscheinend auf Biancini. Zusammen drehten sie in diesem Jahr *L'isola del sogno/Die Trauminsel*, Drehbuch und Produktionsleitung Ferruccio Biancini, Regie Ernesto Remani. Die musikalische Urlaubskomödie der Refi-Film erhielt keine gute Kritiken und kam 1949 nur über den regionalen Verleih in die Kinos (Chiti/Lancia 1993: 195-196).[4] Beide werden später in der italienischen Filmindustrie keine Rolle mehr spielen: Biancini nimmt als erster die alten Kontakte nach Westdeutschland wieder auf und wird als alter Schauspieler in *Hochzeitsnacht im Paradies* (1950), einem Johannes-Heesters-Film von Géza von Bolvary, besetzt. Remani sucht sein Glück in Südamerika, erst in Argentinien, dann in Brasilien, wo er in Zusammenarbeit mit dem Kameramann H.B. Correll die ersten südamerikanischen Farbfilme dreht (Schenk 2004: B5). *Sob o Céu da Bahia/Unter der Sonne von Bahia* nimmt 1956 als brasilianischer Beitrag am Wettbewerb der Internationalen Filmfestspiele von Cannes teil. Die Aufmerksamkeit, die der Film hier gewinnt, ermöglicht es Remani, wieder den Weg nach Europa zu suchen.

Im darauffolgenden Jahr kommt es in Babelsberg zur Arbeit an *Die Schönste* – bekanntlich ein lang verbotener Film. Ralf Schenk hat ihn als

---

4 Mit einem Gewinn von 75 Millionen Lire war der Film zwar kein großer Erfolg, aber auch nicht unbedingt ein Fehlschlag. Womöglich war es kurz nach dem Krieg noch zu früh für eine Wiederbelebung des Urlaubsfilm-Genres, wie es in der Vorkriegszeit unter dem Einfluss der deutschen Filmindustrie entstanden war und später in vielen Koproduktionen mit der BRD Erfolge feiern sollte (vgl. Locatelli 2010).

„sozialkritisch gemeinten Unterhaltungsfilm" beschrieben, der während
der 2. Filmkonferenz 1958 schweren Vorwürfen von der Hauptverwaltung
Film des Ministeriums für Kultur der DDR ausgesetzt war und schließlich
verboten wurde (Schenk 1994: 142). Das ist durchaus erstaunlich und als
Zeichen der widersinnigen DEFA-Strategien Mitte der 1950er Jahre zu verstehen, war Remani doch lediglich als Schöpfer von Urlaubskomödien und
exotischen Abenteuerfilmen bekannt. Der „Abschied vom bürgerlichen
Kino" (ebd.: 141), der durch die Entlassung westlicher Mitarbeiter und dem
Stopp der Koproduktionen mit Erich Mehls Pandora-Film besiegelt wurde,
bedeutete auch das Ende der Regiekarriere von Ernesto Remani alias Ernst
Rechenmacher. Es zeigte sich, dass es unmöglich war, über eine solche geis-
terhafte Erscheinung aus der faschistischen Zeit zu einer ernsthaften Politik des kulturellen Austauschs zwischen Italien und der DDR zu gelangen.

Von größerer Bedeutung für die italienische Filmgeschichte, wenn auch
vielleicht nicht aus der Perspektive der DDR, ist die zweite Produktionslinie mit den Filmen der jungen kommunistischen Generation italienischer
Filmemacher in den 1950er Jahren. Der Episodenfilm *Die Windrose* (1955)
wurde von der Internationalen Demokratischen Frauen Föderation geför-
dert und sollte das Leben der Frau und den internationalen Kampf um
Gleichberechtigung zeigen. Künstlerischer Leiter des Unternehmens war
Joris Ivens,[5] der weltweit namhafte Mitarbeiter gewinnen konnte: Alberto
Cavalcanti übernahm die Koordination der nationalen Produktionsgrup-
pen; Simone Signoret, Yves Montand und Helene Weigel arbeiteten am
Projekt mit, Alex Viany drehte eine Episode in Brasilien, Yanick Bellon in
Frankreich, Wu Kuo-Yin in China und Sergej Gerassimow in Russland. In
Italien wandten sich Ivens und Cavalcanti an einen Kreis junger CPI-naher
Filmemacher, darunter der Regisseur Gillo Pontecorvo und der Produzent
Giuliani G. De Negri. Beide drehten noch im selben Jahr die italienische
Episode *Giovanna*, die von der Besetzung einer Textilfabrik in der Toskana
aus Sicht der Arbeiterinnen erzählt.[6]

Pontecorvo, der später mit *La battaglia di Algeri/Schlacht um Algier* (1966)
berühmt würde, war zu diesem Zeitpunkt noch Journalist. Er gehörte
seit 1940 der Kommunistischen Partei an. Nach dem Krieg erwarb er eine
16mm-Kamera, um sozial engagierte Dokumentarfilme zu drehen, unter

---

5   Vgl. den Beitrag von Günter Agde in diesem Band.
6   *Giovanna* ist 2001 Dank einer Förderung der Filtea-Cgil-Textilgewerkschaft res-
    tauriert worden und 2002 auf DVD erschienen. Zur Geschichte der Produktion
    und der Restaurierung vgl. Medici (2010).

anderem für örtliche Arbeitergruppen, so *Pane e zolfo/Brot und Schwefel* (1956). Mit *Giovanna* ist Pontecorvo ein erstaunlich ausgereifter Debütfilm gelungen, der ihm die Türen zu seiner weiteren Karriere öffnete. An dieser Filmepisode arbeiteten jedoch auch weitere junge engagierte Intellektuelle mit, so die zukünftigen Regisseure Franco Giraldi, hier verantwortlich für die Besetzung und in einer Nebenrolle zu sehen, und Giuliano Montaldo, der noch im Herbst 2011 einen Film über die Krise des späten Kapitalismus, *L'industriale/Der Industriekapitän* in die Kinos brachte. Der aus Sardinien stammende Journalist und Schriftsteller Franco Solinas wurde mit *Giovanna* zum ständigen Mitarbeiter Pontecorvos, und von der Partie war auch der Kameramann Erico Menczer, ein Exilant aus Dalmatien, zu diesem Zeitpunkt Kameraassistent von Gianni Di Venanzo und später bei Dario Argento.

Die Schlüsselfigur des Projekts war aber Gaetano De Negri, der nach dem Zweiten Weltkrieg seinen Partisanennamen behielt und als Giuliani G. De Negri bekannt wurde. In seiner Heimatstadt Genua gehörte er zu denjenigen, die sofort eine Wiedergeburt der italienischen Filmkultur anstrebten und in vielen Städten Italiens örtliche Filmklubs sowie Gruppen von Freunden des Neorealismus organisierten. 1950 hatte er die Idee, die Zuschauer zu Aktieninhabern einer Filmproduktionsgenossenschaft, der Cooperativa Spettatori Produttori Cinematografici, zu machen, und lancierte das Filmprojekt *Achtung Banditi!*, das mit Unterstützung hochrangiger Persönlichkeiten wie Luchino Visconti rechnen konnte. An diesem Projekt arbeiteten viele Protagonisten des zukünftigen italienischen Autorenfilms mit: Gianni Di Venanzo als Kameramann, Carlo Di Palma und Erico Menczer als Kameraassistenten. Als Regisseur fungierte der junge Dokumentarfilmer Carlo Lizzani, der 1948 mit einem Dokumentarfilm über das Attentat an dem Sekretär der Kommunistischen Partei Italiens, Palmiro Togliatti, bekannt geworden war. *Achtung Banditi!*, der zu einem Klassiker des antifaschistischen Films avancierte, war ab 1951 auch international erfolgreich, sodass Giuliani De Negri und die Genossenschaft sich 1953 einem zweiten Filmprojekt widmen konnten: dem Film *Cronache di poveri amanti/Geschichten von armen Liebenden,* inszeniert von Carlo Lizzani nach einer beliebten literarischen Vorlage Vasco Pratolinis. *Cronache di poveri amanti* errang Anerkennung und viele Auszeichnungen, unter anderem 1954 den Spezialpreis der Jury auf dem Internationalen Filmfestival von Cannes. Es gab sogar Gerüchte (z.B. Lizzani 2007: 105-106), dass die Jury politische Repressalien befürchtete und den Film daher nicht mit der Goldenen Palme auszeichnete.

Wie dem auch sei, die große Aufmerksamkeit, die der Film auf sich zog, fiel in eine politisch schwierige Zeit, in der die Regierung des Ministerpräsidenten Luigi Scelba stark antikommunistisch geprägt war. Auf eine Medienkampagne gegen den neorealistischen Film, etwa in der regierungsnahen Tageszeitung *Il Messaggero*, folgten schließlich konkrete Eingriffe in die Produktion: Obwohl es keine offizielle Zensur gab, konnte die Regierung das Finanzierungs- und Fördersystem steuern und auf diese Weise eine inoffizielle, präventive Zensur ausüben. Ferner wurde über das Außenministerium der Rechteverkauf ins Ausland behindert. Dies war bei *Cronache di poveri amanti* der Fall, da die Regierung Scelba fürchtete, die Genossenschaft könnte die Einnahmen für die Finanzierung der Kommunistischen Partei nutzen. Der Film war mit den besten italienischen Schauspielern besetzt (u.a. Marcello Mastroianni) und kostete die Genossenschaft mehr Geld als an Einnahmen überhaupt denkbar war: Die katholischen Kinos wollten den Film nicht zeigen und der Auslandsmarkt blieb ihm verschlossen. Außerhalb Italiens lief der Film (laut IMDB) 1956 in der DDR – ein Zeichen der guten Beziehungen, über die De Negri zu diesem Zeitpunkt dorthin verfügte.

Die Genossenschaft Cooperativa Spettatori Produttori Cinematografici löste sich nach dem finanziellen Verlust von *Cronache di poveri amanti* 1954 auf. Mit ihr starb jede Hoffnung linksgerichteter Kreise auf eine partizipierende Produktionsweise im italienischen Filmwesen (es sei hier angemerkt, dass im italienischen Verlagswesen die Kommunistische Partei weiterhin von Arbeitergenossenschaften unterstützt wurde). Giuliani De Negri wandte sich der internationalen Filmklubkultur zu, in der Cavalcanti und Ivens wichtige Figuren waren, und wurde zu einem unabhängigen Produzenten: 1961 wird er die Gebrüder Taviani fördern und ihrer Karriere bis zu seinem Tode 1992 folgen. *Giovanna*, die italienische Episode von *Die Windrose*, ist demnach ein Schritt zur unabhängigen Produktion und verdeutlicht seine Bemühungen, in Ostberlin Fuß zu fassen. Mit *Der Simplon-Tunnel* unterstützte De Negri zu dieser Zeit noch ein weiteres Filmprojekt mit ostdeutscher Beteiligung.

Schon mit *Giovanna* hatte De Negri wenig Glück: Angeblich bekam *Die Windrose* wegen der sowjetischen Episode von Gerassimow in der UdSSR Probleme. Ivens und Cavalcanti kamen auch mit der Originallänge der Episoden nicht klar. Der Film wurde nur am 8. März 1957 in Berlin uraufgeführt. Auch in Italien ist er bis heute nicht mehr gezeigt worden, nachdem eine erste, längere Fassung der italienischen Episode in Venedig 1956 noch für viel Aufsehen gesorgt hatte. So richtete De Negri seine Aufmerksamkeit auf das *Simplon-Tunnel*-Vorhaben. Für dieses Projekt konnte er wieder mit Carlo Lizzani, dem Schriftsteller Vasco Pratolini und dem Dramaturgen Franco Solinas – sowie zwei weiteren langfristigen Mitarbeitern von Lizzani, Lucio Battistrada und Giuseppe Dagnino – zusammenarbeiten. Die Zusammensetzung verdeutlicht einerseits die Arbeit in festen kreativen Teams, wie sie im italienischen Film üblich war, andererseits ist sie aber auch ein Zeichen für die Ernsthaftigkeit des Unternehmens. In Lizzanis Worten sollte dieser Film „eine Art *Grande Illusion* nach Jean Renoir" (Lizzani 2007: 109) werden. Lizzani selbst erhielt jedoch ein Angebot aus Peking, um dort als erster westlicher Filmemacher einen Dokumentarfilm zu drehen. Das Projekt *Simplon-Tunnel* wurde daraufhin gestoppt. Ralf Schenk zufolge „verhindern finanzielle Forderungen der Italiener die Koproduktion endgültig, Gottfried Kolditz inszeniert *Simplon-Tunnel* 1959 als reine DEFA-Produktion: ein steifes Kulissendrama" (Schenk 1994: 97).

Was auch immer die Gründe für das Scheitern waren – Lizzanis Absage aus persönlichen Gründen, die ungeklärte finanzielle Frage oder auch die politische Unsicherheit des Unternehmens aus Sicht der Hauptverwaltung Film –, Giuliani De Negri sah nach diesen zwei Projekten wohl kaum noch Chancen, weiterhin in Berlin zu arbeiten und kehrte Ende der 1950er Jahre nach Italien zurück.

Mit seiner Rückkehr ging die konkrete Arbeit an Koproduktionsprojekten mit der DEFA zu Ende, nicht aber der Traum, in Ostberlin Partner für die linksgerichtete Filmszene Italiens zu finden. Unabhängig davon ist die seltsame Episode von Glauco Pellegrinis DEFA-Abenteuer nicht zu verstehen. Ohne Verbindung zu italienischen Produktionsstätten drehte Pellegrini, ein der Kommunistischen Partei nahestehender Dokumentarfilmer, sein *Italienisches Capriccio* (1961); „nach der Bitte der Kommunistischen Partei seines Landes, man möge ihm doch eine Arbeit verschaffen" (Schenk 1994: 97). Tatsächlich verlief Pellegrinis Karriere seit einigen Jahren unbeständig. Doch wie lässt sich ein solches Projekt bewerten? *Italienisches Capriccio* hatte im Juni 1961, kurz vor dem Mauerbau, in Ostberlin Premiere. Die Kontakte Pellegrinis zur Kommunistischen Partei Italiens wurden mit Aufmerksamkeit verfolgt. Seit 1960 stärkte das DDR-Außenministerium die Zusammenarbeit mit dem Centro Thomas Mann in Rom, um seinen Einfluss dort auszubauen (Martini 2007: 100-102). In der ersten Jahreshälfte 1961 brach ein kurioser Medienkrieg zwischen Italien und der BRD aus. Antifaschistische Filme italienischer Regisseure wie Vittorio De Sicas *La ciociara/...und dennoch leben sie* (1960), Roberto Rossellinis *Era notte a Roma/Es war Nacht in Rom* (1960), Luigi Comencinis *Tutti a casa/Der Weg zurück* (1960) und Gillo Pontecorvos *Kapò* (1960) wurden von der westdeutschen konservativen Presse scharf attackiert: „Nicht deutschfeindlich, und doch gefährlich", titelte *Die Welt* am 7. April (Martini 2007: 129). Die Wiederaufnahme der Beziehungen mit einem PCI-nahen italienischen Filmemacher wie Pellegrini seitens der DDR war vielleicht eine Reaktion darauf. Sie könnte aber auch einen Versuch dargestellt haben, just in dem Moment den Rang eines legitimen Partnerlandes einzunehmen, als die Beziehungen zwischen Italien und Westdeutschland in die Krise geraten waren und die DDR selbst isoliert zu werden drohte.

Die dritte Produktionslinie in den Beziehungen zwischen Italien und der DDR verläuft nicht weit von der linken Intelligenz entfernt. Die Nachfrage nach internationalen Koproduktionen wurde in den 1950er Jahren auch von der Filmpresse mit großem Interesse beobachtet. Nicht zuletzt in linksgerichteten Filmzeitschriften wie Guido Aristarcos *Cinema Nuovo* fanden sich mehrere Meldungen aus Ostberlin. Slátan Dudow wurde mit *Stärker als die Nacht* (1954) zu einem Lieblingsregisseur von *Cinema Nuovo*, und im Spätsommer 1956 veröffentlichte die Zeitschrift eine Sonderausgabe über die ersten zehn Jahre der DEFA mit dem Titel „Auf die Seite der Volkspolizei" (Signorini 1956: 210f.).

In linken wie in liberalen Kreisen stand die DDR in den 1950er Jahren für Erneuerung und Erlösung der deutschen Kultur: Der Theaterregisseur Giorgio Strehler war durch seine Brecht-Inszenierungen in Mailand maßgeblich daran beteiligt, solche Vorstellungen zu verbreiten und konnte nach vielen Versuchen erreichen, dass der in Ostberlin lebende Brecht 1955 ein Visa bekommen und noch kurz vor seinem Tode die Mailänder Aufführung der *Dreigroschenoper* begleiten konnte. Die DEFA selbst hatte bekanntlich schon seit 1949 vor, aus *Mutter Courage* einen Film mit Vorbildfunktion zu machen. Die Gründe für das Scheitern des Projekts lassen sich nur ungefähr präzisieren: Die italienische Absage erklärt sich dadurch, dass 1954 sowohl Luchino Visconti als auch Giuseppe De Santis das Buch abgelehnt hatten (Schenk 1994: 101). De Santis gab (in einem persönlichen Gespräch mit dem Verfasser) Hinweise auf nicht genauer beschriebene Hindernisse in Berlin. Das Fehlen einer eingespielten Koproduktionspraxis und jeglicher diplomatischer Unterstützung dürften nicht unerheblich zum Scheitern des Filmprojekts beigetragen haben.

Die Koproduktionen der DEFA mit Frankreich haben sehr viel Aufmerksamkeit auf sich gezogen, da sie trotz des gescheiterten *Mutter Courage*-Projekts ein produktives Vorbild darstellten. Wiederholt wurde auf den Seiten von *Cinema Nuovo* über Gérard Philipes *Die Abenteuer des Till Ulenspiegel* (1956) berichtet: in einem Interview mit dem geschätzten Joris Ivens (Fossati 1956) und in einer Rezension von George Sadoul, der enthusiastisch über Brueghelsche Farben spricht (Sadoul 1956). Berichtet wurde auch über *Die Hexen von Salem* (1957) und Jean-Paul Sartres Beteiligung an diesem Film. Diese deutsch-französischen Beispiele bewiesen, dass internationale Koproduktionen mit großen Unternehmen, die auf ein linkes Kulturkapital aufbauen, erfolgreich sein konnten.

Dino De Laurentiis, einen der wichtigsten italienischen Produzenten, dem der Coup, einen populären Film mit einem kommunistischen Filmemacher zu drehen, schon 1949 mit *Riso amaro/Bitterer Reis* gelungen war, wird genau diesen Gedanken noch lange verfolgen. Wie auch Carlo Ponti zeigte er großes Interesse am *Simplon-Tunnel*-Projekt. Von Politikern wie dem Christdemokraten Giuseppe Brusasca wurde ihm jedoch davon abgeraten (Lizzani 1998: 70). De Laurentiis wurde wahrscheinlich von Giuseppe De Santis hinzugezogen, als erstmals von einer *Mutter Courage*-Verfilmung die Rede war. De Laurentiis hält an dieser Idee fest und nimmt sie später mehrmals wieder auf. Zunächst ist Anna Magnani für die Hauptrolle im Gespräch. Diese aber verringerte Ende der 1950er Jahre ihre Präsenz auf der Leinwand. Das Projekt wurde mit Carlo Lizzani als Regisseur wiederaufgenommen und zunächst mit Silvana Mangano, De Laurentiis' Ehefrau, besetzt; später bestand Lizzani dann auf Sofia Loren für die Hauptrolle (ebd.: 104). Das Projekt kam jedoch nicht über die Planungsphase hinaus. Das Interesse an den Koproduktionen wird letztendlich nie konkret, auch nicht im Fall von *Die Elenden* (1957), an dem auch eine italienische Filmproduktionsfirma, Serena Film, beteiligt ist. Ihre Beteiligung beschränkte sich allem Anschein nach aufs rein Finanzielle.[7]

---

7   Die Serena-Film-Gesellschaft wird für diese Produktion gegründet, um an Koproduktions-Prämien heranzukommen, wie dies bei vielen anderen kleinen italienischen Firmen in dieser Zeit auch geschah. Sie wird anschließend nur noch Musikkomödien produzieren oder an weiteren Koproduktionen teilnehmen, unter anderen an Robert Siodmaks Karl-May-Verfilmung *Der Schut* (1964). Die Serena-Film wird in den 1970er Jahren nach einer Reihe von *Exploitation*-Filmen – z.B. *La orca/Gefangen, geschändet, erniedrigt* (1976) von Eriprando Visconti – die Produktion einstellen. Im Fall von *Die Elenden* kam die italienische Beteiligung also aufgrund eines finanziellen Vorteils beim Koproduktionsverfahren zustande.

Damit sind drei Produktionslinien nachgezeichnet, die zwar ohne konkrete Ergebnisse blieben, bis in die 1960er Jahre jedoch von gewisser kultureller Bedeutung waren. Für die DDR-Filmgeschichte, die sich sozusagen selbst in die Isolation manövriert hatte, waren sie kaum ausschlaggebend. Bezeichnend sind sie allein im Hinblick auf einige zentrale Fragen der italienischen Filmgeschichte: mit Blick auf die Beziehungen zu ausländischen Filmindustrien, die das französische Modell nachahmen und doch eingeschränkt werden durch scharfe politische Einschnitte; auf den Argwohn gegenüber der Hochkultur; schließlich in Bezug auf die Frage nach einer kulturellen Hegemonie der Kommunistischen Partei in Italien – eine These, die sich auch in unserem Zusammenhang als bloße Rhetorik enthüllt. De Negris Versuche, die gescheiterte linke Filmproduktion in Ostberlin durch die Vermittlung der internationalen Filmklubkultur eines Joris Ivens neu zu beleben, lassen sich sogar als Vergeltungsfantasie interpretieren – oder zumindest als *exit strategy* eines ins Abseits gedrängten Protagonisten der zweiten, politisierten Stunde des Neorealismus.

Mitte der 1960er Jahre änderte sich die allgemeine politische Lage, die Position der Kommunistischen Partei und ihrer zahlreichen Anhänger wurde komplizierter. Das XI. Plenum des ZK der SED verlief Ende 1965 fast unbemerkt von italienischer Seite, der Havemann-Fall aber sorgte in Italien für Aufsehen. Im April 1966 übte die kommunistische Zeitung *L'Unità* das erste Mal Kritik an der SED. Die Unruhe, die sich nun auch unter den Freunden der DDR, wie im Umkreise des Centro Thomas Mann, verbreitete, verwandelte sich nach dem Prager Frühling in offenen Protest und führte zu einer Spaltung innerhalb der PCI. Das Interesse linksgerichteter Kreise an der DDR verlagerte sich in dieser Zeit hin zu inoffiziellen oder als inoffiziell zu verstehenden kulturellen Erzeugnissen und stand damit im Gegensatz zu den offiziellen Beziehungen, die weiterhin vom orthodoxen Flügel der PCI gepflegt wurden.

In beiden Fällen beruhigte sich die Situation im kinematografischen Lager merklich. Was die offiziellen Austauschbeziehungen der CPI betraf, waren die Schwierigkeiten größer als der gute Wille. Die Germanistin Magda Martini hat noch zwei Versuche, Koproduktionen in die Wege zu leiten, dokumentiert. Der erste begann 1965 nach dem Besuch einer von dem Dokumentarfilmer Libero Bizzarri geleiteten Delegation bei der Leipziger Dokumentarfilmwoche. Dort wurde ein Filmprojekt über Vietnam in Koproduktion mit der DEFA und der CPI-nahen Unitelefilm sowie das Vorhaben, Filme beider Länder auszutauschen, besprochen. Der Film wurde allem Anschein nach nicht gedreht und der Austausch konnte erst 1972, in Form einer Woche des ostdeutschen Films in Mailand und Rom und einer Woche des italienischen Films 1976 in Ostberlin, aufgenommen werden (Martini 2007: 104f.).

Das Interesse an einer intensiveren Zusammenarbeit mit der DDR stieg dann tatsächlich wieder, sodass führende Politiker wie Giorgio Napolitano 1974 und Enrico Berlinguer 1976 durch eine direkte Anfrage bei Kurt Hager das Vorhaben des Regisseurs Giuliano Montaldo und seines Produzenten Mario Gallo unterstützen, zusammen mit der DEFA einen Film über den Reichstagsbrand und Georgi Dimitroff zu produzieren. Die DEFA verlangte jedoch, Bulgarien mit einzubeziehen, denn dort war eine Inszenierung der Figur Dimitroff mit konkreten Vorstellungen behaftet. Kurt Hager wollte sich die Möglichkeit einer Intervention zum späteren Zeitpunkt offen halten, um gegebenenfalls das Bild der KPD und der UdSSR zu korrigieren. Mit dem Abbruch der Verhandlungen (ebd.: 244-246) endete der letzte ernsthafte Versuch aus Italien, eine Koproduktion mit der DEFA zu beginnen. Im gleichen Jahr kam es zur Ausbürgerung Wolf Biermanns, die wiederum eine deutliche Distanzierung von Seiten der PCI und eine öffentliche Kritik Enrico Berlinguers nach sich zog. Übrig blieben die Teilnahmen einzelner DEFA-Titel an kleineren Filmfestivals, auf denen persönliche Kontakte mit der PCI oder mit Germanisten aus dem Centro Thomas Mann geknüpft wurden.

Viel mehr wurde auch auf anderen Wegen nicht erreicht, trotz der Aufmerksamkeit für die intellektuelle Opposition in der DDR. Eine inoffizielle kulturelle Beziehung lässt sich aus praktischen Gründen viel eher in literarischen Erzeugnisse finden als auf der Leinwand: Nicht etwa die DEFA-Filme, sondern die DDR-Literatur stieß in dieser Zeit in der italienischen Öffentlichkeit auf großes Interesse. Die Produktionen der DEFA wurden demgegenüber überwiegend als orthodox und uninteressant empfunden. Bei ostdeutschen Institutionen wiederum stieg nach dem 11. Plenum 1965 das Misstrauen gegenüber westlichen Partnern, jeglicher Austausch wurde stark beeinträchtigt und begrenzt. Ugo Casiraghi, Filmkritiker von *L'Unità*, merkte noch 1965 an, dass die ostdeutschen Zeitungen und Zeitschriften – wie *Filmspiegel* – seine Rezensionen nicht mehr annahmen und veröffentlichten; sogar Fellini wurde dort beispielsweise nicht mehr besprochen, zumindest nicht aus italienischer Warte (ebd.: 191f.). Noch bezeichnender aus der Sicht des filmischen Austausches ist die Episode, die von Magda Martini rekonstruiert worden ist, wonach Heiner Carows *Die Legende von Paul und Paula* (1973) von Italien wie von anderen westlichen

Ländern für den kommerziellen Verleih bestellt worden war, das Export-Büro der DEFA die Anfrage jedoch auf Eis legte (ebd.: 400). In der hier beschriebenen Phase bis Mitte der 1960er Jahre gab es Möglichkeiten von Austauschbeziehungen zwischen der DEFA und Italien. Aus italienischer Sicht ist diese Zusammenarbeit, in jeder der drei Varianten, die hier gezeigt wurden, eher als Wunschvorstellung eines Demokratischen Deutschlands zu verstehen: Remanis abenteuerliche Nostalgien aus Vorkriegszeiten, De Negris utopische Filmgenossenschaften, De Laurentiis Starvehikel mit hochkulturellem Flair. Danach folgte eine zweite Phase, in der die PCI mit immer mehr Schwierigkeiten an eigenen Wunschvorstellungen, entweder aus Selbstüberschätzung oder aus Verzweiflung, scheiterte. Alles in allem blieb die DEFA im kulturellen Austausch mit Italien unter den ideologischen Rahmenbedingungen im Kalten Krieg an eine Position gebunden, die nur die eigene Leere enthüllte – nach Juri Lotmans Kultursemiotik offenbart dies ein Spiegelbild, in dem nicht das Andere wahrnehmbar wird, sondern seine Umkehrung.

Im Fazit muss auf die Gegenwart hingewiesen werden: Eine derartige semiotische Leere läuft Gefahr, zur beliebigen Nostalgie zu werden, die auf persönliche Erfahrung reduziert, neu verarbeitet und sogar vermarktet wird. Die Pop-Rock-Gruppe Virginiana Miller aus der heutigen alternativen Szene in Italien führt in ihrem nostalgischen Seventies-Songrepertoire das Lied „L'anno dello scambio culturale Italia – DDR" („Im Jahre des Kulturaustausches Italien – DDR", 2006). In diesem Jahr, oder besser, in diesem Sommer, lernte ein junger Pionier aus Italien eine ostdeutsche Schönheit kennen. Nun erinnert er sich an sie und an die vergangenen Zeiten, und er beginnt zu singen: „Ein Gespenst geistert durch Europa, und das bist du..."

Literatur

Biasin, Enrico/Menarini, Roy/Zecca, Federico (Hrsg.) (2008): Le età del cinema. Atti del XIV Convegno internazionale sul cinema. Udine: Forum

Bock, Hans-Michael (Hrsg.) (1984ff.): CineGraph. Lexikon zum deutschsprachigen Film. München: edition text + kritik

Bono, Francesco (2006): Tenor in doppelter Version. Beniamino Giglis Filme zwischen Berlin und Rom. In: Distelmeyer 2006: 39-50

Chiti, Roberto/Lancia, Enrico (1993): Dizionario del cinema italiano: i film. Bd. 2: 1945-1959. Roma: Gremese

Distelmeyer, Jan (Hrsg.) (2006): Babylon in FilmEuropa. Mehrsprachen-Versionen der 1930er Jahre. München: edition text + kritik

Faccioli, Alessandro (2010) (Hrsg.): Schermi di regime. Cinema italiano degli anni trenta: la produzione e i generi. Venezia: Marsilio

Fossati, Luigi (1956): Il mio film sogno. In: *Cinema nuovo* 92. 1956

Lizzani, Carlo (1998): Attraverso il Novecento. Torino: Lindau

Lizzani, Carlo (2007): Il mio lungo viaggio nel secolo breve. Turin: Einaudi

Locatelli, Massimo (2010): Prove di modernità: il film „turistico" negli anni trenta. In: Faccioli 2010: 178-189

Martini, Magda (2007): La cultura all'ombra del muro: relazioni culturali tra Italia e DDR 1949-1989. Bologna: Il Mulino

Medici, Antonio (Hrsg.) (2010): Gillo Pontecorvo. Giovanna. Storia di un film e del suo restauro. Rom: Ediesse

Sadoul, George (1956): *Till Ulenspiegel*. In: *Cinema nuovo* 95. 1956

Schenk, Ralf (Hrsg.) (1994): Das zweite Leben der Filmstadt Babelsberg. DEFA-Spielfilme 1946-1992. Berlin: Henschel.

Schenk, Ralf (2004): Ernesto Remani/Rechenmacher. In: Bock 1984ff.: Lg. 38, B1-B11

Signorini, Giorgio (1956): Schierati con la polizia popolare. In: *Cinema nuovo* 92. 1956: 210-211

Wahl, Chris (2008): From Mussolini to *Solino*. The Shifting Image of Italy and Italians in German Films. In: Biasin/Menarini/Zecca 2008: 231-241

Österreichische Künstlerinnen und Künstler bei der DEFA

Sabine Fuchs

Der Beitrag österreichischer Künstlerinnen und Künstler zur Arbeit der DEFA war ebenso mannigfaltig wie umfangreich. So umfasste die im März 2004 in Wien gezeigte Retrospektive „Österreicher im DEFA-Film" des Filmarchivs Austria allein 59 DEFA-Spielfilme. An etwa 10% aller DEFA-Produktionen waren in der einen oder anderen Funktion Österreicherinnen und Österreicher beteiligt; darunter waren so bekannte Produktionen wie *Professor Mamlock* (1961) von Konrad Wolf, *Der Dritte* (1972) von Egon Günther, *Ehe im Schatten* (1947) von Kurt Maetzig, *Nackt unter Wölfen* (1963), *Jakob der Lügner* (1974) von Frank Beyer oder *Der verlorene Engel* (1966) von Ralf Kirsten. Insbesondere den Schauspielerinnen und Schauspielern kam eine besondere Bedeutung zu; so wirkten allein an diesen Filmen Wolfgang Heinz, Franz Kutschera, Peter Sturm, Erika Pelikowsky, Fritz Links sowie der Komponist Andre Asriel als Österreicher mit (Filmarchiv Austria 2004: 44-77).

Die Gründe für diesen zahlenmäßig hohen Anteil sind vielfältig. In der DDR lebten zwischen 12.000 und 20.000 Österreicherinnen und Österreicher – die genaue Zahl lässt sich aufgrund von Aktenskartierungen nicht mehr ermitteln. Auch sind unterschiedliche Zahlen überliefert, weil es aufgrund des unterschiedlichen Staatsbürgerschaftsrechts – das österreichische beruhte auf Heimatrecht und Abstammung, das der DDR auf dem Territorialprinzip – zahlreiche de facto Doppelstaatsbürgerschaften gab, obwohl dies in den Rechtssystemen beider Staaten nicht vorgesehen war. Der weitaus größte Teil dieses Personenkreises lebte schon vor der Gründung der DDR in Deutschland; die meisten waren während des Nationalsozialismus oder in der Wirtschaftskrise der 1920er Jahre auf Arbeitssuche gekommen, bzw. waren Nachfahren von Personen, auf die das zutraf.[1] Unter ihnen befanden sich zwar auch einige Künstlerinnen und Künstler, so die Schriftstellerin Hedda Zimmer, die unter anderem auch als Dreh-

---

1 Archiv des Ministeriums für Auswärtige und Europäische Angelegenheiten Wien, Bestand Österreichische Botschaft in Ostberlin.

buchautorin für die DEFA tätig gewesen war, oder der erste, allerdings nur kurz auf diesem Posten verbleibende Chefdramaturg der DEFA, der Regisseur und Drehbuchautor Georg C. Klaren (Schenk 2004: 14-21). Beide hatten schon vor 1933 in Berlin gelebt.

Die meisten der in der DDR lebenden Künstlerinnen und Künstler kamen allerdings erst nach dem Abschluss des Österreichischen Staatsvertrags 1955 und dem Abzug der sowjetischen Besatzungstruppen aus Österreich. Dieser wesentlich größere Input von Österreicherinnen und Österreichern in das Kulturleben der DDR hängt eng mit innenpolitischen Ereignissen in Österreich bzw. Entwicklungen innerhalb der österreichischen Linken zwischen den 1930er und den 1970er Jahren zusammen.

Als in Österreich im Februar 1934 nach der Ausschaltung des Parlaments durch die Christlichsozialen und dem darauf folgenden Bürgerkrieg die linken Parteien durch das neu installierte austrofaschistische Regime verboten worden waren, traten viele junge und intellektuelle Sozialisten, etliche davon jüdischer Herkunft, aus Enttäuschung über die zu kompromissbereite sozialistische Politik der frühen 1930er Jahre und deren Münden in die Diktatur zu den Kommunisten über. Zu ihnen zählten etwa der Schriftsteller Jura Soyfer, der 1939 im KZ Buchenwald zu Tode kam, aber auch die später in der DDR als Schauspielerin bekannte Trude Bechmann, die schon in den 1920er Jahren wegen ihres studentenpolitischen Engagements gegen nationalsozialistische Umtriebe von der Universität Wien relegiert wurde und ihr Germanistik- und Geschichtsstudium aus diesem Grund nicht vollenden konnte (Zoitl 1995: 86-98). Von denjenigen, die der Verhaftung entgingen oder wieder frei kamen, gingen etliche schon 1934/35 ins Ausland oder waren im Untergrund politisch tätig. Nach der Eingliederung Österreichs in das Deutsche Reich im März 1938 ging die Opposition gegen den klerikal geprägten Austrofaschismus nahtlos in die Opposition gegen die Nationalsozialisten über, wobei zu der Gefährdung aus politischen Gründen die Gefahr der rassistischen Verfolgung als ‚Jude' gemäß den Nürnberger Rassegesetzen hinzukam. Aus diesem Grund war die politische Tätigkeit im Untergrund für viele keine Option mehr. Nur wenige blieben in Wien wie Trude Bechmann, die 1938 aus Jugoslawien nach Österreich zurückgekehrt war und deren illegale politische Tätigkeit für die Kommunistische Partei Österreichs (KPÖ) bis Kriegsende unentdeckt blieb. Andere hatten weniger Glück. So gelang Peter Sturm zunächst zwar die Flucht über Italien nach Frankreich, dort aber wurde er verhaftet und im Lager Les Milles inhaftiert. Nach erneuter Flucht und erneuter Verhaftung wurde er 1942 nach Auschwitz deportiert. Im Januar 1945 überlebte er als einer der wenigen den Todesmarsch zunächst ins Lager Rosen, dann ins KZ Buchenwald, wo er die Befreiung miterlebte. Dieses Erlebnis hat auch seine Arbeit als Schauspieler für die DEFA entscheidend geprägt (Sturm 1986: 142-157).

Für die meisten jungen österreichischen Kommunisten jüdischer Herkunft war allerdings spätestens 1938 das Exil die logische Folge, wobei die beiden in diesem Kontext wichtigsten Orte des Exils Zürich und London waren. In London war die Freie Deutsche Jugend (FDJ) besonders aktiv und bot auch jungen Österreichern die Möglichkeit der Teilnahme an der kulturell-politischen Arbeit. So kam der 1922 in Wien geborene Andre Asriel, der 1938 als 16-Jähriger von seiner Mutter nach Großbritannien geschickt wurde, in London über seinen ehemaligen Wiener Mitschüler, den österreichischen Dichter Erich Fried, in Kontakt mit der FDJ und dem Deutschen Kulturbund. Dort lernte er unter anderem den Musikwissenschaftler Georg Knepler kennen – ebenfalls ein Österreicher, der später in der DDR leben wird. Als die FDJ Asriel nach dem Krieg einen Studienplatz in Berlin besorgte, kehrte er nicht nach Wien zurück und legte nach der Gründung der DDR als einer der wenigen prominenten DDR-Österreicher auch seine österreichische Staatsbürgerschaft ab. Bei der DEFA hat er vor allem die Musik zu Filmen von Joachim Kunert und Ralf Kirsten geschrieben, unter anderem zu *Der verlorene Engel* (1966), sowie eine Musikfassung von Joris Ivens' Stummfilmklassiker *Misère au Borinage* von 1933 verfasst (Fuchs 2009b: 306-318). Ivens stellte 1954 für einen anderen kommunistischen Exilösterreicher einen direkten Kontakt zur DEFA her: Hugo Herrmann, schon seit 1931 Mitglied der KPÖ, zunächst im Exil in Moskau und ab 1938 in Frankreich, drehte für die DEFA die beiden Dokumentarfilme *Stahl und Menschen* sowie *Fritz Cremer, Schöpfer des Buchenwalddenkmals* (beide 1957). Die Voice-Over Kommentare beider Filme wurden auch von österreichischen Schauspielern – Peter Sturm und Wolfgang Heinz – eingesprochen, wobei der Österreich-Bezug des Cremer-Films auch aus anderen Gründen offensichtlich ist: Fritz Cremer war von 1946 bis 1950 Professor und Leiter der Abteilung für Bildhauerei an der Hochschule für Angewandte Kunst in Wien und hat auch in Österreich zahlreiche antifaschistische Denkmale erbaut (Jordan 2004: 26-33).

Ebenfalls im Londoner Exil waren der Schauspieler und Regisseur Otto Tausig und der in erster Linie als Kabarettist bekannt gewordene Otto Stark, beide gebürtige Wiener. Stark spielte als Schauspieler in zahlreichen Fernsehproduktionen, aber auch in der satirischen DEFA-Reihe *Das Stacheltier* (Agde 2004: 34-39) sowie in *Geschwader Fledermaus* von Erich Engel (einer Neufassung des französischen Klassikers *Lohn der Angst* von Henri-Georges Clouzot aus dem Jahr 1953). In diesem Film spielte Wolfgang Heinz die Hauptrolle. Heinz war nach dem österreichischen Bürgerkrieg und der Etablierung des austrofaschistischen Regimes 1934 zunächst nach Berlin gegangen, hatte dort gemeinsam mit Hans Otto im kommunistischen Untergrund gearbeitet und war nach dessen Ermordung 1938 über Holland nach Zürich ins Exil gelangt (Waack 1980; Fuchs 2009a: 295-305).

Dort hatte sich der Leiter des Zürcher Schauspielhauses, Oskar Wälterlin, gemeinsam mit seinem Chefdramaturgen Kurt Hirschfeld für die Aufnahme von in Deutschland und Österreich politisch gefährdeten Schauspielerinnen und Schauspielern eingesetzt. So kamen von deutscher Seite unter anderem Wolfgang Langhoff, Therese Giehse, Albert Bassermann und Maria Becker; als Österreicher kamen Wolfgang Heinz, Karl Paryla, Emil Stöhr, Erika Pelikowsky, Hortense Raky und Mathilde Danegger.

Sie alle wollten sich weiter politisch engagieren und antifaschistisches Theater machen, unabhängig von der Kritik, der sie in der keineswegs fortschrittlichen Schweiz ausgesetzt waren, unabhängig auch von dem geringen Verdienst. Sie waren mit großem Einsatz bei der Sache und wollten, wenn möglich, ans Zürcher Schauspielhaus. Karl Paryla erinnerte sich später:

> Ich hab dort zehn Inszenierungen gemacht und neunzig Rollen gespielt, mein Bruder [Emil Stöhr, S.F.] noch mehr. Wir standen ununterbrochen auf der Bühne, wir hatten kaum eine Beziehung zum privaten Leben. Es war sehr schwer, aber irgendwie haben wir es immer geschafft. [...] Dadurch, dass dieses Ensemble zusammenhielt, auch gewerkschaftlich, und einen Obmann hatte wie Wolfgang Langhoff. Der hat in dem gewerkschaftlichen Kampf für geänderte Verhältnisse [...] auch in die Zukunft gewirkt. [Das war] ein Beweis dafür, dass Menschen, wenn sie zusammenhalten, überall in der Welt Widerstand leisten können gegen Krieg, gegen Faschismus, gegen Unterdrückung. (Köper 1995: 14)

Dieses Ansinnen vereinte die Österreicher und die Deutschen, und auch Teile der Schweizer Belegschaft wie etwa Benno Besson, der ab 1943 Regieassistent am Zürcher Schauspielhaus war.

Als sich das Ende des Zweiten Weltkriegs abzeichnete, gründeten die österreichischen Mitglieder des Zürcher Schauspielhauses – allen voran Wolfgang Heinz, der ein führendes Mitglied der Exilbewegung ‚Freies Österreich' war, und Karl Paryla – ein ‚österreichisches Künstlerkomitee', unter dessen Deckmantel, so hofften sie, die Zukunft des Wiener Kulturlebens sich auf eine antifaschistische Basis stellen und ein nicht-bürgerliches

Theater in Wien begründen ließ. Während ersteres nicht verwirklicht werden konnte, weil ehemalige nationalsozialistische Theaterschaffende wie Lothar Müthel, NSDAP-Mitglied seit 1933, oder Paula Wessely ihre Karrieren nicht nur ungehindert fortsetzen konnten, sondern die Remigranten vom Wiener Kulturbetrieb auch aktiv ausgegrenzt wurden, erfüllte sich der zweite Teil des Plans. Die sowjetischen Besatzungsbehörden stellten Wolfgang Heinz und Karl Paryla ein während des Nationalsozialismus als Kino genutztes, in der sowjetischen Besatzungszone Wiens gelegenes Theatergebäude zur Verfügung, in dem diese zwischen 1948 und dem Ende der Besatzungszeit 1955 das Neue Theater an der Scala führten. Dort arbeiteten die vom Zürcher Schauspielhaus zurückgekehrten Künstlerinnen und Künstler mit jenen aus London wie Otto Tausig und dessen späterer Frau Lily Schmuck sowie anderen kommunistischen Theaterschaffenden wie Trude Bechmann und Peter Sturm zusammen. Zur Theaterszene in Ostberlin gab es schon von den ersten Jahren an enge Beziehungen. Wolfgang Heinz inszenierte bereits vor 1955 mehrfach am Deutschen Theater, Brechts *Galileo* wurde in Wien aufgeführt und das Scala-Theater unternahm mehrfach Gastspielreisen in die DDR.

In Wien war die politische Stimmung dieser Zeit nach wie vor antisemitisch geprägt. Von der ersten Saison 1948 bis zur Schließung 1956 wurde das Scala-Theater von politischen Gegnern angefeindet, unter denen sich zwei zumindest in Österreich besonders prominente befanden: Friedrich Torberg und Hans Weigel. Torberg, Schriftsteller jüdischer Herkunft, der im Exil in den USA die dortige Staatsbürgerschaft angenommen hatte, war Mitbegründer der Zeitschrift *Forum*, die über den so genannten Congress for Cultural Freedom (CCF) von der CIA finanziert wurde. Das Ziel der Zeitschrift lässt sich mit der Formel ‚Bekämpfung des Kommunismus' zusammenfassen. Hans Weigel, ideologisch noch radikaler als Torberg, war maßgeblich für den österreichischen Brecht-Boykott verantwortlich. Brecht war 1950 auf Betreiben des Komponisten Gottfried von Einem von der Salzburger Landesregierung die österreichische Staatsbürgerschaft verliehen worden. Als dies bekannt wurde, kam es zu einer beispiellosen Hetzkampagne, die dazu führte, dass bis 1963 kein einziges Brecht-Stück mehr an einer österreichischen Bühne gespielt wurde – mit Ausnahme der Scala.[2]

---

2   Das erste Theater, das neben der Scala gegen den Boykott verstieß, war 1963 das Wiener Volkstheater mit einer Aufführung der *Mutter Courage.*

Weigel, der einer der einflussreichsten Theaterkritiker Wiens war, verwendete seine jüdische Herkunft als Immunisierungsstrategie gegen Kritik an seiner politischen Position. Obwohl er wusste, dass die meisten seiner Kritiker während des Nationalsozialismus selbst rassistischer Verfolgung ausgesetzt waren, machte er in seiner Sprache Anleihen beim Nationalsozialismus. So griff er etwa Otto Tausigs Inszenierung der von Erwin Piscator 1932 verfassten Dramatisierung von Tolstois *Krieg und Frieden* in seinem Hausblatt, der einflussreichen *Kronen Zeitung*, mit folgenden Worten an:

> Schade, dass Goebbels das Wort ‚Kulturbolschewismus' schon erfunden hat. [...] Hier wäre es am Platze. Hier verstellt sich das Unvermögen als moderne Form [...]. Aber man soll einer in jeder Hinsicht erbärmlichen Dramatisierung nicht zu viel der Ehre antun, indem man sich ernsthaft mit ihr auseinandersetzt. (Köper 1995: 211)

Die ständigen Angriffe blieben nicht ohne Folgen, wobei das zunehmend antikommunistische Klima des Kalten Krieges nach dem Ende der Besatzungszeit das Übrige dazu tat, dass das Scala-Theater geschlossen werden musste. Auch der sozialdemokratisch dominierte Gewerkschaftsbund unter seinem Vorsitzenden Johann Böhm hintertrieb die Verlängerung der Spielstättenkonzession und trieb die Verwandlung der Scala in ein Kino voran. Im Februar 1956 teilte Wolfgang Heinz auf einer Pressekonferenz mit, dass das Kulturamt der Stadt Wien der Scala die Konzession für die kommende Spielzeit nicht mehr erteilt, weil der unter sowjetischer Besatzung abgeschlossene Mietvertrag für das Theatergebäude angeblich nicht rechtsgültig sei. Zwar stellte ein Gericht im Mai die Rechtsgültigkeit des Mietvertrags fest und wies das Kulturamt der Stadt Wien an, die Konzession auszustellen, die geänderte Gesetzeslage aufgrund des Staatsvertrags machte die Schließung dennoch möglich. Otto Tausig erinnerte sich später:

> In Wirklichkeit war es eine politische Auseinandersetzung zwischen der sozialistischen Partei und den Kommunisten [...]. In der praktischen Politik war es eine ungeheuere Auseinandersetzung, die zu einem gnadenlosen Boykott führte. Sie endete damit, dass [der sozialistische] Stadtrat Mandl das Theater zusperrte. Ein Theater, von dem er selbst sagte, es sei volksbildnerisch hervorragend. (Köper 1995: 211ff.)

Nach der Schließung des Scala-Theaters wurden alle dort arbeitenden Künstlerinnen und Künstler arbeitslos; die Suche nach neuen Arbeitsmöglichkeiten innerhalb Österreichs, aber auch im Westen Deutschlands blieb für die meisten aufgrund ihres kommunistischen Engagements erfolglos. In dieser Situation unterstützte Bertolt Brecht, vor allem aber Wolfgang Langhoff die Übersiedlung der österreichischen Schauspieler und Regisseure in die DDR; die meisten fanden am Deutschen Theater, einige am Berliner Ensemble neue Aufgaben. Leicht wurde dies in erster Linie aufgrund der gemeinsamen deutschen Muttersprache, die auch dazu führte, dass die Österreicherinnen und Österreicher zumeist gar nicht als ‚Ausländer' wahrgenommen wurden, obwohl sie wie Wolfgang Heinz, Trude Bechmann oder Otto Stark ihren österreichischen Pass nie ablegten und aus diesem Grund auch ohne Einschränkungen reisen konnten.

Arbeiten für das Fernsehen der DDR und die DEFA folgten aus der Theaterarbeit, wobei sich etwa Peter Sturm schon bald dazu entschloss, das Theater zu verlassen und nur noch für Film und Fernsehen tätig zu sein (Sturm 1986: 156). Spätestens der Kontext der Übersiedlung in die DDR macht klar, dass es sich bei den in der DDR tätigen österreichischen Künstlerinnen und Künstlern nicht um ein nur aufgrund der Sprachnähe entstandenes Konglomerat von Personen aus demselben Land handelt, und dass auch Konzepte von Kulturtransfer und Kulturaustausch hier nicht greifen. Vielmehr handelt es sich um ein Netzwerk von internationalistischen und kommunistischen jüdischen Intellektuellen, von denen die älteren schon seit Beginn der 1930er Jahre antifaschistisch engagiert gewesen waren; zu ihnen gehörten nicht nur Deutsche und Österreicher, sondern auch, wie Joris Ivens oder Benno Besson, Angehörige anderer Nationen. Dies erklärt auch, weshalb es innerhalb der DDR kein bleibendes Netzwerk der dort lebenden österreichischen Künstlerinnen und Künstler gab – die politische und künstlerische Identität dominierte die nationale und auch die religiöse.[3]

Die Österreicher unterschied von den Deutschen, dass sie durch zwei faschistische Systeme verfolgt und vertrieben worden waren – nach 1938 durch den Nationalsozialismus, und schon zwischen 1934 und 1938 von

---

3 So etwa betont Andre Asriel in einem lebensgeschichtlichen Interview im November 2007, dass er in der DDR keine besonderen Kontakte zu anderen Österreicherinnen und Österreichern hatte, und dass die Tatsache seiner jüdischen Herkunft für ihn, wenn überhaupt, erst nach der ‚Wende' Bedeutung gewann (vgl. Fuchs 2009b: 306-318).

der austrofaschistischen, katholisch geprägten Konkurrenzdiktatur. Auch wenn die beiden Systeme nicht miteinander verglichen werden können, ist doch klar, dass die Österreicher von einem umfassenderen Faschismusbegriff geprägt waren, der der Faschismusdefinition der offiziellen DDR sehr entgegenkam. Dadurch und durch die eigenen Verfolgungsbiografien besaßen die Darstellungen österreichischer Schauspielerinnen und Schauspieler im antifaschistischen Film der DEFA auch eine besondere Glaubwürdigkeit. So war es kaum ein Zufall, dass Konrad Wolf in der für ihn so wichtigen Verfilmung des Theaterstücks *Professor Mamlock* seines Vaters Friedrich Wolf 1961 drei österreichische Schauspieler einsetzte: Wolfgang Heinz spielte die Titelrolle und ließ in seine Interpretation Anklänge an das Schicksal seines von den Nationalsozialisten ermordeten Vaters durchscheinen (Fuchs 2009a: 301), Franz Kutschera spielte den opportunistischen Journalisten und Peter Sturm einen jüdischen Krankenpfleger. Erika Richter hat erstmals darauf hingewiesen, dass Peter Sturm häufiger Rollen als jüdischer und/oder kommunistischer Verfolger des Nationalsozialismus gespielt hat (Richter 2004: 22-25). Dies entsprach seiner eigenen Biografie als Überlebender von Auschwitz und Buchenwald, obwohl er anfänglich der Bitte von Frank Beyer, in *Nackt unter Wölfen* mitzuwirken, nicht nachkommen wollte, weil er sich von der erneuten Konfrontation mit Buchenwald überfordert fühlte (Sturm 1986: 156). Trotzdem spielte er immer wieder Rollen als jüdischer Verfolgter des Nationalsozialismus, beispielsweise in *Professor Mamlock, Die Bilder des Zeugen Schattmann* (1972) von Kurt Jung-Alsen oder in Wolfgang Luderers *Lebende Ware* (1966); als KZ-Insasse zweimal für Frank Beyer: 1963 in *Nackt unter Wölfen* und 1975 in *Jakob der Lügner;* und als Überlebender nationalsozialistischer Verfolgung wie in *Max und siebeneinhalb Jungen* (1980) von Egon Schlegel.

Aufgrund der eigenen Verfolgungsbiografie wies er den Filmen durch seine Darstellung nicht nur eine besondere, autobiografisch fundierte Authentizität zu; er schuf auch ein Rollenbild, das mit seiner stark politisch geprägten Auffassung des Schauspielberufs übereinstimmte. Jörg Schweinitz hat festgestellt, dass Schauspielerinnen und Schauspieler durch die Auswahl und vor allem durch die Gestaltung bestimmter Rollen Figurengalerien fiktiver Zeitgenossenschaft schaffen, die in Wechselwirkung mit der Publikumserwartung von hoher kultursemiotischer Relevanz sein können. Er spricht in diesem Zusammenhang von der Imago eines Schauspielers (Schweinitz 1998: 67-82). Das Leben in und mit dieser Imago ermöglichte Sturm aber auch eine Auseinandersetzung mit dem

Nationalsozialismus auf der Ebene seines eigenen Berufs als Schauspieler, die in Österreich nicht möglich gewesen wäre.

Dies zeigt auch der Lebensweg jener österreichischen Künstler, die wie Karl Paryla oder Otto Tausig nach einigen Jahren in der DDR nach Österreich zurückkehrten und dort antisemitischen und antikommunistischen Angriffen ausgesetzt waren, die in ein jahrelanges de-facto-Berufsverbot mündeten. In beiden Fällen wurde versucht, die Künstler zu einer öffentlichen Distanzierung von der DDR bzw. vom Kommunismus zu erpressen. So konnte Otto Tausig 20 Jahre lang kein Engagement in Wien erlangen und wurde erst wieder engagiert, als Gerhard Klingenberg, der selbst zeitweise in der DDR gelebt und am Berliner Ensemble gearbeitet hatte, Burgtheater-Direktor wurde. Über die Zeit nach seiner Rückkehr meinte Tausig: „Wir fanden, dass man uns in der DDR anständig und fair behandelt hatte, und dass es mies wäre, sich jetzt in Deutschland oder Österreich opportunistisch zu verhalten" (Köper 1995: 241).

Noch schwerer hatte es Karl Paryla, dessen Bruder Emil Stöhr in der DDR geblieben war. Als 1961 Pläne bekannt wurden, ihn ans Wiener Theater in der Josefstadt zu verpflichten, schrieb Hans Weigel in der *Kronen Zeitung*:

> Sie sind wieder in Österreich, und das ist Ihr gutes Recht als österreichischer Staatsbürger. Zum Unterschied zu der sowjetischen Besatzungszone Deutschlands kann und darf man bei uns gegen das herrschende Regime sein, ohne an der Freiheit bedroht zu werden. Sie haben hier das Recht, der Kommunistischen Partei anzugehören, die Österreichische Regierung abzulehnen, für Stalin oder Chruschtschow oder Mao Tse-tung einzutreten und noch anderes mehr in dieser Art. Die Österreichischen Theater und Sender dagegen haben das Recht, einen Schauspieler abzulehnen, welcher sich wiederholt gegen Österreich und für das bolschewistische System ausgesprochen hat. [...] Wenn Sie einfach irgendeiner Zeitung ein Interview geben und sich entsprechend zu diesem Thema äußern, wenn Sie nur deutlich sagen, ‚Ich bin nimmer dabei', oder ‚ich bin aufrichtig dagegen', würde dies ausreichen. Unsere Zeitung steht Ihnen in jedem gewünschten Umfang und in jeder von Ihnen gewünschten Form für diese Erklärung zur Verfügung. (Köper 1995: 239f.)

Paryla gab die verlangte Erklärung nicht ab, was zur Folge hatte, dass es auch bei ihm bis in die 1970er Jahre dauerte, bis er sich in Österreich wieder als Schauspieler durchsetzen konnte. Für die DEFA hatte er 1956 Regie geführt bei dem Film *Mich dürstet* über die Internationalen Brigaden im spanischen Bürgerkrieg und sich dabei an filmischen Authentifizierungs-

strategien wie dem Einsatz von Laiendarstellern und der Verwendung von
dokumentarischem, nichtfiktionalem Filmmaterial versucht, die im Westen erst Jahre später durch Regisseure wie den Italiener Gillo Pontecorvo
(in *Die Schlacht von Algier*, 1966) oder – in Österreich – Axel Corti (in *Der
Fall Jägerstätter*, 1972) bekannt wurden. Für Paryla hingegen war eine Fortsetzung seiner Regiekarriere in Österreich nicht mehr möglich.

   Zusammenfassend lässt sich sagen, dass der österreichische Anteil an
der Arbeit der DEFA nicht Resultat einer zwischenstaatlichen Überein-
kunft, sondern das Ergebnis eines Internationalismus der (deutschsprachigen) Künstlerinnen und Künstler war, der bis weit in die erste Hälfte
des 20. Jahrhunderts zurückreicht.

Literatur

Agde, Günter (2004): Politische Kasperln. Österreichische Schauspieler in der sati-
rischen DEFA-Reihe *Das Stacheltier*. In: Filmarchiv Austria (2004): 34-39
Eichinger, Barbara/Stern, Frank (Hrsg.) (2009): Film im Sozialismus – Die DEFA.
Wien: Mandelbaum
Filmarchiv Austria (Hrsg.) (2004): Rote Traumfabriken. Retrospektive. filmarchiv
3. 2004.
Fuchs, Sabine (2009a): Wolfgang Heinz. In: Eichinger/Stern (2009): 295-305
Fuchs, Sabine (2009b): Andre Asriel. Ein Gespräch. In: Eichinger/Stern (2009): 306-
318
Jordan, Günther (2004): Koolhaas'sche Energien. Der One-Man-Filmmaker oder
„Eine Lanze für Hugo Herrmann". In: Filmarchiv Austria (2004): 26-33
Koebner, Thomas (Hrsg.) (1998): Schauspielkunst im Film. Erstes Symposion 1997.
St. Augustin: Gardez!
Köper, Carmen-Renate (1995): Ein unheiliges Experiment. Das neue Theater in der
Scala (1948-1956). Wien: Löcker
Pietzsch, Ingeborg (Hrsg.) (1986): In der Garderobe erzählt. Berlin: Henschel
Richter, Erika (2004): Die Unauffälligen. Österreichische Schauspieler in antifa-
schistischen DEFA-Filmen. In: Filmarchiv Austria (2004): 22-25
Schenk, Ralf (2004): Der Mann, der Wozzeck drehte. Georg C. Klaren – Spurensu-
che nach einem Wiener Filmemacher. In: Filmarchiv Austria (2004): 14-21
Schweinitz, Jörg (1998): Stimme und Gesicht des Bösen. Herwart Grosse und seine
Imago. In: Koebner (1998): 67-82
Sturm, Peter (1986): [Ohne Titel]. In: Pietzsch (1986): 142-157
Waack, Renate (1980): Wolfgang Heinz. Denken. Handeln. Kämpfen. Berlin: Hen-
schel
Weinzierl, Erika et al. (Hrsg.) (1995): Justiz und Zeitgeschichte. Symposionsbeiträ-
ge 1976-1993. Bd. 1. Wien: Jugend & Volk
Zoitl, Helge (1995): Hochschulautonomie und Studentenrecht. In: Weinzierl et al.
(1995): 86-98

Transnationale Filmgärten

Drei *Wahlverwandtschaften* für lesende Filmzuschauer

Marcus Becker & Annette Dorgerloh

Der vergleichende Blick auf eines der bekannten Fotos, die Lesley Hornby, *also known as* Twiggy und laut *Daily Express* „The Face of 1966", im roten Kleid zeigen, und auf die schöne junge Frau, die im dünnen roten Pullover den weiblichen Part von Walter Womackas 1962 entstandenem Gemälde eines Paares *Am Strand* gibt, mag sofort dazu verführen, über ein transnationales, vor allem aber auch politische Systemgrenzen transgredierendes und transzendierendes Bild der modernen Frau der 1960er Jahre zu sinnieren. Der Unterschied zwischen diesen Darstellungen beträgt jedoch, um nur einen Aspekt herauszugreifen, genau 80 Pfund Sterling. War dies – in britischen Pfund der 1960er Jahre! – die Gage pro Stunde Fotoshooting für das Supermodel der westlichen Welt,[1] so blieb unbekannt, wie der Maler Womacka seine Tochter Uta für das Modellsitzen entlohnte. Um der Gerechtigkeit Genüge zu tun, gelangte die in Öl gemalte Schöne jedoch auf das Titelblatt der *Neuen [Ost-]Berliner Illustrierten*, in die *Fünfte [Ost-]Deutsche Kunstausstellung*, auf den Geburtstagstisch des Staatsratsvorsitzenden und SED-Chefs Walter Ulbricht, in die Dresdner Galerie der Neuen Meister, reproduziert in zahllose Wohnzimmer sowie als Briefmarke zu zehn Pfennig in den Postverkehr der DDR. Auch beim Grenzverkehr der Bilder – nicht zuletzt der filmischen Bilder – scheint es daher geraten, sorgsam auf die jeweils geltenden flexiblen soziopolitischen wie kulturökonomischen Bedingungen ihrer Entstehung und Rezeption zu achten.

Verfilmungen literarischer Klassiker handeln sich hingegen mit ihrem Zugriff auf die bildungsbürgerliche, lesekulturelle und literaturwissen-

---

1 Der durchschnittliche Wochenlohn betrug damals £ 15; vgl. www.sixtiescity. com/Fashion/ Fashion.shtm (letzter Zugriff: 12. Juli 2012).

schaftlich institutionalisierte Kanonbildung Diskurslagen ein, die sich weit behäbiger ändern, als es kulturpolitischer Tagesaktualität oft lieb sein kann. Gerade diese scheinbare Unflexibilität von ‚Schulstoff' befördert aber die Bildung von Teilöffentlichkeiten für Klassikerverfilmungen, die wiederum die im Kern unveränderliche literarische Vorlage für die jeweilige Gegenwart handhabbar machen.[2]

In diesem Sinne widmen sich die folgenden Ausführungen einer szenografischen Konstante – dem *Garten* – in drei Verfilmungen des Goethe-Romans *Die Wahlverwandtschaften*, der, 1809 erstmals erschienen, zum Kernbestand eines nicht nur deutsch-deutschen Klassikerkanons gehörte und gehört. Im August 1974 – wo anders denn in Weimar! – hatte am Vorabend von Goethes Geburtstag die DEFA-Version Siegfried Kühns Premiere; 1982 folgte zum 150. Todesjahr des Dichters Claude Chabrols TV-Arbeit als französisch-bundesdeutsch-tschechoslowakische Koproduktion über den ‚Eisernen Vorhang' hinweg; und 1996 präsentierten die Gebrüder Taviani ihre italienisch-französische Fassung in einem Europa, das sich nach den Umbrüchen von 1989/90 neu justierte.[3]

Goethes Roman erzählt die Geschichte von Eduard, „so nennen wir einen reichen Baron im besten Mannesalter" (Goethe 1998: 242), und seiner Jugendliebe wie nunmehrigen Gattin Charlotte, die sich auf ihr Landgut zurückgezogen haben, auf das sie Eduards Freund, den Hauptmann, sowie Charlottes Nichte Ottilie einladen. Eduard verliebt sich in Ottilie, Charlotte in den Hauptmann; sie versagt sich endlich ihrem Verlangen, er gibt sich ihm hin. Für die Verfilmungen dieser *Wahlverwandtschaften* erscheint es im besonderen Maße gerechtfertigt, die Szenografie als entscheidenden Akteur im filmischen Bildgeschehen zu fokussieren, hatte doch bereits Goethe – neben dem titelgebenden Terminus aus der zeitgenössischen Chemie, der die kreuzweise Neuverbindung von Elementen charakterisiert – die *Anlage eines Landschaftsgartens* als Über-Metapher funktionalisiert. Sie verräumlicht die im Roman beschriebenen individuellen wie sozialen Transformationsprozesse: Der sich wandelnde Garten ist nicht nur Schauplatz, sondern spatialisiertes Thema.[4]

---

2   Aus der Standardliteratur zum Problemkomplex der Literaturverfilmung seien herausgegriffen: Schneider 1981; Gast 1993 sowie Paech 1997.

3   Für Angaben zu diesen Verfilmungen vgl. Grimm 2005 (die Autorin bespricht zudem noch Rudolf Thomes bundesdeutsche Adaption *Tarot* von 1985); zur DEFA-Produktion vgl. a. Habel 2000: 674-675.

4   Vgl. dazu exemplarisch Niedermeier 1992.

Mit entsprechender Prägnanz führen Siegfried Kühn, seine Szenenbild-
ner Reinhart Zimmermann und Richard Schmidt, die Kamera von Claus
Neumann und der Schnitt von Renate Bade und Helga Krause im DEFA-
Film von 1974 das Landgut als lokalisierenden Handlungsrahmen ein.
Harte Schnitte im Abstand von etwa zwei Sekunden eröffnen die audio-
visuelle Landschaft in statischen Bildern. Mit einem atonalen Orchester-
Cluster aus bis in Flagiolett-Lage aufsteigenden und sich verflüchtigenden
Streicher-Tremoli nähern wir uns in Jump Cuts dem ruinösen barocken
Schloss, das zunächst scheinbar malerisch in Schrägansicht in die Gegend
eingebettet, dann, den Blick wie paralysierend, parallel zur Bildebene und
in symmetrischer Bildkomposition präsentiert wird. Der Himmel ist blei-
grau und regensatt; zum Schloss führt ein aufgeweichter Weg; die Bäume
sind winterkahl. Das Schloss ist nicht beklagenswert respektive roman-
tisch goutierbar *verfallen*, sondern es *verfällt*. Der Film lässt daran keinen
Zweifel, wenn er zu Beginn die Freitreppe vor der Fassade als intakt ein-
führt, die Balustrade des rechten Treppenlaufs später unterdessen als ein-
gestürzt zeigt.

Im Anschluss an die Anfangssequenz beginnt mit dem Auftritt der in
eine flauschige Kunststoff-Decke eingehüllten Charlotte ein Reigen von
ausstatterischen Anachronismen, von geblümten Blusen und Wollpull-
overn, agrarindustriellen Metallgittern und Gründerjahre-Stühlen, von
modernen Kochtöpfen und Zimmerpflanzen wie der seit Mitte des 19.
Jahrhunderts kultivierten und zur Entstehungszeit des Films nicht nur in
Büroräumen ubiquitär-hartblättrigen Monstera. Ebenso beiläufig wie unverkennbar schreiben sich die Anachronismen in die Zeit der Handlung
um 1800 ein und markieren eine konsequente Aneignung des Goethe-Romans für die Gegenwart. Kurz vor der Filmpremiere gab der Regisseur
im *Sonntag* antizipierend den Hinweis, „unter gar keinen Umständen eine
Historisierung" angestrebt zu haben, und bezog dieses antihistoristische
Konzept auch auf das Agieren der Protagonisten: „Dies geht bis in die Haltungen der Figuren, ihre Spielweise. Sie spielen und bewegen sich so, wie
man sich auch heute bewegt" (Gersch 2006: 158).[5]

Einer solchen Strategie wird aber vor allem die von Goethe vorgegebene hortikulturelle Über-Metapher dienstbar gemacht. Sie entfaltet ihre
suggestive Stärke, indem der Garten im Film eine ostentativ leere Garten-
Behauptung bleibt, der auf szenografischer Ebene keine gartenkünstlerisch

---

5 Gersch (2006) verweist auf vorbildgebende Berliner Theaterinszenierungen,
   den *Faust* am *Deutschen Theater* von 1968, *Die Räuber* an der *Volksbühne* von 1971.

überformten Landschaften entsprechen. Immer wieder sehen wir die Protagonisten bei ihren Parkspaziergängen (Abb. 1). Unter metaphorischen
Gesprächen über den Garten streifen sie über bloßes Land, das wie überall
in Mitteleuropa eine Kulturlandschaft ist, doch, in Paraphrasierung von
Christa Wolfs Bestandsaufnahme im Kleist-Günderrodeschen Gewand
von 1979 (Wolf 1979): Kein Garten. Nirgends.

Abbildung 1: *Die Wahlverwandtschaften* (1974): Parkspaziergang.

Mit dem hortikulturell unspezifisch visualisierten Gartenpostulat entfällt
auch die bei Goethe signifikante Differenzierung zwischen weiblichen und
männlichen Gartenwelten. Charlottes recht moderne Mooshütte steht auf
freiem Feld, umgeben lediglich von wenigen Baumsolitären und etwas Ge-
strüpp. Die Arbeit an ihren alsbald als kleinlich-empfindsam desavouierten
Anlagen, für die sie „nur wenig Mittel hat"[6], markieren zwei, drei gefällte

---

6   Die Dialog-Zitate hier und im Folgenden nach der gesprochenen Version im
    Film.

Baumstämmchen, doch der vollendete Felsenpfad zur Mooshütte offeriert auch später lediglich Gelegenheit zur Kletterpartie am wilden Hang.

Die gartenkünstlerische Kultivierungsrate des großzügigen männlichen Parks fällt nicht günstiger aus. Nach einem Ritt über brachliegende Äcker bestätigt Eduard dem Hauptmann, ja, man befinde sich auf Grund und Boden des Barons: „[...] eine schöne Landschaft, he?!", und der Hauptmann fragt: „Warum – nutzt Du dies Land nicht? Es würde Erträge bringen." – „Ja", so Eduards Antwort, „warum eigentlich nicht?" Es folgen Landvermessung und umfangreiche Arbeiten am Park, während vom agrarökonomischen Aspekt im Folgenden nicht mehr die Rede ist. Das eindrucksarme Ergebnis erscheint im Film wie ausgestellt. In nahezu identischen Einstellungen sehen wir eine Schlossumgebung *vor* bzw. *nach* der Umgestaltung (Abb. 2), die sich lediglich durch den jahreszeitlichen Wechsel der Vegetation unterscheidet.

Abbildung 2: *Die Wahlverwandtschaften* (1974): Das Gut nach der landschaftsgestalterischen Überformung.

Die Forschung hat betont, wie sich in den DEFA-*Wahlverwandtschaften* von
1974 der Rückzug ins Private ankündigt,[7] der als Habitus weiter Teile der
Gesellschaft der Spätphase der DDR bestimmte und den etwa auch Christa Wolf schon 1989 in ihrem *Sommerstück* rekapitulierte (Wolf 1989). Bereits
mit ihrem ersten Auftritt erscheinen Eduard und Charlotte als Symbol-
figuren einer inneren Kündigung, als soeben arrivierte Aussteiger vom
gesamtgesellschaftlichen Partizipationswillen, die den Einstieg gefunden
haben in eine antiquitätennostalgische und hausmusizierende Welt der
Wochenendgrundstücke und renovierungsbedürftigen Bauernhäuser als
Neuauflage des Rückzugs in Ungnade gefallener Aristokraten auf die Güter. Eduard zu Charlotte in der Mooshütte: „Ist ein wenig eng hier." – Charlotte: „Für uns beide reicht's."

Ginge es damit vor allem um Glück und Enttäuschung des privaten
Lebens, so zeigt sich bei intensiverem Hinschauen, wie umfassend die
gesellschaftliche Zeitdiagnose ist, die der Film mit seiner visualisierten Garten-Metapher in all ihrer Polysemie vor Augen stellt. Auch hier
macht sich die Umhegung als Definitionsrahmen eines jeden Gartens
seit dem altpersischen *Paradies*, dem umgrenzten Bereich, geltend. Der
lediglich behauptete Garten der Kühnschen *Wahlverwandtschaften* dehnt
sich, bis er seine Grenzen in den Grenzen eines ganzen halben Landes
findet. Der Film unterstreicht eine solche Spielart des *hortus conclusus*, indem er die angeblich abgeschiedene Idylle aus Landschaftsformen (und
auch Gartenlandschaften) der gesamten Republik zusammensetzt, aus der
Grundmoränenlandschaft Mecklenburgs, in der sich mit dem verfallen-
den Herrenhaus Rossewitz auch das Schloss fand,[8] ebenso wie aus den
hügeligen Gegenden Mitteldeutschlands und den mehr oder minder wohl-
gepflegten Gärten mecklenburgischer Schlösser wie Bothmer oder Burg
Schlitz, von Oranienbaum bei Dessau oder Schloss Goseck an der Saale.
Tauchen für einen gartengeschichtlich geschulten Zuschauer hier tatsächlich unmissverständliche Elemente historischer Gärten wie solitäre (exotische) Parkbäume oder staffageartige Grotten und Brücken auf, so versteht
es die bewegte Bildsprache des Films doch auch in diesen Räumen, ihre

---

7   Vgl. etwa Gersch 2006: 159-160. Der Autor, der kurz vor der Entstehung des
    Films Dozent an der Potsdamer Hochschule für Film und Fernsehen geworden
    war, betont jedoch, dass die Kühnschen *Wahlverwandtschaften* noch gegen eine
    solche aktuelle Entwicklung, „Klassisches verfremdend, polemisierte[n]".
8   So zumindest in seiner äußeren Erscheinung, während sich die Innenräume
    neben Rossewitz auch Drehorten in den Schlössern bzw. Schlossruinen von Mi-
    row, Gützkow bei Stavenhagen und Dranske auf Rügen verdanken.

ursprüngliche Kontextualisierung aufzubrechen, ihre strukturelle Einbindung visuell im Unklaren zu belassen und den Gartenraum ins allgemeine Land auszuweiten. Wie zum Beleg taumelt Eduard, nachdem er das Gut verlassen hat und in den Krieg gezogen ist, unter fernem Geschützdonner allein durch eine Landschaft und an einem zerstörten Gebäude vorbei, die den Eindruck erwecken, als weilten wir noch immer auf seinem eigenen Anwesen. Befinden wir uns also immer schon in einem Garten, erscheint allerdings der berühmte pragmatische Appell „il faut cultiver nôtre jardin", mit dem Voltaire seinen skeptischen *Candide* von 1759 über „die beste aller Welten" enden lässt (Voltaire 1759: 294), als mehr denn zweifelhaft, wenn die Landschaft nach allen gartengestalterischen Bemühungen und Turbulenzen aussieht wie zuvor.

Die Idee, Feld, Wald und Wiese als Garten zu präsentieren, fand sich vorgebildet im Landschaftsgarten des 18. Jahrhunderts, der als ‚verbesserte Natur' alles daran setzte, seine Künstlichkeit zu verbergen. Nicht umsonst und merklich ironisch wird uns der Nicht-Garten des Films auf einem Plan, den die Protagonisten bei ihren Umgestaltungen benutzen, als unverkennbarer Park vorgestellt. Das kartografische Requisit mit seinen geraden Alleen und sanft geschwungenen Wegen, ‚natürlich' geformten Teichen und Bachläufen, den Baum- und Gehölzsignaturen, auf die mit einem dicken Zimmermannsbleistift hingewiesen wird, lenkt die Assoziationen unmittelbar auf den analog strukturierten prototypischen Landschaftsgarten von Wörlitz. Für den Film konnte Wörlitz geradezu als eine ideale Folie gelten, war es am Ende des 18. Jahrhunderts Fürst Franz im Zwergstaat Anhalt-Dessau doch nicht um eine einzelne Anlage gegangen, sondern um die Umwandlung des gesamten Landes in einen Garten. Das Gartenreich von Dessau-Wörlitz, das bereits für Goethe Schauplatz seiner gartenkünstlerischen Urszene gewesen war, erfuhr in Kunst- und Geschichtswissenschaft der DDR seit den 1960er Jahren wieder verstärkte Beachtung und neue Bewertung. So wurde etwa Erhard Hirsch, späterer Nestor der Wörlitz-Forschung, 1969 in Halle mit einer Arbeit über *Progressive Leistungen und reaktionäre Tendenzen des Dessau-Wörlitzer Kulturkreises in der Rezeption der aufgeklärten Zeitgenossen 1770-1815* promoviert. Bereits 1964 war Georg Piltz' populärer Bildband *Schlösser und Gärten* (um Dessau) erschienen, 1965 folgten die von Johannes Pforte und Hartmut Ross herausgegebenen fachwissenschaftlichen Studien *Der Dessau-Wörlitzer Kulturkreis* (vgl. Piltz 1964, Pforte/Ross 1965). Galt es hier, den Landschaftsgarten als bürgerlich-fortschrittlich darzustellen, so verfolgte die westdeutsche Forschung zur selben Zeit vergleichbare Deutungen, die 1980 mit Adrian

von Buttlars bis heute wirkmächtigem Kompendium *Der Landschaftsgar-*
ten in der Formel „Natur als Freiheitssymbol" gipfeln sollten (von Buttlar
1980: 117-129).[9]

Die gesellschaftspolitische Ambivalenz der Gartenmetapher verdichtet
sich noch einmal beim Bau des Gartenlusthauses, für den auch Eduard
selbst tatkräftig zum Hammer greift (Abb. 3). Ist es einerseits eine Dat-
sche, für die moderne Hohlraumziegel und dank Materialknappheit auch
sonst alles, dessen man habhaft werden konnte, Verwendung finden, so
alludiert die Idylle andererseits auch auf den besonders seit 1971 forcier-
ten industriellen Massenwohnungsbau von, so Heiner Müller 1982 zwi-
schenbilanzierend, „Fickzellen mit Fernheizung" (Müller 2006a: 11). „Die
Gliederung der Innenräume – praktischen Erwägungen untergeordnet.
Man soll hier wohnen können. [...] Alles klar und zweckvoll", expliziert
der Hauptmann die sogenannte verspätete Moderne der DDR an einem
strengen – nie vollendet gezeigten – klassizistischen Kubus. Seine Platzie-
rung in freier Landschaft erinnert an die Einsamkeit der Wallwachhäuser
in den Dessau-Wörlitzer Elbauen, die Architektur an die Berliner Schule
um 1800.[10]

---

9   Eyserbecks Parkplan von 1784, der dem Kartenwerk der Wahlverwandtschaf-
    ten stark ähnelt, ist abgebildet ebd.: 118.

10 Die Fassadendistribution des Landhauses besitzt etwa eine große Ähnlichkeit
    mit den mittleren Achsen von David Gillys Entwurf für Schloss Paretz bei Pots-
    dam. Auffällig ist, wie der Rohbau im Film mit scharf umrissenen schwarzen
    Fensterhöhlen erscheint und sich damit charakteristischen Darstellungskon-
    ventionen der Berliner Schule um 1800 annähert. Die berühmte Entwurfszeich-
    nung für Paretz ist abgebildet bei Kahlow (1998: 103).

Abbildung 3: *Die Wahlverwandtschaften* (1974): Der Bau des Lusthauses.

Bereits im Drehbuch ließ der einführende Kommentar zur – in Goseck ge-drehten – Grundsteinlegung des neuen Hauses trotz des Versuches einer vorwegzunehmenden Interpretation die Vieldeutigkeit der entsprechen-den späteren Filmsequenzen durchscheinen:

> Eine Szene mit ausgeprägt sinnbildlichem Charakter. Sehr betont der Vorgang der Grundsteinlegung: etwas Neues wird begonnen. Der gespenstische Por-taleinsturz gekontert. Der Neubeginn als eine jedem Menschen offenstehende Möglichkeit. Die Entschlußkraft vorausgesetzt, Spannkraft. Die Gretchenfra-ge aber liegt in dem Mut zur Vollendung. So wird das kontrapunktisch zum Schloss gesetzte Symbol des Neubaus in seinen Phasen Grundsteinlegung – Richtfest – unvollendetes Provisorium zu einem Schlüsselpunkt des Films.[11]

---

11 Drehbuch zu den *Wahlverwandtschaften* (1973) im Filmmuseum Potsdam: 43 (Bild 49); freundlicher Hinweis von Anett Werner, Berlin, Mitarbeiterin am Projekt *Spielräume. Szenenbilder und -bildner in der Filmstadt Babelsberg* mit einem Dissertationsprojekt zur Szenografie der DEFA-Literaturverfilmungen. Ihr sei auch für weitere Anregungen und Recherchen gedankt.

Nicht zuletzt als Klassikerverfilmung, die sich noch dazu einer Ästhetik des Autorenfilms verpflichtet zeigte, fanden die DEFA-*Wahlverwandtschaften* auch im Westen Beachtung. Allerdings stießen hier die gesellschafts-politischen Implikationen, die der Film nicht zuletzt in der szenografi-schen Konzeption verankert hatte, selbst bei einem DEFA-affinen Kritiker wie Heinz Kersten kaum auf Resonanz. In der *Frankfurter Rundschau* blieb so die Ausweitung des Gartens auf ein ganzes Land unbemerkt, das Han-deln der Protagonisten auf dem Landgut eine „asoziale Insel-Situation". Kersten vermisste „konkrete Bezugspunkte außerhalb" – die Kühn ja de-zidiert nicht gesetzt hatte – und sah deshalb lediglich „schöne Bilder einer gesellschaftsfernen Idylle" (Habel 2000: 675).

Die Goethesche Gartenmetapher als verräumlichende Gesellschafts-diagnose spielte hingegen auch der Psychodramatiker Claude Chabrol in seinem gern als bloße Auftragsarbeit gescholtenen Fernsehfilm *Les affinités électives* für das Goethe-Jahr 1982 souverän aus. In ihrem Zimmer sehen wir Ottilie nach der Ankunft auf dem Gut sofort vor einem Fenster mit Ausblick auf den Park, der innerhalb der Fensterrahmung die attributive Funktion von Landschaftshintergründen klassischer Portraits übernimmt (Abb. 4). Zwischen Garten und Protagonistin entsteht ein enger Nexus, der sich im Laufe des Films reiterierend verfestigt. Ist Ottilie am Ende tot, wird die erste Einstellung wiederholt; eine Zofe drückt sich an die Wand, um Kamera und Zuschauer durch das Fenster einen Ausblick mit Leerstelle zu öffnen.

Auch der Filmbeginn prononciert sofort den Garten als metonymischen Akteur. Noch während des Vorspanns schauen wir Eduard bei der Pflege von Rosen zu; er läuft auf dem Weg zur Mooshütte durch wohlkompo-nierten Gartenraum, über eine Brücke mit weiß gestrichenem Geländer; in der hoch gelegenen Hütte öffnet Charlotte die Fenster, und mit dem Blick der Kamera breitet sich unter uns ein Park aus (Abb. 5). Im Unterschied zur DEFA-Fassung ist es hier nun tatsächlich ein Landschaftspark mit ein-schlägigen, eher dem 19. Jahrhundert zuzurechnenden Gartenstrukturen, dessen voll ausgewachsener Baumbestand allerdings bereits deutlich die Überalterung der Vegetation erkennen lässt. Er ist ein Ort, an dem wir mit der eröffnenden Einstellung, in der sich Eduard an den Rosen zu schaffen macht, auch die letzte Szene gesehen haben, in der auf visueller Ebene einer der vier Protagonisten mit umgestaltender Arbeit am Garten gezeigt wird. In einen penibel erstellten Gartenplan will Eduard mit Feder und Tinte Ideen eintragen, doch der Hauptmann reißt den kostbaren Plan so-fort an sich und verhindert das spontane Notat (Abb. 6, S. 328).

Abbildung 4: *Les affinités électives* (1982): Ottilie vor dem Ausblick auf den Park.

Abbildung 5: *Les affinités électives* (1982): Charlottes Blick auf den Park.

Der Garten der Chabrolschen *Wahlverwandtschaften* ist wie der der wenig älteren DEFA-Version ein entropischer Ort. Seine Stasis speist sich jedoch aus der Stabilität sozialer Verhältnisse, aus der Kodifizierung eines elitären Habitus, die der exzessiv dialoglastige Film auch durch die Betonung von Sprache und Sprechsituation als Distinktionsinstrumente vorführt. Mit ihnen findet Chabrol *Die feinen Unterschiede* Pierre Bourdieus (Bourdieu 1982), mithin Themen, die sein gesamtes Oeuvre durchziehen, in der Goethe-Welt von 1809. Als sozialer Verhandlungsort wird der in voller Pracht überalternde Park jeden Verweises auf ein Werden des Gartens enthoben, und die Notwendigkeit einer ökologischen Erneuerung des lebendigen Raumbildes erscheint visuell unwillkürlich verdrängt. Sie ließe sich nur um den Preis radikaler Eingriffe erkaufen, die jedoch die Gefahr traumatischer Erfahrungen in sich bergen wie – nur ein französisches Beispiel aus der Geschichte der Gartenkunst – der sogenannte ‚Große Kahlschlag' 1774 im überalterten Baumbestand von Versailles, den Hubert Robert in zwei verstörende Gemälde bannte und der den gartenenthusiastischen Abbé Delille ausrufen ließ: „Ach Versailles! Ach Sehnsucht, ach bezaubernde Boskette, Meisterwerke eines großen Königs, Le Nôtres und jahrelanger Arbeit! Die Axt ist an Euch gelegt, Eure Stunde ist gekommen" (Pérouse de Montclos 1996: 218).[12]

Abbildung 6: *Les affinités électives* (1982): Der Hauptmann nimmt den Gartenplan an sich.

---

12 Vgl. a. ebd.: 212-219; die Gemälde Roberts sind abgebildet ebd.: 218-219.

Von einem auch nur irgendwie ähnlich gearteten Abschiedsschmerz bleiben die Protagonisten in den kinematografierten *Affinités électives* verschont. Ohne ihre praktische Mitarbeit wird das Lusthaus errichtet; seine
Einweihung wird gefeiert; der vollendete, für das späte 18. und frühe 19.
Jahrhundert ausreichend konventionelle Gartentempel mit seinen vier ioni-
schen Säulen erscheint sauber getüncht – doch bereits mit einer Patina, die
sich beruhigend mit dem dunkel-satten Fond alter Parkbäume verbindet.

Hatte Kühn den Garten durch die Heterogenität seiner Bestandteile auf
die ganze DDR extensiviert, so blieb der reale böhmische Drehort mit seinem habsburgisch gelb-weißen Schloss für Chabrols *Wahlverwandtschaften*
irrelevant. Zwar wurde das Szenenbild als Zusammenarbeit von Guy Lit-
taye und Karel Vaček vom französischen und tschechoslowakischen Ko-
operationspartner gemeinsam erstellt, doch semantisch machte sich die
ČSSR nicht bemerkbar. Allerdings erschien selbst den Apologeten ,werk-
getreuer' Klassikerverfilmungen die szenografisch stabilisierte Harmonie
dieser „mit bemerkenswertem Takt adaptiert[en]" TV-Produktion etwas
unheimlich: „Zwangsläufig wohl haben Chabrols *Wahlverwandtschaften*
vom Farbfilm und seinen böhmischen Drehorten eine gewisse dekorative
Schönheit mitbekommen, die der Vorlage widerspricht", befand 1982 *Der
Spiegel* im Lande Goethes (westliche Hälfte) (Hohmeyer 1982: 216).

In der Folgezeit entstanden mehrere freiere Romanadaptionen, die
zwar Goethes Figurenkonstellation in die Gegenwart übertragen, die Gar-
tenmetaphorik aber außen vor lassen. Dazu zählen die Filme *Tarot* (1985)
von Rudolf Thome, der in Bayern angesiedelt ist und dessen Protagonisten
alle im Filmgeschäft arbeiten, und *Mitte Ende August* (2009) von Sebastian
Schipper, der seine Aussteiger in einem Nest im Land Brandenburg lokalisiert, wo sich die beiden Paare lediglich an der Haussanierung abarbeiten,
ohne die für Goethe so wichtige Landschaftsgestaltung einzubeziehen.

Erst die dritte der hier zu besprechenden *Wahlverwandtschaften*-Verfil-
mungen schließt sich wieder eng an die Klassikervorlage an, die italienisch-französische Koproduktion *Le affinità elettive/Les affinités électives* der
Brüder Paolo und Vittorio Taviani, die 1996 Premiere hatte. Für die Szenografie zeichnete Gianni Sbarra verantwortlich, für die Ausstattung Loren-
zo D'Ambrosio. „Für uns war dieser Film ein bißchen wie unser eigenes
Leben", erzählt Vittorio Taviani: „Es geht immer darum, ein Gleichgewicht
zu finden, zwischen dem was wir wollen, und dem, was wir können. Goethe war für uns da wie ein Bruder" (Barthelemy 2010).

Handlungsort ist hier nun allerdings die Toskana, und die Italianisierung
auch der deutschen Namen – Carlotta, Eduardo, Ottilie, Ottone – zeigt, dass es

den Regisseuren mit der Adaption ernst ist. Überhaupt ist dieser Film durch
eine deutliche Verknappung gekennzeichnet, die nicht nur zur Symbiose von
Personen führte – Hauptmann und Architekt sind hier in der Figur Ot-
tones in eins gesetzt –, sondern auch zum Füllen der Lücken in der Sto-
ry durch stark symbolhafte Bilder. Das beginnt bereits mit dem Vorspann: Zwei Männer in der Kleidung der Protagonisten bergen eine
tief im Wasser liegende Liebesgöttin und führen mit ihr zugleich den
Mythos der schaumgeborenen Aphrodite/Venus in die Gegenwart.
Diese Figur, nun eine Venus Urania vom Typ Medici – und damit jene
Skulptur, die als Liebes- und Gartengöttin europaweit die Gärten des 18.
und frühen 19. Jahrhunderts schmückte –, wurde aufgestellt, und diese
Präsentation, so erfinden es die Taviani-Brüder im Anfangs-Rückblick,
sollte die beiden Protagonisten zusammenführen (Abb. 7).

Abbildung 7: *Le affinità elettive* (1996): Eduardo, Carlotta und Venus Urania.

Der gewählte Drehort ist hochambitioniert: Es ist das 1485 begonnene und
erst 1520 vollendete Landhaus der Medici in Poggio a Caiano, das durch
seinen antikisierenden Portikus und die glasierten Reliefs im Antikstil zu

einer Inkunabel der Villenkultur der italienischen Renaissance geworden ist. Die beiden Jugendgeliebten finden nun erneut zusammen und heiraten auch. Die Taviani-Brüder benutzen diesen im Roman eher beiläufig geäußerten Fakt der Hochzeit dazu, den beiden Protagonisten Lieblingsformen und -motive zuzuweisen. Die Eheschließung findet im engsten Kreis in der bedeutenden Kirche S. Miniato (al monte) statt, einer Kirche, die, wie es im Kommentar heißt, „ihnen beiden die liebste war, Carlotta wegen der Sachlichkeit ihrer geometrischen Formen, Eduardo wegen des mystischen und magischen Gefühls, das diese Formen in ihm auslösen".

Abbildung 8: *Le affinità elettive* (1996): Diskussion zwischen Gartenplan und Gartenmodell.

Dass diese Kirche in Florenz lokalisiert ist, mag für die Filmhandlung unbedeutend sein; Filmkenner aber wussten, dass in dieser Kirche der Film *Obsession/Schwarzer Engel* (1976) spielte, jene wahnhafte Beziehungsgeschichte von Brian de Palma, die sich filmisch ihrerseits als Hommage auf Hitchcocks *Vertigo* (1958) verstand. Die im Taviani-Film als bedeutsam für Eduardo und Carlotta eingeführte Materialästhetik führt als szeno-

grafische Allegorese mit einem Schnitt direkt auf den Landsitz von Eduardo. Das relativ schlichte Haus erscheint zunächst abweisend, es ist kein
Landschloss, sondern ein Gut ohne deutliche Gartenstrukturen, allein in
unmittelbarer Hausnähe befinden sich ein paar Terrakottakübel. Noch ist
auch die umgebende Landschaft nicht weiter gestaltet, und Carlotta als
Gattin des Besitzers entwickelt Pläne für eine Umgestaltung des Anwe-
sens. Mit dem hinzukommenden Hauptmann wird dieser Prozess profes-
sionalisiert; es wird sowohl ein Modell als auch der Grundrissplan einer
um 1809 modernen Gartenanlage im landschaftlichen Stil zu sehen sein
(Abb. 8, S. 331).

Bemerkenswerterweise werden diese Pläne aber nicht umgesetzt, es wird –
außer einem schon bestehenden Bereich mit blühenden Töpfen nahe dem
Haus – keine sichtbar gestaltete Landschaft als *ordo*-Modell geben. Zuerst
muss das Gelände allerdings vermessen werden, und Eduardo und sein
Architektenfreund arbeiten begeistert mit ihrem neuen Messgerät, einem
Theodoliten, der 1809 tatsächlich verwendet wurde. Die strenge Symmetrie des Bildaufbaus der Taviani-Brüder bekommt hier, ebenso wie ihre
Farbverwendung, eine symbolische Funktion: Carlotta ist mit den Bän-
dern ihres Kleides wie mit Nabelschnüren beiden Männern verbunden.
Ihre beschränkte Verfügungsgewalt über das Land verdankt sie allein der
Vermählung mit Eduardo, eine Bedingung, die auch in der Romanvorlage
herausgehoben wird. Die bei Goethe wichtige Gestaltung des Naturraums
durch Gartenbau und Architektur wird in diesem Film eigentlich in nur
einer Szene kondensiert, in der der Besitz, ausgedörrte toskanische Hügel,
vermessen wird (Abb. 9) und – durch den Theodoliten betrachtet – Kopf
steht.

Der Film zeigt, dass sich seine Protagonisten zwar intensiv mit Garten-
plänen befassen, doch wird dann nichts davon realisiert. Der Hauptaspekt
bleibt in der Taviani-Fassung die Klarstellung der individuellen Besitzver-
hältnisse, der die Vermessung letztlich dient – ein Aspekt, wie er für ein
DDR-Publikum der 1970er Jahre irrelevant bleiben musste, für das Italien
der 1990er Jahre aber eine große Bedeutung besaß.

Abbildung 9: *Le affinità elettive* (1996): Vermessung des Besitzes.

Carlotta, gespielt von Isabelle Huppert, ist in diesem Film die Vernünftige und als Figur außerordentlich dominant, anders als Ottilie, die den Reigen komplettiert. Doch auch sie lässt sich mit hineinziehen in einen Ausnahmezustand, der durch das Ausschalten der Zeit erreicht wird: Ottone bleibt bezeichnenderweise die Uhr stehen, als sie am Wasser ankommen. Die geltenden Regeln und sozialen Zwänge sollten damit idealerweise außer Kraft gesetzt werden. Im Film der Taviani-Brüder übernimmt das Element Wasser den symbolischen Part der sinnlichen Anziehung und zugleich den der Bedrohung. So finden denn auch alle wichtigen Ereignisse in und am Wasser statt. Das entscheidende Requisit ist hierbei ein weißes Holzruderboot, das anfangs durch den Wald getragen wurde, als sei es ein riesiger Sarg. Wer in dieses Boot steigt, so suggerieren die folgenden Szenen, überlässt sich einem wilden Element, das für das Begehren steht. Goethe zeigt, dass dieses Streben und Ausleben der problematischen Gefühle hochriskant ist. Bei den Tavianis stranden erst der Architekt und Carlotta mit dem Boot, und es kommt zu einer Kuss-Szene. Dann rudert Eduardo mit dem geschmückten Boot über den See, um zu Ottilie und dem Fest zu gelangen. Schließlich kippt die Situation im wahrsten Sinne des Wortes um: Spielende Kinder kentern mit dem Boot und geraten in Lebensgefahr, später kommt das Kind des Paares Eduardo-Carlotta um, als Ottilie schnell über den See rudern will, und endlich stirbt Eduardo bei dem Versuch, das Boot flott zu bekommen. Erst der Tod lässt das verhinderte Paar Eduardo-Ottilie nebeneinander in ihren Särgen liegen wie in zwei Booten. Die im Film gezeigte untypische Gleitbewegung, die nicht der Fahrt einer Kutsche entspricht, schließt den Kreis der Boots- und Wassermetaphern und bezieht sich auf die ‚natürlich' geformte Wasserfläche als Ideal des Landschaftsgartens, wie sie auf dem gezeigten Plan und im Modell die zentrale Position einnimmt.

In jedem der drei Filme erscheint der von Goethes kanonischer Vorlage vorgegebene Rückzug aufs Land und der Umgang mit der jeweiligen Landschaft als auf programmatisch unterschiedliche Weise gelöst. Das betrifft sowohl die Eigentumsverhältnisse als auch die Aktivitäten in und mit der Landschaft, das Bauen und Umbauen.

Im DEFA-Film von 1974 erscheint das ruinöse Schloss auch als eine vielleicht aufzugebende Raumhülle, und ein neues Haus wird – so zumindest laut Drehbuch – optimistisch-intentional zum Hoffnungsträger. Es wird nicht vollendet, und so richtet sich Charlotte zum Schluss, mühsam einen riesigen Schrank bewegend, im Alten neu ein. Bei Chabrol kippt am Ende der Teich um, das einst klare Wasser ist nun von Algen verseucht, und die Natur hat sich dem sozial Entropischen angeglichen. Im Taviani-Film gibt es die anspruchsvollsten Pläne und Modelle, die jedoch nicht umgesetzt werden, und das Gut bleibt ein unbewirtschaftetes Gelände. Dass es auch anders ginge, zeigt das Schlussbild mit dem schreienden Mädchen Agostina: Sie befindet sich, so Carlotta, „irgendwo in der Umgebung", und zwar auf einem soeben gemähten Getreidefeld. In der Differenz zum ungenutzten eigenen Landgut wird dieses Setting als ein zusätzlicher Hinweis auf die destruktiven Kräfte einer verkehrten Liebe lesbar: Die Zeit lässt sich nicht ausschalten, und die sozialen Verhältnisse wirken weiter fort wie der gelöschte Kalk, unter dessen harter Decke es weiter brodelt und arbeitet.

Die szenografischen Konzeptionen aber, mit denen sich die Goethesche Garten-Metapher auch für den filmischen Bildraum visualisiert, finden ihre Grenzen erst in den Assoziationshorizonten der gesamten Bildgeschichte. In diesem Sinne mag eine Analyse der *Wahlverwandtschaften*-Verfilmungen von der Zusammenarbeit von Literatur-, Film- und Kunstwissenschaft respektive Gartengeschichte nicht nur zu profitieren, sondern

scheint geradezu auf eine Engführung oft genug getrennter Forschungs-
wege angewiesen zu sein.

Literatur

Barthelemy, Andrea (2010): „Tavianis Wahlverwandtschaften". In: Rhein-Zeitung.
15. 01. 2010. http://www.rhein-zeitung.de/startseite_artikel,-Kritik-Tavianis-
Wahlverwandtschaften-_arid,42379.html (letzter Zugriff: 18.09.2012)
Bourdieu, Pierre (1982): Die feinen Unterschiede. Kritik der gesellschaftlichen Ur-
teilskraft. Frankfurt am Main: Suhrkamp
Buttlar, Adrian von (1980): Der Landschaftsgarten. München: Heyne
Clint: Sixties fashions and design. http://www.sixtiescity.com/Fashion/Fashion.
shtm (letzter Zugriff: 12.07.2012)
Drehbuch zu den Wahlverwandtschaften (1973), Filmmuseum Potsdam, Sammlun-
gen
Gast, Wolfgang (Hrsg.) (1993): Film und Literatur. Frankfurt am Main: Diesterweg
Gersch, Wolfgang (2006): Szenen eines Landes. Die DDR und ihre Filme. Berlin:
Aufbau
Goethe, Johann Wolfgang von (1998): Die Wahlverwandtschaften. In: Trunz/von
Wiese (1998): 242-490
Grimm, Claudia (2005): Die Transformation von Gefühlsdarstellungen in Buch
und Film. Medienwissenschaftliche Analysen zu vier filmischen Literaturad-
aptionen von Goethes Roman Die Wahlverwandtschaften. Dissertation, Justus-
Liebig-Universität Gießen. http://geb.uni-giessen.de/geb/volltexte/2005/2265/pdf/
GrimmClaudia-2005-07-12.pdf(letzter Zugriff: 18.09.2012)
Habel, F[rank]-B[urkhard] (2000): Das große Lexikon der DEFA-Spielfilme. Die
vollständige Dokumentation aller DEFA-Spielfilme von 1946 bis 1993. Berlin:
Schwarzkopf & Schwarzkopf.
Hohmeyer, Jürgen (1982): Farbiger Abglanz. In: Der Spiegel 13. 1982: 216
Kahlow, Andreas (1998) (Hrsg.): Vom Schönen und Nützlichen. David Gilly (1748-
1808). Ausstellungskatalog. Potsdam: Fachhochschule Potsdam/Stiftung Preußi-
sche Schlösser und Gärten Berlin-Brandenburg
Müller, Heiner (2006a): Landschaft mit Argonauten. In: Müller (2006b): 10-13
Müller, Heiner (2006b): Verkommenes Ufer/Medeamaterial/Landschaft mit Argo-
nauten. Berlin: Henschel
Niedermeier, Michael (1992): Das Ende der Idylle. Symbolik, Zeitbezug, „Garten-
revolution" in Goethes Roman Die Wahlverwandtschaften. Berlin u.a.: Peter Lang
Paech, Joachim (1997): Literatur und Film. Stuttgart, Weimar: Metzler
Pérouse de Montclos, Jean-Marie (1996): Versailles. Köln: Könemann
Pforte, Johannes/Ross, Hartmut (1965) (Hrsg.): Der Dessau-Wörlitzer Kulturkreis.
Wörlitzer Beiträge zur Geschichte. Wörlitz: Rat der Stadt
Piltz, Georg (1964): Schlösser und Gärten. Oranienbaum, Mosigkau, Wörlitz, Luisi-
um, Georgium, Haidelburg, Großkühnau. Leipzig: Seemann
Schneider, Irmela (1981): Der verwandelte Text. Wege zu einer Theorie der Litera-
turverfilmung. Tübingen: Niemeyer

Trunz, Erich/von Wiese, Benno (Hrsg.) (1998): Johann Wolfgang von Goethe. Werke
   in 14 Bänden. Bd. 6. Romane und Novellen I. München: dtv
[Voltaire] (1759): Candide, ou L'Optimisme, Traduit de l'Allemand de Mr. le Docteur
   Ralph. o.O.: o.V.
Wolf, Christa (1979): Kein Ort. Nirgends. Berlin/Weimar: Aufbau
Wolf, Christa (1989): Sommerstück. Berlin/Weimar: Aufbau

Eine Reise auf der Suche nach Überschreitung

Die Road Movies der DEFA und die Grenze an allen Enden

Marius Böttcher

Grenzauslotung

Wenn Homi Bhabha mit dem Konzept des dritten Raums auch den Ort der Grenze zwischen vielschichtigen Verknüpfungen betrachtet, die „historische [...] Identität von Kultur als eine [...] homogenisierende [...], vereinheitlichende [...] Kraft" (2010: 56) überschreitet und Differenz und Identität konfrontiert, entwirft er eine hybride Topografie eines Raums der Begegnungen. Wird das Bild der Grenze also von der anderen Seite her thematisiert und auf evozierende Praktiken hin untersucht, wird immer auch gleich die Frage nach Grenzüberschreitung und deren Möglichkeiten aufgeworfen (vgl. Lamprecht/Mindler/Zettelbauer 2012: 14). Grenzen definieren sich sodann in ihrer Negativität und bilden ein „Spannungsfeld [...] von einerseits klar definierten Raum- und Grenzkonzepten sowie andererseits brüchigen, fragmentierten und widersprüchlichen sozialen Praktiken" (ebd.: 11). Damit rücken umso mehr die Übergangszonen dieser Grenzen ins Bild wie auch konkrete Handlungsmöglichkeiten, diese zu umgehen: Handlungspraktiken, die den Ort der Grenze in Ambivalenz einer eindeutigen Bestimmung entziehen und damit zugleich zueinander bringen. Damit entsteht ein Raum, der nicht mehr nur Trennlinie ist, sondern als Verortung von konkreten Praktiken gesehen werden kann, der eigenen Gesetzen unterliegt und damit veränderte Strukturen birgt. Dieser Raum wirkt umso mehr auf die eigentlichen territorialen Räume hinter und vor der Grenze und bestimmt sie maßgeblich. So wird der Ort der Trennung zeitgleich zum Ort der Zusammenführung: „Als Demarkationslinie verbürgt er zwar die Identität mindestens zweier Bereiche, führt das Getrennte jedoch zugleich einander zu und lässt es in wechselseitiger Abhängigkeit erscheinen" (Kleinschmidt 2011: 9).

Road Movies, als Bilder des Unterwegsseins in scheinbarer Abwesenheit jeglicher Grenzen und in der Unschärfe ständiger Bewegung, sind dabei der filmisch wahrscheinlichste Ort dieser Übergangszonen und bilden Schwellen und Handlungsräume aus, die sich gegen die voreilige Eindeutigkeit der Liminalität stellen wollen. Doch in der reisetechnischen Sonderstellung der DDR und der tabuisierten Omnipräsenz der Grenze erscheinen im Fernweh der DEFA und ihrer Filme eben jene Übergangsräume nicht nur andersartig im Bild, sondern auch bereits seitens ihrer Herstellung maßgeblich eingeschränkt. Nicht nur, dass die Grenzen an dieser Stelle eine semipermeable Selektion einrichten und nur bedingt Reisemotive erlauben. Auch schon allein in der Organisation filmproduktionstechnischer Praktiken obliegen die Grenzüberschreitungen in transnationaler Zusammenarbeit besonderen Bedingungen und sind somit dahingehend interessant, inwieweit diese in den Bemühungen der Kooperationen nebst Mechanismen der Restriktionen bereits als Reflexion des Grenzmotivs gesehen werden können. Somit stellen sich nicht nur Fragen der Organisation von Koproduktionen dieser Filme, auch der Einfluss eben dieser Praktik auf den Film selbst sollte in die Betrachtung rücken. Im Zusammenspiel zwischen den Ländern, die in den Reisen durchquert werden, und den nationalen Filmproduktionsstätten entstehen Filme, die als Reflexions- und Wahrnehmungsleistungen in den Raum, aus dem sie gekommen sind, auch ebenso wieder zurückwirken und dabei die Bilder der Reise und der Grenze reproduzieren (vgl. z.B. Engell 2010: 137-156). Die Bilder und ihre Produktionspraxis überschneiden sich damit nicht nur, sondern bilden ein Gemeinsames aus, das als Praxis transnationaler Beziehungen der DEFA untersucht werden soll.

In dieser im hohen Maße selbstreflexiven Haltung im Prozess der Grenzziehung und -überschreitung verschränken sich im Road Movie der DEFA Herstellung und Wahrnehmung des Handlungsspielraums sowohl im territorial-politischen als auch im kulturellen Sinne. Diese Thematisierung politischer und territorialer Grenzziehungen und ihrer Auswirkungen gilt es dabei in ihrer Repräsentation und Herstellungspraxis gegenüberzustellen, um die Möglichkeiten, Implikationen und kollektiven Sinnstiftungsprozesse zu strukturieren und als Argumentationsmuster von Grenzen zu denken. Im Folgenden soll daher ein genauer Blick auf die ansonsten in Fahrtgeschwindigkeit verwischenden Unschärfen der DEFA-Road Movies geworfen werden, der von einem kurzem Überblick

über Urlaubsfahrten und Reisefilme hin zu zwei exemplarischen Grenzüberschreitungen, Günter Reischs *Unterwegs zu Lenin* (1970) und Herrmann Zschoches *Und nächstes Jahr am Balaton* (1980), führt und diese in
ihrer Repräsentation der Liminalität untersuchen will.

Reisen im DEFA-Land

Das Fernweh der DEFA-Filme lässt sich schnell zwischen Ostseeidylle und
Indianerabenteuer verorten, blickt man einmal auf die etlichen Urlaubsge-
schichten und Reiseerzählungen, die sich spätestens seit den 1960er Jahren in einer wahrlich illustren Vielfalt finden lassen. Wie in *Heißer Sommer*
(1968) von Joachim Hasler oder auch Wolfgang Luderers *Meine Freundin
Sybille* (1967) wird die fröhliche Ausgelassenheit unterwegs dabei häufig
als Lustspiel oder auch Tanzfilm inszeniert – mitsamt Verstrickungen und
Verirrungen, umso weiter die Reise über die Ostsee hinaus und gen sozialistische Nachbarländer geht. Das Unterwegssein in der Fremde scheint
aber derart ungewohnt, dass sich immer wieder zahlreiche Konflikte aufbauen, die das Fortkommen versperren wollen; so müssen immer größere
Hindernisse überstanden werden. Die eigentliche Reise kann meist nur
noch auf unterhaltsam abenteuerliche Art weitergehen. So komödiantisch
sie auch inszeniert sind, Reisen und Bewegung scheinen hier immer mit
Problemen verbunden, mit der Unmöglichkeit des Weiterkommens, des
Hinausschiebens, des Nicht-Ankommens und dem damit wachsenden
Wunsch endlich wieder heimzukehren: Denn zu Hause ist es doch am
schönsten! Anstelle des endlosen Unterwegssein, das eben keine Grenzen
kennt und Reisen als Motiv der Freiheit in Fluchtbewegung vor der Un-
beweglichkeit statuiert, verkehren sich die Reisen im DEFA-Kontext und
erzählen zwangsläufig von einer Heimkehr statt einer Flucht. So geben
die Fahrten in die Fremde umso mehr Einblicke ins innere Gefüge der
Protagonisten als es ohnehin in Road Movies üblich ist, wenn sie sowieso als Heimreisen gesehen werden können.[1] Zwar bleibt der Wille zum
Ausbruch, „um Äußeres neu wahrzunehmen, auf das sich auch Inneres

---

1   Nach Grob und Klein zeigt sich neben den Bildern von Bewegung, dem Motiv
    des Fahrzeugs als Waffe gegen die Gesellschaft und der utopischen Hoffnung
    auf der Suche nach einer Gegenkultur gerade die andere Reise, die ihre eigenen
    Grenzen hat, die nicht im Außen und in fremden Ländern festzumachen ist,
    sondern in das Innere der Figuren führt, als eines der vier Paradigmen dieses
    Genres (Grob/Klein 2006: 8-20).

verändert" (ebd.: 18), doch wird gerade dieser Ausbruch zum Markstein und das Reisen als Prozess der Freiheit auf andere Weise als genretypisch etabliert.[2] Gerade weil sich die Behinderung der Bewegungsmöglichkeit als innere Sperre in den Bildern der Bewegung wiederholt und einpräg-sam darstellt, scheint das Road Movie an dieser Stelle immer auch ein ge-scheitertes.

Neben exemplarisch verzweifelten und scheiternden Fluchten vor der eingeengten Zukunft (Peter Kahanes *Ete und Ali*, 1985), Fluchten vor der Gegenwart anderer Länder unbegrenzter Möglichkeiten (Frank Beyers *Bockshorn*, 1984) oder gar parodistischen Fluchten vor einer drohenden Grenzziehung (Gerhard Kleins *Sonntagsfahrer*, 1963) nimmt besonders das viel stärker positiv besetzte Reisen im Dienste des Landes als produktives Fernfahrerabenteuer einen besonderen Platz ein. Bleibt Hermann Zscho-ches *Weite Straßen, stille Liebe* (1969) noch im Inneren des Landes, über-schreitet *Wie füttert man einen Esel* (1974) von Roland Oehme schon die Grenzen, verirrt sich aber auch wieder sofort in komödiantisch aufgelös-ten Irrungen der Fahrt, die das ungewöhnliche Fahrerpärchen zu unbe-kannten Orten und auf gefährliche Straßen führt. So häufig wie hier die Vehikel gewechselt werden, umso verlassener bleiben die Figuren zurück (Bertelsen 1991: 37). Entsteht im Road Movie an anderer Stelle eine Ver-schmelzung von Auto, Kino und Bewegung, ist es gerade letztere, die zu weiten Teilen eine abgebrochene und verhinderte bleibt: Die Transport-mittel fallen aus und Alternativmöglichkeiten müssen gesucht werden. So sind die Reisenden auf der verzweifelten und immerwährenden Suche nach Reisemöglichkeiten, gerade weil dessen genaues Ende und die Un-möglichkeit des unbegrenzten Weiterkommens nicht vergessen werden kann.

In diesen Geschichten des Scheiterns, die nur in Komödien und Kla-mauk aufgelöst werden können, finden sich jedoch umso mehr prägnante Motive, die gerade auf Grund der Ambivalenz des Reisens und der wider-sprüchlichen Handlungsspielräumen des DEFA-Reisefilms heimatliche Grundmuster präsentieren. Weisen Grenzen in ihrer eigenen Praxis im-mer sowohl auf kulturelle Identitäten als auch auf gesellschaftliche Ord-nungen hin und setzt man voraus, dass jede Identitätsbildung einen Akt der Grenzziehung erfordert, wird die Grenze nebst der Suche im Fremden

---

2   Die Freiheit, die hier mit dem Ausbruch aus der Gesellschaft verbunden scheint
    und gegen die herrschenden Normen antritt, wird für Bertelsen (1991: 28ff.)
    zum zentralen Motiv des Road Movies.

zugleich Gegenstand und Methode eines heimatlichen Selbstverständnisses (Kleinschmidt 2011: 9). Bernd Kiefer veweist zudem auf die Flucht vor der Heimatlosigkeit in amerikanischen Road Movies, in denen nicht der Romantiker vor der Enge der Heimat ins Unbekannte flieht, sondern sich oftmals auch eine Suche nach einem Ort ausdrückt, der zur Heimat werden will oder kann (Kiefer 2006: 40-49). Das Reisen im DEFA-Land als eine Suche nach Überschreitungen zu fassen, meint damit immer auch die Grenze dahingehend zu untersuchen, wie durch die Filme hindurch die Suche nach Identität, Heimat und Geschichte beschrieben wird. Die Flucht vor dem Gefühl der Heimatsuche und der zeitgleiche Versuch, Heimat zu konstruieren, finden sich dabei in besonderer Weise in den Filmen von Reisch und Zschoche, an denen diese Beobachtungen präzisiert werden sollen.

Reise in die andere Welt: *Unterwegs zu Lenin*

Bereits das erste Bild des Unterwegsseins will mit der Grenze brechen, wenn sich die Bewegungslinie eines vorbeifahrenden Zuges in der Totale ungewohnt an den oberen Bildrand verschiebt. Somit schon längst im Grenzgebiet des Bildes verortet, durchbricht der Zug in Fahrtrichtung nach links und damit als lesbare Rückwärtsbewegung den Bildausschnitt und eilt der quer dazu fahrenden Kamera voraus.[3] Die Kamera verpasst dabei nur um wenige Wagons die Geschwindigkeit des Zuges, doch bleibt sie gerade so langsam, dass sich die Elemente der Eisenbahn allmählich aus dem Bildausschnitt schieben und Wagon für Wagon die Bildgrenze überschreiten. Noch bevor der Film richtig beginnt, wird damit schon in der ersten Sequenz das ganze Prinzip des Films im Bild des Zuges sichtbar gemacht: Der Film erzählt in aneinandergereihten Rückblenden und Episoden während der Fahrt des Zuges zurück in die Heimat. *Unterwegs zu Lenin* zeigt die Geschichte des jung-romantischen Kommunisten Kleist, der im Auftrag der KPD die nur schwer zu überwindenden Grenzen gen Osten durchbricht, um nach Moskau zu Lenin zu reisen. Schon hier ma-

---

3   Die Kameraarbeit verfolgt eine auffallende Hervorhebung der Totalen, die dabei nicht nur der Verwendung des Totalvision-Breitbildverfahrens ästhetisch ausspielt, sondern ebenso die Weiten der russischen Landschaft, die Überschreitung des Raums und die endlosen Reisen eines Road Movies zu fassen versucht.

nifestiert sich im fest fixierten Ziel mit Hin- und Rückreise nicht nur die Abspaltung von herkömmlichen Road Movies anderer Länder; auch der Weg präsentiert sich als Abenteuer, mit dem die scheinbar unmögliche Grenzüberschreitung in revolutionärer Pflichterfüllung bewerkstelligt werden soll. Wieder auf der Rückreise im Zug, lässt Kleist eben dies als geistige Reise reflektieren, als Erinnerungsmonolog mit verändertem Blick, sodass der gesamte Film episodenhaft in dieser Rückfahrt aufgefächert wird. Dem Bild des fahrenden Zuges von Außen werden Bilder der Fahrt vom Inneren des Zuges dazugestellt; Blicke in die geöffneten und nicht geschlossenen Wagonabteile, Blicke auf die Gleise, die das Bild in ständiger Bewegung quer zum Bildverlauf des Totalvisions-Breitbildes wieder zertrennen, schließlich die vorbeifahrende und ins Unscharfe verschwindende, russische Landschaft, im 4:3 der Wagonfenster eingerahmt. Den steten Bildern der Grenzziehung werden damit ihre Auflösung und Öffnung entgegengesetzt, zeigt sich in der Durchbrechung des Bildes eben keine unüberwindbare Grenze, sondern ein zu bewältigender Raum, der das Bild neu aufteilt, verbindet und ganz in kinematografischer Manier durch Bewegung ein neues, kontinuierliches und aus disparaten Elementen bestehendes Ganzes schafft. Wie die Wagons des Zuges, die Episoden des Films und letztlich das Filmbild selbst werden die Einzelbilder aneinandergereiht und durch Bewegung wieder miteinander verbunden. Das Road Movie wird hier in vielfacher Hinsicht zum versöhnenden Agenten der Grenzüberschreitung. Die Aufspaltung des filmischen Raums zeigt dabei immer auch im Bild ihre Überwindung und somit zugleich Wiederzusammenführung.

Dieser vielschichtige Prozess lässt sich auch an der Entstehungsgeschichte des Films verfolgen. So, wie sich Struktur und Bild disparat zueinander ordnen und gerade ihre Grenzziehung Ganzes schafft, scheint sich auch die Produktion des Films rekonstruieren zu lassen. Wie eine Wiederzusammenführung wurde die Doppelpremiere im April 1970 inszeniert, als die Aufführung im Berliner Kino International und zwei Tage später in Moskaus Oktober-Kino gefeiert wird. Der Film wird vom seinerzeit tief beeindruckt nach Berlin zurückgekehrten Günter Reisch später „als eine der anstrengendsten, aber auch schönsten Produktionen" (Reisch 2012) beschrieben.

Als „Reise in eine andere Welt" (wie auch der Arbeitstitel lautete) sollte der Film die internationale Arbeit Lenins über Moskau hinaus würdigen, die Bemühungen um eine Weltrevolution als internationale Utopie ohne Grenzen sowohl im nationalen als auch im klassenspezifischen Sinne zeigen (Karawaschkin 1973: 85) und so die Brüderstaaten historisch näher zueinander führen. Für Reisch, selbst 1945 als Kriegsgefangener nach Potsdam heimgekehrt und damit tief beeinflusst vom Weg der Rückkehr in eine neue Welt, war dies nicht die erste Spur zu Lenin. Bereits Ende der 1950er Jahre hatte er für ein Szenarium nach Werner Hahlwegs *Lenins Reise durch Deutschland im April 1917* (1957) Motive zu entwickeln begonnen. Das schon damals von Reisch als Koproduktion gedachte Projekt scheiterte jedoch letztlich an der Ablehnung Moskaus, das dies nicht als ein notwendiges Projekt der DEFA sah, sondern eine Verfilmung des Stoffes als alleinige Aufgabe des sowjetischen Films betrachtete (Reisch 2012).[4] Es dauerte zehn Jahre, bis die DEFA erneut an Reisch herantrat und ein Filmprojekt zum 100. Geburtstag Lenins auf Grundlage von Alfred Kurellas *Unterwegs zu Lenin* entwickeln wollte. Inzwischen wurde auch in Moskau eine veränderte Bereitschaft signalisiert, da in Folge der Tauwetter-Periode gerade im Film offenere Diskussionen gesucht und Kooperationen geknüpft wurden. *Unterwegs zu Lenin* sollte neue Impulse und Sichtweisen auf die historische Figur werfen, da dies im Produktionsjahr 1969 bereits der vierte Film über Lenin war, der von der MOSFILM mitproduziert wurde. So war das Arbeitszimmer Lenins, das als Ort der zentralen Schlüsselszene des Films dienen sollte, in exakter Kopie als Kulisse im Moskauer Studio bereits vorhanden. Die nach *Fünf Tage – fünf Nächte* (1960) bis dato zweite Koproduktion von MOSFILM und DEFA kam aber nicht nur aufgrund der Haupt- und Leitfigur Lenin oder den schon vorhandenen Ausstattungskapazitäten zustande. Sie wurde auch aufgrund der Vielzahl russischer Schauplätze und Figuren im Szenarium gewählt. Zur konzeptionellen Arbeit wurde sich abwechselnd in Moskau und Berlin getroffen, um besonders die Zusammenarbeit der Autoren Helmut Baierl und Jewgeni Gabrilowitsch (der bereits neben zwei weiteren Leninfilmen auch für *Lenin in Polen* (1966) gearbeitet hatte) aufs Engste zu verbinden. In Berichten und Interviews über den Produktionsprozess lassen sich zudem bereits zu diesem Zeitpunkt organisatorische Beschreibungen von Reiseabläufen, Aufenthaltsmöglichkeiten und Genehmigungen lesen, die die produktionstechnische Seite mit dem Genre des Road Movies verbanden. Notizen, Reisebuchungen und Hotelaufenthalte lesen sich dabei bereits wie ein Reisefilm. Drehorte wurden schließlich in der DDR (Berlin, Schönhagen, Dresden und Leipzig), in Litauen und in Moskau gefunden – wobei fast die Hälfte der Dreh-

---

4 Die Reise Lenins aus der Schweiz über Deutschland nach Petrograd wurde 1988 von Damiano Damiani unter dem Titel *Der Zug* (*Lenin: The Train*) verfilmt.

tage für Litauen, Moskau und im MOSFILM-Atelier geplant waren, die detailliiert auf Millimeterpapier in Zeit- und Reiseplänen koordiniert und sich pendelnd zwischen Moskau und Berlin bewegen sollten. Denn gerade aufgrund der politischen Bedeutung des Jubiläumsfilms war die Koproduktion von Abnahmen, Absprachen und schwierig zu koordinierenden organisatorischen Abstimmungen auf beiden Länderseiten begleitet.

Doch führten nicht nur organisatorische Aspekte zu dieser Entscheidung, so sollte das Projekt auch neue künstlerische Wege miteinander verzahnen und bereits geknüpfte Linien zusammenführen (vgl. Haas/ Wolf 2011: 124). Waren für Reisch russische und polnische Filme die ersten Filmerlebnisse nach der Kriegsheimkehr, hinterließen insbesondere die frühen historischen Verfilmungen über Lenin wie Mikhail Romms *Lenin im Oktober* (1937) und *Lenin in 1918* (1939) großen Eindruck auf ihn, gaben nach eigenen Aussagen die ersten Anstöße für seine politische und künstlerische Bildung und waren Marksteine auf seinem eigenen Weg zu Lenin (Reisch 2012). Maßgebliche Impulse bei der Umsetzung des eigenen Filmstoffes kamen zudem durch die Zusammenarbeit mit Baierl und Gabrilowitsch. Doch der kreative Transfer durchkreuzte alle Ebenen, denn auch das übrige Team setzte sich aus beiden Ländern zusammen. Dies schuf nicht nur ein Sprachengewirr, sondern auch impulsive Einflüsse, die das Projekt vielseitig vorantrieben.[5]

Diese Figuren des Kompetenztransfers, die Zusammenführung doch heterogener künstlerischer Einflüsse und die stetige organisatorische Überschreitung der Länder- und Produktionsgrenzen zeigen dabei, dass das, was in der Herstellung vollzogen wurde, an dieser Stelle eine verschobene Position in der Produktionspraktik einzunehmen scheint. So könnte man behaupten, dass die Herstellung ein Produkt dessen ist, wovon der

---

5   Reisch erhielt mit Lucia Ochrimenko eine russische Regieassistentin, der Kameramann Jürgen Brauer wurde vom russischen Kollegen Waleri Wladimirow unterstützt. Begannen die Film-arbeiten in Potsdam im Spätsommer 1969 mit dem Dreh der Eisenbahnszenen und dem Rückmarsch der Gefangenen im Außenset und im Studio noch im kleinen DEFA-Team mit russischer Unterstützung für Kamera, Szenenbild, Regieassistenz und Produktionsleitung – und damit mit nicht mehr als siebzehn Mann –, so wuchs diese Zahl im November in den Sümpfen Litauens auf fast 100 Mitarbeiter. Ein besonderer Fall des Personalaustauschs zeigt sich in der Anekdote, dass nach Drehabschluss ein LKW von Berlin zu den MOSFILM-Studios startete, in dem das gesamte Schneidetischequipment Monika Schindlers mitsamt ihrer Person transportiert wurde, sodass sie in Moskau mit der für die DEFA üblichen Technik ihren Arbeitsplatz einrichten konnte.

Film erst noch erzählen will. Die Grenzüberschreitung Kleists durch das Gebiet der Noch-Nicht-Brüderstaaten auf der Reise zu Lenin ist dabei eine historische Etappe in der Geschichte um die Zusammenarbeit, die nun auch auf produktionstechnischer und filmischer Ebene fortgesetzt wird. Doch was bei der Herstellung in erster Linie ein organisatorischer Akt ist, war 1919 weitaus abenteuerlicher, wenn auch die Heroisierung des illegalen Grenzübertritts in der Geschichte der DEFA womöglich einmalig blieb.

Auf dem Weg bis zum Kreml und ins Arbeitszimmer Lenins begegnet Kleist nicht nur Absperrungen, Konfrontationen und Hürden jeglicher Art, er muss auch ganz reale Ländergrenzen überwinden. Im Dienst der Revolution werden Sperrungen und Hindernisse überquert, sodass fast der gesamte Film eine Grenzüberschreitung nach der anderen inszeniert, bis Kleist zum Finale endlich auf Lenin treffen kann und die Bewegung erstmals und ausgiebig ruht. Dabei ist die erste Grenze im Film beinahe ausgespart, wird das Scheitern des Grenzübertritts nach Litauen als harter Schnitt von der idyllischen Kleistschen Pension daheim dem Wachhaus der Grenze mitsamt Wache und Leutnant unvermittelt gegeneinandergestellt. Vom heimischen Sofa auf die Wartebank. Doch hier zeigt sich bereits die eigenwillige Semipermeabilität der Grenze, wenn durch eine List die Reisenden wieder aus dem Wachhaus geworfen und der Schlagbaum schlagartig geöffnet wird. Die zweite Grenze im Film ist dann zwar wieder keine wirkliche, doch wird sie im Bild umso mehr zum Symbol für eine solche. So überwinden die Revolutionäre mit Hilfe eines kleinen Bootes die westliche Dwina bei Nacht, die sowohl durch Russland, Weißrussland und Litauen fließt und sowohl verbindendes Gewässer als auch immer schon historische Trennung dieser Territorien ist. Dieser symbolhafte Grenzübertritt auf dem Grenzfluss führt die Reisenden zu einem Waldrand in den schilfbewachsenen Sümpfen Litauens nahe der russischen Grenze, an der sich in nur fünf Kilometer Abstand deutsche Wehrmacht und Rote Armee gegenüberstehen und um die Festlegung eben dieser Grenze kämpfen. Von Schlagbaum zu Schlagbaum und über Grenzflüsse hinweg scheint am Ende die noch nicht festgelegte Grenze die härteste. Gerade noch den Grenzern zu Pferd in den Sümpfen entkommen, werden sie dann doch von der Roten Armee festgehalten und nur mit Hilfe eines Geleitbriefs vom Spartakusbund gerettet, sodass Kleist zum Ziel seiner Reise gelangen kann. Nimmt nun auch die Begegnung mit Lenin einen relativ langen Part des Films ein und ist besonders das Verharren in einem Raum als integriertes Kammerspiel inmitten eines Road Movie-Abenteuers besonders bemerkenswert, so ist es doch die darauf folgende Rückreise in

Gefangenschaft mit der Eisenbahn, die den Film am Ende wieder zusammenbringt. Bis die Heimat erreicht wird, werden einmal mehr Flüsse, russische Landschaften und Grenzen durchquert. Doch im abgesperrten Zug wird die Überschreitung nicht nur zu einer erzwungenen, sie ist auch eine erleichterte. Die Bewegung ist nur noch im Ausblick durch das Zugfenster sichtbar, der Held erstarrt, bis der Rückmarsch der Gefangenen wiederum die deutsche Grenze erreicht und der Schlagbaum jubelnd geöffnet wird.

Ist der Film selbst kleinteilig in Etappen aufgelöst und in der Unterschiedlichkeit der Elemente wieder zu einem Ganzen zusammengefügt, sammelt *Unterwegs zu Lenin* Bilder der Kontinuität und der Bewegung bereits seit dem ersten Bild von der Eisenbahn und situiert sie entlang der Grenzen. Die Reise zeigt sich im Film zugleich als Hin- und Rückfahrt, sie verschaltet dabei nicht nur zwei Zeitebenen, sondern will ebenso den Raum der eigenen Geschichtsproduktion mit einschließen, indem die historisch getrennten Territorien zumindest ideologisch bereits als Ganzes gedacht und filmisch zusammengebracht werden. Die Grenzüberschreitung wird so auch kinematografisch in allen Teilen immer auch Zusammenschluss – sei es in der Unschärfe der vorbeieilenden Landschaft (die durch Bewegung die Bilder überlagert und zusammengeführt wird), der aneinander geketteten Episoden und Begegnungen (die im Film montiert werden), der Orte der Reise und schließlich der Erzählung selbst, die als Etappe der Geschichte des Sozialismus erzählt sein will. In diesem Sinne reflektiert *Unterwegs zu Lenin* bereits in seiner Struktur ein Gemeinsames der Landschaften, der Länder und ihrer Utopien am Motiv der Grenze.

Trampen ins sozialistische Ausland:
Und nächstes Jahr am Balaton

Schon der Titel von Herrmann Zschoches *Und nächstes Jahr am Balaton* (1980) suggeriert die Unfreiwilligkeit der Fahrt an ein Ziel, das eben nicht der Balaton ist und darum wohl von vornherein als falsche Fährte angesehen werden muss – über das Ziel wird im nächsten Jahr sowieso noch anders entschieden werden. Jonny, freiberuflicher Rebell und Aussteiger, sitzt mit seiner Freundin Ines und ihren Eltern im Zug auf dem Weg ins unfreiwillige Familienurlaubsidyll Bulgarien. Doch so geradlinig und unausweichlich diese Fahrt auf Schienen samt großelterlichen Verlobungsringen, elterlichen Vorstellungen und beziehungstechnischen Erwartungen in ein vordefiniertes Familienglück auch konstruiert werden sollte, umso wutentbrannter reißt Jonny aus, um das Road Movie bei der Wurzel zu packen und seine Freiheit einzufordern. Dem gemeinsamen Urlaub an der Schwarzmeerküste entflohen, trampt er auf verschiedenen Wegen ohne Ziel, läuft und schwimmt, lässt sich mitnehmen und auflesen, trifft auf alte Bekannte und neue Menschen. So geht es entlang der aneinandergereihten Episoden eines lockeren Reisereports und folkloristischer Bilderbögen, durch schnell wechselnde Orte und Handlung von DDR zu ČSSR, Ungarn, Rumänien bis nach Bulgarien. Jonnys Weg endet schließlich an der bulgarisch-türkischen Grenze. Bis hierhin ist er der holländischen Shireen auf ihrem Weg nach Indien gefolgt, doch an der Brücke des Grenzflusses Mariza, der fortan in der Türkei Meric und schon vorher in Griechenland Evros hieß, scheitert der Weg am Ende des sozialistischen Auslandes. Der Fluss Mariza markiert die Grenze zwischen Griechenland, der Türkei und Bulgarien, er war europäische Außengrenze und wiederholt Schauplatz geschichtsträchtiger Ereignisse. Wie Hedwig Wagner am Beispiel von Angelopoulos' *Schritt des Storches* (1991) untersucht hat, erzählen Bilder eben dieses Grenzflusses nicht nur von realen Ländergrenzen, sondern auch die Geschichte einer „Grenzmarkierung von Diesseits und Jenseits, zwischen Sprechen und Schweigen, zwischen nationaler Identität mitsamt ihrer Erinnerung/ihrem Vergessen einerseits und dem Universellen andererseits" (Wagner 2007: 49). Demnach zerschneidet der Grenzfluss nicht nur Landmassen oder Territorien und trennt Völker, er ist auch Grenze zwischen den Elementen, ändert seinen Namen, verwischt Identitäten und fungiert als mythische Erzählinstanz. So ist der Fluss letztlich auch natürliche Grenze, die selbst im flüssigen Zustand harte Trennlinie bleibt und selbst in der Bewegung nicht beweglich ist (vgl. ebd.: 60).

Die Brücke, die in *Und nächstes Jahr am Balaton* über diesen schneidenden Strom führt, zeigt sich nur auf den ersten Blick als offener Weg über eben jene Identitäten, Territorien und Geschichten hinweg. Zwar wird hier eine Verbindung aufgezeigt, die Unmöglichkeit der Überquerung nur noch präsenter, wenn Jonny hier vor den postierten Wachsoldaten stillschweigend seine Reise beenden muss. Der Bewegungsstopp ist dabei der letzte in einer losen Anreihung von Unterbrechungen auf seiner Reise, die von Trennungen, Grenzen und Unterscheidungen strukturiert und bestimmt ist und sich über den gesamten Film ausbreiten.

Als Jonny zu Beginn des Films aus dem Zug flüchtet, entbrennt ein Streit in der zurückgelassenen Familie, der die Familienmitglieder urplötzlich trennt: Die Mutter rennt aus dem Zug zum Kiosk und verpasst den Anschluss, bleibt am Bahnhof zurück und muss fortan per Anhalter mit ei-

nem charmanten Trabantfahrer hinterherfahren. Inzwischen hat sich auch
die Tochter wütend auf der Toilette des fahrenden Zuges eingeschlossen
und fährt so alleine ihrem Ziel entgegen, während der Vater wegen der
vielen Koffer in Verdacht gerät und an der rumänischen Grenze von Zoll-
beamten zum Ausstieg gezwungen wird. Er muss im Zwischenraum der
Grenzzone verharren, bis sich die Dinge klären lassen. Die verschiedenen Bewegungsmodi eröffnen eine Anordnung unterschiedlicher Unter-
brechungsintervalle. Somit benutzt jeder Reisende nicht nur ein anderes
Vehikel, sondern ordnet sich damit auch anderen Bewegungsbedingun-
gen unter: Die kontinuierliche Reise im Zug, die Reiseunterbrechung des
aufgehaltenen Vaters, die Mutter, die nun abseits ihrer Reiseroute Land
und Leute kennen lernt, und schließlich Jonny, der sich als Einziger seinen
eigenen Weg sucht, um seinen individuellen Bewegungsrhythmus zu folgen. Dennoch sollen auch hier die Aufenthaltsorte so schnell wie möglich
wieder verlassen werden. Nicht nur, dass damit die Bilder in einer ständigen Wartehaltung verharren, das Reisen selbst wird zur Unterbrechung,
wenn das Ziel aller fest steht und die Reise nur als ein Hinauszögern erscheint. Selbst Jonny, zwar mit der aufregenden Shireen unterwegs, steu-
ert trotz seines Ausstiegs Bulgarien an, den Ort des vermeintlichen Fami-
lienglücks.

Wenn nun also alle Reisenden voneinander getrennt sind, sie letztlich
nur noch der Weg von ihrem gemeinsamen Ziel trennt, sich alles in Unterbrechungen auflöst und Grenzübergange aneinandergereiht werden, so
ist es eben dieses trennende Element, das wiederum alle zusammen hält.
Das Motiv der Trennung setzt sich in der Kurzromanze mit Shireen fort:
Es ist die Geschichte von zwei Personen, die sich begegnen, zwischen denen aber so viel Trennendes steht, dass sie es nicht überwinden können,
weshalb ihre Geschichte schließlich an eben jener Brücke enden muss. Die
Trennung als Folge von Grenzziehungen hat sich bereits an anderen Momenten der Reise manifestiert; so als Shireen beim Anblick der hohen bulgarischen Berge deren Ähnlichkeit zu den Bergen in der Schweiz bemerkt
und feststellen muss, dass Jonny diese gar nicht kennen kann. Doch mehr
als die ungleiche Kenntnis von dem, was hinter den Grenzen wartet, trennen sich ihre Welten in ihren Ansichten, Idealen und ihrem Menschenbild.
Shireen ist auf der Reise zu „den Tantras in Indien" und dabei auch ety-
mologisch auf dem Weg in den Übergang. Verweist schon das Wort Tantra
(*rgyud* auf Tibetisch) auf einen immerwährenden Fluss der Kontinuität, so
zeigt sich am Ziel Shireens die absolute Unmöglichkeit von Jonnys Reise
– nicht nur als Ort in einer anderen Welt, sondern ebenso als scheinbar

fremder Bewegungsmodus. In der Figur Shireens wird so die Gegenwelt zu Jonnys Reise der Unterbrechungen eingefordert und wiederholt auf die Ambivalenz des Grenzmotivs verwiesen.

Doch auch wenn ihnen bewusst wird, dass die Grenze nicht zu überwinden ist, bleibt eine Sehnsucht. So beendet Zschoche die Reise in einer Melancholie der Grenze. Am Schlagbaum der Brücke endet die Welt Jonnys, dem die Funktion dieser Brücke verborgen bleibt. So, wie die verschiedenen Begegnungen mit Jonnys Vorstellung von Freiheit kollidieren, stößt sich seine Freiheit am Konstrukt des Übergangs. Seine Reise als Ausdruck seines Lebensstils wird an einem Ort unterbrochen, der für seine Begleitung leicht überwindbar ist, für ihn jedoch unmöglich bezwungen werden kann. Die Markierung dieser Trennlinie als absoluter Bewegungsstopp deckt dabei diejenigen Spannungen auf, die sich den gesamten Film über als illusorische Praxis des Reisens erwiesen haben. So ist dem Reise-Abenteuer das Ende stets eingeschrieben. Eben hier erweist sich die Grenze nicht als Schwelle, sondern als fixe Außengrenze, die die Möglichkeit einer Fort-Bewegung utopisch werden lässt.

Die Grenzerfahrung wird damit zum Scheitern der Bewegung, einer Bewegung, die ad absurdum geführt wird, wenn das Ziel, auf das die Reise mit Shireen ausgerichtet war, nicht erreichbar ist und schon der Titel des Films sogar eine andere Reise nahelegt (Balaton – und eben nicht Bulgarien oder Indien). Doch diese Resignation schlägt am Ende plötzlich um, wenn sich Ines und Jonny (die sich zu Beginn des Films noch trennten, um verschiedene Wege zu gehen) in dem Moment wieder begegnen, wenn ihre beiden Reisen gestoppt werden. Der als Scheitern begriffene Moment des Eingeschränktseins (und der Trennung des Territorialen) wird zur Versöhnung (und damit wieder Zusammenführung) von Ines und Jonny. Daher scheint es nur konsequent, dass eben dieses letzte Bild des Films in einem Freeze Frame endet, als sich Jonny und Ines gegenüberstehen. Das Bild bleibt stehen und die Bewegung der Reise erstarrt: Beide sind heimgekehrt.

Am Ende kehren alle heim

Die hier in ihrer Erfahrung der Liminalität untersuchten Filme kehren sich letztlich scheinbar gegenseitig um: Da ist erstens die nur illegal überwindbare Grenze, die im Lauf der Geschichte revolutionär aufgelöst werden soll, um ein Ganzes im politischen und sozialen Sinne herzustellen (wovon die Produktion des Films letztlich selbst zeugt). Da ist zweitens die

Überschreitung von Grenzen als Reiseabenteuer ins sozialistische Ausland, dessen Bewegung nur noch in Unterbrechungen aufgelöst werden kann und schlussendlich an der Außengrenze der Brüderstaaten gestoppt wird – um zwar kurzzeitig in einer Melancholie der Grenze zu enden, gerade dort aber so etwas wie ‚Heimat' findet. Wird bei Reisch noch nach Begegnungen und Verbindungen gesucht und die Grenze so zum Einlass in eine andere Welt, ist diese bei Zschoche schon längst wieder aufgelöst, treffen Welten aufeinander, deren Trennung unveränderlich ist. Die Ambivalenz der Grenze scheint dabei in der Reise bis an ihre Enden eine Wahrnehmungsleistung und ebenso Neukonfiguration in Gang zu setzen, die zugleich kulturelle Identitäten und gesellschaftliche Ordnungen stabilisieren will, womit der Akt der Grenzziehung Gegenstand des heimatlichen Selbstverständnisses wird. Beide Reisen sind dabei im Kern in ihrer Suche nach Identität und einem individuellen Lebensmodell begründet, fallen die Ansprüche daran auch unterschiedlich aus. Dabei grenzt sich das DEFA-Road Movie von allen übrigen ab, indem es eben nicht nur das Unterwegssein in den Mittelpunkt rückt, sondern dramaturgisch stringent auf die Heimkehr ausgerichtet ist. Wenn alle Reisen am Ende zwangsläufig auf Grenzen stoßen müssen, bleibt zum Schluss immer nur die Rückkehr.

Eben hier verschaltet sich die territorial-politische und kulturelle Unterscheidung mit der produktionstechnischen Praxis der Koproduktion dieser Filme, lassen sich nicht nur die Grenzüberschreitungen als selbstreflexive Geste lesen, sondern wird die Arbeit mit den sozialistischen Nachbarländern zur Arbeit am eigenen Heimatgefühl. Das Road Movie als Flucht vor der Heimatlosigkeit endet eben dann, wenn dieser Ort und somit die Suche nach Identität und Geschichte gefunden wurde. Sind die DEFA-Road Movies reisetechnisch zwar eher gescheiterte Fahrten, so werden sie an dieser Stelle jedoch viel eher zu Heimatfilmen, die umso interessanter sind, als sie ohne die stereotypen Wald- und Berglandschaften auskommen. Wenn Renate Lunzer die Grenze als notwendige Unterscheidungsinstanz beschreibt, um ein Selbstverständnis zu entwickeln – „ohne begrenzende Unterscheidung gibt es keine Identität, keine Form [...] nicht einmal eine reale Existenz, denn sie würde vom Gestalt- und Unterschiedlosen verschlungen" (Lunzer 2002: 71) –, so könnte die Konfiguration der Identität sowohl beider Figuren als auch beider Ideen von Land und Heimat schließlich am Ort der Grenze sichtbar werden. In der Gegenüberstellung von Kontinuität und Unterbrechung verfolgen die Filme dabei die Ambivalenz der Grenze an eben diesem Ort, um damit auf Praxis, Implikation und Handlungsmuster der Grenze hinzuweisen und in ihrer Inszenierung zu beschreiben. Das Road Movie entwirft dabei eine tentative Annäherung an das Konglomerat von Grenze, Heimat und Geschichte und eröffnet einen Diskurs, der an anderer Stelle noch tiefgreifender die Filme der DEFA einbeziehen sollte.

Letztlich ist es der Freeze Frame an der bulgarischen Küste, der für das Road Movie die wohl radikalste Heimkehr darstellt, wenn die Bewegung gestoppt und die Suche am Ende scheint. War es bei Reisch noch die Kontinuität der Eisenbahn, die die Bewegung der Geschichte (im doppelten Sinne) vorgab, unterbricht Zschoche eben diese Zugfahrt und kehrt von einer gescheiterten Reise heim, um in der Stilllegung der Bewegung und des Bildes anzukommen. Am Ende von *Und nächstes Jahr am Balaton*, wenn sich das zerstrittene Paar wiederfindet und angesichts der Realität der Grenze eine Heimat findet, hält das Bild an, um wieder heimzukommen. Das ist wohl dann aber auch der größtmögliche Protest des Kinos als Bewegungsmaschine; oder der Versuch, die Unmöglichkeit des Road Movies im Land der DEFA in ein Bild zu fassen.

Literatur

Bertelsen, Martin (1991): Road Movie und Western. Ein Vergleich zur Genre-Bestimmung des Road Movies. Ammersbek bei Hamburg: VadL

Bhabha, Homi (2010): Die Verortung der Kultur. Tübingen: Stauffenburg

Engell, Lorenz (2010): Kinematographische Agenturen. In: Engell/Bystricky/Krtilova (2010): 137-156

Engell, Lorenz/Vogl, Bernhard/Siegert, Joseph (Hrsg.) (2007): Archiv für Mediengeschichte. Stadt, Land, Fluss. Medienlandschaften. Weimar: BUW

Engell, Lorenz/Bystricky, Jiri/Krtilova, Katerina (Hrsg.) (2010): Medien denken. Von der Bewegung des Begriffs zu bewegten Bildern. Bielefeld: Transcript

Grob, Norbert/Klein, Thomas (2006): Das wahre Leben ist anderswo. In: Grob/Klein (2006): 8-20.

Grob, Norbert/Klein, Thomas (Hrsg.) (2006): Road Movies. Mainz: Bender

Haas, Klaus-Detlef/Wolf, Dieter (Hrsg.) (2011): Sozialistische Filmkunst. Eine Dokumentation. Berlin: Dietz

Lamprecht, Gerald/Mindler, Ursula/Zettelbauer, Heidrun (Hrsg.) (2012): Zonen der Begrenzung. Aspekte kultureller und räumlicher Grenzen in der Moderne. Bielefeld: Transcript

Karawaschkin, Anatoli (1973): Günter Reisch. In: Mückenberger (1973): 60-107

Kiefer, Bernd (2006): Die Flucht vor der Heimatlosigkeit. Sieben Zündkerzen für eine Reise durch die Vorgeschichte der Road Movies. In: Grob/Klein (2006): 40-49

Kleinschmidt, Christopher (2011): Einleitung: Formen und Funktionen von Grenzen. Anstöße zu einer interdisziplinären Grenzforschung. In: Kleinschmidt/Hewel (2011): 9-21

Kleinschmidt, Christopher/Hewel, Christine (Hrsg.) (2011): Topographien der Grenze. Verortungen einer kulturellen, politischen und ästhetischen Kategorie. Würzburg: Köngishausen & Neumann

Lunzer, Renate (2002): Auf der anderen Seite. Grenzbetrachtungen. In: Magris (2002): 60-80

Magris, Claudio (Hrsg.) (2002): Utopie und Entzauberung. Geschichten, Hoffnungen und Illusionen der Moderne. München: Hanser

Mückenberger, Christine (Hrsg.) (1973): Begegnungen mit Regisseuren, Berlin: Henschel

Reisch, Günter (2012): Gesprächsnotizen basierend auf Interview, geführt vom Verfasser, Berlin, 17.05.2012

Wagner, Hedwig (2007): Der Grenzfluss in der imaginären Topographie Angelopoulos'. In: Engell/Vogl/Siegert (2007): 49-62

Transnationale Distribution und Rezeption

Zwischen verdeckter Zensur, finanziellen Zwängen und öffentlicher Nachfrage

Die Kriterien für die Auswahl der aus dem Westen in die DDR importierten Filme

Rosemary Stott

Erst vor kurzem kommentierte die ostdeutsche Regisseurin Iris Gusner die beschränkten Möglichkeiten für kulturellen Austausch in der DDR folgendermaßen: „Ich hatte immer das Bedürfnis, ‚Welt' in meine Filme einzubringen, denn daran mangelte es mir in der DDR. Wir kamen nicht raus, und die Welt kam nicht rein" (Schenk 2010b: 16). Gusners Entschlossenheit, ihren DEFA-Produktionen eine internationale Dimension zu verleihen, mag für Inlandsproduktionen ungewöhnlich gewesen sein, aber wenn wir den Blick erweitern und alle Filme, die Teil des staatlich gelenkten Filmprogramms waren, einbeziehen, dann gelangte ‚Weltkultur' tatsächlich regelmäßig über die Grenze. Ab 1945 wurden ungefähr 5.000 internationale Filme in den Kinos der sowjetischen Besatzungszone bzw. der DDR aufgeführt (Hasenberg/Thull 1991: 116). Diese Zahl sieht verglichen mit den 20.000 im selben Zeitraum in Westdeutschland aufgeführten ausländischen Filmen (ebd.) zunächst nach wenig aus. Doch ist dies in erster Linie ein Hinweis auf die unterschiedliche Rezeptionssituation in den beiden deutschen Staaten, erstens im Hinblick auf die Auswahl von zu importierenden Filmen durch Politiker und Verwaltungsbeamte, zweitens die Printmedien betreffend, in denen sie besprochen wurden, und drittens in Bezug auf das Publikum. Ich werde mich im Folgenden ausschließlich auf die offiziellen Auswahlkriterien der Filmimporte und deren in den Zensurprotokollen dokumentierten offiziellen Bewertung und nicht auf die Rezeption durch Filmkritik oder das ostdeutsche Publikum konzentrieren. Die spezifische Einteilung der Filme aus ‚westlichen' Ländern wie den USA, Westdeutschland, Frankreich, Italien oder Schweden überneh-

me ich aus den Unterlagen der DDR-Beamten.[1] Es ist umso wichtiger anzu-
merken, dass die DDR insgesamt aus ungefähr 48 verschiedenen Ländern
Filme importierte, wovon die Mehrzahl aus der Sowjetunion und anderen
sozialistischen Ländern kam. Bei einem Durchschnittswert von 125 jährlich in der DDR verliehenen Filmen kamen ungefähr 30 aus dem Westen,
15 waren nationale Produktionen und 80 wurden aus anderen sozialistischen Ländern importiert.[2]

Im Folgenden werde ich die offiziellen Kriterien für die Auswahl der
Filme aus dem Westen nachzeichnen und untersuchen, wie sie in ostdeut-
schen Kinos zur Aufführung kamen. Dabei konzentriere ich mich auf die
Periode zwischen dem 11. Plenum des ZK der SED 1965 und den 1980er
Jahren. Es kommt mir darauf an zu zeigen, wie man mit den Spannungen
und Diskrepanzen zwischen den strikt ideologischen Auswahlkriterien,
die regelmäßig in offiziellen Dokumenten zitiert wurden, und den wesentlich pragmatischeren Gründen für die tatsächliche Auswahl der einzelnen
Importfilme umgegangen ist und wie sie letztendlich aufgelöst wurden.
Das Thema oder die Botschaft eines Films war immer der Ausgangspunkt
der Auswahldiskussionen, aber es gab auch andere Faktoren, die berücksichtigt wurden, insbesondere finanzielle, denn alle Filme aus dem Westen mussten in Devisen oder konvertierbarer Währung bezahlt werden.

Meine zentralen Fragen an die Auswahlkriterien sind folgende: Wie
genau wurden die Filme im neuen Kontext ‚Ostdeutschland' ausgewertet
und was war dort ihr politischer und gesellschaftlicher Wert? Welche kulturelle Funktion sollten die Filme aus der Perspektive der Politiker sowie
der Planer und Verwalter der Filmindustrie haben? Ich bin mir bewusst,
dass der Ausdruck ‚Auswahlkriterien' von den Filmbehörden selbst benutzt worden ist, und dass der Ausdruck ‚Zensur', die laut DDR-Verfas-
sung offiziell verboten war, von ihnen damals *nicht* verwendet worden
ist. Im Rückblick aus der Nachwendezeit haben Barck/Classen/Heimann
(1999: 218) den Vorgang der Druckgenehmigung für die Publikation von
Weltliteratur in der DDR als „einen komplexen Prozess von verdeckter
Zensur" bezeichnet, und ‚verdeckte Zensur' könnte in der Tat auch in Be-

---

1   Die zuständige Filmbehörde sprach von „westlichen Filmimporten", von „Fil-
    men aus dem nicht sozialistischen Währungsgebiet (NSW)" oder von „Filmen
    aus den nichtsozialistischen Ländern". Vgl. z.B. Progress Film-Verleih, „Verleih-
    konzeption 1986", 15. Oktober 1985, Privatarchiv von Erhard Kranz.
2   Für Statistiken die Anzahl und das Ursprungsland der Importe betreffend vgl.
    die jährlich erscheinende Publikation *Filmbibliografische Jahresberichte 1967-1989*
    der Hochschule für Film und Fernsehen der DDR.

zug auf den Genehmigungsvorgang für Filmimporte ein passender Ausdruck sein. Ich werde nur von Zensur sprechen, wenn es um das Ausspielen eines Films gegen einen anderen geht, nicht aber in Bezug auf den Ausschluss oder die nachträgliche Veränderung eines einzelnen Films im Schneideraum. Es wurde nur selten Material aus den westlichen Importfilmen herausgeschnitten, zum einen weil die Lizenzierungsbedingungen der westlichen Verleiher dies nicht erlaubten, zum anderen weil es schwierig ist, einen fertig gestellten Film ,unsichtbar' zu beschneiden.

Für diese Untersuchung wurde eine Auswahl von Primärquellen ausgewertet, darunter die Programmierungskonzepte und Stellungnahmen aus der Hauptverwaltung Film des Kulturministeriums, die Protokolle der Auswahlkommissionen für ausländische Spielfilme und die Einsatzbegründungen des Progress Film-Verleih, der ostdeutschen Verleihfirma, die die Filmindustrie mit Produktionsdetails und ideologischer Rechtfertigung für die Auswahl versorgte. Da es keine definitive Liste mit Kriterien gab, muss ich diese ,Diskursmuster', wie man formulieren könnte, aus der Analyse der in den Dokumenten wiederkehrenden Themen ableiten. Ich habe diese ,offiziellen' Diskursmuster mit eher privaten Aussagen in der Regierungskorrespondenz verglichen und mir die letztlich zugelassenen Filme genau angeschaut. Meine Absicht ist es, Kontinuitäten und Brüche bei der Festlegung der Auswahlkriterien aufzudecken.

Welche Auswahlkriterien für Importe aus dem Westen lassen sich aus dem infrage stehenden Diskurs ableiten? Sowohl die Stellungnahmen als auch die Protokolle der Auswahlkommission konzentrieren sich auf ideologische Faktoren. Im Vordergrund stehen die Themen der Filme und hier besonders das sogenannte ,fortschrittliche Gedankengut'. Formalismus oder modernistische Experimente werden kategorisch abgelehnt, was den Vorrang des Inhalts über den Stil impliziert. Die Debatten über einzelne Filme kreisen – ganz in der Tradition des kommunistischen Umgangs mit Filmkunst – um Fragen des Realismus, Humanismus und gesellschaftlichen Engagements und spiegeln so einen Glauben an die erzieherischen und erhöhenden Kräfte von Kunst und Kultur wider. In diesem Sinne waren die Importe aus dem Westen hauptsächlich Filme mit einer klaren politischen Botschaft und einer deutlichen Kritik an der kapitalistischen Gesellschaft. Darüber hinaus wurden während der gesamten Zeit der DDR in den offiziellen Dokumenten auch Unterhaltungsfilme als wichtige Kategorie genannt. Die ausgewählten Filme sollten in der Tat *sowohl* unterhaltend sein *als auch* zur politischen Erziehung des Publikums beitragen.

Das Thema oder der Gegenstand eines Films war also eines der Leitkriterien für den Selektionsdiskurs, und hier lässt sich ein Zusammenhang zwischen der offiziellen Parteipolitik und den Auswahlparametern feststellen. Westliche Spielfilme sollten die in der gesamten Medienlandschaft der DDR vorherrschenden offiziellen Bilder über das kapitalistische Ausland bekräftigen und die allgemeine Vorstellung vom Leben im Westen beeinflussen. Filme, die die negativen Seiten des Lebens unter kapitalistischen Bedingungen – wie beispielsweise Korruption in Wirtschaft und Politik oder Kriminalität in heruntergekommenen Stadtbezirken – vorführten, wurden favorisiert, da sie die offizielle Ideologie, es handle sich bei Kommunismus und Kapitalismus um diametrale und unvereinbare Gegensätze, unterstrichen. Folgerichtig wurden u.a. *The Day of the Jackal/ Der Schakal* (USA 1973) von Fred Zinnemann (DDR: 3. Januar 1975) und *All the President's Men/Die Unbestechlichen* (USA 1976) von Alan J. Pakula (DDR: 3. Februar 1978) zugelassen.[3] Beide handeln von politischer Korruption, letzterer vor dem Hintergrund der Watergate-Affäre. Des Weiteren wurden genehmigt: Bob Fosses *Cabaret* (USA 1972; DDR: 16. Mai 1975) und *Die weiße Rose* von Michael Verhoeven (BRD 1982; DDR: 18. Februar 1983), die die Nazivergangenheit erforschten; *The Way We Were/Jene Jahre in Hollywood* von Sydney Pollack (USA 1973; DDR: 24. Oktober 1975), der die schwarzen Listen im Hollywood der 1950er Jahre behandelt; und Martin Ritts *Norma Rae* (USA 1979; DDR: 28. März 1980), in dem die kapitalistische Ausbeutung von Arbeitern thematisiert wird. Ein anderes beliebtes Thema, das ausgewählte Filme wie *Missing/Vermisst* von Konstantin Costa-Gavras (USA 1981; DDR: 9. September 1982), *Under Fire/Unter Feuer* von Roger Spottiswoode (USA 1982; DDR: 12. Oktober 1984) und Oliver Stones *Salvador* (USA 1986; DDR: 2. September 1988) bedienen, war die Außenpolitik der USA, insbesondere deren Unterstützung rechtsgerichteter Regime in Lateinamerika. In Bezug auf die Innenpolitik interessierten sich die Staatsideologen vor allem für den Missbrauch von Bürgerrechten, wobei sie darauf bedacht waren, sich moralisch auf die Seite der unterdrückten Schwarzen in den USA, in Großbritannien oder auch im von der Apartheid gezeichneten Südafrika zu stellen. Filme, die rassistische Diskriminierungen in westlichen Ländern zeigten, waren deshalb besonders willkommen; das galt beispielsweise für *Brothers/Brüder* von Arthur Barron (USA 1977; DDR: 12. Oktober 1979), *A Taste of Honey/Bitterer Honig* von

---

3   Produktions- und Aufführungsdaten sind den *Filmobibliografischen Jahresberichten 1967-1989* sowie Schulz (2001) entnommen.

Tony Richardson (GB 1961; DDR: 7. Mai 1963) und Volker Schlöndorffs *Ein Aufstand alter Männer* (USA/BRD 1987; DDR: 16. September 1988). Es ist wichtig, sich den Ablauf der Auswahlprozesse vor Augen zu halten, da er Auswirkungen auf die Auswahlkriterien hatte. In den 1960er Jahren und bis in die frühen 1970er Jahre wurden die meisten Filme in Ostberlin begutachtet, entweder beim Progress Film-Verleih oder in der Hauptverwaltung Film im Kulturministerium. Verleihfirmen schickten die ausländischen Filme in die DDR, wo sie von Auswahlkommissionen gesichtet und beurteilt wurden. Da die Mehrheit der Filme abgelehnt wurde, können für die Herleitung der Auswahlkriterien zusätzlich zum Korpus der genehmigten auch die zurückgewiesenen Filme herangezogen werden. Der US-amerikanische Film *The Blackboard Jungle/Saat der Gewalt* (1955) von Richard Brooks, in den 1970er Jahren wegen seiner Darstellung der Kriminalität unter westlichen Jugendlichen von der Auswahlkommission in Betracht gezogen, wurde im Hinblick auf seinen angeblich unangemessenen Umgang mit dem Thema wieder fallengelassen. Die ideologisch motivierte Entscheidungsgrundlage geht klar aus dem Protokoll hervor:

> Der Film geht von einer falschen Grundvoraussetzung aus. Das Anwachsen der Jugendkriminalität wird allein als Folgeerscheinung des Krieges und nicht als dem kapitalistischen System immanent charakterisiert. Das steht im Widerspruch zur Realität und der sich bis in die Gegenwart immer mehr verschärfenden Jugendkriminalität in den USA. Damit werden die wahren Ursachen des Gangster- und Bandenwesens in den USA zu einem gewissen Teil verschleiert und die Möglichkeit geschaffen, die wirkliche Situation in den USA und deren Gefährlichkeit zu verkennen.[4]

Im Protokoll werden die Einwände gegen den Film mit dem Vorwurf, er beziehe seine Wirkung nicht aus einem Lösungsangebot für die behandelten Probleme, sondern allein aus der Darstellung der durch diese ausgelösten Gewalt, resümiert. Aber auch Idealisierungen wurden häufig zum Ziel der Kritik, da die Funktionäre nicht zulassen wollten, dass das ostdeutsche Publikum dem Eindruck verfalle, das Leben im Westen sei dem im Osten überlegen. In der Diskussion über *A Touch of Love/Ein Hauch von Liebe* von Waris Hussein (GB 1969)[5] im Progress Film-Verleih am 16. De-

---

4   Zusatz zum Protokoll Nr. 109/70 (*Saat der Gewalt*), 20. Mai 1970, Akte 83 (1.5.1970-30.6.1970), DEFA-Außenhandel, BArch Film

5   Es handelt sich um eine Verfilmung des Romans *The Millstone* von Margaret Drabble.

zember 1969 wurde diesem Film vorgeworfen, „eine zu schöne Welt" zu
zeichnen, und zwar im Besonderen saubere Krankenhäuser und Apothe-
ken.[6] Dies scheint einer der Hauptgründe für die Ablehnung des Films gewesen zu sein. Die Vorauswahlkommission wies die US-amerikanischen
Filme *Goodbye, Columbus* (1969) von Larry Peerce und *Bob & Carol & Ted &
Alice* (1969) von Paul Mazursky mit der Begründung zurück, sie zeichneten „ein Bild von der amerikanischen Jugend, das aus einem Bilderbuch zu
stammen scheint und jeglichen Wirklichkeitsbezug vermissen läßt" sowie
„ein allzu glänzendes Bild vom Leben in der USA".[7]

In den Auswahlkommissionen war eine Vielzahl von Interessengrup-
pen vertreten, und die Diskussionen wurden überraschend offen und
kritisch geführt, weshalb es kaum möglich ist, aus ihnen eine allgemeine
Liste der Kriterien abzuleiten. Der folgende Ausschnitt aus dem Sichtungs-
protokoll des US-amerikanischen Films *House of Cards/Jedes Kartenhaus zerbricht* (1968) von John Guillermin, der zwar die Bildung von faschistischen
Gruppierungen in Westeuropa zum Thema hat, wegen seiner Konzeption des Helden aber abgelehnt wurde, verdeutlicht die unterschiedlichen
Blickwinkel:

> Der Kollege S (Ministerium für Auswärtige Angelegenheiten) sagte, daß das
> Bestehen von Untergrundorganisationen vielerlei Art in kapitalistischen Län-
> dern eine altbekannte Tatsache sei. Im Film sei aber die Tendenz enthalten, daß
> man gegen diesen Fakt nicht aufkommen kann. Als Ausweg wird dann der
> Superman angeboten. Diese gezeigte Alternative könne von uns nicht akzep-
> tiert werden.

> Der Kollege U (Journalistenverband, Sektion Kritik) konnte sich nicht allen,
> bisher vorgetragenen Argumenten anschließen. Es handle sich um einen Kon-
> fektionskrimi, der zwar gewisse Klischees enthalte, aber ansonsten in seinem
> Genre, handwerklich gut gefertigt sei. Stören würde ihn zwar auch sowohl die
> Heldenfigur, dieser nette, smarte amerikanische Superman, der die OAS-Orga-
> nisation im Alleingang zerschlägt, als auch, daß die staatsgetreue Polizei den
> Bösewichten ebenfalls auf der Spur ist. Das sei die eine, die negative Seite des
> Films. Auf der anderen Seite seien auch positive Momente vorhanden, denn der
> Film illustriere doch etwas von der Gefahr des Neofaschismus.[8]

---

6   Protokoll Nr. 111 (*Ein Hauch von Liebe*) der Auswahlkommission für ausländi-
    sche Spiel-filme, 16.12.1969, Akte 80 (1.11.1969-31.12.1969), DEFA-Außenhandel,
    BArch Film
7   Protokoll Nr. 179 (*Goodbye Columbus*) der Vorauswahl, 23.4.1970, Akte 82
    (1.3.1970-30.4.1970), DEFA-Außenhandel, BArch Film
8   Protokoll Nr. 99 (*Jedes Kartenhaus zerbricht*) der Auswahlkommission für aus-
    ländische Spielfilme, 12.8.1969, Akte 78 (1.8.1969-30.9.1969), DEFA-Außenhandel,

Nach der Vorführung und der anschließenden Diskussion wurde mit einem Mehrheitsentscheid darüber abgestimmt, ob der Film zur Auswahl empfohlen werden sollte oder nicht. Ein positives Ergebnis musste immer von der Hauptverwaltung Film bestätigt werden und hing ferner von den Lizenzverhandlungen des DEFA-Außenhandels mit dem westlichen Verleiher ab.

Einige der Prinzipien, die im Westen die Kinoprogrammierung charakterisierten, namentlich die Reputation eines bestimmten Regisseurs oder die Zugehörigkeit eines Films zu einer relevanten Bewegung, wurden als nicht wichtig genug angesehen, um eine Auswahl zu rechtfertigen. Die politischen Beziehungen zwischen der DDR und einem einzelnen Exportland waren wichtiger und gelegentlich Teil des Auswahldiskurses. Während des Vietnamkriegs beispielsweise gab es Bestrebungen, die Anzahl der Importe aus den USA zu begrenzen.[9] Gelegentlich war das politische Verhalten eines Regisseurs oder Drehbuchautors ausreichend, um die Funktionäre abzuschrecken. Dies trifft auf John Steinbeck zu, der das Drehbuch zu Elia Kazans *Viva Zapata!* (USA 1952) über den mexikanischen Revolutionär Emiliano Zapata geschrieben hatte. Als die Zensoren fast 20 Jahre nach der Fertigstellung der Produktion ihr Urteil fällten, wurde die Tatsache, dass Steinbeck den Vietnamkrieg befürwortet hatte, als Grund genannt, warum dieser ansonsten als geeignet befundene Film nicht in der DDR aufgeführt werden konnte.[10] Im Allgemeinen wurde jedoch versucht, eine ausgeglichene Filmauswahl zu erreichen, was zu einer großen Bandbreite an nationalen Kinematografien im Kinoprogramm der DDR führte.

Bezüglich Stil und Ästhetik favorisierten die Kommissionen bescheidene, humanistische, engagierte Ansätze, die denen in sozialistischen Ländern ähnelten, gegenüber aufwendigen Produktionen, die als typisch für ein ‚bürgerliches' Kino bezeichnet wurden, oder solchen, in denen Gewalt und Vulgärsprache im Vordergrund standen. In dieser Hinsicht spiegelten sich demnach die Parameter der nationalen Filmproduktion in den Auswahlkriterien wider. Bevorzugte Protagonisten waren beispiels-

---

BArch Film

9   Vgl. Protokoll Nr. 124 (*Hello, Dolly!*) der Auswahlkommission für ausländische Spielfilme, 22.5.1970, Akte 83 (1.5.1970-30.6.1970), DEFA-Außenhandel, BArch Film

10 Zusatz zum Protokoll Nr. 332/71 (*Viva Zapata*), 1.3.1971, Akte 87 (1.1.1971-31.5.1971), DEFA-Außenhandel, BArch Film

weise gewöhnliche Menschen, am besten aus der Arbeiterklasse, die als geeignete Vorbilder für sozialistische Bürger fungieren konnten. Daher ist in vielen Importfilmen aus dem Westen, neben dem Versuch, die negativen Aspekte des Kapitalismus darzustellen, auch eine Verwandtschaft und Übereinstimmung mit DEFA-Filmen erkennbar. Ganz besonders traf dies auf die Auswahl von Genrefilmen zu, die von der Verwaltung selbst als wichtige Importkategorie identifiziert worden waren. Wenn man sich den Auswahldiskurs und die Programmierungsmuster von Western anschaut, wird klar, dass die DEFA-Indianerfilme der 1970er Jahre von in Hollywood produzierten ‚Anti-Western' sekundiert wurden, die deren Beliebtheit noch einmal steigerten.[11] Diese US-amerikanischen Western unterminieren – ganz wie die DEFA-Indianerfilme – die traditionelle Form des Genres, indem sie sich beispielsweise auf die Darstellung der indigenen Amerikaner und deren Schicksal konzentrieren anstatt den Sieg der weißen Kolonialisten zu feiern.

Bis hierhin habe ich die ideologischen Aspekte betrachtet, die den Selektionsdiskurs bestimmten; nun möchte ich mich pragmatischeren Kriterien widmen und die bereits erwähnten Spannungen zwischen Theorie und Praxis der Filmzensur untersuchen. In welchem Maße hielt man sich an die veröffentlichten ideologischen Kriterien? Wurden diese Kriterien mit der Zeit aufgeweicht? Wirtschaftliche Faktoren waren ein Element des Diskurses um den Import von Filmen aus dem Westen während der gesamten Geschichte der DDR und wurden gelegentlich sogar als Kriterium für oder gegen die Auswahl genannt. Die Protokolle der Auswahlkommissionen belegen, dass der Ankauf von Lizenzen für Filme aus dem Westen im untersuchten Zeitraum immer von den Fluktuationen in der ‚verdeckten' Wirtschaft der DDR – also dem Handel mit westlichen Währungen – beeinflusst war. Weil die Filme mit konvertierbarer Währung bezahlt werden mussten, standen sie unter dem Druck, ein möglichst großes Publikum zu erreichen. Wie sich dieser Sachverhalt auf die Auswahl auswirkte, lässt sich der Diskussion aus dem Jahr 1969 um den französischen Film *Le grand Meaulnes/Der große Meaulnes* (1967) von Jean-Gabriel Albicocco entnehmen. Dort wurde festgestellt, dass „die augenblickliche Valuten-Situation es nicht zuläßt, Filme mit C-Währung einzukaufen,

---

11 Beispiele sind *Hombre/Man nannte ihn Hombre* (1966) von Martin Ritt (DDR: 25. April 1969), Arthur Penns *Little Big Man* (1969; DDR: 17. November 1972) und *Tell Them Willie Boy Is Here/Blutige Spur* von Abraham Polonsky (1969; DDR: 20. Juli 1973). Vgl. auch den Beitrag von Robert Shandley in diesem Band.

die nur einem kleinen Publikumskreis (Filmkunsttheater) zugänglich gemacht werden sollen".[12] Dies ist ein Beweis für den Erfolgsdruck, nur Filme auszuwählen, die einem großen Publikum gefallen und ihre Ausgaben wieder einspielen würden. Dieser Zustand hatte bis zum Ende der DDR Einfluss auf die Entscheidungen der Auswahlkommission.

Ab Mitte der 1970er Jahre wurden die Auswahlkriterien schrittweise verändert. Dieser Wandel war gekennzeichnet von steigenden Zugeständnissen in Bezug auf pragmatische oder konsumentenorientierte Argumente. Auch wenn der Staat in Hinblick auf die Filmprogrammierung zuvor schon Kompromisse mit den westlichen Marktprinzipien hatte schließen müssen, so nahmen diese nun weiter zu. Die Anzahl der Importe aus dem Westen stieg zwar nicht signifikant an, der Befriedigung der Bedürfnisse und des Geschmacks des Publikums wurde nun jedoch größere Aufmerksamkeit gewidmet. Einerseits blieben die in offiziellen Dokumenten erörterten ideologischen Prinzipien weitgehend konsistent, andererseits verringerte sich die Anzahl der Filme, die die oben beschriebenen ideologischen Kriterien erfüllten. Diese Filme wurden in den meisten Fällen in kleinen Kopienzahlen verliehen und in Studiokinos gezeigt.[13] Ein Beispiel hierfür ist der westdeutsche Dokumentarfilm *Ganz unten* von Jörg Gförer (1986; DDR: 13. November 1987), der ein Mitleid erregendes Bild der Einwanderer in der Bundesrepublik zeichnet, aber nur mit drei Kopien in Umlauf gebracht wurde. Die meisten Filme erfüllten noch immer die Forderung nach ,fortschrittlichem Gedankengut', obwohl sie in erster Linie Unterhaltungsfilme waren, so z.B. Martin Brests *Beverly Hills Cop* (USA 1984; DDR: 24. Juli 1987) oder *Astérix et la surprise de César/Asterix – Sieg über Cäsar* von Paul und Gaetan Brizzi (F 1985; DDR: 9. Oktober 1987). Beide Filme starteten im selben Jahr wie *Ganz unten*, jedoch mit 48 bzw. 33 Kopien.

In den 1980er Jahren stiegen Anzahl und Schnelligkeit, mit denen Filme aus dem Westen aufgeführt wurden, nicht nur durch die Konkurrenz mit dem Deutschen Fernsehfunk, sondern auch wegen der zunehmenden Dominanz des westdeutschen Fernsehens in den Wohnzimmern der DDR-Bürger, sodass sich die Importstrategie für die Kinos dahingehend verlagerte, möglichst Filme auszuwählen, die viele Zuschauer anziehen und zum Tagesgespräch werden konnten. Im folgenden Auszug aus einem 1983 in der

---

12 Hauptverwaltung Film, C-Protokoll (*Der große Meaulnes*), 24.10.1969, Akte 79 (1.10.1969- 31.10.1969), DEFA-Außenhandel, BArch Film

13 Studiokinos hatten besonders kleine Leinwände, die in dem hier untersuchten Zeitraum üblich wurden.

Hauptverwaltung Film verfassten Strategiepapier wird auf diesen Wandel
Bezug genommen und eingeräumt, dass der Unterhaltungswert von Filmen der einzige Grund für den Besuch eines Kinos sein könnte. Außerdem wird angemerkt, die politische Erziehung der Bürger müsse in erster
Linie über das Medium Fernsehen erfolgen anstatt im Kino:

> Kriterium der Auswahl ist, ob die Filme in ihrem ideologischen Gehalt, unse-
> ren kulturpolitischen Grundsätzen und humanistischen Verpflichtungen ent-
> sprechen, ausgehend von der Differenziertheit der Bedürfnisse eine gewisse
> Wirksamkeit im Kino versprechen und in ihrem künstlerischen Anspruch vom
> Kinozuschauer verstanden werden. Es müssen Filme sein, die den Werktäti-
> gen bewegen, in seiner Freizeit das Kino aufzusuchen und den jeweiligen Film
> wegen seines ideologisch-künstlerischen Gehalts oder auch nur wegen seines
> Unterhaltungswertes bis zum Ende anzusehen. Filme deren Aufführung in der
> DDR ausschließlich aus politischen Erwägungen erfolgen soll und die im Kino
> keinerlei Wirkung versprechen, sollten heute durch das Medium eingesetzt
> werden, das die Filme in die Wohnung der Leute bringen kann und nicht dort,
> wo von den Werktätigen verlangt wird, daß sie selbst zum Film hinkommen.[14]

Ein Hauch von Pragmatismus weht durch diese Aussage, mit der die Offiziellen akzeptierten, dass es eines starken Anreizes bedurfte, um die Bürger in die Kinos zu locken, und dass die Politik allein diesen nicht liefern
konnte. Zu dieser Stimmung gehört auch die schon in den späten 1970er
Jahren erfolgte Einführung der Politik des ‚Millionenfilms', die über gewisse Ähnlichkeiten mit der Blockbuster-Strategie in den USA und Westeuropa verfügte. Sie zielte darauf ab zu garantieren, dass eine signifikante
Anzahl der eingekauften Filme zu Erfolgen an der Kinokasse mit mindestens einer Million Besuchern würden. Dies war Wirtschaftspolitik in
reinster Form. Mit der ursprünglichen Investition sollte das größtmögliche Publikum erreicht werden. Dies bedeutet wiederum, dass sich die
Auswahlkriterien zugunsten von Filmen veränderten, die ein öffentliches
Bedürfnis erfüllen und die Industrie finanziell unterstützen konnten.

Diese Schwerpunktverschiebung zu Ungunsten von Politik und Ideologie wurde durch verschiedene Faktoren ausgelöst. Erstens durchlief im
selben Zeitraum auch die westliche Filmproduktion einen signifikanten
Wandlungsprozess, der Auswirkungen auf die Auswahlkriterien hatte.
Lizenzgebühren, die die westlichen Firmen von den sozialistischen Län-

---

14 „Zu Problemen der Zulassung und des Ankaufs ausländischer Spielfilme für
   den Einsatz in den Filmtheatern der DDR", Ministerium für Kultur, Mai 1983,
   Privatarchiv von Erhard Kranz.

dern verlangten, stiegen Anfang der 1980er Jahre deutlich, während die progressiven, politischen Filme, die immer die Mehrheit der Importe aus dem Westen ausgemacht hatten, weniger wurden. Die Politik des ‚Millionenfilms' sicherte eine Maximierung der Einnahmen aus den teuren Lizenzen. In den späten 1970er Jahren bemühten sich sowohl die DEFA als auch die Produktionsfirmen der Bruderländer immer mehr darum, sozialistische Unterhaltungsfilme zu produzieren, die gleichzeitig die Wünsche der Zensoren und des Publikums befriedigten. Der Erfolg, den die DEFA bis Mitte der 1970er Jahre mit ihren eigenen Genrefilmen wie z.b. den Indianerfilmen hatte, konnte allerdings nicht aufrechterhalten werden. Auslandsimporte füllten die so entstandene ‚Lücke'. In den folgenden Aussagen, die innerhalb eines im Jahr 1985 veröffentlichten Fünfjahresplans getroffen wurden,[15] sind die finanzpolitischen Notwendigkeiten sowie die sich ergänzende Partnerschaft mit der DEFA klar erkennbar:

> Bei effektivstem Umgang mit den bereitzustellenden Valutamitteln erfolgt die Übernahme und das Angebot von Filmen aus den kapitalistischen Industriestaaten nach den in den letzten Jahren bewährten Prinzipien. Aus diesen Ländern wurden Filme eingesetzt, die die DEFA und die anderen sozialistischen Kinematografien selbst nicht oder nicht genügend produzieren. Es werden Filme sein, die einen möglichst realistischen Einblick in die Verhältnisse innerhalb der imperialistischen Gesellschaft und ihre Widersprüche geben, sowie Filme der Unterhaltungsgenres, die teilweise mit einem für sozialistische Filmproduktionen nicht möglichen Aufwand in Szene gesetzt sind.[16]

Westliche Filmimporte waren demnach eine Quelle für populäre Genrefilme, deren Produktion sich die DEFA nicht leisten konnte, und stützten die marode DDR-Filmindustrie finanziell. Es gab jedoch noch eine andere kulturelle und politische Beziehung zwischen der nationalen Filmproduktion und den Blockbuster-Importen, eine Beziehung, die in den offiziellen Fünfjahresplänen oder Strategiepapieren niemals öffentlich angedeutet wurde. Ein privater Briefwechsel aus dem Jahr 1984 zwischen den zwei mächtigsten Männern der kulturellen Elite – dem Chefideologen des Politbüros Kurt Hager und dem Kulturminister Hans Joachim Hoffmann – zeigt, dass die

---

15 „Arbeitsmaterial für Mitarbeiter des Lichtspielwesens der DDR, Konzeption für die kultur-politische Arbeit mit dem Film in den Jahren 1986–1990 des Ministeriums für Kultur der DDR", Ministerium für Kultur, 1985, S. 8, Privatarchiv von Erhard Kranz.

16 Ebd.

Lockerung der ideologischen Auswahlkriterien für Westimporte eine bewusste Strategie war, um von den kritischen DEFA-Filmen abzulenken, die
ein viel größeres Potenzial besaßen, die Gesellschaft zu spalten. Der Wandel diente also anderen verdeckten Zensurinteressen des Staates. Gegenstand des Briefes von Hoffmann an Hager war Helmut Dziubas DEFA-Film
Erscheinen Pflicht (1984). Es wurde vorgeschlagen, westliche Unterhaltungs-
spielfilme zu benutzen, um das Publikum vor den potenziellen Auswirkungen dieses DEFA-Films zu bewahren bzw. von ihnen abzulenken:

> Ich schlage vor, mit dem Film *Erscheinen Pflicht* folgendermaßen zu verfahren:
> Der Film wird im August eingesetzt, so daß er während des Kinosommers
> läuft, in dem sich das Zuschauerinteresse erfahrungsgemäß auf die in dieser
> Zeit laufenden Filme der abenteuerlichen und heiteren Genres konzentriert
> (*Olsenbande, Tootsie* u. dgl.). Er läuft nur in den Filmtheatern der Kategorie 3,
> das heißt also nicht in den Ur- und Erstaufführungstheatern. Die Laufzeit wird
> auf vier Wochen begrenzt. (Die Laufzeit eines neu eingesetzten Films beträgt
> eineinhalb bis zwei Jahre.) Es findet keine Premierenveranstaltung statt. Gegen-
> über den beteiligten Künstlern wird davon ausgegangen, daß der Film mit der
> Aufführung beim Nationalen Spielfilmfestival in Karl-Marx-Stadt seine Premi-
> ere hatte. Es findet keine Werbung mit Einzelannoncen statt, jedoch werden die
> jeweils konkreten Aufführungstermine in den zur Annoncierung kommenden
> Wochenplänen vermerkt. Die Plakate zum Film kommen nur im Bereich der
> Filmtheater, die den Film aufführen, zum Aushang.[17]

Olsenbande und *Tootsie* waren 1984 zwei der beim ostdeutschen Publikum
beliebtesten Filme, wobei *Tootsie* auf den vierten Platz in den Top Ten der
erfolgreichsten Filme des Jahres kam und problemlos als ‚Millionenfilm‘
durchgehen kann. *Die Olsenbande fliegt über die Planke*, ein Titel aus der
dänischen *Olsenbande*-Serie, die in der DDR Kultstatus erreichte, kam auf
Platz sieben. In Anbetracht des oben zitierten Briefes ist es kaum erstaunlich, wenn *Erscheinen Pflicht* ein nicht annähernd so großes Publikum erreichte. DEFA-Filme mit einer kritischen Haltung gegenüber der zeitgenössischen ostdeutschen Gesellschaft wurden gelegentlich absichtlich in
dieser Weise auf die Seite gedrängt.

Auch der Prozess der Filmauswahl änderte sich Anfang der 1970er
Jahre, was sich ebenfalls auf die Importkriterien auswirkte. Einkaufsrei-
sen zu Filmfestivals hatten zwar immer schon stattgefunden, doch nun
wurde die Mehrheit der Filme von einer kleinen Gruppe von ‚Reiseka-

---

17 H. J. Hoffmann, Brief an Kurt Hager, 25.5.1984, BArch SAPMO DY30/vorl. SED
   42314 (Dokumentar und Spielfilm 1984-89)

dern' auf Festivals und bei Geschäftsreisen in den Westen ausgewählt. Die oben erwähnten Auswahlkommissionen wurden aufgelöst, die Protokolle jetzt von Beamten des Progress Film-Verleihs oder der Abteilung Filmzulassung in der Hauptverwaltung Film erstellt. Zusätzlich zu den Reisen auf Filmfestivals organisierten vertrauenswürdige Geschäftskontakte im Westen Vorführungen für die ostdeutschen Beamten und trafen damit eine Vorauswahl. Ein Beispiel dafür, welche Rolle westliche Partner bei der Filmauswahl spielten, ist der Fall des erwähnten *Ein Aufstand alter Männer*. Ein Brief vom Filmverlag der Autoren, der in den 1980er Jahren Geschäftskontakte mit der DDR unterhielt, zeigt, wie der Film tatsächlich von den westlichen Partnern als für die ostdeutschen Beamten potenziell interessant klassifiziert wurde.[18]

Die Ernennung von Horst Pehnert zum Filmminister im Jahr 1976 hatte maßgeblichen Einfluss auf diese Veränderungen. Seine Strategie war es, das Kinoprogramm kontroverser und aufregender zu gestalten, um die Glaubwürdigkeit ostdeutscher Filmpolitik besonders für junge Leute aufrecht zu erhalten. Es gibt Belege, dass Pehnert dafür höchstpersönlich die etablierten Auswahlkriterien änderte, beispielsweise mit der Entscheidung, nicht nur zum ersten Mal einen US-amerikanischen Science-Fiction-Film zu zeigen (Steven Spielbergs *Close Encounters of the Third Kind/ Unheimliche Begegnung der dritten Art* 1977; DDR: 4. Januar 1985), sondern auch einen Spaghetti-Western von Sergio Leone (*C'era una volta il west/Spiel mir das Lied vom Tod*, Italien 1968; DDR: 24. Juli 1981). Außerdem machte er bemerkenswerte Zugeständnisse gegenüber westdeutschen Produktionen, indem er die einst verschmähten Karl-May-Verfilmungen, populäre Komödien mit beliebten westdeutschen Komikern wie Otto Waalkes und erstmals einen Film von Rainer Werner Fassbinder (*Die Ehe der Maria Braun* 1979; DDR: 7.8.1981) ein- und aufführen ließ.

Fazit

Die Auswahlkriterien für Filmimporte aus dem Ausland waren zugleich ideologisch und pragmatisch. Spannungen und Zweideutigkeiten gab es

---

18 „Anbei schicke ich Ihnen eine VHS-Kassette und ein paar Drucksachen. Ich bin sicher, daß der Film gefällt." (Brief vom Filmverlag der Autoren an die Hauptverwaltung Film betreffend den Kauf von *Ein Aufstand alter Männer*, 26.10.1987, BArch, DR1-Z/5952)

immer, sie waren dem Versuch, ein sozialistisches Kinoprogramm mit den Filmen des angeblichen ‚Klassenfeindes' zu gestalten, gewissermaßen inhärent. Bis in die 1970er Jahre importierten DDR-Behörden Filme aus dem Westen, um das Verständnis des ostdeutschen Publikums von den westlichen Herkunftsländern im Sinne der vorherrschenden Ideologie zu prägen. In diesem Zeitraum hatten die meisten westlichen Verleiher wenig oder gar kein wirtschaftliches oder politisches Interesse, ihre Filme im Osten anzubieten. In den späten 1970er und in den 1980er Jahren veränderten sich die Auswahlkriterien. Der signifikante Anstieg von Importfilmen erforderte eine Verschiebung der selbst auferlegten Grenzen, mit denen die Behörden bestimmen wollten, was in der DDR aufgeführt werden durfte und was nicht. Die Filmimporte betreffende Kulturpolitik entspannte sich und die zuvor strikt politischen Parameter der Selektion wurden weniger streng angewendet. Zum Teil geschah das aus Gründen der Glaubwürdigkeit der Partei, und um das Publikum zu besänftigen, aber genauso handelte es sich auch um eine notwendige Reaktion auf Kräfte von außen wie zum Beispiel den Einfluss des westdeutschen Fernsehens oder die wirtschaftlichen Veränderungen in den westlichen Filmindustrien. In den 1980er Jahren wurden die Widersprüche und Herausforderungen der Zensur dann mit einer gewissen Offenheit in offiziellen Dokumenten angesprochen:

> Niemand in der Welt produziert Filme nach unseren Kriterien und Vorstellungen – auch nicht die Kinematographien der sozialistischen Länder. Die Kriterien für die Auswahl, die wir besitzen, bedürfen bei jedem einzelnen Film einer schöpferischen Anwendung. Dies schließt Kompromisse bei der Auswahl, als auch unterschiedliche Meinungen nach deren Ankauf, beim Einsatz der Filme und bei der Reaktion der Zuschauer auf die einzelnen Filme nicht aus.[19]

Wenn wir all die in den offiziellen Papieren und Protokollen getroffenen Aussagen mit den tatsächlich aufgeführten Filmen vergleichen, scheint es, als ob ein Großteil des offiziellen Diskurses der Selbstvergewisserung diente und nur geführt wurde, um getroffene Entscheidungen zu verteidigen und die knallharten Ideologen zu besänftigen, die mit den Zugeständnissen an das populäre, sogenannte ‚bürgerliche' Kino nicht zufrieden waren bzw. sein konnten. Vor allem wurde ein hoher rhetorischer Aufwand betrieben, um von weniger gut zu rechtfertigenden Auswahlentscheidungen

---

19 „Zu Problemen der Zulassung und des Ankaufs ausländischer Spielfilme für den Einsatz in den Filmtheatern der DDR", a.a.O.

für westliche Filme abzulenken; das betraf insbesondere die finanziellen Vorteile des Imports, die ‚Verdummung' des Massenpublikums und die Eindämmung potenzieller politischer Unruhen, die kritische DEFA-Filme hätten auslösen können.

Aus dem Englischen von Chris Wahl

Literatur

Barck, Simone/Classen, Christoph/Heimann, Thomas (1999): The Fettered Media. In: Jarausch (1999): 213-39
Hasenberg, Peter/Thull, Martin (Hrsg.) (1991): Filme in der DDR. Kritische Notizen aus 4 Kinojahren 1987-1990. Köln: Katholisches Institut für Medieninformation
Hochschule für Film und Fernsehen der DDR (Hrsg.): Filmobibliografische Jahresberichte 1967–1989. Berlin: Henschel
Jarausch, Konrad H. (Hrsg.) (1999): Dictatorship as Experience. Towards a Socio-Cultural History of the GDR. New York: Berghahn
Schenk, Ralf (Hrsg.) (2010a): Begleitmaterial zur Wiederaufführung von *Die Taube auf dem Dach*. Berlin: DEFA-Stiftung
Schenk, Ralf (2010b): Interview mit Iris Gusner. In: Schenk (2010): 11-17
Schulz, Günter (2001): Filmografie. Ausländische Spiel- und abendfüllende Dokumentarfilme in den Kinos der SBZ/DDR 1945-1966. Berlin: Bundesarchiv-Filmarchiv, DEFA-Stiftung

Provozierte Konflikte

Der Club der Filmschaffenden und die Beteiligung der DEFA an der Mannheimer Filmwoche 1959/60

Andreas Kötzing

Einleitung

Die Geschichte der DEFA zählt inzwischen zu den am besten erforschten Abschnitten der deutschen Filmgeschichte, wenngleich es nach wie vor zahlreiche ,weiße Flecken' gibt. So wurde zum Beispiel die Beteiligung der DDR an internationalen Festivals bislang kaum filmhistorisch untersucht. Lediglich die Umstände, die dazu führten, dass DEFA-Filme erst ab 1975 auf der Berlinale gezeigt werden konnten, sind detaillierter erforscht (Jacobsen 2000: 361-370; Haase 2010). Weniger bekannt ist hingegen, dass bereits seit Mitte der 1950er Jahre zahlreiche Dokumentar- und Kurzfilme der DEFA auf den westdeutschen Festivals in Mannheim und Oberhausen zu sehen waren. Die beiden ursprünglich als „Kulturfilmwochen" ins Leben gerufenen Festivals waren – ähnlich wie die Leipziger Dokumentar- und Kurzfilmwoche in ihren Anfangsjahren (1955/ 1956) – ein wichtiges Podium für ost- *und* westdeutsche Filmemacher. Bereits 1954 wurde im Rahmen der III. Mannheimer Filmwoche erstmals eine kleine Auswahl von populärwissenschaftlichen DEFA-Filmen gezeigt. Zwei Jahre später beteiligte sich der Ost-Berliner Club der Filmschaffenden (CdF), der für die Kontakte in die Bundesrepublik zuständig war, auch erstmals an den Westdeutschen Kurzfilmtagen in Oberhausen (Kötzing 2012). Im Zuge der voranschreitenden West- bzw. Ostintegration beider deutscher Staaten verschlechterten sich jedoch ab 1957 zunehmend die Rahmenbedingungen für eine Beteiligung der DEFA an den westdeutschen Festivals. Welche Motive dafür ausschlaggebend waren, soll im Folgenden am Beispiel der VIII. und IX. Mannheimer Filmwoche (1959 und 1960) gezeigt werden. Zu beiden Festivals war der CdF eingeladen – in beiden Jahren kam es jedoch zu umfangreichen politischen Konflikten, die die Aufführung der DEFA-Filme überschatteten oder sogar ganz verhinderten.

Streitfall: DDR oder SBZ?

Eine der wichtigsten Voraussetzungen für die Beteiligung der DDR
an den westdeutschen Festivals war die Klärung der Frage, wie
die ostdeutsche Delegation und die Filme der DEFA sprachlich bezeichnet werden sollten. Der Alleinvertretungsanspruch der Bundesregierung schloss eine staatliche Anerkennung des SED-Staates
grundsätzlich aus – im offiziellen Sprachgebrauch wurde die DDR
daher nur in Gänsefüßchen erwähnt oder als „Sowjetzone" bzw.
„Sowjetisch besetzte Zone" (SBZ) apostrophiert. Die Mannheimer Filmwoche konnte sich dieser politischen Rhetorik nicht ohne weiteres entziehen,
da das Festival – anders als die Oberhausener Kurzfilmtage – seit 1954 finanziell durch das Bundesinnenministerium gefördert wurde. Der Leiter
der Mannheimer Filmwoche, Kurt Joachim Fischer, stand daher in regel-
mäßigem Kontakt mit den Bundesbehörden, wenn es um die Festivalbe-
teiligung der DDR ging. Dabei kam es wiederholt zu Konflikten, weil nicht
alle eingereichten DEFA-Filme für die Aufführung in Mannheim freigegeben wurden. Verantwortlich dafür war der sogenannte Interministerielle
Ausschuss für Ost-West-Filmfragen, der bereits seit 1953 für die Kontrolle
aller Filme zuständig war, die aus den Ostblockstaaten importiert und in
der Bundesrepublik aufgeführt werden sollten (Buchloh 2002: 218-249). Bereits bei der ersten Beteiligung der DEFA 1954 gab der Ausschuss nur fünf
von 13 eingereichten Filmen für das Mannheimer Festival frei.[1]

Die genaue Bezeichnung der ostdeutschen Delegation und ihrer Filme
spielte in Mannheim erstmals 1958 eine größere Rolle. Bis dahin waren
die Vertreter des CdF in der Regel damit einverstanden gewesen, dass die
ostdeutschen Produktionen als „Filme aus Deutschland" oder schlicht als
„DEFA-Filme" in den offiziellen Programmheften der Mannheimer Filmwoche angekündigt wurden. Die Haltung änderte sich jedoch, nachdem
im Herbst 1957 erstmals die sogenannte ‚Hallstein'-Doktrin der Bundesregierung angewendet worden war und die SED-Führung ihrerseits darauf
beharrte, dass bei allen offiziellen Anlässen die Staatsbezeichnung „DDR"
verwendet werden sollte (Kilian 2001: 52ff.). In der Folge ging auch der
CdF bei seinen Gesprächen mit den Vertretern der westdeutschen Festivals dazu über, seine Beteiligung davon abhängig zu machen, ob die ostdeutsche Delegation als Vertretung der DDR in Erscheinung treten könne.

---

1   Vgl. Kurzprotokoll über die am 26. Mai [1954] in Bonn stattgefundene Sitzung
    des Interministeriellen Prüfungsausschusses (BArch Koblenz, B102/34486)

Dazu gehörte auch, dass die Produktionen der DEFA als „Filme aus der DDR" angekündigt werden sollten. Wie ernst der CdF diese sprachlichen Formulierungen nahm, zeigte sich bereits im Frühjahr 1958 in Oberhausen, als die Delegation des CdF sich geschlossen von den IV. Westdeutschen Kurzfilmtagen zurückzog. Neben verschiedenen anderen Konflikten war dabei ausschlaggebend, dass das Oberhausener Festival die Staatsbezeichnung „DDR" vermeiden wollte. Der Rückzug des Clubs der Filmschaffenden schuf ein Exempel, das auch für das Mannheimer Festival von großer Bedeutung war. Dass der CdF nicht mehr bereit war, auf die Staatsbezeichnung zu verzichten, war nunmehr offensichtlich – unklar war indes, welche Auswirkungen dies auf die weiteren Verhandlungen über eine Beteiligung der DDR an den westdeutschen Festivals haben würde.

Das Mannheimer Festival und die Berlin-Krise

Zunächst gab es keinen großen Verhandlungsspielraum. Die VII. Mannheimer Kultur- und Dokumentarfilmwoche (Mai 1958) fand beispielsweise ganz ohne DDR-Beteiligung statt. Werner Rose, der 1. Sekretär des CdF, hatte in einem Schreiben an Kurt Joachim Fischer betont, eine Aufführung von DEFA-Filmen käme nur noch in Betracht, wenn die „Teilnahme von Künstlern der Deutschen Demokratischen Republik als Vertretung eines souveränen Staates nicht ‚schamhaft' verschwiegen"[2] werde. Fischer signalisierte zunächst seine Verhandlungsbereitschaft,[3] musste kurze Zeit später jedoch eingestehen, dass es ihm nicht möglich sei, die DEFA-Filme als Beiträge der „DDR" anzukündigen.[4] Ein Jahr später ergriff Kurt Joachim Fischer erneut die Initiative, um eine Teilnahme der DEFA an der VIII. Mannheimer Filmwoche zu ermöglichen. Das Bundesministerium

---

2 Werner Rose an Kurt Joachim Fischer, Berlin, 26.3.1958 (Archiv der Deutschen Kinemathek, Filmwoche Mannheim 1956/1957/1958, Ablage: 1958)

3 Kurt Joachim Fischer an Werner Rose, Mannheim, 31.3.1958, ebd. Fischer betonte in seinem Brief, dass er in Mannheim eine „wesentliche finanzielle Unterstützung aus Bonn" erhalte: „Aus diesem Grund muß ich logischerweise auf gewisse politische Dinge Rücksicht nehmen. Ich schreibe Ihnen dies in aller Offenheit, weil ich mir keine Konflikte leisten kann. Ich bin aber bemüht, hier eine Lösung zu finden und Sie können versichert sein, dass von meiner Seite aus alles getan wird, um für uns gemeinsam eine gute und erfreuliche Lösung zu finden."

4 Telegramm an den Club der Filmschaffenden, Mannheim, 2.5.1958, ebd.

für gesamtdeutsche Fragen (BMG), das Fischer in dieser Frage konsultier-
te, empfahl ihm jedoch „schon mit Rücksicht auf die Verschärfung der
politischen Spannungen", weder den Club der Filmschaffenden, noch irgendwelche anderen Vertreter aus der DDR nach Mannheim einzuladen.[5]

Die „Verschärfung der politischen Spannungen", die das BMG als Argument gegen eine Einladung der DEFA anführte, bezog sich in erster Linie
auf die Berlin-Krise. Ausgelöst wurde die Krise durch den sowjetischen
Ministerpräsidenten Chruschtschow, der am 10. November 1958 die Souveränität der DDR in allen Berlin betreffenden Fragen proklamierte. Am
27. November folgte ein Ultimatum an die Westmächte, die sich binnen
sechs Monaten aus der Stadt zurückziehen sollten, um anschließend West-
Berlin in eine ‚Freie Stadt' umzuwandeln. Die Krise, die letztlich bis zum
Mauerbau im August 1961 andauerte, schwächte sich im Verlauf des Jahres
1959 vorübergehend ab, als im Rahmen der Genfer Außenministerkonferenz (Mai bis August 1959) die beteiligten Großmächte zu Verhandlungen
über den Status von Berlin zusammenkamen (Wettig 2006). Im Frühjahr
1959 jedoch, als es zu neuen Verhandlungen zwischen Kurt Joachim Fischer und dem CdF kam, hatte die Krise gerade ihren ersten Höhepunkt
erreicht, da die Westmächte Chruschtschows Forderungen einhellig zurückgewiesen hatten.

In dieser denkbar ungünstigen Situation suchte Fischer gleichwohl den
Kontakt zum Club der Filmschaffenden. Als er im Februar 1959 nach Berlin reiste, kam es zu einem Gespräch, an dem neben Werner Rose auch der
damalige Direktor des DEFA-Studios für Wochenschau und Dokumentarfilme, Günter Klein, teilnahm. Beide suchten Fischer in seinem Hotel auf,
um mit ihm über die Teilnahme der DDR an der Mannheimer Filmwoche
zu verhandeln. Fischer fertigte eine Aktennotiz über das Gespräch an, die
er kurze Zeit später an das Bundespresseamt übersandte. Demnach diente
das Gespräch zunächst mehr einem Austausch altbekannter Argumente.
In einem Punkt unterschied sich die Unterhaltung jedoch von früheren
Aussprachen: Rose und Klein übten gezielt Druck auf Fischer aus, indem
sie offen damit drohten, dass sich keines der sozialistischen Länder am
Mannheimer Festival beteiligen werde, falls die offizielle Staatsbezeichnung „DDR" nicht verwendet werden sollte.[6]

---

5 Der Bundesminister für gesamtdeutsche Fragen an Dr. Kurt Joachim Fischer,
   Bonn, 9.1.1959 (BArch Koblenz, B 145/9)
6 Vgl. Kurt Joachim Fischer: Aktennotiz, Mannheim, 3.3.1959 (BArch Koblenz, B
   145/9)

Fischer befand sich dadurch in einer schwierigen Situation. Einerseits ließ die Haltung der politischen Institutionen, allen voran die des BMG, wenig Interpretationsspielraum zu, was eine Erwähnung der „DDR" betraf. Andererseits hatten die Produktionen der sozialistischen Länder in den vergangenen Jahren mit zum Renommee der Mannheimer Filmwoche beigetragen – das Risiko, in Zukunft möglicherweise nur noch Filme aus den westlichen Ländern zeigen zu können, schloss einen Imageverlust mit ein. Nicht zuletzt bestand die Gefahr, dass dem Mannheimer Festival im Falle eines Boykotts durch die sozialistischen Länder „der ‚schwarze Peter' zugeschoben wird", wie Fischer dem Bundespresseamt mitteilte.[7] Daher ergriff er selbst noch einmal die Initiative und versuchte, Werner Rose in einem privaten Brief davon zu überzeugen, auf die Bezeichnung „DDR" zu verzichten. Fischer spielte auf die Entspannung der „politischen Großwetterlage" an, da die Vorbereitungen für die erwähnte Außenministerkonferenz inzwischen begonnen hätten. Er schlug Rose vor, die ostdeutschen Filme geschlossen in einem eigenen Programm vorzuführen, gekennzeichnet als „Produktionen der DEFA", im Ausgleich dazu sollte der Club der Filmschaffenden auf eine weitere Herkunftsbezeichnung verzichten. Die Art und Weise, wie Fischer seine Vorschläge unterbreitete, verdeutlicht, dass die Auseinandersetzung inzwischen einen politischen Stellenwert angenommen hatte, der nicht mehr allein das Festival betraf, sondern die Beziehungen zwischen beiden deutschen Staaten:

Ich finde, Sie können, sehr geehrter Herr Rose, nicht fordern, dass wir einen Tatbestand präjudizieren, der staatsrechtlich noch nicht international bestätigt ist. Ich werde meinerseits alles tun, um den Produktionen der DEFA publizistisch gerecht zu werden und ich bin der Meinung, dass ich, im Sinne einer korrekten und unparteiischen Veranstaltung hiermit alles getan habe, was in meiner Macht steht, ohne das Ansehen der Filme aus der Produktion der DEFA beeinträchtigt zu haben: ich habe getan, was ich konnte. Tun Sie das Ihrige nun. Wobei ich festhalten darf, dass es nirgends in der Welt üblich ist, das Beteiligte der Organisationsleitung eines Festivals Bedingungen stellen. Da aber die besonderen Verhältnisse ein Eingehen auf die Besonderheiten Deutschlands verlangen, darf ich ihnen diese Vorschläge unterbreiten.[8]

---

7   Kurt Joachim Fischer, Mannheimer Kultur- und Dokumentarfilmwoche, an Herrn Ober-regierungsrat Dr. Betz, Bundespresse- und Informationsamt, Mannheim 28.3.1959 (BArch Koblenz, B 145/9)
8   Kurt Joachim Fischer an Werner Rose, o. O. und D. (BArch Koblenz, B 145/9)

Andreas Kötzing

Einem Schreiben von Kurt Joachim Fischer an das Bundespresseamt vom 15. April 1959 zufolge ging der CdF tatsächlich auf seinen Vorschlag ein. Der Club habe von sich aus *ausdrücklich* auf die Nennung der DDR verzichtet und sich bereit erklärt, dass die ostdeutschen Filme unter der Bezeichnung „Produktionen der DEFA" zusammen mit dem Zusatz „DEFA/ Deutschland" angekündigt werden.[9] Dieselbe Nachricht übermittelte Fischer auch an das Bundeswirtschaftsministerium, das seinerseits den Interministeriellen Ausschuss informierte.[10] Was Fischer den Bundesbehörden jedoch verschwieg, war die Tatsache, dass er dem Club im Ausgleich für das Zugeständnis versprochen hatte, dass er die ostdeutschen Gäste in Mannheim offiziell als eine „Delegation der DDR" ankündigen werde. In einem weiteren Brief an Werner Rose versuchte Fischer zwar, die unspezifische Bezeichnung „Club der Filmschaffenden, Berlin" durchzusetzen,[11] doch Rose antwortete postwendend, die richtige Bezeichnung laute „Club der Filmschaffenden der DDR."[12] Fischer bestätigte diese Vereinbarung kurz darauf telegrafisch und vermittelte somit zumindest seinen ostdeutschen Verhandlungspartnern gegenüber den Eindruck, dass der Club in Mannheim offiziell als Delegation der DDR in Erscheinung treten könne.[13] Für Werner Rose und die anderen ostdeutschen Vertreter war dies die entscheidende Voraussetzung dafür, sich wieder an einem westdeutschen Festival zu beteiligen.[14] Auf der VIII. Mannheimer Kultur- und Dokumentarfilmwoche, die vom 25. bis 30. Mai 1959 stattfand, wurden schließlich

9 Vgl. VIII. Mannheimer Kultur- und Dokumentarfilmwoche, Kurt Joachim Fischer, an Herrn Oberregierungsrat Dr. Betz, Presse- und Informationsamt der Bundesregierung, Mannheim, 15.4.1959 (BArch Koblenz, B 145/9)

10 Vgl. VIII. Mannheimer Kultur- und Dokumentarfilmwoche, Kurt Joachim Fischer, an Herrn Regierungsdirektor Dr. Leitreiter, Bundeswirtschaftsministerium, Mannheim, 15.4.1959 (BArch Koblenz, B 102/34488)

11 Vgl. VIII. Mannheimer Kultur- und Dokumentarfilmwoche, Kurt Joachim Fischer, an Club der Filmschaffenden, z.Hd. von Werner Rose, Mannheim, 15.4.1959 (ArchDtK, Filmwoche Mannheim, 1959/2)

12 Werner Rose an Herrn Kurt Joachim Fischer, Berlin, 20.4.1959 (ArchDtK, Filmwoche Mannheim, 1959/2)

13 Telegramm an Werner Rose vom 21.4.1959 (ArchDtK, Filmwoche Mannheim, 1959/2)

14 Vgl. Günter Klein an die VVB Film, z.Hd. des Hauptdirektors. Bericht über die VIII. Mannheimer Kultur- und Dokumentarfilmwoche 1959, 20.6.1959 (BArch Berlin, DR 118/2295); vgl. auch das Schreiben von Werner Rose und Günter Klein an die Abteilung Kultur im ZK der SED, Berlin, 16.4.1959 (ArchDtK, Filmwoche Mannheim, 1959/2)

vier DEFA-Filme im offiziellen Programm und fünf ostdeutsche Kinderfilme im Rahmenprogramm des Festivals gezeigt.

Betrachtet man die überlieferten Briefe von Kurt Joachim Fischer an den Club der Filmschaffenden einerseits und die beteiligten Institutionen der Bundesregierung andererseits, dann entsteht der Eindruck, dass der Leiter der Mannheimer Filmwoche den Club und die Bundesbehörden bewusst gegeneinander ausspielte, um eine Teilnahme der DDR zu erreichen. Während er dem CdF zugestand, die Bezeichnung „DDR" zu verwenden, konstatierte er gleichzeitig gegenüber der Bundesregierung, der Club habe auf eine solche Bezeichnung verzichtet, obwohl dies nicht der Fall war. Die Motive für dieses Vorgehen lassen sich jedoch allein anhand der Briefe nur erahnen: Denkbar ist, dass sich Fischer durch die Erpressungsversuche von ostdeutscher Seite dazu veranlasst sah, dem Druck nachzugeben. Folgt man dem Bericht von Werner Rose, dann hat Fischer mit einem „unerwartet heftigen Eindruck" auf die Drohung reagiert und eine Weiterführung der Mannheimer Filmwoche ohne die sozialistischen Staaten als „illusorisch und unmöglich" bezeichnet. Die angedrohte Absage aller osteuropäischen Staaten im Falle einer Nichtberücksichtigung der DDR könnte ausschlaggebend dafür gewesen sein, dass Fischer sich auf die Bedingungen einließ, den Club als „DDR-Delegation" zu empfangen.[15] Da die Bundesregierung keine Kenntnis von dieser Abmachung hatte, war ein erneuter Konflikt vorprogrammiert.

Zusätzlichen Zündstoff bot erneut der Interministerielle Ausschuss, der sich nun der Sichtung der ausgewählten DEFA-Filme für die Mannheimer Filmwoche annahm. Er griff dabei außergewöhnlich stark in das zusammengestellte Programm der DEFA ein und untersagte gleich in vier Fällen eine Aufführung. Vom Verbot betroffen waren die Filme *Parlamentarier* von Jiři Jahn, *Flammendes Algerien* von Willi Müller, *Wir bauen unser Tor zur Welt* von Heinz Reusch und *Reportage aus Rossendorf* von Klaus Alde.[16] Die Argumente, die der Ausschuss für die Aufführungsverbote anführte, waren wenig stichhaltig. *Parlamentarier* beispielsweise, der vom Ausschuss im Oktober 1958 schon einmal abgelehnt worden war, wurde erneut nicht

---

15 Werner Rose: Bericht über den Stand der Verhandlungen über die offizielle Teilnahme der DDR an der VIII. Kultur- und Dokumentarfilmwoche in Mannheim (ArchDtK, Filmwoche Mannheim, 1959/2)

16 Vgl. Kurzprotokoll Nr. 7/59 über die am 17. April 1959 stattgefundene Sitzung des Inter-ministeriellen Ausschusses für Ost/West-Filmfragen, Bonn, 18.4.1959 (BArch Koblenz, B 102/34488)

zur Vorführung freigegeben, weil er „politische Einrichtungen" verunglimpfe. Die politische Zensur durch den Interministeriellen Ausschuss, die zu diesem Zeitpunkt trotz einer fehlenden Rechtsgrundlage rapide voranschritt und in der westdeutschen Öffentlichkeit teilweise vehement kritisiert wurde, stand einer parlamentarischen Demokratie keineswegs gut zu Gesicht. Sie dämonisierte einerseits Filme, deren propagandistische Zwischentöne offenkundig waren, und lieferte andererseits dem CdF neues Futter für seine Polemik gegen die Bundesrepublik (Kötzing 2009). Dem erwähnten Bericht von Günter Klein zufolge ließ die DDR-Delegation in Mannheim jedenfalls keine Gelegenheit ungenutzt, „um öffentlich und nicht öffentlich gegen diese Behinderung und Diskriminierung zu protestieren".[17] Unter anderem nutzte der Club am 30. Mai 1959 eine Pressekonferenz, um die Filmverbote zu thematisieren. Dort wurden alle anwesenden Journalisten nach Ost-Berlin eingeladen, um sich die vom Interministeriellen Ausschuss verbotenen Filme anzusehen.

Die Auseinandersetzung um die Aufführungsverbote war nicht der einzige Konfliktpunkt mit der Delegation des Clubs der Filmschaffenden in Mannheim. Auch die unvermeidliche Diskussion um die Erwähnung der „DDR" blieb nicht aus. Den Anlass dafür lieferte Kurt Joachim Fischer selbst, als er bei einer offiziellen Ansprache vor Beginn des Festivals die Teilnehmer aller anwesenden Länder einzeln in Mannheim willkommen hieß und dabei auch die Delegation des Clubs der Filmschaffenden „aus Berlin" begrüßte, ohne die DDR zu erwähnen. Klein und Rose verfassten sofort ein „scharfes Protestschreiben an Dr. Fischer, worin sie sich energisch gegen die Nichteinhaltung der vereinbarten Bedingungen der Teilnahme der Delegation des Clubs der Filmschaffenden der Deutschen Demokratischen Republik verwahrten".[18] Am gleichen Abend, während der festlichen Eröffnung, begrüßte Fischer dann noch einmal ausdrücklich den „Club der Filmschaffenden der DDR" und hob hervor, dass auf dem Festival „beide deutsche Staaten durch würdige Repräsentanten vertreten seien".[19] Möglicherweise verhinderte Fischer dadurch einen erneuten Rückzug des Clubs wie im Jahr zuvor in Oberhausen.

---

17 Günter Klein an die VVB Film, z.Hd. des Hauptdirektors: Bericht über die VIII. Mannheimer Kultur- und Dokumentarfilmwoche 1959, 20.6.1959 (BArch Berlin, DR 118/2295)

18 Das Protestschreiben selbst ist in den Unterlagen des CdF nicht überliefert, ebd.

19 Ebd.

Der Club der Filmschaffenden blieb daraufhin in Mannheim und nahm bis zum Schluss am Festival teil, ohne dass es zu weiteren Auseinandersetzungen kam. Der Konflikt um die Verwendung der Bezeichnung „DDR" im Rahmen der westdeutschen Filmfestivals hatte durch Fischers erstmalige Verwendung der offiziellen Staatsbezeichnung eine kleine, aber wichtige Akzentverschiebung erfahren: In Zukunft konnte sich der CdF darauf berufen, in Mannheim als „DDR-Delegation" begrüßt worden zu sein. Diese symbolische Form der „staatlichen Anerkennung" wertete der Club intern als gewichtigen Erfolg und möglicherweise war dies auch der Grund dafür, dass die Aufführungsverbote für einzelne DEFA-Filme in diesem Jahr noch mehr oder weniger toleriert worden waren. Dies änderte sich jedoch schon ein Jahr später.

Filmverbote und die „Unbewältigte Vergangenheit"

Die IX. Mannheimer Dokumentar- und Kulturfilmwoche (24.-29. Mai 1960) brachte zunächst eine wesentliche Veränderung bei der Frage, wie während des Festivals mit der Bezeichnung „DDR" umzugehen sei. Im Vorfeld der Filmwoche einigten sich Kurt Joachim Fischer und die Vertreter des Clubs der Filmschaffenden auf eine neue Formulierung, die den Bedürfnissen beider Seiten entgegenkam. Das zusammengestellte Programm von DEFA-Filmen sollte mit folgender Ankündigung versehen werden: „Der Club der Filmschaffenden der DDR zeigt...".[20] Diese Regelung kam dem Anspruch des Clubs entgegen, als Delegation aus der DDR angekündigt zu werden. Gleichzeitig war die DDR jedoch nicht mit allen anderen teilnehmenden Ländern gleichgestellt, da die Formel „Club der Filmschaffenden der DDR" stets mit Anführungsstrichen verwendet wurde – dies entsprach wiederum dem Anliegen der Bundesregierung, die DDR auch im Rahmen von Kulturveranstaltungen in der Bundesrepublik nicht als eigenständiges Land zu behandeln.[21]

Mit dieser Formulierung, die in den folgenden Jahren auch in Oberhausen angewendet wurde, waren die Rahmenbedingungen

---

20 Vgl. zur Einigung in dieser Frage den Bericht von Günter Klein: Bericht über die IX. Mannheimer Kultur- und Dokumentarfilmwoche (BArch Berlin, DR 118/2295)

21 Auch in der Presse wurde das Programm des Clubs der Filmschaffenden der DDR mit Anführungsstrichen angekündigt. Vgl. die Anzeige im *Mannheimer Morgen*, 25.5.1960

für eine konfliktfreie Teilnahme der DDR an der Mannheimer Filmwoche festgesteckt – die tatsächliche Auswahl der Filme sorgte jedoch dafür, dass es wiederum zu Auseinandersetzungen kam. Den
Ausgangspunkt dafür bildete erneut der Interministerielle Ausschuss, der die Aufführung von drei DEFA-Filmen untersagte: *Martin
Andersen Nexö* von Hans-Joachim Kunert, Hans Dumkes *Markkleeberg 1956*
und *Die Mutter* von Manfred Wekwerth und Harry Bremer. Die Filme
wurden verboten, weil sie nach Ansicht des Ausschusses „eine kommunistische Tendenz erkennen"[22] ließen. Als die Delegation des Clubs der
Filmschaffenden bei ihrem Eintreffen in Mannheim von den Verboten
erfuhr, drohte bereits ein neuer Konflikt. Dieser konnte nur dadurch verhindert werden, dass dem Club von Kurt Joachim Fischer die Aufführung
von zwei anderen Filmen im Rahmen einer Sondertagung mit dem Titel
„Unbewältigte Vergangenheit" zugesagt wurde.[23] Auf der Tagung sollten
ausschließlich zeitgeschichtliche Dokumentationen zur Geschichte des
Nationalsozialismus gezeigt werden.

Für diese Tagung hatte der CdF die Filme *Du und mancher Kamerad* von
Andrew und Annelie Thorndike und Joachim Hellwigs *Ein Tagebuch für
Anne Frank* aus der Reihe „Archive sagen aus" eingereicht. Die Thorndikes
präsentierten in ihrem Film die geschichtliche Entwicklung Deutschlands
seit dem 1. Weltkrieg aus Sicht der SED. Sie konnten dabei auf einen umfangreichen Fundus von Archivmaterialien zurückgreifen, die dem Film
den Anstrich eines vermeintlichen ‚Tatsachenberichtes' verliehen. Historische Ereignisse, die nicht in das offizielle Geschichtsbild passten, wie beispielsweise der Hitler-Stalin-Pakt, blieben darin jedoch ausgespart (Heimann 1997). Auch Hellwig griff in seinem Film ein geschichtliches Thema
auf. Er instrumentalisierte dabei gezielt das Schicksal von Anne Frank,
um die Bundesrepublik zu diskreditieren. Der Film schildert die Biogra-
phien einzelner NS-Funktionäre, die nach Ende des Krieges in der Bundesrepublik lebten, und beschwor durch suggestive Bildmontagen und
einen insistierenden Off-Kommentar, dass von diesen noch immer eine
Bedrohung ausgehe (Steinle 2003: 144ff; Kirschnick 2009: 83-98).

---

22 Kurzprotokoll Nr. 14/60 über die am 10.5.1960 stattgefundene Sitzung des Interministeriellen Ausschusses für Ost/West-Filmfragen, Bonn, 10.5.1960 (BArch
Koblenz, B 102/34489)

23 So Günter Klein in seinem Bericht. vgl. ders.: Bericht über die IX. Mannheimer
Kultur- und Dokumentarfilmwoche (BArch Berlin, DR 118/2295)

Bedenkt man, wie umstritten die Re-Integration ehemaliger NS-Funktionäre in die westdeutsche Gesellschaft in den 1950er Jahren in der Bundesrepublik war (Frei 1996), dann verwundert es kaum, dass der Interministerielle Ausschuss eine Aufführung von *Du und mancher Kamerad* und *Ein Tagebuch für Anne Frank* in Mannheim kategorisch ablehnte, zumal es allen DEFA-Filmen aus der Reihe „Archive sagen aus" trotz ihres „aufklärerischen Habitus [...] weniger um die Vermittlung von kritischem Wissen als um die Schaffung einer gefühlsbedingten anti-westlichen Grundhaltung" ging, so Matthias Steinle (2003: 150; vgl. a. Keilbach 2009). Der Ausschuss untersagte die Aufführung beider Filme aufgrund ihrer vermeintlich „verfassungsfeindliche[n] Tendenzen" bereits zu dem Zeitpunkt, als auch den anderen drei DEFA-Filmen die Vorführgenehmigung für die IX. Mannheimer Filmwoche verweigert worden war.[24] Kurt Joachim Fischer versuchte daraufhin, doch noch eine Freigabe für die beiden Filme zu erhalten, indem er sich an das Presseamt der Bundesregierung wandte und darum bat, die Entscheidung noch einmal zu überdenken. *Du und mancher Kamerad* und *Ein Tagebuch für Anne Frank* sollten demnach nur in einer „halb-öffentlichen Vorführung" gezeigt werden. Diese könne „in keinem Falle zu einer Gefährdung der ‚öffentlichen Meinung' führen". Vielmehr solle mit der Vorführung beider Filme gezeigt werden, „daß die von der DEFA angewandte Technik falsche Wege geht".[25] Abschließend appellierte Fischer, „doch in dieser Angelegenheit nicht kleinlich zu sein", und berief sich außerdem auf den Artikel 5 des Grundgesetzes, der auch für die politische Bedeutung der Filmwoche gelten müsse.

Fischers Schreiben führte in der Tat dazu, dass sich der Interministerielle Ausschuss am 16. Mai 1959 erneut mit der Frage beschäftigte, ob die beiden Filme der DEFA in Mannheim für eine „Einzelveranstaltung mit begrenztem Zuschauerkreis" zugelassen werden können.[26] Der Ausschuss votierte abermals gegen eine Freigabe, jedoch scheint sich das Bundesinnenministerium in diesem Fall über die Ent-

---

24 Vgl. Kurzprotokoll Nr. 14/60 über die am 10.5.1960 stattgefundene Sitzung des Inter-ministeriellen Ausschusses für Ost/West-Filmfragen, Bonn, 10.5.1960 (BArch Koblenz, B 102/34489)

25 IX. Mannheimer Kultur- und Dokumentarfilmwoche, Dr. Kurt Joachim Fischer, an Herrn Oberregierungsrat Betz, Presse- und Informationsamt der Bundesregierung, Mannheim, 14.5.1960 (BArch Koblenz, B 145/4550)

26 Kurzprotokoll Nr. 15/60 über die am 10. Mai 1960 stattgefundene Sitzung des Inter-ministeriellen Ausschuss für Ost/West-Filmfragen, Bonn 16.5.1960 (BArch Koblenz, B 102/34489)

scheidung hinweggesetzt und einer Vorführung in Mannheim zugestimmt zu haben – allerdings unter bestimmten Voraussetzungen. So
berichtete beispielsweise das Nachrichtenmagazin *Der Spiegel* darüber,
dass das Innenministerium den Kreis der Zuschauer radikal einschrän-
ken wollte. Lediglich Vertretern des Bundes, der Länder und der Stadt
Mannheim sowie leitenden Mitarbeitern von Landesbild- und Filmstel-
len, pädagogischen Akademien und der Landes- und Bundeszentrale für
Heimatdienst sollte der Zutritt zum Kino gestattet werden. Journalisten
dürften sich die Filme anschauen, sofern sie „sich mit Fragen des zeitgeschichtlichen Films in der im Bundesgebiet erscheinenden Fachpres-
se befassen" und sich außerdem dazu bereit erklärten, nichts über „die
Vorführung der Filme, ihren Inhalt, die Diskussion und das Ergebnis der
Arbeitstagung [...] zu publizieren" (zit. n. o.A. 1960: 53f.). Derartige Auflagen für eine Filmvorführung waren in der Bundesrepublik nicht nur
unüblich und unter juristischen Gesichtspunkten äußerst fragwürdig, sie
stellten auch den bis dahin umfangreichsten Eingriff in die künstlerische
Autonomie eines westdeutschen Filmfestivals dar.

Als die Delegation des Clubs der Filmschaffenden von den Auflagen
erfuhr, war ein neuer Konflikt unvermeidlich. Kurt Joachim Fischer versuchte noch, die aufgebrachten Gäste aus der DDR zu beruhigen, indem
er sich von der Entscheidung des Innenministeriums distanzierte. Dem
Bericht von Günter Klein zufolge teilte Fischer dem Club mit, dass ihm
der Mannheimer Oberbürgermeister Hans Reschke die Entscheidung des
Ministeriums übermittelt habe. Er selbst teile die Ansicht nicht und könne
die Empörung über die eingeschränkte Filmvorführung nachvollziehen.[27]

Nach einer nächtlichen Beratung entschloss sich die DDR-Delegation zu
einem Protest. Günter Klein und Werner Rose verfassten im Namen des Clubs
der Filmschaffenden ein Schreiben an Hans Reschke, in dem sie das Vorgehen zurückwiesen und sich weigerten, die Filme unter den gewünschten
Bedingungen aufzuführen. Rose und Klein betonten, dass sie der Einladung
nach Mannheim gerne gefolgt seien, die eingeleiteten Schritte jedoch nicht
tolerieren könnten: „Stellten schon die den internationalen Gepflogenheiten
widersprechenden Entscheidungen des Interministeriellen Ausschusses
in Bonn ein grobe Beschränkung unserer Teilnahmemöglichkeiten dar,
so schafft diese diskriminierende Maßnahme gegen unsere Filme eine
Situation, die es der DDR-Delegation unmöglich macht, an den weiteren

---

27 Vgl. Günther Klein: Bericht über die IX. Mannheimer Kultur- und Dokumentar-
    filmwoche (BArch Berlin, DR 118/2295)

Veranstaltungen der IX. Mannheimer Kultur- und Dokumentarfilmwoche teilzunehmen."[28] Ein Teil der Delegation reiste kurz darauf ab, einzelne Vertreter sowie verschiedene DDR-Journalisten blieben jedoch in Mannheim, um den weiteren Verlauf des Festivals zu beobachten.

Der Rückzug des Clubs der Filmschaffenden war für viele der anwesenden Festivalgäste durchaus nachvollziehbar. Die beabsichtigte Vorführung von *Du und mancher Kamerad* und *Ein Tagebuch für Anne Frank* unter den beschriebenen Bedingungen musste auch vielen westlichen Gästen als politisch motivierte Zensur erscheinen – zumal sich die Teilnehmer der Filmwoche nun erst Recht die Frage stellten, was an den verbotenen Filmen so besonderes sei, dass man sie in Mannheim nicht zeigen könne. Nach Abschluss der Tagung *Unbewältigte Vergangenheit*, die nun ohne die DEFA-Filme stattfand, kam es zu einer öffentlichen Diskussion, auf der verschiedene westdeutsche Journalisten nicht nur die DEFA-Verbote kritisierten, sondern auch generell die Praktiken des Interministeriellen Ausschusses hinterfragten.[29]

Resümiert man die Ereignisse der IX. Mannheimer Kultur- und Dokumentarfilmwoche, dann fällt neben den erneuten Versuchen des Clubs der Filmschaffenden, das Festival für politische Meinungsäußerungen zu instrumentalisieren, vor allem die rigorose Vorgehensweise des Innenministeriums ins Auge, mit der eine mögliche Debatte um die NS-Vergangenheit im Rahmen der Filmwoche vermieden werden sollte. Kurt Joachim Fischer hatte die Sondertagung zu den ‚Zeitgeschichtlichen Filmen' gezielt ins Programm aufgenommen, nicht zuletzt weil verschiedene Ereignisse in der Bundesrepublik die Notwendigkeit einer Auseinandersetzung mit der NS-Geschichte unterstrichen. Die Hakenkreuzschmierereien, die zum Jahreswechsel 1959/1960 in verschiedenen westdeutschen Städten für Aufsehen gesorgt hatten, trugen ebenso dazu bei wie die Debatte um die Verfolgung von NS-Straftätern, die mit der Gründung der Ludwigsburger Zentralstelle zur Aufklärung nationalsozialistischer Verbrechen im Dezember 1958 einen wichtigen Auftrieb erhalten hatte (Reichel 2007: 138-152). Die während der Filmwoche öffentlich bekannt gewordene Verhaftung von Adolf Eichmann bekräftigte zudem die Relevanz eines Themas, das in der

---

28 Club der Filmschaffenden der DDR an den Oberbürgermeister der Stadt Mannheim, Dr. Reschke, Mannheim, 27.5.1960 (BArch Berlin, SAPMO, DY 30/IV 2/9.06/248)

29 Vgl. die Schilderung der Diskussion im Bericht von Günter Klein über die IX. Mannheimer Kultur- und Dokumentarfilmwoche (BArch Berlin, DR 118/2295)

westdeutschen Gesellschaft bis zu diesem Zeitpunkt weitestgehend tabu-
isiert war. Wie eng dabei persönliche und sachliche Motive miteinander
verknüpft sein konnten, zeigt nicht zuletzt das Beispiel der Mannheimer
Filmwoche: Der Mannheimer Oberbürgermeister Hans Reschke, der das
Verbot der DEFA-Filme maßgeblich unterstützte, war während der NS-
Zeit nicht nur Mitglied der NSDAP, sondern von 1937 bis 1943 auch als
Berater für den Sicherheitsdienst (SD) der SS tätig gewesen. Nach Ende
des Krieges wurde Reschke zu 2000 RM Strafe verurteilt, die er jedoch
aufgrund einer bereits verbüßten Haftstrafe nicht mehr bezahlen musste. Für Aufsehen sorgte Reschkes Vergangenheit, weil seine Tätigkeit für
den SD in der Öffentlichkeit kaum bekannt war und erst wenige Tage vor
seiner Wahl zum Oberbürgermeister in verschiedenen Zeitungsberichten
thematisiert wurde. Daraufhin versuchten einige Mannheimer Bürger, die
Wahl gerichtlich anzufechten (o.A. 1955).

Zusammenfassung

In den geschilderten Konflikten der Mannheimer Filmwoche aus den Jahren 1959 und 1960 spiegeln sich exemplarisch verschiedene Umstände wider, die charakteristisch für die Teilnahme der DDR an den westdeutschen
Dokumentar- und Kurzfilmfestivals in den 1950er und 1960er Jahren waren. Die Konflikte waren dabei in mehrfacher Hinsicht vorprogrammiert
bzw. provoziert.

Auffällig ist zum Beispiel, dass der Club der Filmschaffenden die Festivals
für politische Zwecke instrumentalisieren wollte, u.a. indem der Club die
Festivals gezielt als Testfall für die Anerkennung der staatlichen Souveränität
der DDR nutzte. Dass es dabei zu Auseinandersetzungen kommen musste,
war den Vertretern des Clubs durchaus bewusst. Ebenso kalkuliert waren die
Konflikte, die durch die Nominierung von Filmen entstanden, die sich agi-
tatorisch mit den politischen Verhältnissen in der Bundesrepublik auseinandersetzten. DEFA-Filme wie *Du und mancher Kamerad* oder *Ein Tagebuch
für Anne Frank* wurden bewusst zu den westdeutschen Festivals eingereicht, in der Hoffnung, die dortige Medienöffentlichkeit für die ideologische Auseinandersetzung nutzen zu können. Die vom interministeriellen Ausschuss verhängten Verbote bzw. die politischen Interventionen
durch das Bundesinnenministeriums spielten dem Club dabei indirekt
in die Karten: Gerade wegen des staatlichen Verbots waren die Filme in
Mannheim in aller Munde, und das, ohne dass einer der anwesenden Fes-

tivalteilnehmer die Filme sehen konnte, um sich selbst ein Bild von ihren propagandistischen Absichten zu verschaffen.

Insgesamt hatte die Teilnahme des Clubs der Filmschaffenden weitreichende Auswirkungen für die westdeutschen Festivals. Die Drohung, die 1960 in Mannheim im Raum stand, im Falle einer Nichtberücksichtung der DDR alle anderen sozialistischen Staaten zu einer Absage zu bewegen, setzte der Club beispielsweise zwei Jahre später in Oberhausen in die Tat um: Nach der im unmittelbaren Umfeld des Mauerbaus erfolgten Ausladung der DDR, organisierte der Club der Filmschaffenden einen umfassenden Festivalboykott – bis auf Jugoslawien sagten alle sozialistischen Staaten ihre Teilnahme an den VIII. Westdeutschen Kurzfilmtagen ab (Kötzing 2012). Auch in Mannheim selbst blieben die Ereignisse von 1959 und 1960 nicht ohne Folgen: Kurt Joachim Fischer trat nach den Auseinandersetzungen mit dem Bundesinnenministerium von seinem Amt als Festivaldirektor zurück; das Festival selbst wurde ab 1961 mit einer veränderten Konzeption durchgeführt und etablierte sich in den folgenden Jahren vor allem als Podium für Spielfilme von Nachwuchsfilmemachern.

Literatur

Buchloh, Stephan (2002): „Pervers, jugendgefährdend, staatsfeindlich". Zensur in der Ära Adenauer als Spiegel des gesellschaftlichen Klimas. Frankfurt am Main/ New York: Campus

Ebbrecht, Tobias/Hoffmann, Hilde/Schweinitz, Jörg (Hrsg.) (2009): DDR. Erinnern. Vergessen. Das visuelle Gedächtnis des Dokumentarfilms. Marburg: Schüren

Frei, Norbert (1996): Vergangenheitspolitik. Die Anfänge der Bundesrepublik und die NS-Vergangenheit. München: C.H. Beck

Haase, Jürgen (Hrsg.) (2010): Zwischen uns die Mauer. DEFA-Filme auf der Berlinale. Berlin: be.bra

Heimann, Thomas (1997): „Lehren aus der deutschen Geschichte". Wahrheitstreue und Propaganda im DEFA-Dokumentarfilm *Du und mancher Kamerad*. In: Sabrow (1997): 185-215

Jacobsen, Wolfgang (2000): 50 Jahre Berlinale. Internationale Filmfestspiele Berlin. Berlin: Nicolai

Keilbach, Judith (2009): Archive sagen aus. Zum Stellenwert von Filmdokumenten in den Filmen von Andrew und Annelie Thorndike. In: Ebbrecht /Hoffmann/ Schweinitz (2009): 133-153

Kilian, Werner (2001): Die Hallstein-Doktrin. Der diplomatische Krieg zwischen der BRD und der DDR 1955-1973. Aus den Akten der beiden deutschen Außenministerien, Berlin: Duncker & Humblot

Kirschnick, Sylke (2009): Anne Frank und die DDR. Politische Deutungen und persönliche Lesarten des berühmten Tagebuchs. Berlin: Chr. Links

Kötzing, Andreas (2009): Zensur von DEFA-Filmen in der Bundesrepublik. In: Aus Politik und Zeitgeschichte, 1-2. 2009: 33-39

Kötzing, Andreas (2012): Kultur- und Filmpolitik im Kalten Krieg. Die Filmfestivals von Leipzig und Oberhausen in gesamtdeutscher Perspektive. Dissertation: Universität Leipzig (im Erscheinen)

o.A. (1955): SD gegen KZ. Kommunal-Wahlen/Gemeinden. In: Der Spiegel 42. 1955: 18-19

o.A. (1960): Unbewältigte Gegenwart. Staatszensur. In: Der Spiegel 24. 1960: 51-54

Reichel, Peter (2007): Vergangenheitsbewältigung in Deutschland. Die Auseinandersetzung mit der NS-Diktatur in Politik und Justiz, München: C.H. Beck

Sabrow, Martin (Hrsg.) (1997): Verwaltete Vergangenheit. Geschichtskultur und Herrschafts-legitimation in der DDR. Leipzig: Akad. Verl.-Anst

Steinle, Matthias (2003): Vom Feindbild zum Fremdbild. Die gegenseitige Darstellung von BRD und DDR im Dokumentarfilm. Konstanz: UVK

Wettig, Gerhard (2006): Chruschtschows Berlin-Krise 1958 bis 1963. Drohpolitik und Mauerbau. München: Oldenbourg

Von Ost nach West

Filme aus der DDR in Frankreich

Perrine Val & Matthias Steinle

Anfang der 1950er Jahre konstatierte die französische Filmzeitschrift *L'Écran français* eine „Renaissance des deutschen Films" (Badia 1951a und b) dank der DEFA, die pro Jahr 20 Filme von internationalem Niveau produziere, wohingegen „die Situation des Films im Deutschland Adenauers quasi hoffnungslos" sei, da dort nur „drittklassige Filme" (Badia 1950) produziert würden. Betrachtet man die Nachkriegssituation, scheinen die Voraussetzungen gut oder zumindest besser als in den meisten anderen westeuropäischen Staaten, dass Filme aus der DDR im Mutterland der *cinéphilie* in ihrer ästhetischen ebenso wie politischen Qualität wahrgenommen wurden: War doch in Frankreich die kommunistische Partei (KPF) bis in die 1970er Jahre die stärkste linke Partei und vereinigte zwischen 20 und 25% der Wählerstimmen auf sich. Auch engagierte sich die KPF in der Nachkriegszeit stark in der Filmpolitik (Gallinari 2008: 587ff.), sodass im Vergleich zu kommunistischen Parteien in anderen westlichen Ländern eine gewisse Sensibilität für den Film zu herrschen schien. Mit der *ciné-club*-Bewegung und Freundschaftsvereinen gab es zudem Akteure, die jenseits parteipolitischer und kommerzieller Strukturen DEFA-Filmen eine Bühne boten. Generell hatte und hat Film in Frankreich als *septième art*, als ‚siebte Kunst', kulturpolitisch einen anderen und im Vergleich zur (alten und neuen) Bundesrepublik einen ungleich höheren Stellenwert.[1]

Braucht es für einen fruchtbaren Austausch neben dem politischen und institutionellen Willen immer auch Individuen, häufig Grenzgänger, die den Kontakt herstellen und mit Leben füllen, waren auch hier die Vor-

---

1 Dabei herrschte auch in Frankreich Zensur, die im Kalten Krieg vor allem kommunistische und sowjetische Filme traf; so war beispielsweise der Klassiker *Panzerkreuzer Potemkin* (1925) verboten. Die Vorführung dieser Filme in den *ciné-clubs* stand unter Polizeikontrolle (Douin 1998: 195f.).

aussetzungen nicht schlecht: Zu nennen sind Persönlichkeiten wie Gilbert
Badia, aus dessen Feder die eingangs zitierte Kritik stammt: Marxist, Mitglied der Résistance, Germanist, der ein Forschungszentrum DDR-Studien
ins Leben gerufen hat. Auch waren wichtige Filmkritiker und -historiker
wie Georges Sadoul oder Bernard Eisenschitz Mitglieder der kommunistischen Partei.

Die Geschichte aber hat es anders gewollt: 1976 konstatierte die französische Filmzeitschrift *Cinéma*, dass „das Kino der DDR lange und für viele
Filmfreunde eine ‚terra incognita' geblieben ist", was an der langjährigen
Isolation des Landes gelegen habe (Brossard 1976: 32). Und nicht erst seit
dem Mauerfall wird unter deutschem Film in Frankreich ausschließlich
westdeutscher Film verstanden – und das zudem in der extrem reduzier-
ten Perspektive des ‚Neuen deutschen Films' à la Fassbinder, Wenders und
Herzog, was den französischen Autor der ersten Monografie zum deutschen Gegenwartsfilm veranlasst hat, sein Buch mit *Goodbye Fassbinder*
(Gras 2011) zu betiteln.

Wie kam es zu diesem verpassten Rendezvous ostdeutscher Filme im
Westen trotz der, im Vergleich zu anderen Ländern, nicht ungünstigen
Ausgangsbedingungen? Die folgende Darstellung gibt einen ersten Überblick, welche und wie DDR-Produktionen nach Frankreich gelangten und
in welchem Kontext sie gezeigt wurden. Im Zentrum steht dabei die französische Sicht, insoweit sie aus der – mehr als prekären bis inexistenten –
Aktenlage und der Erinnerung von Zeitzeugen in ersten Ansätzen zu rekonstruieren ist. Zunächst werden kurz die Gemeinschaftsproduktionen
zwischen DEFA und französischen Produzenten erwähnt und dann die
Institutionen vorgestellt, die DEFA-Filme in Frankreich zugänglich gemacht haben (Festivals, Freundschaftsgesellschaften, Filmklubs und vor
allem die KPF). Danach wird eine vergessene französische Produktion,
die Anfang der 1970er Jahre in Zusammenarbeit mit Camera DDR entstand präsentiert und abschließend der größte Erfolg von Filmen aus der
DDR in Frankreich skizziert. Eine Analyse der Rolle von Film in der Arbeit
der DDR Kulturinstitute in Frankreich steht noch aus.

Was das Fernsehen als zentralen Akteur der Ausstrahlung von Filmen
betrifft, scheint dieses für die vorliegende Fragestellung vernachlässigbar:
So konstatiert eine Untersuchung der Präsenz Deutschlands im französischen Fernsehen, dass die Bundesrepublik vielseitig vertreten sei (allerdings nicht im Dokumentarfilm), wohingegen die DDR fast vollkommen
ignoriert würde (Ménudier 1987: 64f.).

Internationale Koproduktionen

Der DEFA-Außenhandel kaufte bereits in den 1950er Jahren zahlreiche französische Produktionen ein, ohne dass im Gegenzug ostdeutsche Filme auf nennenswertes Interesse in Frankreich gestoßen wären (Morris 1956). Zwar stammte mit *Die Mörder sind unter uns* (1946) der erste in der Nachkriegszeit in Frankreich gezeigte deutsche Film von der DEFA und der ebenfalls von Wolfgang Staudte realisierte *Der Untertan* (1951) erfuhr ein gewisses Echo, was aber „bestenfalls als Achtungserfolg" (Pfeil 2004: 318) bezeichnet werden kann.[2]

Das wohl bekannteste und auch am besten aufgearbeitete Kapitel stellen die Gemeinschaftsproduktionen von DEFA und französischen Produzenten in der zweiten Hälfte der 1950er Jahre dar (ebd.: 318-20). Die „DEFA bzw. die DDR-Filmpolitik [versuchte] das Instrument der internationalen Koproduktionen zu nutzen, um sich Zugang zum westlichen, insbesondere auch zum westdeutschen Filmmarkt zu verschaffen" (Lindenberger 2009: 283). Dabei handelte es sich um Prestigeprojekte mit prominenten Namen, deren Glanz auf die DDR zurückfallen sollte. Die Projekte kamen dank der Verbindungen kommunistischer Intellektueller und Künstler zustande, wie die erste Koproduktion *Die Abenteuer des Till Ulenspiegel* (1957), bei der Georges Sadoul seine beiden Freunde Joris Ivens und Gérard Philipe in Paris zusammenbrachte (Sadoul 1979: 85), die dann gemeinsam Regie führen sollten. Im Gegensatz zum realistisch-visionären Stil, der Ivens vorschwebte, reihte Philipe Szenen mit groteskem Humor aneinander, womit sich unter anderem der Rückzug Ivens von der Regie erklären lässt.[3] Trotz der aufwändigen Beteiligung an dem Film und der Mitwirkung bekannter DEFA-Schauspieler wie Erwin Geschonneck, wurde „[u]nter Missachtung des abgeschlossenen Koproduktionsvertrages [...] die Partnerschaft mit der DEFA jenseits des Eisernen Vorhangs ‚de facto' tot geschwiegen", und die DDR-Beteiligung auch bei der Pariser Premiere nicht erwähnt (Epperlein 2009: 22). Dafür prangerte sie die Kritik in Person von Joris Ivens als Verantwortlichen für die Mängel des Films

---

2 Laut Ulrich Pfeil wurden zwischen 1952 und 1970 in Frankreich nur 21 Spielfilme und 130 Kurzfilme aus der DEFA-Produktion gezeigt (Pfeil 2004: 323), wobei nicht deutlich wird, in welchem Rahmen.

3 Ivens wollte während des Drehs die Regie abgeben, was ihm nur halbwegs gelang, da er für die DEFA die Kontrolle über das Projekt behalten sollte, so dass er nach wie vor als Regisseur mit dem Zusatz Mitarbeit genannt wird.

an wie François Truffaut, der *Till l'Espiègle* nicht nur als den „schlechtesten, langweiligsten und durchtriebensten französischen Film des Jahres" brandmarkte. Laut Truffauts Polemik hätte Philipe nichts Besseres machen können, „als sich von Joris Ivens helfen zu lassen, der seine ganze Karriere nichts als Regen, Brücken, Schlamm, Mais und Förderkörbe gefilmt hat und damit der offizielle Filmemacher Ost-Europas ist" (Truffaut 1956: 3).

Der zweite Film, *Die Hexen von Salem* (1957), eine Parabel auf die McCarthy-Ära von Raymond Rouleau, enthüllte Spannungen zwischen Franzosen und Ostdeutschen, wozu sich Sprachprobleme gesellten, wie Simone Signoret in ihrer Biografie berichtet (Signoret 1975: 145-149). Der DDR-Kulturminister war unzufrieden, da die DEFA keinen Einfluss auf das Drehbuch von Sartre hatte und zudem die französischen Partner es weitgehend vermieden, den Anteil der DEFA zu erwähnen (wobei es sich um keine Koproduktion, sondern eine Beteiligung handelte; Buffet 2007: 118; vgl. Epperlein 2009: 27ff.). Der Erfolg des Films war auch der Besetzung mit Simone Signoret und Yves Montand zu verdanken, ein Erfolg, der als rein französischer wahrgenommen wurde.

Die dritte Gemeinschaftsproduktion von Jean-Paul Le Chanois, eine Literaturverfilmung von Victor Hugos *Die Elenden* (1958), missfiel den DEFA-Verantwortlichen, die dessen „christlich-bürgerlichen Humanismus" kritisierten.[4] Auch hier wiederholte sich die Erfahrung für die DDR, nicht entsprechend ihres Engagements gewürdigt zu werden – nicht einmal die kommunistische Presse in Frankreich erwähnte die Rolle der DEFA. Die letzte Produktion aus dem Jahr 1960 war wieder eine Literaturverfilmung nach dem Roman *La rabouilleuse/Die Krebsfischerin* (1841/42) von Honoré de Balzac: Der Film von Louis Daquin *Les Arrivistes/Trübe Wasser* war ökonomisch und künstlerisch ein Misserfolg:

> Mit seiner ausgesprochen bieder anmutenden Inszenierung vermochte er kaum bleibende Eindrücke zu hinterlassen, dem Rezensenten von *Le Monde* kam diese Art der Literaturverfilmung gar *terriblement démodée* vor – *cinéma de qualité* hatte sich dank der Wortführer der nouvelle vague in Frankreich schon als herabsetzende Zuschreibung etabliert. (Lindenberger 2009: 294)

---

4 Während in der DDR-Version – neben einigen Schnitten – ein zusätzlicher Kommentar am Ende hinzugefügt wurde, fehlten in der westdeutschen Ausstrahlung 25 Minuten (Habel 2003: 35f.).

Es hätte nicht des Mauerbaus bedurft, um die Politik gemeinsamer Film-produktionen zwischen der DDR und Frankreich nicht fortzusetzen (Schenk 1994: 93-95). Insgesamt waren die filmischen Kontakte in den 1950er Jahren „bescheiden" und wurden „von der SED bewusst auf kleiner Flamme gehalten" (Pfeil 2004: 322).

Präsenz der DDR auf Filmfestivals in Frankreich

Wie sah die Präsenz der DEFA auf Festivals in Frankreich aus? Noch vor Gründung der DDR hatte der Film *Die Buntkarierten* von Kurt Maetzig im September 1949 als erster ostdeutscher Beitrag in Cannes am offiziellen Wettbewerb teilgenommen. Da Frankreich die DDR nicht anerkannt hat-te, war der DEFA im Folgenden eine offizielle Beteiligung in Cannes ver-wehrt, aber dank ihrer Kontakte zu Unifrance konnte die DEFA 1955 mit einer Beobachterdelegation dort auftreten (Pfeil 2004: 324). 1956 war es ihr möglich, in Cannes außerhalb des Festivals *Der Teufelskreis* (1956) sowie *Zar und Zimmermann* (1956) vorzuführen, und im darauf folgenden Jahr liefen im gleichen inoffiziellen Rahmen *Betrogen bis zum jüngsten Tag* (1957) sowie der Dokumentarfilm *Du und mancher Kamerad* (1956); 1960 wurde so *Der schweigende Stern* (1960) präsentiert.

Bereits die Ankündigung einer Präsenz der DDR in Cannes sorgte in der Bundesrepublik für „getrübte Filmfestfreude" (EM 1957) und Bonn opponierte vehement gegen eine offizielle Beteiligung der DEFA. Da die DDR zu Frankreich keine diplomatischen Beziehungen pflegte, lief *Sterne* von Konrad Wolf auf dem Festival 1959 als bulgarischer Beitrag; ausge-zeichnet mit dem Spezialpreis der Jury sollte der größte Erfolg der DEFA in Cannes ironischerweise an das Land des Koproduzenten gehen. Dabei war der Film in Bulgarien selbst nicht zu sehen, da im Deportationsdra-ma die Kollaboration mit NS-Deutschland zu erkennen war (Schenk 1994: 115). In der Bundesrepublik polemisierte der *Spiegel* unter dem Titel „Unter falscher Flagge" gegen den „erschmuggelten Zugang" des „kaschierten DDR Film" (o.A. 1959: 67) nach Cannes.

In den 1960er Jahren erhielt der DEFA-Außenhandel regelmäßig eine persönliche Einladung als Gast und konnte 1969 im Rahmen einer Son-derschau der Fédération Internationale des Auteurs de Films die Produk-tion *Und England wird zerstört werden* uraufführen, was nach der Nieder-schlagung des Prager Frühlings nicht ohne Irritationen verlief (Pfeil 2004: 325).

1975 lief mit *Lotte in Weimar* von Egon Günther erstmals eine DEFA-Produktion in Cannes offiziell als DDR-Film (Maurin 1975). Teil der noch zu
schreibenden Geschichte der Festival-Präsenz aber auch Abwesenheit von
Filmen jenseits des Eisernen Vorhangs sind die Maßnahmen, mit denen
Parteibürokraten eine Teilnahme verhindert haben. So im Fall von *Dein
unbekannter Bruder* (1982): Der Film von Ulrich Weiß hatte, nachdem er auf
dem Max Ophüls Filmfestival in Saarbrücken ausgezeichnet worden war,
eine Einladung nach Cannes erhalten. Aufgrund der Ablehnung von Po-
litbüro-Mitglied Hermann Axen wurde der Film zurückgezogen (Schenk
1994: 286).

Auf – das internationale Renommee betreffend – „zweitrangigen Festivals" wie dem Internationalen Kurzfilmfestival von Tours und dem internationalen Trickfilmfestival in Annecy konnte die DEFA bereits vor der
Anerkennung der DDR ihre Produktionen „problemlos" (Pfeil 2004: 326)
präsentieren.

Eine wichtige Rolle spielte in den 1970er Jahren vor allem das Internationale Festival des Kurz- und Dokumentarfilms von Grenoble, das Heynowski
und Scheumann den Zugang nach Frankreich eröffnete: Zwei Jahre in Folge
gewannen ihre Produktionen den Preis der internationalen Jury, 1975 für *Ich
war, ich bin, ich werde sein* und 1976 für *Eine Minute dunkel macht uns nicht blind*,
worauf im Folgenden näher eingegangen wird.

Sind DEFA-Filme kaum im kommerziellen Vertrieb gelaufen, so haben sie doch eine zum Teil nicht unbedeutende Rolle in nicht-kommerziellen Strukturen gespielt. Zu den wichtigsten zählen Kulturvereine und
Freundschaftsgesellschaften, die Filmklubs bzw. *ciné-clubs* und die kommunistische Partei Frankreichs (KPF).

Kulturvereine und Freundschaftsgesellschaften: EFA

1958 wurde die ostdeutsch-französische Gesellschaft für kulturelle Verbindungen, das *Comité pour les échanges Franco-Allemands*, kurz EFA, gegründet (1973 in *Association France-RDA* umbenannt; Pfeil 2004: 369ff.). Die
Mitglieder waren zwar hauptsächlich links orientiert, aber nicht exklusiv,
da auch Wähler konservativer Parteien dazu zählten, die einem starken
Deutschland misstrauisch gegenüberstanden und für die die DDR ein Ge-
gengewicht zur erstarkenden Bundesrepublik darstellte (Badia 1999: 458).
Die Mitgliederzahl war bis kurz vor dem Untergang der DDR auf 15.000
angewachsen bei 100 Komitees im ganzen Land. Obwohl die KPF weder

unter den Mitgliedern noch in den Gremien eine Mehrheit hatte, war die ideologische Vorherrschaft gesichert, da die operative Arbeit in den Händen des Generalsekretärs lag, der KPF-Mitglied war (Pfeil 2004: 271). Für das Ziel der DEFA, die DDR in Frankreich bekannt(er) zu machen, spielte das Medium Film eine bedeutende Rolle. Der EFA-Filmkatalog enthält mehr als 100 Titel von DDR-Produktionen. Diese beeindruckende Zahl darf allerdings nicht darüber hinwegtäuschen, dass das Gros unbekannte Titel sind, die eher politisch-landeskundlichen Gebrauchswert haben. Die heute zugänglichen Listen führen nur die Titel auf – zumeist nur die französischen und das ohne Nennung des Regisseurs oder Produktionsjahres, so dass die meisten Filme nicht zu identifizieren sind. Die Kataloge folgen einer thematischen Logik, wobei Filme über die DDR mit ihren Jubiläen und Städten, dem Sport sowie dem kulturellen Leben, der Landwirtschaft, der Geschichte und dem Kulturerbe den Schwerpunkt bilden. Darunter sind nur wenige DEFA-Filme von Autoren wie den Thorndikes, Slátan Dudow, Konrad Wolf oder Wolfgang Staudte (Val 2011: 15ff.). Film war im Rahmen der EFA-Kulturvermittlung nur ein – wenn auch wichtiges – pädagogisches Element unter anderen, neben Konferenzen, Dia-Shows, Theatervorführungen, Ausstellungen, Radio- und TV-Sendungen, Büchern, Broschüren, etc. (Pfeil 2004: 453).

Ciné-clubs

Die *ciné-clubs*, die ihre Hochzeit in den 1950er und 1960er Jahren hatten und deren Geschichte ebenso noch zu schreiben ist, verbanden gesellschaftspolitisches mit filmästhetischem Interesse. In ihrem Programm spielten neben sowjetischen vor allem DEFA-Filme mit antifaschistischer Thematik eine wichtige Rolle. So zeigte der *ciné-club* „Cinéma et Vérité" 1955 *Rotation* (1949) von Staudte und machte sich zur Aufgabe, die DEFA in Frankreich bekannt zu machen, indem der in Frankreich noch unveröffentlichten Film von Slátan Dudow *Stärker als die Nacht* (1954) ins Programm aufgenommen wurde und der Verleih von *Der Hauptmann von Köln* (1956) organisiert wurde. Dabei erreichten die DEFA-Filme kein größeres Publikum und haben sich nicht wie die sowjetischen Klassiker ins Gedächtnis des *ciné-club*-Publikums eingeschrieben (Gallinari 2008).

Filmarbeit der KPF

Der bei weitem wichtigste Akteur war die kommunistische Partei: 1948 gründet sie eine Filmproduktions- und -distributionseinheit, die *Coopéra-tion de Production et de Distribution du Film* (CPDF), die sich hauptsächlich um den Verleih von Filmen im nicht-kommerziellen Rahmen kümmerte und u. a. die *ciné-clubs* und andere ihre nahe stehende Organisationen mit Filmen belieferte.

Die CPDF war die erste Organisation, die mit der DEFA am 30. September 1959 die Zusammenarbeit vertraglich regelte, indem sie die nichtkommerziellen Verleihrechte für ein Ensemble von DEFA-Filmen erhielt. Der Vertrag sah vor, die Bruttoeinnahmen zwischen den beiden Partnern zu teilen, wobei sich die CPDF um sämtliche Aspekte des Verleihs in Frankreich zu kümmern hatte (Gallinari 2008: 484). Beim Großteil der Filme handelt es sich um Dokumentarfilme,[5] die in weiten Teilen identisch mit denen des Katalogs der EFA sind.

Der Einsatz der Filme erfolgt generell im Rahmen parteiinterner Veranstaltungen: um Konferenzen zu illustrieren, Diskussionen zu bereichern oder das Protokoll offizieller Veranstaltungen aufzulockern. Sehr beliebt war es beispielsweise, nach der Verleihung der Parteibücher einen Film zu zeigen.[6] Um die Filme oder ihr Herkunftsland ging es nicht, wie eine Mitteilung des ZK der Partei vom 5. Oktober 1956 verdeutlicht: Diese empfahl mehrere Filme zur Erinnerung an die Oktoberrevolution, darunter auch *Stärker als die Nacht* von Dudow, der als „ergreifender deutscher Film" angekündigt wurde, ohne dass Originaltitel, Regisseur oder DDR-Ursprung erwähnt worden wären (ZK der KPF 1956: 16).[7] Im Rahmen der kommu-

---

5 Z.B. *Montagne-ski-soleil hivernal, Dresde ville immortelle, La Photographie en cou-leurs, Chefs d'œuvre de l'optique, Les Tableaux de Dresde, L'Amitié garantie la paix.* Die nur auf Französisch verzeichneten Titel ohne Angaben zum Regisseur und Produktionsjahr erlauben nicht immer, die Filme zu identifizieren.

6 Die Ansprüche an einen „guten Dokumentarfilm" aus Sicht der KPF-Führung lauteten folgendermaßen: Zwischen 20 bis 40 Minuten lang, interessanter und lehrreicher Inhalt, der es ermöglicht eine Konferenz zu illustrieren, eine Diskussion zu bereichern und eine Versammlung zu komplettieren. Die zur Verfügung gestellten Dokumentarfilme seien politischen, wissenschaftlichen und kulturellen Charakters (ZK der KPF 1962 : 36).

7 Wenige Monate später wird der Film erneut erwähnt, wie er im Rahmen der Verleihung der Parteibücher die Zuschauer beeindruckt hat (ZK der KPF 1957: 4).

nistischen Filmarbeit der 1950er und 1960er Jahre waren die DEFA-Filme Mittel zum Zweck einer nach innen gerichteten Parteipropaganda. Dieses begrenzte utilitaristische Verständnis wurde in den 1970er Jahren um ein filmkulturelles ergänzt: Um engagierte Filmemacher an sich zu binden, die Ende der 1960er Jahre wie Chris Marker unabhängige Filmaktive gründeten, stimmte die KPF der Gründung des Filmkollektivs *Dynadia* (Dynamiques Diapositives) zu. *Dynadia* fusioniert mit der CPDF und im Juni 1972 entstand daraus Uni.Ci.Té mit knapp 20 Mitarbeitern, deren Arbeit, wie der volle Name andeutet – UNIté, CInéma, TÉlévision, audiovisuel –, alle AV-Medien umfassen sollte (Barthonnat 2009).

Bernard Eisenschitz berichtet, dass es seine erste Aufgabe als Leiter des neu organisierten Verleih und Vertrieb von Uni.Ci.Té war, die eigenen Bestände zu sichten: Niemand hatte einen Überblick über das chaotisch vorliegende Archiv. Neben anspruchsvollen Filmen dominierte vor allem die für das Ausland bestimmte Gebrauchspropaganda. Laut Eisenschitz waren die Hälfte der Filme von sozialistischen Ländern abgegeben worden, weil sie keinen Wert hatten – die KPF als „eine Art Mülleimer"; die andere Hälfte war da, um gesehen zu werden.[8]

Uni.Ci.Té unternahm nun eine aktive Politik des Filmerwerbs und begnügte sich nicht mehr mit den sehr unterschiedlichen Sendungen der osteuropäischen Genossen. Die Rolle des Kontaktmannes übernahm Eisenschitz, dessen Familie aus Deutschland und Österreich stammt, der Stammgast auf dem Leipziger Festival war und der als Filmhistoriker in Kontakt mit Mitarbeitern des Staatlichen Filmarchivs in Ost-Berlin stand. Die anvisierte verstärkte Zusammenarbeit resümiert Wolfgang Klaue in einem Brief an den Direktor von Uni.Ci.Té, Jacques Bidou, im Juli 1972 in vier Punkten:

1. Der Austausch von Archivmaterial. Dabei könne das Staatliche Filmarchiv vor allem historisches Material liefern. Im Gegenzug sei man interessiert an jeglichen jüngeren Aufnahmen vom antiimperialistischen Kampf in den kapitalistischen Ländern, Bilder, die den Imperialismus der Gegenwart beweisen sowie einschlägig antikommunistischem Material.

---

8 Gespräch Perrine Val mit Bernard Eisenschitz in Paris, 7.05.2010 (abgedr. in Val 2011: 148). Bei den Filmen der ersten Kategorie handelte es sich hauptsächlich um speziell für den Auslandseinsatz gedrehte bzw. für diesen überarbeitete Produktionen, gemäß einem 1963 vom Politbüro der SED gefassten Beschlusses (Pfeil 2004: 328f.).

2. Das Angebot, wichtige französische Filme für die Genossen zu archivieren, sollten sie nicht über die notwendige Technik verfügen.
3. Der Verleih von Filmen: dabei könne es sich um deutsche Klassiker und DEFA-Film handeln, von denen permanent eine Auswahl zur Verfügung gestellt werden könne.
4. Der Austausch von Mitarbeitern (wobei die jeweilige Seite für die Unkosten der Kollegen vor Ort aufkommt).[9]

Wenn es sich bei den meisten Punkten eher um Absichtserklärungen handelt, so zeugt das Schreiben doch vom Interesse auf beiden Seiten und vom Willen der Uni.Ci.Té, ihren Katalog um filmisch anspruchsvolle Werke zu bereichern.

Im Katalog finden sich DEFA-Klassiker bevorzugt zur Antifaschismusthematik, zum Beispiel vier Filme von Konrad Wolf: *Lissy* (1957), *Sterne* (1959) – der zu den am meisten von der KPF gezeigten DEFA-Filmen zählte –, *Professor Mamlock* (1962) und *Ich war neunzehn* (1968). Aufschlussreich sind auch die Abwesenheiten im Katalog: So fehlt völlig Wolfgang Staudte, dessen Filme von den *ciné-clubs* in den 1950er Jahren häufig gezeigt wurden. Daneben fehlt Unterhaltsames, aber auch Kritisch-Ironisches, wie z. B. *Die Legende von Paul und Paula* (1973), der vom Freundschaftsverein EFA/Association France-RDA am häufigsten gezeigte Film.

Die Präsenz von Egon Günther im Katalog von Uni.Ci.Té beweist, dass der Wille, anspruchsvolle Filme aufzunehmen, umgesetzt wurde. Obwohl *Abschied* (1968) dem DDR-Kulturminister missfiel, wurde er in den Uni.Ci.Té-Katalog aufgenommen – Eisenschitz hatte 1971 eine lobende Kritik veröffentlicht (Eisenschitz 1971). Der Erfolg in der Erweiterung des Spektrums sollte allerdings nicht auf eine große Zuschauerresonanz stoßen: Für *Abschied* weisen die Akten nur zwei Vorführungen nach. Und die Einnahmen von Günthers Film *Der Dritte* (1971) verdeutlichen die eingeschränkte Breitenwirkung: 1976 spielte der Film 2.541,50 Fr (knapp 400 Euro) und 1977 noch einmal 331,50 Fr (knapp 50 Euro) ein.[10]

Heute sind Einsatz und Wirkung der Filme schwer einzuschätzen, da sie vor allem im nicht-kommerziellen Rahmen gezeigt wurden und die wenigen überlieferten Unterlagen lückenhaft sind. Dass es sich trotz der

9 Zusammenfassung nach einer französischen Übersetzung des Briefes, eingetroffen am 13.07. 1972. In: „Fonds papier filmographie étrangère", Ordner „RDA", Ciné-Archives.
10 Ebd., Unterordner „Les Adieux" et „Le Troisième (Der Dritte)"

geringen Zuschauerresonanz nicht um eine vernachlässigbare Größe handelt, beweist die Zahl der DDR-Filme im Katalog von Uni.Ci.Té: Nach den sowjetischen Filmen, die mit ca. 80 vertreten sind, zählt man über 60 DEFA-Filme, wobei das Gros Dokumentarfilme sind, die dem Muster jener Auftragsarbeiten des Ministeriums für Auswärtige Angelegenheiten zur Außendarstellung entsprechen, für die die Abteilung Camera DDR gegründet worden war. Andere sozialistische Staaten mit ebenso reichen Filmographien wie Polen oder die ČSSR sind hingegen im Uni.Ci.Té-Katalog nur mit zwei oder drei Filmen vertreten.

Die KPF-Produktion *Vivre en paix – RDA 1974* (1974)

Die Bestandsaufnahme des Katalogs der Filme, über die Uni.Ci.Té Anfang der 1970er Jahre verfügte, ergab, dass die meisten der kurzen oder mittellangen Dokumentarfilme kaum den Erwartungen des französischen Publikums entsprachen (Pfeil 2004: 323). Um die Vorteile des Lebens im Sozialismus den Franzosen zu vermitteln und antikommunistischer Propaganda entgegen zu wirken, gab Gaston Plissonnier für die Parteileitung mehrere Dokumentarfilme über den Alltag in sozialistischen Ländern in Auftrag. Mit der Realisierung des Projekts in der DDR wurde der junge kommunistische Regisseur Daniel Karlin beauftragt, Bernard Eisenschitz begleitete ihn als Interpret und Assistent und der Korrespondent von *L'Humanité* in Ost-Berlin, François Mathieu, zählte ebenfalls zum Team. *Vivre en paix – RDA 1974/In Frieden Leben – DDR 1974* sollte am Beispiel von zwei Arbeiterfamilien in Karl-Marx-Stadt die Vorzüge des Systems im Alltag vorführen. Die Produktionsgruppe Camera DDR[11] übernahm die technische Ausrüstung und die Kosten vor Ort, wodurch sie de facto den Dreh kontrollierte.[12]

Der Verlauf der Dreharbeiten war nicht unproblematisch, Karl-Marx-Stadt und die Familien wurden Karlin vorgegeben. Als der Regisseur entdeckte, dass die vorgesehenen Protagonisten alles andere als repräsentativ

---

11 Camera DDR war eine Produktionsgruppe des DEFA Studios für Dokumentarfilme, die sich mit staatlicher Öffentlichkeitsarbeit beschäftigte und vom Ministerium für Auswärtige Angelegenheiten der DDR verwaltet und unterstützt wurde.

12 Alle Angaben zum Film und zur Produktionsgeschichte nach Val 2011: 37ff. *Vivre en paix – RDA 1974* im Internet auf der Webseite von Cinarchive: www. cinearchives.org

waren, suchte er sich sehr zum Missfallen der DDR-Verantwortlichen andere Familien, was das Verhältnis zu den Mitarbeitern von Camera DDR erheblich trübte.

Trotz dieser unabhängigen Personenwahl leidet der Film unter ähnlichen Defiziten wie das entsprechende westdeutsche Projekt aus dem Jahr 1973 *Ich bin Bürger der DDR* von Erika Runge (Steinle 2003: 333ff.): hölzerne, vorgefertigte Dialoge und eine schematische Demonstration der Überlegenheit des Kommunismus. Aber er bietet auch Überraschendes wie eine Trabipanne: während das Mikrofon die genervten Kommentare des sächselnden Fahrers einfängt, enthüllt ein Zoom zurück, dass die Szene sich vorm Rathaus abspielt. Das entsprach ebenso wenig dem offiziellen DDR-Selbstbild wie die Kutsche mit weißem Pferd, die am Ende des Films die jungen Eheleute nach der Trauung vom Rathaus abholt. Schlussendlich missfiel der Film allen: Die DDR-Verantwortlichen fanden ihn nicht repräsentativ, der Leitung der KPF war er nicht propagandistisch genug, wohingegen das französische Fernsehen sich weigerte, solche kommunistische Propaganda auszustrahlen.

Abbildungen 1 und 2: Trabi-Panne vor dem Rathaus; Kutschfahrt des Hochzeitspaares vom Standesamt

Mit dieser ideologischen wie ästhetischen Enttäuschung begrub Uni.Ci.Té auch das Projekt, selber Filme über die Volksdemokratien zu produzieren.

Distribution und Rezeption von Filmen des Studios H&S in Frankreich

Eine Wende in der Filmarbeit von Uni.Ci.Té leitete die Entdeckung der Produktionen des Studios H&S ein. Die bemerkenswerte Gestaltung und Botschaft dieser Dokumentarfilme veranlassten Bernard Eisenschitz und seine Kollegen, sich intensiver mit dem Vertrieb und der Vorführung ostdeutscher Filme zu befassen (Val 2011: 152). Für Walter Heynowski und Gerhard Scheumann war Film eine Waffe im ideologischen Kampf, den sie mit investigativen Methoden und filmästhetisch innovativen Mitteln führten – und die umso effizienter waren, je weiter sie sich von der DDR-Realität entfernten (Steinle 2003: 416).

Ihre ersten Dokumentarfilme über die BRD und Vietnam hatten in Frankreich noch keine große Resonanz gefunden – zumindest ist den Akten dazu nichts zu entnehmen. Beeindruckt von den ersten beiden Dokumentarfilmen des Chile-Zyklus (*Der Krieg der Mumien* und *Ich war, ich bin, ich werde sein*) entschied Uni.Ci.Té, diese Filme besonders zu bewerben. Eisenschitz berichtet, dass das Studio H&S schon eine französische Fassung von *Der Krieg der Mumien* hatte herstellen lassen, dass „aber die Synchronisierung und die Übersetzung nicht besonders gut waren" (Val 2011: 152). Um qualitativ anspruchsvolle Kopien zeigen zu können, handelte Uni.Ci.Té nach heftigen Diskussionen aus, für die folgenden Filme selbst die Übersetzung und Synchronisation zu übernehmen: So fuhr Eisenschitz mehrmals mit einem französischen Schauspieler nach Berlin, um dort die französische Synchronfassung zu realisieren, wobei notwendige französische Untertitel in einem Pariser Labor gemacht wurden, da die optischen Untertitel von H&S laut Eisenschitz „ziemlich hässlich" waren.

Zum ersten und mit Blick auf Filme aus der DDR einzigen Mal[13] entwickelte Uni.Ci.Té einen kommerziellen Vertrieb: Es wurden Pressevorführungen organisiert und das Netzwerk genutzt, um die Dokumentarfilme einem breiten Publikum zu zeigen, so dass die Chile-Filme in ganz Frankreich zirkulierten.

Für den Erfolg waren auch die politischen Umstände verantwortlich, da das Chile-Thema in Frankreich – zunächst mit der Wahl Allendes als sozialistischen Präsidenten und dann dem Putsch der Militärjunta 1973 – eine

---

13 Es handelt sich um den ersten kommerziellen Verleih, danach verfuhr Uni.Ci.Té mit einigen sowjetischen Filmen ähnlich. Für Eisenschitz handelte es sich um den größten Erfolg (Val 2011: 151).

wichtige aktuelle Debatte darstellte und die ansonsten zerstrittene Linke
einte. Viele chilenische Flüchtlinge fanden in Frankreich Exil, wo sich eine
aktive Unterstützungsbewegung, die internationale Solidarität, formierte.
Die Dokumentarfilme von Heynowski und Scheumann wurden von dieser Bewegung genutzt und nutzten sie ihrerseits (Moine 2011).

Der Krieg der Mumien (1974) war im Pariser Kino La Clef von April bis
Juni 1975 zu sehen und wurde dann in ganz Frankreich in etwa 30 Kinos
gezeigt, wo er in der kommerziellen Auswertung über 22.000 Zuschauer erreichte. Obwohl diese Zahl im vergleichsweise gering ist, ist die Vielfalt der
Vorführorte bemerkenswert, ebenso wie die Tatsache, dass es sich um die
kommerzielle Auswertung eines ostdeutschen Dokumentarfilms handelte.

Der zweite Film des Chile-Zyklus, Ich war, ich bin, ich werde sein (1974),
lief ab September 1975. Er feierte mit 32.000 Zuschauern einen noch größeren Erfolg. Zudem fällt auf, dass einige Kinos den Film wiederholt ins
Programm nahmen, was die Nachfrage des Publikums belegt.

Auch die 1975 produzierten Filmen, El Golpe blanco – Der weiße Putsch
und Eine Minute dunkel macht uns nicht blind wurden kommerziell vertrieben. Allerdings findet sich weniger Material in den Unterlagen von Ciné-
archives (die zudem unvollständig sind), woraus sich schließen lässt, dass
ihr Erfolg geringer war.

Die Zuschauerresonanz der ersten beiden Filme – mit entsprechenden Einnahmen – wurde von lobenden Artikeln in der französischen
Presse begleitet und das nicht nur in der Parteizeitung L'Humanité. Auch
in bürgerlich-liberalen Blättern und Zeitschriften von Le Monde oder Le
Nouvel Observateur bis hin zu den Filmzeitschriften Les Cahiers du cinéma
und Positif sind begeisterte Kritiken zu lesen. Es ist erstaunlich, wie die
politisch engagierten ostdeutschen Dokumentarfilme Kritiker äußerst unterschiedlicher Orientierung befriedigten. Die Lektüre der Kritiken zeigt
allerdings, dass die Filme aus unterschiedlichen Gründen geschätzt wurden: Die Fachzeitschriften betonten vor allem die journalistische Qualität
der Filme – Jean-Luc Douin etwa schreibt in Telerama über Ich war, ich bin,
ich werde sein: „Heynowski und Scheumann haben den Verdienst, die Gefühle beiseite zu lassen, um mit erbitterter Hartnäckigkeit die Wahrheit zu
enthüllen" (Douin 1975). Serge Toubiana spricht in den Cahiers du cinéma
von einem „filmischen Scoop" (Toubiana 1975: 94) und spielt auf die ge-
wagte Arbeit der Regisseure an, die mit Pinochet ein exklusives Interview
geführt haben.

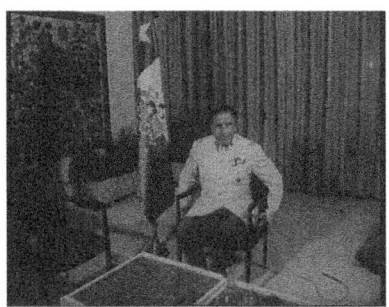

Abbildungen 3 und 4: Augusto Pinochet in *Ich war, ich bin, ich werde sein* (1974)

Die außergewöhnlichen Bilder haben wohl mit dazu beigetragen, dass die Kritik die politische Einstellung der Regisseure nicht wahrgenommen hat oder nicht wahrnehmen wollte. H&S ordnen die Ereignisse in Chile in den historischen Prozess imperialistischer Unterdrückung ein, in dem der Putsch von Pinochet als kapitalistische Invasion der USA gegen ein vereintes sozialistisches chilenisches Volk erscheint. Die wesentlich komplexere Wirklichkeit opfern H&S ihrem politischen Kampf.

Die französischen Journalisten bemerkten hauptsächlich die Exklusivität der Bilder und nahmen die Filme als Unterstützung der Solidaritätsbewegung wahr. Bezeichnenderweise wird die ostdeutsche Herkunft der Filme nicht in Betracht gezogen oder überhaupt erwähnt. Die Artikel Jacques Demeures in *Positif* sind dafür ein anschauliches Beispiel: 1975 war er einer der wenigen, der *Der Krieg der Mumien* nicht schätzte. In seiner Kritik bedauert er, dass die Regisseure „kaum die Ereignisgeschichte verlassen, unfähig jenseits eines schematischen Rückgriffs auf den Klassenkampfbegriff die Mechanismen zu analysieren" mit dem Schluss, dass Heynowski und Scheumann „gute Erben des Stalinismus" seien (Demeure 1975: 73). Ein Jahr später lobte der gleiche Kritiker die emotionale Kraft von *Eine Minute Dunkel macht uns nicht blind*. Daran ist interessant, dass er den Film mit seinem spanischen Titel *Un minuto de sombra no nos ciega* zitiert, das Werk als „die erste klare gefilmte Botschaft des chilenischen Widerstands" (Demeure 1976: 77) bezeichnet und nun vollkommen die DDR-Herkunft der Regisseure vergisst. Paradoxerweise feierten die sich dezidiert als DDR-Dokumentaristen verstehenden Heynowski und Scheumann ihren größten Erfolg in Frankreich unter Abstraktion ihrer Herkunft.

Die Beziehungen zwischen dem Studio H&S und Uni.Ci.Té blieben gut,
letztere führten Recherchen in französischen Archiven für Heynowski
und Scheumann aus oder tauschten mit diesen Material, ohne dass sich
der Erfolg der Chile-Filme wiederholen ließ.

Sind H&S in Frankreich schon vor der Wende in Vergessenheit geraten,
so sind ihre Bilder nicht von Leinwand und Bildschirm verschwunden: Pa-
tricio Guzman, bekannt für seine Dokumentarfilme über Chile (vor allem
die legendäre Filmtrilogie La Batalla de Chile, 1975-1979), hat 2010 erneut
Bilder von Heynowski und Scheumann verwendet: In *Nostalgia de la Luz*
(*Nostalgie des Lichts*, 2010), erkennt man beispielsweise Luftaufnahmen des
Lagers von Chacabucco, die H&S mit der Erlaubnis der Militär-Junta drehen konnten. Und die Bilder der brennenden Moneda – die der H&S-Ka-
meramann Peter Hellmich aus seinem Hotelzimmer gedreht hatte – sind
zu Schlüsselbildern des 20. Jahrhunderts geworden, so dass H&S nicht nur
in Frankreich weiter an der audiovisuellen Geschichte vom Putsch des 11.
September 1973 schreiben.

Abbildungen 5 und 6: Lager Chacabucco aus *Ich war, ich bin, ich werde sein*
(1974); Brennende Moneda aus *Der Krieg der Mu-
mien* (1974)

Die ostdeutsch-französischen Filmbeziehungen gingen – wenn auch un-
regelmäßig – bis Ende der 1970er Jahre weiter, bis Uni.Ci.Té wieder in die
Propagandaabteilung der französischen KP integriert wurde und sich danach mehr um die Kommunikation der Partei als um den Vertrieb von Filmen kümmerte. Filme aus der DDR waren von da an in Frankreich nicht
mehr aus politischen Gründen präsent, sondern nur noch sporadisch als
Filmkunst etwa im Rahmen von Retrospektiven. Die wichtigste organisierte 1984 die Cinémathèque von Paris, bei der Erwin Geschonneck anwe-

send war. War diese Retrospektive, was das Programm und die Zahl der Filme betrifft, aus Sicht von Eisenschitz ein Erfolg, stieß sie jedoch nicht auf eine gebührende Zuschauerresonanz.

DEFA-Filme im Frankreich der Gegenwart

Obwohl viele DEFA-Filme mittlerweile auf DVD verfügbar sind, bleiben die Dokumentarfilme von H&S schwer zugänglich – und das nicht nur in Frankreich.[14] Generell sind die auf DVD vorliegenden DEFA-Filme mit französischen Untertiteln oder Synchronfassungen rar, und zwar so, dass es unmöglich ist, linksrheinisch einen Überblick über die Geschichte der DEFA in ihrer Vielfalt bieten zu können. Dazu finden sich Absurditäten wie die französische Fassung von *Der kleine Muck*, in der die Dialoge von einem Kommentarsprecher übersetzt werden. Was in Großbritannien mit *Das singenden klingenden Bäumchen* (1957) zum Kultfilm avancieren konnte, hat in Frankreich eher den Effekt der Realsatire. Kinotaugliche französische Fassungen der größten Erfolge der DEFA sucht man vergebens: sei es *Der Untertan* oder *Die Legende von Paul und Paula* und die Progress-Fassung von *Solo Sunny* auf DVD ist so ausgeblichen, dass das Publikum den Eindruck von Schwarzweiß-Passagen hat. Man braucht nicht unbedingt die arte-Ausstrahlung der Synchronfassung von *Die Legende von Paul und Paula* 2009 gesehen zu haben um festzustellen, dass der Kulturkanal – zumindest was den DEFA-Film betrifft – sich von seinem Kulturauftrag scheinbar verabschiedet hat.

Das verpasste filmische Rendezvous des Ostens im Westen geht weiter, die Verantwortung dafür kann allerdings nicht mehr einer utilitaristischen Logik des Klassenkampfes oder pädagogisch verbrämter Kulturvermittlung in die Schuhe geschoben werden.

---

14 Einige Filme sind auf VHS im Vertrieb von Icestorm erschienen, u.a. 2001 *Der Krieg der Mumien.*

Literatur

Badia, Gilbert (1950): Où en est le cinéma de l'Allemagne occidentale? In: L'Ecran francais, Nr. 278, 6.11.1950: 14

Badia, Gilbert (1951a): Renaissance du Cinéma allemand. La D.E.F.A. produit 20 grands films par an dont plusieurs de classe internationale. In: L'Ecran francais, Nr. 296, 14.03.1951: 16

Badia, Gilbert (1951b): Renaissance du Cinéma allemand. La D.E.F.A. reconstruit ses studios et cherche des hommes. In: L'Ecran francais, Nr. 297, 21.03.1951: 16

Badia, Gilbert (1999): L'Association France-R.D.A. In: Pfeil (1999): 453-464

Barthonnat, Céline (2009): L'Expérience Uni.Ci.Té ou l'émergence de la communication audiovisuelle du Parti communiste français (1968-1976). Artikel für das Kolloquium „Usages militants de la technique: technologies, médias, mobilisations", Paris, 12.-13. März 2009, veröffentl. unter: http://histoire-sociale.univ-paris1.fr/Collo/09-CBarthonnat_Unicite.pdf (letzter Zugriff: 29.09.2011)

Bertin-Maghit, Jean-Pierre (Hrsg.) (2008): Une Histoire mondiale des cinémas de propagande. Paris: Nouveau Monde Éditions

Bertin-Maghit, Jean-Pierre (Hrsg.) (2011): Lorsque Clio s'empare du documentaire. 2 Bde, Paris: Ina/L'Harmattan

Brossard, Jean-Pierre (1976): Le trentième anniversaire du cinéma de r.d.a. In: Cinéma 214. 1976: 30-42

Buffet, Cyril (2007): Défunte DEFA. Histoire de l'autre cinéma allemand. Paris/Condé-sur-Noireau: Cerf-Corlet

Demeure, Jacques (1975): La Guerre des momies (Der Krieg der Mumien). In: Positif 173. 1975: 73

Demeure, Jacques (1976): Une minute d'obscurité ne nous aveugle pas (Un minuto de sombra no nos ciega). In: Positif 186. 1976: 77

Douin, Jean-Luc (1975): Télérama, 17.9.1975

Douin, Jean-Luc (1998): Dictionnaire de la censure au cinema. Paris: Presses universitaires de France

Eisenschitz, Bernard (1971): La Nouvelle Critique, Nr. 45, Juni 1971

EM (1957): Getrübte Filmfestfreude. In: Die Zeit, 14.03.1957

Epperlein, Renate (2009): Zusammenarbeit mit Esprit. Partnerschaften zwischen dem DEFA Studio für Spielfilme und französischen Produzenten in den 1950er Jahren. In: Filmmuseum Potsdam (2009): 17-34

Fleury, Antoine/Jilek, Lubor (Hrsg.) (2009): Une Europe malgré tout, 1945-1990. Contacts et réseaux culturels, intellectuels et scientifiques entre Européens dans la guerre froide. Brüssel: Peter Lang

Filmmuseum Potsdam (Hrsg.) (2009): Deutsch-französische Filmbegegnungen 1929 bis in die Gegenwart. Potsdam: Filmmuseum. http://www.filmmuseum-potsdam.de/de/795-3322.htm (letzter Zugriff: 30.10.2011)

Gallinari, Pauline (2008): Le film est une arme. Le PCF fait son cinéma à l'heure de la guerre froide (1947-1953). In: Bertin-Maghit (2008): 579-593

Gras, Pierre (2011): Good Bye Fassbinder! Le cinéma allemand depuis la réunification. Essai. Paris: Actes Sud

Habel, Frank-Burkhard (2003): Zerschnittene Filme. Zensur im Kino. Leipzig: Kiepenheuer

Lindenberger, Thomas (2009): Terriblement démodée. Zum Scheitern blocküber-
greifender Film-produktionen im Kalten Krieg (DDR-Frankreich, 1956-1960). In:
Fleury/Jilek (2009): 283-296

Maurin, François (1975): Pour la première fois, la R.D.A. ... In: L'Humanité, 15.05.1975

Ménudier, Henri (1987): L'Allemagne à la télévision française depuis 1963. L'image
du voisin à la télévision. Une comparaison franco-allemande. Gerlingen: Bleicher

Moine, Caroline (2011): Filmer pour témoigner – Documentaires et solidarité internationale contre le régime de Pinochet. In: Bertin-Maghit (2011, Bd. 2): 195-209

Morris, Michèle (1956): L'Allemagne au IXe festival international de Cannes. In:
Allemagne d'aujourd'hui, Nr. 3: 63-67

o.A. (1959): Unter falscher Flagge. In: Der Spiegel. 22. 1959: 67

Pfeil, Ulrich (Hrsg.) (1999): La R.D.A et l'Occident [1949-1990]. Paris: Publications de
l'Institut d'Allemand d'Asnières

Pfeil, Ulrich (2004): Die „anderen" deutsch-französischen Beziehungen. Die DDR
und Frankreich 1949-1990. Köln/Weimar/Wien: Böhlau

Sadoul, Georges (1979): Gérard Philipe. Paris: L'Herminier

Schenk, Ralf (1994): Mitten im Kalten Krieg 1950-1960. In: Schenk (1994): 50-157

Schenk, Ralf (Hrsg.) (1994): Das zweite Leben der Filmstadt Babelsberg. DEFA-
Spielfilme 1946-1992. Berlin: Henschel

Signoret, Simone (1975): La nostalgie n'est plus ce qu'elle était. Paris: Editions du
Seuil

Steinle, Matthias (2003): Vom Feindbild zum Fremdbild. Die gegenseitige Darstellung von BRD und DDR im Dokumentarfilm. Konstanz: UVK

Toubiana, Serge (1975): Notes, informations, critiques – Grenoble. In: Les Cahiers
du Cinéma 258-259. 1975: 94-95

Truffaut, François (1956): o.T. In: Arts, Nr. 593, 14-20.11.1956: 3

Val, Perrine (2011): De l'Est à l'Ouest. Diffusion et réception en France du cinéma
est-allemand. Masterarbeit am Fachbereich Cinéma et audiovisuel der Universität Sorbonne Nouvelle – Paris 3

Val, Perrine (2012): Diffusion et réception du cinéma est-allemand en France. In:
Allemagne d'aujourd'hui 198. 2011: 82-94

ZK der KPF (Hrsg.) (1956): Bulletin de propagande et d'information 5. 1956

ZK der KPF (Hrsg.) (1957): Bulletin de propagande et d'information 7. 1957

ZK der KPF (Hrsg.) (1962): Bulletin de propagande et d'information 4. 1962

Ein Kultfilm zum Gruseln

Zur Rezeption von
Das singende, klingende Bäumchen
in Großbritannien

Daniela Berghahn

Dieser Aufsatz widmet sich der Rezeption von *Das singende, klingende Bäumchen* (1957) in Großbritannien und untersucht, wie es dazu kam, dass dieser (un)sozialistische DEFA-Märchenfilm in einem mehr als 40 Jahre währenden transnationalen Rezeptionsprozess zu einem Kultfilm wurde. Diesem Phänomen der Umdeutung geht auch Tim Bergfelder in seinem Aufsatz „National, transnational or supranational cinema? Rethinking European film studies" (2005) nach. Bezugnehmend auf Janet Staigers (1994) Theorie alternativer Lesarten und ‚Fehlinterpretationen' und Ulf Hannerz' anthropologische Studie *Transnational Connections* (1996), schlägt Bergfelder vor, dass sich in der transnationalen Rezeption eines Films oft erstaunliche und unvorhergesehene Lesarten ergeben, die auf unterschiedliche kulturelle Kompetenzen der Zuschauer sowie auch auf den spezifischen Aufführungskontext (Kino oder Fernsehen, synchronisiert oder Original mit Untertiteln, usw.) zurückzuführen sind (Bergfelder 2005: 326). Doch nicht nur die transnationale Zirkulation von Filmen führt zu Neu- oder Fehldeutungen, vielmehr sind diese ein konstitutiver Bestandteil von Kultfilmen. Obwohl Kultfilme eine Reihe inhärenter Merkmale besitzen, die sie in gewisser Weise dazu prädestinieren, Kultstatus zu erringen, wird ein Film erst durch die aktive Rezeption und die damit verbundenen Formen von Produktion und Performativität zu einem Kultfilm. „Kein Film wird als Kultfilm geboren. Er wird erst per Zufall dazu, durch seine öffentliche Rezeption, die ihn in sektiererischer Manier zelebriert – das ist ja auch der Grund, warum wir den Begriff ‚Kult' benutzen." (Mathijs o.J.).[1]

---

1 Diese und alle weiteren Übersetzungen englischer Zitate sind die der Verfasserin.

Fangemeinden feiern ‚ihren' Kultfilm und erschaffen Rituale um ihn herum, die nur den Eingeweihten bekannt sind. Durch Prozesse der aktiven
Aneignung sorgt die getreue Gefolgschaft dafür, dass ‚ihr' Kultfilm nicht
in Vergessenheit gerät und generiert gleichzeitig neue partizipatorische
Deutungsmuster.

Transnationale Rezeptionsprozesse verstärken diese interpretativen
Interventionen noch. Ernest Mathijs und Xavier Mendik (2008b: 1-11) erklären das damit, dass die Loslösung eines Filmes aus seinem ursprünglichen kulturellen Kontext oftmals erst dazu führt, dass er Kultstatus er-
langt: „[…] manche Filme erscheinen einem heimischen Publikum ganz
‚normal', doch außerhalb dieses Kontexts erwecken sie Neugierde" (ebd.:
8). Um das Faszinosum des Fremden bildet sich ein Kult, der das Anders-
artige zelebriert und es gleichzeitig der eigenen Kultur einverleibt. Wie die
vorliegende Fallstudie zu *Das singende, klingende Bäumchen* veranschaulichen wird, hat sich dieser DEFA-Märchenfilm aus dem Jahre 1957 in der
transnationalen Rezeption ebenso dramatisch verwandelt wie die Prinzessin Tausendschön im Film selbst.

Das singende, klingende Bäumchen im Kontext der DEFA-Märchenfilme

In der ehemaligen DDR ebenso wie in anderen osteuropäischen Ländern
wurde Filmen für Kinder und Jugendliche eine größere Bedeutung zugemessen als dies im Westen gemeinhin der Fall war. Sie dienten der moralischen und ideologischen Erziehung und derartige Filmproduktionen
waren den Zielen der sozialistischen Erziehung und Bildung untergeordnet. Wie Marc Silberman in einem Aufsatz zu DEFA-Märchenfilmen der
1950er Jahre bemerkt: „Im Allgemeinen wurden sie als fiktionale Texte mit
einer spezifischen Struktur angesehen, die zur Sozialisation Jugendlicher
beitragen sollten, indem sie Helden darstellten, die neue Wege beschritten und als Vorbilder für eine sozialistische Gesellschaft dienen konnten"
(Silberman 2007: 107).

Bereits 1953 beschloss das Zentralkomitee der SED, ein Kinderfilm-
studio einzurichten. Obwohl kein selbständiges Studio entstand, wurde
immerhin noch im selben Jahr eine Kinderfilm-Gruppe im DEFA-Spielfilmstudio geschaffen. Wenn man auch die bereits vor 1953 produzierten
Kinder- und Jugendfilme berücksichtigt, so hat die DEFA zwischen 1946
und 1990 rund 180 Spielfilme für Kinder und Jugendliche produziert, was

etwa vier Filmen pro Jahr und einem Fünftel der gesamten DEFA Spielfilmproduktion entspricht (König/Wiedemann/Wolf 1996: 21).
International am angesehensten waren DEFA-Märchenfilme, die größtenteils auf literarischen Vorlagen der Volksmärchen der Brüder Grimm
und der Kunstmärchen Wilhelm Hauffs und Hans-Christian Andersens
beruhten. Hier sind insbesondere Produktionen der 1950er Jahre, wie
etwa *Das kalte Herz* (1950) von Paul Verhoeven, Wolfgang Staudtes *Die Geschichte vom kleinen Muck* (1953) und *Das singende, klingende Bäumchen* von
Francesco Stefani zu erwähnen, obwohl weder Paul Verhoevens *Das kalte
Herz* noch Wolfgang Staudtes *Die Geschichte vom kleinen Muck* speziell für
ein Kinderpublikum konzipiert waren.

In ideologischer Hinsicht waren Märchenverfilmungen nicht ganz
unproblematisch. „Unbearbeitete Märchenfilme", schreiben König, Wiedemann und Wolf in *Zwischen Marx und Muck*, „galten als schädlich für
eine harmonische psychische Entwicklung von Kindern" und deshalb
wurden Märchen „nach pädagogischen Gesichtspunkten ausgewählt
und bearbeitet" (1996: 25). Einerseits deckte sich ihre implizite Botschaft
von der Wandlungsfähigkeit und der möglichen Vervollkommnung
des Menschen nahezu perfekt mit einem der zentralen Glaubenssätze
des Sozialismus, andererseits waren die literarischen Quellen nicht so
ohne weiteres mit den Zielen einer sozialistischen Bewusstseinsbildung
zu vereinbaren. Um dem Bildungsauftrag gerecht zu werden, mussten die Märchen den ideologischen Anforderungen des sozialistischen
Arbeiter- und Bauernstaates angepasst werden, oder wie David Bathrick in
seinem Buch *The Powers of Speech* schreibt: Sie mussten „erst gereinigt und
dadurch in Übereinstimmung mit den domestizierten proletarischen Ver-
haltensnormen gebracht werden" (Bathrick 1995: 168; vgl. a. Shen 2011).

Als problematisch erwies sich, dass die Hauptfiguren und Helden
meistens Könige, Prinzen und Prinzessinnen sind und somit der falschen
sozialen Klasse angehören. Der Märchenforscher Jack Zipes hat darauf
hingewiesen, dass auch die Märchen, in denen Helden aus dem Volke im
Zentrum stehen, kein politisch progressives Potential hätten, da der einfache Mann aus dem Volk stets nach einer gesellschaftlich höheren Position
strebt, anstatt soziale Hierarchien und Ungerechtigkeiten prinzipiell infrage zu stellen (Zipes 1979). Von gesellschaftlicher Umwälzung also keine
Spur. Um diese missliche Quellenlage zu beheben, haben DEFA-Szenaris-
ten die literarischen Vorlagen mitunter in nicht unerheblichem Umfang
umgeschrieben. Den Glaubenssätzen des Arbeiter- und Bauernstaates entsprechend, schreiben etliche Märchenfilme harter körperlicher Arbeit eine

moralisch läuternde und sogar erlösende Funktion zu. In Walter Becks *Dornröschen*-Verfilmung (1971) ordnet der König an, alle Spinnräder aus seinem Königreich zu verbannen. Anders als in der Grimm'schen Vorlage betont der Film, dass diese Anordnung diejenigen, die ihr täglich Brot mit Spinnen verdienen, in Not und Armut treibt. Außerdem deutet die bläulich-blasse Hautfarbe des Königs und seines Hofstaates an, dass dieser Teil der Gesellschaft zum Untergang verurteilt ist und schon bald von den progressiven Kräften der Geschichte abgelöst werden wird. In anderen Märchenfilmen müssen sich Prinzen und Prinzessinnen das Happy End durch harte Arbeit erst verdienen. Im *Froschkönig* (1988) von Walter Beck kann Prinzessin Henriette den Frosch, der sich als Prinz entpuppt, keineswegs sogleich heiraten, sondern verliert erst Status und Schönheit und muss in Gestalt des Dieners Heinrich in der Zitadelle der Herzlosigkeit arbeiten, um das Herz des Froschkönigs zu gewinnen. *Das tapfere Schneiderlein* ist politisch noch korrekter, denn in diesem DEFA Märchenfilm von 1956 ist das Schneiderlein gar nicht darauf erpicht, wie in der Grimm'schen Vorlage, die Prinzessin Liebreich zu heiraten, sondern zieht ihr ein Mädchen aus dem Volke, die Magd Traute (Christel Bodenstein) vor. Die Bauern feiern das tapfere Schneiderlein als Volkshelden und der König, Prinzessin Liebreich und der gesamte Hofstaat ergreifen die Flucht. Doch dieser DEFA-Märchenfilm schoss offenbar über das Ziel hinaus, seine politische Überkorrektheit wurde ihm angekreidet. So war in einer Besprechung im *Neuen Deutschland* vom 3. Oktober 1956 zu lesen:

> Was wir bisher noch nicht wussten, Drehbuchautor Kurt Bortfeldt und Regisseur Dr. Helmut Spiess demonstrieren es an ihrem Farbfilm *Das tapfere Schneiderlein*: die Märchenbrüder Grimm waren geschulte Marxisten. [...] Wie zeigt sich in diesem Film die vulgäre Anwendung marxistischer Grundsätze? Die Schöpfer des Filmes haben alle Märchenfiguren klassenmäßig grob rubriziert. [...] Solche Auffassungen von der Aneignung und der Verarbeitung des kulturellen Erbes sind dem Marxismus immer fremd gewesen. (Zit. nach König/Wiedeman/Wolf 1996: 97)

Der nur ein Jahr später entstandene Film *Das singende, klingende Bäumchen* hingegen wurde für seine bürgerlich idealistische Gesinnung kritisiert. Das Drehbuch war gemeinsam von Anne Geelhaar und dem westdeutschen Regisseur Francesco Stefani, der als Gast bei der DEFA arbeitete, geschrieben worden und basiert auf Motiven aus *König Drosselbart* und *Die Schöne und das Biest*. Der Filmtitel ist dem Grimm'schen Märchen *Das sin-*

gende, springende Löweneckerchen entlehnt.[2] Der Film erzählt die Geschichte der hochmütigen Prinzessin Tausendschön (gespielt von der auf immer mit dieser Rolle verbundenen Christel Bodenstein), die den schönen Prinzen (Eckhart Dux) verschmäht, als er um ihre Hand anhält. Sein Geschenk, eine Truhe voll kostbarer Perlen, wirft sie zu Boden und fordert stattdessen das singende, klingende Bäumchen. Der Prinz begibt sich auf eine lange Suche bis er auf einen Zwerg trifft, der ihm das ersehnte Bäumchen gibt – doch singen und klingen wird es nur, wenn die Prinzessin den Prinzen wahrhaft liebt. Bleibt das Bäumchen stumm, so muss der Prinz fortan im Reich des bösen Zwerges leben. Als die Prinzessin das klanglose Gewächs sieht, weist sie den Prinzen erneut ab. Traurig kehrt dieser mit dem Bäumchen zum Zwerg zurück, der ihn in einen Bären verwandelt. Nach etlichen Irrungen und Wirrungen, entführt der Bär Prinzessin Tausendschön ins magische Reich des bösen Zwerges. Dort macht der Zwerg ihre innere Hässlichkeit sichtbar, indem er ihre goldenen Locken in giftgrüne Haare verwandelt und ihr schönes Gesicht mit einer langen Nase entstellt. Doch als sie beginnt, den im Zwergenreich in Not geratenen Tieren zu helfen und dem Bär beim Bau einer Höhle tatkräftig zur Seite steht, entwickelt sich die verwöhnte und trotzige Königstochter allmählich zu einem guten Menschen. Durch ihre Hilfsbereitschaft und Liebe bricht die Prinzessin die Zauberkraft des bösen Zwergs und schließlich gelingt es ihr, das Bäumchen zum Singen und Klingen zu bringen. Der Bär verwandelt sich wieder in einen schönen Prinzen und die zwei verlassen gemeinsam das Zauberreich des Zwerges.

Abbildung 1: Prinzessin Tausendschön mit dem Fisch

---

2   Stefani hatte in den 1950er Jahren in Westdeutschland bereits Wilhelm Hauffs *Zwerg Nase* und Wilhelm Buschs *Max und Moritz* verfilmt (Galle 2000).

Die öffentliche Resonanz in der DDR auf diesen Film war alles Andere als positiv. In *Deutsche Filmkunst* war zu lesen:

> Der neue Märchenfilm der DEFA ist [...] in seiner ganzen vorliegenden Konzeption voll verlogener Monarchenromantik und nicht dazu geeignet, zur Charakter – und Willensbildung unsere Kinder beizutragen. [...] [S]o ein Märchenprinz ist ja geradezu der Prototyp spießbürgerlicher Erziehungsideale, der dann in vielfach abgewandelter Gestalt in Uniform oder Zivil den Backfischen in der kapitalistischen Unterhaltungsindustrie erneut auf der Leinwand vorgezaubert wird [...] (Ewald 1958: 2-3).

Die Rezeption von *Das singende, klingende Bäumchen* in Großbritannien

In Großbritannien kümmerte diese ideologische Haarspalterei niemanden. Was den Reiz des Filmes für die Briten ausmachte war vor allem, dass er fremdartig und gruselig war. Für die Generation, die in den 1960er Jahren mit dem BBC-Kinderfernsehen aufgewachsen war, wurde *Das singende, klingende Bäumchen* zu einem Kultfilm. Dementsprechend lautet der Slogan auf dem Cover der englischen DVD: „The German classic that haunted a generation".[3]

Seine Uraufführung erlebte *Das singende, klingende Bäumchen* bereits 1958 auf dem Filmfestival von Edinburgh. Doch ein breites Publikum erreichte der Märchenfilm, als er vom BBC Children's Television im Rahmen der Reihe *Tales from Europe* erstmals Ende des Jahres 1964 ausgestrahlt und zwischen 1966 und Ende der 1970er Jahre noch etliche Male wiederholt wurde (Creeser 1993).

Die BBC hatte 1946 eine Kinderfernsehabteilung eingerichtet, deren Aufgabe es war, die Mission der öffentlich-rechtlichen Rundfunkanstalt zielgruppengemäß zu erfüllen – nämlich zu bilden, zu informieren und zu unterhalten (wobei Unterhaltung der umstrittenste Punkt war). Vor allem als Mitte der 1950er Jahre der kommerzielle Sender ITV (Independent Television) ein Konkurrenzprogramm für Kinder und Jugendliche anbot, das sich schon bald wesentlich größerer Beliebtheit erfreute, kam das eher altmodische und von bürgerlichen Bildungsidealen geprägte BBC-Kinder-

---

3 „Der deutsche Klassiker, der eine Generation heimgesucht hat". DVD. Icestorm Entertainment, GmbH.

fernsehen in Bedrängnis. Die Programmentscheidungen bei der BBC waren vor allem von Überlegungen zum erzieherischen Wert bestimmt, was Kinder interessierte oder ihnen Spaß machte, war von sekundärer Bedeutung (Buckingham/Davies/Jones et al. 1999: 20). Kein Wunder also, dass dem BBC-Kinderfernsehn das Publikum davonlief. ITV hingegen verstand sich als „people's television" oder Volksfernsehen und hatte sich zum Ziel gesetzt, in erster Linie zu unterhalten und Zuschauern jedweder Alters- und sozialer Gruppen das zu bieten, was sie sehen wollten – auch wenn dabei Kultur und Bildung auf der Strecke blieben (ebd.: 21). ITV schreckte nicht vor Importen aus Amerika zurück: Western, Abenteuerfilme und Disney Cartoons erwiesen sich als besonders populär. Beim BBC-Kinderfernsehen indessen galten Importe aus Amerika insbesondere wegen der Darstellung von Gewalt als schädlich für die Kinder.

Diese Prinzipienreiterei kostete das BBC-Kinderfernsehen erst seine Zuschauerzahlen und als Folge davon schon bald seine Existenzberechtigung. Im Januar 1964 wurde es als selbständige Abteilung geschlossen und durch die neue Familienprogramm-Abteilung ersetzt. Eine Reihe von Faktoren hatten zur Abschaffung des BBC-Kinderfernsehens beigetragen: finanzielle Engpässe, sinkende Zuschauerzahlen und die Erkenntnis, dass Jugendliche ohnehin lieber Sendungen für Erwachsene sehen wollen. Die Grenzen zwischen Kindheit und Erwachsensein galten plötzlich als artifiziell und veraltet und beruhten angeblich auf einem Verständnis von Kindheit, das noch auf das viktorianische Zeitalter zurückging – und somit unzeitgemäß war. Das neue BBC-Familienfernsehen hatte ein breiteres Repertoire von Sendungen für Eltern (oder genauer gesagt, Mütter, wie *Watching with Mother*, eine Sendung für Vorschulkinder mit Marionetten) und Kinder verschiedener Altersgruppen, zum Beispiel *Blue Peter*, ein informatives Unterhaltungsmagazin für Fünf- bis Achtjährige (seit 1958), *Jackanory* (ab 1965), *Crackerjack* (eine Mischung aus Game und Comedy Show, ab 1955) und die vom BBC Drama Department produzierte Erfolgsserie *Doctor Who* (ab 1963). Da die Sendezeiten für Kinder- und Jugendfernsehen über die Jahre immer länger wurden, bestand zunehmender Bedarf an Sendungen, den die BBC zum Teil durch Importe abdecken musste. Doreen Stephen, die Leiterin des Familienfernsehens, sah sich gezwungen, den einen oder anderen Kompromiss zu machen und kaufte auch amerikanische Sendungen ein (McGown o.J.). Doch wie die Studie *Children's Television in Britain* anschaulich darlegt, blieb „die implizite Unterscheidung [...] zwischen ‚guten' Importen – wie etwa tschechoslowakischen Volksmärchen – und ‚schlechten' Importen, vor allem in Gestalt von amerika-

nischen Zeichentrickfilmen" (Buckingham/Davies/Jones et al. 1999: 99)
weiterhin prägend für die Programmpolitik der BBC. Dieser latente Anti-
Amerikanismus bestand sogar noch, als Monica Sims, die neue Leiterin
des 1967 wieder gegründeten BBC-Kinderfernsehens, sich 1971 vehement
dagegen aussprach die US-Serie *Sesamstraße* für Kinder im Vorschulalter
anzukaufen (ebd.: 35).

Die Entscheidung der BBC, Kinder- und Jugendfilme aus Europa zu importieren, erwuchs vor allem aus einer intensiven Konkurrenz um jugendliche
Zuschauer mit ITVs leichtem Unterhaltungsprogramm. Doch Doreen Stephen und ihre Nachfolgerin Monica Sims beharrten weiterhin auf bürgerlichen Bildungs- und Erziehungsidealen und sahen den Import amerikanischer Populärkultur als unwillkommenen Kompromiss und Verrat am
britischen Kulturerbe an. In Bezug auf den Anti-Amerikanismus bestand
also sogar eine gewisse (jedoch keineswegs intendierte) Übereinstimmung
mit der Kultur- und Medienpolitik der DDR. Außerdem verfügte das BBC-
Familienfernsehen über ein vergleichsweise kleines Produktionsbudget,
was die Zahl eigener Produktionen erheblich einschränkte, und Importe
aus Europa, vor allem aus Osteuropa, waren äußerst erschwinglich. Zu
den importierten Filmen, die 1964 als *Tales from Europe* (Geschichten aus
Europa) Donnerstag nachmittags zwischen 17.30 und 18.00 Uhr (vor den
Nachrichten) ausgestrahlt wurden, gehörten Kinderklassiker wie der
Schweizer Kinderfilm *Heidi* (1952), der schwedische *Ferien auf Saltkrokan/
Tjorven, Båtsman och Moses* (1964) von Olle Hellbom (basierend auf einem
Buch von Astrid Lindgren), der russische Zeichentrickfilm *Die Schneekö-
nigin/Snezhnaya koroleva* (1957) von Lev Atamanov, der polnische Film *Die
zwei, die den Mond stahlen/O dwóch takich, co ukradli ksiezyc* (1962) von Jan
Batory und mehrere DEFA-Märchenfilme: *Das singende, klingende Bäum-
chen*, Siegfried Hartmanns *Das Feuerzeug* (1959), *Schneewittchen* (1961) von
Gottfried Kolditz und *Die goldene Gans* (1964) von Siegfried Hartmann.[4]
Es dominierten Kinderfilme aus der Tschechoslowakei, Ungarn, Russland, Rumänien und anderen osteuropäischen Ländern. Die *Tales from
Europe* wurden in Schwarzweiß in der Originalsprache ausgestrahlt. Ein

---

4   Das BBC Written Archives Centre in Caversham führt in der Datei zum Kin-
    derfernsehen der 1960er Jahre unter *Tales from Europe* alle gesendeten Filme mit
    Datum auf. Die Erstausstrahlung von *Das singende, klingende Bäumchen* erfolg-
    te in drei Teilen am 19. und 26. November sowie am 3. Dezember 1964. Eine
    leichter zugängliche Filmliste der *Tales from Europe* (1964-1969) findet sich unter:
    http://thewhitehorses.angelfire.com/002-talesfromeurope1.html (letzter Zu-
    griff: 29.08.2012)

englischsprachiger Erzähler kommentierte die Handlung und übersetzte wichtige Dialogsequenzen, aber die jeweilige Originalsprache blieb im Hintergrund deutlich hörbar. Die Entscheidung zur Zweisprachigkeit hing damit zusammen, dass die BBC nicht genug Geld hatte, um die Filme zu synchronisieren und Synchronisation im britischen Kontext ohnehin weniger üblich ist als beispielsweise in Deutschland.

Für viele Engländer, die *Das singende, klingende Bäumchen*, das in drei Teilen zwischen November und Dezember 1964 gesendet wurde, gesehen haben, trug diese exotische Mehrsprachigkeit zum besonderen Reiz des DEFA-Films bei. Für den Radiojournalisten Chris Bowlby, der auf BBC Radio Four regelmäßig Sendungen zu europäischer und insbesondere deutscher Kultur moderiert, war *Das singende, klingende Bäumchen* für seinen späteren Werdegang von Bedeutung.[5] Es stellte den ersten und unvergesslichen Kontakt mit der deutschen Sprache dar und weckte sein Interesse an deutscher Kultur. In einer 30-minütigen Radioreportage auf BBC Four (28. Dezember 2002) geht Bowlby der Faszination, die *Das singende, klingende Bäumchen* auf die Kinder der 1960er Jahre ausgeübt hat, nach. Es kommen nicht nur britische Fans, sondern auch die Hauptdarstellerin Christel Bodenstein, der Produzent Alexander Lösche, Filmhistoriker Ralf Schenk und die Leiterin des BBC Children's Television, Monica Sims, zu Wort.

Die Beliebtheit von *Das singende, klingende Bäumchen* bei den Briten erklärt Sims damit, dass die bunte Fantasiewelt des Films die britischen Kinder in seinen magischen Bann zog, zumal die BBC selbst nichts Vergleichbares produzieren konnte, da die Mittel fehlten. Gleichzeitig betont sie, dass von Seiten der BBC keinerlei pädagogische Bedenken gegen diesen Film bestanden: „Ein bisschen Fantasie hat doch noch niemandem geschadet. Meine Güte, denken Sie doch nur mal daran, wie populär die Barbie Puppe ist. Wenn das keine Fantasie ist." Bowlby kontert Sims' Bemerkung zurecht mit dem Einwand, dass ostdeutsche Kulturfunktionäre gewiss mit Entsetzen auf diesen Vergleich reagiert hätten, denn hatte die DDR nicht 1961 die Berliner Mauer errichtet, so jedenfalls die offizielle Verlautbarung, gerade um ihre sozialistischen Kinder vor so dekadent kapitalistischen Erscheinungen wie der Barbie Kultur zu beschützen? Obwohl Sims sich durchaus der

---

5 Ich danke Chris Bowlby herzlich dafür, dass er mir schon vor vielen Jahren einen Mitschnitt seiner Radiosendung und Material aus seinem Privatarchiv zur Verfügung gestellt hat. Die Sendung wurde am 28. Dezember 2002 ausgestrahlt und kann von der BBC-Webseite heruntergeladen werden: http://www.bbc.co.uk/radio4/arts/singing_ringing_tree.shtml (letzter Zugriff: 29.08.2012)

politisch erzieherischen Aufgabe von DEFA-Märchenfilmen im sozialistischen Arbeiter- und Bauernstaat bewusst war, verdeutlicht ihr ideologisch unreflektierter Vergleich mit Barbie Dolls, zu welchen unwillkürlichen Umdeutungen es in transnationalen Rezeptionsprozessen, in denen das Fremdartige dem Vertrauten sozusagen einverleibt wird, kommen kann.

Darauf deutet auch eine Umfrage unter *Radio Times*-Lesern aus dem Jahre 2004 hin, die ergab (will man den Fanseiten glauben), dass *The Singing, Ringing Tree* den Briten als einer der 20 unheimlichsten Filme in Erinnerung geblieben ist. Auf einer der zahlreichen Fanseiten ist zu lesen:

> Die erste Episode von *Das singende, klingende Bäumchen* wurde zwei Tage vor der ersten Episode der neuen *Doctor Who* Geschichte *Die Invasion der Daleks* ausgestrahlt. Das waren die beiden unheimlichsten Fernsehsendungen für Kinder überhaupt. Die Daleks galten als die unheimlichsten Gegner des Doktors und *Die Invasion der Daleks* war bekannt für seine zahlreichen Gemetzel und ertrunkenen Leichen. *Das singende, klingende Bäumchen* muss ganz besonders schaurig gewesen sein, denn es wurde in drei Teilen gesendet, jeweils mit einer Woche dazwischen.[6]

Auf einer anderen Fanseite findet sich folgender Austausch:

> Ich erinnere mich an bestimmte visuelle Details, wie den Zwerg, die Brücke über dem Bach, den Garten, der einfriert (?), und den Bärenmann usw., aber an die Geschichte selber kann ich mich nicht mehr erinnern (mclaughter 1, 13. Juli 2008).

> Ich erinnere mich an den schrecklichen Fisch. Kaum zu glauben, dass es nur drei Episoden gab! [Die Sendung] kam mir damals endlos lang vor. Ich würde sie gern wiedersehen, aber vielleicht würde das die Erinnerung an den Schrecken zerstören (Marie 1, 24. September 2008).

> Ja, ich hatte auch schreckliche Angst. Ich leide heute noch an den post-traumatischen Folgen einer Zwergen-Angststörung[7] (Gildor 1, 27. Januar 2009).

---

6 http://thewhitehorses.angelfire.com/002-information.html   (letzter   Zugriff:
   29.08.2012)

7 http://www.denofgeek.com/television/4755/the_singing_ringing_tree_scari-
   est_kids_tv_show_ ever.html (letzter Zugriff: 29.08.2012)

Auf dem YouTube-Diskussionsforum zu einem Filmausschnitt schwelgen Fans, nun um die 40 oder 50, in folgenden Erinnerungen:

> Das hat mich zu Tode erschreckt als ich noch klein war. Der Zwerg war furcht-erregend [...] Wenn ich mich recht entsinne, tauchte der Baum nur selten auf. Ich habe den Film auch in Schwarzweiß in Erinnerung. Es hat mich zurück-versetzt in die Zeit, als ich von der Schule nach Hause kam und diese Sendung vor dem Kaminfeuer sitzend gesehen habe, während ich auf mein Abendessen wartete.[8]

Und manche sind sogar ein wenig enttäuscht über YouTube zu erfahren, dass *Das singende, klingende Bäumchen* ein grellbunter Farbfilm war, denn das stimmt nicht mit ihren Erinnerungen überein: „Aber in strahlend bunten Farben kann [der Film] einfach nicht mithalten – 405 unscharfe schwarzweiße Linien wären doch viel nostalgischer."[9]

Die zahlreichen Fanseiten und die Tatsache, dass *Das singende, klingen-de Bäumchen* auch weiterhin auf Filmfestivals gezeigt wird, lassen keinen Zweifel daran, dass dieser DEFA-Film ein Kultfilm in Großbritannien ge-worden ist. Als der Film 1990 im Rahmen des Junior London Film Festivals aufgeführt wurde, bestand das Publikum vor allem aus Fans der 1960er Jahre, die nun mit missionarischem Eifer ihren eigenen Kindern den ang-steinflößenden Zwerg, den armen gestrandeten Goldfisch und das fantas-tische Szenenbild vorführen wollten (Creeser 1993).[10]

Die Langzeitfaszination, die von dem DEFA-Märchenfilm ausgeht, be-ruht vor allem darauf, dass er so ganz andersartig als britische und ame-

---

8 http://www.youtube.com/all_comments?v=YAF3fWo8aoM   (letzter   Zugriff: 29.08.2012)

9 http://www.youtube.com/all_comments?v=YAF3fWo8aoM   (letzter   Zugriff: 29.08.2012)

10 Rosemary Creeser, die beim British Film Institute arbeitete und auf deren Be-treiben *Das singende, klingende Bäumchen* 1990 auf dem Junior International Lon-don Film Festival aufgeführt wurde, beschreibt in ihrem Aufsatz anschaulich, wie Eltern und ihre Kinder auf den Film reagierten. Der Film wurde in Farbe und in deutscher Originalversion mit englischen Untertiteln gezeigt, zwei we-sentliche Abweichungen von der erinnerten Fernsehversion aus den 1960er Jah-ren. Er wurde auf weiteren London Film Festivals in den Jahren 1992 und 1999 gezeigt und im März und April 2012 in einer englisch synchronisierten Version auf dem One World Film Festival in Wales gezeigt: http://www.wowfilmfes-tival.com/a-z-films-2011/the-singing-ringing-tree/ (letzter Zugriff: 29.08.2012). Diese keineswegs vollständige Liste verdeutlicht, dass der Film in Großbritan-nien in verschiedenen Aufführungskontexten weiter im Umlauf ist.

rikanische Kinderfilme der 1960er Jahre war. Hieraus erklärt sich auch die produktive Aneignung des Films innerhalb seiner Fangemeinde. Studien zum Kultfilm und zur Fankultur erklären verschiedene Formen solch produktiver Aneignung damit, dass Fantexte interpretatorische und performative Interventionen herausfordern, da sie oft unschlüssig oder widersprüchlich sind. John Fiske beispielsweise erklärt die „producerly" (zur Produktion anregenden) Qualitäten von Fantexten damit, dass sie „insufficient texts" (unzureichende Texte) sind, die ihren kulturellen Funktionen der Sinnstiftung und Unterhaltung erst dann gerecht werden können, wenn ihre Fans sie bearbeiten, Bedeutungen aktivieren und auf diese Weise ihr eigenes kulturelles Kapital produzieren (Fiske 2008: 451). Für die Fans des *Singenden, klingenden Bäumchens* rührt das Mandat zur interpretatorischen und kreativen Aneignung des Films gewiss von seiner kulturellen Fremdartigkeit her, die für die Kinder der 1960er Jahre nur schwer einzuordnen war. Dass die Entscheidung der BBC, den Film auf Deutsch mit englischem Erzählkommentar zu zeigen, dazu beigetragen hat, zeichnet sich noch Jahrzehnte später in einem *comedy sketch* der *Fast Show* (BBC, 29. Dezember 1997) ab. Der dreiminütige Sketch mit dem Titel *Ton Swingingen Ringingen Bingingen Plingingen Tingingen Plinkingen Plonkingen Boingingen Triee* parodiert vor allem die fremd klingende deutsche Sprache, die durch ein unverständliches Kauderwelsch von Sprachfetzen ersetzt wird.[11] Gleichzeitig zelebriert der Sketch die fantastischen Elemente des Märchenfilms, wie zum Beispiel die metallisch klingende Melodie des magischen dürren Bäumchens, den gruseligen Zwerg und die wundersamen Kreaturen im Reich des Zwergs, wie etwa das weiße Pferd mit dem Hirschgeweih, das Prinzessin Tausendschön vor dem Tod in Eis und Schnee errettet. Anstelle des bunt schillernden überdimensionalen Fisches allerdings erscheint in der *Fast Show* eine gigantische gelbe Plüschente.

Weitere Meilensteile in der britischen Rezeption von *The Singing, Ringing Tree* sind ein illustriertes Kinderbuch desselben Titels von Selina Hastings mit Illustrationen von Louise Brierely (1988) und eine reich bebilderte Webseite, die den Film in vier Teilen nacherzählt.[12]

---

11 Der Sketch wurde in der achten Episode der dritten Staffel am 29. Dezember 1997 von der BBC ausgestrahlt und ist auf YouTube zu sehen: http://www.youtube.com/ watch?v=7XqMF5ou7hE (letzter Zugriff: 29.08.2012).

12 http://www.thechestnut.com/srtree/srtree-index.htm (letzter Zugriff: 9.08.2012). Diese Webseite ist beliebten und unvergesslichen Kindersendungen, die im britischen Fernsehen seit den 1960er Jahren gezeigt wurden, gewidmet. Zu jeder verzeichneten Sendung gibt es zahlreiche Informationen und Bilder, oftmals

Abbildung 2: Fanseite www.thechestnut.com

Die bemerkenswerteste kreative Transformation des DEFA-Märchenfilms ist zweifellos eine vier Meter hohe Klangskulptur, die das Architekten-team Mike Tonkin und Anna Liu 2006 in Burnley im Nordwesten Englands errichteten. Sie gaben der aus unterschiedlich langen Stahlröhren bestehenden musikalischen Skulptur den Namen *The Singing Ringing Tree*, eine Hommage an den Film, den der Brite Tonkin als Kind im Fernsehen gesehen hatte.[13] Je nachdem aus welcher Richtung und wie heftig der Wind über die Gipfel der Pennines bläst, erklingt eine andere, unheimlich klingende Melodie. In Rahmen des Architekturwettbewerbs, in dem es darum ging, eine weithin sichtbare Skulptur zu errichten, beschrieben Tonkin und Liu ihre künstlerische Vision wie folgt:

---

auch Filmmusik. Auch zu dem DEFA-Märchenfilm *Das Feuerzeug*, der ebenfalls im Rahmen der *Tales from Europe* gezeigt wurde, gibt es einige Seiten.

13 E-Mail-Korrespondenz mit Anna Liu, 1. November 2011. Für weitere Informationen zum *Singing Ringing Tree*-Projekt siehe: http://www.tonkinliu.co.uk/projects/singing-ringing-tree/ (letzter Zugriff: 29.08.2012). Auf YouTube kann man die Windmusik sogar hören: http://www.youtube.com/watch?v=Ve6PTrlLGOU &feature=fvst (letzter Zugriff: 29.08.2012).

Den Wind zum Singen bringen. Von Burnley aus ist das Profil des Baumes weithin am Horizont sichtbar. Im Nebel wird er verschwinden und wieder auftauchen. Wenn der Wind bläst, fängt der Baum an zu singen. Die Geschichten seiner Lieder werden durch Hörensagen weitergetragen. Mit dem Auto und zu Fuß werden Menschen von der Stadt aus den Hügel heraufkommen. Sie werden sich auf diese Reise begeben, um zu hören, wie der Wind mit dem singenden klingenden Bäumchen Musik macht.[14]

Abbildung 3: Klangskulptur von Tonkin und Lius

Konzipiert als Touristenattraktion in einer wirtschaftlich benachteiligten, aber landschaftlich schönen Region, hat Tonkins und Lius' *Singing Ringing Tree* inzwischen zahlreiche architektonische und künstlerische Auszeichnungen gewonnen. Obwohl nur wenige Besucher die Klangskulptur in Bezug zum DEFA-Märchenfilm setzen, wird auf YouTube Diskussionsforen die Musik auf dem Gipfel der windigen Pennines allenthalben als gruselig beschrieben, als ein Klang, der Alpträume, Endzeit- und Todesvisionen heraufbeschwört. Auch filmische Anklänge an Stanley Kubricks Science-Fiction-Klassiker *2001: A Space Odyssey* (1968) und David Lynchs Mystery-Thriller *Mulholland Drive* (2001) werden genannt.[15] Interessan-

---

14 http://vimeo.com/30184260 (letzter Zugriff: 29.08.2012).
15 http://www.youtube.com/watch?v=Ve6PTrlLGOU&feature=fvst (letzter Zugriff: 29.08.2012)

terweise gehören diese Filme, wie auch die *Doctor Who*-Fernsehserie, zu der manche Fans den Märchenfilm in Beziehung setzen, völlig anderen Genres an. Doch was sie mit *Das singende, klingende Bäumchen* gemeinsam haben, ist das Unheimliche, und dass sie selber allesamt zu Kultfilmen geworden sind.

Vom (un)sozialistischen Märchenfilm zum gruseligen Kultfilm

Die transnationale Rezeption von *Das singende, klingende Bäumchen* ist geprägt von einer bemerkenswerten Loslösung jener überwiegend ideologischen Diskurse, welche die Rezeption in der DDR bestimmten. Das ist nicht verwunderlich, denn wie hätten britische Kinder in den 1960er Jahren auch nur ahnen können, worüber sich die Gemüter der Filmschaffenden und Kulturfunktionäre zur Zeit des Kalten Krieges erhitzten. Nur wenige Fans identifizieren den Film als deutsch oder gar ostdeutsch, beschreiben ihn vielmehr als europäisch oder einfach als fremdartig, wobei sich das Fremdartige und das Unheimliche miteinander zu vermischen scheinen.[16] Auf dieser Wahrnehmung, oder genauer gesagt, auf dieser Erinnerung basiert auch die Verwandlung des (un)sozialistischen Märchenfilms in einen britischen Kultfilm. Seine Fans sind ausnahmslos diejenigen, die ihn als Kinder in den 1960er Jahren im BBC-Kinderfernsehen gesehen haben und die ihn gleichermaßen mit wohligen Erinnerungen an ihre Kindheit verbinden und mit dem Schrecken, der sie ergriff, als das schadenfrohe Lachen des bösen Zwergs erklang. Wie die meisten Kultfilme ist auch *Das singende, klingende Bäumchen* an das kulturelle Gedächtnis einer bestimmten Generation gebunden, die es in seinem gruseligen und nostalgischen Bann hält – und das schon mehr als 40 Jahre lang.[17]

---

16 Andererseits hat er bei denjenigen, die ihn als deutschen Film einordneten, große Neugier auf die deutsche Sprache und Kultur geweckt. In der BBC-Radioreportage gesteht die britische Deutschlehrerin Julia Tickridge, die *Das singende, klingende Bäumchen* als Vierjährige sah, der Film sei für ihre spätere Berufswahl ausschlaggebend gewesen.

17 Mathijs und Mendik (2008: 3) identifizieren die kollektive Erinnerung einer bestimmten Generation, Nostalgie und das langfristiges Engagement der Fangemeinde als wesentliche Merkmale des Kultfilms.

Literatur

Bathrick, David (1995): The Powers of Speech. The Politics of Culture in the GDR. Lincoln und London: University of Nebraska Press

Bergfelder, Tim (2005): National, Transnational or Supranational cinema? Rethinking European Film Studies. In: Media, Culture and Society, 3. 2005: 315-331

Buckingham, David/Davies, Hannah/Jones, Ken et al. (1999): Children's Television in Britain. History, Discourse and Policy. London: BFI Publishing

Creeser, Rosemary (1993): Cocteau for kids. Rediscovering *The Singing Ringing Tree*. In: Petrie (1999): 111-124

Davidson, John/Hake, Sabine (2007): Framing the Fifties. Cinema in a Divided Germany. Oxford, New York: Berghahn

Ewald, Charlotte (1958): Zwei neue Kinderfilme der DEFA. In: Deutsche Filmkunst 1. 1958: 2-3

Fiske, John (2008): The Cultural Economy of Fandom. In: Mathijs/Mendik (2008a): 445-455

Galle, Birgit (2000): Und der Mond hängt da. DEFA-Erbe wieder im Kino: *Das singende, klingende Bäumchen*. In: Berliner Zeitung, 26. November 2000

Hannerz, Ulf (1996): Transnational Connections. Culture, People, Places. London: Routledge

Hastings, Selina/Brierley, Louise (1988): The Singing Ringing Tree. London: Walker

König, Ingelore/Wiedemann, Dieter/Wolf, Lothar (1996): Zwischen Marx und Muck. DEFA-Filme für Kinder. Berlin: Henschel

Mathijs, Ernest et. al. (o.J.): Cult Film. A Critical Symposium. In: Cineaste (web edition). http://www.cineaste.com/articles/cult-film-a-critical-symposium (letzter Zugriff: 29.08.2012)

Mathijs, Ernest/Mendik, Xavier (Hrsg.) (2008a): The Cult Film Reader. Maidenhead: Open University Press.

Mathijs, Ernest/Mendik, Xavier (2008b): What is a Cult Film?. In: Mathijs/Mendik (2008a): 1-11.

McGown, Alistair (o.J.): Children's TV in the 1960s. BFI Screenonline. http://www.screenonline.org.uk/tv/id/1397497/index.html (letzter Zugriff: 29.08.2012)

Petrie, Duncan (Hrsg.) (1999): Cinema and the Realms of Enchantment. London: BFI Publishing

Shen, Qinna (2011): Barometers of GDR Cultural Politics. Contextualizing DEFA Grimm Adaptations. In: Marvels & Tales. Journal of Fairy Tale Studies. 1. 2011: 70-95

Silberman, Marc (2007): The First DEFA Fairy Tales. Cold War Fantasies of the 1950s. In: Davidson/Hake (2007): 106-119

Staiger, Janet (1994): Interpreting Films. Studies in the Historical Reception of American Cinema. Princeton, N.J.: Princeton University Press

Zipes, Jack (1979): Breaking the Magic Spell. Radical Theories of Folk and Fairy Tales. Lexington: University Press of Kentucky

Der DEFA-Film *Der Aufenthalt* und seine Rezeption in Polen

Burkhard Olschowsky

Der DEFA-Film *Der Aufenthalt* basiert auf dem gleichnamigen 1977 erschienenen Roman von Hermann Kant, der seit 1978 Vorsitzender des DDR-Schriftstellerverbandes war. 1978 kamen sowohl vom DDR-Fernsehen als auch vom DEFA-Spielfilmstudio Anfragen an Frank Beyer, ob er sich eine Verfilmung vorstellen könnte. Wovon handelt der Roman? *Der Aufenthalt* hat gewisse autobiografische Züge, da Kant darin seine Erlebnisse als junger Wehrmachtssoldat in polnischer Kriegsgefangenschaft zwischen 1945 und 1948 verarbeitete. Die Hauptfigur, der Landser Mark Niebuhr, wird bei Kriegsende von einer Polin – irrtümlicherweise, wie sich am Ende herausstellt – der Teilnahme an der Tötung ihrer Tochter in ihrem Heimatdorf bezichtigt, woraufhin er in das Warschauer Untersuchungsgefängnis des Sicherheitsdienstes gemeinsam mit hohen Wehrmachtsoffizieren und SS-Männern gebracht wird. Niebuhr durchlebt extreme Ungewissheit und Angst gegenüber dem polnischen Untersuchungsoffizier, aber auch gegenüber den Mithäftlingen, die ihn schnell als nicht einen der ihren ausmachen und dementsprechend traktieren. Im Verlauf dieser Ereignisse bekommt die Hauptfigur geistige Konturen. Dem jungen Landser, der sich innerlich vom Nationalsozialismus zu lösen versucht, wird immer drängender bewusst, welche Art von Gerechtigkeit ihm wohl widerfahren wird. Die Gewissheit individueller Unschuld ermöglicht das Bewusstsein moralisch-historischer Mitschuld. Dies kommt eindringlich zur Sprache, als der polnische Untersuchungsoffizier Niebuhr bei dessen Entlassung sagt: „Sie werden nicht erwarten, dass ich mich bei Ihnen entschuldige." Die Wahrnehmung der Polen durch Niebuhr unterliegt insofern einer Veränderung, als aus den fremden Wesen einer feindlichen Welt Menschen werden, die Niebuhr ernst zu nehmen lernt und deren Lebenswelt – in Gestalt des zerstörten Warschaus – er aufmerksam betrachtet. *Der Aufenthalt* ist, kurz gesagt, ein klassischer Entwicklungsroman.

An einer Verfilmung des umfangreichen Romans hatte Beyer wenig Interesse. Er suchte den Rat des Dramaturgen Wolfgang Kohlhaase, der vorschlug die Geschichte des Mark Niebuhr im Warschauer Gefängnis herauszulösen und als novellistischen Kern eines künftigen Films zu verwenden. Im Frühjahr 1980 begannen die Produktionsvorbereitungen. Kant, der Kohlhaase dramaturgisch freie Hand ließ, wollte unbedingt Beyer als Regisseur für diesen Film. Sie trafen sich zu dritt beim Generaldirektor der DEFA, Hans-Dieter Mäde, um über die Realisierung zu sprechen.

Dies war insofern politisch heikel, als alle Beteiligten wussten, dass Frank Beyer sich im Konflikt mit der Leitung des DDR-Fernsehens befand und zur Untätigkeit verdammt war. Vor diesem Hintergrund hatte er zugestimmt, 1980 ein Jahr unbezahlten Arbeitsurlaub in der Bundesrepublik zu machen. Parallel suchte Konrad Wolf als Präsident der Akademie der Künste der DDR und politisch gewichtiger Filmregisseur zusammen mit Kohlhaase Kurt Hager, Mitglied des Politbüros und Sekretär für Kultur im Zentralkomitee, auf, um Beyer neue Arbeitsmöglichkeiten in der DDR zu verschaffen. Befremdet notierte die Staatssicherheit dazu: „Ohne dass vorher eine Abstimmung mit dem Ministerium für Kultur, dem Fernsehen der DDR bzw. der staatlichen Leitung des Filmswesens erfolgt ist, hat der Gen. Hager sein Einverständnis zu diesem Vorhaben einschränkungslos erklärt, wenn es über diesen Weg gelingen würde, den Beyer für die DDR-Filmkunst zurückzugewinnen" (zit. nach Beyer 2011: 297). Wichtig war zudem der Einfluss von Hermann Kant, der in einem Schreiben an Kurt Hager unmissverständlich erklärte, „ich werde mit Beyer den Film machen und mit niemand sonst" (zit. nach Schenk 1995: 144).

Beyer war von Anfang an klar, dass er diesen Film nicht ohne die Mitwirkung polnischer Kollegen drehen konnte. Er brauchte ein Dutzend Schauspieler für mittlere und kleinere Rollen, und er benötigte Experten, die bei zahlreichen Fragen über Schauplätze, Kostüme und Requisiten ihn beraten sollten. Er fand mit Jerzy Rutowicz einen versierten und erfahrenen Produktionsleiter, der unter anderem bei dem 1980 entstandenen DEFA-Film *Levins Mühle* die Produktion gesichert hatte.

Die Situation für *Der Aufenthalt* wurde prekär als am 13. Dezember 1981 in Polen das Kriegsrecht verhängt, die Solidarność suspendiert und später verboten wurde. Es stellte sich die Frage, ob die Dreharbeiten Mitte Januar 1982 unter diesen Bedingungen in der DDR beginnen konnten. *Der Aufenthalt* war ohne polnische Beteiligung undenkbar. Umso größer war die Erleichterung als zu Drehbeginn alle polnischen Schauspieler, ausgestattet mit den entsprechenden Militäruniformen, die in Warschauer Werkstätten angefertigt und hergerichtet worden waren, anwesend waren.

Der Film war im Mai 1982 nach 56 Drehtagen abgedreht. Es gab keine Einwände und auch keine Änderungswünsche. *Der Aufenthalt* hatte in der

DDR mehr als 600.000 Besucher. Es gab lebhafte Zuschauerdiskussionen mit heftigen Auseinandersetzungen zwischen den jeweiligen Generationen: mit den damals 18-Jährigen und den Zuschauern, die während des Zweiten Weltkriegs 18 Jahre alt waren (Beyer 2001: 302ff.). Der Film war als aussichtsreicher DDR-Beitrag für die Westberliner Internationalen Filmfestspiele im Februar 1983 vorgesehen.

Im Herbst 1982 erfuhr der Militärattaché der polnischen Botschaft von dem Film und meldete nach Warschau, der Film verschweige die faschistischen deutschen Verbrechen in Polen und zeige stattdessen ein polnisches Gefängnis, in dem ein unschuldiger junger deutscher Soldat von polnischem Militärpersonal drangsaliert werde. Der implizite und dann kolportierte Vorwurf lautete, der Film wecke beim internationalen Publikum und vor allem bei jungen Zuschauern antipolnische Emotionen. Damit war der Film zum Politikum geworden.

Besonders empfindlich reagierte die polnische Armeeführung, die während des damals verhängten Kriegsrechts einen erheblichen personellen wie ideologischen Einfluss in Partei und Exekutive besaß. Als Scharfmacher gegen den Film erwies sich zudem die Kulturabteilung im ZK der PVAP unter Leitung von Witold Nawrocki aber auch in Teilen das Außenministerium. Der polnische Botschafter in der DDR, Maciej Wirowski, hatte sich nach Begutachtung des Films der Auffassung des Militärattachés angeschlossen und plädierte im Außenministerium dafür, ein Zurückziehen des Films von der Berlinale zu fordern.[1]

In einem Brief an Maciej Wirowski vom 16. November 1982 bekundete der politisch informierte Hermann Kant als Romanautor seine Betroffenheit und sein Unverständnis über die „furchtbaren Bedenken", der Film wecke antipolnische Gefühle. Er äußerte am Ende seines Schreibens den prioritären Wunsch nach einem klärenden Gespräch mit dem Botschafter im Beisein von Beyer und Kohlhaase (Schenk 1995: 147). Der Brief blieb dreieinhalb Monate unbeantwortet. Was geschah in den Monaten dazwischen?

Bei dem diplomatischen Tauziehen von November 1982 bis Ende Januar 1983 ging es nicht nur um die Vorführung auf der Berlinale, sondern auch darum, ob die Mitarbeit von Film Polski im Vorspann erwähnt wird, der Film ungekürzt in die DDR-Kinos kommen könne und wie viel Werbung im Vorfeld gemacht werden würde (ebd.: 143). Polnische Forderungen nach

---

1   Gespräch des Verfassers mit dem damaligen Außenminister Józef Czyrek am 12.07.1995.

Kürzungen des Films wies die DDR-Seite umgehend zurück. Hinsichtlich der Reklame hatte es durch die DDR wohl das Versprechen gegeben, nur zurückhaltend für *Der Aufenthalt* zu werben. Dem Kulturministerium und vor allem der DEFA war hingegen an einer breiten Ankündigung gelegen, nicht zuletzt um den Film auch zu einem Publikumserfolg in den Kinos zu machen. Folglich wurde *Der Aufenthalt* nach einer Woche des Stillschweigens Anfang Dezember 1982 umfangreich in der Presse angekündigt, ehe er am 20. Januar 1983 in die DDR-Kinos kam und ein großer Publikumserfolg – ohne antipolnische Emotionen – wurde. Noch am Vortag der Premiere wurde der DDR-Botschafter Neubauer ins polnische Außenministerium bestellt, wo ihm der stellvertretende Außenminister Marian Dmochowski nochmalig die polnischen Bedenken mitteilte.[2]

Am 27. Januar 1983 titelte der *Tagesspiegel*: „Die letzten Anmeldungen für den Berlinale-Wettbewerb", worunter sich auch *Der Aufenthalt* befand. Am 3. Februar zog die DDR den Film als ihren Beitrag von der Berlinale, die am 18. Februar begann, zurück. Was war geschehen?

Bei dem dreimonatigen Ringen zwischen den Außenministerien schaltete sich am Ende Hermann Axen, Mitglied des ZK der SED und verantwortlich für internationale Verbindungen, ein, nachdem Jaruzelski sich in einem Brief an Erich Honecker höchstpersönlich gegen die Aufführung des Films auf der Berlinale ausgesprochen hatte. Axen reiste Ende Januar 1983 zu einem Gespräch nach Warschau, um noch eine Lösung zu finden. Angesichts der Entschiedenheit der polnischen Gesprächspartner und ihrer wiederholten Vorwürfe gegen den Film und dessen Geschichtsvermittlung, die sowohl Axen als auch die SED-Führung mit ihrem ritualisierten Antifaschismus verunsichern mussten, gab er schließlich der massiven Forderung nach, den Film als Beitrag von der Berlinale zurückzuziehen (Beyer 2001: 303).[3]

Beyer und Kohlhaase waren die eigentlich Betroffenen des polnischen Vetos, zumal sie so kurz vor Festivalbeginn vor vollendete Tatsachen gestellt waren, ohne nach ihrer Meinung und Intention gefragt worden zu sein. Für Beyer war es von ausgesprochen bitterer Ironie, dass die Vor-

---

2   Archiwum MSZ, Dep. I 39/89 W-4, Information der polnischen Botschaft in Ost-Berlin an den stellvertretenden Außenminister Marian Dmochowski, 5.1.1983; Archiwum MSZ, Dep. I- 15/83, Pilna Notatka z rozmowy z Ambasadorem H. Neubauera, 21.01.1983; Brief von Frank Beyer an Kulturminister Hoffmann am 16.2.1983 (Beyer 2001: 410).
3   Ähnlich im Gespräch des Autors mit Frank Beyer am 26.04.2005.

führung eines seiner Filme nicht von den eigenen Machthabern, wie es im Falle von *Spur der Steine* (1966) oder *Geschlossene Gesellschaft* (1978) geschehen hatte, sondern nun von jenen des Nachbarlandes verhindert wurde.

Am 14. Februar 1983 schrieben Beyer und Kohlhaase an Botschafter Wirowski:

> Wir haben mit Bedauern und Betroffenheit erfahren, dass Sie unseren Film *Der Aufenthalt* zum Gegenstand eines Protestes bei der Regierung der DDR gemacht haben. Die daraus resultierende Zurückziehung des Films von den Westberliner Filmfestspielen schädigt unser Ansehen und unsere Arbeit, die Spekulationen, die um diesen Vorgang entstehen, nützen weder Ihnen noch uns. Wir bedenken Ihre Motive, aber wir verstehen nicht die Rigorosität Ihres Schrittes. [...] [W]as den Film angeht, maßen wir uns nicht an, über Gefühle zu urteilen, die er in Polen berühren könnte, obwohl wir hoffen, es ließe sich bemerken, dass er Schuld und Sühne in die richtige Beziehung setzt. Wir denken aber, es ist fragwürdig, eine mögliche Reaktion in Polen zu übertragen auf andere Orte und anderes Publikum. Die Befürchtung, dieser Film könnte innerhalb oder außerhalb der DDR antipolnisch wirken, darf nicht unterstellt, sie müsste festgestellt werden (Ebd.: 303).

Die Autoren wiesen auf die bisherigen Zuschauerdiskussionen und Rezensionen hin, die frei von Anzeichen antipolnischer Wirkungen gewesen wären. Schließlich boten sie Wirowski ein Gespräch an „in der Hoffnung, Gegensätze aufzuheben oder wenigstens zu relativieren" (ebd.: 408f.).

Nachdem Hermann Kant am 29. Januar 1983 vergeblich bei Honecker und Hager um Unterstützung für den Film ersucht hatte (Schenk 1995: 145f.), unternahm er in der zweiten Februarwoche einen legitimen aber ungewöhnlichen Schritt, der ihn selbst bei anderer Gelegenheit – wie der Ausbürgerung von Wolf Biermann 1976 – als Vorsitzenden des Schriftstellerverbandes erzürnt hatte. Er informierte den ARD-Korrespondenten in der DDR, Peter Merseburger, über die Hintergründe des Berlinale-Rückzugs von *Der Aufenthalt*. Dies hatte zur Folge, dass am 15. Februar in der ARD den Zuschauern in Ost und West die Umstände des Filmrückzugs ansatzweise bekannt gemacht wurden.

Aufgeschreckt durch den Brief und die ARD-Sendung ersuchte Wirowski am 17. Februar 1983 um ein Gespräch beim stellvertretenden Außenminister Kurt Nier. Im Laufe dieser Unterredung bestätigte Nier, dass die DDR-Regierung in *Der Aufenthalt* keine Tendenzen erkenne, die gegen eine Vorführung des Films im Ausland sprechen, sie jedoch die „politische Entscheidung", den Film zurückzuziehen, aus „übergeordnetem Interesse an

426   Burkhard Olschowsky

den DDR-Polen-Beziehungen"[4] akzeptiere. Ferner distanzierte sich Nier vom ARD-Beitrag, ließ zugleich wissen, dass man derartige Meldungen kaum verhindern könne. In einer Information an den Abteilungsleiter für sozialistische Länder im polnischen Außenministerium, Ernest Kucza, schlug Wirowski vor, bei der bisherigen Haltung zu bleiben, sich seitens der Botschaft auf keine Diskussion mit den Filmemachern einzulassen, stattdessen nach polnischen Filmkritikern zu suchen, um Antwort zu geben auf die Fragen und das Unverständnis des Verbots und damit die Diskussion zu beenden.[5]

Am 3. März 1983 antwortete die Botschaft nach intensiver Abstimmung mit dem Warschauer Außenministerium ausführlicher auf Hermann Kants Brief. In dem Schreiben wird betont, dass der Film zwar mit Bildern der Zerstörung im Nachkriegspolen operiert, jedoch nicht das Ausmaß zeigt und die deutschen Verbrechen thematisiert, was der Roman teilweise leistet. Der Film illustriere eine suggestive Gefängniswirklichkeit in Polen mit dreckigen und heruntergekommenen Zellen, in der die schrecklichen Erzählungen deutscher Mithäftlinge über ihre Kriegserlebnisse nur als Erinnerungsfetzen vorkommen, beim Zuschauer aber kein überzeugendes Bild jener deutschen Häftlinge hinterlasse. Auf diese Weise entstünde eine andere Optik auf die Wahrheit der Okkupationszeit, insbesondere unter jungen Zuschauern.[6]

Kants Kontakt zu Peter Merseburger wird ausdrücklich kritisiert, da in der Bundesrepublik Lügen über die Vertreibung in den Nachkriegsjahren und das Arbeitslager für Deutsche in Łambinowice (Lamsdorf) verbreitet würden sowie ein schlechtes Licht auf die DDR-Polen-Beziehungen falle. Der eigentliche Grund für das polnische Veto wird unmissverständlich an anderer Stelle des Antwortschreibens genannt. Polen könne und werde es nie gleichgültig sein, wie und in welchem Umfang über die Kriegsverbrechen am polnischen Volk berichtet wird. Dies gelte umso mehr, als der Film *Der Aufenthalt* ein verzerrtes Bild von Polen nach 1945 abgebe und mit besonders nachteiliger Wirkung auf junge Zuschauer zu rechnen sei.[7]

---

4 Archiwum MSZ Dep. I 39/89, W-4, Informację o implikacjach związanych z filmem „Der Aufenthalt", 14.04.1983
5 Ebd.
6 Archiwum MSZ Dep. I 39/89, W-4, Brief vom polnischen Botschafter Wirowski an Hermann Kant
7 Archiwum MSZ Dep. I 39/89, W-4, Projekty listów do Tow. Kanta oraz Beyera i Kohlhaase, Macej Wirowski do Dyrektora Departamentu I MSZ, Ernest Kucza

Die Warschauer Führung versuchte nun ihrerseits die polnische Öffentlichkeit mit dem Corpus Delicti vertraut zu machen und ihre entschiedene Haltung gegen den Film auf diese Weise zu rechtfertigen. Mit deutlichen Zügen einer Auftragsrezension erschien am 16. März 1983 in der Wochenzeitschrift *Tu i Teraz* ein langer Artikel des Chefredakteurs Kazimierz Koźniewski mit dem Titel: „Waren Sie im *Aufenthalt*?" Koźniewski, ein einflussreicher und parteiloyaler Kulturjournalist, bespricht weniger den Film, sondern sucht die Aussage und vor allem die Wirkung des Films beim Zuschauer zu diskreditieren und den Streifen als geschichtspolitischen Affront gegen Polen darzustellen. Er drückt sein Unbehagen aus, indem er den jungen deutschen Kinogängern unterstellt, sie würden nicht nur den Film in seiner historischen Komplexität missverstehen, sondern auch durch die Darstellung der Umstände und Charaktere negativ gegenüber den Polen eingestellt sein. Das eigentliche Motiv für Koźniewskis Kritik liegt – literarisch verpackt – in der Zurückweisung all dessen, was die gepflegten stereotypen Bilder über die polnische Nationalgeschichte in Frage stellen könnte: „Wir Polen – wie übrigens die Bürger aller Staaten – müssen auf die Schätze unserer Geschichte achten. Über nationale Traditionen könne man diskutieren [...], doch darf man sie nicht vergessen oder sich von ihnen verabschieden." Im Falle der DDR macht Koźniewski eine bezeichnende Ausnahme: „Das Interesse der ganzen Gemeinschaft sozialistischer Staaten, so auch das Polens, verlangt, dass die DDR ein starker Staat werde mit einem echten Interesse an der Aufrechterhaltung seiner staatlichen Selbständigkeit." Genau diesem „Verlangen" stehe aber *Der Aufenthalt* – wie auch die erwähnte Preußen-Renaissance – tendenziell entgegen, weshalb die polnische Regierung auf die Absetzung des Filmes habe bestehen müssen (Koźniewski 1983).

Koźniewski spricht an, dass der Film von der *Berlinale* zurückgezogen wurde. Die Hintergründe belässt er freilich wider besseres Wissen im Dunkeln. Schlimmer noch, er suggeriert, die „Verantwortlichen des DDR-Filmwesens" hätten diesen Schritt aus eigenem Antrieb getan. Schließlich insinuiert er zynisch: „Selbstverständlich erhöhen solche Manöver mit einem Film seine internationale Attraktivität. Journalisten aus Westberlin kommen bereits in den Osten. Es entsteht beinahe ein Fluidum von Skandal." (Ebd.)

Ohne die Hintergründe dieses propagandistischen ‚Manövers' zu erahnen, bemühten sich Beyer und Kohlhaase mit Unterstützung Kants um

---

E. Kucza, 25.02.1983

die volle Rehabilitation ihres Films, um ihn bei nächster Gelegenheit doch noch im Ausland zeigen zu können. Die polnische Botschaft registrierte den großen Zuspruch bei jungen wie auch älteren Kinobesuchern und die vielen Filmvorführungen und Diskussionsforen mit den Filmemachern mit Beunruhigung. Beyer und Kohlhaase wurde in den Botschaftsberichten vom April vorgehalten, eine unfreundliche Atmosphäre gegen die diplomatische Vertretung im kulturellen Milieu der DDR zu verbreiten und eine Pressekampagne zugunsten des Films zu forcieren. Dies geschehe, so die Botschaft, mit Billigung der SED-Führung. Um dem entgegenzuwirken, sollte eine politisch gehaltene Filmkritik in Abstimmung mit dem Warschauer Außenministerium lanciert werden, indem ein renommierter Filmkritiker wie Zygmunt Kałużyński von der Zeitschrift *Polityka* als Autor fungiere. Zudem begann man in der Botschaft wie auch in Warschau hektisch nach Regisseuren und Künstlern zu suchen, die Beyer und Kohlhaase als beruflich Gleichgesinnte nach Warschau einladen könnten, um den beiden dann die ,polnische' Sicht eindrücklich und abschließend zu vermitteln. Zu diesem Zweck wurde der polnische Filmregisseur Jerzy Kawalerowicz in die Botschaft zum Gespräch eingeladen. Zu einer fachlich ausgeschmückten Kritik gab er seinen Namen jedoch nicht her; im Gegenteil, er lobte den Film, wie der Botschaftsbericht diplomatisch andeutet.[8]

Kawalerowicz war kein Einzelfall. Polens international geschätzter Regisseur Andrzej Wajda äußerte sich ebenfalls positiv über den Film. Er erklärte das Verhalten der politisch geschwächten polnischen Regierung mit dem Kriegszustand, in der jede nüchterne Charakterisierung des Militärs und seiner Geschichte die Generäle beunruhige und die Zensur auf den Plan riefe (Beyer 2001: 305). 1984 wurden Beyer und Kohlhaase vom polnischen Filmverband nach Warschau eingeladen, wo sie wohlwollend empfangen wurden und *Der Aufenthalt* viel Zuspruch fand.[9] In einer Buchrezension des gleichen Jahres lobte Adam Krzemiński in der *Polityka* den Roman, ohne genauer auf den Film einzugehen oder eingehen zu dürfen (Krzemiński 1984). In der DDR-Presse findet sich erwartungsgemäß nichts zu diesem Streit. Die Versuche von DDR-Autoren, über den kulturellen Hintergrund der Auseinandersetzung in der über weite Strecken liberale-

---

8 Archiwum MSZ Dep. I 39/89, W-4, Informacja o implikacjach związanych z filmem „Der Aufenthalt" z wydziału politycznego Ambasady PRL w NRD do Dyrektora Departamentu I MSZ, Ernest Kucza, 14.4.1983

9 Gespräch des Verfassers mit Frank Beyer am 26.4.2005

ren polnischen Presse zu schreiben, scheiterten in diesem nicht unwichtigen Fall an der polnischen Zensur.[10]

Angesichts der nachdenklich-positiven Resonanz auf *Der Aufenthalt* beim DDR-Publikum wie bei polnischen Künstlern muten die offiziellen polnischen Vorwürfe gegen den Film geradezu anachronistisch an. Symptomatisch für das Wahrnehmungsdefizit der polnischen Führung war die Meinung des damaligen Botschaftsgesandten in Ost-Berlin und späteren Leiters der Abteilung sozialistische Länder im Außenministerium, Jerzy Mąkosa. Er machte kein Hehl daraus, dass der Film nur ein weiteres Glied in der Kette ostdeutscher Demütigungen gegenüber Polen sei. Begonnen mit dem 1980 erhobenen Vorwurf, die polnische Entwicklung gefährde den Frieden, fortgesetzt mit der Verdrängung Polens als Nummer zwei im sozialistischen Lager bis hin zur Preußen-Renaissance als Teil eines ‚Nationalismus', der zum Verlust des Vertrauens in die DDR geführt habe. Die Verfilmung eines Romans aus der Feder des politisch einflussreichen Hermann Kant sah er als bewussten Akt der SED-Führung, um die Deutungshoheit über das ‚Dritte Reich' und seine Folgen zu erlangen. Nicht genug, dass der Film die Gefühle der Polen verletze, er verfolge auch eine gefährliche Stoßrichtung gegen die Anfangsjahre der Volksrepublik Polen.[11]

Mąkosas Unterstellungen waren nicht nur unangemessen, sondern auch heuchlerisch. 1985, zu einem Zeitpunkt als in Polen nüchtern-kritisch über die DDR geschrieben wurde, erfasste er eine Eloge auf die vom ‚sozialistischen Internationalismus' geprägten Beziehungen zur DDR.[12] Seine Ausfälle stehen in der unrühmlichen ‚Endecja'-Tradition[13] samt ihres Nationalismus, dessen sich die Ideologen des Kriegsrechts 1982/83 gern bedienten, um den Ausnahmezustand intern zu rechtfertigen und mit dem vermeintlich hehren militärischen Patriotismus nach außen zu begründen. Jede politische oder künstlerische Anspielung, die dieses Bild

---

10 Der Polonist Heinrich Olschowsky schrieb 1983 für die Krakauer Kulturzeitschrift *Kuźnica* einen kritischen Artikel über den offiziellen polnischen Umgang mit dem Film und seinem Thema. Der Druck dieses Artikels wurde verweigert. Information von Heinrich Olschowsky am 18.5.2002

11 Gespräch des Verfassers mit Jerzy Mąkosa am 07.07.1995

12 Wörtlich heißt es am Schluss: „Unsere Länder und Bevölkerungen haben keine gegensätzlichen Interessen und Ziele. Es verbindet sie dagegen das gemeinsame Klasseninteresse des Aufbaus einer besseren, sozialistischen Zukunft sowie eines Zusammenlebens in Freundschaft und Frieden." (Mąkosa 1985: 155)

13 Endecja ist das Kürzel für die nationalistischen und fremdenfeindlichen Nationaldemokraten der polnischen Zwischenkriegszeit.

zu hinterfragen drohte, rief die abrupte Intervention des militarisierten Parteiapparats hervor. Einen differenzierten Blick auf den Zweiten Weltkrieg mit Fragen nach individueller Unschuld und kollektiver moralischer Schuld von Deutschen durfte es im abgeschotteten und selbstreferentiellen Nationsverständnis des Jaruzelski-Regimes und mancher Polen nicht geben (Zaremba 2005: 383ff.).

Der Aufenthalt kam 1984 mit über einjähriger Verzögerung in die Kinos der Bundesrepublik, wo der Film von den Rezensenten unisono als wertvoll, nicht selten als herausragend bewertet wurde. Hans Günther Pflaum schrieb in der *Süddeutschen Zeitung*:

> Es ist das Verdienst von Kant, Beyer und Drehbuchautor Wolfgang Kohlhaase, für die Aufarbeitung der Vergangenheit eine neue, sinnvolle und heute notwendige Perspektive gefunden zu haben: den Blick auf den Bereich, in dem Schuld und Unschuld sich überlagern. Erst diese Perspektive kann die zu lange gepflegten Klischees und einer sauberen Trennung zwischen Opfern und Tätern überwinden (Pflaum 1984).

Auch das Handwerk der Filmemacher findet Lob:

> Wolfgang Kohlhaase ist es gelungen, aus dem großen Geflecht des Romans eine sehr konkrete und klare Geschichte zu entwickeln. Frank Beyer hat sie exakt inszeniert, mit einem hervorragenden Hauptdarsteller (Sylvester Groth) und souverän agierenden Nebenrollen. Polen spielen Polen, Deutsche spielen Deutsche (Ebd.).

Ebenso einhellig war das Unverständnis der Kulturjournalisten über den Rückzug des Films von der Berlinale. Anders als in den DDR-Medien konnte in westdeutschen Zeitungen auch die Warschauer Führung als Verursacher dieses kulturpolitischen Affronts benannt werden, ohne freilich die oben genannten Motive zu kennen. Bemerkenswert für jene Jahre deutscher Teilung war das nahezu einhellige Lob für diesen DEFA-Streifen in Ost und West. Der Film leiste die sensible und künstlerisch stimmige Vermittlung des schwierigen wie dauerhaften Themas – die deutsche Schuld und ihre Vergegenwärtigung.[14]

---

14 Für westdeutsche Filmbesprechungen vgl. z..B. Roth 1983; Wirsing 1983a und
    1983b; o.A. 1983b; Berghoff 1983; Kersten 1983; Hobsch 1984: für ostdeutsche:
    Knietzsch 1983; o.A. 1983c; Gehler 1983; Oswald 1983; o.A. 1983d; Sobe 1983.

Literatur

Berghoff, Gert (1983): Ein Opfer der Vergeltung. In: Kölnische Rundschau, 09.03.1983

Beyer, Frank (2001): Wenn der Wind sich dreht. München: Econ Verlag

Gehler, Fred (1983): Der Aufenthalt. In: Sonntag 6. 1983

Hobsch, Manfred (1984): Der Aufenthalt. In: Zitty 11. 1984

Kersten, Heinz (1983): Auch er war neunzehn. In: Frankfurter Rundschau, 05.02.1983

Knietzsch, Horst (1983): Aufregend erzählte Geschichte um Schuld und Erkenntnis. In: Neues Deutschland, 21.01.1983

Koźniewski, Kazimierz (1983): Czy był Pan na *Aufenthalt*? In: Tu i Teraz 11. 1983

Krzemiński, Adam (1984): Czas w pół kroku zatrzymany. In: Polityka, 14.07.1984

Mąkosa, Jerzy (1985): Die Beziehungen zwischen der Volksrepublik Polen und der Deutschen Demokratischen Republik. In: Polnische Weststudien, Bd.4, H.1, 1985

o.A. (1983): Die letzten Anmeldungen für den Berlinale-Wettbewerb. In: Der Tagesspiegel, 27.01.1983

o.A. (1983b): DDR-Film *Der Aufenthalt* von der Berlinale zurückgezogen. In: Volksblatt, 04.02.1983

o.A. (1983c): Die Last der kollektiven Schuld. In: Union, 31.01.1983

o.A. (1983d): Mark denkt über Mitschuld nach. In: Thüringer Landeszeitung, 18.01.1983

Oswald, Volker (1983): Das ist meine Frage: Ab wann macht man sich mitschuldig? In: Sächsische Zeitung, 25.01.1983

Pflaum, Hans Günther (1984): Lernprozesse mit versöhnlichem Ausgang. In: Süddeutsche Zeitung, 05.05.1984

Roth, Wilhelm (1983): Wahrheit – nicht festivalgeeignet. In: Süddeutsche Zeitung, 09.02.1983

Schenk, Ralf (Hrsg.) (1995): Regie: Frank Beyer. Berlin: Edition Hentrich Druck

Sobe, Günter (1983): Mitgegangen, mitgefangen, mit... In: Berliner Zeitung, 21.01.1983

Wirsing, Sibylle (1983a): Deutscher Stellvertreter. In: Frankfurter Allgemeine Zeitung, 27.01.1983

Wirsing, Sibylle (1983b): Kein „Aufenthalt". In: Frankfurter Allgemeine Zeitung, 04.02.1983

Zaremba, Marcin (2005): Komunizm, legiymizacja, nacjonalizm. Nacjonalistyczna legitymizacja władzy komunistytcznej w Polsce. Warszawa: Wydawnictwo TRIO

Von *That's ORWO* bis zu „Die Anspruchslosen – Made in GDR"

Tendenzen des DDR-Exportwerbefilms von den 1950er Jahren bis in die 1980er Jahre

Ralf Forster

Innerhalb der Filmproduktion in der DDR bilden Exportwerbefilme eine exotische und bisher wenig erforschte Sondergruppe. Lediglich innerhalb einer Studie über die *privaten* Filmhersteller sind sie bisher wissenschaftlich wahrgenommen worden (Forster/Petzold 2010), während die werbegeschichtlichen Untersuchungen von Simone Tippach-Schneider ausschließlich das Inland ins Betrachtungsfeld rücken (Tippach-Schneider 2003, 2004) und andere auf DDR-Regionen fokussierte wirtschaftshistorische Abhandlungen zwar bisweilen die Ankurbelung des Auslandsabsatzes thematisieren, dabei aber den Film außen vor lassen (Schramm 2002: 146, 222).

Exportwerbefilme lassen sich als Mediensorte definieren, deren Zweck sich erheblich vom überwiegenden Teil des ostdeutschen Filmschaffens unterscheidet. Denn sie dienten primär dem grenzüberschreitenden Verkauf von Waren und Dienstleistungen. Reine Imagefilme für den Staat DDR und das politische System – etwa die Produktionen der DEFA-Gruppe Auslandsinformation bzw. *Camera DDR* (Jordan 2009: 158, 159) – fallen so aus dem Analysekorpus heraus, wiewohl einige Wirtschaftswerbefilme das internationale Ansehen der DDR heben konnten und mit diesem Ziel konzipiert und eingesetzt wurden.

Der Gebrauchscharakter der zu skizzierenden Filme geht zurück auf Interessen der Auftraggeber, hier vor allem die großen DDR-Unternehmen, die *Vereinigungen Volkseigener Betriebe* (VVB), die späteren Kombinate und schließlich zwischengeschaltete Außenhandelsfirmen. Einsatzorte des Exportwerbefilms waren Messen und Ausstellungen ebenso wie DDR-Botschaften, Kundenbüros der Betriebe sowie ihre Vertretungen im

Ausland – für den VEB Zeiss Ikon Dresden in den 1950er Jahren etwa die
Westberliner Firma Otto Hedler, oder in den 1980er Jahren die Firma Gebr.
Holst-Sørensen in Ribe (Dänemark) für den VEB Fortschritt Landmaschi-
nen Neustadt. Auch einige Werbespots der TV-Sendung *Tausend Tele-Tips*
(1960-1974) peilten aufgrund der Sendereichweite ausländische Käufer an
(Deutscher Fernsehfunk 1966: 31f.), während das seit Herbst 1969 bestehende DEFA-Messefilmstudio Leipzig in mehrerer Hinsicht transnational
agierte: Es akquirierte westliche Kunden, die bei der DEFA gegen frei kon-
vertierbare Währung einen Industriefilm bestellen sollten und fungierte
als Spezialist für Exportwerbefilme zugleich als direkter Ansprechpartner
der DDR-Wirtschaft auf der Messe.

Der transnationale Austausch im Exportwerbefilm ist als äußerst viel-
schichtig einzuschätzen. Er bezieht sich einmal auf die inhaltliche Struktur der Filme, zum zweiten auf ihre ästhetischen Merkmale und drittens
auf ihre Herstellungs- und Präsentationspraxis. In allen drei Aspekten
lässt sich die Absicht erkennen, die Werbemedien einem gleichwohl oft
imaginären weltweiten Spitzenniveau anzugleichen, sie als modern aus-
zuweisen und damit den vorgestellten Produkten schon allein durch die
Art ihrer Darbietung starke Qualitätszeichen einzuschreiben. Auch via
Exportwerbefilm trat die DDR-Wirtschaft lange Jahre selbstbewusst nach
außen auf. Dies korrespondierte mit dem offiziellen Leitbild eines modernen Industrielandes mit zahlreichen Hochtechnologiezentren, das u. a.
in farbig illustrierten Informations- und Imagebüchern wie *Wissenswertes über die Deutsche Demokratische Republik. Die DDR, ein moderner Industriestaat* (1967) niedergelegt wurde. Die Hochglanzdarstellungen konnten
aber immer weniger die realen Probleme und Widersprüche überdecken.
Einerseits mussten durch die währungspolitische Abkopplung vom globalen Markt beständig Devisen eingenommen werden, um nötigste Investitionen und Rohstoffeinkäufe tätigen zu können. Zum anderen vergrößerte
sich durch fehlende Modernisierungen der Abstand zu internationalen
Spitzenerzeugnissen immer mehr, so dass man gezwungen war, vor allem ins sogenannte *Nichtsozialistische Wirtschaftsgebiet* (NSW) zu Dumping-
Preisen zu verkaufen (Baar/Müller/Zschaler 1995). Dieser verpasste Anschluss wirkte sich auch auf filmtechnologische Komponenten aus, etwa
dem verspäteten Einstieg in die Videoproduktion.

Aufgrund des Zwanges zum Export hatten in der DDR Arbeiten für
die Auslandswerbung Vorrang. Auftraggeber (die Exportbetriebe) und
Auftragnehmer (z.B. die DEFA) schafften sich Privilegien und erhielten
Zugang zu Devisenfonds. Wer für den Export tätig war, sei es ein Indus-

triebetrieb oder ein Werbefilmhersteller, dem gelang das Anzapfen materieller Ressourcen besonders leicht. Mitunter kamen diese Akteure gar in den Genuss, mit harter Währung importierte Produktionsmittel einzusetzen, wie es der Industriefilm *Eine Planeta wird geboren* (1970) für das Druckmaschinenwerk Planeta in Radebeul belegt: Numerisch gesteuerte Anlagen des Siemens-Automatisierungssystems SINUMERIK und Schweizer Präzisionsmaschinen von Maag stehen ganz selbstverständlich in den Fertigungshallen und bezeugen eine qualitätssichernde Spitzentechnologie.

Bereits anhand dieser Gemengelage wird die besondere Bedeutung des Exportwerbefilms für medien- aber auch wirtschaftswissenschaftliche Studien zur DDR-Geschichte deutlich. Diese Annäherung an den Forschungsgegenstand erfolgt allerdings hier nur eingeschränkt und beispielhaft. In einem ersten Abschnitt wird dabei versucht, das Analysefeld über seine Hauptmerkmale zu vermessen. Dem schließen sich exemplarische Betrachtungen zu Werbefilmen der 1950er, 1960er und 1980er Jahre an, denen bei aller Vorsicht ein gewisser Verallgemeinerungsgrad zu attestieren ist. Auslandswerbefilme aus den 1970er Jahren wären demnach als weniger homogen einzustufen, was eine eigene Untersuchung dieser spezifischen Filmgruppe rechtfertigt, die hier nicht zu leisten ist.[1]

Kennzeichen einer außergewöhnlichen Filmgruppe

Gegenüber Werbefilmen fürs Inland (die in der DDR nur bis 1975 hergestellt wurden) hat es Auslandswerbefilme während der gesamten Existenzzeit des Landes gegeben. Der erste nachgewiesene, *Farbig durch Agfacolor* (um 1950), pries den 1936 entwickelten Dreischichten-Farbfilm aus Wolfen; einer der letzten, die ‚Sandwich-Technologie für Kühlfahrzeuge', am 5. Mai 1990 zugelassen und in fünf Sprachversionen als Video und 35mm-Film ausgeliefert, behandelte, eine neue Wagenkastenisolation für Schienenkühlfahrzeuge aus Dessau. Es dürften sich insgesamt um mehrere hundert Titel handeln, allein der Katalog der Kooperationsgemeinschaft Film von 1982/83 listet 47 eindeutige Exportwerbefilme. Es überwiegen dabei Filmlängen von

---

1 Auf die Analyse eines Beispielfilms aus den 1970er Jahren wird indes bewusst verzichtet, ist dieser Zeitabschnitt doch als Dekade des Übergangs zu bezeichnen, in der in der Wirtschaft zugunsten der Sozialpolitik eine geringere Priorität beigemessen wurde, was sich sukzessive auf Produkte und Werbemaßnahmen für diese Produkte auswirkte – fürs Inland und dann auch für den Export.

10 bis 20 Minuten; der Werbespot fällt gegenüber dem längeren Instruk-
tions- bzw. Imagefilm deutlich zurück (Kooperationsgemeinschaft Film
der DDR 1982/83). Dieser Befund korrespondiert mit der DEFA-Speziali-
sierung auf Werbefilme in längerer Metrage. Nach der Einführung des In-
dustrievideos wird die Quantifizierung noch unübersichtlicher, da Videos
leichter verändert, kopiert und durch die aufgeweichten Prüfprozeduren
mehrfach und teils in veränderten Fassungen in Umlauf gelangen konnten
(Forster/Petzold 2010: 301).

Die Produzentenlandschaft für Auslandswerbefilme ist erheblich breiter als die für Spielfilme: neben der DEFA – hier zunächst das Studio für
populärwissenschaftliche Filme und ab 1968 die Künstlerische Arbeitsgruppe (KAG) Industrie- und Werbefilm im DEFA-Studio für Kurz- bzw.
Dokumentarfilme – agierten private Filmbetriebe (die sogenannten ‚Filmhersteller mit Einzellizenz'), die DEWAG (bis 1962 ihr Studio für Werbefilme und in den 1980ern die Filiale Leipzig mit dem Audiovisions- und
Filmstudio) aber auch Studios der Fachministerien und einiger Kombinate und Wirtschaftsvereinigungen (die sogenannten ‚Globallizenzträger').
Das Fernsehen spielte in diesem Bereich indes eine untergeordnete Rolle
und beschränkte sich auf die Einschaltung von Werbespots in die Vor-
abendreihe *Tausend Tele-Tips*.

Für Exportwerbefilme galten teils abweichende Zensurbestimmungen.
Die „Verordnung über die Lizenz- und Zulassungspflicht im Filmwesen
vom 15. Januar 1976" legte so fest, dass „die Zulassung von Filmen, die
in der DDR zum Zwecke der Exportwerbung hergestellt wurden", dem
Minister für Außenhandel obliege (Verordnung 1976: 103). Dies führte im
Einzelfall zu Komplikationen und Kompetenzkonflikten mit der obersten
Filmprüfbehörde der DDR, der Hauptverwaltung Film im Ministerium
für Kultur (HV Film), der wohl weiterhin die meisten Auslandswerbefilme
vorgelegt wurden. Auch die Präsentation der Auslandswerbefilme unterschied sich von der üblichen Praxis. Sie erfolgte nicht über den Progress
Film-Verleih oder den DEFA-Außenhandel, sondern durch die Auftraggeber selbst, ein zwischengeschaltetes Außenhandels unternehmen, durch
die staatliche Agentur Interwerbung oder die Kammer für Außenhandel,
einer „Organisation der am Export beteiligten Einrichtungen und Betriebe zur Pflege der Wirtschaftskontakte zu Partnern in westlichen Ländern
unterhalb der staatlichen Ebene" (Jordan 2009: 409).

Am nachhaltigsten beeinflussten die Auftraggeber das Aussehen der
Filme, denn sie stellten die Finanzen bereit, prüften das Manuskript, be-
antragten die Produktionslizenz, setzen eigene Fachberater ein und nah-

men den Film ab. Bisweilen gelang es den Filmemachern, eine teure und zugleich anspruchsvolle Lösung durchzusetzen, wie sich der langjährige Leiter der KAG Industrie- und Werbefilm bei der DEFA, Manfred Gußmann, im Kontext seines Imagefilms *Im Dienste des Fortschritts* (1964) erinnerte:

> Ich musste das Drehbuch vor der gesamten Direktion des Zeiss-Werkes verteidigen. Und dann sagte Generaldirektor [Hugo] Schrade: Na gut, was kostet denn der, und wir sagten, rund Vier- oder Fünfhunderttausend. Und der: Was? Und ich sagte: Sie haben zu mir gesagt, Sie möchten einen Film haben, der adäquat den Zeiss-Erzeugnissen ist. Wenn Sie das Geld nicht haben, schlage ich Ihnen vor, Prospekte zu drucken und kaufen Sie Füllfederhalter und schreiben Carl Zeiss Jena drauf, das hat dann mehr Sinn, als wenn ich Ihnen jetzt für Hunderttausend einen Film mache, von dem Sie nichts haben. Und da hat der Schrade damals gesagt, ist gut, okay. Als der Film dann fertig war und wir die Abnahme hatten im großen Kino, Riesenleinwand, stand die gesamte Direktion auf und klatschte (Gußmann 2003).

Entsprechend der ökonomischen Profilierung lagen die thematischen Schwerpunkte des DDR-Auslandswerbefilms weniger im Konsumgüterbereich, sondern im Maschinen- und Fahrzeugbau sowie in der feinmechanisch-optischen und chemischen Industrie. Es dominierten die großen Betriebe, die Vereinigungen Volkseigener Betriebe und Kombinate mit teils historisch eingeführten (Carl Zeiss, Agfa, Meißener Porzellan) und teils in den 1960er Jahren kreierten modernen Firmen- und Markennamen wie ORWO, Nagema, Textima, Polygraph, SKET, TAKRAF, Fortschritt oder Robotron.

Als inhaltliche Konstanten des DDR-Exportwerbefilms kristallisieren sich eine – über die Dekaden noch gesteigerte – Produktzentrierung und ein Hantieren mit internationalen, wenn vorhanden, westlichen Referenzen des präsentierten Erzeugnisses heraus. Im Idealfall endete solch ein Film mit dem positiven Statement eines Valuta-Kunden, der das Produkt unlängst erworben hatte und nebenbei auch den guten Service erwähnte, so wie es der Direktor des Druckhauses Maack in Lüdenscheid, Josef Rommen, in *Planeta durch die Lupe betrachtet* (1988) mustergültig vorführte.

Im Unterschied zu anderen Genres blieben politisch-ideologische Aspekte im Exportwerbefilm ausgespart, was nicht bedeutet, dass man auf die selbstbewusste Nennung des Industriestandortes DDR verzichtete. Allerdings wurden im Kulturwerbefilm der 1930er Jahre noch reichlich vorhandene Verweise auf das sozialpolitische Engagement der Unternehmen zugunsten der Absatzorientierung weiter zurückgedrängt. Zeitzeugen berichten dabei von einem Lernprozess, den vor allem die Industrie durchzumachen hatte. Helga Müller, langjährige Angestellte der privaten Leipziger Filmfirma TEKA-Film und rechte Hand des Inhabers Karl-Gerhard Treblegar, sprach so von einem von der betrieblichen Parteiebene oft geforderten „Kulturteil" mit der „28maligen" Benutzung des Wortes „sozialistisch" und einer reichlichen Imagewerbung für die DDR, was im Ausland und auf Messen nur milde belächelt wurde oder sich gar kontraproduktiv auf den Verkauf auswirkte (Müller 2003). Manfred Gußmann äußerte im gleichen Sinne: Der Ölindustrie, aber auch Zeiss musste erst erklärt werden,

> international gesehen interessiert es kein Schwein [...], ob Ihr eine sehr schöne Küche habt, wo Ihr das Mannschaftsessen verteilt, es interessiert, was mit Euren Geräten im Ausland gemacht wird, welche Vorteile sie bieten gegenüber Konkurrenzerzeugnissen und dass möglichst einige prominente Leute im Ausland etwas dazu sagen. Also, wenn ein Chefmanager von Hitachi sich eben hinstellt, wir haben die Zeiss-Spezialgeräte für die Herstellung feinster Masken gekauft, weil das die besten in der Welt [sind] oder wenn einer von British Leyland sagt, unsere Messtechnik ist generell von Zeiss, dann sind das ja nicht irgendwelche, und wenn Du das auch noch zeigst und den nicht nur 5 Minuten reden lässt [...], dann ist das etwas, was zählt. (Gußmann 2003)

Ästhetisch lehnten sich die meisten DDR-Auslandswerbefilme an das an, was bundesdeutsche bzw. westeuropäische Firmen als Teil ihres Marketings begriffen und zunehmend zur Konvention geronnen war. Auffallend ist dabei eine bereits international etablierte Teilung in den auf eine Ware und ihren Absatz fixierten Werbe- bzw. Verkaufsfilm und den Public Relation Film, der in der Regel das Werk mit seinem Erzeugnissortiment darstellte und dabei zugleich auf „Fortschritte in der industriellen Produktion" insgesamt hinwies (Mörtzsch 1959: 20). Auch populäre Präsentationsformen, etwa die kostspieligen Multivisionen in den 1960er Jahren (also die Kombination mehrerer Film- und Diaprojektionen auf einer Leinwand im Nachgang der erfolgreichen Arbeiten von Charles und Ray Eames oder der tschechischen Laterna magica auf der Weltausstellung 1958), übernahm die DDR-Industrie (Stenz 1965: 14-19). Ebenso eingeführt wurden der Filmvertrieb auf Videokassetten oder die Bildschirmvorführung als Endlosschleife – dies allerdings erst in den 1980er Jahren. An den beschrittenen Weg des Nachahmens erinnerte sich der zeitweilige Hauptdramaturg und Produktionschef der KAG Industrie und Werbefilm bei der DEFA, Gerhard Knopfe:

Und wir haben uns auch, was die Machart betrifft, einiges [...] abgeguckt, zumeist auf internationalen Festivals, oder durch Vermittlung der Außenhandelswerbegesellschaft der DDR [...], die also Zugriff hatte, hin und wieder einen Westfilm zu besorgen, den man sich dann anschauen konnte. Weil ja auch auf diese westdeutschen Filme unsere Filme im Ausland stießen. Da musste man schon wissen, wie die anderen das machen. (Knopfe 2003)

Zu prüfen wäre, ob darüber hinaus formale Alleinstellungsmerkmale des DDR-Exportwerbefilms bestehen – so wie dies bereits für das Genre Werbefilm insgesamt mit einem hohen Anteil von Animationen und der überproportionalen Präsenz von Werbefiguren ermittelt wurde.

Der Dreh an Schauplätzen im Ausland entwickelte sich für den DDR-Exportwerbefilm der 1970er und 1980er Jahre immer mehr zum Standard, etwa um Hennigsdorfer Eisenbahn-Elektrozüge auf der Strecke Athen-Piräus im laufenden Betrieb (*LEW-Triebzüge in Athen* 1986) oder das vom Kombinat SKET in der algerischen Wüste bei Biskra errichtete seinerzeit größte Kabelwerk Afrikas aufzunehmen und das mitgelieferte Ausbildungszentrum gleich mit in den Blick zu rücken (*Kabelwerk Biskra* 1987). Dabei ist eine intensive Kontrolle durch die Ministerium für Staatssicherheit zu vermuten. Nicht wenige Filmschaffende hatten sich – nicht zuletzt durch ihre technisch-handwerklichen Fähigkeiten – zu *Reisekadern* empor gearbeitet, wobei sie bei ihren Auslandsaufenthalten meist durch Angehörige des Mielke-Apparats begleitet bzw. observiert wurden (Bublitz 1993: 23-27).

Die 1950er Jahre:
Solides Handwerk, etablierte Marken
und deutsche Qualitätsarbeit

Im Herbst 1956 entstand im privaten Filmstudio der Brüder Erich und Walter Lustermann in Erfurt der rund 17-minütige schwarzweiße Exportwerbefilm *Planetarien aus Jena*, der ein international bekanntes und bewährtes Spitzenprodukt des VEB Carl Zeiss Jena vorstellt: den 1925 entwickelten und seit 1926 zuerst in Jena und dann weltweit eingesetzten Planetariumsprojektor, der Sternbildkonstellationen an die Innenwände der ebenfalls durch die Zeiss-Werke errichteten Kuppelgebäude projiziert. *Planetarien aus Jena* ist dabei stark von der nationalsozialistischen Kulturfilmästhetik geprägt. Vor allem

wuchtige orchestrale Instrumentierungen mit Bläsersätzen und Fanfaren
aber auch viele narrative Passagen weisen den Film einer vergangenen Periode zu, obwohl ein modernes optisches Exporterzeugnis präsentiert und
konsequent die internationale Bühne ins Blickfeld gerückt wird.

Diesen vermeintlichen Widerspruch bemerkte zwar die Zulassungs-
kommission der HV Film, indem sie urteilte, „die Musik ist oft zu schwer,
was sich für einen Werbefilm nur nachteilig auswirken kann",[2] jedoch
scheint die formale Umsetzung der Funktion des Films durchaus entgegenzukommen. Denn beim Firmenimage setzt man auf das national Gewachsene und auf einige Jahre später eher anrüchige Slogans; „ein Film
über deutsche Präzisionsarbeit", heißt es im Untertitel. Damit korrespon-
dieren Rückschauen in die glanzvolle Unternehmensgeschichte mit den
Forscherpersönlichkeiten Ernst Abbe, Otto Schott und Carl Zeiss.

Wie im wohl bekanntesten und größten Beispiel des Genres, dem Ufa-
Kulturwerbefilm *Wäsche – Waschen – Wohlergehen* von 1932 über den Persil-
Fabrikanten Henkel und sein Werk, funktioniert ein Betriebsbesuch – hier
bei Zeiss eines wohl ausländischen Interessenten – als Vehikel, um Produktion und Praxiserfolge der Spezialgeräte vorzuführen. Populärwissenschaftliche Versatzstücke sind dabei genauso erwünscht wie das aurati-
sche Inszenieren eines technischen Wunders: In einer Szene erscheint das
Gerät wie der Held in einem antiken Drama, leicht angeleuchtet vor neu-
tralem Hintergrund, dabei jedoch seine eigenen Schatten werfend. Qualität bleibt noch stark an Tradition (keine Serienfertigung, sondern solides
Handwerk mit Fachkräften, die Linsen von Hand schleifen und einsetzen)
und an eine bürgerliche, ja sakrale Repräsentationskultur gebunden.

So chauffiert man die Gäste mit einer Nobelkarosse der Marke *Sachsen-
ring* durch Jena, und die Konterfeis der Firmengründer werden als Hinter-
glasmalerei im gediegenen Werksfoyer in Szene gesetzt; „die Parallele zur
christlichen Kirche mit Glasfenstern, die religiöse Szenen darstellen, ist
sicher beabsichtigt" (Hagener 2007: 287). Verweise auf den nun volkseigenen Betrieb fehlen. Man möchte den Eindruck erwecken, dass Zeiss Jena
so geblieben ist, wie es vor 1945 bekannt und berühmt war. Deshalb werden dem ausländischen Kunden im Werbebüro Fotos von Planetarien in
aller Welt gezeigt, die sowohl der Zeit vor als auch nach 1945 zuzurechnen
sind, ohne dass der Film diesen Unterschied kenntlich macht. Ein fulmi-
nanter Kartentrick mit den 33 Standorten von Zeiss-Planetarien mündet

---

2 Zulassungsprotokoll „Planetarien aus Jena" (1956) vom 17. Dezember 1956
   (Bundesarchiv-Filmarchiv).

schließlich in den finalen Werbesatz: „Die Zeisswerke in Jena exportieren Planetarien in alle Welt."

Abbildung 1: Aura eines technischen Wunderwerkes. Filmstill aus *Planetarien aus Jena* (1956). Foto: Bundesarchiv-Filmarchiv.

Die 1960er Jahre: Aufbruch in die industrielle Moderne

Der Spot *büromaschinen – bme* (1966) des privaten Studios UNITAS von Joachim Bublitz in Berlin, der in der DDR-Fernsehwerbereihe *Tausend Tele-Tips* ausgestrahlt wurde, gehört zu den wenigen überlieferten Filmzeugnissen, die sowohl ein in- als auch ausländisches Publikum anpeilten. Die Stoßrichtung Ausland mag dabei für eine Werbesendung im nationalen Fernsehen ein wenig paradox klingen, doch hob die Redaktion Werbefernsehen mehrfach hervor, dass auch „jenseits der Grenzen der Deutschen Demokratischen Republik [...] der Deutsche Fernsehfunk ein Millionenpublikum" habe (Deutscher Fernsehfunk 1966: 32). Der Broschüre wurde eine Grafik beigegeben, in der Fernsehsignale aus der DDR weit in die Bundesrepublik und nach Skandinavien hinein strahlen. Auch bot sich das Fernsehen als Vermittler an, man könne die Spots in ausländischen Kanälen unterbringen und würde sie dazu fremdsprachig synchronisieren.

Diese Rezeptionshilfe war bei *büromaschinen – bme* allerdings nicht nötig, denn Bild- und Tonebene erhielten ein international kompatibles modernes Outfit. Der nur aus Fotos und einigen Bild-Text-Grafiken gebaute Film entfaltet seine Wirkung einmal über die knappe Visualisierung des Exportnetzes von DDR-Bürotechnik: fotografische Leitmotive von Welt-Hauptstädten wie Moskau, Paris, Rio de Janeiro, Kairo und New York. Zum anderen geschieht dies durch eine formal anspruchsvolle, an den Takt einer Büromaschine erinnernde dynamische Montage von Fotomotiven der funktionalistischen Welt einer menschenleeren Verwaltung, mit automatisch arbeitenden Tastaturen, Lochstreifenstanzern und lichtdurchfluteten sachlichen Industriegebäuden im Stil der Nachkriegsmoderne, so wie sie in dieser Zeit auch in der DDR errichtet wurden (Butter/Hartung 2004: 54-55, 89-91). Die Instrumentierung unterstreicht den Rhythmus der Automaten und fungiert als Taktgeber der Bildfolgen.

Das Filmdesign befindet sich im Einklang mit wirtschaftspolitischen Modernisierungen der 1960er Jahre, einer freilich utopischen neuen Arbeitsorganisation, mit der man im Trend lag und mit der man weltweit konkurrieren wollte. Beim potentiellen Kunden im Ausland setzte dieser eher abstrakte Zugang die Kenntnis des Kürzels *bme* (für: Außenhandelsbetrieb Büromaschinenexport GmbH) voraus, der Spot konnte dort aber auch – losgelöst von der Botschaft des Auftraggebers – als Imagewerbung für den Industriestaat DDR funktionieren. Vor der einheimischen Bevölkerung sollte der Film indes das Leistungsvermögen der eigenen Exportwirtschaft veranschaulichen. So belegt *Büromaschinen – bme* letztlich die mehrfachen Wirkungsabsichten der DDR-Fernsehwerbesendung *Tausend Tele-Tips*.

Abbildung 2: Sachlich-funktionaler Typenbau, in dem DDR-Büroautoma-
ten arbeiten, aus *büromaschinen – bme* (1966). Foto: STUDIO
UNITAS, Berlin

Ähnlich innovativ und selbstbewusst gestaltete Manfred Gußmann innerhalb der DEFA den Imagefilm *That's ORWO*. Sein ABC der am 1. April 1964
eingeführten und offensiv beworbenen Marke *Original Wolfen* = ORWO
folgt dabei der Tendenz im langen Unternehmensfilm, sich vom Werk und
seinen Menschen zu lösen und dafür primär die Produktpalette und ihre
Anwender ins Zentrum zu rücken. Zugleich wird an der großen, zumeist
epischen Form des Imagefilms für große Leinwände noch festgehalten
und ähnlich wie in zeitlich davor liegenden Beispielen aus der Bundesrepublik, etwa dem preisgekrönten Mannesmann-Film *Alvorada* (1962), das
unternehmerische Engagement eng an menschliche Werte und Aufgaben
gebunden. Brachte *Alvorada* die Stahlröhren des Mannesmann-Konzerns
unmittelbar in Relation zum Aufbruch Brasiliens und einen industriellem
Fortschritt, der dem Einzelnen zugutekommt (Thommes 2008: 114-166) –
so argumentiert *That's ORWO* mit dem Gewinn der Menschheit durch Fotografie und Film als universales Verständigungsmittel. Es folgt denn auch
ein alphabetisch gegliedertes Kaleidoskop der primär wissenschaftlichen
Anwendungen von ORWO-Materialien.

Im Gegensatz zu *Planetarien aus Jena* hantiert der ORWO-Film nun offensiv mit dem politischen System der DDR; der Kommentar spricht von einem modernen volkseigenen Betrieb und von sozialistischen Produktionsverhältnissen, durch die solche fotografischen Qualitätsleistungen im Dienste der Menschheit erst möglich geworden sind. Dennoch wird hochachtungsvoll auf bedeutende Erfindungen aus Wolfen in den 1930er Jahren und vor allem das Agfacolor-Verfahren zurückgeschaut und dies mit Ausschnitten aus DEFA-Filmen (*Das kalte Herz*, 1950; *Zar und Zimmermann*, 1956), aber auch mit Produktionen aus der Zeit des Nationalsozialismus (*Münchhausen*, 1943) belegt. So widersprüchlich diese Mixtur heute auch erscheint, in der Auslandsrepräsentation der Marke ORWO spielten Alt und Neu offenbar gut zusammen:

> Sieben Weltwunder zählte die Antike. [...] Doch die Zahl der modernen Weltwunder ist größer. Sieben gab es schon 1936: Dampfmaschine, Schwarz-Weiß-Fotografie, Elektromotor, Auto, Flugzeug, Rundfunk, Fernsehen. Am 17. Oktober 1936 kam das achte Weltwunder der Moderne hinzu: der Wolfener Colorfilm! [...] Der Wolfener Colorfilm wurde zum Prototyp des modernen Colorfilms überhaupt. [...] Stetige Verbesserungen hielten Wolfener Colorfilme immer auf Spitzenniveau. ORWOCOLOR-Filme bleiben Inbegriff für beste deutsche Wertarbeit. (ORWO-Fotoblätter 1966: 1)

An technischen Kabinettstückchen fällt in *That's ORWO* vor allem die ausgiebige Nutzung der Babelsberger Rückprojektion auf. Die Hintergrundfilme tragen dabei Verweischarakter, sie sind aber mehr lose verknüpftes optisches Erlebnis als populärwissenschaftliche Unterweisung. Vorne hantiert eine Biologin am Versuchsbeet, ein Drehteam filmt die gedeihenden Pflanzen, und hinten laufen parallel Zeitraffer- und Röntgenaufnahmen von Blättern ab. In einer anderen Szene untersuchen zwei Laborchemiker Substanzen in Reagenzgläsern; die dahinter liegende Rückprojektion zeigt einen Hochofenabstich, glühendes Eisen läuft aus einer Pfanne. Es ist dieselbe Gestaltungsvariante, die Gußmann schon in seinem preisgekrönten Debüt-Werbefilm *Im Dienste des Fortschritts* (1964) für den VEB Carl Zeiss Jena ausgiebig verwendet hatte. Mit solchen mehrdimensionalen Darstellungen bekundete *That's ORWO* seine Nähe zu den zeitgenössisch populären Multivisionen, die ja neben parallelen Film- und Lichtbildvorführungen auch Live-Darbietungen enthielten.

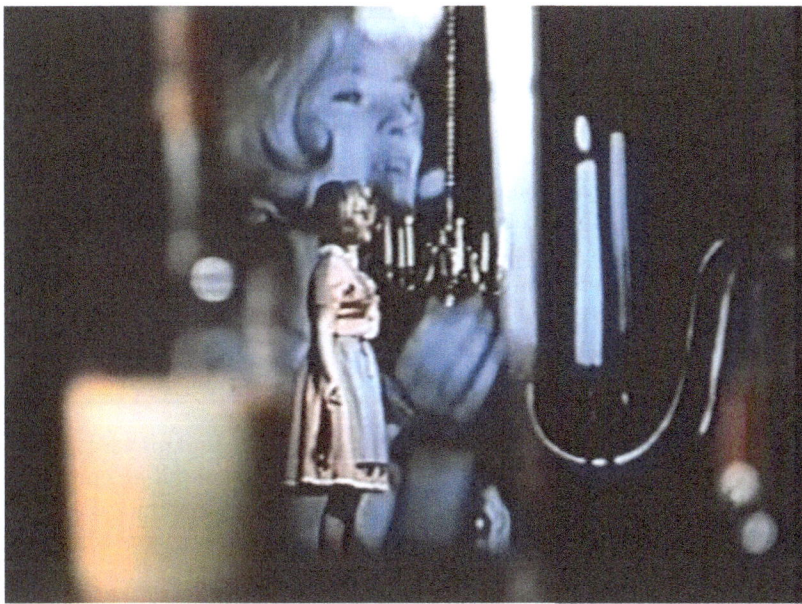

Abbildung 3: Darstellung der hohen Filmempfindlichkeit von ORWO-Filmen mittels Hintergrundprojektion und optischen Einkopierungen aus *That's ORWO* (1967). Foto: Industrie- und Filmmuseum Wolfen

Musikalisch ist die Kulturfilm-Sinfonik der 1950er Jahre nun jazzigen Melodien gewichen, ohne dass *That's ORWO* auf die Welle der elektronischen Industriefilm-Klänge aufspringt, wie dies Dirk Schäfer in seinem Aufsatz über den bundesdeutschen Wirtschaftsfilm um 1960 diagnostiziert hat (Schäfer 2007: 30-39). Laut Regisseur Gußmann verschlang der Film ein Riesenbudget von 1,5 Millionen DDR-Mark; die Exportfassung wurde in zwölf Sprachen synchronisiert. Für die inländische Version *Information auf ORWO-Color* mussten dann im Entree einige Sequenzen weichen – in denen u. a. John F. Kennedy zu sehen ist (Gußmann 2012).

Die 1980er Jahre: Das Wenige gut und günstig verkaufen

Im Jahre 1984 stellte das private STUDIO UNITAS für den VEB Wasseraufbereitungsanlagen Leipzig-Markkleeberg einen Industriewerbefilm her, der die wesentlichen Exportprodukte des Unternehmens ins Bild setzen sollte. *Wasseraufbereitungsanlagen – Made in GDR* knüpfte dabei an diverse Berichtsfilme und Reportagen über wasserwirtschaftliche Anlagen und Investitionsprojekte an, die das Team um Joachim Bublitz seit 1974 für das Ministerium für Umweltschutz und Wasserwirtschaft der DDR produziert hatte (Bublitz 1993: 28). Man war also im Metier spezialisiert, hier jedoch ging es konkret – abweichend von bisherigen sachlichen Dokumentationen – um die verkaufsfördernde Darstellung einer eher visuell unattraktiven Erzeugnispalette: um „Badewasseraufbereitungsanlagen mit Pumpstation und Desinfektionslage, Anlagen zur Herstellung von Sinterwasser zur Aufbereitung von Industriewässern mit Einstufenfiltern, Anschlussrohrleitungen, Ansetz- und Lösungsgefäßen, Dosierpumpen und Kühlwasserentkarbonierungsanlagen".[3]

Joachim Bublitz und sein Kameramann Norbert Baumann vermochten es dennoch, die sperrigen schmucklosen Werbeobjekte mit einem einfachen Trick optisch aufzuwerten. Durch das Benutzen extremer Weitwinkel-Objektive verbunden mit ungewöhnlichen Untersichten und schnellen Schwenks ästhetisierten sie Rohre, Kessel, Behälter, Ventile und Pumpen zu ungewohnt wuchtiger Größe. Die so geschaffene künstliche Atmosphäre mit verzerrten Perspektiven korrespondierte mit dem elektronischen Soundteppich vom Hauskomponisten des STUDIO UNITAS, Nico Pauls (Hans Joachim Müller). Solche ab den frühen 1960er Jahren häufig eingesetzten, synthetischen Klangkompositionen traten damit verspätet zum Vokabular des DDR-Exportwerbefilms hinzu.

Die instruktive Komponente ist dabei stark eingeschränkt, das Aufzählen der Anlagen mit ihren wesentlichsten Merkmalen dominiert. Mit Fachterminologie wird dennoch nicht gespart, wodurch sich *Wasseraufbereitungsanlagen – Made in GDR* als Messe- und Vertreterfilm zu erkennen gibt, der eher ein Fachpublikum adressierte, dabei allerdings ergänzende und vertiefende Informationen zu den Industriegütern – etwa über Broschüren und Produktblätter – zwingend voraussetzte.

---

3 Zulassungsprotokoll „Wasserwirtschaftsanlagen – Made in GDR" (1984) vom 3. September 1984 (Bundesarchiv-Filmarchiv).

Abbildung 4: Expressiv verzerrter Blick auf Industrieaggregate aus *Wasseraufbereitungsanlagen – Made in GDR* (1984). Foto: STUDIO UNITAS, Berlin

Zwei inhaltliche Aspekte seien heraus gehoben, in denen sich wirtschafts- und umweltpolitische Strategien der 1980er Jahre abzubilden scheinen: einmal das für die DDR-Ökonomie zunehmend bedeutsame Absatzgebiet Entwicklungsländer (arabischer und afrikanischer Raum), was sich durch die Betonung von Meerwasser-Entsalzungstechnologien zur Trink- und Brauchwassergewinnung zeigt, zum anderen das Werben mit Ökologie. Wasser sei ein Lebensmittel, das entsprechend der Bedürfnisse der Bevölkerung (mit Technik aus Markkleeberg und Rathenow) rein gehalten wird.

Der Film schließt mit einem schon aus den 1920er Jahren bekannten generischen Merkmal des Industriefilms, dem Versand der Produkte in alle Welt. „Wasseraufbereitungsanlagen – Made in GDR bewähren sich in vielen Ländern Europas, Asiens, Afrikas und Lateinamerikas", verlautbart der Off-Kommentar zu einer Einstellung vom Rostocker Hafen, wo gerade ein Container mit dem Herstellerzeichen auf ein Hochseeschiff gehievt wird.

Abbildung 5: „Zwei Anspruchslose – Made in GDR". Schlussszene aus
Trabant 601 (1984). Foto: STUDIO UNITAS, Berlin

Das STUDIO UNITAS war zwischen 1984 und 1986 ebenfalls Auftragnehmer für eine mindestens zehn Folgen umfassende Serie von Auslandswer-
bespots für Straßenfahrzeuge des *VEB IFA-Kombinat PKW Karl-Marx-Stadt*,
die allesamt (auch in den deutschen Versionen) mit dem Kürzel *Made in
GDR* enden. Das Warenzeichen IFA benannte dabei den Industrieverband
Fahrzeugbau, dem 1968 sämtliche DDR-Autohersteller beitreten mussten.
Die sozialistische Konzernbildung bewirkte allerdings weder eine innovative Modellentwicklung noch eine Sättigung des Inlandsbedarfes an PKW.
Für die Mangelware Auto gab es in der DDR seit den frühen 1970er Jahren
deshalb keine Werbung mehr. Umso mehr suchte man die technisch ver-
alteten Wagen im Ausland gegen harte Devisen abzusetzen, nicht zuletzt
über den Genex Geschenkdienst GmbH – dazu sollte auch die Kurzfilmse-
rie vom STUDIO UNITAS beitragen.
    Schlicht in ihrer Technologie sind nicht nur die präsentierten *Trabants*
zu nennen, sie werden weniger als vollwertiges Auto denn als Zweit-, Frei-

zeit- oder Spaßfahrzeug gepriesen. Die Gestaltung der farbigen Spots fällt dabei mit dem niedrigen Standard der beworbenen Erzeugnisse auf eigentümliche (und doch irgendwie logische) Weise zusammen. Ein wenig uninspiriert fügen sich konventionell arrangierte Realaufnahmen aneinander, innovative Animationen fehlen, die elektronische Musik plätschert dahin, die Werbeargumente für den 26-PS-Wagen wirken bemüht. Mit den Worten „Die Anspruchslosen – Made in GDR" komprimiert der Kommentarsprecher im Spot *Trabant 601* (1984) die Eigenschaften der PKW für potentielle Auslandskunden und übersetzt dabei die ökonomische Krise des Landes in einen optimistischen Werbeabspann.

So tritt anhand dieses und weiterer Exportwerbefilme ihre Eigenschaft hervor, wirtschaftspolitische Zustände in der DDR audiovisuell zu fixieren. Dabei kommt ihnen einerseits die Stellung jenseits eines von ideologischen Fesseln geprägten Filmwesens zugute. Es ist aber andererseits auch ihr transnationaler Charakter, ihre Kommunikationsabsicht mit einer nicht-sozialistischen Außenwelt, die Exportwerbefilme oft ehrlicher als DEFA-Dokumentarfilme erscheinen lassen. Trotz ihrer Funktion als Verkaufshelfer und trotz einer Zielgruppe, die außerhalb der DDR lag, sagen sie viel aus über ein Land mit seinen Hoffnungen, Widersprüchen und gescheiterten Utopien.

Literatur

Baar, Lothar/Müller, Uwe/Zschaler, Frank (1995): Strukturveränderungen und Wachstumsschwankungen. Investitionen und Budget in der DDR 1949 bis 1989. In: Jahrbuch für Wirtschaftsgeschichte 2. 1995: 47-74

Bublitz, Joachim (1993): Die privaten Filmproduzenten in der DDR. Dargestellt am Beispiel des STUDIO UNITAS. Unveröffentlichte Auftragsarbeit für die Bundeszentrale für politische Bildung.

Butter, Andreas/Hartung, Ulrich (2004): Ostmoderne. Architektur in Berlin 1945-1965. Berlin: Jovis

Deutscher Fernsehfunk (Hrsg.) (1966): tv-information Werbefernsehen. Berlin

Forster, Ralf/Petzold, Volker (2010): Im Schatten der DEFA. Private Filmproduzenten in der DDR. Konstanz: UVK

Gußmann, Manfred (2003): Interview mit Manfred Gußmann von Ingrid Poss am 12. März 2003. Unveröffentlichte Abschrift im Filmmuseum Potsdam

Gußmann, Manfred (2012): Zufälle, Erfahrungen, Bilanzen und Referenzen. http://www.defa-dokfilm.de/industrie-werbefilm/index.html (letzter Zugriff: 27.4.2012)

Hagener, Malte (2007): Licht, Kamera, Reflektion. Das Wunder von Jena und die Industriefilm-produktion bei Carl Zeiss. In: Hediger/Vonderau (2007): 282-291

Hediger, Vinzenz/Vonderau, Patrick (Hrsg.) (2007): Filmische Mittel, industrielle Zwecke. Das Werk des Industriefilms. Berlin: Vorwerk 8

Hentschel, Beate/Casser, Anja (Hrsg.) (2007): The Vision Behind. Technische und soziale Innovationen im Unternehmensfilm ab 1950. Berlin: Vorwerk 8

Jordan, Günter (2009): Film- und Lichtspielwesen in der DDR. Daten, Fakten, Strukturen. Potsdam: Filmmuseum Potsdam

Knopfe, Gerhard (2003): Interview mit Gerhard Knopfe von Ingrid Poss am 18./21. März 2003. Unveröffentlichte Abschrift im Filmmuseum Potsdam

Kooperationsgemeinschaft Film der DDR (Hrsg.) (1982/83): Film-Informationen (1982/83): Bildung – Wirtschaft – Wissenschaft. Katalog. Berlin

Mörtzsch, Friedrich (1959): Die Industrie auf Zelluloid. Filme für die Wirtschaft. Düsseldorf: Econ

Müller, Helga (2003): Video-Interview mit Helga Müller von Stefan Gööck. In: VHS, Nr. 33. Sächsisches Staatsarchiv Leipzig, Abteilung Audiovisuelle Medien

ORWO-Fotoblätter (1966): Werbeanzeige für ORWOCOLOR. In: ORWO-Fotoblätter 3. 1966: 1

Schäfer, Dirk (2007): Heavy Metal – vom Stahlwerk ins Studio. In: Hentschel/Casser (2007): 30-39

Schenk, Ralf/Scholze, Sabine (Red.) (2003): Die Trick-Fabrik. DEFA-Animationsfilme 1954-90. Berlin: Bertz

Schramm, Manuel (2002): Konsum und regionale Identität in Sachsen 1880-2000. Stuttgart: Franz Steiner

Stenz, Ralph (1965): Der Wunsch der Werber. In: Neue Werbung 9. 1965: 14-19

Thommes, Joachim (2008): In jeden dieser Filme wollte ich Kunst reinbringen, soviel ich wollte. Hugo Niebeling, die Mannesmann-Filmproduktion und der bundesdeutsche Wirtschaftsfilm 1947-1987. Norderstedt: Books On Demand

Tippach-Schneider, Simone (2003): Der Kasper soll endlich stillsitzen. Von der Kunst zum Auftrag 1962-1991. In: Schenk/Scholze (2003): 323-353

Tippach-Schneider, Simone (2004): Tausend Tele-Tips. Das Werbefernsehen in der DDR. Berlin: Schwarzkopf & Schwarzkopf

Verordnung über die Lizenz- und Zulassungspflicht im Filmwesen vom 15. Januar 1976. In: Gesetzblatt der DDR I 6. 1976: 102-105

Wissenswertes über die Deutsche Demokratische Republik. Die DDR, ein moderner Industriestaat (1967). Dresden: Zeit im Bild

Autorenverzeichnis

Günter Agde, Dr. phil., Filmhistoriker. Publikationen zur deutschen Filmgeschichte, zur DEFA, zum Exil und zu zeithistorischen Themen. Langjähriger Mitarbeiter der Akademie der Künste Berlin; Mitbegründer und langjähriges Mitglied des Vereins CineGraph Babelsberg e.V. und der Redaktion der Zeitschrift *Filmblatt*. Gastwissenschaftler am Zentrum für Zeithistorische Forschung Potsdam, Lehraufträge an der Freien Universität und der Humboldt-Universität Berlin. Ko-Kurator der Berlinale-Retrospektive „Die rote Traumfabrik" (2012).

Seán Allan ist Associate Professor (Reader) am Department of German Studies, University of Warwick, Großbritannien. Aufsätze zu verschiedenen Aspekten des DDR-Kinos, u.a.: „Sag', wie soll man Stalin danken?" Kurt Maetzig's *Ehe im Schatten* (1947), *Roman einer jungen Ehe* (1952) and the cultural politics of post-war Germany. In: *German Life and Letters* 64:2 (2011); Projections of History. East German Film-Makers and the Berlin Wall. In: *Divided But Not Disconnected. German Experiences in the Cold War,* hrsg. von Tobias Hochscherf u.a. (2010); „Ich denke, sie machen meistens nackte Weiber". Kunst und Künstler in Konrad Wolfs *Goya* (1971) und *Der nackte Mann auf dem Sportplatz* (1974). In: *Von der Vision zur Realität. Film im Sozialismus – die DEFA,* hrsg. von Frank Stern und Barbara Eichinger (2009). Zusammen mit John Sandford Herausgeber von *DEFA. East German Cinema, 1946-1992* (2009). Seine Publikationen umfassen darüber hinaus die Literatur des 18. und 19. Jahrhunderts, u.a. *The Plays of Heinrich von Kleist. Ideals and Illusions* (1996) und *The Stories of Heinrich von Kleist. Fictions of Security* (2001).

Skyler Arndt-Briggs, Dr. phil., unterrichtet im Fachbereich German and Scandinavian Studies und ist geschäftsführende Direktorin der DEFA Film Library an der University of Massachusetts, Amherst. Sie ist eine der akademischen Leiter des zweijährlichen Sommer-Filminstituts und Ko-Kuratorin der DEFA-Filmreihen „Shadows and Sojourners: Images of Jews and Antifascism in East German Film" und „WENDE FLICKS: Last Films from East Germany". Aufsätze zur Rezeption der DEFA in Nordamerika und zu den Auswirkungen des 17. Juni 1953 in der DEFA-Filmgeschichte. Aktuell beschäftigt sie sich mit den Filmen von Iris Gusner. Seit Ende der 1980er Jahre arbeitet sie an Langzeitprojekten zur Theorie und Praxis der Örtlichkeit, der Berliner Stadtgeschichte und der Alltagsgeschichte der Weimarer Republik.

Marcus Becker, M.A., studierte Kunstgeschichte, Neuere deutsche Literatur und Philosophie in Berlin. Er ist an der Humboldt-Universität zu Berlin wissenschaftlicher Mitarbeiter im SFB 644 „Transformationen der Antike" sowie im Forschungsprojekt „Spielräume. Szenenbilder und -bildner in der Filmstadt Babelsberg". Publikationen zur Gartengeschichte, Antikenrezeption um 1800 und zur Filmszenografie, darunter als Mitherausgeber der Band *Preußen aus Celluloid. Friedrich II. im Film* (2012). Die Veröffentlichung seiner Dissertation zu Antikenkopien um 1800 ist in Vorbereitung.

Daniela Berghahn, Dr. phil., ist Professorin für Filmwissenschaft an der University of London, Royal Holloway. Ihre Aufsätze zum deutschen Film in Ost und West und zum europäischen Migrationskino sind in internationalen Sammelbänden und Zeitschriften erschienen. Ihre Monografie *Hollywood behind the Wall. The Cinema of East Germany* (2005) ist die erste Darstellung des DEFA-Spielfilms von 1946 bis zum Nachwendefilm in englischer Sprache. Als Leiterin der vom Arts and Humanities Research Council geförderten internationalen Forschungsgruppe (2006-2008) „Migrant and Diasporic Cinema in Contemporary Europe" hat sie 2009 mit „Turkish German Dialogues on Screen" eine Sondernummer von *New Cinemas* und 2010, gemeinsam mit Claudia Sternberg, den Sammelband *European Cinema in Motion. Migrant and Diasporic Film in Contemporary Europe* herausgegeben. Im Rahmen eines AHRC-Fellowship (2010-2011) hat sie die Darstellung von Familien mit Migrationshintergrund im europäischen Kino untersucht. Ihr Buch *Far-flung Families in Film. The Diasporic Family in Contemporary European Cinema* erscheint 2013.

Thomas Beutelschmidt, Dr., Studium der Germanistik, Kunstgeschichte und Politologie in Freiburg und Berlin (Stud. Ass. und Dr. Phil.); Medienhistoriker, Publizist und Kurator; von 2001-2008 leitender Mitarbeiter eines Projekts der DFG-Forschergruppe „Programmgeschichte des DDR-Fernsehens" (Humboldt-Universität Berlin); 2009/10 Studie zu ostdeutschen TV-Auftragsproduktionen (DEFA-Stiftung); derzeit Durchführung eines interdisziplinären Forschungsprojekts zum internationalen Programmaustausch europäischer TV-Veranstalter von Beginn der 1950er Jahre bis zum Ende der Systemkonfrontation 1990 (Zentrum für Zeithistorische Forschung, Potsdam).

Marius Böttcher ist Junior-Fellow am Internationalen Kolleg für Kulturtechnikforschung und Medienphilosophie (IKKM) in Weimar, Mitglied des Forschungsprogramms „Theorie und Geschichte kinematographischer Objekte" und promoviert zum Thema „Die Baustelle im DEFA-Film. Das Sterben und Träumen der Dinge". Weitere Forschungsschwerpunkte und Publikationen zur Geschichte und

Ästhetik der DEFA, Materialität und Gedächtnis im Film, Ästhetik des Verfalls und Geschichte der Filmkritik.

Oksana Bulgakowa, Dr. phil., ist Professorin für Filmwissenschaft an der Johannes Gutenberg-Universität Mainz. Sie hat mehrere Bücher über das russische und deutsche Kino verfasst und herausgegeben: *Die ungewöhnlichen Abenteuer des Dr. Mabuse im Lande der Bolschewiki* (1995); *Sergej Eisenstein: drei Utopien. Architekturentwürfe zur Filmtheorie* (1996); *Eisenstein. Eine Biographie* (1998/ Engl. 2002); *Fabrik der Gesten* (2005); *Die Sinn-Fabrik* (2010). Regie bei den Filmen: *Stalin – Eine Mosfilmproduktion* (1993, zusammen mit Enno Patalas und Frida Grafe); *Die verschiedenen Gesichter des Sergej Eisenstein* (1998, zusammen mit Dietmar Hochmuth). Ausstellungen und Multimediaprojekte, u.a. die Website „The Visual Universe of Sergei Eisenstein" (2005) und die interaktive DVD *Factory of Gestures. On Body Language in Film* (2008).

Christian Bunnenberg, geb. 1979, Studium der Neueren und Neuesten Geschichte, Mittleren Geschichte, Deutschen Philologie und Erziehungswissenschaften an der Westfälischen Wilhelms-Universität Münster. 2005 Magisterabschluss sowie Erstes Staatsexamen für die Unterrichtsfächer Geschichte und Deutsch. 2008 Zweites Staatsexamen, danach Gymnasiallehrer. Von 2009 bis 2011 Lehrkraft für besondere Aufgaben in der Geschichtsdidaktik am Historischen Institut der Universität zu Köln. Seit 2011 wissenschaftlicher Mitarbeiter am Lehrstuhl für Didaktik der Geschichte am Historischen Institut der Universität Duisburg-Essen.

Barton Byg ist Professor im German and Scandinavian Studies Program, Gründungsdirektor der DEFA Film Library und Mitbegründer des Interdepartmental Program in Film Studies an der University of Massachusetts, Amherst. Zahlreiche Publikationen zum DEFA-Film sowie zum bundesdeutschen und internationalen Kino. Aktuell arbeitet er an den Themen Farbe und Film, Landschaft und Film, Dokumentarfilm, Brecht und Film. Autor des Buches *Landscapes of Resistance. The German Films of Jean-Marie Straub and Danièle Huillet* (1995). Für seine Verdienste um die Pflege, Bewahrung und Verbreitung des deutschen Filmerbes wurde er 2011 mit dem Reinhold Schünzel Preis geehrt.

Annette Dorgerloh, PD Dr., studierte Kunstgeschichte, Kulturtheorie und Klassische Archäologie in Berlin. Sie forscht und lehrt am Institut für Kunst- und Bildgeschichte an der Humboldt-Universität zu Berlin (SFB 644 „Transformationen der Antike") und leitet das Forschungsprojekt „Spielräume. Szenenbilder und -bildner in der Filmstadt Babelsberg" in Kooperation mit dem Filmmuseum Potsdam. Publikationen zur Kunst- und Architekturgeschichte seit der frühen Neuzeit, zur Geschichte der Filmszenografie und zur europäischen Gartenkunst, u.a. *Preußen aus Celluloid. Friedrich II. im Film*, hrsg. zusammen mit Marcus Becker (2012); *Strategien des Überdauerns. Das Grab- und Erinnerungsmal im frühen deutschen Landschaftsgarten* (2012).

Ralf Forster, geb. 1966, Dr. phil., Filmtechnikhistoriker am Filmmuseum Potsdam, Lehraufträge an Universitäten, Rechercheur und Autor filmwissenschaftlicher Aufsätze und Filmprogramme. Spezialisierungen: Werbe-, Animations- und dokumentarischer Film. Vorstand im DIAF – Deutsches Institut für Animationsfilm Dresden, Mitarbeit bei CineGraph Babelsberg e.V., Redakteur der Zeitschrift *Filmblatt*; Zelluloid-Kollektion zum Amateur-, Privat- und Heimfilm, Präsentationen in Kinos und auf Fachveranstaltungen; Promotion: *Der Werbefilm im Nationalsozialismus* (TU Berlin, 2003), erschienen als *Ufa und Nordmark. Zwei Firmengeschichten und der deutsche Werbefilm 1919-1945.* Veröffentlichungen u.a. zur NS-Filmpropaganda in den besetzten sowjetischen Gebieten (in: *Träume in Trümmern*, 2009), über die Bildwerbung der Junkers-Werke (in: *Junkers Dessau. Fotografie und Werbegrafik*, 2010), über die privaten Filmproduzenten in der DDR (*Im Schatten der DEFA*, zusammen mit Volker Petzold, 2010), über das technikhistorische Schaudepot im Filmmuseum Potsdam (in: Ferrum 83, 2011) und über die Animationsfilme der Meschrabpom (in: *Die rote Traumfabrik*, 2012).

Sabine Fuchs, Historikerin und Filmemacherin, Wien. Studium der Geschichte, Publizistik und Kommunikationswissenschaft sowie Germanistik an den Universitäten von Salzburg und Wien. Promotion im Fach Zeitgeschichte. Aktueller Forschungsschwerpunkt: Österreichische Karrieren in der Film- und Theaterszene des DDR.

Sabine Hake, Dr. phil., ist Texas Chair of German Literature and Culture im Department of Germanic Studies an der University of Texas at Austin. Ihre Hauptforschungsgebiete sind deutscher Film, Kultur der Weimarer Republik, Film- und Medientheorie und Geschichte der Arbeiterkultur. Verfasserin von zahlreichen wissenschaftlichen Aufsätzen, vier Anthologien und sechs Monografien, darunter *German National Cinema* (2008), *Topographies of Class. Modern Architecture and Mass Society in Weimar Berlin* (2008) und *Screen Nazis. Cinema, History, and Democracy* (2012). Seit 2011 ist sie außerdem Redakteurin von *German Studies Review*, der Zeitschrift der „German Studies Association".

Mariana Ivanova, Dr., lehrt deutsche Literatur, Film und Geschichte an der Miami University in Oxford, OH. Dissertation über filmische Beziehungen zwischen der DEFA und osteuropäischen Filmstudios. Arbeitet derzeit an einem Buchprojekt über DEFA-Koproduktionen von 1949 bis 1989. Ihre bisherige Forschung wurde von dem DAAD, der DEFA-Stiftung, dem bulgarischen Filmarchiv und Stipendien der Universität in Texas gefördert. Teilnahme an Projekten der DEFA Library in Amherst. Regie bei Kurzfilmen über die Koproduktionen *Sterne* (1959) und *Goya* (1971). Autorin von Aufsätzen über die Rezeption der Mauer in Filmen von 1961 bis 1964, die Zusammenarbeit von Konrad Wolf und Angel Wagenstein, sowie die Sowjetisierung der ostdeutschen Filmindustrie.

Andreas Kötzing, Dr. phil., geb. 1978, Historiker und Freier Journalist. Forschungsschwerpunkte zur Filmgeschichte und den deutsch-deutschen Beziehungen im Kalten Krieg. Neuere Veröffentlichungen: „Keine einfachen Wahrheiten. Die Leipziger Dokumentarfilmwoche und der Fall ‚IM Walter'" (in: *Deutschland Archiv*, 2012); „Im Schatten des Manifests. Die VIII. Westdeutschen Kurzfilmtage und die Rolle der DDR" (in: *Provokation der Wirklichkeit. Das Oberhausener Manifest und die Folgen*, hrsg. von Ralph Eue und Lars Henrik Gass), 2012; „Ein Hauch von Frühling. SED-Kulturpolitik nach dem Mauerbau" (in: *Aus Politik und Zeitgeschichte*, 2011).

Massimo Locatelli ist Assistenz-Professor an der Università Cattolica del Sacro Cuore in Mailand. Seine Forschungsschwerpunkte sind die Geschichte der Filmtheorie und die Sozial- und Technikgeschichte des italienischen Kinos. Er beschäftigt sich mit Fragen der kulturellen Identität, mit verschiedenen Aspekten des deutschen und italienischen Kinos, insbesondere auch des Films in der DDR. Seit 2003 ist er Mitherausgeber der beiden größten italienischen Film- und Medienzeitschriften *Bianco e Nero* und *Comunicazioni Sociali*. Zuletzt sind 2011 erschienen: *Perché Noir. Kommen funziona un genere Cinematografico* und die mit Elena Mosconi herausgegebene Sondernummer der *Comunicazioni Sociali: Cinema e sonoro in Italia (1945-1970)*.

Burkhard Olschowsky, Dr. phil., geb. 1969 in Berlin; Studium der Geschichte und der Osteuropastudien in Göttingen, Warschau und Berlin; Promotion 2002 an der Humboldt-Universität zu Berlin; 2003-2005 Lehrbeauftragter für Zeitgeschichte und Politik an der Humboldt-Universität; 2004-2005 Tätigkeit im Bundesministerium für Verkehr, Bau- und Wohnungswesen; seit Mai 2005 wissenschaftlicher Mitarbeiter im Bundesinstitut für Kultur und Geschichte der Deutschen im östlichen Europa; seit November 2010 für das Sekretariat des Europäischen Netzwerks Erinnerung und Solidarität in Warschau tätig. Veröffentlichungen zur deutschen und polnischen Zeitgeschichte und der Erinnerungskultur Ostmitteleuropas.

Larson Powell ist Associate Professor of German an der University of Missouri – Kansas City. Sein erstes Buch *The Technological Unconscious in Modern German Literature* erschien 2008; ein zweites, über Medienkünste nach 1945, ist abgeschlossen, und eine Monografie zu Konrad Wolf in Vorbereitung. Zusammen mit Robert Shandley hat er den ersten englischsprachigen Sammelband zum deutschen Fernsehen herausgegeben. Aufsätze zur Medientheorie, Filmmusik, osteuropäischem Film, Musikwissenschaft, Systemtheorie; zuletzt Verfasser von zwei Einträgen im *Adorno-Handbuch* (2011).

Elizabeth Prommer, Dr. habil., ist Professorin für Kommunikations- und Medienwissenschaft an der Universität Rostock, Direktorin des Instituts für Medienforschung und Leiterin des Studiengangs Kommunikations- und Medienwissenschaft. Davor Professuren an den Universitäten Wien und Hamburg; 1999-2009 an der Hochschule für Film und Fernsehen „Konrad Wolf" in Potsdam-Babelsberg. Ihre Arbeits-, Publikations-, und Forschungsschwerpunkte liegen aus kommunikations- und medienwissenschaftlicher Perspektive im Zusammenspiel von Medien, Medienrezeption und Gesellschaft. Veröffentlichungen zum Kinobesuch, zur Fernsehrezeption und Online-Mediennutzung. Veröffentlichungen über die Filmrezeption in der DDR. Leitung des Projekts „Potsdam Stadt des Films – 100 Jahre Film in Babelsberg".

Andy Räder, Historiker und Medienwissenschaftler, Wissenschaftlicher Mitarbeiter am Institut für Medienforschung an der Universität Rostock. Davor Kurator der Dauerausstellung „Traumfabrik – 100 Jahre Film in Babelsberg" im Filmmuseum Potsdam. Arbeitet an einer Dissertation mit dem Titel „Helden des sozialistischen Alltags. Zum Wandel der DDR-Fernsehdramatik in den 1960er und 1970er Jahren am Beispiel von Ulrich Theins Regiearbeiten", gefördert von der DEFA-Stiftung. Zuletzt ist erschienen: „Aufführung einer gewöhnlichen Geschichte. Zum Performativen in Andreas Dresens *Halbe Treppe*" (in: *Kino in Bewegung. Perspektiven des deutschen Gegenwartsfilms,* hrsg. von Tobias Ebbrecht und Thomas Schick, 2011).

Claudia Sandberg ist seit 2011 als Postdoctoral Research Fellow an der University of Southampton tätig. In ihrer Dissertation hat sie sich mit dem Filmemacher Peter Lilienthal unter dem Gesichtspunkt seiner Filme als „diasporic cinema" beschäftigt. Die Rezeption von Lilienthals Filmen in der DDR und der BRD bildete einen Schwerpunkt dieser Arbeit, die sie derzeit als Buchpublikation vorbereitet. Ihr Anschlussprojekt widmet sich DEFA-Kurz-, Dokumentar- und Spielfilmen zum Thema Chile zwischen 1973 und 1989, gefördert von der DEFA-Stiftung.

Birgit Schapow studierte bis 2012 Kunstgeschichte, Filmwissenschaft und Lateinamerikanistik an der Humboldt-Universität zu Berlin und der Freien Universität. Ihre Dissertation zur Architektur im DEFA-Spielfilm entsteht im Rahmen des von der Volkswagen Stiftung geförderten Projekts „Spielräume. Szenenbilder und -bildner in der Filmstadt Babelsberg".

Ralf Schenk, geb. 1956. Studium der Journalistik in Leipzig. Filmkritiker und Filmhistoriker, seit Juni 2012 Vorstand der DEFA-Stiftung in Berlin. Rund 20 Bücher zur Filmgeschichte, u.a. *Das zweite Leben der Filmstadt Babelsberg. DEFA-Spielfilme 1946–92* (1994), *Regie: Frank Beyer* (1995), *Schwarzweiß und Farbe. DEFA-Dokumentarfilme 1946-92* (1996), *Die Trickfabrik. DEFA-Animationsfilme 1955-90* (2003), *Eine kleine Geschichte der DEFA* (2006), *Bilder einer gespaltenen Welt. 50 Jahre Leipziger Dokumentar- und Animationsfilmfestival* (2007). Mitarbeit an der Rekonstruktion der verbotenen DEFA-Filme *Die Schönste* (1958/2000), *Fräulein Schmetterling* (1965/2005) und *Hände hoch oder ich schieße* (1966/2009). Ständiger Autor der *Berliner Zeitung* und der Zeitschrift *film-dienst.* Gastvorlesungen und -seminare an Universitäten in Deutschland, Kanada, Österreich, Argentinien und den USA. Seit 2004 Mitglied der Auswahlkommission des Berlinale-Wettbewerbs. 2011 Ehrendoktorwürde (Dr. h.c. phil.) der Hochschule für Film und Fernsehen „Konrad Wolf" in Potsdam-Babelsberg.

Robert Shandley ist Professor für German and Film Studies an der Texas A&M University. Autor von *Runaway Romances. Hollywood's Postwar Tour of Europe* (2009) und *Hogan's Heroes* (2011). Sein Buch *Rubble Films. German Cinema in the Shadow of the Third Reich* ist 2010 unter dem Titel *Trümmerfilme. Das deutsche Kino der Nachkriegszeit* auf Deutsch erschienen.

Pavel Skopal ist Dozent am Department of Film Studies and Audiovisual Culture an der Masaryk University Brno in der Tschechischen Republik und Gastforscher an der Hochschule für Film und Fernsehen „Konrad Wolf" in Potsdam-Babelsberg (Forschungsprojekt der Alexander von Humboldt-Stiftung). Er ist Herausgeber einer Anthologie über die lokale Kinogeschichte in Brno und hat ein Buch über die Kinolandschaft in der Nachkriegs-Tschechoslowakei veröffentlicht. Aktuelle Forschungsprojekte befassen sich mit der Distribution, Vorführung und Rezeption von Filmen in der Tschechoslowakei, der DDR und Polen in den 1950er und 1960er Jahren.

Stefan Soldovieri lehrt als Associate Professor of German an der University of Toronto. Publikationen u.a. zum deutschen Film im Kalten Krieg, zur Filmzensur bei der DEFA und Remakes im globalen Kontext.

Matthias Steinle, Dr. phil., Maître de conférences am Fachbereich Cinéma et audiovisuels der Universität Sorbonne Nouvelle – Paris 3. Studium der Film- und Medienwissenschaft, Germanistik und Geschichte in Mainz, Marburg und Paris. 2002 Promotion im Rahmen einer „Cotutelle" über *Die gegenseitige Darstellung von BRD und DDR im Dokumentarfilm* (2003). Weitere Publikationen zur DDR-Rundfunk- und Filmgeschichte, jüngst u.a. „Auferstanden als Ruine. Die DDR im Nachwende-Dokudrama" (in: *Spiel mit der Wirklichkeit. Zur Entwicklung doku-fiktionaler Formate in Film und Fernsehen,* hrsg. von Werner Barg, Kay Hoffmann und Richard Kilborn, 2012). Forschungsschwerpunkte: Dokumentarfilm, DEFA, mediale Geschichtsbilder, deutsch-französische Medienbeziehungen, Filmkomik.

Rosemary Stott, Dr. phil., Filmhistorikerin, ist am University Sector College „Ravensbourne" in London tätig. In den vergangenen Jahren veröffentlichte sie verschiedene Beiträge zur Programmpolitik des Lichtspielwesens in der DDR. 2012 erschien die Monografie *Crossing the Wall. The Western Feature Film Import in East Germany.*

Evan Torner, M.A., ist Doktorand an der University of Massachusetts, Amherst, und Gastlektor im German Studies Program am Smith College. Von 2006 bis 2009 war er Programmassistent an der DEFA Film Library, wo er 2011 auch das Sommer-Filminstitut „Cold War, Hot Media – DEFA and the Third World" mitkuratiert hat. 2009/10 war er Fulbright-Stipendiat an der Hochschule für Film und Fernsehen „Konrad Wolf" in Potsdam-Babelsberg. Englische Übersetzung der 2011 eröffneten Dauerausstellung „Traumfabrik – 100 Jahre Film in Babelsberg" im Filmmuseums Potsdam. Forschungsarbeiten zum Genre- und insbesondere Science-Fiction-Film sowie zum Postkolonialismus. Aufsätze zu u.a. in den Zeitschriften *New German Review, kunsttexte* und *EDGE.* Aktuell arbeitet er an der Fertigstellung seiner Dissertation mit dem Titel „The Race-Time Continuum. Race Projection in DEFA Genre Cinema".

Perrine Val ist Doktorandin an der Universität Paris 1 – Panthéon Sorbonne, wo sie über die Filmbeziehungen zwischen Frankreich und der DDR während des Zweiten Weltkriegs forscht. Im Juni 2011 hat sie ihren Master in Filmwissenschaft an der Universität Paris 3 – Sorbonne Nouvelle mit einer Arbeit zur Distribution und Rezeption ostdeutscher Filme in Frankreich abgeschlossen („De l'Est à l'Ouest. Diffusion et réception du cinéma est-allemand en France").

Michael Wedel, Dr. phil., ist Professor für Mediengeschichte an der Hochschule für Film und Fernsehen „Konrad Wolf" in Potsdam-Babelsberg und Wissenschaftlicher Leiter des Filmmuseums Potsdam. Von 2005 bis 2009 Assistenz-Professor für Geschichte und Theorie der Medien und Kultur an der Universität Amsterdam. Veröffentlichungen zur deutschen Filmgeschichte u.a. *Der deutsche Musikfilm. Archäologie eines Genres 1914-1945* (2007), *Filmgeschichte als Krisengeschichte. Schnitte und Spuren durch den deutschen Film* (2011), *Kollision im Kino. Mime Misu und der Untergang der „Titanic"* (2012). Mitherausgeber u.a. der Sammelbände *Konrad Wolf – Werk und Wirkung* (2009) und *Im Angesicht des Fernsehens. Der Filmemacher Dominik Graf* (2012).

The manufacturer's authorised representative in the EU is Springer
Nature Customer Service Centre GmbH, Europaplatz 3, 69115 Heidelberg,
Germany. If you have any concerns regarding our products, please
contact ProductSafety@springernature.com

Printed and bound by CPI Group (UK) Ltd, Croydon, CR0 4YY

27/04/2026

02097637-0001